Möglichkeiten und Grenzen des Anwendungsbereichs der umsatzsteuerlichen Organschaft unter besonderer Berücksichtigung europäischer Einflüsse

Internationale Steuerlehre, Steuerrecht und Wirtschaftsprüfung

Herausgegeben von Rainer Heurung/Gerd Morgenthaler/Andreas Dutzi

Band 13

Zur Qualitätssicherung und Peer Review der vorliegenden Publikation

Die Qualität der in dieser Reihe erscheinenden Arbeiten wird vor der Publikation durch einen Herausgeber der Reihe geprüft.

Notes on the quality assurance and peer review of this publication

Prior to publication, the quality of the work published in this series is reviewed by one of the editors of the series.

Sinja Kollmann

Möglichkeiten und Grenzen des Anwendungsbereichs der umsatzsteuerlichen Organschaft unter besonderer Berücksichtigung europäischer Einflüsse

PETER LANG

Bibliografische Information der Deutschen Nationalbibliothek
Die Deutsche Nationalbibliothek verzeichnet diese Publikation in der Deutschen Nationalbibliografie; detaillierte bibliografische Daten sind im Internet über http://dnb.d-nb.de abrufbar.

Zugl.: Siegen, Univ., Diss., 2019

D 467
ISSN 2191-1223
ISBN 978-3-631-80037-9 (Print)
E-ISBN 978-3-631-80938-9(E-PDF)
E-ISBN 978-3-631-80939-6 (EPUB)
E-ISBN 978-3-631-80940-2 (MOBI)
DOI 10.3726/b16454

Peter Lang – Berlin · Bern · Bruxelles · New York · Oxford · Warszawa · Wien

Diese Publikation wurde begutachtet.

www.peterlang.com

Geleitwort

Das Rechtsinstitut der umsatzsteuerlichen Organschaft existiert seit 1934 in nahezu unveränderter Art und Weise. Die umsatzsteuerliche Organschaft ist derzeit in § 2 Abs. 2 Nr. 2 UStG geregelt und hat zum Inhalt, dass eine juristische Person, die nach dem Gesamtbild der tatsächlichen Verhältnisse finanziell, wirtschaftlich und organisatorisch in ein anderes Unternehmen eingegliedert ist, ihre gewerbliche oder berufliche Tätigkeit nicht mehr selbstständig ausübt. Den unionsrechtlichen Rahmen für die deutsche Organschaftsregelung bildet Art. 11 MwStSystRL, der für EU-Mitgliedstaaten ein Wahlrecht formuliert. Dieses Wahlrecht räumt den EU-Mitgliedstaaten die Erlaubnis ein, in ihren Gebieten ansässige Personen, die zwar rechtlich unabhängig sind, jedoch durch gegenseitige finanzielle, wirtschaftliche und organisatorische Beziehungen eng miteinander verbunden sind, zusammen als einen Steuerpflichtigen zu behandeln (sog. Mehrwertsteuergruppe). Während lange Zeit kein Anlass dafür bestand, die deutsche Organschaftsvorschrift infrage zu stellen, ist sie nunmehr seit einigen Jahren erheblichen Zweifeln hinsichtlich ihrer Vereinbarkeit mit dem Unionsrecht ausgesetzt. Angestoßen wurde die unionsrechtlich geprägte Diskussion vor allem durch eine jüngst ergangene Urteilsserie des EuGH, die im verstärkten Maße Auffassungen nährte, dass die deutsche Organschaftsregelung möglicherweise im Widerspruch zu den unionsrechtlichen Anforderungen stehen könnte. Im Fokus dieser Debatte steht im Besonderen der zu enge Anwendungsbereich des § 2 Abs. 2 Nr. 2 UStG.

Vor diesem Hintergrund untersucht die Verfasserin umfassend den personenbezogenen, räumlichen und sachlichen Anwendungsbereich des § 2 Abs. 2 Nr. 2 UStG auf seine Vereinbarkeit mit dem Unionsrecht. Dabei erfolgt in einem ersten Schritt eine tiefgreifende Analyse, welche Anforderungen an die umsatzsteuerliche Organschaft aus nationaler und europäischer Perspektive gestellt werden. Auf Grundlage dieser Untersuchung nimmt die Verfasserin in einem zweiten Schritt eine in sich stimmige und schlüssige Prüfung des Anwendungsbereichs der umsatzsteuerlichen Organschaft mit den unionsrechtlichen Anforderungen vor. Darüber hinaus werden zur Verdichtung der Untersuchungsergebnisse das Auslegungsverständnis der EU-Mitgliedstaaten, die eine Mehrwertsteuergruppe in ihre innerstaatlichen Rechtsordnungen eingeführt haben, und des Nicht-Mitgliedstaates Schweiz berücksichtigt. Anhand der gewonnenen Ergebnisse werden dem deutschen Gesetzgeber in einem letzten Schritt Vorschläge zur Änderung des Anwendungsbereichs des Organschaftskonzepts präsentiert. Das Ergebnis der Dissertationsschrift stellt einen gelungenen Lösungsansatz zur Weiterentwicklung des Anwendungsbereichs der umsatzsteuerlichen Organschaft nach § 2 Abs. 2 Nr. 2 UStG in Form eines abschließend formulierten Gesetzesentwurfs dar. Die gewonnenen Erkenntnisse leisten damit einen wertvollen Beitrag zur Weiterentwicklung des Forschungsgebiets der Internationalen Betriebswirtschaftlichen Steuerlehre und des Steuerrechts. Die vorgelegte Dissertationsschrift stellt eine vollständige und geschlossene steuerjuristische Analyse des derzeitigen Organschaftskonzepts mit den unionsrechtlichen Anforderungen dar. Der Verfasserin gelingt eine umfassende und kritische Auseinandersetzung mit diesem Themenbereich mit besonderer Würdigung der aktuellen Auffassungen aus Literatur, Rechtsprechung und Finanzverwaltung. Aufgrund ihrer überzeugenden wissenschaftlichen Qualität und ihrer aktuellen Relevanz wünsche ich der Dissertationsschrift eine umfassende Verbreitung.

Siegen, im Juli 2019
Univ.-Prof. Dr. Rainer Heurung

Vorwort der Verfasserin

Die vorliegende Arbeit entstand während meiner Tätigkeit als wissenschaftliche Mitarbeiterin an der Professur für Betriebswirtschaftslehre, insbesondere Prüfungswesen und Betriebswirtschaftliche Steuerlehre der Universität Siegen und wurde von der Fakultät III Wirtschaftswissenschaften, Wirtschaftsinformatik und Wirtschaftsrecht der Universität Siegen im Wintersemester 2018/2019 unter dem Titel „Möglichkeiten und Grenzen des Anwendungsbereichs der umsatzsteuerlichen Organschaft unter besonderer Berücksichtigung europäischer Einflüsse" als Dissertation angenommen. Das Promotionsverfahren wurde mit der Disputation am 09. April 2019 erfolgreich abgeschlossen. Die Arbeit basiert auf dem Rechtsstand vom 30. November 2018.

An dieser Stelle möchte ich meinen besonderen Dank Personen aussprechen, ohne deren Mithilfe und Unterstützung die Erstellung dieser Promotionsschrift nicht möglich gewesen wäre.

Mein besonderer Dank gilt zunächst meinem verehrten Doktorvater, Herrn WP/StB Univ.-Prof. Dr. Rainer Heurung, für seine fachliche und persönliche Betreuung meines Promotionsverfahrens. Ebenfalls ganz herzlich bedanken möchte ich mich bei Frau Hon.-Prof.in. Dr.iur. Heide Schaumburg für die freundliche Erstellung meines Zweitgutachtens sowie für Ihre jederzeitige Diskussionsbereitschaft und konstruktiven Anmerkungen. Des Weiteren möchte ich Herrn Univ.-Prof. Dr. Joachim Eigler für die Übernahme des Vorsitzes der Promotionskommission herzlich danken.

Ein weiterer Dank gebührt meinem Lehrstuhlkollegen, Herrn Dr. Sebastian Schmidt. Insbesondere möchte ich mich für seine fachliche Diskussion und die gemeinsame wertvolle Forschungszeit bedanken.

Mein größter Dank gilt an dieser Stelle meinen Eltern, Christina und Univ.-Prof. Dr.-Ing. Helmut Kollmann sowie meinem engen Familienkreis (Christof Kollmann, Lars Kollmann, Dr. Fritjof und Dr. Susanne Kollmann mit Julius und Felix sowie Malin und Christopher Sándor-Kollmann). Vor allem danke ich nochmals meinen Eltern von ganzem Herzen dafür, dass sie meinen bisherigen Lebensweg bedingungslos gefördert und unterstützt haben, wodurch sie das Fundament für meine persönliche und berufliche Entwicklung geschaffen haben. Durch ihren liebevollen Rückhalt und Zuspruch haben sie im wesentlichen Maße zum Gelingen dieser Promotionsschrift beigetragen. Ihnen ist die vorliegende Arbeit in Liebe und Dankbarkeit gewidmet.

Netphen, im Juli 2019
Sinja Kollmann, M.Sc.

Inhaltsverzeichnis

Abbildungsverzeichnis

Abkürzungsverzeichnis

a. A.	anderer Auffassung
ABl.	Amtsblatt
Abs.	Absatz
Abschn.	Abschnitt
AcP	Archiv für civilistische Praxis (Z)
AEUV	Vertrag über die Arbeitsweise der Europäischen Union
a. F.	alte Fassung
AG	Aktiengesellschaft
AGG	Allgemeines Gleichbehandlungsgesetz
AktG	Aktiengesetz
a. M.	anderer Meinung
Anm.	Anmerkung
AO	Abgabenordnung
arg.e.	Argument aus
Art.	Artikel
ASA	Archiv für Schweizerisches Abgaberecht (Z)
Az.	Aktenzeichen
BB	Betriebs-Berater (Z)
BeckOK	Beck'scher Online-Kommentar
BeckRS	Beck online Rechtsprechung
BFH	Bundesfinanzhof
BFHE	Sammlung der Entscheidungen des Bundesfinanzhofs
BFH/NV	Sammlung nicht veröffentlichter Entscheidungen des Bundesfinanzhofs
BGB	Bürgerliches Gesetzbuch
BGBl.	Bundesgesetzblatt
BGH	Bundesgerichtshof
BMF	Bundesministerium der Finanzen
BT-Drucks.	Bundestags-Drucksache
BTR	British Tax Review (Z)
Buchst.	Buchstabe
BVerfG	Bundesverfassungsgericht
bzw.	beziehungsweise
Corp.	Corporation
DB	Der Betrieb (Z)

DDR	Deutsche Demokratische Republik
d. h.	das heißt
DK	Der Konzern (Z)
DStR	Deutsches Steuerrecht (Z)
DStZ	Deutsche Steuer-Zeitung (Z)
ecolex	Fachzeitschrift für Wirtschaftsrecht (Z)
EFG	Entscheidungen der Finanzgerichte
EG	Europäische Gemeinschaft
EGV	Vertrag zur Gründung der Europäischen Gemeinschaft
EStG	Einkommensteuergesetz
et al.	et alli („und andere")
EU	Europäische Union
EU-BRL	Europäische Bilanzrichtlinie
EuGH	Europäischer Gerichtshof
EuR	Europarecht (Z)
EU-UStB	EU-Umsatz-Steuer-Berater (Z)
EUV	Vertrag über die Europäische Union
EuZW	Europäische Zeitschrift für Wirtschaftsrecht (Z)
e.V.	eingetragener Verein
EWG	Europäische Wirtschaftsgemeinschaft
EWIV	Europäische Wirtschaftliche Interessenvereinigung
EWIV-AG	Gesetz zur Ausführung der EWG-Verordnung über die Europäische Wirtschaftliche Interessenvereinigung
EWIV-VO	Verordnung über die Europäische Wirtschaftliche Interessenvereinigung
EWR	Europäischer Wirtschaftsraum
f.	folgende
ff.	fortfolgende
FG	Finanzgericht
FGO	Finanzgerichtsordnung
Fn.	Fußnote
FR	Finanz-Rundschau (Z)
G	Gesetz
GA	Generalanwalt
GbR	Gesellschaft bürgerlichen Rechts
GenG	Gesetz betreffend die Erwerbs- und Wirtschaftsgenossenschaften
GewStG	Gewerbesteuergesetz
GF	Geschäftsführung

GG	Grundgesetz
ggf.	gegebenenfalls
GmbH	Gesellschaft mit beschränkter Haftung
GmbH & Co. KG	Gesellschaft mit beschränkter Haftung & Compagnie Kommanditgesellschaft
GmbH & Co. oHG	Gesellschaft mit beschränkter Haftung & Compagnie offene Handelsgesellschaft
GmbHG	Gesetz betreffend die Gesellschaften mit beschränkter Haftung
GmbHR	GmbH-Rundschau (Z)
GmbH-StB	GmbH-Steuerberater (Z)
GRCh	Charta der Grundrechte der Europäischen Union
GST	Goods and Services Tax
GStB	Gestaltende Steuerberatung (Z)
GWG	Geldwäschegesetz
HFR	Höchstrichterliche Finanzrechtsprechung (Z)
HGB	Handelsgesetzbuch
HMRC	Her Majesty's Revenue & Customs
Hrsg.	Herausgeber
HUF	Ungarischer Forint
ifst	Institut Finanzen und Steuern
INF	Die Information über Steuer und Wirtschaft (Z)
IStR	Internationales Steuerrecht (Z)
IStR-LB	Internationales Steuerrecht Länderbericht (Z)
IVM	International Value Added Tax Monitor (Z)
IWB	Internationales Steuer- und Wirtschaftsrecht (Z)
jurisPR-SteuerR	juris PraxisReport Steuerrecht (Z)
JuS	Juristische Schulung (Z)
KG	Kommanditgesellschaft
KGaA	Kommanditgesellschaft auf Aktien
KontRG	Kontrollratsgesetz
Kösdi	Kölner Steuerdialog (Z)
KStG	Körperschaftsteuergesetz
m. E.	meines Erachtens
m. w. N.	mit weiteren Nachweisen
MwSt	Mehrwertsteuer
MwSt-DVO	Mehrwertsteuer-Durchführungsverordnung
MWSTG	Mehrwertsteuergesetz
MwStR	Mehrwertsteuerrecht (Z)

MwStSystRL	Mehrwertsteuersystemrichtlinie
MWSTV	Mehrwertsteuerverordnung
NJW	Neue Juristische Wochenschrift (Z)
No.	Number
Nr.	Nummer
NVwZ	Neue Zeitschrift für Verwaltungsrecht (Z)
NWB	Neue Wirtschafts-Briefe (Z)
öst. UStG	österreichisches Umsatzsteuergesetz
öst. UStR	österreichische Umsatzsteuerrichtlinien
ÖStZ	Österreichische Steuerzeitung (Z)
OFD	Oberfinanzdirektion
OG	Organgesellschaft
oHG	offene Handelsgesellschaft
OT	Organträger
o. V.	ohne Verfasser
OVGE	Amtliche Sammlung der Entscheidungen des Oberverwaltungsgerichts
OVGSt	Urteile des preußischen Oberverwaltungsgerichts
PartG	Partnerschaftsgesellschaft
PartGG	Gesetz über Partnerschaftsgesellschaften Angehöriger Freier Berufe
PersGes	Personengesellschaft
PIStB	Praxis Internationale Steuerberatung (Z)
PrOVG	Preußisches Oberverwaltungsgericht
RdW	Österreichisches Recht der Wirtschaft (Z)
RETT	Real Estate Transfer Tax-Blocker-Strukturen
RFH	Reichsfinanzhof
RFHE	Sammlung der Entscheidungen des Reichsfinanzhofs
RGBl.	Reichsgesetzblatt
RIW	Recht der internationalen Wirtschaft (Z)
RL	Richtlinie
Rn.	Randnummer
Rs.	Rechtssache
RStBl.	Reichsteuerblatt
S.	Seite
SE	Societas Europapaea
SE-VO	Verordnung über das Statut der Europäischen Gesellschaft
Slg.	Sammlung von Entscheidungen, Gesetzen

sog.	sogenannte
StÄndG	Steueränderungsgesetz
Stbg	Die Steuerberatung (Z)
StBp	Die steuerliche Betriebsprüfung (Z)
StBW	Steuerberater Woche (Z)
StC	SteuerConsultant (Z)
StED	Steuereildienst (Z)
SteuerStud	Steuer & Studium (Z)
SteuK	Steuerrecht kurzgefaßt (Z)
StuB	Steuern und Bilanzen (Z)
StuW	Steuern und Wirtschaft (Z)
SWI	Steuer & Wirtschaft International (Z)
SWK	Steuer- und Wirtschaftskartei (Z)
taxlex	Fachzeitschrift für Steuerrecht (Z)
TVA	Taxe sur la valeur ajouteé
u. a.	unter anderem
Ubg	Die Unternehmensbesteuerung (Z)
UG	Unternehmergesellschaft
UG & Co. KG	Unternehmergesellschaft & Compagnie Kommanditgesellschaft
Unterabschn.	Unterabschnitt
UR	Umsatzsteuer-Rundschau (Z)
USt	Umsatzsteuer
UStAE	Umsatzsteueranwendungserlass
UStB	Umsatz-Steuer-Berater (Z)
UStBG	Umsatzsteuer-Binnenmarktgesetz
UStDB	Durchführungsbestimmungen zum Umsatzsteuergesetz
USt direkt digital	Umsatzsteuer direkt digital (Z)
UStDV	Umsatzsteuer-Durchführungsverordnung
UStG	Umsatzsteuergesetz
UStGÄndG	Gesetz zur Änderung des Umsatzsteuergesetzes
UStG-E	Entwurf zum Umsatzsteuergesetz
USt-IdNr.	Umsatzsteuer-Identifikationsnummer
UVR	Umsatzsteuer- und Verkehrsteuer-Recht (Z)
VAT	Value Added Tax
VATA	Value Addes Tax Act
Vgl.	Vergleiche
VwGH	Verwaltungsgerichtshof
WM	Zeitschrift für Wirtschafts- und Bankrecht (Z)

WRP	Wettbewerb in Recht und Praxis (Z)
z. B.	zum Beispiel
ZEuP	Zeitschrift für Europäisches Privatrecht (Z)
ZGR	Zeitschrift für Unternehmens- und Gesellschaftsrecht (Z)
Ziff.	Ziffer
ZIP	Zeitschrift für Wirtschaftsrecht (Z)
zit.	zitiert
zzgl.	zuzüglich

A. Einleitung

I. Ausgangssituation

Bereits seit dem Jahr 1934[1] existiert das Rechtsinstitut der umsatzsteuerlichen Organschaft in nahezu unveränderter Art und Weise.[2] Durch dieses wurde erstmalig gesetzlich kodifiziert, dass eine juristische Person als unselbstständig und entsprechend nicht als Unternehmerin erachtet wird, wenn sie dem Willen eines Unternehmers derart untergeordnet ist, dass sie keine eigene Willensausübung vornehmen kann. Mithin ist die juristische Person in dieser Konstellation an die Weisungen des Unternehmers verpflichtend gebunden.[3] Infolge dieser Unterwerfung fungierte sie als Organ des Unternehmers in einer sog. umsatzsteuerlichen Organschaft.[4] Die ursprünglichen gesetzlichen Regelungen von 1934 wurden durch das Umsatzsteuergesetz[5] (UStG) aus dem Jahr 1967[6] in der Weise modifiziert, dass die noch heute erforderliche finanzielle, wirtschaftliche und organisatorische Eingliederung für juristische Personen in das Unternehmen des Organträgers vorgeschrieben wurde.[7] Im derzeitigen UStG befinden sich die Vorschriften zur umsatzsteuerlichen Organschaft in § 2 Abs. 2 Nr. 2 UStG.

Den unionsrechtlichen Rahmen für dieses Rechtsinstitut bildet Art. 11 der Mehrwertsteuersystemrichtlinie (MwStSystRL), der für EU-Mitgliedstaaten ein Ermessenserschließen formuliert. Dieses Ermessenserschließen räumt den Mitgliedstaaten die Erlaubnis ein, im Inland ansässige Personen, die zwar rechtlich unabhängig sind, jedoch durch gegenseitige finanzielle, wirtschaftliche und organisatorische Beziehungen eng miteinander verbunden sind, zusammen als

---

1 UStG vom 16.10.1934, RGBl. I 1934, S. 942.

2 Vgl. Widmann, DK 2003, S. 331; Prätzler, BB 2018, S. 599; Heuermann, DB 2016, S. 608.

3 Vgl. Stadie, in: Rau/Dürrwächter, UStG, 2018, § 2 Anm. 780; Treiber, in: Sölch/Ringleb, UStG, 2018, § 2 Rn. 91.

4 Vgl. Stadie, in: Rau/Dürrwächter, UStG, 2018, § 2 Anm. 781; Heuermann, DB 2016, S. 608; Stadie, UStG, 2015, § 2 Rn. 253.

5 UStG vom 29.05.1967, BGBl. I 1967, S. 545.

6 Zur geschichtlichen Entwicklung des Umsatzsteuerrechts siehe Kapitel B.III.

7 Vgl. RFH, Urteil vom 06.10.1920, II A 141/20, RFHE 3, S. 290; RFH, Urteil vom 11.11.1927, 1 A 75/27, RFHE 22, S. 183; RFH, Urteil vom 26.09.1927, V A 417/27, RFHE 22, S. 69; Stadie, in: Rau/Dürrwächter, UStG, 2018, § 2 Anm. 780; Korn, SteuK 2016, S. 145; Widmann, in: Herzig, Organschaft, 2003, S. 335.

einen Steuerpflichtigen zu behandeln (sog. Mehrwertsteuergruppe[8]). Der Wortlaut des § 2 Abs. 2 Nr. 2 UStG und des Art. 11 MwStStystRL ähnelt sich zwar, insbesondere hinsichtlich der drei Verbindungsmerkmale, identisch sind die Regelungen allerdings nicht.[9] Obwohl dieses Mehrwertsteuergruppenregime durch die Vorgaben des Art. 11 MwStSystRL in der Europäischen Union (EU) harmonisiert ist, existieren in den EU-Mitgliedstaaten in der Ausgestaltung ihrer Organschaftsregelungen signifikante Unterschiede.[10] Auch in Deutschland wurde bisher ein großzügiger Umsetzungsspielraum hinsichtlich der Gestaltung der umsatzsteuerlichen Organschaftsvorschrift nach § 2 Abs. 2 Nr. 2 UStG in Anspruch genommen.[11] Jedoch sollen bei der nationalen Etablierung dieser Regelungen die unionsrechtlichen Vorgaben zwingend zu berücksichtigen sein. Unter diesem Gesichtspunkt darf der nationale Gesetzgeber keine restriktiveren Vorschriften vorsehen als es der Richtlinienwortlaut des Art. 11 Abs. 1 MwStSystRL zulässt. Allerdings ist eine Abweichung erlaubt, wenn die in Art. 11 Abs. 2 MwStSystRL kodifizierten Rechtfertigungsgründe vorliegen.[12]

Während lange Zeit kein Anlass dafür bestand, die umsatzsteuerliche Organschaftsregelung infrage zu stellen, ist sie nunmehr seit einigen Jahren erheblichen Zweifeln hinsichtlich ihrer Vereinbarkeit mit dem Unionsrecht ausgesetzt. Angestoßen wurde die unionsrechtlich geprägte Debatte insbesondere durch eine jüngst ergangene Entscheidungsserie[13] des Europäischen Gerichtshofs (EuGH), die im verstärkten Maße Auffassungen nährte, dass die deutsche gesetzliche Regelung zur umsatzsteuerlichen Organschaft möglicherweise im Widerspruch zu den unionsrechtlichen Anforderungen stehen könnte. Vordergründig ist dabei der enge Anwendungsbereich des § 2 Abs. 2 Nr. 2 UStG. In

---

8 Demzufolge kennt das Unionsrecht das Rechtsinstitut der umsatzsteuerlichen Organschaft nicht, vgl. EU-Kommission, UR 2009, S. 632; Reiß, in: Reiß et al., UStG, 2018, § 2 Rn. 98.23. Hinsichtlich der rechtlichen Grundlagen einer Mehrwertsteuergruppe nach Art. 11 MwStSystRL wird auf die Ausführungen in Kapitel D.I. verwiesen.

9 Vgl. Korn, SteuK 2016, S. 146; dazu umfassend die Ausführungen in Kapitel D.III.

10 Für eine Darstellung der internationalen Ausgestaltung der Mehrwertsteuergruppenregime siehe insbesondere Kapitel D.

11 Vgl. BFH, Urteil vom 03.04.2008, V R 76/05, BStBl. II 2008, S. 905 unter II.1.; BFH, Urteil vom 19.05.2005, V R 31/03, BStBl. II 2005, S. 671 unter II.2.a)aa).

12 Für weitergehende Darlegungen siehe insbesondere Kapitel D.I. und II.

13 Etwa: EuGH, Urteil vom 16.07.2015, C 108/14 und C 109/14, ECLI:EU:C:2015:496; EuGH, Urteil vom 09.04.2013, C 85/11, ECLI:EU:C:2013:217; EuGH, Urteil vom 25.04.2013, C 480/10, ECLI:EU:C:2013:263, zum personenbezogenen und sachlichen Anwendungsbereich; EuGH, Urteil vom 17.09.2014, C 7/13, ECLI:EU:C:2014:2225, zum räumlichen Anwendungsbereich.

diesem Zusammenhang wird einerseits die Fragestellung aufgeworfen, ob nicht auch Personengesellschaften und nichtunternehmerisch tätige Gesellschaften als potenzielle Mitglieder in den deutschen Organkreis einzubeziehen sind. Aus dem unionsrechtlichen Blickwinkel ist grundsätzlich keine Einschränkung des Personenkreises vorgesehen. Andererseits ist zweifelhaft, ob der sachliche Anwendungsbereich in Gestalt eines Eingliederungsverhältnisses zwischen Organträger und Organgesellschaft noch unionsrechtskonform ausgestaltet ist. Denn nach Unionsrecht wird lediglich die weiter gefasste Begrifflichkeit der engen Verbundenheit vorausgesetzt.

Des Weiteren haben in der Vergangenheit internationale Unternehmen versucht, über grenzüberschreitende Organschaftsstrukturen den Leistungsaustausch zwischen Gesellschaften verschiedener Staaten ohne Umsatzsteuerbelastung zu erbringen.[14] Diesbezüglich hat der EuGH mit seiner Entscheidung in der verbundenen Rechtssache *Skandia America*[15] Stellung genommen und solchen grenzüberschreitenden Gestaltungsmöglichkeiten eine weitgehend einschränkende Wirkung zugewiesen. An dieser Stelle ist zu Recht die Frage aufgeworfen worden, wie der räumliche Anwendungsbereich nach Art. 11 MwStSystRL grundsätzlich zu interpretieren ist. Dem Richtlinienwortlaut folgend, müssen die Personen im Gebiet des EU-Mitgliedstaates ansässig sein. Angesichts dieser Festlegung auf inländische Personen dürften ausländische Personen regelmäßig keiner Mehrwertsteuergruppe beitreten können. Allerdings wird ein derartiges Auslegungsverständnis in der EU-Mitgliedstaatenpraxis nicht einheitlich gelebt.[16]

Insgesamt ist der personenbezogene, sachliche und räumliche Anwendungsbereich des § 2 Abs. 2 Nr. 2 UStG nach wie vor nicht abschließend geklärt. Verstärkt wird dies insbesondere mit Bezug auf den personenbezogenen und sachlichen Anwendungsbereich dadurch, dass die nationalen Umsatzsteuersenate des Bundesfinanzhofs (BFH) die Vorgaben des EuGH in einigen zentralen Punkten jüngst mit divergierender Tragweite umgesetzt haben.[17] Im Ergebnis

14 Vgl. De Feo, UR 2017, S. 376.

15 EuGH, Urteil vom 17.09.2014, C 7/13, ECLI:EU:C:2014:2225.

16 Vgl. Kapitel D.III.3.

17 Zu den divergierenden Lösungsansätzen der Umsatzsteuersenate: BFH, Urteil vom 02.12.2015, V R 25/13, BStBl. II 2017, S. 547; BFH, Urteil vom 02.12.2015, V R 15/14, BStBl. II 2017, S. 553; BFH, Urteil vom 02.12.2015, V R 67/14, BStBl. II 2017, S. 560; BFH, Urteil vom 19.01.2016, XI R 38/12, BStBl. II 2017, S. 567; BFH, Urteil vom 01.06.2016, XI R 17/11, BStBl. II 2017, S. 581.

bestehen jedoch erhebliche Bedenken, ob auf nationaler Ebene ein mit dem Unionsrecht zu vereinbarender Rechtsstatus vorliegt bzw. geschaffen wurde.

II. Zielsetzung und Gang der Untersuchung

Mit der vorliegenden Dissertationsschrift wird die Aufgabe verfolgt, die Möglichkeiten und Grenzen des Anwendungsbereichs der umsatzsteuerlichen Organschaft nach § 2 Abs. 2 Nr. 2 UStG unter besonderer Berücksichtigung europäischer Einflüsse umfassend zu analysieren. In diesem Zusammenhang sind daher die Rechtsfolgen und -wirkungen der umsatzsteuerlichen Organschaft nicht Gegenstand der vorliegenden Untersuchung. Hauptaugenmerk der wissenschaftlichen Auseinandersetzung liegt ausschließlich auf dem Anwendungsbereich der umsatzsteuerlichen Organschaft, der sich aus einer personenbezogenen, räumlichen und sachlichen Komponente zusammensetzt. Diese Aspekte legen eine Vorgehensweise nahe, die auf vier relevanten Sachverhalten beruht. Es handelt sich um:

- das zwingende Erfordernis der Unternehmereigenschaft des Organträgers sowie der Organgesellschaft,
- die gesetzliche Einschränkung des Tatbestandsmerkmals „Organgesellschaft" in § 2 Abs. 2 Nr. 2 UStG auf juristische Personen,
- die Eingliederungsmerkmale aus finanzieller, wirtschaftlicher und organisatorischer Sicht
- sowie die räumliche Einschränkung des Personenkreises.

Diese Kernelemente sind auf eine mögliche unionsrechtliche Unvereinbarkeit hin zu untersuchen. Anhand der gewonnenen Untersuchungsergebnisse werden dem deutschen Gesetzgeber Implikationen für eine Weiterentwicklung des Anwendungsbereichs des deutschen Organschaftskonzepts an die Hand gegeben. Mithin wird die Zielsetzung verfolgt, eine aus wissenschaftlicher Sicht im Rahmen des von der Verfasserin gesetzten Schwerpunktes, in Abgrenzung zu anderen Forschungsarbeiten[18], eine dem aktuellen

---

18 In Abgrenzung zu Schnarrenberger, Die umsatzsteuerliche Organschaft, 2014 (Rechtsstand: 12/2011); Hartman, Die Vereinbarkeit der umsatzsteuerrechtlichen Organschaft mit dem Europäischen Unionsrecht, 2013 (Rechtsstand 02/2013); Boor, Die Gruppenbesteuerung im harmonisierten Mehrwertsteuerrecht: Analyse unter Berücksichtigung der unionsrechtlichen Vorgaben für das deutsche Organschaftrecht, 2014 (Rechtsstand: 01/2014); Luber, Die umsatzsteuerliche Organschaft: Eine europarechtliche Analyse von Reformbedarf im Lichte aktueller Rechtsentwicklungen, 2016 (Rechtsstand: 09/2014); Endres, Mehrwertsteuergruppe nach Art. 11 MwStSystRL: Entwicklung

Rechtsstand[19] gerecht werdende Untersuchung vorzunehmen. Die Vorgehensweise in der gesamten Arbeit ist dabei durchgängig von einem interdisziplinären Ansatz geprägt, der sowohl Aspekte der Betriebswirtschaftlichen Steuerlehre, des Europäischen Unionsrechts als auch des Steuerrechts in sich vereint. Insbesondere die kritische Analyse des geltenden Steuerrechts und die Unterbreitung von Lösungshinweisen für mögliche Gesetzesänderungen werden der dritten Hauptaufgabe der Betriebswirtschaftlichen Steuerlehre[20], nämlich der Steuerrechtsgestaltungsanalyse, zugeordnet.

Die folgende Untersuchung gliedert sich insgesamt in sieben Kapitel (A bis G), wobei das erste und letzte Kapitel – mit Einleitung (Kapitel A) und Zusammenfassung und Ausblick (Kapitel G) – einen Rahmen der Auseinandersetzung mit dem Thema bilden. Kapitel A bietet eine thematische Einführung, die insbesondere die Ausgangssituation, die Zielsetzung sowie den Gang der Untersuchung

---

einer Gruppenbesteuerung in Deutschland, 2016 (Rechtsstand: 07/2015) und Hoff, Die Anwendung der Umsatzsteuerorganschaft im nationalen Recht: Entwicklung, Voraussetzungen, Wirkung und Bedeutung, 2016 (Rechtsstand: 08/2015).

19 Insgesamt unterliegt das Rechtsinstitut der umsatzsteuerlichen Organschaft, insbesondere seit Dezember 2015, einem dynamischen Rechtsprechungsprozess auf nationaler Ebene, etwa: BFH, Urteil vom 02.12.2015, V R 25/13, BStBl. II 2017, S. 547; BFH, Urteil vom 02.12.2015, V R 15/14, BStBl. II 2017, S. 553; BFH, Urteil vom 02.12.2015, V R 67/14, BStBl. II 2017, S. 560; BFH, Urteil vom 03.12.2015, V R 36/13, BStBl. II 2017, S. 563; BFH, Urteil vom 19.01.2016, XI R 38/12, BStBl. II 2017, S. 567; BFH, Urteil vom 01.06.2016, XI R 17/11, BStBl. II 2017, S. 581; BFH, Urteil vom 10.08.2016, XI R 41/14, BStBl. II 2017, S. 590; BFH, Urteil vom 24.08.2016, V R 36/15, BStBl. II 2017, S. 595; BFH, Urteil vom 12.10.2016, XI R 30/14, BStBl. II 2017, S. 597; BFH, Urteil vom 15.12.2016, V R 14/16, BStBl. II 2017, S. 600; BFH, Urteil vom 15.12.2016, V R 44/15, BFHE 256, S. 557; BFH, Urteil vom 22.02.2017, XI R 13/15, BFH/NV 2017, S. 1001; BFH, Urteil vom 10.05.2017, V R 7/16, BStBl. II 2017, S. 1261, mit dem erhebliche Änderungen in Bezug auf den Anwendungsbereich nach § 2 Abs. 2 Nr. 2 UStG verbunden sind. Allerdings konnten diese wesentlichen Rechtsprechungsentwicklungen keinen Niederschlag in die zuvor genannten Forschungsarbeiten finden. Ebenso bleiben die erst in 2017 und 2018 erschienenen Arbeitspapiere zur Auslegung der „finanziellen, wirtschaftlichen und organisatorischen Verbindungen nach Art. 11 MwStSystRL" des Mehrwertsteuerausschusses und der Mehrwertsteuerexpertengruppe unberücksichtigt, vgl. Mehrwertsteuerausschuss, Working Paper No. 918, 2017, S. 1 und Mehrwertsteuerexpertengruppe, VEG No. 70 REV1, 2018, S. 1. Aus diesem Grunde verbleibt auch nach diesen Forschungsbeiträgen weiterhin ein erhöhter Analyse- und Auslegungsbedarf.

20 Zu den Hauptaufgaben der Betriebswirtschaftlichen Steuerlehre insbesondere: Wöhe et al., Allgemeine Betriebswirtschaftslehre, 2016, S. 1 ff.

beinhaltet. Im Grundlagenkapitel B wird zunächst für ein Grundverständnis das Spannungsfeld zwischen dem Europäischen Unionsrecht und dem nationalen Umsatzsteuerrecht thematisiert. In diesem Zusammenhang werden in einem ersten Schritt die wesentlichen Rechtsvorschriften des Europäischen Unionsrechts und ihre Wirkungsentfaltung vorgestellt, um sodann in einem zweiten Schritt eine Einordnung der indirekten Steuern in die Europäisierungsverpflichtung vorzunehmen. Allerdings liegt der Fokus dieses Kapitels auf den Methoden und Grenzen der Auslegung von Richtlinien. Die Kenntnis der verschiedenen Auslegungsmethoden und -grundsätze ist für eine wissenschaftliche Auseinandersetzung, insbesondere für das methodische Vorgehen dieser Dissertationsschrift im Sinne der Prüfung der Vereinbarkeit des Anwendungsbereichs des § 2 Abs. 2 Nr. 2 UStG mit dem des Art. 11 MwStStystRL, von essentieller Bedeutung. Abgerundet wird das Grundlagenkapitel B mit einer prägnanten Darlegung der geschichtlichen Entwicklung des UStG unter europäischer Beeinflussung.

Die Überprüfung der Unionsrechtskonformität und eine damit verbundene potenzielle unionsrechtliche Weiterentwicklung der umsatzsteuerlichen Organschaft nach § 2 Abs. 2 Nr. 2 UStG bedarf zunächst einer Auseinandersetzung mit dem Status Quo dieser Organschaftsregelung. Aufgrund dessen erfolgt in einem zweiten Grundlagenkapitel C eine Vorstellung des umsatzsteuerlichen Organschaftsmodells. Bevor auf die tatbestandlichen Voraussetzungen sowie Rechtsfolgen und -wirkungen der umsatzsteuerlichen Organschaft eingegangen wird, werden in einem historischen Kontext die Entstehung und Entwicklung der umsatzsteuerlichen Organschaft beleuchtet. Vor diesem Hintergrund erfolgt insgesamt eine kritische Analyse, welche Anforderungen an die umsatzsteuerliche Organschaft aus nationaler Perspektive gestellt werden. Weiterhin werden die wesentlichen Vor- und Nachteile[21], die unabdingbar für den weiteren Untersuchungsverlauf sind, herausgearbeitet. Das Grundlagenkapitel C schließt mit einer zusammenfassenden Würdigung des Status Quo zur umsatzsteuerlichen Organschaft.

Im ersten Hauptkapitel D wird eine umfassende Prüfung des Anwendungsbereichs der umsatzsteuerlichen Organschaft nach § 2 Abs. 2 Nr. 2 UStG auf ihre Vereinbarkeit mit den unionsrechtlichen Anforderungen durchgeführt. Dieser Untersuchung werden zunächst in einem ersten Schritt für ein besseres Verständnis die unionsrechtlichen Rahmenbedingungen einer Mehrwertsteuergruppe nach Art. 11 MwStSystRL vorangestellt, um sodann in einem zweiten

---

21 Eingehend zu weiteren Vor- und Nachteilen einer umsatzsteuerlichen Organschaft: Grune/Mönckedieck, UR 2012, S. 546 ff.

Schritt den personenbezogenen, räumlichen und sachlichen Anwendungsbereich der umsatzsteuerlichen Organschaft einer Unionsrechtsprüfung zu unterziehen. Zur Erkenntnisgewinnung werden insbesondere die Auffassungen der EU-Kommission, des Mehrwertsteuerausschusses, der Mehrwertsteuerexpertengruppe, die Ansichten aus europäischer und nationaler Rechtsprechung sowie das Meinungsbild aus dem wissenschaftlichen Schrifttum herangezogen. Darüber hinaus werden zur Verdichtung der Untersuchungsergebnisse das Auslegungsverständnis der EU-Mitgliedstaaten, die eine Mehrwertsteuergruppe in ihre nationale Rechtsordnung eingeführt haben, und das des Nicht-Mitgliedstaates Schweiz, berücksichtigt. Die Schweiz ist zwar nicht an die Rahmenbedingungen des Art. 11 MwStSystRL gebunden, allerdings hat sie sich bei der Einführung ihrer nationalen Vorschriften zur Gruppenbesteuerung an den unionsrechtlichen Vorgaben orientiert.[22] Daher können aus dieser Betrachtung durchaus lohnenswerte Erkenntnisse gezogen werden, die als Orientierungshilfe für die Weiterentwicklung des Anwendungsbereichs der deutschen Organschaftsregelung nach § 2 Abs. 2 Nr. 2 UStG genutzt werden können. Andere außereuropäische Staaten werden von der Untersuchung ausgeschlossen, da es in solchen Fällen an einem gemeinsamen Vergleichsmaßstab im Sinne des Art. 11 MwStSystRL mangelt. Denn grundsätzlich sind ausschließlich die EU-Mitgliedstaaten verpflichtet, die unionsrechtlichen Vorgaben zur Mehrwertsteuergruppe in ihre innerstaatlichen Rechtsordnungen umzusetzen.[23]

Da sich derzeit eine Eingliederung von Personengesellschaften als Organgesellschaft in den umsatzsteuerlichen Organkreis lediglich aus den neuen Rechtsprechungstendenzen der Umsatzsteuersenate des BFH sowie aus den Anweisungen der Finanzverwaltung ergibt, erfolgt in einem separaten, zweiten Hauptkapitel E eine vollumfängliche Untersuchung des Status Quo der umsatzsteuerlichen Organschaft mit Personengesellschaften. Dabei werden im Besonderen zur Erkenntnisgewinnung die neuen Rechtsprechungsentwicklungen aus nationaler und europäischer Sichtweise herangezogen. Weiterhin werden vor allem die praktischen Problemfelder im Zusammenhang mit der Eingliederung von Personengesellschaften als Organgesellschaft in den umsatzsteuerlichen

22 Vgl. Camenzind et al., Handbuch zum Mehrwertsteuergesetz, 2012, S. 3; Russi/Knaisch, PIStB 2009, S. 347. Zur Einführung einer Schweizer Gruppenbesteuerung in das Mehrwertsteuergesetz siehe insbesondere: Romang/Schafroth, Der Schweizer Treuhänder 1999, S. 1266 ff.; De Feo, MwStR 2017, S. 493 ff.

23 Vgl. Richtlinie 2006/112/EG des Rates vom 28.11.2006 über das gemeinsame Mehrwertsteuersystem, ABl. EU 2006 Nr. L 347, S. 1, sofern sich die EU-Mitgliedstaaten für die Einführung einer Mehrwertsteuergruppe entscheiden.

Organkreis aufgezeigt. Da angenommen werden muss, dass Personengesellschaften lediglich in einem selektiven Umfang als Organgesellschaft fungieren können, werden des Weiteren Überlegungen angestellt, um sämtlichen Personengesellschaftsarten den Zugang zur umsatzsteuerlichen Organschaft zu gewähren.

In einem letzten Hauptkapitel F wird sodann ein konkreter Lösungsansatz zur Weiterentwicklung des Anwendungsbereichs zur umsatzsteuerlichen Organschaft nach § 2 Abs. 2 Nr. 2 UStG präsentiert und einer kritischen Würdigung unterzogen. Dieser Ansatz soll insbesondere die in den Hauptkapiteln D und E herausgearbeiteten problembehafteten Schwachstellen des derzeit bestehenden umsatzsteuerlichen Organschaftskonzepts lösen. Die vorliegende Dissertationsschrift schließt in Kapitel G mit einer thesenförmigen Zusammenfassung der gewonnenen Untersuchungsergebnisse sowie mit einem Ausblick auf die zukünftige Entwicklung zur deutschen umsatzsteuerlichen Organschaftsregelung nach § 2 Abs. 2 Nr. 2 UStG.

Die folgende wissenschaftliche Untersuchung basiert auf dem Rechtsstand vom 30. November 2018 und berücksichtigt die bis zu diesem Zeitpunkt veröffentlichte Literatur und Rechtsprechung.

B. Unionsrecht und dessen Einflussnahme auf das UStG

I. Einwirkung des Unionsrechts auf das nationale Recht

1. Rechtsvorschriften des Unionsrechts und ihre Wirkungsentfaltung

Grundsätzlich stellt das Unionsrecht supranationales[24] Recht dar, d. h. es handelt sich um eine eigenständige, vom Recht der EU-Mitgliedstaaten, unabhängige Rechtsordnung[25]. Diese Rechtsordnung wird regelmäßig in sog. Primärrecht und in das von den Organen der Union erlassene sog. Sekundärrecht unterteilt.[26] Das Primärrecht ist als Richtschnur für das aus ihm abgeleitete Sekundärrecht zu verstehen.[27] In diesem Zusammenhang erfolgt eine Konkretisierung der aus dem Primärrecht abgeleiteten Zielvorgaben.[28] Zum Primärrecht, das an erster Stelle der unionsrechtlichen Normenhierarchie steht, zählen insbesondere seit dem Vertrag von Lissabon vom 13. Dezember 2007[29] die zwei gleichrangigen Verträge, nämlich der Vertrag über die Arbeitsweise der Europäischen Union (AEUV)[30] und der Vertrag über die Europäische Union (EUV)[31].[32] Dazu gehören

24 Vgl. Nettesheim, in: Oppermann et al., Europarecht, 2018, § 9 Rn. 13.

25 Vgl. EuGH, Urteil vom 15.07.1964, Rs. 6/64, Slg. 1964, S. 01269.

26 Vgl. Pieper, in: Dauses/Ludwigs, Handbuch des EU-Wirtschaftsrechts, 2018, B.I. Rechtsquellen Rn. 2; Schwarze, in: Schwarze, EU-Kommentar, 2012, Art. 19 EUV Rn. 22, der zudem das ungeschriebene Recht als eigene Kategorie anführt. Ferner: Englisch, in: Tipke/Lang, Steuerrecht, 2018, § 4 Rn. 1, 2 und 5.

27 Vgl. Nettesheim, in: Oppermann et al., Europarecht, 2018, § 9 Rn. 64.

28 Vgl. Schroeder, in: Streinz, EUV/AEUV, 2018, Art. 288 AEUV Rn. 23 f.; Englisch, in: Tipke/Lang, Steuerrecht, 2018, § 4 Rn. 5.

29 Gesetz zum Vertrag von Lissabon, vom 13.12.2007, BGBl. II 2008, S. 1038.

30 Vertrag über die AEUV vom 09.05.2008, ABl. EG Nr. C 115, S. 47.

31 Vertrag über die EU vom 09.05.2008, ABl. EG Nr. C 115, S. 13. Daneben existiert weiterhin der Vertrag zur Gründung der Europäischen Atomgemeinschaft vom 25.03.1957, BGBl. II 1957, S. 1014, der jedoch nur vereinzelt relevante Besteuerungsvorschriften aufweist. Diese beschränken sich auf nukleare Brennstoffe und die damit verbundenen Unternehmen.

32 Vgl. Borchardt, Die rechtlichen Grundlagen der EU, 2015, § 3 Rn. 83.

weiterhin Protokolle, Anlagen und Anhänge (Art. 51 EUV), die Grundrechte-Charta[33] (Art. 6 Abs. 1 EUV) sowie die Bestimmungen in nicht konsolidierten Abkommen mit primärrechtlichem Charakter.[34] Zudem beinhaltet das Primärrecht auch die sog. ungeschriebenen allgemeinen Rechtsgrundsätze des Unionsrechts.[35] Vor allem sind hier der Grundsatz der Gleichbehandlung[36], der Rechtssicherheit, der Rechtsklarheit[37] und des Vertrauensschutzes[38] zu nennen.[39]

Die zuvor genannten Verträge bilden die Grundordnung der EU und werden daher immer mehr als sog. Verfassung bezeichnet.[40] Derartige Verträge haben zentrale Zielvorstellungen der Integrationspolitik und Kompetenzregelungen innerhalb der EU zum Inhalt.[41] Letztere entscheiden darüber, in welchen (steuerlichen) Bereichen die EU mit Wirkung für die Mitgliedstaaten tätig werden darf. An dieser Stelle gilt für die Zuständigkeiten zwischen der EU und ihren Mitgliedstaaten der sog. Grundsatz der begrenzten Einzelermächtigung[42] (Art. 4 Abs. 1, Art. 5 Abs. 1 EUV und Art. 2 Abs. 6 AEUV). Nach dem Einzelermächtigungscharakter fungiert die EU ausschließlich innerhalb ihrer Befugnisgrenzen, welche die EU-Mitgliedstaaten ihr in den Verträgen zur Erreichung der darin festgehaltenen Ziele übertragen haben (Art. 5 Abs. 2 EUV). In diesem Sinne verfügt die EU gegenüber den einzelnen Mitgliedstaaten über keine Allzuständigkeit[43] oder über eine sog.

---

33 Die Grundrechte-Charta wurden am 18.12.2000, ABl. EU Nr. C 364, S. 1 vom Europäischen Rat ohne Rechtsverbindlichkeit veröffentlicht, vgl. Englisch, in: Tipke/Lang, Steuerrecht, 2018, § 4 Rn. 2 (in Fn. 5).

34 Vgl. umfassend dazu: Müller-Graff, in: Dauses/Ludwigs, Handbuch des EU-Wirtschaftsrechts, 2018, A.I. Verfassungsziele der EU Rn. 80; Schwarze, in: Schwarze, EU-Kommentar, 2012, Art. 19 EUV Rn. 22.

35 Vgl. Schwarze, in: Schwarze, EU-Kommentar, 2012, Art. 19 EUV Rn. 23.

36 Vgl. EuGH, Urteil vom 10.04.2008, C 309/06, ECLI:EU:C:2008:211, Rn. 51.

37 Vgl. GA Konkott, Schlussanträge vom 15.12.2005, C 443/04 und C 444/04, ECLI:EU:C:2005:788, Rn. 34.

38 Vgl. EuGH, Urteil vom 10.09.2009, C 201/08, ECLI:EU:C:2009:539, Rn. 28 f.

39 Vgl. Lippross, Umsatzsteuer, 2017, S. 65 f.

40 Vgl. EuGH, Gutachten vom 14.12.1991, C 1/91, Slg. 1991, S. I-06079, spricht von der verfassungsmäßigen Bedeutung der Verträge. Auch dazu: Schwarze, in: Schwarze, EU-Kommentar, 2012, Art. 19 EUV Rn. 22; Pieper, in: Dauses/Ludwigs, Handbuch des EU-Wirtschaftsrechts, 2018, B.I. Rechtsquellen Rn. 3.

41 Vgl. Borchardt, Die rechtlichen Grundlagen der EU, 2015, § 3 Rn. 82; Englisch, in: Tipke/Lang, Steuerrecht, 2018, § 4 Rn. 5.

42 Insgesamt zum sog. Prinzip der begrenzten Einzelermächtigung: Beermann, in: Mößlang, Umsatzsteuerkongreß-Bericht 1995/96, 1996, S. 19.

43 Vgl. Biervert, in: Schwarze, EU-Kommentar, 2012, Art. 288 AEUV Rn. 13 m. w. N.

Kompetenz-Kompetenz[44]. Die nicht ausdrücklich der EU zugewiesenen Zuständigkeitsbereiche verbleiben ausschließlich bei den jeweiligen Mitgliedstaaten. Nach derzeitigem Rechtsstand fallen in Verbindung mit dem Steuerrecht ausschließlich die indirekten Steuern in den Kompetenzbereich der EU.[45] Dieser umfasst insbesondere die Umsatzsteuer, die Verbrauchsabgaben und sonstige indirekte Steuern. Aus der Zuordnung dieser Steuern ergibt sich explizit ein sog. Harmonisierungsauftrag nach Maßgabe des Art. 113 AEUV.[46]

Unter Berücksichtigung der begrenzten Einzelermächtigung eröffnet das Primärrecht den Organen der EU Kompetenzen zur Vereinheitlichung, Angleichung und Koordination des in ihren Mitgliedstaaten geltenden Rechts durch Rechtsakte des sekundären Unionsrechts.[47] Daher ist das Sekundärrecht für die Durchführung der Zuständigkeiten der Organe von maßgeblicher Relevanz. Unter anderem zählen zu den sekundären Rechtsakten Verordnungen, Richtlinien, Beschlüsse, Empfehlungen und Stellungnahmen (Art. 288 Abs. 1 AEUV). Sekundärrechtliche Regelungen in Form von Richtlinien[48] und Verordnungen bilden jedoch den Schwerpunkt der gemeinschaftlichen Erlasstätigkeit.[49] Beide Instrumente entfalten allerdings unterschiedliche Wirkungen. Die Richtlinie beinhaltet lediglich die Zielbestimmungen für die EU-Mitgliedstaaten und bedarf demzufolge noch der innerstaatlichen Umsetzung durch den nationalen Gesetzgeber, um Wirkungen für Bürger und Unternehmen in den Mitgliedstaaten zu entfalten (Art. 288 Abs. 3 AEUV). Dagegen stellt das Verordnungsinstrument in jedem Mitgliedstaat unmittelbar geltendes Recht dar (Art. 288 Abs. 2 AEUV). Des Weiteren bleibt die Wahl der Form und der Mittel zur Erreichung der Richtlinienziele den innerstaatlichen Instanzen überlassen.[50] Notwendig ist

---

44 Mit einer sog. Kompetenz-Kompetenz ist die rechtliche Befugnis verbunden, über die vertraglichen Kompetenzen des Integrationsverbandes zu entscheiden, vgl. Calliess, in: Calliess/Ruffert, EUV/AEUV, 2016, Art. 5 EUV Rn. 6; Nettesheim, in: Oppermann et al., Europarecht, 2018, § 9 Rn. 8.

45 Demgegenüber legt Art. 114 AEUV ausdrücklich fest, dass die direkten Steuern nicht in den Kompetenzbereich der EU fallen, sondern bei den jeweiligen Mitgliedstaaten verbleiben.

46 Vgl. Bahns et al., in: von der Groeben et al., Europäisches Unionsrecht, 2015, Art. 113 AEUV Rn. 1.

47 Vgl. Englisch, in: Tipke/Lang, Steuerrecht, 2018, § 4 Rn. 5.

48 Vgl. Reiß, in: Reiß et al., UStG, 2018, Einführung UStG Rn. 102.

49 Vgl. Englisch, in: Tipke/Lang, Steuerrecht, 2018, § 4 Rn. 5 f.; Lippross, Umsatzsteuer, 2017, S. 39.

50 Sofern die Kompetenzvorschrift es zulässt, können die Organe der EU die Art des Rechtsaktes nach pflichtgemäßem Ermessen wählen, vgl. Biervert, in: Schwarze,

daher eine Umsetzung durch einen nationalen Rechtsakt. Welcher Form dieser Rechtsakt bedarf, richtet sich nach dem nationalen Recht.[51] Weiterhin bedeutet dies auch, dass eine unmittelbare Wirkungsentfaltung[52] der Richtlinien gegenüber Einzelnen regelmäßig ausscheidet. In diesem Sinne handelt es sich lediglich um eine mittelbare Richtlinienwirkung, da der Unionsbürger zunächst auf die Einführung in nationales Recht warten muss, um sich ausschließlich auf diese beziehen zu können.[53] Abschließend ist anzuführen, dass das primärrechtliche Unionsrecht Anwendungsvorrang vor dem Sekundärrecht genießt.[54] Mithin bedeutet dies, dass sich die Organe der EU bei der sekundärrechtlichen Angleichung des nationalen Rechts an den primärrechtlichen Vorgaben orientieren müssen und im Umkehrschluss gegen diese nicht verstoßen dürfen.[55] Das gesamte Unionsrecht, bestehend aus Primär- und Sekundärrecht, beherrscht die nationalen Rechtsordnungen der jeweiligen EU-Mitgliedstaaten.[56] Daraus ergibt sich die Verpflichtung nationaler Behörden und Gerichte, das nationale Recht unionsrechtskonform auszulegen und unionswidriges, nationales Recht nicht anzuwenden.[57]

EU-Kommentar, 2012, Art. 288 AEUV Rn. 28; Ruffert, in: Calliess/Ruffert, EUV/AEUV, 2016, Art. 288 AEUV Rn. 15.

51 Vgl. Reiß, in: Reiß et al., UStG, 2018, Einführung UStG Rn. 102.

52 Zu den Voraussetzungen und Rechtsfolgen einer unmittelbaren Anwendbarkeit von Richtlinienrecht siehe insbesondere Kapitel B.II.5.

53 Vgl. Heidner, UR 2003, S. 70 f.

54 Zum unbestrittenen Anwendungsvorrang: Ruffert, in: Calliess/Ruffert, EUV/AEUV, 2016, Art. 288 AEUV Rn. 8; Müller-Gräf, in: Dauses/Ludwigs, Handbuch des EU-Wirtschaftsrechts, 2018, A.I. Verfassungsziele der EU Rn. 82 f.; Stettner, in: Dauses/Ludwigs, Handbuch des EU-Wirtschaftsrechts, 2018, A.IV. Unionsrecht und nationales Recht Rn. 4 f.

55 Vgl. Nettesheim, in: Oppermann et al., Europarecht, 2018, § 9 Rn. 173.

56 Vgl. EuGH, Urteil vom 15.07.1964, Rs. 6/64, Slg. 1964, S. 01141. Das Unionsrecht gilt auch im Verhältnis zum nationalen Verfassungsrecht als vorrangig. Dazu auch: Klenk, in: Sölch/Ringleb, UStG, 2018, Wesen der Umsatzsteuer, Verhältnis von nationalem Recht zum Unionsrecht Rn. 13.

57 Vgl. Klenk, in: Sölch/Ringleb, UStG, 2018, Wesen der Umsatzsteuer, Verhältnis von nationalem Recht zum Unionsrecht Rn. 16; Berger et al., MwStSystRL, 2009, S. 25.

2. Einbettung der indirekten Steuern in die Europäisierungsverpflichtung

a. *Allgemeines*

Das Recht eines jeden Mitgliedstaates, Steuern zu erheben und in diesem Sinne die staatliche Steuerhoheit auszuüben, gehört zu den fundamentalen Souveränitätsrechten der EU-Mitgliedstaaten.[58] Die Verträge reglementieren die Besteuerung jedoch nur insoweit, als die spezifischen Integrationsbestrebungen des Unionsrechts betroffen sind.[59] Angesichts der hohen Sensibilität der Besteuerungssysteme haben die einzelnen EU-Mitgliedstaaten bei der Verhandlung und Erarbeitung der Verträge nur in begrenztem Maße Kompetenzen abgegeben.[60] Insgesamt ist innerhalb der Verträge ein Teil der Steuervorschriften in den Art. 110 bis 113 AEUV kodifiziert. Weitere besteuerungsrelevante Bestimmungen lassen sich aus Art. 65 Abs. I lit. a), Art. 114 Abs. 2, Art. 192 Abs. 2 lit. a) und Art. 194 Abs. 3 AEUV sowie den allgemeinen Vorschriften zur Rechtsangleichung in Art. 115 und Art. 116 AEUV entnehmen. Ergänzend kommen die Grundfreiheiten des Primärrechts hinzu, die bei Diskriminierungen und Beschränkungen herangezogen werden können.[61] Die Steuervorschriften der Union stellen jedoch kein autonomes und geschlossenes Steuersystem dar.[62] Weiterhin findet innerhalb der unionsrechtlichen Besteuerungsvorschriften eine systematische Differenzierung zwischen den direkten[63] und indirekten Steuern statt.[64] Eine derartige Differenzierung wird damit begründet, dass die direkten Steuern eben die Personen und nicht die Warenbewegung belasten, sodass von

58 Vgl. EuGH, Urteil vom 27.02.1985, C 55/83, Slg. 1985, S. 00683. Ferner: Birk, FR 2005, S. 121 und 124.

59 Vgl. Stumpf, in: Schwarze, EU-Kommentar, 2012, Art. 113 AEUV Rn. 1. Nach Frenz, Europarecht, 2016, Rn. 815 m. w. N., entspricht dies auch dem Ansatz des BVerfG, die „demokratiesensiblen Bereiche bei sachlicher Erfordernis grenzüberschreitender Gestaltung dem Unionsrecht" zu öffnen.

60 Vgl. Frenz, Europarecht, 2016, Rn. 814.

61 Die vier Grundfreiheiten des AEUV setzen sich aus der Personenfreizügigkeit (Art. 21 ff. AEUV), der Warenverkehrsfreiheit (Art. 28 ff. AEUV), der Dienstleistungsfreiheit (Art. 56 ff. AEUV) und der Kapitalverkehrsfreiheit (Art. 63 ff. AEUV) zusammen.

62 Vgl. Frenz, Europarecht, 2016, Rn. 815.

63 Für eine Begriffsbestimmung einer sog. direkten Steuer siehe: Hey, in: Tipke/Lang, Steuerrecht, 2018, § 7 Rn. 20.

64 Vgl. Frenz, Europarecht, 2016, Rn. 816.

ihnen unmittelbar weder eine Wettbewerbsverfälschung noch eine Marktbeeinträchtigung ausgeht.[65]

Im Übrigen beinhalten die Verträge in erster Linie zwei selbstständige Instrumente zur Wahrung der Umsetzung der Steuerpolitik in der EU. Das sind einerseits die Diskriminierungsverbote und andererseits das Harmonisierungsgebot.[66] Auf dem Gebiet der indirekten Steuern stellen Art. 110 und Art. 111 AEUV abgabenrechtliche Diskriminierungsverbote mit dem Ziel der Unterbindung diskriminierender Steuerpraktiken dar.[67] Dabei normiert Art. 110 Abs. 1 AEUV ein klassisches Diskriminierungsverbot für die indirekten Steuern, das sich in Art. 110 Abs. 2 AEUV ebenso auf den Subventionswettbewerb ausdehnt. Hingegen erfasst Art. 111 AEUV ein Privilegierungsverbot für die Rückvergütung indirekter Steuern. Komplettiert werden die Diskriminierungsverbote durch das Harmonisierungsgebot nach Art. 113 AEUV, welches das zweite Instrumentarium darstellt. Da sich Art. 110 AEUV und Art. 113 AEUV gegenseitig ergänzen, ist grundsätzlich eine einheitliche Anwendung nicht gefährdet.[68]

b. Harmonisierungsauftrag nach Art. 113 AEUV

Gemäß Art. 113 AEUV besteht ausdrücklich eine Verpflichtung, die nationalen Rechtsvorschriften der EU-Mitgliedstaaten über die indirekten Steuern zu harmonisieren. In diesem Zusammenhang soll es sich bei solchen Rechtsvorschriften um bereits bestehende Regelungen handeln.[69] In diesem Sinne kann Art. 113 AEUV nicht zur Schaffung einer neuen Steuerart herangezogen werden.[70] Darauf zurückführend beschränkt sich das Harmonisierungsgebot grundsätzlich auf Steuern, die die charakteristischen Züge der Umsatzsteuer annehmen.[71]

---

65 Vgl. Birk, FR 2005, S. 122. Aus diesem Grunde soll für die direkten Steuern nicht die Notwendigkeit existieren, diese ausdrücklich vertraglich zu regeln. Auch wenn die direkten Steuern primär in den Zuständigkeitsbereich der EU-Mitgliedstaaten fallen, müssen diese ihre Zuständigkeit unter Sicherstellung des Unionsrechts ausüben, vgl. Menck, FR 2002, S. 269.

66 Vgl. Waldhoff, in: Calliess/Ruffert, EUV/AEUV, 2016, Art. 110 AEUV Rn. 1 und 7.

67 Vgl. Kamann, in: Streinz, EUV/AEUV, 2018, Art. 113 AEUV Rn. 2.

68 Vgl. Bahns et al., in: von der Groeben et al., Europäisches Unionsrecht, 2015, Art. 113 AEUV Rn. 16.

69 Vgl. Stumpf, in: Schwarze, EU-Kommentar, 2012, Art. 113 AEUV Rn. 5.

70 Vgl. Stumpf, in: Schwarze, EU-Kommentar, 2012, Art. 113 AEUV Rn. 5; Seiler, in: Grabitz et al., Das Recht der EU, 2018, Art. 113 AEUV Rn. 29 m. w. N.; Klein, in: Lehner, Steuerrecht im Europäischen Binnenmarkt, 1996, S. 26. Ablehnend: Ohler, Die fiskalische Integration in der europäischen Gemeinschaft, 1997, S. 195 ff.

71 Vgl. Lippross, Umsatzsteuer, 2017, S. 39.

Ausgangspunkt für die Harmonisierungsermächtigung ist die Konzeption des gemeinsamen europäischen Binnenmarktes.[72] Auf diesem Binnenmarkt treten Unternehmen und Konsumenten sämtlicher Mitgliedstaaten grenzüberschreitend auf einem einheitlichen gemeinsamen Markt auf.[73] Dabei umschließt der europäische Binnenmarkt „einen Raum ohne Binnengrenzen, in dem der freie Verkehr von Waren, Personen, Dienstleistungen und Kapital zwischen den Mitgliedstaaten durch Beseitigung aller Hindernisse gewährleistet ist“[74]. Unter diesem Gesichtspunkt verfolgt der Harmonisierungsauftrag die intendierte Zielsetzung, einen gemeinsamen Binnenmarkt in der EU ohne Handelshemmnisse und Ausgrenzungen zu errichten,[75] um einen ausgewogenen Handelsverkehr und die Förderung der Wettbewerbsfähigkeit in der EU sicherzustellen.[76] Im Ergebnis kann der Rat der EU Bestimmungen zur Harmonisierung der Rechtsvorschriften der EU-Mitgliedstaaten über die Umsatzsteuer erlassen, was sich wiederum einschränkend auf die Ausgestaltung der nationalen UStG der jeweiligen EU-Mitgliedstaaten auswirkt.[77] An dieser Stelle erfolgt vor allem ein Eingriff in die fiskalische Souveränität der EU-Mitgliedstaaten.[78]

c. *Definition und Mittel der Harmonisierung*

Der Begriff der Harmonisierung ist innerhalb der AEUV nicht explizit definiert.[79] Jedoch kann er systematisch dem Begriff der Koordinierung im Sinne des Art. 52 Abs. 2 AEUV und Art. 53 Abs. 2 AEUV sowie der Rechtsangleichung gemäß Art. 114 Abs. 1 AEUV und Art. 115 AEUV gleichgestellt werden.[80] Eine Gleichsetzung mit der Begrifflichkeit der Vereinheitlichung im Sinne des Art. 207 Abs. 1 AEUV kommt an dieser Stelle nicht infrage und ist grundsätzlich

---

72 Vgl. Mick, Die Steuerkonzeption der Europäischen Union, 1995, S. 23.

73 Vgl. Rödder, DStR 2004, S. 1629.

74 Art. 26 Abs. 2 AEUV.

75 Vgl. Bahns et al., in: von der Groeben et al., Europäisches Unionsrecht, 2015, Art. 113 AEUV Rn. 1; Lippross, Umsatzsteuer, 2017, S. 38.

76 Vgl. vierter Erwägungsgrund der Präambel zum AEUV; Terhechte, in: von der Groeben et al., Europäisches Unionsrecht, 2015, Präambel Rn. 8.

77 Vgl. Canz, Die Umsatzbesteuerung der öffentlichen Hand, 2013, S. 25.

78 Vgl. Waldhoff, in: Calliess/Ruffert, EUV/AEUV, 2016, Art. 113 AEUV Rn. 1.

79 Vgl. Bahns et al., in: von der Groeben et al., Europäisches Unionsrecht, 2015, Art. 113 AEUV Rn. 1.

80 Vgl. Wolffgang/Gellert, in: Lenz/Borchardt, EU-Verträge Kommentar, 2012, Art. 113 AEUV Rn. 3.

abzulehnen.[81] Dementsprechend stellt der Verweis in Art. 113 AEUV auf den europäischen Binnenmarkt klar, dass es primäres Harmonisierungsziel ist, insbesondere die Voraussetzungen für die Verwirklichung eines Systems ohne Wettbewerbsverfälschungen zu schaffen.[82] Mit dem in Art. 113 AEUV vorgeschriebenen Harmonisierungsauftrag wird jedoch lediglich ein Mindeststandard festgelegt.[83] Die EU ist zwar zur Angleichung der indirekten Steuern verpflichtet, sofern diese für einen reibungslosen Ablauf des Binnenmarktes und das Herstellen eines unverfälschten Wettbewerbs notwendig ist.[84] Jedoch ist in Art. 113 AEUV nicht explizit geregelt, durch welche Instrumente die Harmonisierung erreicht werden soll. Da der in Art. 113 AEUV zugrundliegende Begriff der Bestimmungen eine neutrale Ausrichtung annimmt, sind grundsätzlich sämtliche in Art. 288 AEUV aufgeführten Handlungsformen für die Umsetzung der Harmonisierung im Sinne des Art. 113 AEUV denkbar.[85] Übliches Harmonisierungsmittel ist bisher jedoch die Richtlinie.[86]

---

81 Vgl. Stumpf, in: Schwarze, EU-Kommentar, 2012, Art. 113 AEUV Rn. 5 m. w. N.; Kamann, in: Streinz, EUV/AEUV, 2018, Art. 113 AEUV Rn. 6; Wolffgang/Gellert, in: Lenz/Borchardt, EU-Verträge Kommentar, 2012, Art. 113 AEUV Rn. 3; Klein, in: Lehner, Steuerrecht im europäischen Binnenmarkt, 1996, S. 24 f.; Waldhoff, in: Calliess/Ruffert, EUV/AEUV, 2016, Art. 113 AEUV Rn. 2 m. w. N. A. A. tendenziell: Bahns et al., in: von der Groeben et al., Europäisches Unionsrecht, 2015, Art. 113 AEUV Rn. 2, die allerdings anmerken, dass es korrespondierend zu der fortgeschrittenen Integration innerhalb der EU auch zu einer Vereinheitlichung der nationalen Steuersysteme führen könne.

82 Vgl. Bahns et al., in: von der Groeben et al., Europäisches Unionsrecht, 2015, Art. 113 AEUV Rn. 2.

83 Vgl. Wolffgang/Gellert, in: Lenz/Borchardt, EU-Verträge Kommentar, 2012, Art. 113 AEUV Rn. 3.

84 Vgl. Bahns et al., in: von der Groeben et al., Europäisches Unionsrecht, 2015, Art. 113 AEUV Rn. 1.

85 Vgl. Wolffgang/Gellert, in: Lenz/Borchardt, EU-Verträge Kommentar, 2012, Art. 113 AEUV Rn. 6; Waldhoff, in: Calliess/Ruffert, EUV/AEUV, 2016, Art. 113 AEUV Rn. 5; Bahns et al., in: von der Groeben et al., Europäisches Unionsrecht, 2015, Art. 113 AEUV Rn. 18.

86 Vgl. Khan, in: Geiger et al., EUV/AEUV, 2017, Art. 113 AEUV Rn. 7; Wolffgang/Gellert, in: Lenz/Borchardt, EU-Verträge Kommentar, 2012, Art. 113 AEUV Rn. 6; Hecker, Europäisches Strafrecht, 2015, S. 331. Insgesamt zur praktischen Bedeutung der Richtlinie als Harmonisierungsinstrument nationaler Vorschriften: Herrmann/Michl, JuS 2009, S. 1065 ff.

d. Grenzen der Harmonisierung

Im Hinblick auf die Verwirklichung eines gemeinsamen Binnenmarktes stellt sich jedoch regelmäßig ebenso die Frage nach den Grenzen der Umsatzsteuerharmonisierung.[87] Eine echte Grenze ihrer Harmonisierungsbestrebungen für das Gebiet der Umsatzsteuer wird der EU bereits unmittelbar durch Art. 113 AEUV gesetzt.[88] Diesbezüglich bestehen Befugnisse nur, „soweit diese Harmonisierung für die Errichtung und das Funktionieren des Binnenmarktes und die Vermeidung von Wettbewerbsverzerrungen notwendig ist“[89]. In diesem Sinne fehlt es an einer Harmonisierungskompetenz, wenn derartige Maßnahmen nicht zur Errichtung und zum Funktionieren des Binnenmarktes erforderlich sind.[90] Aus der mangelnden Harmonisierungsermächtigung folgt, dass Maßnahmen, die nicht zur Erreichung der zuvor genannten Binnenmarktziele dienlich sind, keine bindende Wirkung entfalten.[91] Da die Umsatzsteuerharmonisierung kein Selbstzweck ist, muss ihre Notwendigkeit erst durch Festlegungen begründet werden. Dies wirkt sich auf das Funktionieren des Binnenmarktes hinderlich aus.[92]

Überdies müssen bei der Festlegung der Kompetenzen die grundlegenden Prinzipien der Subsidiarität[93] und der Verhältnismäßigkeit beachtet werden (Art. 5 Abs. 1 EUV), die im Rahmen der Harmonisierung ebenso als Handlungsschranke wirken können.[94] Nach dem Subsidiaritätsprinzip darf die EU lediglich

---

87 Vgl. dazu auch: Waldhoff, in: Calliess/Ruffert, EUV/AEUV, 2016, Art. 113 AEUV Rn. 7 ff. und 25 ff.; Bahns et al., in: von der Groeben et al., Europäisches Unionsrecht, 2015, Art. 113 AEUV Rn. 28 ff.; Beermann, in: Mößlang, Umsatzsteuerkongreß-Bericht 1995/96, 1996, S. 21 f.

88 Vgl. Bahns et al., in: von der Groeben et al., Europäisches Unionsrecht, 2015, Art. 113 AEUV Rn. 29.

89 Art. 113 AEUV.

90 Vgl. Waldhoff, in: Calliess/Ruffert, EUV/AEUV, 2016, Art. 113 AEUV Rn. 7a; Bahns et al., in: von der Groeben et al., Europäisches Unionsrecht, 2015, Art. 113 AEUV Rn. 29.

91 Vgl. Beermann, in: Mößlang, Umsatzsteuerkongreß-Bericht 1995/96, 1996, S. 21.

92 Vgl. Voß, in: Grabitz/Hilf, Das Recht der Europäischen Union, 2009, Art. 93 EGV Rn. 2. Sofern Harmonisierungsmaßnahmen nicht mit den Binnenmarktzielen vereinbar sind, verstoßen diese zum einen gegen Art. 113 AEUV mit der Rechtsfolge, dass es für diese an einer Rechtsgrundlage mangelt. Zum anderen fehlt es an einer Handlungskompetenz im Sinne der begrenzten Ermächtigung nach Art. 5 Abs. 1 EUV.

93 Das Subsidaritätsprinzip kann jedoch nur in Anspruch genommen werden, sofern eine Gemeinschaftskompetenz besteht, vgl. Beermann, in: Mößlang, Umsatzsteuerkongreß-Bericht 1995/96, 1996, S. 22.

94 Vgl. Beermann, in: Mößlang, Umsatzsteuerkongreß-Bericht 1995/96, 1996, S. 22.

dann tätig werden, wenn eine einheitliche Vorschrift erforderlich ist und mit ihr die in den Verträgen niedergelegten Ziele besser erreicht werden können (Art. 5 Abs. 3 EUV). Mit Blick auf das Verhältnismäßigkeitsprinzip dürfen die Maßnahmen nicht über die für die Zielerreichung dieses Vertrages erforderlichen Vorgaben hinausgehen (Art. 5 Abs. 4 EUV).[95] Ferner schränkt es die Handlungsbefugnis der EU auf solche Maßnahmen ein, die nicht durch andere, gleich wirksame, aber weniger ungünstigere Maßnahme erzielt werden können.[96] Insgesamt stellt das Verhältnismäßigkeitsprinzip eine Quelle der Dynamik dar, die der Harmonisierung inhärent ist.[97]

II. Methoden und Grenzen der Auslegung von Richtlinien

1. Allgemeines

In zahlreichen Entscheidungen hat der EuGH hervorgehoben, dass unionsrechtliche Rechtsakte ausschließlich autonom zu interpretieren sind.[98] Daraus folgt, dass die Auslegung sich nicht an dem jeweiligen nationalen Rechtsverständnis der einzelnen EU-Mitgliedstaaten zu orientieren hat.[99] Eine an dem jeweiligen national geprägten Verständnis ausgerichtete Auslegung wäre mit der Zielsetzung einer einheitlichen Anwendung des Unionsrechts innerhalb der EU-Mitgliedstaaten nicht vereinbar.[100] Aufgrund ihrer eigenständigen Geltung kann die dem nationalen Recht zugrundeliegende Methodik somit nicht uneingeschränkt übernommen werden.[101] Gleichwohl schließt eine derartige Festlegung

---

95 Vgl. Calliess, in: Calliess/Ruffert, EUV/AEUV, 2016, Art. 5 EUV Rn. 43 f.

96 Vgl. Calliess, in: Calliess/Ruffert, EUV/AEUV, 2016, Art. 5 EUV Rn. 44.

97 Vgl. Beermann, in: Mößlang, Umsatzsteuerkongreß-Bericht 1995/96, 1996, S. 22 m. w. N.

98 Vgl. stellvertretend für viele: EuGH, Urteil vom 18.01.1984, Rs. 327/82, Slg. 1984, S. 00107 Rn. 11; Borchardt, in: Lenz/Borchardt, EU-Verträge Kommentar, 2012, Art. 19 EUV Rn. 14.

99 Vgl. Stadie, in: Rau/Dürrwächter, UStG, 2018, Einführung zum UStG Anm. 592; Kofler, in: Schaumburg/Englisch, Europäisches Steuerrecht, 2015, Kapitel 13 Auslegung und Anwendung des harmonisierten Steuerrechts Rn. 13.2.

100 Vgl. Borchardt, in: Lenz/Borchardt, EU-Verträge Kommentar, 2012, Art. 19 EUV Rn. 14; Reiß, in: Reiß et al., UStG, 2018, Einführung UStG Rn. 106.1.

101 Vgl. Nettesheim, in: Oppermann et al., Europarecht, 2018, § 9 Rn. 168; Ruffert, in: Calliess/Ruffert, EUV/AEUV, 2016, Art. 1 AEUV Rn. 4; Borchardt, in: Lenz/Borchardt, EU-Verträge Kommentar, 2012, Art. 19 EUV Rn. 14, jedoch ist ein Rückgriff auf das nationale Recht möglich, wenn das europäische Recht selbst auf das nationale Recht

prinzipiell die Heranziehung der klassischen Auslegungsmethoden[102] nicht aus.[103] Diesbezüglich können die Rechtsnormen nach dem Wortlaut, historisch, systematisch oder teleologisch ausgelegt werden.[104]

Des Weiteren wird der Auslegung des Unionsrechts aus verschiedenen Gründen eine bedeutende Rolle zugewiesen. Zum einen besteht die Notwendigkeit, die unionsrechtlichen Vorgaben einheitlich und unionsrechtskonform anzuwenden. Zum anderen müssen teilweise unbestimmte Rechtsnormen und -begriffe präzisiert werden.[105] Nach Art. 19 Abs. 3 b) EUV liegt die Auslegungskompetenz des Unionsrechts ausschließlich bei den Unionsgerichten (insbesondere beim EuGH).[106] Hierfür stehen dem EuGH die zuvor erwähnten Methoden zur Verfügung.[107] Da somit zahlreiche Auslegungsmethoden in Betracht kommen können, ist immer derjenigen Methode der Vorrang einzuräumen, die die praktische Wirksamkeit der Richtlinienbestimmung bestmöglich herbeiführt (sog. *effet-utile*-Prinzip).[108] Ebenso ist immer diejenige Auslegung zu wählen, die die Gültigkeit der betreffenden unionsrechtlichen Vorschrift nicht infrage stellt.[109] Um den Besonderheiten des Unionsrechts gerecht zu werden, ist der

---

verweist. Insgesamt zum Verhältnis der unionsrechtskonformen Auslegung zu nationalen Auslegungsmethoden: Hecker, Europäisches Strafrecht, 2015, S. 344 ff.

102 Insgesamt zu den herkömmlichen Auslegungsmethoden: Bleckmann, NJW 1982, S. 1177 ff.

103 Vgl. Calliess, in: Calliess/Ruffert, EUV/AEUV, 2016, Art. 9 EUV Rn. 13; Kofler, in: Schaumburg/Englisch, Europäisches Steuerrecht, 2015, Kapitel 13 Auslegung und Anwendung des harmonisierten Steuerrechts Rn. 13.1.

104 Vgl. Pieper, in: Dauses/Ludwigs, Handbuch des EU-Wirtschaftsrechts, 2018, B.I. Rechtsquellen Rn. 7 f.; Borchardt, in: Lenz/Borchardt, EU-Verträge Kommentar, 2012, Art. 19 EUV Rn. 15; Bleckmann, RIW 1987, S. 930; Nettesheim, in: Oppermann et al., Europarecht, 2018, § 9 Rn. 168.

105 Vgl. Berger et al., MwStSystRL, 2009, S. 9.

106 An dieser Stelle sind die nationalen Richter nicht zur Auslegung unionsrechtlicher Vorschriften befugt, vgl. Birkenfeld, in: Birkenfeld/Wäger, Das große Umsatzsteuer-Handbuch, 2018, § 11 Rn. 72; Frenz, Handbuch Europarecht, 2010, Rn. 339.

107 Vgl. Berger et al., MwStSystRL, 2009, S. 9; so auch: Pieper, in: Dauses/Ludwigs, Handbuch des EU-Wirtschaftsrechts, 2018, B.I. Rechtsquellen Rn. 8; Borchardt, Die rechtlichen Grundlagen der EU, 2015, § 5 Rn. 398; Kofler, in: Schaumburg/Englisch, Europäisches Steuerrecht, 2015, Kapitel 13 Auslegung und Anwendung des harmonisierten Steuerrechts Rn. 13.3.

108 Vgl. insbesondere: EuGH, Urteil vom 09.03.2000, C 437/97, Slg. 2000, S. I-01157 Rn. 41; Borchardt, in: Lenz/Borchardt, EU-Verträge Kommentar, 2012, Art. 19 EUV Rn. 25 m. w. N.

109 Vgl. EuGH, Urteil vom 04.10.2001, C 403/99, Slg. 2001, S. I-06883 Rn. 37.

EuGH insgesamt bestrebt, den herkömmlichen Auslegungsmethoden eine unionsrechtsspezifische Note zu verleihen.[110] Jedoch sind auch die nationalen Gesetzgeber und Gerichte angehalten, das Unionsrecht selbst in ihrer spezifischen unionsrechtlichen Weise zu interpretieren.[111]

Darüber hinaus zählen die anerkannten Rechtsstaatsprinzipien zu den unionsrechtlichen Anforderungen, die bei der Auslegung der Richtlinienbestimmungen zu beachten sind.[112] Diese resultieren einerseits unmittelbar aus den allgemeinen unionsrechtlichen Bestimmungen oder andererseits aus der speziellen Rechtsprechungspraxis des EuGH zur Auslegung des Mehrwertsteuerrechts.[113] Da die allgemeinen Rechtsgrundsätze zum ungeschriebenen Primärrecht der Unionsrechtsordnung gehören, kann bei ihrer Anwendung von einer primärrechtskonformen Auslegung gesprochen werden.[114]

Es lässt sich festhalten, dass die Kenntnisnahme solcher Auslegungsmethoden sowie der allgemeinen und spezifischen Rechtsgrundsätze die Ausgangsbasis einer jeden wissenschaftlichen Auseinandersetzung mit Richtlinienbestimmungen darstellt. Daraus resultiert das Erfordernis, die klassischen Auslegungsmethoden und deren Anwendbarkeit zu überprüfen. Ferner werden in Kapitel B.II.3. die zuvor erwähnten Rechtsgrundsätze, die insbesondere für die vorliegende Dissertationsschrift von wesentlicher Bedeutung sind, diskutiert.[115] Dabei handelt es sich vor allem bei den allgemeinen Rechtsgrundsätzen um den Grundsatz der Verhältnismäßigkeit sowie den der Rechtssicherheit, der Rechtsklarheit und des Vertrauensschutzes. Als weiteres elementares Auslegungsinstrument unionsrechtlicher Vorgaben ist der speziell aus der EuGH-Rechtsprechung entwickelte Grundsatz der steuerlichen Neutralität zu behandeln.

---

110 Vgl. Borchardt, in: Lenz/Borchardt, EU-Verträge Kommentar, 2012, Art. 19 EUV Rn. 14; Borchardt, Die rechtlichen Grundlagen der EU, 2015, § 5 Rn. 398; Kofler, in: Schaumburg/Englisch, Europäisches Steuerrecht, 2015, Kapitel 13 Auslegung und Anwendung des harmonisierten Steuerrechts Rn. 13.2.

111 Vgl. Frenz, Handbuch Europarecht, 2010, Rn. 342.

112 Vgl. Stadie, in: Rau/Dürrwächter, UStG, 2018, Einführung zum UStG Anm. 595.

113 Vgl. Lippross, Umsatzsteuer, 2017, S. 64.

114 Vgl. Berger et al., MwStSystRL, 2009, S. 19.

115 Für eine Übersicht sämtlicher Rechtsgrundsätze: Lippross, Umsatzsteuer, 2017, S. 64 ff.; Berger et al., MwStSystRL, 2009, S. 19 ff.

2. Herkömmliche Auslegungsmethoden

a. Wörtliche Auslegung und rechtsvergleichende Analyse

Ausgangspunkt zur Bestimmung des normativen Bedeutungsgehalts einer Richtlinienbestimmung ist ihr Wortlaut,[116] der als Interpretationshilfe zur Auslegung herangezogen wird.[117] Im Einzelnen werden Semantik und Syntax ermittelt, um die Bedeutung der Norm zu interpretieren. Da eine Unionsrechtsvorschrift derzeit in 24[118] verschiedenen Amtssprachen verfasst ist und nach der klaren Festlegung im EUV[119] jeder Wortlaut gleichermaßen verbindlich ist, muss das auf den Wortlaut einer sprachlichen Fassung gefundene Auslegungsresultat anhand einer repräsentativen Anzahl[120] von Sprachfassungen anderer Mitgliedstaaten verifiziert werden.[121] Sofern in Bezug auf eine Sprachfassung Unklarheiten bestehen oder diese von den anderen abweicht, findet eine Auslegung anhand der anderen Sprachfassungen statt.[122] Daher kann nach der europäischen Rechtsprechung eine Richtlinienvorschrift nach ihrem Wortlaut ausgelegt werden, auch wenn nicht alle Sprachfassungen übereinstimmen.[123] Verwendet eine Unionsrechtsvorschrift dagegen denselben Begriff in verschiedenen Bestimmungen der Richtlinie, geht der EuGH von einer autonomen Auslegung dieses Begriffs aus.[124]

---

116 Vgl. EuGH, Urteil vom 14.05.1985, Rs. 139/84, Slg. 1985, S. 01405 Rn. 18 ff.; EuGH, Urteil vom 11.07.1985, Rs. 107/84, Slg. 1986, S. 02655 Rn. 19 f.

117 Vgl. Pieper, in: Dauses/Ludwigs, Handbuch des EU-Wirtschaftsrechts, 2018, B.I. Rechtsquellen Rn. 14 f.

118 Vgl. Kofler, in: Schaumburg/Englisch, Europäisches Steuerrecht, 2015, Kapitel 13 Auslegung und Anwendung des harmonisierten Steuerrechts Rn. 13.3.

119 Vgl. Art. 55 EUV.

120 Vgl. Borchardt, in: Lenz/Borchardt, EU-Verträge Kommentar, 2012, Art. 19 EUV Rn. 17, im Umkehrschluss resultiert daraus, dass nicht sämtliche Sprachfassungen zur Auslegung herangezogen werden müssen.

121 Vgl. EuGH, Urteil vom 12.05.2011, C 453/09, ECLI:EU:C:2011:296, Rn. 13 und 19. Aus dem Grundsatz der einheitlichen Auslegung leitet der EuGH ab, dass nicht jede Sprachfassung für sich isoliert interpretiert werden darf, sondern auch die anderen Sprachfassungen zur Auslegung einer Norm herangezogen werden müssen.

122 Vgl. EuGH, Urteil vom 06.03.1997, C 167/95, Slg. 1997, S. I-01195 Rn. 16.

123 Vgl. Pieper, in: Dauses/Ludwigs, Handbuch des EU-Wirtschaftsrechts, 2018, B.I. Rechtsquellen Rn. 13.

124 Vgl. im Besonderen: EuGH, Urteil vom 20.02.1997, C 260/95, Slg. 1997, S. I-01005 Rn. 17. An dieser Stelle ist der Wortlaut klar, eindeutig, unmissverständlich oder zwingend, vgl. Pieper, in: Dauses/Ludwigs, Handbuch des EU-Wirtschaftsrechts, 2018, B.I. Rechtsquellen Rn. 14 m. w. N.

Erst wenn das gewonnene Auslegungsergebnis mit keiner der übrigen Sprachfassungen in Einklang gebracht werden kann, ist der Wortsinn überschritten.[125] Ebenso ist nach der Rechtsprechungspraxis des EuGH die widerlegbare Vermutung zu beachten, dass jede Änderung des Wortlauts einer Richtlinienbestimmung auch mit einer Änderung des Bedeutungsgehalts verbunden ist, sofern der neue Wortlaut eine andere Auslegung nahe legt.[126]

Mit der Wortinterpretation ist oftmals der Rechtsvergleich als weiterer Argumentationsansatz verbunden.[127] Eine solche komparative Analyse folgt logischerweise aus der Berücksichtigung unterschiedlicher Sprachfassungen und ergänzt in besonderer Weise die Wortauslegung.[128] Folgerichtig ist der Rechtsvergleich unmittelbar nach der Interpretation des Wortlauts einzuordnen.[129] Im Ergebnis sind in den meisten Fällen allerdings die Wortinterpretation und der damit einhergehende Rechtsvergleich nicht zielführend,[130] weshalb der EuGH oftmals einen Wechsel zu anderen Auslegungsmethoden in Betracht zieht, um zur Aufhellung des Richtlinieninhalts beizutragen.[131]

b. Historische Auslegung

Die Interpretation einer Richtliniennorm hinsichtlich ihrer Entstehungsgeschichte hat zum Ziel, die Beweggründe, die zum Erlass der Richtlinie führten, sowie den Willen des damaligen Richtliniengebers zu erforschen.[132] Dabei wird zwischen einer sog. subjektiven und objektiven Auslegungsweise

---

125 Vgl. Schön, in: Knobbe-Keuk, Die Auslegung des europäischen Steuerrechts, 1993, S. 50.

126 Vgl. EuGH, Urteil vom 01.06.1961, Rs. 15/60, Slg. 1961, S. 00225.

127 Vgl. zum Vergleich mehrerer Sprachfassungen siehe insbesondere: EuGH, Urteil vom 17.10.1996, C 283/94, C 291/94 und C 292/94, Slg. 1996, S. I-05063 Rn. 25; Frenz, Handbuch Europarecht, 2010, Rn. 355.

128 Vgl. Schön, in: Knobbe-Keuk, Die Auslegung des europäischen Steuerrechts, 1993, S. 51; Kofler, in: Schaumburg/Englisch, Europäisches Steuerrecht, 2015, Kapitel 13 Auslegung und Anwendung des harmonisierten Steuerrechts Rn. 13.3.

129 Vgl. so auch: Pötters, Umsatzsteuer im Gesundheitswesen, 2016, S. 17.

130 Zu den Schwierigkeiten bei der Auslegung anhand anderer Sprachfassungen siehe vor allem: Borchardt, in: Lenz/Borchardt, EU-Verträge Kommentar, 2012, Art. 19 EUV Rn. 18; Frenz, Handbuch Europarecht, 2010, Rn. 355 ff.

131 Vgl. Pieper, in: Dauses/Ludwigs, Handbuch des EU-Wirtschaftsrechts, 2018, B.I. Rechtsquellen Rn. 15. Ferner: Birkenfeld, in: Birkenfeld/Wäger, Das große Umsatzsteuer-Handbuch, 2018, § 11 Rn. 13.

132 Vgl. Horn, Einführung in die Rechtswissenschaft, 2016, Rn. 179; Schwacke, Juristische Methodik, 2011, S. 97; Sauer, in: Krüper, Grundlagen des Rechts, 2016, § 9 Rn. 27 ff.

unterschieden.[133] Während bei der subjektiv-historischen Auslegung der Fokus auf die Erforschung des gesetzgeberischen Willens liegt,[134] verfolgt hingegen die sog. objektiv-historische Auslegung die Funktion der erlassenen Regelung zu ergründen.[135] Erkenntnisquellen für die Untersuchung der Absichten des historischen Normgebers sind die Gesetzesmaterialen (z. B. Entwürfe, Stellungnahmen, Beratungen des betreffenden Gesetzgebungsverfahrens).[136] Jedoch wird der historischen Auslegungsmethodik im Rahmen des Primärrechts keine besondere Relevanz zugewiesen, da die Materialien des EWG-Vertrags sowie der übrigen Gründungsverträge nicht veröffentlicht worden sind.[137] Ungeachtet dessen kann die historische Interpretation jedoch für das Sekundärrecht eine weitaus größere Rolle spielen. In diesem Zusammenhang kann durchaus auf die Entstehungsgeschichte einer Richtlinie abgestellt werden.[138] Allerdings ist dies erst dann zielführend, wenn es sich dabei um unterschiedliche, aufeinanderfolgende veröffentlichte Fassungen der Richtlinie oder um mehrere Richtlinienentwürfe handelt.[139]

c. *Systematische und teleologische Auslegung*

Aufgrund der eingeschränkten Möglichkeit wörtlicher[140] und historischer Auslegung nimmt der EuGH als erforderliche Ergänzung und unverzichtbares Korrektiv der Wortlautinterpretation einen Rückgriff auf die sog.

133 Vgl. Buck, Über die Auslegungsmethoden der Europäischen Gemeinschaft, 1998, S. 143 und 146.

134 Vgl. umfassend zum subjektiv-historischen Ansatz: Buck, Über die Auslegungsmethoden der Europäischen Gemeinschaft, 1998, S. 143 ff.

135 Vgl. insgesamt zum objektiv-historischen Ansatz: Buck, Über die Auslegungsmethoden der Europäischen Gemeinschaft, 1998, S. 146 f.

136 Vgl. Lippross, Umsatzsteuer, 2017, S. 64; Borchardt, Die rechtlichen Grundlagen der EU, 2015, § 5 Rn. 402; Birkenfeld, in: Birkenfeld/Wäger, Das große Umsatzsteuer-Handbuch, 2018, § 11 Rn. 51.

137 Vgl. Pieper, in: Dauses/Ludwigs, Handbuch des EU-Wirtschaftsrechts, 2018, B.I. Rechtsquellen Rn. 47; Borchardt, in: Lenz/Borchardt, EU-Verträge Kommentar, 2012, Art. 19 EUV Rn. 21.

138 Vgl. Pieper, in: Dauses/Ludwigs, Handbuch des EU-Wirtschaftsrechts, 2018, B.I. Rechtsquellen Rn. 12; Borchardt, in: Lenz/Borchardt, EU-Verträge Kommentar, 2012, Art. 19 EUV Rn. 22.

139 Vgl. Pieper, in: Dauses/Ludwigs, Handbuch des EU-Wirtschsaftsrechts, 2018, B.I. Rechtsquellen Rn. 48.

140 Vgl. Wegener, NVwZ 1997, S. 465, der auf die geringe Relevanz des Wortlauts hinweist.

systematisch-teleologische Auslegungsmethodik vor.[141] Häufig lässt sich die Zielsetzung, die der Normgeber mit einer bestimmten Regelung verfolgt, erst durch die Einbettung einer Richtlinienbestimmung in eine regulatorische Konzeption ermitteln.[142] In diesem Sinne erfolgt keine isolierte Betrachtung der auszulegenden Rechtsnorm. Wegen der engen Verbindung mit der sog. teleologischen Interpretation werden diese zwei Methoden häufig gemeinsam dargestellt.[143] Während die sog. teleologische Interpretation auf den Sinn und Zweck einer Regelung abzielt, versucht die systematische Interpretation vielmehr Anhaltspunkte für die Auslegung einer Richtliniennorm in der Gesamtschau mit anderen Vorschriften und die Bedeutsamkeit innerhalb einer Rechtsordnung zu erschließen.[144] Dabei werden die Bestimmungen in ihrem Gesamtzusammenhang beleuchtet, um Aufschluss auf deren Inhalt und Zwecksetzung zu geben.[145] Insgesamt weist der EuGH in seiner Rechtsprechung explizit daraufhin, dass „(…) bei der Auslegung einer Unionsvorschrift nicht nur ihr Wortlaut, sondern auch ihr Zusammenhang und die Ziele zu berücksichtigen sind, die mit der Regelung, zu der sie gehört, verfolgt werden“[146].

d. Rangordnung der Auslegungsmethoden

Bei der Auslegung einer Unionsrechtsvorschrift wird zunächst primär der Wortlaut der auszulegenden Rechtsnorm geprüft bzw. eine rechtsvergleichende

---

141 Vgl. beispielhaft für viele: EuGH, Urteil vom 24.10.1996, C 72/95, Slg. 1996, S. I-05403 Rn. 28; Borchardt, in: Lenz/Borchardt, EU-Verträge Kommentar, 2012, Art. 19 EUV Rn. 23.

142 Vgl. Lippross, Umsatzsteuer, 2017, S. 63. Ausführlich dazu auch: Pieper, in: Dauses/Ludwigs, Handbuch des EU-Wirtschaftsrechts, 2018, B.I. Rechtsquellen Rn. 24 ff.

143 Zur sog. systematisch-teleologischen Auslegung: Wäger, Besteuerung innergemeinschaftlicher Reihengeschäfte, 2000, S. 20 ff.; Englisch, in: Tipke/Lang, Steuerrecht, 2018, § 5 Rn. 63 ff.; Borchardt, Die rechtlichen Grundlagen der EU, 2015, § 5 Rn. 403.

144 Vgl. Lippross, Umsatzsteuer, 2017, S. 63; Borchardt, Die rechtlichen Grundlagen der EU, 2015, § 5 Rn. 403.

145 Vgl. Berger et al., MwStSystRL, 2009, S. 12.

146 EuGH, Urteil vom 03.09.2015, C 383/14, ECLI:EU:C:2015:541, Rn. 20; EuGH, Urteil vom 20.11.2014, C 40/14, ECLI:EU:C:2014:2389, Rn. 27; EuGH, Urteil vom 03.12.2009, C 433/08, ECLI:EU:C:2009:750, Rn. 24; EuGH, Urteil vom 19.07.2012, C 112/11, ECLI:EU:C:2012:487, Rn. 12. Für umfassende Ausführungen zur teleologischen Auslegung: Pieper, in: Dauses/Ludwigs, Handbuch des EU-Wirtschaftsrechts, 2018, B.I. Rechtsquellen Rn. 32 ff.

Analyse der unterschiedlichen Sprachfassungen vorgenommen.[147] Daran anknüpfend kann eine Ergänzung der Wortinterpretation aus einem historischen Blickwinkel erfolgen, bevor Überlegungen zur systematisch-teleologischen Auslegung angestellt werden.[148] Hinsichtlich des Rangverhältnisses genießt jedoch keine der genannten Auslegungsmethoden einen ausdrücklichen Anwendungsvorrang.[149] Bei Vorliegen verschiedener möglicher Auslegungen ist derjenigen der Vorrang einzuräumen, welche die praktische Wirksamkeit der Richtlinienvorschrift wahrt.[150] Allerdings ist hervorzuheben, dass die Systematik sowie der Sinn und Zweck der Richtliniennorm oftmals für die Auslegung ausschlaggebend sind.[151] Dabei ist zu beachten, dass das dadurch gewonnene Interpretationsergebnis nicht dem klaren Wortlaut der Richtlinienbestimmung widersprechen darf.[152] Der historischen Auslegung wird letztlich eine untergeordnete Rolle zugewiesen.[153] Ein derartiger Interpretationsansatz kann jedoch als ergänzende Hilfe zur Bestätigung des Auslegungsergebnisses, das bereits durch die vorangegangenen Auslegungsmethoden erzielt worden ist, Berücksichtigung finden.[154]

---

147 Vgl. Berger et al., MwStSystRL, 2009, S. 16; Reiß, in: Reiß et al., UStG, 2018, Einführung UStG Rn. 106.1; Birkenfeld, in: Birkenfeld/Wäger, Das große Umsatzsteuer-Handbuch, 2018, § 11 Rn. 2.

148 Vgl. Berger et al., MwStSystRL, 2009, S. 16.

149 Vgl. Berger et al., MwStSystRL, 2009, S. 16, sprechen sich lediglich für den Nachrang der historischen Auslegungsmethode aus. So tendenziell auch: Borchardt, in: Lenz/Borchardt, EU-Verträge Kommentar, 2012, Art. 19 EUV Rn. 23; Nettesheim, in: Oppermann et al., Europarecht, 2018, § 9 Rn. 174.

150 Vgl. EuGH, Urteil vom 09.03.2000, C 437/97, Slg. 2000, S. I-01157 Rn. 41.

151 Vgl. EuGH, Urteil vom 24.10.1996, C 72/95, Slg. 1996, S. I-05403 Rn. 28; so auch: Kofler, in: Schaumburg/Englisch, Europäisches Steuerrecht, 2015, Kapitel 13 Auslegung und Anwendung des harmonisierten Steuerrechts Rn. 13.1.

152 Vgl. GA Jacobs, Schlussanträge vom 14.12.2000, C 322/99, ECLI:EU:C:2000:700, Rn. 55.

153 Vgl. Pieper, in: Dauses/Ludwigs, Handbuch des EU-Wirtschaftsrechts, 2018, B.I. Rechtsquellen Rn. 46; Reiß, in: Reiß et al., UStG, 2018, Einführung UStG Rn. 106.1; Frenz, Handbuch Euoparecht, 2010, Rn. 998.

154 Vgl. Englisch, in: Tipke/Lang, Steuerrecht, 2018, § 5 Rn. 62; Birkenfeld, in: Birkenfeld/Wäger, Das große Umsatzsteuer-Handbuch, 2018, § 11 Rn. 51; Berger et al., MwStSystRL, 2009, S. 28.

3. Weitere Auslegungsgrundsätze des EuGH

a. Grundsatz der Verhältnismäßigkeit

Der Grundsatz der Verhältnismäßigkeit zählt zu den allgemeinen Rechtsgrundsätzen des Unionsrechts.[155] Aufgrund seiner Genauigkeit und Flexibilität wird dieser Grundsatz häufig in der EuGH-Judikatur zur Auslegung herangezogen.[156] Nach ständiger Rechtsprechung des EuGH besagt dieser Grundsatz, dass „Maßnahmen, durch die den Wirtschaftsteilnehmern finanzielle Belastungen auferlegt werden, nur rechtmäßig sind, wenn sie zur Erreichung der zulässigerweise mit der fraglichen Regelung verfolgten Ziele geeignet und erforderlich sind. Dabei ist, wenn mehrere geeignete Maßnahmen zur Auswahl stehen, die am wenigsten belastende zu wählen; ferner müssen die auferlegten Belastungen in angemessenem Verhältnis zu den angestrebten Zielen stehen."[157] In diesem Zusammenhang hat sich aus der europäischen Rechtsprechung eine dreistufige Prüfungsstruktur herausgebildet. Im Rahmen dieser Verhältnismäßigkeitsprüfung wird nach der Geeignetheit, der Erforderlichkeit und der Angemessenheit der eingesetzten Maßnahme hinsichtlich des verfolgten Ziels gefragt.[158] Danach wird in einem ersten Schritt geprüft, ob die Maßnahme einen legitimen Zweck verfolgt und grundsätzlich zur Zweckerfüllung geeignet ist.[159] Als ungeeignet wird eine Maßnahme eingestuft, wenn diese das angestrebte Ziel unter keinen oder lediglich beim Zusammenspiel außergewöhnlicher Umstände erreichen kann.[160] Kann dies verneint werden, so wird in einem zweiten Schritt die Erforderlichkeit überprüft. An dieser Stelle wird zum einen der Frage nachgegangen, ob die Maßnahme für das zu erreichende Ziel sachdienlich ist,[161] zum anderen, ob nicht auch eine gelindere Maßnahme in Betracht kommt, um die intendierte Zielsetzung zu erreichen.[162]

---

155 Vgl. Art. 5 Abs. 4 EUV; Berger et al., MwStSystRL, 2009, S. 28.

156 Vgl. Berger et al., MwStSystRL, 2009, S. 18 und 28.

157 EuGH, Urteil vom 11.07.1989, Rs. 265/87, Slg. 1989, S. 02237; EuGH, Urteil vom 05.05.1998, C 157/96, Slg. 1998, S. I-02211 Rn. 60; vgl. in diesem Sinne auch: EuGH, Urteil vom 13.11.1990, C 331/88, Slg. 1990, S. I-04023 Rn. 13; EuGH, Urteil vom 05.10.1994, C 133/93, C 300/93 und C 362/93, Slg. 1994, S. I-04863 Rn. 41.

158 Vgl. von Rintelen, in: Grabitz et al., Das Recht der EU, 2018, Art. 43 AEUV Rn. 88.

159 Vgl. Huster/Rux, in: Epping/Hillgruber, BeckOK GG, 2018, Art. 20 Rn. 193 und 194.

160 Vgl. Borchardt, Die rechtlichen Grundlagen der EU, 2015, § 4 Rn. 214.

161 Vgl. Borchardt, Die rechtlichen Grundlagen der EU, 2015, § 4 Rn. 214.

162 Vgl. EuGH, Urteil vom 19.09.2000, C 177/99, Slg. 2000, S. I-07013 Rn. 43 ff.

Abgerundet wird die Verhältnismäßigkeitsprüfung mit einer Abwägung, ob die Interessen der Union mit denen des Einzelnen in einem adäquaten Verhältnis stehen.[163] Des Weiteren erfolgt ein Abgleichen zwischen den mit der Maßnahme verbundenen Beschränkungen und der zu erreichenden Zielsetzung. Im Rahmen einer derartigen Interessensabwägung sind sämtliche für eine solche Überprüfung erforderlichen Umstände zu berücksichtigen,[164] insbesondere die von der Union angestrebten Zielsetzungen sowie der Umfang der Beschränkungen durch nationale Maßnahmen. Regelmäßig wird eine derartige Abwägung bereits schon mit den ersten beiden Prüfungsschritten – vor allem durch die Prüfung der Geeignetheit – abgedeckt, sodass der EuGH in der Vergangenheit auf die isolierte Prüfung des dritten Schrittes verzichtet hat.[165]

Insgesamt bedeutet dies, dass in Verbindung mit der Auslegung einer Richtlinienbestimmung die einzelnen EU-Mitgliedstaaten für die Sicherstellung der Ziele sämtliche Mittel, die ihnen das jeweilige innerstaatliche Recht zur Verfügung stellt, ausschöpfen können, jedoch diese die unionsrechtlichen Ziele und Grundsätze nicht übermäßig beeinträchtigen dürfen.[166] Danach können solche Maßnahmen grundsätzlich nicht über das hinausgehen, was zum Schutz der steuerlichen Ansprüche notwendig ist.[167]

b. Grundsätze der Rechtssicherheit und Rechtsklarheit sowie des Vertrauensschutzes

Die Grundsätze der Rechtssicherheit[168], der Rechtsklarheit[169] und des Vertrauensschutzes[170] sind Bestandteil der Unionsrechtsordnung und müssen von den EU-Mitgliedstaaten bei der Ausübung der Befugnisse, die ihnen die Richtlinien

---

163 Vgl. Borchardt, Die rechtlichen Grundlagen der EU, 2015, § 4 Rn. 214.

164 Vgl. Berka, Die Grundrechte, 1999, Rn. 274.

165 Vgl. Berger et al., MwStSystRL, 2009, S. 28; von Rintelen, in: Grabitz et al., Das Recht der EU, 2018, Art. 43 AEUV Rn. 88.

166 Vgl. Stadie, in: Rau/Dürrwächter, UStG, 2018, Einführung zum UStG Anm. 596.

167 Vgl. EuGH, Urteil vom 11.05.2006, C 384/04, Slg. 2006, S. I-04191 Rn. 30 m. w. N.

168 Der Grundsatz der Rechtssicherheit ist eng mit dem Grundsatz des Vertrauensschutzes verknüpft, vgl. Lippross, Umsatzsteuer, 2017, S. 66.

169 Vgl. GA Konkott, Schlussanträge vom 15.12.2005, C 443/04 und C 444/04, ECLI:EU:C:2005:788, Rn. 34.

170 Die Rechtsgrundsätze der Rechtssicherheit und des Vertrauensschutzes werden in der Rechtsprechung des EuGH häufig gemeinsam angewendet, vgl. EuGH, Urteil vom 26.04.2005, C 376/02, Slg. 2005, S. I-03445 Rn. 31; EuGH, Urteil vom 08.06.2000, C 396/98, Slg. 2000, S. I-04279 Rn. 47.

zugestehen, berücksichtigt werden.[171] Insbesondere fordern diese Grundsätze, dass die Unionsorgane sowie die jeweiligen EU-Mitgliedstaaten in Verbindung mit dem Erlass eines Gesetzes[172] eine eindeutige und transparente Rechtslage schaffen.[173] Die erlassenen Maßnahmen müssen klar und ihre Anwendung für die betroffenen Personen vorhersehbar sein.[174] Primäres Ziel dieser Grundsätze ist es zu gewährleisten, dass erlassene Maßnahmen für den Steuerpflichtigen in einem bestimmten Umfang voraussehbar und berechenbar bleiben.[175] Dies bedeutet vor allem, dass der von der finanziellen Belastung Betroffene in der Lage sein muss, das Ausmaß an Verpflichtungen, das aus einer steuerlichen Regelung resultiert, zu erkennen.[176] Diese dem Betroffenen zustehende Rechtssicherheit steht oft in Konflikt mit der Positivität des Rechts, die im Besonderen die Möglichkeit zur Abänderung rechtlicher Vorschriften umfasst.[177] Daraus folgt, dass ein vollumfänglicher Schutz vor Änderungen der Rechtslage dem Grunde nach nicht bestehen kann. Vielmehr haben sich die Betroffenen an die neuen gesetzlichen Gegebenheiten anzupassen.[178] Dies gilt jedoch nur dann, wenn diesbezüglich noch keine Entscheidungen getroffen wurden. Im Zusammenhang mit Rechtsänderungen, die sich für den Einzelnen nachteilig auf bereits abgeschlossene Sachverhalte auswirken, ist eine Berufung auf den Grundsatz des Vertrauensschutzes möglich.[179] Überdies liegt eine Verletzung des Vertrauensschutzgrundsatzes vor, wenn Gesetze geändert werden ohne dem Steuerpflichtigen die zur Anpassung an die neue Rechtslage erforderliche angemessene Zeit zuzugestehen.[180] Daraus folgt, dass der Steuerpflichtige in dem Zeitpunkt des gesetzgeberischen Tätigwerdens die damit verbundenen steuerlich nachteiligen Konsequenzen nicht einschätzen konnte.

---

171 Vgl. EuGH, Urteil vom 26.04.2005, C 376/02, Slg. 2005, S. I-03445 Rn. 32.

172 Vgl. EuGH, Urteil vom 26.04.2005, C 376/02, Slg. 2005, S. I-03445 Rn. 34.

173 Vgl. insgesamt zum Grundsatz der Rechtssicherheit und des Vertrauensschutzes: Lippross, Umsatzsteuer, 2017, S. 65 f.; ferner: Stadie, in: Rau/Dürrwächter, UStG, 2018, Einführung zum UStG Anm. 596 und 598.

174 Vgl. EuGH, Urteil vom 15.12.1987, C 325/85, Slg. 1987, S. 05091 Rn. 18.

175 Vgl. EuGH, Urteil vom 16.09.2008, C 288/07, ECLI:EU:C:2008:505, Rn. 47; EuGH, Urteil vom 22.11.2001, C 301/97, Slg. 2001, S. I-08853 Rn. 43; EuGH, Urteil vom 21.02.2006, C 255/02, Slg. 2006, S. I-01609 Rn. 72.

176 Vgl. EuGH, Urteil vom 11.06.2009, C 170/08, ECLI:EU:C:2009:369, Rn. 44.

177 Vgl. Huster/Rux, in: Epping/Hillgruber, BeckOK GG, 2018, Art. 20 Rn. 184.

178 Vgl. Huster/Rux, in: Epping/Hillgruber, BeckOK GG, 2018, Art. 20 Rn. 184.

179 Vgl. Huster/Rux, in: Epping/Hillgruber, BeckOK GG, 2018, Art. 20 Rn. 184.

180 Vgl. EuGH, Urteil vom 29.04.2004, C 487/01 und C 7/02, Slg. 2004, S. I-05337 Rn. 70.

Im Allgemeinen unterbinden solche Grundsätze die Herstellung einer Abhängigkeit festgestellter Rechte und Pflichten des Steuerpflichtigen durch Tatsachen, Umstände und Ereignisse, die erst nachträglich eingetreten sind.[181] Ebenso verbieten diese, den Beginn der Geltungsdauer eines Rechtsaktes auf einen Zeitpunkt vor dessen Veröffentlichung zu legen. Dies gilt allerdings nicht, wenn eine im Allgemeininteresse liegende Zielsetzung es verlangt und das Vertrauen der Betroffenen in angemessener Weise berücksichtigt worden ist.[182] Abschließend ist hervorzuheben, dass vorrangige Aufgabe des Gesetzgebers es ist, aufflammende Konflikte zwischen diesen Rechtsgrundsätzen ins Gleichgewicht zu bringen.

c. *Grundsatz der steuerlichen Neutralität*

Ein weiteres Instrument zur Auslegung von Richtlinien zur Mehrwertsteuer durch den EuGH stellt der sog. Grundsatz der steuerlichen Neutralität dar. Dieser wird in der ständigen Rechtsprechung des EuGH[183] als maßgebende Maxime bei der Auslegung unionsrechtlicher Vorschriften herangezogen und basiert auf der in Art. 1 Abs. 2 MwStSystRL normierten Verpflichtung zur Gewährung eines neutralen bzw. wettbewerbsneutralen Mehrwertsteuersystems.[184] Die Gebote und Verbote, die der EuGH im Zusammenhang mit dem Neutralitätsgrundsatz induziert, entsprechen weitgehend den Werten des im Primärrecht verankerten sog. Grundsatzes der Gleichbehandlung[185].[186] Im Verfassungsrecht ist der

---

181 Vgl. EuGH, Urteil vom 29.02.1996, C 110/94, Slg. 1996, S. I-00857 Rn. 21.

182 Vgl. EuGH, Urteil vom 26.04.2005, C 376/02, Slg. 2005, S. I-03445 Rn. 33.

183 Vgl. z. B. EuGH, Urteil vom 27.11.2003, C 479/01, Slg. 2003, S. I-14393 Rn. 38; EuGH, Urteil vom 22.02.2001, C 408/98, Slg. 2001, S. I-01361 Rn. 24; EuGH, Urteil vom 08.06.2000, C 98/98, Slg. 2000, S. I-04177 Rn. 19; EuGH, Urteil vom 21.03.2000, C 110/98 bis C 147/98, Slg. 2000, S. I-01577 Rn. 44; EuGH, Urteil vom 15.01.1998, C 37/95, Slg. 1998, S. I-00001 Rn. 15; EuGH, Urteil vom 14.02.1985, C 268/83, Slg. 1985, S. 00655 Rn. 19.

184 Vgl. Stadie, in: Rau/Dürrwächter, UStG, 2018, Einführung zum UStG Anm. 600. Ferner: Lohse, UR 2004, S. 582 ff.

185 Der Grundsatz der Gleichbehandlung ist in Art. 20 GrCh gesetzlich geregelt und ist nach Art. 51 Abs. 1 GrCh bei der Durchführung des Rechts der Union zu beachten.

186 Vgl. etwa: EuGH, Urteil vom 10.06.2010, C 262/08, ECLI:EU:C:2010:328, Rn. 64; EuGH, Urteil vom 27.04.2006, C 443/04 und C 444/04, Slg. 2006, S. I-03617 Rn. 35; EuGH, Urteil vom 10.04.2008, C 309/06, ECLI:EU:C:2008:211, Rn. 49; EuGH, Urteil vom 23.04.2009, C 460/07, ECLI:EU:C:2009:254, Rn. 52 f.; EuGH, Urteil vom 10.06.2010, C 262/08, ECLI:EU:C:2010:328, Rn. 64; EuGH, Urteil vom 31.01.2013, C 643/11, ECLI:EU:C:2013:55, Rn. 55; EuGH, Urteil vom 05.10.2016, C 576/15, ECLI:EU:C:2016:740, Rn. 49.

Gleichbehandlungsgrundsatz in Art. 3 Abs. 1 des Grundgesetzes (GG) niedergelegt.[187]

Einerseits fordert der Neutralitätsgrundsatz, dass der Unternehmer im Sinne eines Steuereinsammlers von der endgültigen umsatzsteuerlichen Belastung außerhalb eines privaten Letztverbrauchs zu befreien ist.[188] Dies gilt jedoch nur, sofern die unternehmerische Tätigkeit regelmäßig selbst der Erzielung steuerpflichtiger Umsätze dient.[189] Der dies gewährleistende Vorsteuerabzug ist somit „integraler Bestandteil des Mechanismus der Mehrwertsteuer"[190]. Der Neutralitätsgrundsatz[191] soll andererseits die Wettbewerbsneutralität[192] unter dem Gesichtspunkt der gleichen Besteuerung gleicher wirtschaftlicher Verbrauchsvorgänge sicherstellen.[193] Auf diesem Grundsatz basiert ebenso das Gebot der sog. Rechtsformneutralität.[194] Danach soll die Gewährung von Steuerbefreiungen, Steuerermäßigungen oder für gleichartige Leistungen nicht von der Rechtsform abhängig gemacht werden, in welcher der Unternehmer

187 Vgl. Hummel, EuR 2010, S. 311.

188 Vgl. EuGH, Urteil vom 13.03.2008, C 437/06, ECLI:EU:C:2008:166, Rn. 27; EuGH, Urteil vom 30.03.2006, C 184/04, Slg. 2006, S. I-03039 Rn. 24 ff.; EuGH, Urteil vom 01.04.2004, C 90/02, Slg. 2004, S. I-03303 Rn. 38 f.

189 Vgl. EuGH, Urteil vom 29.04.2004, C 152/02, Slg. 2004, S. I-05583 Rn. 36; EuGH, Urteil vom 15.12.2005, C 63/04, Slg. 2005, S. I-11087 Rn. 51.

190 EuGH, Urteil vom 30.09.2010, C 392/09, ECLI:EU:C:2010:569, Rn. 34.

191 Der Neutralitätsgrundsatz soll dem angesprochenen verfassungsrechtlichen Gleichheitsgrundsatz weitgehend entsprechen. So tendenziell auch: EuGH, Urteil vom 29.10.2009, C 174/08, ECLI:EU:C:2009:669, Rn. 42, der jedoch darauf hinweist, dass der Gleichheitsgrundsatz Verfassungsrang hat, nicht allerdings der Grundsatz der steuerlichen Neutralität; so auch: Reiß, RIW 2004, S. 647, der formal zwischen dem Gleichheitsgrundsatz und dem Neutralitätsgebot differenziert. Ebenso: Lippross, Umsatzsteuer, 2017, S. 65. Kritisch dazu: Stadie, in: Rau/Dürrwächter, UStG, 2018, Einführung zum UStG Anm. 610 ff.

192 Englisch, in: Tipke/Lang, Steuerrecht, 2018, § 17 Rn. 24 spricht in diesem Zusammenhang von dem Gebot der Wettbewerbsgleichheit.

193 Vgl. EuGH, Urteil vom 29.10.2009, C 174/08, ECLI:EU:C:2009:669, Rn. 44; EuGH, Urteil vom 28.06.2007, C 363/05, Slg. 2007, S. I-05517 Rn. 47; EuGH, Urteil vom 12.01.2006, C 246/04, Slg. 2006, S. I-00589 Rn. 32; EuGH, Urteil vom 08.03.2001, C 415/98, Slg. 2001, S. I-01831 Rn. 45 f.; Stadie, UR 1986, S. 138; Birkenfeld, StuW 1998, S. 71; Billig, UR 2007, S. 83.

194 Vgl. EuGH, Urteil vom 10.09.2002, C 141/00, Slg. 2002, S. I-06833 Rn. 30; Heidner, in: Bunjes, UStG, 2018, § 4 Rn. 3.

seine wirtschaftliche Tätigkeit ausübt.[195] Mitunter bedeutet dies auch, dass die Bewertung einer Leistung regelmäßig nicht nach dem Leistungserbringer oder -empfänger, sondern durch die Art der Dienstleistung definiert wird.[196] Unter dem Aspekt der Rechtsformneutralität obliegt es dem Unternehmer, die Organisationsstrukturen zu wählen, die sowohl für seine wirtschaftliche Tätigkeit als auch für die Begrenzung der Steuerbelastung am sinnvollsten sind, ohne das Risiko einzugehen, dass die erzielten Umsätze beispielhaft von einer steuerlichen Befreiung oder Ermäßigung ausgeschlossen werden.[197]

Ein Verstoß gegen den Neutralitätsgrundsatz liegt vor, wenn die Ungleichbehandlung nicht gerechtfertigt ist. Der EuGH stellt insoweit explizit klar, dass eine unterschiedliche Behandlung vergleichbarer Sachverhalte jedoch in solchen Fällen zulässig sei, in denen eine Differenzierung unter objektiven Gesichtspunkten gerechtfertigt sei.[198] Andernfalls würde der durch die Richtlinie gewährte weite Gestaltungsspielraum vollständig ignoriert werden.[199] Weiterhin wird ein Verstoß ausgeschlossen, wenn die Richtlinienbestimmung selbst eine Unterscheidung zwischen einzelnen Steuerpflichtigen vornimmt.[200]

4. Einwirkung von Richtlinien auf das nationale Umsatzsteuerrecht

a. Unionsrechtskonforme Auslegung

Das Rechtsinstitut der unionsrechtskonformen Auslegung nationaler Rechtsnormen stellt auf dem Gebiet des Umsatzsteuerrechts eines der zentralen Europäisierungsfaktoren dar.[201] Es sorgt für die Schaffung von Einheit und Gleichheit

---

195 Vgl. EuGH, Urteil vom 07.09.1999, C 216/97, Slg. 1999, S. I-04947 Rn. 20; EuGH, Urteil vom 10.09.2002, C 141/00, Slg. 2002, S. I-06833 Rn. 30; EuGH, Urteil vom 17.02.2005, C 453/02 und C 462/02, Slg. 2005, S. I-01131 Rn. 25; EuGH, Urteil vom 12.01.2006, C 246/04, Slg. 2006, S. I-00589 Rn. 34; ebenso EuGH, Urteil vom 29.03.2012, C 436/10, ECLI:EU:C:2012:185, Rn. 27.

196 Vgl. Heidner, in: Bunjes, UStG, 2018, § 4 Rn. 3.

197 Vgl. EuGH, Urteil vom 18.07.2013, C 26/12, ECLI:EU:C:2013:526, Rn. 28; darüber hinaus auch EuGH, Urteil vom 12.09.2013, C 388/11, ECLI:EU:C:2013:541, Rn. 46 f.; EuGH, Urteil vom 17.12.2015, C 419/14, ECLI:EU:C:2015:832, Rn. 42.

198 Vgl. EuGH, Urteil vom 13.07.2000, C 36/99, Slg. 2000, S. I-06049 Rn. 35; EuGH, Urteil vom 25.11.1986, C 201/85 und C 202/85, Slg. 1986, S. 03477 Rn. 9.

199 Vgl. Hummel, EuR 2010, S. 313.

200 Vgl. so im Recht: Pötters, Umsatzsteuer im Gesundheitswesen, 2016, S. 16.

201 Vgl. Hecker, Europäisches Strafrecht, 2015, S. 331; Frenz, Handbuch Europarecht, 2010, Rn. 341.

innerhalb der Unionsrechtsordnung.[202] Eine solche Auslegung ist Ausfluss des Anwendungsvorrangs des Unionsrechts und des aus Art. 4 Abs. 3 EUV folgenden Grundsatzes der unionsrechtlichen Treuepflicht.[203] Daraus ergibt sich für nationale Gerichte die Verpflichtung, die Wirksamkeit der Richtlinienvorschrift unter Rekurs auf das gesamte innerstaatliche Recht und unter Anwendung der anerkannten Auslegungsmethoden sicherzustellen.[204]

In der Rechtsprechung des EuGH wird in Verbindung mit der Fragestellung, ob und wie die unionsrechtlichen Vorgaben bei der Interpretation nationaler Normen zu berücksichtigen sind, häufig vom sog. Grundsatz der richtlinienkonformen Auslegung nationaler Normen gesprochen.[205] Eine richtlinienkonforme Auslegung resultiert stets unmittelbar aus der Umsetzungsverpflichtung des Art. 288 Abs. 3 AEUV.[206] Mithin ist sie sowohl in der Rechtsprechung des EuGH als auch in den gerichtlichen Entscheidungen der EU-Mitgliedstaaten anerkannt.[207] Eine richtlinienkonforme Auslegung gilt allerdings nur, wenn die einschlägige Richtlinienbestimmung verbindliche Vorgaben enthält und dem nationalen Gesetzgeber keinen Ermessensspielraum gewährt.[208] Eine reine Verwaltungspraxis, ohne eine gesetzliche Umsetzung, ist für die Gewährleistung der Unionsrechtskonformität nicht ausreichend.[209]

---

202 Vgl. Borchardt, in: Lenz/Borchardt, EU-Verträge Kommentar, 2012, Art. 19 EUV Rn. 35; Ruffert, in: Calliess/Ruffert, EUV/AEUV, 2016, Art. 288 AEUV Rn. 77.

203 Vgl. u. a. EuGH, Urteil vom 11.07.2002, C 62/00, Slg. 2002, S. I-06325 Rn. 24; BVerfG, Beschluss vom 08.04.1987, 2 BvR 687/85, NJW 1988, S. 1459 unter B.2.c)cc); BVerfG, Beschluss vom 26.09.2011, 2 BvR 2216/06 u. a., NJW 2012, S. 669 Rn. 46 f.; ferner: BFH, Urteil vom 06.11.2002, V R 57/01, BFH/NV 2003, S. 829; BFH, Urteil vom 15.04.2010, V R 10/09, BStBl. II 2017, S. 863. Dazu auch: Ruffert, in: Calliess/Ruffert, EUV/AEUV, 2016, Art. 288 AEUV Rn. 78 m. w. N.; Geismann, in: von der Groeben et al., Europäisches Unionsrecht, 2015, Art. 288 AEUV Rn. 55.

204 Vgl. EuGH, Urteil vom 15.04.2008, C 268/06, ECLI:EU:C:2008:223, Rn. 101.

205 Vgl. stellvertretend für viele: EuGH, Urteil vom 10.04.1984, C 14/83, Slg. 1984, S. 01891.

206 Vgl. EuGH, Urteil vom 11.07.2002, C 62/00, Slg. 2002, S. I-06325 Rn. 24.

207 Vgl. beispielhaft für die europäische Rechtsprechung: EuGH, Urteil vom 10.04.1984, C 14/83, Slg. 1984, S. 01891 und für die nationale Rechtsprechung: BFH, Urteil vom 12.11.1980, II R 1/76, BStBl. II 1981, S. 279 unter II.

208 Vgl. Borchardt, in: Lenz/Borchardt, EU-Verträge Kommentar, 2012, Art. 19 EUV Rn. 35; Stadie, in: Rau/Dürrwächter, UStG, 2018, Einführung zum UStG Anm. 573.

209 Vgl. EuGH, Urteil vom 10.03.2005, C 33/03, Slg. 2005, S. I-01865 Rn. 25 m. w. N.

Wie jede Auslegung findet auch die richtlinienkonforme Auslegung ihre Grenze im Wortsinn der nationalen Norm.[210] Nach ständiger Rechtsprechung des EuGH betont dieser, dass die richtlinienkonforme Auslegung „nicht als Grundlage für eine Auslegung contra legem des nationalen Rechts dienen"[211] soll. Aus dem Umkehrschluss ergibt sich, dass innerhalb der Grenzen des möglichen Wortlauts Bestimmungen des nationalen Rechts im Konsens mit den unionsrechtlichen Vorgaben auszulegen sind. Jedoch entspricht die richtlinienkonforme Auslegung in erster Linie dem Prinzip der teleologischen Auslegung.[212] Denn es ist davon auszugehen, dass der nationale Gesetzgeber die Richtlinienbestimmungen in das nationale Recht richtig und vollumfänglich umsetzen wollte.[213] Weiterhin ist zu beachten, dass sich eine richtlinienkonforme Auslegung zu Gunsten, aber auch zu Lasten des Steuerpflichtigen auswirken kann.[214] Bei aufkommenden Zweifelsfragen über die Auslegung unionsrechtlicher Vorschriften ist allerdings zu berücksichtigen, dass die letztinstanzlichen Gerichte zunächst verpflichtet sind, den infrage stehenden Tatbestand dem EuGH zur Vorabentscheidung im Sinne des Art. 267 AEUV vorzulegen.[215]

Abschließend ist darauf hinzuweisen, dass die unionsrechtskonforme Auslegung von den anerkannten Auslegungsmethoden abzugrenzen ist. Eine unionsrechtskonforme Auslegung dient der Gewährleistung der zutreffenden Umsetzung und Auslegung des nationalen Rechts. Demgegenüber stellen die Auslegungsmethoden lediglich einen ersten Schritt zur unionsrechtskonformen

---

210 Vgl. Stadie, in: Rau/Dürrwächter, UStG, 2018, Einführung zum UStG Anm. 574. Zu weiteren Grenzen der richtlinienkonformen Auslegung: Ruffert, in: Calliess/Ruffert, EUV/AEUV, 2016, Art. 288 AEUV Rn. 77.

211 EuGH, Urteil vom 04.07.2006, C 212/04, Slg. 2006, S. I-06057 Rn. 110; EuGH, Urteil vom 16.06.2005, C 105/03, Slg. 2005, S. I-05258 Rn. 47; EuGH, Urteil vom 15.04.2008, C 268/06, ECLI:EU:C:2008:223, Rn. 100; EuGH, Urteil vom 24.01.2012, C 282/10, ECLI:EU:C:2012:33, Rn. 25; EuGH, Urteil vom 05.09.2012, C 42/11, ECLI:EU:C:2012:517, Rn. 55; EuGH, Urteil vom 15.01.2014, C 176/12, ECLI:EU:C:2014:2, Rn. 39; EuGH, Urteil vom 27.02.2014, C 351/12, ECLI:EU:C:2014:110, Rn. 45.

212 Vgl. BFH, Urteil vom 15.07.2004, V R 27/03, BStBl. II 2004, S. 862 unter II.2.a); ferner: Heidner, UR 2003, S. 72 ff.; Heidner, UR 2006, S. 75.

213 Vgl. Lippross, Umsatzsteuer, 2017, S. 64 f.

214 Vgl. insgesamt zu einer vorteilhaften bzw. nachteiligen richtlinienkonformen Auslegung: Birkenfeld, in: Birkenfeld/Wäger, Das große Umsatzsteuer-Handbuch, 2018, § 22 Rn. 141; Reiß, in: Reiß et al., UStG, 2018, Einführung UStG Rn. 107.

215 Vgl. Stadie, in: Rau/Dürrwächter, UStG, 2018, Einführung zum UStG Anm. 579. Dazu im Einzelnen auch: Lippross, Umsatzsteuer, 2017, S. 48 f.; Heidner, UR 2003, S. 74.

Auslegung dar.[216] Unter Zuhilfenahme derartiger Methoden kann zunächst eine ordnungsgemäße Umsetzung und eine den Zielen der Richtlinie entsprechende Anwendung von nationalem Recht überprüft werden.[217] Allerdings handelt es sich bei der richtlinienkonformen Auslegung nationaler Normen ausschließlich um einen Unterfall der unionsrechtskonformen Auslegung.[218] Es ist zu berücksichtigen, dass sich die richtlinienkonforme Auslegung als mehrphasiger Interpretationsansatz[219] nicht ausschließlich auf eine bloße Richtlinienexegese beziehen kann, sondern ebenso das vorrangige Primärrecht zwingend zu beachten ist.[220] Hiernach muss der gesamte Auslegungsprozess – d. h. die Interpretation der Richtlinie und nationalen Regelung – ebenso den primärrechtlichen Kontext widerspiegeln, um die Unionsrechtskonformität des gefundenen Auslegungsresultats sicherzustellen.[221] Da die Umsatzsteuer allerdings größtenteils harmonisiert ist, wird das nationale UStG primär anhand der MwStSystRL und des sonstigen abgeleiteten Unionsrechts und nicht mithilfe des Primärrechts beurteilt.[222] Abschließend können auch Methoden der weitergehenden, richtlinienkonformen Rechtsfortbildung der Norm Berücksichtigung finden.[223]

b. Rechtsfortbildung

Da die Auslegungsgrenze der Rechtsnorm regelmäßig in deren möglichen Wortsinn mündet, gehört es zur Aufgabe und zur Berechtigung der nationalen Gerichte, über die Auslegung des Gesetzes hinaus das Recht fortzubilden.[224] In diesen Fällen handelt es sich nicht um eine Rechtsschöpfung, sondern um eine Rechtsfindung.[225] Seit der Entscheidung des Bundesgerichtshofs (BGH)

---

216 Vgl. Berger et al., MwStSystRL, 2009, S. 25.

217 Vgl. Schröder, Europäische Richtlinien und deutsches Strafrecht, 2017, S. 408 f.; Borchardt, in: Lenz/Borchardt, EU-Verträge Kommentar, 2012, Art. 19 EUV Rn. 35.

218 Vgl. Hecker, Europäisches Strafrecht, 2015, S. 332.

219 Vgl. Schröder, Europäische Richtlinien und deutsches Strafrecht, 2017, S. 408 ff.

220 Vgl. Hecker, Europäisches Strafrecht, 2015, S. 332; weiterhin auch: Widmann, UR 2012, S. 32 ff.

221 Vgl. Hecker, Europäisches Strafrecht, 2015, S. 331.

222 Vgl. siehe insbesondere: Klenk, in: Sölch/Ringleb, UStG, 2018, Wesen der Umsatzsteuer, Verhältnis von nationalem Recht und Unionsrecht Rn. 14. Umfassend zur geschichtlichen Entwicklung des UStG unter Einflussnahme des Unionsrechts: Kapitel B.III.

223 Vgl. Stadie, in: Rau/Dürrwächter, UStG, 2018, Einführung zum UStG Anm. 724.

224 Vgl. Stadie, in: Rau/Dürrwächter, UStG, 2018, Einführung zum UStG Anm. 724.

225 Vgl. BGH, Urteil vom 26.11.2008, VIII ZR 200/05, NJW 2009, S. 427 Rn. 21; Stadie, in: Rau/Dürrwächter, UStG, 2018, Einführung zum UStG Anm. 575.

in der entschiedenen Rechtssache *Quelle* ist in der deutschen höchstrichterlichen Rechtsprechung anerkannt, ein nationales Gesetz, sofern es erforderlich ist, richtlinienkonform fortzubilden.[226] Mit der *Quelle*-Entscheidung hat der BGH eine richtlinienkonforme Rechtsfortbildung durch teleologische Reduktion zugelassen.[227] In gleichem Maße kommt auch eine richtlinienkonforme Rechtsfortbildung durch Analogie[228] bzw. teleologische Extension[229] infrage.[230] Eine solche, den Wortlaut abändernde Rechtsfortbildung, setzt jedoch voraus, dass eine sog. planwidrige Gesetzeslücke vorliegt.[231] An dieser Stelle wird zwischen einer sog. bewussten[232] bzw. unbewussten[233] Gesetzeslücke differenziert.[234] Das Ausfüllen derartiger Gesetzeslücken durch die Gerichte setzt ein, wenn die Auslegung nach dem Wortsinn nicht zu einem eindeutigen Resultat geführt hat, jedoch eine bestimmte, nach dem Regelungsziel des Gesetzgebers beabsichtigte

---

226 Vgl. BGH, Urteil vom 26.11.2008, VIII ZR 200/05, NJW 2009, S. 427 Rn. 21; Gebauer, in: Gebauer/Wiedmann, Zivilrecht unter europäischem Einfluss, 2010, Kapitel 3 Rn. 38; Franzen, Privatrechtsangleichung durch die Europäische Gemeinschaft, 2010, S. 358; Herresthal, Rechtsfortbildung im europarechtlichen Bezugsrahmen, 2006, S. 317 f.; Baldus/Becker, ZEuP 1997, S. 882. Kritisch dazu: Habersack/Mayer, WM 2002, S. 256; Ehricke, ZIP 2004, S. 1029 f.

227 Vgl. BGH, Urteil vom 26.11.2008, VIII ZR 200/05, NJW 2009, S. 427 Rn. 21.

228 Insgesamt zur Analogie: Birkenfeld, in: Birkenfeld/Wäger, Das große Umsatzsteuer-Handbuch, 2018, § 12 Rn. 247.

229 Vgl. Birkenfeld, in: Birkenfeld/Wäger, Das große Umsatzsteuer-Handbuch, 2018, § 12 Rn. 239.

230 Vgl. Herrmann, Richtlinienumsetzung durch die Rechtsprechung, 2003, S. 146 f.; Stadie, in: Rau/Dürrwächter, UStG, 2018, Einführung zum UStG Anm. 724.

231 Vgl. Stadie, in: Rau/Dürrwächter, UStG, 2018, Einführung zum UStG Anm. 724.

232 An dieser Stelle wird angenommen, dass der Gesetzgeber keine potenzielle steuerbegründende, steuerbefreiende oder steuerermäßigende Vorschrift im UStG einführen wollte. Der Gesetzgeber kann jedoch der Rechtsprechung explizit überlassen, die betreffende Lücke auszufüllen, vgl. Birkenfeld, in: Birkenfeld/Wäger, Das große Umsatzsteuer-Handbuch, 2018, § 12 Rn. 240. Insbesondere ist in diesem Zusammenhang die umsatzsteuerliche Organschaft zu nennen, die in freier schöpferischer Rechtsprechung geschaffen wurde und 1934 vom Gesetzgeber in das nationale Recht eingeführt worden ist. Zum bewussten Regelungsverzicht auch: Englisch, in: Tipke/Lang, Steuerrecht, 2018, § 5 Rn. 77.

233 Vgl. insgesamt dazu: Birkenfeld, in: Birkenfeld/Wäger, Das große Umsatzsteuer-Handbuch, 2018, § 12 Rn. 242 und 243 ff.

234 Vgl. Birkenfeld, in: Birkenfeld/Wäger, Das große Umsatzsteuer-Handbuch, 2018, § 12 Rn. 239.

Regelung, ersichtlich ist.[235] Daher muss aus Systematik und Sinn des Gesetzes ein explizit geäußerter Wille des Gesetzgebers ableitbar sein.[236] Des Weiteren liegt keine Regelungslücke vor, wenn das Gesetz lediglich unter dem Aspekt der Rechtspolitik verbesserungswürdig ist, gleichwohl jedoch nicht planwidrig, unvollständig und ergänzungsbedürftig ist.[237] Mithin ist nach Ansicht von *Stadie* eine Rechtsfortbildung zu Lasten des Steuerpflichtigen nicht möglich, da eine Richtlinie keine unmittelbar an den Steuerpflichtigen gerichtete Rechtsnorm darstellt und diesem somit nicht bekannt ist.[238]

5. Unmittelbare Anwendbarkeit von Richtlinienrecht

a. Allgemeines

Nachdem in den vorangegangenen Ausführungen von einer zutreffenden Umsetzung der Richtlinienbestimmungen in das nationale Recht ausgegangen wurde, ist nunmehr der Fragestellung nachzugehen, wie es sich verhält, wenn die EU-Mitgliedstaaten ihrer Umsetzungsverpflichtung nicht ordnungsgemäß nachgekommen sind und wie den Richtlinienregelungen dennoch Geltung verschafft werden kann.[239]

Neben der Möglichkeit eines Vertragsverletzungsverfahrens gemäß Art. 258, 259 AEUV,[240] das jedoch als Sanktionsinstrument nur im begrenzten Maße

235 Vgl. Birkenfeld, in: Birkenfeld/Wäger, Das große Umsatzsteuer-Handbuch, 2018, § 12 Rn. 239.

236 Vgl. BVerfG, Urteil vom 03.04.1990, 1 BvR 1186/89, NJW 1990, S. 1593 unter I.1.c); BVerfG, Beschluss vom 26.09.2011, 2 BvR 2216/06 u. a., NJW 2012, S. 669 Rn. 56 f. m. w. N.; BGH, Urteil vom 26.11.2008, VIII ZR 200/05, NJW 2009, S. 427 Rn. 31; BFH, Urteil vom 11.02.2010, V R 38/08, BStBl. II 2010, S. 873; BFH, Urteil vom 23.03.2011, X R 28/09, BStBl. II 2011, S. 753; BFH, Urteil vom 18.04.2012, X R 7/10, BStBl. II 2013, S. 791; BFH, Urteil vom 21.02.2013, V R 27/11, BStBl. II 2013, S. 529; BFH, Urteil vom 02.12.2015, V R 25/13, BStBl. II 2017, S. 547; Tipke, Steuerrechtsordnung, 1993, S. 1296 ff.; ferner: Englisch, in: Tipke/Lang, Steuerrecht, 2018, § 5 Rn. 74 ff.; Drüen, in: Tipke/Kruse, AO/FGO, 2018, § 4 AO Rn. 344 ff. m. w. N.

237 Vgl. BFH, Urteil vom 24.01.1974, IV R 76/70, BStBl. II 1974, S. 295 unter 2.a); BFH, Urteil vom 13.07.1989, V R 110-112/84, BStBl. II 1989, S. 1036 unter II.4.a); ferner: Drüen, in: Tipke/Kruse, AO/FGO, 2018, § 4 Rn. 113.

238 Vgl. Stadie, in: Rau/Dürrwächter, UStG, 2018, Einführung zum UStG Anm. 728.

239 Vgl. Heidner, UR 2003, S. 70.

240 Ein Vertragsverletzungsverfahren kann von der EU-Kommission eingeleitet werden, sofern ein EU-Mitgliedstaat vorrangiges Unionsrecht nicht, nicht fristgemäß oder unzugänglich anwendet. Der EuGH entscheidet im Einzelfall darüber, ob eine

leistungsfähig ist,[241] kommt eine unmittelbare Anwendbarkeit von Richtlinien in Betracht. Soweit indessen Widersprüche zwischen der Richtlinienvorschrift und nationalem Recht existieren, d. h. die nationale Bestimmung gegenüber dem europäischen Richtlinienrecht zum Nachteil des Steuerpflichtigen zurückbleibt, ist die richtlinienwidrige Norm nicht anzuwenden. Stattdessen hat das günstigere Richtlinienrecht Anwendungsvorrang. In diesem Zusammenhang ist die europäische Vorschrift unmittelbar anzuwenden. Ein derartiger Vorrang hat allerdings nicht zur Folge, dass die richtlinienwidrige Rechtsnorm aufgehoben oder allgemein für ungültig erklärt wird.[242] Gleichwohl ist eine solche Rechtsnorm zugunsten des Steuerpflichtigen und zu Lasten des nationalen Fiskus im vorliegenden Einzelfall nicht anzuwenden.[243] Unter welchen Voraussetzungen ein direktes Berufungsrecht des Steuerpflichtigen auf die unionsrechtliche Richtlinienbestimmung denkbar ist, wird im nachfolgenden Abschnitt umfassend dargelegt.

b. Voraussetzungen und Rechtsfolgen

Eine unmittelbare Anwendbarkeit bedingt, dass die Richtlinienbestimmungen inhaltlich als unbedingt und hinreichend genau erscheinen sowie der EU-Mitgliedstaat die Richtlinie nicht fristgemäß oder nur unzugänglich in das nationale Recht eingeführt hat.[244] Nach vorherrschender Rechtsprechung des EuGH[245] sind Anknüpfungspunkte für die unmittelbare Anwendung somit folgende Anforderungen:

- die inhaltliche Unbedingtheit,
- die hinreichende Bestimmtheit,
- der Verstoß des EU-Mitgliedstaates gegen seine Umsetzungspflicht
- sowie der begünstigende Richtliniencharakter.

Vertragsverletzung vorliegt. Ausführlich dazu: Karpenstein, in: Grabitz et al., Das Recht der EU, 2018, Art. 267 AEUV Rn. 72 f.; Heidner, UR 2003, S. 70.

241 Zur begrenzten Wirksamkeit eines Vertragsverletzungsverfahrens der EU-Kommission: Heidner, UR 2003, S. 70 f.

242 Vgl. grundlegendes: EuGH, Urteil vom 19.01.1982, C 8/81, Slg. 1982, S. 00053; Lippross, Umsatzsteuer, 2017, S. 44.

243 Vgl. Reiß, in: Reiß et al., UStG, 2018, Einführung UStG Rn. 107.

244 Vgl. Heidner, UR 2003, S. 72; Lippross, Umsatzsteuer, 2017, S. 44 f.

245 Vgl. EuGH, Urteil vom 04.12.1986, C 71/85, Slg. 1986, S. 03855 Rn. 13; EuGH, Urteil vom 29.05.1997, C 389/95, Slg. 1997, S. I-02719 Rn. 31; EuGH, Urteil vom 17.09.1996, C 246/94, C 247/94, C 248/94 und C 249/94, Slg. 1996, S. I-04373 Rn. 17; EuGH, Urteil vom 12.07.1990, C 188/89, Slg. 1990, S. I-03313 Rn. 16; EuGH, Urteil vom 22.02.1990, C 221/88, Slg. 1990, S. I-00495 Rn. 22.

Danach setzt eine inhaltliche Unbedingtheit voraus, dass die Richtlinie weder an Vorbehalte noch an Bedingungen geknüpft ist und es keinen weiteren Handlungen der unionsrechtlichen Organe oder EU-Mitgliedstaaten bedarf.[246] In diesem Zusammenhang beantwortet sich die Frage nach der inhaltlichen Unbedingtheit grundsätzlich danach, ob die von der Richtlinie beabsichtigte Rechtsfolge entweder von einer konstitutiven Entscheidung eines europäischen Organs oder eines EU-Mitgliedstaates abhängig ist.[247] Im Besonderen darf den nationalen Gesetzgebern kein Wertungsspielraum in Bezug auf die inhaltliche Umsetzung der Richtlinie gewährt werden.[248] Denn die Richtlinienbestimmung muss sich gleichsam selbst vollziehen.[249] Des Weiteren ist eine Richtlinienvorschrift hinreichend bestimmt, wenn klare Vorgaben zum sachlichen Anwendungsbereich und zum begünstigten Personenkreis vorliegen.[250] Ferner scheidet eine unmittelbare Richtlinienwirkungskraft aus, solange die Umsetzungsfrist noch nicht abgelaufen ist, da zu diesem Zeitpunkt noch kein Verstoß gegen die Umsetzungsverpflichtung durch den EU-Mitgliedstaat vorliegt.[251] Gesetzt den Fall, dass eine Verlängerung der Umsetzungsfrist gewährt wird, entfaltet die unmittelbare Anwendung in dem Zeitraum zwischen Ablauf der ursprünglich zugestandenen Umsetzungsfrist und dem Eintreten der Fristverlängerung ihre Wirkung, es sei denn, die Fristverlängerung ist explizit mit rückwirkender Kraft erfolgt.[252]

Ist darüber hinaus eine richtlinienkonforme Auslegung möglich, genießt diese Anwendungsvorrang und verdrängt grundsätzlich eine unmittelbare Wirkungsentfaltung.[253] Sofern allerdings ein richtlinienkonformes Resultat weder durch Auslegung noch durch Rechtsfortbildung des nationalen Rechts erzielt

---

246 Vgl. EuGH, Urteil vom 17.09.1996, C 246/94, C 247/94, C 248/94 und C 249/94, Slg. 1996, S. I-04373 Rn. 18; Heidner, UR 2003, S. 72; Frenz, Europarecht, 2016, Rn. 21; Birkenfeld, Mehrwertsteuer der EU, 2003, S. 31.

247 Vgl. Heidner, UR 2003, S. 72.

248 Vgl. Reiß, in: Reiß et al., UStG, 2018, Einführung UStG Rn. 107.1. A. A.: EuGH, Urteil vom 01.02.1977, Rs. 51/76, Slg. 1977, S. 00113; Lippross, Umsatzsteuer, 2017, S. 44; Birkenfeld, Mehrwertsteuer der EU, S. 31.

249 Vgl. Birkenfeld, Mehrwertsteuer der EU, 2003, S. 31.

250 Vgl. z. B. EuGH, Urteil vom 04.12.1986, C 71/85, Slg. 1986, S. 03855 Rn. 18 und 21; EuGH, Urteil vom 19.11.1991, C 6/90 und C 9/90, Slg. 1991, S. I-05357 Rn. 12; EuGH, Urteil vom 26.09.1996, C 168/95, Slg. 1996, S. I-04705 Rn. 36.

251 Vgl. Reiß, in: Reiß et al., UStG, 2018, Einführung UStG Rn. 107.

252 Vgl. Jarass, Grundfragen der innerstaatlichen Bedeutung des EG-Rechts, 1994, S. 73.

253 Vgl. Reiß, in: Reiß et al., UStG, 2018, Einführung UStG Rn. 107.

werden kann, ist zu prüfen, ob eine unmittelbare Anwendung der Richtlinienbestimmung in Betracht kommen kann. Weiterhin ist zwingend zu beachten, dass eine mögliche Berufung auf die Richtlinienregelung ausschließlich durch den Steuerpflichtigen erfolgen kann und entsprechend für nationale Finanzverwaltungen stets ausscheidet.[254] Der Steuerpflichtige kann sich daher gegenüber einer für ihn belastenden Vorschrift des nationalen Rechts auf eine für ihn günstigere Bestimmung des Unionsrechts berufen.[255] Jedoch wird der Richtlinienregelung nur dann ein Anwendungsvorrang zugesprochen, wenn sie den Steuerpflichtigen im Vergleich zu der nationalen Vorschrift begünstigt. Aus dem Umkehrschluss resultiert, dass die unmittelbare Wirkung nicht zu Lasten des Steuerpflichtigen erfolgen kann.[256] Darüber hinaus scheidet eine selektive Berufung auf Teilaspekte des Unionsrechts aus.[257]

Abschließend ist anzuführen, dass die Richtlinienbestimmung nicht nur dann ihre unmittelbare Wirkung entfaltet, wenn sich der Steuerpflichtige auf sie beruft.[258] Dies darf nicht übersehen werden, denn auch ohne ausdrückliche Berufung des Steuerpflichtigen muss die Finanzverwaltung zugunsten des Steuerpflichtigen das vorteilhaftere Unionsrecht anwenden.[259] Hierfür besteht jedoch grundsätzlich die Voraussetzung, dass die inhaltliche Unbedingtheit und die hinreichende Genauigkeit der Richtlinienbestimmung vom EuGH festgestellt worden ist.[260] Eine vorherige Anrufung des EuGH ist in den Fällen nicht

---

254 Vgl. Klenk, in: Sölch/Ringleb, UStG, 2018, Wesen der Umsatzsteuer, Verhältnis von nationalem Recht zum Unionsrecht Rn. 21.

255 Vgl. Klenk, in: Sölch/Ringleb, UStG, 2018, Wesen der Umsatzsteuer, Verhältnis von nationalem Recht zum Unionsrecht Rn. 22 f.

256 Vgl. Robisch, in: Bunjes, UStG, 2018, Vor § 1 Einleitende Hinweise zum Umsatzsteuerrecht Rn. 9; a. A. ausnahmsweise: EuGH, Urteil vom 06.07.2006, C 439/04 und C 440/04, Slg. 2006, S. I-06161; EuGH, Urteil vom 18.12.2014, C 131/13, C 163/13 und C 164/13, ECLI:EU:C:2014:2455, enfaltet die Richtlinie eine unmittelbare Wirkung zulasten des Steuerpflichtigen, sofern Fälle der Steuerhinterziehung vorliegen.

257 Vgl. EuGH, Urteil vom 28.11.2013, C 319/12, ECLI:EU:C:2013:778, Rn. 46 ff.; Wäger, UR 2014, S. 81; Robisch, in: Bunjes, UStG, 2018, Vor § 1 Einleitende Hinweise zum Umsatzsteuerrecht Rn. 9.

258 Vgl. EuGH, Urteil vom 17.09.1996, C 246/94, C 247/94, C 248/94 und C 249/94, Slg. 1996, S. I-04373 Rn. 17.

259 Vgl. Grune/Elvers, Umsatzsteuer, 2008, S. 39 Rn. 7.

260 Vgl. BVerfG, Beschluss vom 08.04.1987, 2 BvR 687/85, NJW 1988, S. 1459; Klenk, in: Sölch/Ringleb, UStG, 2018, Wesen der Umsatzsteuer, Verhältnis von nationalem Recht zum Unionsrecht Rn. 23; Lippross, Umsatzsteuer, 2017, S. 45; ferner: Martin, UR 2008, S. 35 f.

notwendig, in denen nach Ansicht der nationalen Gerichte keine Bedenken an der Auslegung des Unionsrechts bestehen und die ordnungsgemäße Anwendbarkeit des Unionsrechts offenkundig ist.[261] Vergleichbares gilt, wenn die entscheidungserhebliche Auslegungsfrage bereits durch den EuGH geklärt worden ist.[262]

III. Geschichtliche Entwicklung des UStG unter europäischer Beeinflussung

1. Allphasen-Bruttoumsatzsteuer bis 1968

Als Vorgänger der heutigen allgemeinen Umsatzsteuer galten die sog. Akzisen[263] sowie die sog. Quittungssteuern, die auf bestimmte Umsätze bzw. Rechtsgeschäfte erhoben wurden.[264] Der aus der Bewältigung der ersten Weltkriegslasten resultierende erhöhte Bedarf an Finanzierungsmitteln führte im Jahr 1916 zur Einführung des sog. Warenstempelgesetzes[265].[266] Nach diesem Gesetz wurden gewerbliche Warenlieferungen mit 0,1 Prozent des Entgelts besteuert.[267] Mit seiner Weiterführung durch das Reichsumsatzsteuergesetz 1918/19[268] ist die Umsatzsteuer in Deutschland als sog. Allphasensteuer ausgestaltet worden,[269] die als Grundtatbestand sämtliche entgeltliche Lieferungen und Leistungen des Unternehmers mit einem damaligen Steuersatz in Höhe von 0,5 Prozent besteuerte und somit den Grundstein für eine Umsatzbesteuerung in der Bundesrepublik

261 Vgl. EuGH, Urteil vom 06.10.1982, C 283/81, Slg. 1982, S. 03415; ebenso: BFH, Urteil vom 02.04.1996, VII R 119/94, BFH/NV 1996, S. 306.

262 Vgl. BFH, Urteil vom 26.01.2006, V R 70/03, BStBl. II 2006, S. 387 unter II.3.c).

263 Dazu zählen Binnenzölle, Markt- und Verbrauchsabgaben, vgl. Lippross, Umsatzsteuer, 2017, S. 31; Englisch, in: Tipke/Lang, Steuerrecht, 2018, § 17 Rn. 1.

264 Umfassend zum Entstehen dieses Gesetzes: Jacobs, DStZ 2006, S. 654 f.

265 Warenstempelgesetz vom 26.06.1916, RGBl. 1916, S. 639.

266 Vgl. Klenk, in: Sölch/Ringleb, UStG, 2018, Wesen der Umsatzsteuer, Verhältnis von nationalem Recht zum Unionsrecht Rn. 1; Englisch, in: Tipke/Lang, Steuerrecht, 2018, § 17 Rn. 2.

267 Vgl. Lippross, Umsatzsteuer, 2017, S. 31.

268 Reichsumsatzsteuergesetz vom 26.07.1918, RGBl. 1918, S. 779. In der nachfolgenden Zeit wurde die Umsatzsteuer mit wechselnden Steuersätzen von 1,5 Prozent (ab 1920), 3 Prozent (ab 1946) sowie 4 Prozent (ab 1951) erhoben, vgl. Kirchhof, DStR 2008, S. 1; Stadie, UStG, 2015, A. Geschichte der Umsatzsteuer Rn. 3.

269 Vgl. Reiß, in: Reiß et al., UStG, 2018, Einführung UStG Rn. 16; Birkenfeld, in: Birkenfeld/Wäger, Das große Umsatzsteuer-Handbuch, 2018, § 1 Rn. 11.

Deutschland legte.[270] Die Steuerpflicht, die sich bisher lediglich auf Warenlieferungen innerhalb der gewerblichen Wirtschaft erstreckte, wurde entsprechend um sämtliche Leistungen innerhalb selbstständig gewerblicher Tätigkeiten und insbesondere um die Steuerbarkeit des Eigenverbrauchs[271] ausgedehnt.[272] Unter diesem Gesichtspunkt erfasste die Umsatzsteuer auf sämtlichen Wirtschaftsstufen dem Grunde nach alle Lieferungen und sonstige Leistungen und hatte sich aus wirtschaftlichem Blickwinkel zur allgemeinen Verbrauchsteuer des Deutschen Reichs entwickelt.[273] Die weitere Entwicklung des Umsatzsteuerrechts ist insbesondere durch die Einführung des UStG vom 16. Oktober 1934[274] und vom 1. September 1951[275] gekennzeichnet, die unter anderem eine Erhöhung des Steuersatzes auf vier Prozent sowie die Einführung ermäßigter Steuersätze und Steuerbefreiungen zur Konsequenz hatte.[276]

Da die Steuer kumulativ auf jeder Wertschöpfungskette ohne die Möglichkeit des heutigen Vorsteuerabzugs (sog. Bruttoumsatzsteuer) erhoben wurde, führte dies infolge eines Kaskadeneffekts bei langen Unternehmensstufen zu einer erheblichen Steuermehrbelastung.[277] An dieser Stelle entfaltete das Prinzip der Bruttoumsatzbesteuerung eine wettbewerbsverfälschende Wirkung, da Waren, die auf dem Weg zum Endverbraucher diverse Wertschöpfungsstufen durchliefen, einer deutlich höheren Umsatzsteuerbelastung unterlagen, als diejenigen Waren, die nur ein einstufiges Unternehmen durchliefen.[278] Infolgedessen wurde mit Erheben der Umsatzsteuer nach dem Bruttoprinzip der Anreiz geschaffen,

---

270 Vgl. Birkenfeld, in: Birkenfeld/Wäger, Das große Umsatzsteuer-Handbuch, 2018, § 1 Rn. 11; Klenk, in: Sölch/Ringleb, UStG, 2018, Wesen der Umsatzsteuer, Verhältnis von nationalem Recht zum Unionsrecht Rn. 1.

271 Entspricht heute der den Lieferungen und sonstigen Leistungen gleichgestellten Wertabgaben nach § 3 Abs. 1b und Abs. 9a UStG, vgl. Klenk, in: Sölch/Ringleb, UStG, 2018, Wesen der Umsatzsteuer, Verhältnis von nationalem Recht zum Unionsrecht Rn. 1.

272 Vgl. Birkenfeld, in: Birkenfeld/Wäger, Das große Umsatzsteuer-Handbuch, 2018, § 1 Rn. 11 und 21.

273 Vgl. Englisch, in: Tipke/Lang, Steuerrecht, 2018, § 17 Rn. 10.

274 UStG vom 16.10.1934, RGBl. I 1934, S. 942.

275 UStG vom 01.09.1951, BGBl. I 1951, S. 791.

276 Vgl. Birkenfeld, in: Birkenfeld/Wäger, Das große Umsatzsteuer-Handbuch, 2018, § 1 Rn. 71; Stadie, UStG, 2015, A. Geschichte der Umsatzsteuer Rn. 4.

277 Vgl. Stadie, UStG, 2015, B. Wesen und Belastungsgrund der Umsatzsteuer Rn. 8; Englisch, in: Tipke/Lang; Steuerrecht, 2018, § 17 Rn. 2.

278 Vgl. Grune/Elvers, Umsatzsteuer, 2008, S. 25 Rn. 2.

mehrere Wirtschaftsstufen in einem Unternehmen zu bündeln.[279] Weiterhin wurde die wettbewerbsverzerrende Wirkung im Allphasen-Bruttoumsatzsteuersystem durch die nationale Gesetzgebung und Rechtsprechung immens verstärkt, da diese verschiedene Unternehmenszusammenschlüsse, insbesondere durch die Begründung einer umsatzsteuerlichen Organschaft[280], begünstigte.[281] Wegen der durch die Allphasen-Bruttoumsatzbesteuerung ausgelösten Wettbewerbsverzerrungen rügte das Bundesverfassungsgericht (BVerfG) dieses System als verfassungswidrig.[282] Im Ergebnis führte eine derartige konzentrationsfördernde und wettbewerbswidrige Wirkung zum Scheitern der Bruttoumsatzsteuer.[283] Die einschneidenden Wettbewerbsverzerrungen im volkswirtschaftlichen Preisbildungsprozess und die wirtschaftspolitisch umstrittene Tendenz zur Eingehung unternehmerischer Fusionen wurden mit der Einführung des UStG (Mehrwertsteuer)[284] vom 29. Mai 1967[285] beseitigt.[286]

2. Allphasen-Nettoumsatzsteuer ab 1968

Zum 1. Januar 1968 wurde das System der kumulativen Allphasen-Bruttoumsatzsteuer auf dem Beschwerdeweg wegen des Verstoßes gegen die Wettbewerbsneutralität durch das Allphasen-Nettoumsatzsteuersystem mit Vorsteuerabzug[287]

---

279 Dies führte zum Anreiz, mehrere Phasen in demselben Unternehmen zu vereinigen (sog. vertikale Integration), vgl. Englisch, in: Tipke/Lang, Steuerrecht, 2018, § 17 Rn. 2; Lippross, Umsatzsteuer, 2017, S. 31.

280 Zu den Voraussetzungen und Rechtsfolgen einer umsatzsteuerlichen Organschaft siehe insbesondere: Kapitel C.III. und IV.

281 Vgl. Klenk, in: Sölch/Ringleb, UStG, 2018, Wesen der Umsatzsteuer, Verhältnis von nationalem Recht zum Unionsrecht Rn. 1. Ferner: Schmidt, SteuerStud 2018, S. 267, der darauf hinweist, dass die umsatzsteuerliche Organschaft in erster Linie zur Verhinderung unerwünschter Kaskadeneffekte beim Leistungsaustausch im Konzernverbund etabliert wurde. Zur umsatzsteuerlichen Organschaft: BFH, Urteil vom 19.10.1995, V R 71/93, BFH/NV 1996, S. 273.

282 Vgl. BVerfG, Urteil vom 20.12.1966, 1 BvR 320/57 und 70/63, NJW 1967, S. 147. Ferner auch: Englisch, in: Tipke/Lang, Steuerrecht, 2018, § 17 Rn. 2.

283 Vgl. Klenk, in: Sölch/Ringleb, UStG, 2018, Wesen der Umsatzsteuer, Verhältnis von nationalem Recht zum Unionsrecht Rn. 1.

284 Die Zusatzbezeichnung der Mehrwertsteuer wurde im UStG 1973 vom 16.11.1973, BGBl. I 1973, S. 1681 gestrichen.

285 UStG vom 29.05.1967, BGBl. I 1967, S. 545.

286 Vgl. Grune/Elvers, Umsatzsteuer, 2008, S. 25 Rn. 4.

287 Die Kumulativwirkung der Allphasen-Bruttoumsatzsteuer hätte jedoch auch mit Einführung der sog. einphasigen Einzelhandelsumsatzsteuer beseitigt werden können. Dazu umfassend: Reiß, in: Reiß et al., UStG, 2018, Einführung UStG Rn. 24.5.

abgelöst.[288] Als Vorbild für das UStG 1967 dienten die sog. französischen Mehrwertsteuervorschriften[289].[290] Es war Ziel des grundlegenden Systemwechsels, dass auf jeder Wirtschaftsstufe nur noch der jeweils erzielte Mehrwert (sog. Wertschöpfung) besteuert wird und im Ergebnis die Umsatzsteuer selbst wegen des offenen Ausweises und der Option des Vorsteuerabzugs nicht ihrerseits nochmals steuerlich erfasst wird.[291] Wettbewerbsverzerrende Kumulativeffekte bei Konzernstrukturen sind seit der Einführung des Mehrwertsteuersystems – jedenfalls bei einer vorsteuerabzugsberechtigten Unternehmenskette – nicht mehr denkbar. Denn nach dem Allphasennettoverfahren stellt der leistende Unternehmer dem Abnehmer die auf den Warenwert entfallende Umsatzsteuer in Rechnung. Jedoch führt dieser die Umsatzsteuer nicht im vollen Umfang an das Finanzamt ab, sondern verrechnet diese mit der durch seine Zahlungen an den Lieferanten vorab abgegoltenen Umsatzsteuer (sog. Vorsteuer).[292] Da ausschließlich Unternehmer nach § 15 UStG die Berechtigung auf Vorsteuerabzug besitzen, wird die steuerliche Belastung lediglich vom Endverbraucher, der nicht in den Genuss des Vorsteuerabzugs kommt, getragen.[293] Daraus resultiert, dass in diesem Umsatzsteuersystem nicht der eigentliche Mehrwert auf der jeweiligen Produktionsstufe der Besteuerung unterworfen wird, sondern ausschließlich der nichtunternehmerische Endverbrauch.[294] Infolgedessen wirkt sich die Umsatzsteuer nach dem Allphasennettoverfahren im optimalen Fall wettbewerbsneutral aus.[295] Trotz einiger Änderungen besitzt dieses Umsatzsteuersystem im Kern noch heute seine Gültigkeit.[296]

288 Vgl. Englisch, in: Tipke/Lang, Steuerrecht, 2018, § 17 Rn. 4.

289 Werden als sog. Taxe sur la valeur ajouteé (TVA) bezeichnet. Dazu einhergehend: Klenk, in: Sölch/Ringleb, UStG, 2018, Wesen der Umsatzsteuer, Verhältnis von nationalem Recht zum Unionsrecht Rn. 2.

290 Umfassende Ausführungen zu der französischen Mehrwertsteuer: Klenk, StuW 1994, S. 227 ff.

291 Vgl. Englisch, in: Tipke/Lang, Steuerrecht, 2018, § 17 Rn. 15 ff.

292 Vgl. Grune/Elvers, Umsatzsteuer, 2008, S. 26 Rn. 5.

293 Vgl. Reiß, in: Reiß et al., UStG, 2018, Einführung UStG Rn. 11. Für die Wirkungsweise eines Vorsteuerabzugs siehe: Englisch, in: Tipke/Lang, Steuerrecht, 2018, § 17 Rn. 15; Lippross, Umsatzsteuer, 2017, S. 59.

294 Vgl. Englisch, in: Tipke/Lang, Steuerrecht, 2018, § 17 Rn. 15 ff.

295 Vgl. Grune/Elvers, Umsatzsteuer, 2008, S. 26 Rn. 5.

296 Vgl. Englisch, in: Tipke/Lang, Steuerrecht, 2018, § 17 Rn. 3 und 15 ff.

3. Anpassungsprozess an das Unionsrecht

Bereits seit der Gründung der EWG im Jahr 1957 wird der zentrale Leitgedanke der Schaffung eines gemeinsamen Marktes angestrebt, der durch einen reibungslosen Handel und fairen Wettbewerb zwischen den einzelnen Mitgliedstaaten der EU[297] gekennzeichnet sein soll.[298] Darüber hinaus soll eine Basis für eine harmonische Entwicklung des Wirtschaftslebens innerhalb der EU sowie ein beständiges und ausgewogenes Wachstum der Wirtschaft erreicht werden.[299] Aufgrund divergierender Umsatzsteuersysteme einzelner Staaten und damit einhergehender Störung des gemeinsamen Marktes, gehörte die Harmonisierung der Mehrwertsteuervorschriften in den Mitgliedstaaten zum vordringlichen Anliegen der EU.[300] In Verfolgung dieses Ziels wurden die ersten beiden Richtlinien[301] vom 11. April 1967 zur Harmonisierung der umsatzsteuerlichen Regelungen der Mitgliedstaaten durch den Rat der EU verabschiedet.[302] Mit der sog. ersten Richtlinie wurde die Pflicht für alle Mitgliedstaaten begründet, bis zum 1. Januar 1970 eine Systemumstellung auf das sog. gemeinsame Mehrwertsteuersystem mit Vorsteuerabzug vorzunehmen, während die sog. zweite Richtlinie im Einzelnen Prinzipien über Struktur und detaillierte Anwendungsmodalitäten der Mehrwertsteuer zum Inhalt hatte. Zugleich wurde der Bestimmungslandgrundsatz durch Entlastung im Ursprungsland und Belastung im

---

297 Nach Art. 1 EUV ist die EU mit Wirkung vom 01.12.2009 an die Stelle der Europäischen Gemeinschaft getreten. Damit hat eine derartige Begriffsbezeichnung an Bedeutung verloren. Im weiteren Verlauf der Dissertationsschrift wird daher, um eine bessere Übersichtlichkeit zu gewährleisten, unabhängig von der Jahreszahl, die Begriffsbezeichnungen der EU bwz. des Unionsrechts verwendet.

298 Vgl. Klenk, in: Sölch/Ringleb, UStG, 2018, Wesen der Umsatzsteuer, Verhältnis von nationalem Recht zum Unionsrecht Rn. 3.

299 Vertrag zur Gründung der EWG vom 25.03.1957, BGBl. II 1957, S. 766.

300 Vgl. Bahns et al., in: von der Groeben et al., Europäisches Unionsrecht, 2015, Art. 113 AEUV Rn. 5; Klenk, in: Sölch/Ringleb, UStG, 2018, Wesen der Umsatzsteuer, Verhältnis von nationalem Recht zum Unionsrecht Rn. 3.

301 Erste Richtlinie 67/227/EWG des Rates vom 11.04.1967 zur Harmonisierung der Rechtsvorschriften der Mitgliedstaaten über die Umsatzsteuer, ABl. EG 1967 Nr. 71, S. 1301 und zweite Richtlinie 67/228/EWG des Rates vom 11.04.1967 zur Harmonisierung der Rechtsvorschriften der Mitgliedstaaten über die Umsatzsteuern – Struktur und Anwendungsmodalitäten des gemeinsamen Mehrwertsteuersystems, ABl. EG 1967 Nr. 71, S. 1303. Diese Mehrwertsteuerrichtlinien werden im Nachfolgenden als erste und zweite Richtlinie bezeichnet.

302 Vgl. Klenk, in: Sölch/Ringleb, UStG, 2018, Wesen der Umsatzsteuer, Verhältnis von nationalem Recht zum Unionsrecht Rn. 3 ff.

Bestimmungsland als dem Land des Verbrauchers festgelegt, um einen exakten Grenzausgleich[303] zu gewährleisten.[304] Die erste und zweite Richtlinie wurden durch das zuvor beschriebene UStG 1967 in das deutsche Recht umgesetzt.[305]

Mit dem Wechsel zum unionsrechtlich vorgegebenen Nettoumsatzverfahren im Jahr 1968 wurde das deutsche Umsatzsteuerrecht in den Folgejahren zum Zwecke der Umsatzsteuerharmonisierung innerhalb der EU noch weitreichenden Reformierungen unterworfen. Insbesondere mit dem UStG 1980 vom 26. November 1979[306] und dem sog. Umsatzsteuer-Binnenmarktgesetz vom 25. August 1992[307] erfolgte schrittweise eine Anpassung des nationalen Umsatzsteuerrechts an die unionsrechtlichen Vorgaben.[308] Vor diesem Hintergrund hatte der Ministerrat der EU mit der sechsten Mehrwertsteuerrichtlinie[309] vom 17. Mai 1977 weitere fundierte Vorschriften zur Harmonisierung der mehrwertsteuerlichen Regelungen in den europäischen Mitgliedstaaten erlassen. Vorrangiges Ziel der sechsten Richtlinie war es, den Haushalt der EU ausschließlich aus eigenen Mitteln,[310] die sich unter anderem aus Mehrwertsteuereinnahmen in Zusammenhang mit einem gemeinsamen Regelsteuersatz innerhalb der EU-Mitgliedstaaten auf eine durch die Unionsrechtsvorschriften bestimmte steuerpflichtige Bemessungsgrundlage ergeben sollten, zu finanzieren.[311] Angesichts der sehr umfassenden Umsatzsteuerregularien der sechsten Richtlinie wurde die

303 Zur Funktionsweise eines exakten Grenzausgleichs: Englisch, in: Tipke/Lang, Steuerrecht, 2018, § 17 Rn. 18 und 404 ff.

304 Vgl. Englisch, in: Tipke/Lang, Steuerrecht, 2018, § 17 Rn. 3.

305 Vgl. Reiß, in: Reiß et al., UStG, 2018, Einführung UStG Rn. 60.

306 UStG vom 26.11.1979, BGBl. I 1979, S. 1953.

307 UStBG vom 25.08.1992, BGBl. I 1992, S. 1548.

308 Vgl. Klenk, in: Sölch/Ringleb, UStG, 2018, Wesen der Umsatzsteuer, Verhältnis von nationalem Recht zum Unionsrecht Rn. 3 ff.

309 Sechste Richtlinie 77/388/EWG des Rates vom 17.05.1977 zur Harmonisierung der Rechtsvorschriften der Mitgliedstaaten über die Umsatzsteuern – Gemeinsames Mehrwertsteuersystem: einheitliche steuerpflichtige Bemessungsgrundlage, ABl. EG 1977 Nr. L 145, S. 1. Diese Mehrwertsteuerrichtlinie wird im Nachfolgenden als sechste Richtlinie bezeichnet.

310 Vgl. Präambel der sechsten Richtlinie 77/388/EWG des Rates vom 17.05.1977 zur Harmonisierung der Rechtsvorschriften der Mitgliedstaaten über die Umsatzsteuern – Gemeinsames Mehrwertsteuersystem: einheitliche steuerpflichtige Bemessungsgrundlage, ABl. EG 1977 Nr. L 145, S. 1.

311 Vgl. Klenk, in: Sölch/Ringleb, UStG, 2018, Wesen der Umsatzsteuer, Verhältnis von nationalem Recht zum Unionsrecht Rn. 5.

zweite Richtlinie im vollen Umfang außer Kraft gesetzt. Jedoch weiterhin fortbestehen blieben die noch geltenden Bestimmungen der ersten Richtlinie unter Berücksichtigung der Überlagerung mit der sechsten Richtlinie.[312]

Hinzukommend sollte die Anpassung des deutschen Umsatzsteuerrechts an die europäischen Vorgaben bereits zum 1. Januar 1979 erfolgen, allerdings wurde die sechste Richtlinie erst ein Jahr später – zum 1. Januar 1980 – durch den deutschen Gesetzgeber erlassen.[313] Im Gegensatz dazu waren die Änderungen, die durch die Umsetzung der sog. Binnenmarktrichtlinie vom 16. Dezember 1991[314] mit dem Umsatzsteuer-Binnenmarktgesetz in das nationale Recht übernommen wurden, von noch tiefgreifenderer Bedeutung. Wesentliches Kernstück des Umsatzsteuer-Binnenmarktgesetzes war die sog. Übergangsregelung für die Besteuerung des Handels zwischen den Mitgliedstaaten, durch die eine Verwirklichung des Binnenmarktes bis zum 31. Dezember 1996 angestrebt wurde.[315] Infolgedessen wurde für die innergemeinschaftlichen Lieferungen die bisherige Erhebung der Einfuhrumsatzsteuer an der Grenze nahezu vollständig durch die Besteuerung des innergemeinschaftlichen Erwerbs ersetzt. Darauf zurückführend wurde ein von Grund auf neuartiges Grenzausgleichsystem für das Gebiet der EU geschaffen.[316] Im Übrigen ist die EU von der Zielvorstellung der Aufhebung steuerlicher Grenzen mit einem einheitlichen Umsatzsteuersatz zum heutigen Zeitpunkt noch weit entfernt.[317]

---

312 Vgl. Klenk, in: Sölch/Ringleb, UStG, 2018, Wesen der Umsatzsteuer, Verhältnis von nationalem Recht zum Unionsrecht Rn. 5.

313 Grund für die verspätete Richtlinienumsetzung war ausschließlich der Streit über den Inlandsbegriff, der das Gebiet der damaligen DDR nicht mehr einschließen sollte. Damit einhergehend wurden die Begriffe des Erhebungsgebiets für das Inland sowie des Außengebiets für das Ausland in das Gesetz eingeführt, vgl. Stadie, in: Rau/Dürrwächter, UStG, 2018, Einführung zum UStG Anm. 55 f.

314 Richtlinie 91/680/EWG des Rates vom 16.12.1991 zur Ergänzung des gemeinsamen Mehrwertsteuersystems und zur Änderung der Richtlinie 77/388/EWG im Hinblick auf die Beseitigung der Steuergrenzen, ABl. EG 1991 Nr. L 376, S. 1.

315 Vgl. Stadie, in: Rau/Dürrwächter, UStG, 2018, Einführung zum UStG Anm. 58 ff.

316 Vgl. Klenk, in: Sölch/Ringleb, UStG, 2018, Wesen der Umsatzsteuer, Verhältnis von nationalem Recht zum Unionsrecht Rn. 6.

317 Innerhalb der EU-Mitgliedstaaten existieren erhebliche Unterschiede zwischen den Mehrwertsteuersätzen. Während in Dänemark der Regelsteuersatz 25 Prozent beträgt, wird in Luxemburg ein Steuersatz in Höhe von 17 Prozent erhoben, vgl. EU-Kommission, Mehrwertsteuersätze in den EU-Ländern, 2018. Darüber hinaus ist nach den Vorschlägen der EU-Kommission vom 18.01.2018 angedacht, dass den EU-Mitgliedstaaten mehr Flexibilität bei der Festlegung der Mehrwertsteuersätze zugestanden werden soll. Dazu: Mozelewski, IWB 2018, S. 232.

Darüber hinaus wurde die in den Folgejahren mehrfach geänderte sechste Richtlinie durch die sog. MwStSystRL[318] neu gefasst. Diese zum 1. Januar 2007 in Kraft getretene Richtlinie ist in besonderer Weise Anknüpfungspunkt dieser Dissertationsschrift.

318 Richtlinie 2006/112/EG des Rates vom 28.11.2006 über das gemeinsame Mehrwertsteuersystem, ABl. EU 2006 Nr. L 347, S. 1.

C. Status Quo der umsatzsteuerlichen Organschaft nach § 2 Abs. 2 Nr. 2 UStG

I. Historische Rechtsentwicklung

Die Entstehungsgeschichte[319] der umsatzsteuerlichen Organschaft[320] blickt auf eine mehr als hundertjährige rechtshistorische Entwicklung zurück und ist insgesamt älter als das gemeinsame Mehrwertsteuersystem der EU.[321] Sie basiert auf der Organtheorie[322], die sich in den 1920er Jahren in der noch heute bedeutsamen Definition[323] manifestierte, nach der eine juristische Person wirtschaftlich, finanziell und organisatorisch als Glied der Muttergesellschaft festgelegt ist.[324] Anknüpfungspunkt war dabei wie auch in sämtlichen anderen Steuerrechtsgebieten das Merkmal der sog. Selbstständigkeit.[325] Ihre Anfänge lassen sich jedoch im Umsatzsteuerrecht zurückverfolgen.[326] Bereits 1927 gelangte der

---

319 Für umfassende Erläuterungen zur Entstehungsgeschichte der umsatzsteuerlichen Organschaft: BFH, Urteil vom 17.07.1952, V 17/52 S, BStBl. III 1952, S. 234 unter Entscheidungsgründe; Hoff, Die Anwendung der Umsatzsteuerorganschaft im nationalen Recht, 2016, S. 56 ff.; ferner auch: Treiber, in: Prinz/Witt, Steuerliche Organschaft, 2015, Rn. 22.3 ff.; Elster, in: UmsatzsteuerForum e.V. und BMF, 100 Jahre Umsatzsteuer in Deutschland, 2018, S. 876 f.

320 Mit der Bezeichnung der Organschaft hat der Gesetzgeber eine Begriffsschöpfung des RFH übernommen, vgl. RFH, Urteil vom 14.12.1923, V A 141/23 und V A 150/23, RFHE 13, S. 146; RFH, Urteil vom 11.11.1927, I A 75/27, RFHE 22, S. 183 m. w. N. Kritisch dazu: Stadie, in: Rau/Dürrwächter, UStG, 2018, § 2 Anm. 786, der von einer „unglücklichen" Bezeichnung spricht, da diese oftmals mit den Begrifflichkeiten der sog. Selbstorganschaft bzw. Fremdorganschaft gleichgesetzt wird.

321 Vgl. Korn, SteuK 2016, S. 145; Heuermann, DB 2016, S. 608; Treiber, in: Sölch/Ringleb, UStG, 2018, § 2 Rn. 130 ff.; Treiber, in: Prinz/Witt, Steuerliche Organschaft, 2015, Rn. 22.2; Widmann, in: Herzig, Organschaft, 2003, S. 335.

322 Für weitergehende Ausführungen insbesondere: Widmann, in: Herzig, Organschaft, 2003, S. 335.

323 Vgl. Elster, in: UmsatzsteuerForum e.V. und BMF, 100 Jahre Umsatzsteuer in Deutschland, 2018, S. 876.

324 Vgl. RFH, Urteil vom 06.10.1920, II A 141/20, RFHE 3, S. 290; Spindler, Recht und Konzern, 1993, S. 17; Heuermann, DB 2016, S. 608.

325 Vgl. Spindler, Recht und Konzern, 1993, S. 22 m. w. N.; Stadie, in: Rau/Dürrwächter, UStG, 2018, § 2 Anm. 780; Heuermann, DB 2016, S. 608.

326 Für weitere aufschlussreiche Ausführungen siehe: Spindler, Recht und Konzern, 1993, S. 19 ff.

Reichsfinanzhof (RFH) zu der heute noch im Wesentlichen gültigen Begriffsdefinition, dass eine unselbstständige Gesellschaft finanziell, wirtschaftlich und organisatorisch in ein anderes geschäftliches Unternehmen eingegliedert sein muss, um als dessen Glied zu gelten.[327] An dieser Stelle müsse ein Handeln der untergeordneten Gesellschaft auf eigene Rechnung und Gefahr im Innenverhältnis ausgeschlossen sein. Insbesondere müsse ein persönliches Unterordnungsverhältnis gegenüber dem anderen Unternehmen im Sinne eines Dienstherrn in der Art und Weise bestehen, dass der Untergeordnete in den geschäftlichen Angelegenheiten regelmäßig den rechtlichen Weisungen des Dienstherrn unterliegt.[328]

Die durch die Rechtsschöpfung des RFH hervorgerufene Rechtsfigur der umsatzsteuerlichen Organschaft,[329] die ihrerseits an der früheren Rechtsprechung des preußischen Oberverwaltungsgerichts ansetzte,[330] wurde erstmalig durch § 2 Abs. 2 Nr. (Ziff.) 2 UStG 1934 gesetzlich kodifiziert.[331] Es wurde festgelegt, dass die Unternehmertätigkeit nicht selbstständig ausgeübt wird, „wenn eine juristische Person dem Willen eines Unternehmers derart untergeordnet ist, dass sie keinen eigenen Willen hat". Dies war grundsätzlich nach § 2 UStDB 1934[332] bzw. § 17 Abs. 2 UStDB 1938[333] immer dann der Fall, wenn eine derartige Person nach dem Gesamtbild der tatsächlichen Verhältnisse finanziell, wirtschaftlich und organisatorisch in das Unternehmen des beherrschenden Unternehmers eingegliedert ist.[334] Jedoch setzte das Kontrollratsgesetz (KontrRG) Nr. 15 von 1946[335] mit seinem Art. II die umsatzsteuerliche Organschaft zwischenzeitlich

327 Vgl. RFH, Urteil vom 11.11.1927, I A 75/27, RFHE 22, S. 183; RFH, Urteil vom 26.09.1927, V A 417/27, RFHE 22, S. 69 ff., zwei rechtlich selbstständige Geschäfte werden von einer Stelle beherrscht; zur Entwicklung auch: Reiß, in: Reiß et al., UStG, 2018, § 2 Rn. 98 ff.

328 Vgl. RFH, Urteil vom 11.11.1927, 1 A 75/27, RFHE 22, S. 187. Weiterhin: Widmann, in: Herzig, Organschaft, 2003, S. 335.

329 Vgl. Elster, in: UmsatzsteuerForum e.V. und BMF, 100 Jahre Umsatzsteuer in Deutschland, 2018, S. 876.

330 Vgl. PrOVG, Urteil vom 18.06.1896, V 3/96, OVGE 5, S. 163; PrOVG, Urteil vom 31.05.1902, VI G 38/01, OVGSt 10, S. 391.

331 Vgl. Stadie, in: Rau/Dürrwächter, UStG, 2018, § 2 Anm. 781.

332 UStDB vom 17.10.1934, RGBl. I 1934, S. 947.

333 UStDB vom 23.12.1938, RGBl. I 1938, S. 1935.

334 Die Eingliederungsmerkmale sind aus der Rechtsprechung des RFH, Urteil vom 26.09.1927, V A 417/27, RFHE 22, S. 69; RFH, Urteil vom 11.11.1932, V A 948/31, RStBl. 1933, S. 295; RFH, Urteil vom 23.02.1934, V A 480/33, RStBl. 1934, S. 623, übernommen worden.

335 KontrRG vom 11.02.1946, Steuer- und Zollblatt 1946, S. 21.

teilweise außer Kraft.[336] Dieser Art. besagte: „alle zwischen einer Muttergesellschaft und ihren Tochtergesellschaften oder zwischen mehreren Tochtergesellschaften derselben Muttergesellschaft getätigten Transaktionen unterliegen der Umsatzsteuerpflicht in allen Fällen, in denen sie umsatzsteuerpflichtig wären, wenn es sich um unabhängige Unternehmen gehandelt hätte."[337] Die in § 2 UStG 1934 niedergelegten Bestimmungen übernahm das UStG 1951 in fast unveränderter Art und Weise.[338] Weiterführend bestimmte § 18 Abs. 2 UStDB 1951[339], dass es sich bei Muttergesellschaften im Sinne des Art. II KontrRG Nr. 15 lediglich um juristische Personen oder Vereinigungen natürlicher Personen handeln könne. Folglich war die umsatzsteuerliche Organschaft, insofern sie sich auf Verhältnisse zwischen Gesellschaften bezog, im umsatzsteuerlichen Sinne nicht mehr anwendbar. Einer solchen Nichtanwendbarkeit der Organschaftsregelung zwischen Gesellschaften wurde von der Rechtsprechung bei Personen- und Beteiligungsidentität der Gesellschafter mit der sog. Rechtsfigur der Unternehmereinheit[340] entgegengewirkt.[341] Allerdings wurde mit Wirkung vom

---

336 Der damalige Gesetzgeber ging jedoch nicht davon aus, dass dadurch die umsatzsteuerliche Organschaft aufgehoben wurde, sondern lediglich die Besteuerung der Lieferungen innerhalb des Organkreises eingeführt worden war, vgl. Stadie, in: Rau/Dürrwächter, UStG, 2018, § 2 Anm. 35.

337 Für eine weitergehende Interpretation: BFH, Urteil vom 17.07.1952, V 17/52 S, BStBl. III 1952, S. 234 unter Entscheidungsgründe. Hingegen war eine umsatzsteuerliche Organschaft weiterhin noch möglich, wenn der Organträger eine Nichtgesellschaft z. B. im Sinne einer natürlichen Person oder einer Körperschaft des öffentlichen Rechts darstellte, vgl. BFH, Urteil vom 26.05.1955, V 104/54 S, BStBl. III 1955, S. 234; BFH, Urteil vom 18.02.1965, V 189/62 U, BStBl. III 1965, S. 272.

338 Vgl. Stadie, in: Rau/Dürrwächter, UStG, 2018, § 2 Anm. 782.

339 UStDB vom 01.09.1951, BGBl. I 1951, S. 796.

340 Vgl. BFH, Urteil vom 26.05.1955, V 104/54 S, BStBl. III 1955, S. 234; BFH, Urteil vom 18.02.1965, V 189/62 U, BStBl. III 1965, S. 272. Danach liegt das Rechtsinstitut der Unternehmereinheit vor, wenn mehrere unternehmerisch tätige Personen- oder Kapitalgesellschaften vorliegen, deren Gesellschafter identisch und ebenso im gleichen Verhältnis beteiligt sind. Diese wurden als ein Unternehmen behandelt. Im Vergleich zu der umsatzsteuerlichen Organschaft weisen die verbundenen Unternehmen keine über- und untergeordnete Struktur auf, sondern sind lediglich nebengeordnet. Umsatzsteuerliche Wirkung bei der Unternehmereinheit war jedoch auch, dass die Liefer- und Leistungsbeziehungen zwischen den Gesellschaften nicht steuerbar waren, vgl. Stadie, in: Rau/Dürrwächter, UStG, 2018, § 2 Anm. 615; Stöcker, in: Müller et al., Die Organschaft, 2017, Rn. 1104 m. w. N.

341 Vgl. Stadie, in: Rau/Dürrwächter, UStG, 2018, § 2 Anm. 782.

1. April 1958[342] die umsatzsteuerliche Organschaft hinsichtlich ihres Umfangs wieder für vollständig anwendbar erklärt.

Ferner wurde zum 1. Oktober 1961[343] in § 2 Abs. 2 Nr. 2 UStG 1951 ein Satz 2 hinzugefügt, der inhaltlich mit dem Bedeutungsgehalt des § 17 Abs. 2 UStDB von 1938/1951 übereinstimmte.[344] Mit dem angefügten Satz 3 erfuhr die Organschaftsregelung eine einschränkende Wirkung, indem Unternehmer über eine Mindestbeteiligung von mehr als 75 Prozent[345] der Anteile oder Stimmrechte an der untergeordneten Gesellschaft verfügen mussten.[346] Mit Geltung des UStG 1967 erhielt die wesentliche Aussage des § 2 Abs. 2 Nr. 2 (S. 1) UStG zur umsatzsteuerlichen Organschaft ihre heutige Fassung, in der die bisherige 75-Prozent-Grenze keinen Eingang mehr in den Gesetzestext fand.[347]

Mit Einführung des Vorsteuerabzugs durch das UStG 1967 verlor die umsatzsteuerliche Organschaft jedoch weitgehend ihre bisherige wirtschaftspolitische Daseinsberechtigung.[348] Nichtsdestotrotz wurde an der Organschaftsregelung festgehalten.[349] Zur systematischen Begründung für die Erhaltung der umsatzsteuerlichen Organschaft sind aus der damaligen Gesetzesbegründung kaum stichhaltige Anhaltspunkte ersichtlich. Diesbezüglich beinhaltete der Regierungsentwurf keine aussagekräftigen[350] Hinweise: „Die Vorschriften (…) sind beibehalten worden. Sie beruhen auf dem umsatzsteuerlichen Grundsatz, daß Unternehmer nur sein kann, wer selbständig ist.“[351] Im schriftlichen Bericht[352] des Finanzausschusses wird auf den primären Grund der Beibehaltung hingewiesen.

342 Durch Art. 2 des 9. UStGÄndG vom 18.10.1957, BGBl. I 1957, S. 1743 umgesetzt.

343 Durch Art. 1 Nr. 1 des 11. UStGÄndG vom 16.08.1961, BGBl. I 1961, S. 1330 umgesetzt.

344 Vgl. Stadie, in: Rau/Dürrwächter, UStG, 2018, § 2 Anm. 782.

345 Intention dieser Verschärfung war es, die durch die Organschaft auftretende kumulierende und konzentrationsfördernde Wirkung der Allphasen-Bruttoumsatzsteuer zu erschweren, vgl. BT-Drucks. 3/730, S. 7 f. Diese Bedingung entfiel jedoch wieder, da der wesentliche wirtschaftliche Grund für die Bildung eines Organkreises durch die Einführung der Vorsteuerabzugsberechtigung obsolet geworden ist, vgl. Stöcker, in: Müller et al., Die Organschaft, 2017, Rn. 1112 ff.

346 Vgl. Stadie, in: Rau/Dürrwächter, UStG, 2018, § 2 Anm. 782.

347 Vgl. Schriftlicher Bericht des Finanzausschusses zu BT-Drucks. V/1581, S. 10; BT-Drucks. IV/1590, S. 36.

348 Dazu die fundierten Ausführungen in Kapitel C.V.

349 Vgl. Stadie, in: Rau/Dürrwächter, UStG, 2018, § 2 Anm. 783.

350 Vgl. so auch: Stadie, in: Rau/Dürrwächter, UStG, 2018, § 2 Anm. 783.

351 BT-Drucks. IV/1590, S. 36.

352 Schriftlicher Bericht des Finanzausschusses zu BT-Drucks. V/1581, S. 1.

Die Organschaftsregelung soll zur Vermeidung unnötiger Verwaltungsarbeit in der Wirtschaft dienen.[353] Daneben sollen mit der umsatzsteuerlichen Organschaft aufgrund des Vorsteuerabzugs ebenso keine steuerlichen Auswirkungen mehr verbunden sein.[354] Der damit einhergehende Vereinfachungseffekt war daher alleiniger Beibehaltungsgrund des damaligen Gesetzgebers, die Organschaftsregelung des § 2 Abs. 2 Nr. 2 S. 1 UStG in unveränderter Form ebenso in das UStG 1980 zu übernehmen.[355] In der nachfolgenden Zeit wurde die Vorschrift aus unionsrechtlichen Gesichtspunkten[356] durch das Steuerbereinigungsgesetz von 1986[357] um die Sätze 2 bis 4 erweitert, insbesondere um eine bis dato mögliche grenzüberschreitende Organschaft zu verhindern. Damit wurde die Wirkung der Organschaft auf das Inland beschränkt. Somit genügte sie auch dem Unionsrecht.[358] Die umsatzsteuerliche Organschaft hat ihre letzte formale Änderung durch das Einigungsvertragsgesetz von 1990[359] erhalten, indem nach der Wiedervereinigung die Begrifflichkeiten des Erhebungsgebiets und außerhalb des Erhebungsgebiets durch die Begriffe des Inlands sowie des Auslands abgelöst wurden.[360] Im Ergebnis besteht die umsatzsteuerliche Organschaft seit dem Eingang in das UStG 1934 unter Berücksichtigung der beschriebenen Ausprägungsformen bis heute stetig fort.

---

353 Vgl. Schriftlicher Bericht des Finanzausschusses zu BT-Drucks. V/1581, S. 10. Dazu kritisch: Lange, UR 2016, S. 299, der mit Bezug auf Birkenfeld, UR 2014, S. 126, anführt, dass das in den Gesetzesmaterialen befindliche „zur Vermeidung unnötiger Verwaltungsarbeit in der Wirtschaft" nicht mit dem Ausdruck „zur Verwaltungsvereinfachung" gleichzusetzen ist. Auch dazu: Rauch, UR 2017, S. 888.

354 Vgl. Schriftlicher Bericht des Finanzausschusses zu BT-Drucks. V/1581, S. 11.

355 Vgl. Klezath, DStZ 1980, S. 8; Klezath, DStZ 1986, S. 113 f.; Stadie, in: Rau/Dürrwächter, UStG, 2018, § 2 Anm. 784.

356 Eine gesetzliche Änderung wurde nach einem Vertragsverletzungsverfahren der EU-Kommission gegen die Bundesrepublik Deutschland erforderlich, da eine grenzüberschreitende Organschaft nicht mit den unionsrechtlichen Anforderungen vereinbar war. Das Unionsrecht forderte vielmehr eine Inlandsbeschränkung, vgl. Schlienkamp, UR 1984, S. 6 f.

357 Durch Art. 14 Nr. 2 des Steuerbereinigungsgesetzes vom 19.12.1985, BGBl. I 1985, S. 2436 umgesetzt.

358 Vgl. Stadie, in: Rau/Dürrwächter, UStG, 2018, § 2 Anm. 785.

359 Einigungsvertragsgesetz vom 23.09.1990, BGBl. II 1990, S. 885.

360 Vgl. Treiber, in: Sölch/Ringleb, UStG, 2018, § 2 Rn. 135.

II. Allgemeine Rechtsgrundlagen

Die gesetzlichen Grundlagen der umsatzsteuerlichen Organschaft sind in § 2 Abs. 2 Nr. 2 UStG geregelt. Die Formulierung dieser Norm knüpft an den in § 2 Abs. 1 S. 1 UStG zum Ausdruck kommenden Grundsatz an, dass juristische Personen ihre gewerbliche oder berufliche Tätigkeit als Unternehmer grundsätzlich selbstständig ausüben.[361] Eine gewerbliche und berufliche Tätigkeit stellt nach § 2 Abs. 1 S. 3 UStG jede nachhaltige Tätigkeit zur Erzielung von Einnahmen dar, ungeachtet der Tatsache, ob eine Gewinnerzielungsabsicht besteht oder nicht. Das in § 2 Abs. 1 S. 1 UStG beschriebene Selbstständigkeitsmerkmal wird durch § 2 Abs. 2 Nr. 2 UStG negativ abgegrenzt.[362] Nach dieser Festlegung wird eine gewerbliche und berufliche Tätigkeit regelmäßig nicht mehr selbstständig ausgeübt, wenn eine juristische Person nach dem Gesamtbild der tatsächlichen Verhältnisse finanziell, wirtschaftlich und organisatorisch in das Unternehmen des Organträgers eingegliedert ist. Umsatzsteuerlich handelt es sich bei der juristischen Person nunmehr um einen unselbstständigen Teil des Unternehmens, in das sie eingegliedert ist.[363] Die Unselbstständigkeit juristischer Personen des Privatrechts ist in § 2 Abs. 2 Nr. 2 UStG abschließend geregelt.[364]

Überdies ist zu beachten, dass die Frage, ob eine umsatzsteuerliche Organschaft vorliegt, nicht von der Willensbeurkundung der Beteiligten abhängig ist. Entscheidend ist vielmehr, ob die Tatbestandsmerkmale der umsatzsteuerlichen Organschaft erfüllt sind.[365] Diesbezüglich unterscheidet sich die umsatzsteuerliche Organschaft von der ertragsteuerlichen Organschaft[366], da bei letzterer stets ein Gewinnabführungsvertrag abgeschlossen sein muss, was mithin im Willen der Beteiligten liegt.[367] Sofern die tatbestandlichen Voraussetzungen verwirklicht

---

361 Vgl. Schumacher, Die Organschaft im Steuerrecht, 2016, S. 239.

362 Vgl. Treiber, in: Sölch/Ringleb, UStG, 2018, § 2 Rn. 90; Stöcker, in: Müller et al., Die Organschaft, 2017, Rn. 1102.

363 Vgl. Korn, in: Bunjes, UStG, 2018, § 2 Rn. 107 und 150; ferner: Wagner/Marchal, DStR 2017, S. 2151.

364 Vgl. BFH, Urteil vom 19.07.1973, V R 157/71, BStBl. II 1973, S. 764; BFH, Urteil vom 14.12.1978, V R 85/74, BStBl. II 1979, S. 288; Stöcker, in: Müller et al., Die Organschaft, 2017, Rn. 1096 und 1226; weiterhin dazu auch: Weiß, UR 1979, S. 101.

365 Vgl. BFH, Urteil vom 29.10.2008, XI R 74/07, BStBl. II 2009, S. 256; Abschn. 2.8 Abs. 4 UStAE.

366 Für eine Abgrenzung zur ertragsteuerlichen Organschaft: Sterzinger, in: Küffner et al., UStG, 2018, § 2 Rn. 351 ff.; Treiber, in: Prinz/Witt, Steuerliche Organschaft, 2015, Rn. 22.1; Schmidt, SteuerStud 2018, S. 269. Dazu auch: Abschn. 2.8 Abs. 3 S. 1 UStAE.

367 Vgl. Schumacher, Die Organschaft im Steuerrecht, 2016, S. 239. Ferner auch: Scherf/Greil, StBp 2013b, S. 139.

sind, begründet die umsatzsteuerliche Organschaft nach § 2 Abs. 2 Nr. 2 UStG eine Zusammenlegung verschiedener zivilrechtlich selbstständiger Unternehmen zu einem einzigen Unternehmen im Sinne des UStG.[368] Nach der Legaldefinition des § 2 Abs. 2 Nr. 2 UStG wird das übergeordnete Unternehmen als sog. Organträger bezeichnet, wohingegen die eingegliederten juristischen Personen sog. Organgesellschaften darstellen.[369]

III. Tatbestandliche Voraussetzungen

1. Personenbezogener Anwendungsbereich

a. Organträger als Unternehmer

Nach § 2 Abs. 2 Nr. 2 UStG muss eine juristische Person nach dem Gesamtbild der tatsächlichen Verhältnisse finanziell, wirtschaftlich und organisatorisch in das Unternehmen des Organträgers eingegliedert sein, um als Organschaft anerkannt zu werden. Zwar ist die Rechtsform des Organträgers im UStG nicht explizit geregelt, jedoch kann aus der Wortfolge „in das Unternehmen des Organträgers" geschlossen werden, das als Organträger jedes Gebilde des Wirtschaftslebens in Betracht kommt, sofern es tatsächlich unternehmerisch tätig ist.[370] Dazu zählen insbesondere natürliche Personen, juristische Personen des privaten und öffentlichen Rechts[371], rechtsfähige und nichtrechtsfähige Personenvereinigungen sowie andere Gebilde, denen durch die Rechtsordnung die

---

368 Vgl. BFH, Beschluss vom 19.03.2014, V B 14/14, BFH/NV 2014, S. 999 unter II.2.; Scherf/Greil, StBp 2013a, S. 112.

369 Vgl. Stöcker, in: Müller et al., Die Organschaft, 2017, Rn. 1092.

370 Dass der Organträger die Eigenschaft eines Unternehmers zwingend besitzen muss, wurde jüngst durch die BFH-Judikate, Urteil vom 02.12.2015, V R 67/14, BStBl. II 2017, S. 560; Urteil vom 03.12.2015, V R 36/13, BStBl. II 2017, S. 563 unter II.3.d); Urteil vom 10.08.2016, XI R 41/14, BStBl. II 2017, S. 590; Urteil vom 12.10.2016, XI R 30/14, BStBl. II 2017, S. 597; Urteil vom 15.12.2016, V R 44/15, BFHE 256, S. 557 bestätigt. Dazu auch: Abschn. 2.8 Abs. 2 S. 1 UStAE.

371 Vgl. Abschn. 2.8 Abs. 2 S. 2 UStAE in Verbindung mit Abschn. 2.11 Abs. 1 UStAE. Soweit jedoch eine juristische Person des öffentlichen Rechts öffentliche Gewalt ausübt, ist sie nicht wirtschaftlich tätig und im Ergebnis nicht organträgerfähig. Ebenso kann eine reine Innengesellschaft aus vollstreckungsrechtlichen Gesichtspunkten nicht Organträger sein, vgl. Reiß, in: Reiß et al., UStG, 2018, § 2 Rn. 105.1; Lippross, Umsatzsteuer, 2017, S. 432.

Unternehmerfähigkeit im Sinne des § 2 Abs. 1 S. 1 UStG zugesprochen wird.[372] Mithin ist die Organträgereigenschaft rechtsformunabhängig.[373] Aus dem Umkehrschluss folgt jedoch auch, dass Nichtunternehmer vom gesetzgeberischen Willen ausdrücklich ausgeschlossen werden.

Im Zusammenhang mit der unternehmerischen Tätigkeit stellt sich weiterhin die Frage, ob für die Organträgerstellung eine mittelbare oder unmittelbare Unternehmertätigkeit ausgeübt werden muss. Nach vormaliger Rechtsprechung des BFH konnte die Unternehmereigenschaft des Organträgers durch die Zurechnung der Umsätze abhängiger Tochtergesellschaften an die beherrschende Muttergesellschaft erreicht werden.[374] In diesem Sinne konnte die Unternehmereigenschaft aus der unternehmerischen Tätigkeit der Organgesellschaft abgeleitet werden. Jedoch verneint der BFH in seiner neueren Rechtsprechung eine reine mittelbare unternehmerische Tätigkeit, da diese nicht mit dem Gesetzeswortlaut in Einklang steht und fordert unter Bezugnahme auf die Rechtsprechung des EuGH[375] eine Unternehmerstellung ausschließlich durch Erbringung eigener wirtschaftlicher Tätigkeiten in Form entgeltlicher Leistungen.[376] Zum Nachweis ist jedoch ausreichend, wenn solche im Leistungsaustausch erzielten Leistungen lediglich gegenüber eingegliederten Organgesellschaften erbracht werden, die reine Innenumsätze darstellen und dementsprechend nicht der Besteuerung unterliegen.[377] Eine anderweitige Betätigung von Organträgerseite

---

372 Vgl. BFH, Urteil vom 09.10.2002, V R 64/99, BStBl. II 2003, S. 375; Treiber, in: Sölch/Ringleb, UStG, 2018, § 2 Rn. 151.

373 Vgl. Korn, in: Bunjes, UStG, 2018, § 2 Rn. 112.

374 Danach war es nicht notwendig, dass der Organträger seine unternehmerischen Tätigkeiten im eigenen Namen bewirkte, vgl. etwa: RFH, Urteil vom 28.11.1924, V A 73/24, RFHE 15, S. 116; RFH, Urteil vom 11.01.1935, V A 140/34, RStBl. 1935, S. 661; BFH, Urteil vom 26.02.1959, V 209/56 U, BStBl. III 1959, S. 204; BFH, Urteil vom 21.02.1963, V 162/60, HFR 1963, S. 309; BFH, Urteil vom 19.10.1995, V R 71/93, BFH/NV 1996, S. 273; dazu auch: Reiß, in: Reiß et al., UStG, 2018, § 2 Rn. 105.3; Stadie, in: Rau/Dürrwächter, UStG, 2018, § 2 Anm. 831.

375 Vgl. EuGH, Urteil vom 20.06.1991, C 60/90, Slg. 1991, S. I-03111.

376 Vgl. BFH, Urteil vom 07.07.2005, V R 78/03, BStBl. II 2005, S. 849 unter II.1.; BFH, Urteil vom 22.05.2003, V R 94/01, BStBl. II 2003, S. 954 unter II.1. Zustimmend auch: Wäger, in: Spindler et al., Steuerzentrierte Rechtsberatung, 2009, S. 1190 f. A. A.: Stadie, in: Rau/Dürrwächter, UStG, 2018, § 2 Anm. 831 f.

377 Vgl. in diesem Sinne: BFH, Urteil vom 09.10.2002, V R 64/99, BStBl. II 2003, S. 375; BFH, Urteil vom 22.05.2003, V R 94/01, BStBl. II 2003, S. 954 unter II.1.; BFH, Urteil vom 07.07.2005, V R 78/03, BStBl. II 2005, S. 849 unter II.1.; BFH, Urteil vom 29.01.2009, V R 67/07, BStBl. II 2009, S. 1029 unter II.1.; BFH, Urteil vom 22.10.2009, V R 14/08, BStBl. II 2011, S. 988 unter II.2.b)aa). Abweichend dazu: Stadie, UStG,

gegenüber Dritten ist nicht erforderlich.[378] Mittlerweile folgen dieser Auffassung uneingeschränkt der BFH[379] und die Finanzverwaltung[380].

Des Weiteren kann der infrage kommende Organträger mehrere Organgesellschaften beherrschen und zu einem Organkreis zusammenfassen. Dabei muss das Unternehmen des Organträgers nicht bereits vor der Bildung der Organschaft existiert haben. Vielmehr genügt es, wenn ein solches Unternehmen gebildet wird, um die Voraussetzungen für eine umsatzsteuerliche Organschaft zu erlangen.[381] Abschließend ist festzuhalten, dass die Eingliederung einer juristischen Person in mehrere Unternehmen und eine daraus resultierende sog. Mehrmütterorganschaft nicht möglich ist, da der Organträger aus umsatzsteuerlicher Betrachtungsweise ausschließlich durch einen Unternehmer repräsentiert wird.[382]

b. Besonderheiten bei der Form des Organträgers

Wie bereits die vorangestellten Ausführungen gezeigt haben, ist § 2 Abs. 2 Nr. 2 UStG hinsichtlich des Organträgers rechtsformneutral ausgestaltet und sieht daher kein bestimmtes Rechtskleid vor. Zwingende Voraussetzung ist aber, dass

---

2015, § 2 Rn. 280, der eine mittelbare Unternehmertätigkeit für ausreichend hält. Dies begründet er damit, dass der Unternehmerbegriff als Typusbegriff ausgestaltet ist, der ebenso eine mittelbare Betätigung über die beherrschte Gesellschaft erfasst, sodass ein solcher Gesellschafter einer Kapitalgesellschaft als mittelbarer Unternehmer einzustufen ist und indes als Organträger infrage kommen muss.

378 Vgl. BFH, Urteil vom 09.10.2002, V R 64/99, BStBl. II 2003, S. 375; Abschn. 2.8 Abs. 2 S. 3 UStAE; Stöcker, in: Müller et al., UStG, 2017, § 2 Rn. 1256.

379 Vgl. BFH, Urteil vom 20.08.2009, V R 30/06, BStBl. II 2010, S. 863; BFH, Urteil vom 09.10.2002, V R 64/99, BStBl. II 2003, S. 375; BFH, Urteil vom 29.10.2008, XI R 74/07, BStBl. II 2009, S. 256.

380 Vgl. Abschn. 2.8. Abs. 2 S. 3 UStAE.

381 Vgl. Sterzinger, UR 2014, S. 134; Grune/Mönckedieck, UR 2012, S. 542. A. A.: Wäger, in: Spindler et al., Steuerzentrierte Rechtsberatung, 2009, S. 1190.

382 Vgl. BFH, Urteil vom 03.12.2015, V R 36/13, BStBl. II 2017, S. 563 unter II.3.d); BFH, Urteil vom 30.04.2009, V R 3/08, BStBl. II 2013, S. 873; Abschn. 2.8 Abs. 3 S. 2 UStAE. Eine Mehrmütterorganschaft würde einerseits dem Wortlaut des § 2 Abs. 2 Nr. 2 UStG zuwider laufen und andererseits im Widerspruch zu einer richtlinienkonformen Auslegung des § 2 Abs. 2 Nr. 2 UStG stehen, vgl. dazu: EuGH, Urteil vom 22.05.2008, C 162/07, ECLI:EU:C:2008:301, Rn. 20; zustimmend auch: Hoff, Die Anwendung der Umsatzsteuerorganschaft im nationalen Recht, 2016, S. 94; a. A.: Schenke/Gebhardt, DStZ 2005, S. 219 f.; Grünwald, MwStR 2014, S. 229 f.; Menner/Broer, UStB 2000, S. 242 f. und 247; Walter/Groschupp, UR 2000, S. 455.

der Organträger mit der Unternehmereigenschaft ausgestattet ist. Jedoch lässt sich in Bezug auf Holdinggesellschaften,[383] regelmäßig in Gestalt von Kapitalgesellschaften, nicht immer einwandfrei beantworten, ob diese Unternehmer sind und entsprechend als Organträgerin qualifiziert werden können.[384] Dabei wird in der Praxis zwischen der sog. Finanzholding, der sog. Führungs- oder Funktionsholding[385] und der sog. gemischten Holding differenziert.[386] Nach ständiger Rechtsprechung des EuGH[387] und des BFH[388] zielt eine Holding ausschließlich auf den Erwerb und das Halten von Beteiligungen an anderen Unternehmen ab, ohne dass sie, ungeachtet ihrer Rechte als Gesellschafterin oder Aktionärin, unmittelbar oder mittelbar auf die Verwaltung dieser Gesellschaften Einfluss nimmt. Wenngleich aus dem Halten und Verwalten gesellschaftsrechtlicher Beteiligungen Einkünfte erzielt werden, so werden diese allerdings keiner Umsatzbesteuerung unterworfen.[389] In der Regel beteiligen sich Holdinggesellschaften daher nicht selbst am wirtschaftlichen Verkehr, sodass ihnen

383 Eine Holdinggesellschaft stellt eine Gesellschaft dar, deren Unternehmensgegenstand es ist, unmittelbar oder mittelbar auf Dauer Beteiligungen an einem oder mehreren rechtlich selbstständigen Unternehmen zu halten, vgl. Stöcker, in: Müller et al., Die Organschaft, 2017, Rn. 1251.

384 Holdinggesellschaften werden als effektives Gestaltungsinstrument zur Strukturierung von Konzernunternehmen eingesetzt. Typische Anwendungsfälle sind die Errichtung dezentraler Verwaltungseinheiten in Gestalt von selbstständigen Geschäftsbereichen oder regionaler Teilkonzerne sowie die Zusammenarbeit mit anderen Unternehmen in Form von sog. Joint Ventures, vgl. Kessler/Arnold, in: Kessler et al., Konzernsteuerrecht, 2018, § 8 Rn. 200; Feldgen, BB 2010, S. 289.

385 Dazu näher: Feldgen, BB 2010, S. 290.

386 Für eine Begriffsbestimmung einer sog. Finanzholding, Führungs- oder Funktionsholding und gemischten Holding siehe insbesondere: Sterzinger, UStB 2018, S. 261; Feldgen, BB 2010, S. 289 f.

387 Vgl. etwa: EuGH, Urteil vom 16.07.2015, C 108/14 und C 109/14, ECLI:EU:C:2015:496, Rn. 18; EuGH, Urteil vom 06.09.2012, C 496/11, ECLI:EU:C:2012:557, Rn. 31; EuGH, Urteil vom 27.09.2001, C 16/00, Slg. 2001, S. I-06663 Rn. 18; EuGH, Urteil vom 14.11.2000, C 142/99, Slg. 2000, S. I-09567 Rn. 17; EuGH, Urteil vom 20.06.1991, C 60/90, Slg. 1991, S. I-03111 Rn. 17.

388 Vgl. etwa: BFH, Urteil vom 30.07.1992, V R 95/87, BFH/NV 1993, S. 202; BFH, Urteil vom 03.04.2008, V R 76/05, BStBl. II 2008, S. 905 unter II.2.; BFH, Urteil vom 09.02.2012, V R 40/10, BStBl. II 2012, S. 844 unter II.2.a)aa); BFH, EuGH-Vorlage vom 11.12.2013, XI R 38/12, BStBl. II 2014, S. 428 unter II.2.b).

389 Vgl. Feldgen, BB 2010, S. 289.

die Unternehmereigenschaft im Sinne des § 2 Abs. 1 UStG versagt wird.[390] Vor diesem Hintergrund kann eine solche Gesellschaft die Unternehmereigenschaft durch eine reine Beteiligung, eine unentgeltliche Aktivität sowie durch die Tätigkeit der mit ihr verbundenen Gesellschaften nicht erreichen.[391] Sofern allerdings die Voraussetzungen für ein Unternehmen vorliegen, kann geprüft werden, ob und in welchem Umfang eine umsatzsteuerliche Organschaft existiert und mit welchen Konsequenzen zu rechnen ist.

Für die Unternehmerstellung ist ohne Belang, an wen die entgeltlichen Leistungen gerichtet werden. In Betracht können hier auch Gesellschaften kommen, mit denen als Folge einer solchen Leistungstätigkeit eine finanzielle, wirtschaftliche und organisatorische Verbundenheit besteht oder erst bewirkt wird.[392] Aufgrund des Erfordernisses der wirtschaftlichen Eingliederung darf es sich jedoch nicht um unwesentliche entgeltliche Leistungen handeln.[393] Ist die Beteiligung mit unmittelbaren oder mittelbaren Eingriffen[394] in die Verwaltung der Gesellschaft ausgestattet, an denen die Beteiligung besteht, und gehen aus solchen Eingriffen verbundene entgeltliche Leistungen hervor, wird die Holdinggesellschaft zur Organträgerin, soweit auch die übrigen Voraussetzungen erfüllt sind.[395] Abbildung 1[396] stellt den Tätigkeitsumfang der bereits erwähnten Holdingstrukturen unter dem Blickwinkel der potenziellen Organträgereigenschaft zusammenfassend dar:

390 Vgl. Stöcker, in: Müller et al., Die Organschaft, 2017, Rn. 1251.

391 Vgl. Stöcker, in: Müller et al., Die Organschaft, 2017, Rn. 1251.

392 Vgl. BFH, Urteil vom 09.10.2002, V R 64/99, BStBl. II 2003, S. 375; Abschn. 2.8 Abs. 2 S. 3 UStAE, jedoch ist insbesondere Abschn. 2.8 Abs. 6 S. 5 und 6 UStAE zu beachten.

393 Vgl. BFH, Urteil vom 20.08.2009, V R 30/06, BStBl. II 2010, S. 863 unter II.2.c)aa). Zur wirtschaftlichen Eingliederung: Kapitel C.III.2.c.

394 Eingriffe können in administrativen, finanziellen, kaufmännischen und technischen Dienstleistungen der Holding an ihre Tochtergesellschaft bestehen, vgl. EuGH, Urteil vom 16.07.2015, C 108/14 und C 109/14, ECLI:EU:C:2015:496, Rn. 21 m. w. N.

395 Vgl. BFH, Urteil vom 03.04.2008, V R 76/05, BStBl. II 2008, S. 905 unter II.2.

396 Quelle: Eigene Darstellung in Anlehnung an Sterzinger, UStB 2018, S. 261; Feldgen, BB 2010, S. 289 f.

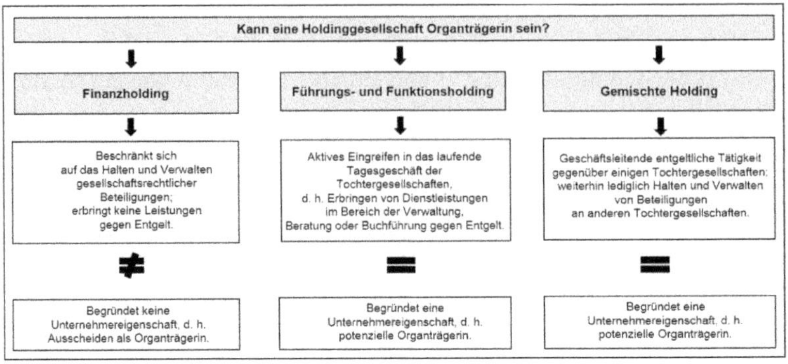

Abbildung 1: Holdinggesellschaft als Organträgerin

Es kann festgehalten werden, dass einer Holdinggesellschaft, die unmittelbare oder mittelbare Eingriffe in Gestalt entgeltlicher Dienstleistungen[397] vornimmt, regelmäßig eine Unternehmereigenschaft zukommt. Daraus ergibt sich jedoch auch, dass eine Holdinggesellschaft, die für die Leistungserbringung keine Vergütung erhält, als Unternehmerin und somit auch als potenzielle Organträgerin regelmäßig ausscheidet.

c. Organgesellschaft

Nach dem zweifelsfreien Gesetzeswortlaut des § 2 Abs. 2 Nr. 2 UStG ist lediglich eine juristische Person im Sinne des Zivil- und Handelsrechts als Organgesellschaft zulässig.[398] Allerdings kommen von juristischen Personen im Regelfall nur solche des privaten Rechts in Betracht, da juristische Personen des öffentlichen Rechts aufgrund der fehlenden Eingliederungsvoraussetzungen im Sinne des UStG ausscheiden. Grund dafür ist einerseits der Mangel eines Grundkapitals, mit der Folge, dass eine Beherrschung über Anteils- oder Stimmrechtsmehrheit nicht möglich ist.[399] Andererseits fehlt es an einer organisatorischen

397 An dieser Stelle genügt auch die Gewährung verzinslicher Darlehen durch eine Holding an ihre Beteiligungsgesellschaft, unabhängig davon, ob diese Darlehen beispielhaft als wirtschaftliche Hilfestellung der Beteiligungsgesellschaften oder als Anlage von Finanzüberschüssen dienen, vgl. EuGH, Urteil vom 29.04.2004, C 77/01, Slg. 2004, S. I- 04295 Rn. 69 f.; OFD Karlsruhe/OFD Stuttgart, Verfügung vom 25.08.2004, S 7104, DB 2004, S. 2191; OFD Karlsruhe, Verfügung vom 11.04.2006, S 7104/4, UR 2007, S. 35.

398 Vgl. BFH, Urteil vom 20.12.1973, V R 87/70, BStBl. II 1974, S. 311; Abschn. 2.8 Abs. 2 S. 4 UStAE.

399 Vgl. BFH, Urteil vom 20.12.1973, V R 87/70, BStBl. II 1974, S. 311, für eine Sparkasse in der Rechtsform der Anstalt des öffentlichen Rechts. Abweichend dazu werden

Eingliederung, da derartige Personen die ihnen zugewiesenen Aufgaben kraft Gesetzes autonom wahrnehmen und sich somit nicht dem Willen des Organträgers unterordnen lassen.[400] Vor diesem Hintergrund bleiben juristische Personen des öffentlichen Rechts stets selbstständig.[401]

Hingegen sind die Gesellschaftstypen des privaten Rechts, im Besonderen die AG, die KGaA und die GmbH organgesellschaftstauglich,[402] da diese grundsätzlich die notwendige finanzielle Eingliederung erfüllen können.[403] Bei anderen Gesellschaftsformen fehlt es häufig ebenso an der Umsetzung der geforderten Eingliederungsvoraussetzungen. In diesem Zusammenhang sind insbesondere eingetragene Genossenschaften, eingetragene Vereine und Versicherungsvereine auf Gegenseitigkeit zu nennen, die eine finanzielle Eingliederung aufgrund spezieller Stimmrechtsregelungen für die Mitglieder nach Gesetz und Satzung nicht zulassen.[404] Ebenfalls scheidet eine natürliche Person in Gestalt eines Einzelunternehmers aus.[405] Weiterhin muss die Organgesellschaft wie auch der Organträger die Unternehmervoraussetzungen, und dementsprechend die gewerbliche oder berufliche Leistungstätigkeit gemäß § 1 Abs. 1 Nr. 1 UStG, erfüllen.[406] Dabei darf jedoch nicht übersehen werden, dass die Organschaft nur den unternehmerischen Bereich der juristischen Person erfasst, falls sie auch eine nichtunternehmerische Sphäre besitzen sollte.[407] Dagegen scheiden gegenwärtig nach der gesetzlichen Vorschrift Personengesellschaften und nichtrechtsfähige Personenvereinigungen als potenzielle Organgesellschaften grundsätzlich aus. Betroffen von einem solchen Gesetzesausschluss sind vor allem die oHG, die KG und im Besonderen die im Mittelstand weitverbreitete GmbH & Co. KG.[408] Nach der

---

Anstalten des öffentlichen Rechts als Organgesellschaften in Betracht gezogen, soweit die Möglichkeit einer Beteiligung am Stammkapital und eine Art der Gesellschafterversammlung, z. B. bei Landesbanken, besteht, vgl. Stadie, in: Rau/Dürrwächter, UStG, 2018, § 2 Anm. 843.

400 Vgl. Stadie, in: Rau/Dürrwächter, UStG, 2018, § 2 Anm. 840.

401 Vgl. Widmann, in: Herzig, Organschaft, 2003, S. 340.

402 Vgl. BFH, Urteil vom 20.12.1973, V R 87/70, BStBl. II 1974, S. 311.

403 Vgl. Stadie, in: Rau/Dürrwächter, UStG, 2018, § 2 Anm. 841.

404 Die Bildung des Willens bestimmt sich nicht nach Maßgabe der Kapitaleinlage. Jeder einzelne Genosse hat dem Grunde nach § 43 Abs. 2 des Gesetzes betreffend die Erwerbs- und Wirtschaftsgenossenschaften (GenG) nur eine Stimme, vgl. Treiber, in: Sölch/Ringleb, UStG, 2018, § 2 Rn. 160.

405 Vgl. Kirch, in: Fritsch et al., UStG-eKommentar, 2018, § 2 Rn. 113.

406 Vgl. Abschn. 2.8. Abs. 2 S. 9 UStAE mit Verweis auf BFH, Urteil vom 10.08.2016, XI R 41/14, BStBl. II 2017, S. 590 und BFH, Urteil vom 02.12.2015, V R 67/14, BStBl. II 2017, S. 560.

407 Vgl. Abschn. 2.8 Abs. 1 S. 5 UStAE.

408 Für weitergehende Ausführungen siehe insbesondere: Pyszka, in: Kessler et al., Konzernsteuerrecht, 2018, § 3 Rn. 521.

damaligen Rechtsfigur der Unternehmereinheit war es allerdings möglich, die Umsatztätigkeiten mehrerer Handelsgesellschaften, an denen dieselben Gesellschafter in demselben Verhältnis beteiligt waren und bei denen eine einheitliche Willensbildung durch ein beherrschendes Unternehmen sichergestellt war, dem beherrschenden Unternehmen zuzurechnen. Folglich wurden die einzelnen Gesellschaften als nichtselbstständig erachtet.[409] Jedoch war eine derartige Zusammenfassung der einzelnen Umsätze nicht mit der Regelung des § 2 Abs. 1 S. 2 UStG vereinbar,[410] sodass dieses Konzept aufgegeben wurde. Dieses Schicksal traf ebenso das sog. organschaftsähnliche Verhältnis[411], nach dem nichtrechtsfähige Personenvereinigungen als nichtselbstständige Organgesellschaften eines Unternehmens eingestuft worden waren.[412] Die einzige Ausnahme, in der auch eine Personengesellschaft als Organgesellschaft infrage kommen kann, stellt die Gründungsphase einer GmbH dar.[413] Denn in der Phase zwischen Abschluss des notariellen Vertrags und späterer Eintragung in das Handelsregister liegt eine sog. Vorgesellschaft[414] vor, die als Vorstufe zur GmbH die Voraussetzungen einer Personengesellschaft erfüllt. Eine umsatzsteuerliche Organschaft mit einer derartigen Gesellschaft wird regelmäßig anerkannt, da sie eine juristische Person im Sinne des § 2 Abs. 2 Nr. 2 UStG darstellt.[415] Allerdings ist zu beachten, dass

---

409 Vgl. Sterzinger, in: Küffner et al., UStG, 2018, § 2 Rn. 423.

410 Vgl. BFH, Urteil vom 30.11.1978, V R 29/73, BStBl. II 1979, S. 353.

411 Vgl. BFH, Urteil vom 08.02.1979, V R 101/78, BStBl. II 1979, S. 362. Nach früherem Rechtsstand war eine Eingliederung nichtrechtsfähiger Personenvereinigungen in ein anderes Unternehmen unter Wegfall der eigenen Unternehmereigenschaft möglich. Diese Eingliederung stützte sich auf § 2 Abs. 2 Nr. 1 UStG, wobei auch die Eingliederungsmerkmale entsprechend zu berücksichtigen waren. Allerdings wurde dieses Konzept von der Rechtsprechung aufgegeben, da nichtrechtsfähige Personenvereinigungen sich nicht wie Angestellte durch einen „Akt freier Entscheidung aus einem frei gewählten Abhängigkeitsverhältnis" wieder entbinden können. In diesem Zusammenhang können Personenvereinigungen nicht zu den von § 2 Abs. 2 Nr. 1 UStG erfassten Personen gehören. Dazu ausführlich: Weiß, UR 1979, S. 99 ff. Ferner auch: Treiber, in: Sölch/Ringleb, UStG, 2018, § 2 Rn. 122 ff.

412 Vgl. RFH, Urteil vom 13.12.1940, V 25/39, RStBl. 1941, S. 320. Umfassend zum Ende der Unternehmereinheit und des organschaftsähnlichen Verhältnisses: Weiß, UR 1979, S. 97 ff.

413 Vgl. BFH, Urteil vom 09.03.1978, V R 90/74, BStBl. II 1978, S. 486; Treiber, in: Sölch/Ringleb, UStG, 2018, § 2 Rn. 160.

414 Zur Begriffsbestimmung einer sog. Vorgesellschaft: BFH, Urteil vom 09.03.1978, V R 90/74, BStBl. II 1978, S. 486 unter II.3.b).

415 Vgl. BFH, Urteil vom 09.03.1978, V R 90/74, BStBl. II 1978, S. 486.

eine sog. Vorgründungsgesellschaft[416], die bis zum Abschluss des notariellen Gesellschaftsvertrags vorliegt, nicht als Organgesellschaft tauglich ist, da diese als Personengesellschaft gilt.[417] Umstritten ist allerdings, ob die kategorische Verneinung von Personengesellschaften als Organgesellschaft mit den unionsrechtlichen Vorgaben kompatibel ist. Diesbezüglich wird auf Kapitel E. verwiesen.

2. Sachlicher Anwendungsbereich

a. Allgemeines

Nach § 2 Abs. 2 Nr. 2 UStG wird für das Bestehen einer umsatzsteuerlichen Organschaft gefordert, dass die Organgesellschaft nach dem Gesamtbild der tatsächlichen Verhältnisse in dreifacher Weise eingegliedert sein muss. Nach vormaliger ständiger Rechtsprechung des BFH setzt eine solche Eingliederung voraus, dass zwischen den Gesellschaften ein Verhältnis der Über- oder Unterordnung besteht und eine Einordnung der Organgesellschaft in das Gefüge des Organträgers stattfindet.[418] Vor dem Hintergrund der jüngst ergangenen Rechtsprechung des V. Umsatzsteuersenats des BFH wird jedoch nicht mehr auf ein solches Verhältnis, sondern vielmehr auf eine sog. Eingliederung mit Durchgriffsrechten[419] abgestellt. Jedoch stellt ein solches Eingliederungsverhältnis auch weiterhin ein gewisses Über- und Unterordnungsverhältnis dar. Denn in diesem Sinne spricht der BFH davon, dass die Organgesellschaft wie eine Betriebsabteilung innerhalb eines Unternehmens einer Person anzusehen ist.[420] Insgesamt bleibt es weitgehend bei den bisherigen Anforderungen zur finanziellen und organisatorischen Eingliederung.[421]

---

416 Zur Begriffsbestimmung einer Vorgründungsgesellschaft: BFH, Urteil vom 09.03.1978, V R 90/74, BStBl. II 1978, S. 486 unter II.3.b).

417 Vgl. BFH, Urteil vom 08.11.1989, I R 174/86, BStBl. II 1990, S. 91.

418 Vgl. insbesondere: BFH, Urteil vom 18.12.1996, XI R 25/94, BStBl. II 1997, S. 441 unter II.; BFH, Urteil vom 19.05.2005, V R 31/03, BStBl. II 2005, S. 671; BFH, Urteil vom 03.04.2008, V R 76/05, BStBl. II 2008, S. 905 unter II.1.; BFH, Urteil vom 22.04.2010, V R 9/09, BStBl. II 2011, S. 597 unter II.3.b)aa); BFH, Urteil vom 07.07.2011, V R 53/10, BStBl. II 2013, S. 218 unter II.1.; BFH, Urteil vom 08.08.2013, V R 18/13, BStBl. II 2017, S. 543 unter II.1. Ferner: Birkenfeld, UR 2008, S. 3; Sterzinger, BB 2013, S. 1303.

419 Vgl. BFH, Urteil vom 02.12.2015, V R 15/14, BStBl. II 2017, S. 553 unter II.1.a)dd)(2).

420 Vgl. BFH, Urteil vom 02.12.2015, V R 15/14, BStBl. II 2017, S. 553. Auch die Finanzverwaltung hat sich dieser Sichtweise angeschlossen: Abschn. 2.8 Abs. 5 S. 1 UStAE. U. a. dazu auch: Wäger, UR 2016, S. 176 f.; Lange, UR 2016, S. 304 f.; Heuermann, DB 2016, S. 612 f.; Winter, MwStR 2016, S. 331.

421 Dazu die nachstehenden Ausführungen in Kapitel C.III.2.b. und d.

Anknüpfungspunkt für die Rechtfertigung einer etwaigen Eingliederung ist die den EU-Mitgliedstaaten durch den EuGH[422] zugewiesene Aufgabe, die Verbindungsmerkmale in ihrer nationalen Gesetzgebung zu präzisieren. Folglich soll eine umsatzsteuerliche Organschaft aus dem alleinigen Grund einer engen Verbindung aufgrund fehlender hinreichender Bestimmtheit bereits ausgeschlossen sein.[423] Für das national geforderte Eingliederungserfordernis soll vor allem sprechen, dass die Bedingungen der Organschaft und die damit verbundenen Kriterien für die Bestimmung des Steuerschuldners eindeutig sein müssen.[424] Überdies sollen mit den Voraussetzungen der umsatzsteuerlichen Organschaft bestimmte Eingriffsrechte verbunden sein, damit der Organträger seine Informations- und Zahlungsansprüche im Sinne der monatlich anfallenden Abgabe von Voranmeldungen gegenüber der Organgesellschaft effektiv durchsetzen kann.[425]

Abschließend entscheidet nach § 2 Abs. 2 Nr. 2 S. 1 UStG die Gesamtbetrachtung der tatsächlichen Verhältnisse, ob eine finanzielle, wirtschaftliche und organisatorische Eingliederung vorliegt. Eine gleichmäßig starke Ausprägung dieser Eingliederungsfaktoren ist jedoch nicht zwingend notwendig.[426] Deshalb kann eine umsatzsteuerliche Organschaft auch dann vorliegen, wenn die Eingliederung für ein Kriterium nicht vollkommen ist, dafür jedoch die übrigen Eingliederungselemente umso deutlicher ausgeprägt sind, sodass es zu einer Eingliederung aus dem Gesamtbild der tatsächlichen Gegebenheiten kommt.[427] Dies impliziert indes auch, dass alle drei Eingliederungsmerkmale kumulativ

---

422 Vgl. EuGH, Urteil vom 16.07.2015, C 108/14 und C 109/14, ECLI:EU:C:2015:496, Rn. 50.

423 Vgl. Sterzinger, in: Küffner et al., UStG, 2018, § 2 Rn. 453.

424 Vgl. BFH, Urteil vom 02.12.2015, V R 15/14, BStBl. II 2017, S. 553 unter II.1.a)bb). Dazu auch: Reiß, UR 2016, S. 749 ff.

425 Vgl. BFH, Urteil vom 02.12.2015, V R 15/14, BStBl. II 2017, S. 553 unter II.1.a)dd)(2).

426 Vgl. BFH, Urteil vom 23.04.1964, V 184/61 U, BStBl. III 1964, S. 346; BFH, Urteil vom 22.06.1967, V R 89/66, BStBl. III 1967, S. 715; Abschn. 2.8 Abs. 1 S. 2 UStAE.

427 Vgl. BFH, Urteil vom 29.10.2008, XI R 74/07, BStBl. II 2009, S. 256 unter II.1.b); BFH, Urteil vom 23.04.1964, V 184/61 U, BStBl. III 1964, S. 346 unter Gründe; Abschn. 2.8 Abs. 1 S. 3 UStAE. Zur Gleichwertigkeit der Eingliederungsfaktoren: Stöcker, in: Müller et al., Die Organschaft, 2017, Rn. 1392; a. A.: Feldgen, BB 2016, S. 608, der nach der neuen Rechtsprechung des BFH davon ausgeht, dass insbesondere die finanzielle und organisatorische Eingliederung zwingend (in vollständiger Ausprägung) vorliegen müssen. Demgegenüber vertritt Reiß, in: Reiß et al., UStG, 2018, § 2 Rn. 110, vielmehr die Auffassung, dass alle drei Merkmale in ihrem Mindestumfang zu erfüllen sind.

vorliegen müssen.[428] Eine solche dreifache Eingliederung wird ebenso durch den Gesetzeswortlaut des § 2 Abs. 2 Nr. 2 S. 1 UStG gestützt. Sofern lediglich die finanzielle Eingliederung erkennbar ist, kann nicht davon ausgegangen werden, dass auch eine wirtschaftliche und organisatorische Eingliederung erfüllt ist.[429] Insgesamt muss sich die Organgesellschaft vollständig unterordnen, um dem Grundgedanken der umsatzsteuerlichen Organschaft – der fehlenden Selbstständigkeit – zu entsprechen.

b. Finanzielle Eingliederung

Die finanzielle Eingliederung[430], welche die wichtigste Voraussetzung für die Beherrschung einer juristischen Person darstellt, zielt auf die kapitalmäßige Beteiligung ab und verlangt den Besitz jener Anteilsmehrheit an der Organgesellschaft, die es dem Organträger nach dem Gesetz oder der betreffenden Satzung ermöglicht, Beschlüsse in der Organgesellschaft durchzusetzen.[431] Maßgeblich für die Frage der finanziellen Eingliederung sind demnach die sich aus dem Anteilsbesitz ergebenden Stimmrechtsverhältnisse. Stimmen die Beteiligungsverhältnisse mit den Stimmrechtsverhältnissen überein, ist die finanzielle Eingliederung erfüllt, insoweit die Beteiligung an der möglichen Organgesellschaft

428 Vgl. BFH, Urteil vom 22.11.2001, V R 50/00, BStBl. II 2002, S. 167; BFH, Urteil vom 05.12.2007, V R 26/06, BStBl. II 2008, S. 451.

429 Vgl. BFH, Urteil vom 03.04.2008, V R 76/05, BStBl. II 2008, S. 905; BFH, Urteil vom 05.12.2007, V R 26/06, BStBl. II 2008, S. 451 unter II.1.b); Abschn. 2.8 Abs. 1 S. 4 UStAE.

430 Im derzeitigen Umsatzsteuerrecht ist nicht explizit normiert, wann eine finanzielle Eingliederung nach § 2 Abs. 2 Nr. 2 UStG vorliegt. Für den Zeitraum vom 01.10.1961 bis zum 31.12.1967 wurde diese begründet, wenn mehr als 75 Prozent der Anteile an der Organgesellschaft und mehr als 75 Prozent der Stimmrechte vorlagen, sofern beide Grenzen kumulativ eingehalten wurden, vgl. Stöcker, in: Müller et al., Die Organschaft, 2017, Rn. 1278.

431 Vgl. BFH, Urteil vom 02.12.2015, V R 12/14, BFH/NV 2016, S. 437 unter II.1.a)aa); BFH, Urteil vom 02.12.2015, V R 15/14, BStBl. II 2017, S. 553 unter II.1.a)bb); BFH, Urteil vom 07.07.2011, V R 53/10, BStBl. II 2013, S. 218 unter II.2.a); BFH, Urteil vom 01.12.2010, XI R 43/08, BStBl. II 2011, S. 600 unter II.2.; BFH, Urteil vom 06.05.2010, V R 26/09, BStBl. II 2011, S. 1114 unter II.3.b)bb)(1); BFH, Urteil vom 19.05.2005, V R 31/03, BStBl. II 2005, S. 671; BFH, Urteil vom 17.01.2002, V R 37/00, BStBl. II 2002, S. 373 unter II.1.a); BFH, Urteil vom 14.12.1978, V R 85/74, BStBl. II 1979, S. 288 unter 2.; Abschn. 2.8 Abs. 5 S. 1 UStAE. Ebenso: FG Schleswig-Holstein, Urteil vom 17.05.2018, 4 K 38/17, BeckRS 2018, 14850.

mehr als 50 Prozent beträgt.[432] Auch kann bei einer Beteiligung von 50 Prozent oder weniger[433] eine finanzielle Eingliederung bewirkt werden, wenn der Organträger die Stimmrechtsverhältnisse abweichend von den Beteiligungsverhältnissen mit einem Minderheitsgesellschafter so vereinbart hat, dass er über die notwendige Mehrheit verfügt.[434] Daher können Stimmrecht und Beteiligungsverhältnisse durchaus unterschiedlich sein, solange der Organträger die Stimmrechtsmehrheit besitzt.[435] Allerdings sind derartige Stimmrechtsvereinbarungen oder -vollmachten nach der neuen Rechtsprechung des BFH im Interesse der Rechtsklarheit in der Regel belanglos.[436] Berücksichtigung finden solche Vereinbarungen nur dann, wenn sie sich ausschließlich aus Satzungsvorschriften[437] ergeben.[438] Ebenfalls kann eine finanzielle Eingliederung bei einer über 50-prozentigen Anteilsvereinigung in einer Hand nicht vorliegen, soweit Stimmrechtsbeschränkungen bestehen.[439] Sofern jedoch für die Beschlussdurchsetzung in der Organgesellschaft eine höhere qualifizierte Mehrheit erforderlich ist, muss der Organträger zwingend über diese Stimmrechte verfügen.[440] Ist eine solche Mehrheit jedoch nur für Änderungen einer Satzung oder eines Gesellschaftsvertrags maßgeblich, so ist diese unerheblich für die finanzielle Eingliederung.[441] Auch scheidet eine Zusammenfassung von Beteiligungen aufgrund familiärer

---

432 Vgl. BFH, Urteil vom 01.12.2010, XI R 43/08, BStBl. II 2011, S. 600 unter II.2.; Abschn. 2.8 Abs. 5 S. 2 UStAE.

433 Z. B. wenn die Gesellschaft eigene Anteile hält, für die in der Gesellschafterversammlung kein Stimmrecht existiert oder wenn auch stimmrechtslose Anteile (beispielhaft: Vorzugsaktien ohne Stimmrecht) ausgegeben werden. Dazu: Radeisen, in: Schwarz et al., UStG, 2018, § 2 Rn. 218; Scherf/Greil, StBp 2013a, S. 113.

434 Vgl. Wäger, in: Spindler et al., Steuerzentrierte Rechtsberatung, 2009, S. 1197; Birkenfeld, in: Birkenfeld/Wäger, Das große Umsatzsteuer-Handbuch, 2018, § 44 Rn. 303.

435 Vgl. Scherf/Greil, StBp 2013a, S. 113.

436 Vgl. BFH, Urteil vom 02.12.2015, V R 25/13, BStBl. II 2017, S. 547 unter II.1.c)cc)(1); Abschn. 2.8 Abs. 5 S. 3 UStAE.

437 Beispielhaft bei der Gewährung von Mehrfachstimmrechten.

438 Vgl. BFH, Urteil vom 02.12.2015, V R 25/13, BStBl. II 2017, S. 547 unter II.1.c)cc)(1); Abschn. 2.8 Abs. 5 S. 4 UStAE.

439 An dieser Stelle kommt es für das Merkmal der finanziellen Eingliederung auf das Verhältnis der eigenen Stimmen des Organträgers zu den übrigen Stimmen in der Gesellschafterversammlung an, vgl. BFH, Urteil vom 22.11.2001, V R 50/00, BStBl. II 2002, S. 167; Kirch, in: Fritsch et al., UStG, 2018, § 2 Rn. 118.

440 Vgl. BFH, Urteil vom 19.05.2005, V R 31/03, BStBl. II 2005, S. 671 unter II.2.a)dd); Abschn. 2.8 Abs. 5 S. 2 UStAE.

441 Vgl. Sterzinger, in: Küffner et al., UStG, 2018, § 2 Rn. 456.

Beziehungen zwischen mehreren Gesellschaftern aus, da nicht rechtssicher bestimmbar ist, unter welchen Voraussetzungen ebendiese Gesellschafter gleichgerichtete oder widerstreitende Interessen verfolgen.[442] Bei Vorliegen einer Stimmengleichheit können lediglich ungebetene Beschlüsse blockiert werden, wobei klarzustellen ist, dass mit ihr keine finanzielle Eingliederung bewirkt werden kann. Dies gilt gleichermaßen auch für eine kurzfristige Stimmenmehrheit.[443]

Aus den vorangestellten Erläuterungen kann geschlossen werden, dass der Organträger einerseits einen Kapitalanteil der Organgesellschaft innehaben muss und andererseits sich die satzungsmäßige Stimmrechtsmehrheit in seinem Besitz befinden muss. Überdies ist für die finanzielle Eingliederung nicht entscheidend, ob es sich um eine mittelbare oder unmittelbare Beteiligung des Organträgers an der Organgesellschaft handelt.[444] Daher setzt die finanzielle Eingliederung lediglich voraus, dass der Organträger entweder selbst an der Organgesellschaft beteiligt ist oder diese Beteiligung über eine oder mehrere zwischengeschaltete Gesellschaften begründet wird, unabhängig davon, ob diese unternehmerisch oder nichtunternehmerisch tätig sind.[445] Es gilt allerdings zu berücksichtigen, dass eine nichtunternehmerisch tätige Tochtergesellschaft nicht dem Organkreis angehören kann.[446]

Mithin bestehen dahingehend Zweifel, ob und unter welchen Bedingungen eine mittelbare Beteiligung einer Gesellschaft über ihre Gesellschafter die finanzielle Eingliederung erlangen kann. Gesetzt den Fall, dass bei zwei Kapitalgesellschaften mehrere Gesellschafter lediglich zusammen über die Mehrheit der Anteile oder Stimmrechte verfügen, kann davon ausgegangen werden, dass die eine Gesellschaft in der Regel nicht in die andere Gesellschaft finanziell eingegliedert ist.[447] Dies wird damit begründet, dass die Gesellschaft ihre Gesellschafter nicht zu einem bestimmten Votum zwingen kann. Unter diesem

---

442 Vgl. BFH, Urteil vom 02.12.2015, V R 15/14, BStBl. II 2017, S. 553 unter II.1.b); Sterzinger, in: Küffner et al., UStG, 2018, § 2 Rn. 457.

443 Vgl. Sterzinger, in: Küffner et al., UStG, 2018, § 2 Rn. 455.

444 Vgl. Abschn. 2.8 Abs. 5b S. 1 UStAE.

445 Vgl. Abschn. 2.8 Abs. 5b S. 2 UStAE.

446 Vgl. Abschn. 2.8 Abs. 5b S. 3 UStAE.

447 Vgl. etwa: BFH, Urteil vom 24.08.2016, V R 36/15, BStBl. II 2017, S. 595; BFH, Urteil vom 02.12.2015, V R 15/14, BStBl. II 2017, S. 553; BFH, Urteil vom 02.12.2015, V R 12/14, BFH/NV 2016, S. 437; BFH, Urteil vom 01.12.2010, XI R 43/08, BStBl. II 2011, S. 600; BFH, Urteil vom 22.04.2010, V R 9/09, BStBl. II 2011, S. 597; FG Münster, Urteil vom 19.05.2015, 15 K 496/11 U, EFG 2016, S. 334 (anhängig beim BFH: Az. V R 40/15); Abschn. 2.8 Abs. 5b S. 5 UStAE.

Gesichtspunkt besteht somit kein Indiz dafür, dass die Gesellschafter als Gruppe in beiden Kapitalgesellschaften einheitlich abstimmen werden.[448] Daher liegt die zwingend notwendige Eingriffsmöglichkeit der einen Gesellschaft in die andere Gesellschaft nicht vor. In derartigen Fallkonstellationen kann eine finanzielle Eingliederung auch nicht durch Beherrschungs- oder Gewinnabführungsverträge ersetzt werden,[449] da solche Verträge keinen Einfluss auf die Beteiligungsverhältnisse ausüben können, wie es allerdings eine finanzielle Eingliederung zwingend fordert.[450] Daneben wird das Merkmal der finanziellen Eingliederung auch dann verneint, wenn ein Gesellschafter mehrheitlich an zwei Kapitalgesellschaften beteiligt ist.[451] Infolgedessen ist eine derartige Eingliederung über sog. gleichgeordnete Schwestergesellschaften nicht möglich, da es an dem Erfordernis des Über- und Unterordnungsverhältnisses mangelt.[452]

c. Wirtschaftliche Eingliederung

Nach gefestigter Rechtsprechung des BFH ist eine wirtschaftliche Eingliederung dadurch charakterisiert, dass die Organgesellschaft funktional so in den Unternehmenskontext integriert sein muss, sodass sie als Bestandteil des übergeordneten Organträgers erscheint.[453] Eine wirtschaftliche Eingliederung bedingt zunächst, dass die Beteiligung an der Kapitalgesellschaft dem Unternehmensbereich des Anteilseigners zugeordnet werden kann.[454] Überdies ist nicht auf eine wirtschaftliche Zweckabhängigkeit der Organgesellschaft abzustellen.[455] Es ist vielmehr maßgebend, dass zwischen den beiden Gesellschaften

448 Vgl. Sterzinger, in: Küffner et al., UStG, 2018, § 2 Rn. 459.

449 Vgl. BFH, Urteil vom 01.12.2010, XI R 43/08, BStBl. II 2011, S. 600; Abschn. 2.8 Abs. 5b S. 7 UStAE.

450 Vgl. BFH, Urteil vom 01.12.2010, XI R 43/08, BStBl. II 2011, S. 600.

451 Vgl. BFH, Urteil vom 01.12.2010, XI R 43/08, BStBl. II 2011, S. 600.

452 Vgl. BFH, Urteil vom 24.08.2016, V R 36/15, BStBl. II 2017, S. 595; BFH, Urteil vom 02.12.2015, V R 15/14, BStBl. II 2017, S. 553; BFH, Urteil vom 10.06.2010, V R 62/09, BFH/NV 2011, S. 79; BFH, Urteil vom 01.12.2010, XI R 43/08, BStBl. II 2011, S. 600; Abschn. 2.8. Abs. 5b S. 5 UStAE.

453 Vgl. BFH, Urteil vom 17.01.2002, V R 37/00, BStBl. II 2002, S. 373 unter II.1.b); BFH, Urteil vom 29.10.2008, XI R 74/07, BStBl. II 2009, S. 256 unter II.1.b)cc); BFH, Urteil vom 20.08.2009, V R 30/06, BStBl. II 2010, S. 863; BFH, EuGH-Vorlage vom 11.12.2013, XI R 17/11, BStBl. II 2014, S. 417.

454 Vgl. Abschn. 2.8 Abs. 6 S. 2 UStAE in Verbindung mit Abschn. 2.3 Abs. 2 UStAE.

455 Vgl. BFH, Urteil vom 03.04.2003, V R 63/01, BStBl. II 2004, S. 434; Abschn. 2.8 Abs. 6 S. 3 UStAE.

ein vernünftiger wirtschaftlicher Zusammenhang in Form einer wirtschaftlichen Einheit, Kooperation oder Verflechtung besteht.[456] Im Vergleich zu der finanziellen Eingliederung ist daher nicht entscheidungserheblich, dass ein Über- und Unterordnungsverhältnis existiert,[457] sondern es muss hingegen erkennbar sein, dass die Tätigkeiten aufeinander abgestimmt sind und sich dabei gegenseitig fördern und ergänzen.[458] Vor diesem Hintergrund kann bei einer entsprechend deutlichen Ausprägung der finanziellen sowie organisatorischen Eingliederung eine wirtschaftliche Eingliederung bejaht werden.[459]

Eine wirtschaftliche Förderung und Ergänzung kann regelmäßig auf drei Arten erfolgen.[460] Einerseits kann der Organträger für die Organgesellschaft tätig werden. Auch gilt an dieser Stelle der umgekehrte Fall. Andererseits besteht die Möglichkeit, dass Organträger und Organgesellschaft gemeinschaftlich ihre Aktivitäten gegenüber Dritten ausüben.[461] Beruht die wirtschaftliche Eingliederung auf Leistungen des Organträgers gegenüber seiner Organgesellschaft, bedingt dies jedoch entgeltliche Leistungen, die für das betreffende Unternehmen der Organgesellschaft zu einer mehr als nur unbedeutenden Entlastung führen muss.[462] Damit soll gewährleistet werden, dass reine Leitungs- und Lenkungsaufgaben der übergeordneten Gesellschaft an die untergeordnete Gesellschaft ohne übereinstimmende, aufeinander abgestellte Tätigkeiten der beiden

---

456 Vgl. BFH, Urteil vom 22.06.1967, V R 89/66, BStBl. III 1967, S. 715; BFH, Urteil vom 13.09.1989, I R 110/88, BStBl. II 1990, S. 24; BFH, Urteil vom 09.09.1993, V R 124/89, BStBl. II 1994, S. 129; BFH, Urteil vom 03.04.2003, V R 63/01, BStBl. II 2004, S. 434; BFH, Urteil vom 29.10.2008, XI R 74/07, BStBl. II 2009, S. 256; BFH, Beschluss vom 18.03.2010, V B 57/08, BFH/NV 2010, S. 1312; Abschn. 2.8 Abs. 6 S. 3 und 4 UStAE.

457 Vgl. BFH, Beschluss vom 20.09.2006, V B 138/05, BFH/NV 2007, S. 281; BFH, Urteil vom 03.04.2003, V R 63/01, BStBl. II 2004, S. 434 unter II.1.c)cc).

458 Vgl. BFH, Urteil vom 09.09.1993, V R 124/89, BStBl. II 1994, S. 129 unter II.1.b); BFH, Urteil vom 25.06.1998, V R 76/97, BFH/NV 1998, S. 1534 unter II.2.b); BFH, Urteil vom 03.04.2003, V R 63/01, BStBl. II 2004, S. 434 unter II.1.c); BFH, Urteil vom 18.06.2009, V R 4/08, BStBl. II 2010, S. 310 unter II.3.b)aa).

459 Vgl. Abschn. 2.8 Abs. 6 S. 3 UStAE.

460 Jedoch muss die gegenseitige Förderung und Ergänzung auf mehr als nur unerheblichen Beziehungen beruhen, vgl. BFH, Urteil vom 29.10.2008, XI R 74/07, BStBl. II 2009, S. 256; Abschn. 2.8 Abs. 6 S. 3 UStAE.

461 Vgl. Kirch, in: Fritsch et al., UStG, 2018, § 2 Rn. 124.

462 Vgl. BFH, Urteil vom 25.06.1998, V R 76/97, BFH/NV 1998, S. 1534 unter II.2.c); BFH, Urteil vom 18.06.2009, V R 4/08, BStBl. II 2010, S. 310 unter II.3.b)bb); BFH, Urteil vom 06.05.2010, V R 26/09, BStBl. II 2011, S. 1114; Abschn. 2.8 Abs. 6 S. 5 UStAE; dazu auch: FG Düsseldorf, Urteil vom 08.07.2016, 1 K 1397/13 U, EFG 2016, S. 1465.

Gesellschaften nicht als wirtschaftliche Eingliederung bewertet werden.[463] Maßgeblich ist allerdings zur Anerkennung nicht das Erfordernis eines Mindestumsatzes zwischen Organträger und Organgesellschaft, sondern dass solche Leistungen eine wesentliche Relevanz[464] aufweisen,[465] sodass lediglich Buchführungs- und Personalverwaltungsleistungen an die Organgesellschaft[466] sowie eine reine Materialbeistellung des Organträgers für eine von der Organgesellschaft bezogene Leistung[467] nicht genügen.

Im Umkehrschluss gilt somit entsprechend, dass eine wirtschaftliche Eingliederung in der Regel nicht vorliegt, wenn den entgeltlichen Leistungen des Organträgers für die unternehmerische Tätigkeit der untergeordneten Gesellschaft nur ein geringfügiger Stellenwert beigemessen wird.[468] Eine Beurteilung, ob ein Fall von „nur geringer Bedeutung" vorliegt, ist nach den konkreten Umständen des vorliegenden Einzelfalls zu entscheiden.[469] Offen bleibt allerdings, ob zukünftig grundsätzlich eine sog. Wesentlichkeitsbetrachtung bei der Überprüfung der wirtschaftlichen Eingliederung vorzunehmen ist und ob diese lediglich bei Leistungen des Organträgers an die Organgesellschaft zu erfolgen hat, was jedoch aus systematischen Gesichtspunkten kaum zu rechtfertigen ist.[470] In diesem Zusammenhang ist weiterhin auch ungeklärt, welches Umsatzverhältnis für eine sog. mehr als unbedeutende Entlastung zu verlangen ist.[471] Diesbezüglich ist jedoch anzumerken, dass die frühere Auffassung des BFH, eine feste Bezugsgröße für die Leistungsbeziehungen zwischen Organträger und

---

463 Vgl. Pfeiffer, SWK 2014, S. 540.

464 Insgesamt zum Wesentlichkeitsmerkmal: Leonard, DStR 2010, S. 723 f.

465 Vgl. BFH, Urteil vom 29.10.2008, XI R 74/07, BStBl. II 2009, S. 256 unter II.1.b)cc).

466 Vgl. BFH, Urteil vom 25.06.1998, V R 76/97, BFH/NV 1998, S. 1534 unter II.2.c); BFH, Urteil vom 20.08.2009, V R 30/06, BStBl. II 2010, S. 863 unter II.2.c)aa). Daneben sind auch buchhalterische sowie steuerberatende Leistungen für die Bewirkung einer wirtschaftlichen Eingliederung nicht zielführend. Dazu auch: Wäger, in: Spindler et al., Steuerzentrierte Rechtsberatung, 2009, S. 1201 f.

467 Vgl. BFH, Urteil vom 20.08.2009, V R 30/06, BStBl. II 2010, S. 863; Abschn. 2.8 Abs. 6 S. 6 UStAE.

468 Vgl. BFH, Urteil vom 20.08.2009, V R 30/06, BStBl. II 2010, S. 863; FG Baden-Württemberg, Urteil vom 14.04.2016, 1 K 3466/14, EFG 2016, S. 1821. Ebenso: Leonard, DStR 2010, S. 723; Forster/Trejo, UStB 2010, S. 21.

469 Vgl. BFH, Beschluss vom 13.05.2008, XI B 195/07, BFH/NV 2008, S. 1543.

470 Vgl. Buttgereit/Schulte, UR 2011, S. 612.

471 Vgl. Buttgereit/Schulte, UR 2011, S. 612; Feldgen, BB 2010, S. 287.

Organgesellschaft zu fordern, längst aufgegeben worden ist.[472] Es wird angeführt, dass eine Fixierung auf starre Umsatzrelationen abzulehnen ist, da eine derartige Betrachtung nicht mit den vielfältigen Möglichkeiten wirtschaftlichen Handelns vereinbar ist.[473]

Weiterhin existiert eine wirtschaftliche Eingliederung zum Organträger nicht, wenn entgeltliche Leistungen nur zwischen zwei untergeordneten Gesellschaften durchgeführt werden. Zwar muss eine wirtschaftliche Eingliederung nicht aufgrund unmittelbarer Beziehungen zum Organträger bestehen, sondern kann auch durch die Verflechtung zwischen zwei Organgesellschaften begründet werden.[474] Maßgeblich ist in diesem Fall allerdings, dass eine der leistenden untergeordneten Gesellschaften aufgrund unmittelbarer Beziehungen mit dem Organträger organschaftlich verbunden ist.[475] Daher scheidet eine Zurechnung der Leistungen einer solchen untergeordneten Organgesellschaft bei fehlender unmittelbarer Beziehung an den Organträger aus. Bezugnehmend auf die vorgenannten Ausführungen sind für die wirtschaftliche Eingliederung Art und Umfang der existierenden Verflechtungen zwischen den unternehmerischen Bereichen von Organträger und Organgesellschaft maßgebend. Daher sind Leistungen an nichtunternehmerische Bereiche für die Begründung einer wirtschaftlichen Eingliederung schädlich. Zudem ist für die Bewirkung der wirtschaftlichen Eingliederung zwingend erforderlich, dass der fördernden Organgesellschaftstätigkeit ein entscheidendes wirtschaftliches Gewicht für die Tätigkeit des Organträgers zukommt. In der Vergangenheit erlangte der wirtschaftliche Eingliederungstatbestand durch die Rechtsprechung keine besondere Aufmerksamkeit.[476] Aus der aktuellen Rechtsprechung ergibt sich jedoch eine Neubewertung, sodass der wirtschaftlichen Eingliederung ausdrücklich ein eigener Stellenwert zugewiesen werden muss.[477]

---

472 Vgl. BFH, Urteil vom 27.08.1964, V 101/62 U, BStBl. III 1964, S. 539. Danach wurde eine wirtschaftliche Eingliederung verneint, wenn im Durchschnitt der Jahre der Anteil am Fremdabsatz überwiegt.

473 Vgl. Radeisen, in: Schwarz et al., UStG, 2018, § 2 Rn. 233.

474 Vgl. FG Baden-Württemberg, Urteil vom 14.04.2016, 1 K 3466/14, EFG 2016, S. 1821; BFH, Urteil vom 20.08.2009, V R 30/06, BStBl. II 2010, S. 863; Abschn. 2.8 Abs. 6 S. 4 UStAE. Auch dazu: Birkenfeld, in: Birkenfeld/Wäger, Das große Umsatzsteuer-Handbuch, 2018, § 44 Rn. 383.

475 Vgl. FG Baden-Württemberg, Urteil vom 14.04.2016, 1 K 3466/14, EFG 2016, S. 1821; BFH, Urteil vom 20.08.2009, V R 30/06, BStBl. II 2010, S. 863.

476 So auch: Wäger, UR 2016, S. 175.

477 Im Ergebnis ebenso: Wäger, in: Spindler et al., Steuerzentrierte Rechtsberatung, 2009, S. 1201 f.; Feldgen, BB 2010, S. 288.

d. Organisatorische Eingliederung

aa. Allgemeines

Das Tatbestandsmerkmal der organisatorischen Eingliederung bietet das größte Gestaltungspotenzial in der Praxis, bereitet jedoch auch gleichzeitig erhebliche Schwierigkeiten, da Rechtsprechung und Finanzverwaltung[478] in den letzten Jahren unterschiedliche Maßstäbe an die organisatorische Eingliederung festgelegt haben.[479] Dabei kann durch konkrete Ausgestaltungen der Geschäftsführung bei der Organgesellschaft eine umsatzsteuerliche Organschaft am einfachsten[480] bewirkt oder vermieden werden.[481]

Die organisatorische Eingliederung ergänzt die finanzielle Eingliederung in der Weise, dass die faktische – nicht nur die durch die Anteilsmehrheit theoretische – Beherrschung der Organgesellschaft durch den Organträger auch in der laufenden Geschäftsführung tatsächlich wahrgenommen wird.[482] In der Regel folgt demnach aus der finanziellen Eingliederung bereits die organisatorische Eingliederung – jedoch lediglich auf einer anderen Unternehmensebene.[483]

Nach einhelliger Auffassung des BFH und der Finanzverwaltung geht damit einher, dass der Organträger die Organgesellschaft durch die Art und Weise der Geschäftsführung beherrscht[484] und seinen Willen in der Organgesellschaft

---

478 Zuletzt Anpassungen zur organisatorischen Eingliederung durch das BMF, Schreiben vom 26.05.2017, III C 2 – S 7105/15/10002, BStBl. I 2017, S. 790.

479 Vgl. Treiber, in: Prinz/Witt, Steuerliche Organschaft, 2015, Rn. 22.59. Dazu auch: Klink/Wüllrich, BB 2014, S. 1758.

480 Vgl. Treiber, in: Sölch/Ringleb, UStG, 2018, § 2 Rn. 144.

481 Vgl. Treiber, in: Prinz/Witt, Steuerliche Organschaft, 2015, Rn. 22.59; Ebbinghaus/Neu, DB 2016, S. 1654.

482 Vgl. zuletzt: BFH, Urteil vom 02.12.2015, V R 15/14, BStBl. II 2017, S. 553 unter II.2.a); BFH, Urteil vom 07.07.2011, V R 53/10, BStBl. II 2013, S. 218 unter II.2.b); BFH, Urteil vom 20.08.2009, V R 30/06, BStBl. II 2010, S. 863; BFH, Urteil vom 05.12.2007, V R 26/06, BStBl. II 2008, S. 451; BFH, Urteil vom 28.01.1999, V R 32/98, BStBl. II 1999, S. 258; Abschn. 2.8 Abs. 7 S. 1 UStAE.

483 Vgl. FG Baden-Württemberg, Urteil vom 02.03.2006, 14 K 157/04, EFG 2006, S. 1462; FG Saarland, Beschluss vom 20.03.2006, 1 V 26/06, UStB 2006, S. 296; FG Baden-Württemberg, Urteil vom 28.11.2005, 14 K 79/04, EFG 2006, S. 1110; Radeisen, in: Schwarz et al., UStG, 2018, § 2 Rn. 239.

484 Vgl. BFH, Urteil vom 07.07.2011, V R 53/10, BStBl. II 2013, S. 218 unter II.2.b); BFH, Urteil vom 14.02.2008, V R 12/06 und V R 13/06, BFH/NV 2008, S. 1365 unter II.2.f) aa); BFH, Urteil vom 05.12.2007, V R 26/06, BStBl. II 2008, S. 451 unter II.2. Kritisch dazu: Stadie, in: Rau/Dürrwächter, UStG, 2018, § 2 Anm. 892.1, der zutreffend anmerkt, dass der BFH grundsätzlich offen lässt, was unter der Wortfolge „durch die

durchsetzen kann.[485] In diesem Sinne ist aus der vormaligen Rechtsprechungsperspektive ungenügend, dass der Organträger nur ein Vetorecht[486] in der Geschäftsleitung der Organgesellschaft innehat. Denn dadurch soll der Organträger nicht imstande sein, die Funktion des „Steuereinnehmers für die Organgesellschaft“[487] zu erfüllen.[488] Demzufolge ist die Möglichkeit, rechtlich auf die laufenden Geschäfte der Organgesellschaft Einfluss zu nehmen, für die Annahme der organisatorischen Eingliederung nicht mehr hinreichend. Unter diesem Gesichtspunkt sind von der Änderung insbesondere Insolvenzfälle betroffen.[489] Denn bereits die Bestellung eines sog. schwachen vorläufigen Insolvenzverwalters bei der Organgesellschaft führt zur Beendigung der umsatzsteuerlichen Organschaft.[490] Dies soll auch für den Fall gelten, dass ein schwacher vorläufiger Insolvenzverwalter beim Organträger bestellt wird.[491]

Art und Weise der Geschäftsführung“ zu verstehen ist. So auch: Wäger, in: Birkenfeld/Wäger, Das große Umsatzsteuer-Handbuch, 2018, Organschaft Rn. 212.

485 In der Vergangenheit herrschte eine gewisse Divergenz zwischen der Auffassung des V. Umsatzsteuersenats und der Finanzverwaltung mit Blick auf die Auslegung des Beherrschungsmerkmals der Organgesellschaft durch den Organträger in der laufenden Geschäftsführung. Jedoch hat sich die Finanzverwaltung nunmehr dieser Ansicht angeschlossen. In diesem Sinne: BFH, Urteil vom 08.08.2013, V R 18/13, BStBl. II 2017, S. 543; BFH, Urteil vom 02.12.2015, V R 15/14, BStBl. II 2017, S. 553; Abschn. 2.8 Abs. 7 S. 2 und 3 UStAE. Abweichend dazu die damalige Rechtsprechung des BFH, Urteil vom 22.10.2009, V R 14/08, BStBl. II 2011, S. 988, wonach es ausreichend war, dass in der Organgesellschaft eine vom Willen des Organträgers abweichende Willensbildung nicht möglich ist.

486 In diesem Zusammenhang ist für die organisatorische Eingliederung schädlich, wenn bei der Organgesellschaft die Möglichkeit einer Pattsituation wegen zweier sich gegenseitig blockierender Geschäftsführer mit Geschäftsführungsbefugnis existiert, vgl. Radeisen, in: Schwarz et al., UStG, 2018, § 2 Rn. 239.

487 BFH, Urteil vom 08.08.2013, V R 18/13, BStBl. II 2017, S. 543 unter II.3.a); EuGH, Urteil vom 21.02.2008, C 271/06, ECLI:EU:C:2008:105, Rn. 21; EuGH, Urteil vom 20.10.1993, C 10/92, Slg. 1993, S. I-05105 Rn. 25; ferner: Hummel, MwStR 2018, S. 779 m. w. N. Kritisch dazu: Stadie, in: Rau/Dürrwächter, UStG, 2018, § 2 Anm. 892.

488 Seit der Entscheidung des BFH, Urteil vom 08.08.2013, V R 18/13, BStBl. II 2017, S. 543, hat sich der Maßstab an die organisatorische Eingliederung deutlich verschärft. Dazu kritisch: Marchal/Oldiges, DStR 2013, S. 2211 ff.

489 Insgesamt zum Insolvenzverfahren: Abschn. 2.8 Abs. 12 UStAE.

490 Vgl. Abschn. 2.8 Abs. 12 S. 3 und 4 UStAE.

491 Vgl. Abschn. 2.8 Abs. 12 S. 5 UStAE. A. A.: Hammerl/Fietz, NWB 2018, S. 138, die hinsichtlich des Zustimmungsvorbehalts auf Organträgerebene keine Anhaltspunkte erkennen, dass der Organträger seinen Willen auf Organgesellschaftsebene nicht durchsetzen kann. Folglich ist der Organträger lediglich in seiner eigenen

Für eine Beherrschung sind weiterhin institutionell abgesicherte, unmittelbare Einwirkungsmöglichkeiten in den Kernbereich der laufenden Geschäftsführung[492] notwendig. Nach Ansicht der Rechtsprechung[493] (zumindest der des V. Umsatzsteuersenats) und der Finanzverwaltung[494] sind demzufolge unter anderem Weisungsrechte, regelmäßige Berichterstattungen über die Geschäftsleitung, Zustimmungsvorbehalte zugunsten der Gesellschafterversammlung oder zugunsten des Mehrheitsgesellschafters nicht ausreichend.[495] Hiervon weicht nunmehr die Rechtsprechung des XI. Umsatzsteuersenats ab. Nach dieser sollen insbesondere Weisungsrechte der Gesellschafterversammlung sowie des Geschäftsführers des Organträgers gegenüber dem Geschäftsführer der Organgesellschaft ausreichend sein.[496]

Darüber hinaus wird der aktienrechtlichen Abhängigkeitsvermutung nach § 17 des Aktiengesetzes (AktG) vor dem Hintergrund der organisatorischen Eingliederung keine wesentliche Bedeutung zugeschrieben.[497] Aus § 17 Abs. 1 AktG folgt lediglich, dass es sich bei abhängigen Unternehmen um rechtlich selbstständige Unternehmen handelt, auf die ein anderes Unternehmen unmittelbar oder mittelbar eine beherrschende Einflussnahme ausüben kann. Indes wird nach § 17 Abs. 2 AktG von einem in Mehrheitsbesitz stehenden Unternehmen vermutet, dass es von dem an ihm mit Mehrheit beteiligten Unternehmen abhängig ist. Demzufolge beinhaltet die Vorschrift des § 17 AktG im Vorfeld keine Regelungen zu den übrigen Eingliederungskriterien. Die aktienrechtliche Abhängigkeitsvermutung knüpft ausschließlich an das bloße Vorhandensein

---

Willensbildung eingeschränkt. Zustimmend auch: Wagner/Marchal, DStR 2017, S. 2154 f.

492 Vgl. BFH, Urteil vom 03.04.2008, V R 76/05, BStBl. II 2008, S. 905 unter II.4.

493 Vgl. BFH, Urteil vom 02.12.2015, V R 15/14, BStBl. II 2017, S. 553 unter II.2.a).

494 Vgl. Abschn. 2.8 Abs. 11 S. 1 und 2 UStAE.

495 Auch die Besetzung des Aufsichtsrats kann eine organisatorische Eingliederung nach Ansicht der Finanzverwaltung nicht verwirklichen, vgl. Abschn. 2.8 Abs. 8 S. 10. A. A. offensichtlich: Birkenfeld, in: Birkenfeld/Wäger, Das große Umsatzsteuer-Handbuch, § 44 Rn. 418, wonach der Organträger nach § 111 Abs. 1 AktG seine Leitungsmacht durch die Besetzung des Aufsichtsrats der AG sicherstellen kann.

496 Vgl. BFH, Urteil vom 12.10.2016, XI R 30/14, BStBl. II 2017, S. 597.

497 Bereits mit der Entscheidung des BFH, Urteil vom 03.04.2008, V R 76/05, BStBl. II 2008, S. 905, wird deutlich, dass die aktienrechtliche Abhängigkeitsvermutung für die organisatorische Eingliederung unbedeutend ist. Zustimmend: Abschn. 2.8 Abs. 7 S. 4 UStAE. A. A.: FG-Baden-Württemberg, Urteil vom 28.11.2005, 14 K 79/04, EFG 2006, S. 1110; FG Baden-Württemberg, Urteil vom 02.03.2006, 14 K 157/04, EFG 2006, S. 1462; Stadie, in: Rau/Dürrwächter, UStG, 2018, § 2 Anm. 896.

einer Mehrheitsbeteiligung an und weicht entsprechend von der Sonderregelung des § 2 Abs. 2 Nr. 2 UStG ab. Danach wird neben einer Mehrheitsbeteiligung ebenso eine wirtschaftliche und organisatorische Eingliederung gefordert. Insgesamt kann aus dem AktG nicht abgeleitet werden, unter welchen Voraussetzungen eine juristische Person eine wirtschaftliche Tätigkeit nicht selbstständig ausführt. Deshalb ist ausschließlich § 2 Abs. 2 Nr. 2 UStG dezisiv.[498] Auch spricht gegen diese Abhängigkeitsvermutung, dass § 2 Abs. 2 Nr. 2 UStG das Rechtsgebilde der umsatzsteuerlichen Organschaft autonom definiert, d. h. ohne einen Verweis auf aktienrechtliche Vorschriften vorzunehmen.[499]

Weiterhin kann eine organisatorische Eingliederung über eine sog. Beteiligungskette[500] zur Organträgerin realisiert werden, vorausgesetzt, eine abweichende Willensbildung in den Organgesellschaften ist ausgeschlossen.[501] Nach Finanzverwaltungsansicht genügt jedoch, dass die der organisatorischen Eingliederung förderlichen Maßnahmen zwischen zwei Organgesellschaften erfolgen. Eine organisatorische Eingliederung kann auch dann bejaht werden, wenn eine derartige Maßnahme abweichend von der Struktur der finanziellen Eingliederung erfolgt.[502] Analog zur finanziellen Eingliederung ist ebenfalls hinreichend, dass die organisatorische Eingliederung nur mittelbar über eine nichtunternehmerisch tätige Tochtergesellschaft, beispielhaft in Gestalt einer Finanzholding, bewirkt wird.[503] Eine solche Holding kann jedoch dadurch folgerichtig nicht Mitglied des Organkreises werden.[504]

---

498 Vgl. BFH, Urteil vom 05.12.2007, V R 26/06, BStBl. II 2008, S. 451; Grune/Mönckedieck, UR 2012, S. 542. Dagegen vertritt Stadie die Meinung, dass die aktienrechtliche Vermutung auch für die steuerrechtlichen Organschaftsbestimmungen heranzuziehen ist. Dies begründet er mit dem Argument, dass es der Lebenserfahrung entspricht, dass die Geschäftsführungsorgane der finanziell beherrschten Gesellschaft regelmäßig den Willen des beherrschenden Gesellschafters ausführen werden. Denn in Zusammenhang mit seiner Mehrheitsbeteiligung bestimmt dieser die personelle Besetzung der Geschäftsführungsorgane, vgl. Stadie, in: Rau/Dürrwächter, UStG, 2018, § 2 Anm. 896.

499 Vgl. BFH, Urteil vom 11.04.1991, V R 126/87, BFH/NV 1992, S. 140 unter 1.; a. A.: FG Baden-Württemberg, Urteil vom 28.11.2005, 14 K 79/04, EFG 2006, S. 1110.

500 Für eine ausführliche Darstellung der organisatorischen Eingliederung über eine sog. Beteiligungskette: BMF, Schreiben vom 05.05.2014, IV D 2 – S 7105/11/10001IV D 2 – S 7105/13/10003, BStBl. I 2014, S. 820. Ebenso: Abschn. 2.8 Abs. 10a S. 1 UStAE; Bleckmann, BB 2013, S. 857 f.

501 Vgl. Abschn. 2.8 Abs. 10a S. 3 UStAE; Sterzinger, BB 2013, S. 1304.

502 Vgl. Abschn. 2.8 Abs. 10a S. 4 UStAE, beispielhaft bei Schwestergesellschaften.

503 Vgl. Abschn. 2.8 Abs. 10a S. 5 UStAE.

504 Vgl. Abschn. 2.8 Abs. 10a S. 6 UStAE.

Grundsätzlich ist die organisatorische Eingliederung einem Dreistufenprinzip zu unterwerfen.[505] Dabei kann die organisatorische Eingliederung prinzipiell durch personelle (1. Stufe: vollständige Personenidentität/teilweise personelle Verflechtung, sowie 2. Stufe: (leitender) Mitarbeiter des Organträgers) Verflechtung oder ohne personelle Verflechtung (3. Stufe) begründet werden. Insbesondere ist zu beachten, dass die organisatorische Eingliederung nach ihren tatsächlichen Verhältnissen zu beurteilen ist, wobei zu berücksichtigen ist, dass diese – wie auch bei den übrigen Eingliederungsmerkmalen – nicht nach dem Gesamtbild vollständig ausgeprägt sein muss.[506]

bb. Eingliederung mittels Personalunion

In erster Linie kann die organisatorische Eingliederung über eine personelle Verflechtung[507] in den Geschäftsführungen bzw. Leistungsgremien des Organträgers und der Organgesellschaft verwirklicht werden.[508] Hierzu bedarf es einer gleichlaufenden Zusammensetzung der Geschäftsführung im Organträger und der Organgesellschaft.[509] Diese stellt unbestritten die einfachste festzustellende Fallkonstellation der organisatorischen Eingliederung dar.[510] Dabei ist zu

505 Vgl. Wäger, in: Birkenfeld/Wäger, Das große Umsatzsteuer-Handbuch, 2018, Organschaft Rn. 151, unterteilt die organisatorische Eingliederung in eine personelle und sachliche Betrachtungsweise.

506 Vgl. BFH, Urteil vom 20.02.1992, V R 80/85, BFH/NV 1993, S. 133 unter II.a)aa).

507 Nach Ansicht der BFH-Rechtsprechung und der Finanzverwaltung stellt die organisatorische Eingliederung mithilfe der personellen Verflechtung auf Geschäftsführungsebene den Regelfall dar. In diesem Sinne: BFH, Urteil vom 02.12.2015, V R 15/14, BStBl. II 2017, S. 553; BFH, Urteil vom 28.10.2010, V R 7/10, BStBl. II 2011, S. 391 unter II.2.; BFH, Urteil vom 03.04.2008, V R 76/05, BStBl. II 2008, S. 905; Abschn. 2.8 Abs. 8 S. 1 UStAE. Kritisch dazu: Dodenhoff, UR 2014, S. 338 (in Fn. 15), der darauf hinweist, dass der BFH an dieser Stelle zwar von dem „Regelfall" spricht, jedoch eher den Idealfall im Sinne der stärksten Ausprägung meint. Ob die Personalunion der beiden Geschäftsführungen auch mit dem praktischen Regelfall gleichzusetzen ist, bleibt seines Erachtens offen.

508 Vgl. BFH, Urteil vom 02.12.2015, V R 12/14, BFH/NV 2016, S. 437; BFH, Urteil vom 02.12.2015, V R 15/14, BStBl. II 2017, S. 553; BFH, Urteil vom 08.08.2013, V R 18/13, BStBl. II 2017, S. 543; BFH, Urteil vom 17.01.2002, V R 37/00, BStBl. II 2002, S. 373; Abschn. 2.8 Abs. 8 S. 2 UStAE. Dies liegt beispielhaft bei Personenidentität in den Geschäftsführungen beider Gesellschaften vor.

509 Grundsätzlich verlangt die Eingliederung mittels Personalunion die Besetzung des Geschäftsführungsorgans der Organgesellschaft durch den Organträger. Dabei kann der Organträger selbst oder seine Mitarbeiter eingesetzt werden.

510 Vgl. Bleckmann, BB 2013, S. 856.

beachten, dass ein mehrfach eingesetzter Geschäftsführer nicht als sog. formaler Geschäftsführer fungieren kann.[511] Der Geschäftsführer muss zeitlich tatsächlich in der Lage sein, die erforderlichen Geschäftsführertätigkeiten auszuüben.[512]

Einer vollständigen Personenidentität bedarf es gleichwohl aber nicht.[513] Wenn aus der Geschäftsführung des Organträgers lediglich ein Mitglied zugleich die Position des alleinigen Geschäftsführers in der Organgesellschaft einnimmt, kann dies eine organisatorische Eingliederung vermitteln.[514] Dagegen ist eine organisatorische Eingliederung nicht anzunehmen, wenn fremde Gesellschafter im Innenverhältnis allein geschäftsführungsbefugt sind.[515] Unter diesen Bedingungen kann ein Fremdgeschäftsführer die aktive Willensdurchsetzung des Organträgers in der Organgesellschaft verhindern. Für den Fall, dass die Geschäftsführung der abhängigen juristischen Person auch teilweise durch Fremdgeschäftsführer durchgeführt wird, ist entscheidend, dass die Geschäftsführungsbefugnisse so ausgestaltet sind, dass eine Willensdurchsetzung des Organträgers sichergestellt ist.[516] Wenn die Organgesellschaft über weitere Geschäftsführer verfügt, die lediglich teilweise in den Leitungsgremien des Organträgers vertreten sind, ist die Ausgestaltung der Geschäftsführungsbefugnis in der Organgesellschaft maßgeblich.[517] Innerhalb der Konstellationen ist regelmäßig zwischen einer Einzelgeschäftsführungs- oder einer Gesamtgeschäftsführungsbefugnis der Geschäftsführer zu unterscheiden.[518]

Gesetzt den Fall, dass eine Gesamtgeschäftsführungsbefugnis vereinbart ist und die Entscheidungen durch Mehrheitsbeschluss getroffen werden, müssen die personenidentischen Geschäftsführer zwingend über die Stimmenmehrheit verfügen, damit uneingeschränkt von einer organisatorischen Eingliederung ausgegangen werden kann.[519] Bei Vorliegen einer Stimmenminderheit der personenidentischen Geschäftsführer oder bei Vereinbarung einer

---

511 Vgl. kritisch dazu: Bleckmann, BB 2013, S. 856.

512 Vgl. Sterzinger, BB 2013, S. 1305; Bleckmann, BB 2013, S. 856.

513 Vgl. BFH, Urteil vom 17.01.2002, V R 37/00, BStBl. II 2002, S. 373; BFH, Urteil vom 28.01.1999, V R 32/98, BStBl. II 1999, S. 258; Abschn. 2.8 Abs. 8 S. 3 UStAE; Elster, in: UmsatzsteuerForum e.V. und BMF, 100 Jahre Umsatzsteuer in Deutschland, 2018, S. 879. Ferner: Schütze/Winter, UR 2009, S. 398.

514 Vgl. Abschn. 2.8. Abs. 8 S. 4 UStAE.

515 Vgl. Dodenhoff, UR 2014, S. 338.

516 Vgl. Dodenhoff, UR 2014, S. 338; Schwerin/Ahrens, UR 2013, S. 482 f.

517 Vgl. Abschn. 2.8 Abs. 8 S. 3 und 5 UStAE.

518 Vgl. Abschn. 2.8 Abs. 8 S. 6 und 7 UStAE.

519 Vgl. Abschn. 2.8 Abs. 8 S. 6 UStAE.

Einzelgeschäftsführungsbefugnis des Fremdgeschäftsführers sind hingegen weitere institutionell abgesicherte Mittel unerlässlich, damit ein Handeln gegen den Organträgerwillen nicht erfolgen kann.[520] In diesen Fällen kann das organisatorische Tatbestandsmerkmal durch Geschäftsführungsbefugnis verwirklicht werden, wenn zumindest einer der Geschäftsführer der Organgesellschaft auch zugleich Geschäftsführer des Organträgers ist und der Organträger über eine umfassende Weisungsbefugnis gegenüber der gesamten Geschäftsführung der Organgesellschaft verfügt. Zudem muss dieser das Recht zur Bestellung und Abberufung sämtlicher Geschäftsführer der Organgesellschaft besitzen.[521] Weiterhin kann auch alternativ bei potenziellen Meinungsdivergenzen ein Letztentscheidungsrecht des personenidentischen Geschäftsführers die organisatorische Beherrschung gewährleisten, das jedoch aus Nachweisbarkeitsgründen einer Schriftform bedarf.[522]

Demgegenüber kann sich die organisatorische Eingliederung auch aus dem Umstand ergeben, dass sog. (leitende) Mitarbeiter des Organträgers in die Geschäftsleitung der Organgesellschaft entsandt werden.[523] Nach anfänglicher Auslegungsproblematik des Mitarbeiterbegriffs im wissenschaftlichen Schrifttum[524] lässt die Finanzverwaltung dagegen mittlerweile jeden Mitarbeiter des Organträgers zu und verzichtet entsprechend auf die Eigenschaft der Leitungskompetenz.[525] Maßgeblich für die Eigenschaft eines Mitarbeiters ist jedoch

520 Vgl. Abschn. 2.8 Abs. 8 S. 7 UStAE.

521 Vgl. BFH, Urteil vom 07.07.2011, V R 53/10, BStBl. II 2013, S. 218 unter II.3.a)aa); Abschn. 2.8 Abs. 8 S. 8 UStAE.

522 Vgl. Abschn. 2.8 Abs. 8 S. 8 und 9 UStAE.

523 Vgl. FG Münster, Urteil vom 03.11.2015, 15 K 1252/14 U, EFG 2016, S. 155; BFH, Urteil vom 07.07.2011, V R 53/10, BStBl. II 2013, S. 218 unter 3.a)bb); BFH, Urteil vom 28.10.2010, V R 7/10, BStBl. II 2011, S. 391 unter II.2.; BFH, Urteil vom 20.08.2009, V R 30/06, BStBl. II 2010, S. 863; Abschn. 2.8 Abs. 9 S. 1 UStAE.

524 Zur damaligen Diskussion zur Begrifflichkeit des sog. leitenden Mitarbeiters: Sterzinger, BB 2013, S. 1305 f.; Feldgen, BB 2013, S. 2971 f.; Matheis/Scholz, UVR 2013, S. 186 f.; Küffner et al., MwStR 2013, S. 224 f.; Korn, NWB 2013, S. 1884 f.; Bleckmann, BB 2013, S. 856 f.

525 Zunächst hatte sich die Finanzverwaltung darauf berufen, dass Personen aus der Geschäftsführung des Organträgers oder leitende Mitarbeiter des Organträgers in der Geschäftsführung der Organgesellschaft tätig sein müssen (vgl. BMF, Schreiben vom 07.03.2013, IV D 2 – S 7105/11/10001, BStBl. I 2013, S. 333). Die maßgebende Leitungsfunktion wurde mit dem BMF-Schreiben vom 05.05.2014, IV D 2 – S 7105/11/10001IV D 2 – S 7105/13/10003, BStBl. I 2014, S. 820, aufgegeben. Dazu auch: Abschn. 2.8 Abs. 9 S. 2 UStAE. Die damalige einschränkende Rechtsprechungsauffassung ist nach Ansicht des wissenschaftlichen Schrifttums dahingehend nicht

die Begründung eines Anstellungsverhältnisses beim Organträger, sodass auf ein persönliches Abhängigkeitsverhältnis und damit einhergehende Weisungsunterworfenheit geschlossen werden kann.[526] Ein derartiger Vertrag soll zudem sicherstellen, dass bei weisungswidrigem Handeln des Mitarbeiters eine schnellstmögliche Abberufung durch den Organträger erfolgen kann.[527] Hingegen genügt nicht, wenn ein Geschäftsführer oder Mitarbeiter des Organträgers lediglich eine Prokuristenstellung bei der Organgesellschaft einnimmt und der alleinige Geschäftsführer der Organgesellschaft nicht über eine personelle Verflechtung mit dem Organträger verbunden ist. Folglich ist diese Person weder Mitglied der Geschäftsleitung noch Mitarbeiter des Organträgers.[528]

cc. *Eingliederung ohne Personalunion*

Die schwächste Erscheinungsform der organisatorischen Eingliederung ist gegeben, wenn keine personelle Verflechtung in den Leitungsorganen des Organträgers und der Organgesellschaft besteht, sodass in Ausnahmefällen die beherrschende Einwirkung des Organträgers in die laufende Geschäftsführung der Organgesellschaft ausschließlich über institutionell abgesicherte Maßnahmen gewährleistet werden muss.[529] In solchen Fällen ist eine reine faktische Beherrschung nicht ausreichend.[530] Unter institutionell abgesicherte

---

mehr gerechtfertigt, da ausschließlich darauf abgezielt werden muss, dass der Wille des Organträgers in der Organgesellschaft durchgesetzt wird. Zustimmend auch: Stadie, in: Rau/Dürrwächter, UStG, 2018, § 2 Anm. 894; Dodenhoff, UR 2014, S. 342; Küffner et al., MwStR 2013, S. 224; Schwerin/Ahrens, UR 2013, S. 484; Löbe, NWB 2012, S. 367; Forster/Trejo, UStB 2010, S. 23; Schütze/Winter, UR 2009, S. 403.

526 Vgl. BFH, Urteil vom 07.07.2011, V R 53/10, BStBl. II 2013, S. 218 unter II.3.a)bb); Abschn. 2.8 Abs. 9 S. 2 UStAE.

527 Vgl. Stadie, in: Rau/Dürrwächter, UStG, 2018, § 2 Anm. 894; Elster, in: UmsatzsteuerForum e.V. und BMF, 100 Jahre Umsatzsteuer in Deutschland, 2018, S. 879.

528 Vgl. BFH, Urteil vom 28.10.2010, V R 7/10, BStBl. II 2011, S. 391 unter II.2.; Abschn. 2.8. Abs. 9 S. 3 UStAE. Ferner: Slapio, in: UmsatzsteuerForum e.V. und BMF, 100 Jahre Umsatzsteuer in Deutschland, 2018, S. 451.

529 Vgl. BFH, Urteil vom 12.10.2016, XI R 30/14, BStBl. II 2017, S. 597 unter II.3.b)bb); Abschn. 2.8 Abs. 10 S. 1 und 2 UStAE. Ferner: Feldgen, BB 2016, S. 611.

530 Vgl. BFH, Urteil vom 12.10.2016, XI R 30/14, BStBl. II 2017, S. 597 unter II.3.b)bb). Hingegen hält Stadie, in: Rau/Dürrwächter, UStG, 2018, § 2 Anm. 895, eine bloße faktische Geschäftsführung unter dem Gesichtspunkt des Gesamtbildes der tatsächlichen Verhältnisse für ausreichend. Wird seiner Ansicht gefolgt, so ist eine derartige Beherrschung in „mannigfaltiger Form" denkbar. Demzufolge seien keine zusätzlichen institutionell abgesicherten Einwirkungsmaßnahmen erforderlich.

Einwirkungsmöglichkeiten fallen insbesondere Geschäftsführerordnungen[531], Konzernrichtlinien[532] sowie Anstellungsverträge[533].[534] Nur im Wege einer etwaigen Dokumentation ist der Organträger in der Lage, seine Weisungsbefugnis gegenüber Dritten zu belegen und den Geschäftsführer der Organgesellschaft bei Zuwiderhandlungen zur Rechenschaft zu ziehen bzw. bei Verstößen gegen seine Anordnungen haftbar zu machen.[535]

Ergänzend hierzu kann nunmehr aktienrechtlich definitiv[536] von einer organisatorischen Eingliederung ausgegangen werden, wenn im Falle einer Eingliederung, z. B. einer AG in das Unternehmen des Organträgers, ein Beherrschungsvertrag nach § 291 AktG abgeschlossen wird.[537] Eine verschärfende

---

531 Mündlich festgelegte Geschäftsführerordnungen sind nicht ausreichend, vgl. BFH, Urteil vom 05.12.2007, V R 26/06, BStBl. II 2008, S. 451 unter II.3.; Feldgen, BB 2016, S. 611.

532 Vgl. BFH, Urteil vom 05.12.2007, V R 26/06, BStBl. II 2008, S. 541. Neben konzerneinheitlichen Bilanzierungsvorschriften finden sich vor allem Leitlinien für die laufende Geschäftsführung. In derartigen Richtlinien ist die Art und Weise der Geschäftsführung festgelegt, an die die Geschäftsleitung der Organgesellschaft gebunden ist. Dazu: Schütze/Winter, UR 2009, S. 402.

533 Vgl. BFH, Urteil vom 12.10.2016, XI R 30/14, BStBl. II 2017, S. 597.

534 An dieser Stelle führt der BMF nun insbesondere auch den Anstellungsvertrag für die Verwirklichung der organisatorischen Eingliederung an, vgl. Abschn. 2.8 Abs. 10 S. 3 UStAE, geändert durch das BMF-Schreiben vom 26.05.2017, III C 2 – S 7105/15/10002, BStBl. II 2017, S. 790.

535 Vgl. BFH, Urteil vom 12.10.2016, IX R 30/14, BStBl. II 2017, S. 597 unter II.3.b)bb); BFH, Urteil vom 05.12.2007, V R 26/06, BStBl. II 2008, S. 451 unter II.3.; Abschn. 2.8 Abs. 10 S. 3 UStAE.

536 Mit der Entscheidung des BFH, Urteil vom 10.05.2017, V R 7/16, BStBl. II 2017, S. 1261 stellt der V. Senat erstmalig klar, dass ein Beherrschungsvertrag die organisatorische Eingliederung begründet.

537 Vgl. zuletzt: BFH, Urteil vom 10.05.2017, V R 7/16, BStBl. II 2017, S. 1261. In Abschn. 2.8 Abs. 10 S. 4 UStAE wurde bislang eine schwächere Formulierung „kann regelmäßig davon ausgegangen werden“ vom BMF verwendet. Mit dem BMF-Schreiben vom 26.05.2017, III C 2 – S 7105/15/10002, BStBl. I 2017, S. 790, erfolgt eine sprachliche Anpassung, wobei ein Beherrschungsvertrag ohne Zweifel von nun an eine organisatorische Eingliederung herstellt. Dazu kritisch: Sterzinger, in: Küffner et al., UStG, 2018, § 2 Rn. 500, der anführt, dass aus dem Beherrschungsvertrag lediglich Weisungsrechte resultieren, die wie bereits erwähnt nach Auffassung des V. Senats und der Finanzverwaltung für eine organisatorische Eingliederung nicht genügen sollen. Zu diesen Auffassungen vor allem: BFH, Urteil vom 02.12.2015, V R 15/14, BStBl. II 2017, S. 553 und Abschn. 2.8 Abs. 11 S. 1 UStAE. A. A. wohl: BFH, Urteil vom 12.10.2016, XI R 30/14, BStBl. II 2017, S. 597.

Wirkung ergibt sich aus dem Umstand, dass nach der jüngst ergangenen Rechtsprechung ein derartiger Vertrag erst zum Zeitpunkt der Handelsregistereintragung wirksam wird. Insoweit kommt einer solchen Eintragung eine konstitutive Wirkung zu.[538] Ebenso begründet eine aktienrechtliche Eingliederung der Organgesellschaft in das Organträgerunternehmen gemäß §§ 319 bis 327 AktG eine organisatorische Eingliederung.[539] In beiden Fällen ist der Organträger befähigt, dem Vorstand der Organgesellschaft Weisungen nach Maßgabe der §§ 308 bzw. 323 Abs. 1 AktG zu erteilen.[540]

Im Vergleich dazu sind nach bisheriger Finanzverwaltungsauffassung sog. Teilbeherrschungsverträge zwecks Herstellung einer organisatorischen Eingliederung grundsätzlich nicht zielführend.[541] Nach gegenwärtiger Ansicht der Finanzverwaltung ist jedoch ein genereller Ausschluss derartiger Verträge nicht mehr haltbar.[542] Entscheidend ist vielmehr, ob sich das Beherrschungsrecht des Organträgers auf die gesamte Unternehmenssphäre der Organgesellschaft erstreckt.[543] Ferner sind Beschränkungen des Beherrschungsrechts unbedeutend, sofern sie sich beispielhaft auf Verstöße gegen gesellschaftsrechtliche Treuepflichten beziehen.[544]

Insgesamt lässt sich festhalten, dass vielfältige Möglichkeiten bestehen, eine organisatorische Eingliederung der Organgesellschaft in das Unternehmen des Organträgers vorzunehmen. Es ist diesbezüglich entscheidungsrelevant, dass die Möglichkeit der Beherrschung der Organgesellschaft durch den Organträger in der laufenden Geschäftsführung tatsächlich aktiv durchgesetzt wird. Es muss zwingend sichergestellt sein, dass die Beziehung zwischen Organträger und Organgesellschaft unter Einbeziehung der zuvor genannten Maßnahmen so beschaffen ist, dass eine vom Willen des Organträgers abweichende Willensbildung der Organgesellschaft keineswegs stattfinden kann.

---

538 Vgl. bestätigt durch BFH, Urteil vom 10.05.2017, V R 7/16, BStBl. II 2017, S. 1261; FG Rheinland-Pfalz, Urteil vom 23.07.2015, 6 K 1352/14, EFG 2016, S. 844; Abschn. 2.8 Abs. 10 S. 7 UStAE. Dazu auch: Prätzler, jurisPR-SteuerR 37/2017 Anm. 6, 2017.

539 Vgl. Abschn. 2.8 Abs. 10 S. 4 UStAE. Ferner: Stadie, UStG, 2015, § 2 Rn. 298.

540 Vgl. Abschn. 2.8 Abs. 10 S. 4 UStAE.

541 Vgl. BMF, Schreiben vom 07.03.2013, IV D 2 – S 7105/11/10001, BStBl. I 2013, S. 333.

542 Mit dem BMF-Schreiben vom 05.05.2014, IV D 2 – S 7105/11/10001IV D 2 – S 7105/13/10003, BStBl. I 2014, S. 820, hat die Finanzverwaltung ihre Ansicht eingeschränkt. Ferner dazu auch: Haaf/Knoll, MwStR 2014, S. 430.

543 Vgl. Abschn. 2.8 Abs. 10 S. 5 UStAE. Dazu ebenso: Lippross, Umsatzsteuer, 2017, S. 439.

544 Vgl. Abschn. 2.8 Abs. 10 S. 6 UStAE; Schmidt, SteuerStud 2018, S. 274.

IV. Rechtsfolgen und -wirkungen

Der Beginn eines umsatzsteuerlichen Organschaftsverhältnisses wird zu dem Zeitpunkt erstmals begründet, zu dem die tatbestandlichen Voraussetzungen zwischen den Beteiligten gleichzeitig erfüllt sind.[545] Für die wirtschaftliche Eingliederung ist beispielhaft bereits ausreichend, dass bei der Organgesellschaft mit den Vorbereitungsverhandlungen hinsichtlich der Verflechtung der Wirtschaftstätigkeiten zwischen Organträger und Organgesellschaft begonnen wurde.[546] Darüber hinaus treten die Rechtsfolgen der Organschaft mit Erfüllung dieser Voraussetzungen kraft Gesetzes ein, unabhängig von der Kenntnisnahme der beteiligten Unternehmen.[547] Ein Wahlrecht über das Bestehen eines Organschaftsverhältnisses oder deren Rechtsfolgen ist damit nicht vorgesehen.[548] Infolgedessen ist sie nicht an bestimmte Mindestlaufzeiten, Fristen oder volle Kalenderjahre gebunden.[549] Die Organschaft im Umsatzsteuerrecht wird taggenau ermittelt.[550] Wenn die Tatbestandsvoraussetzungen erst während eines Besteuerungszeitraums begründet werden, bedeutet dies insbesondere, dass die Organschaft auch lediglich für diesen Teil des Besteuerungszeitraums existiert.[551] Mithin kann sich die Kenntnisnahme einer umsatzsteuerlichen Organschaft auch erstmalig aus einem Revisionsverfahren vor dem BFH ergeben.[552] Überdies gilt im umgekehrten Fall Vergleichbares, d. h. fällt eine der Voraussetzungen[553] weg, wird das umsatzsteuerliche Organschaftsverhältnis

545 Vgl. BFH, Urteil vom 09.03.1978, V R 90/74, BStBl. II 1978, S. 486.

546 Vgl. BFH, Urteil vom 17.01.2002, V R 37/00, BStBl. II 2002, S. 373 unter II.1.b); Abschn. 2.8 Abs. 1 S. 7 UStAE.

547 Vgl. BFH, Urteil vom 29.10.2008, XI R 74/07, BStBl. II 2009, S. 256; Abschn. 2.8 Abs. 4 UStAE.

548 A. A.: Stadie, UStG, 2015, § 2 Rn. 269 ff.

549 Vgl. Kirch, in: Fritsch et al., UStG, 2018, § 2 Rn. 158; Prätzler, BB 2018, S. 599.

550 Vgl. Radeisen, in: Schwarz et al., UStG, 2018, § 2 Rn. 246 und 248 ff. Für die Beurteilung, ob eine umsatzsteuerliche Organschaft vorliegt, ist allerdings nur der jeweilige Veranlagungszeitraum heranzuziehen. Deswegen ist unbedeutend, ob eine Organschaft bereits in den vorherigen Veranlagungszeiträumen vorlag, vgl. BFH, Beschluss vom 25.04.2002, V B 128/01, BFH/NV 2002, S. 1058.

551 Zum Eintritt der Tatbestandsvoraussetzungen innerhalb des Besteuerungszeitraums siehe insbesondere: Radeisen, in: Schwarz et al., UStG, 2018, § 2 Rn. 248.

552 Vgl. Wäger, in: Birkenfeld/Wäger, Das große Umsatzsteuer-Handbuch, 2018, Organschaft Rn. 16.

553 Zum Wegfall der finanziellen Eingliederung: BFH, Urteil vom 27.01.2011, V R 38/09, BStBl. II 2012, S. 68; zum Wegfall der wirtschaftlichen Eingliederung: BFH, Urteil

automatisch beendet.[554] Des Weiteren ist eine Rückwirkung der umsatzsteuerlichen Organschaft ausgeschlossen.[555] Insoweit jedoch sämtliche Tatbestandselemente erfüllt sind, werden die Unternehmensteile[556] in Gestalt des Organträgers und der Organgesellschaft(en) als ein einheitliches Unternehmen[557] angesehen (§ 2 Abs. 2 Nr. 2 S. 3 UStG). Dabei handelt es sich bei den Leistungen innerhalb des gesamten Organkreises um sog. nichtsteuerbare Innenumsätze, da sie den Bereich des Unternehmens nicht verlassen.[558] Dies hat zur Folge, dass auf der Seite des Leistenden keine Umsatzsteuer anfällt und auf der Empfängerseite keine Vorsteuerabzugsberechtigung besteht.[559] Der Eingliederungsprozess führt für die Organgesellschaft zum Verlust der Selbstständigkeit und damit einhergehend zum Wegfall der Unternehmereigenschaft im Sinne des § 2 Abs. 1 UStG.[560] Umsatzsteuerlich wird die Organgesellschaft – unter Vorbehalt des § 2 Abs. 2 Nr. 2 S. 2 bis 4 UStG – dementsprechend als unselbstständiger Unternehmensbestandteil des Organträgers angesehen.[561]

Lediglich der Organträger gilt weiterhin als umsatzsteuerlicher Unternehmer im Sinne des § 2 Abs. 1 S. 1 UStG. Folgerichtig sind daher sämtliche im Inland getätigten Umsätze zwischen Organgesellschaft und Dritten dem Organträger,

---

vom 07.07.2005, V R 78/03, BStBl. II 2005, S. 849; zum Wegfall der organisatorischen Eingliederung: BFH, Urteil vom 08.08.2013, V R 18/13, BStBl. II 2017, S. 543.

554 Ausführlich zur Beendigung der umsatzsteuerlichen Organschaft: Radeisen, in: Schwarz et al., UStG, 2018, § 2 Rn. 252 ff.

555 Vgl. Radeisen, in: Schwarz et al., UStG, 2018, § 2 Rn. 249. In diesem Zusammenhang liegt die umsatzsteuerliche Organschaft erst vor, wenn sämtliche Voraussetzungen tatsächlich erfüllt sind. Vororganschaftliche Umsätze einer durch Umwandlung begründeten späteren Organgesellschaft sind dem Organträger nicht zuzurechnen, vgl. Birkenfeld, in: Birkenfeld/Wäger, Das große Umsatzsteuer-Handbuch, 2018, § 44 Rn. 613.

556 Vgl. Abschn. 2.9 Abs. 3 Nr. 1 bis 5 UStAE.

557 Sofern die Voraussetzungen erfüllt sind, „verschmelzen" Organträger und Organgesellschaft zu einem Unternehmen, wodurch lediglich ein Steuerpflichtiger im Ergebnis bestehen bleibt. Zur nationalen Rechtsprechung z. B.: BFH, Urteil vom 14.03.2012, XI R 28/09, BFH/NV 2012, S. 1493 unter II.3.a)aa); zur europäischen Rechtsprechung: EuGH, Urteil vom 22.05.2008, C 162/07, ECLI:EU:C:2008:301, Rn. 19.

558 Steuerbare Umsätze setzen einen Leistungsaustauch zwischen zwei Beteiligten voraus, vgl. Scherf/Greil, StBp 2013b, S. 140.

559 Vgl. BFH, Urteil vom 10.11.2010, XI R 25/08, BFH/NV 2011, S. 839 und unter II.1.b) aa); Schumacher, Die Organschaft im Steuerrecht, 2016, S. 253.

560 Vgl. BFH, Urteil vom 10.11.2010, XI R 25/08, BFH/NV 2011, S. 839 unter II.1.b)bb); Küffner/Zugmaier, StC 2009, S. 36.

561 Vgl. Abschn. 2.7 Abs. 1 S. 2 UStAE.

unabhängig von dessen Willen, zuzurechnen.[562] Von der Organgesellschaft getätigte Umsätze oder von ihr bezogene Leistungen führen aufgrund der Zurechnung zum Organträger dazu, dass dieser sowohl die Umsatzsteuer aus Leistungen der Organgesellschaft schuldet, als auch die ausgewiesene Umsatzsteuer auf Eingangsrechnungen der Organgesellschaft als Vorsteuer abziehen kann.[563] Daraus resultiert, dass das übergeordnete Unternehmen Träger unternehmerischer Rechte und Pflichten ist, sodass dieses als Steuerschuldner im Sinne des § 13a Abs. 1 Nr. 1 UStG gegenüber der Finanzverwaltung anzusehen ist.[564]

Jedoch ist zu berücksichtigen, dass nach § 73 S. 1 AO die Organgesellschaft ihrerseits grundsätzlich für Umsatzsteuerbeträge des Organträgers haftet, die während des Organschaftsverhältnisses entstanden sind.[565] Weiterhin ist zu beachten, dass diese Haftung für die vor Beendigung der umsatzsteuerlichen Organschaft begründeten Forderungen[566] auch nach Beendigung des Organschaftsverhältnisses fortbestehen.[567] Für Steuerbeträge, die der Organträger nicht aufgrund des Organschaftsverhältnisses schuldet, kann die Orangesellschaft nicht zur Haftung herangezogen werden.[568] Des Weiteren muss der Organträger die verfahrensrechtlichen Pflichten des § 18 UStG erfüllen.[569] Im Zuge dessen hat er als einziger Unternehmer im Organkreis neben den eigenen getätigten Leistungen sämtliche von der Organgesellschaft gegenüber fremden Dritten durchgeführten Leistungen in seiner Umsatzsteuervoranmeldung und -jahreserklärung anzugeben, während die Organgesellschaft hingegen regelmäßig keine umsatzsteuerlichen Erklärungspflichten zu berücksichtigen hat.[570] Dadurch fällt

---

562 Vgl. BFH, Urteil vom 06.05.2010, V R 26/09, BStBl. II 2011, S. 1114 unter II.3.b)cc); BFH, Urteil vom 29.10.2008, XI R 74/07, BStBl. II 2009, S. 256. A. M.: Stadie, in: Rau/Dürrwächter, UStG, 2018, § 2 Anm. 941.

563 Vgl. Scherf/Greil, StBp 2013b, S. 140.

564 Vgl. Grune/Mönckedieck, UR 2012, S. 543.

565 Zielsetzung dieser Norm ist es zu vermeiden, dass durch Zahlungsschwierigkeiten des Organträgers eine Gefährdung des Steueranspruchs für derartige Steuern eintritt, welche die Organgesellschaft ohne Bildung einer umsatzsteuerlichen Organschaft zu begleichen hätte, vgl. Hartman, SteuerStud 2011, S. 402.

566 Vgl. FG Düsseldorf, Urteil vom 18.05.1978, XI 68/73 U, EFG 1978, S. 529.

567 Vgl. Scherf/Greil, StBp 2013b, S. 139 (in Fn. 53). Insgesamt zum Haftungsumfang der Organgesellschaft: z. B. FG Düsseldorf, Urteil vom 22.02.2018, 9 K 280/15 H(U), EFG 2018, S 721.

568 Vgl. Birkenfeld, in: Birkenfeld/Wäger, Das große Umsatzsteuer-Handbuch, 2018, § 44 Rn. 693.

569 Vgl. Scherf/Greil, StBp 2013b, S. 139.

570 Vgl. Scherf/Greil, StBp 2013b, S. 140.

ebenso eine Rechnungsstellung nach § 14 UStG mitsamt den umsatzsteuerlichen Anforderungen für interne Umsätze zwischen dem Organträger und der Organgesellschaft weg.[571]

Aus zivil- und ertragsteuerlicher Perspektive betrachtet, nimmt die eingegliederte Organgesellschaft als eigenständiges Rechtssubjekt weiterhin am Markt teil.[572] Dies bedeutet mithin, dass die Organgesellschaft gegenüber außenstehenden Dritten als eigenständige Unternehmerin[573] auftritt und zudem verpflichtet ist, ordnungsgemäße Rechnungen über ihre Leistungen im Sinne des § 14 Abs. 4 UStG selbst zu erstellen.[574] Ausschließlich für umsatzsteuerliche Zwecke wird die Selbstständigkeit der Organgesellschaft im Verhältnis zum Organträger aufgegeben.[575]

Für die in den Eingangsrechnungen der Organgesellschaft ausgewiesene Umsatzsteuer fällt jedoch der Vorsteuerabzugsanspruch[576] vollständig dem Organträger zu.[577] Vor diesem Hintergrund wird die Meinung[578] vertreten, dass die umsatzsteuerliche Organschaft nur im Innenverhältnis wirkt und sich jegliche Rechtsfolgen lediglich zwischen den Organkreisbeteiligten entfalten.

---

571 Vgl. BFH, Urteil vom 28.10.2010, V R 7/10, BStBl. II 2011, S. 391; Schumacher, Die Organschaft im Steuerrecht, 2016, S. 253. Bei diesen Rechnungen handelt es sich um sog. interne Abrechnungsbelege, die umsatzsteuerlich nicht relevant sind, vgl. Plikat, UStB 2012, S. 253.

572 Vgl. BFH, Beschluss vom 30.11.2011, VII B 99/11, BFH/NV 2012, S. 805; Suliga, EU-UStB 2011, S. 61.

573 Vgl. Stadie, in: Rau/Dürrwächter, UStG, 2018, § 2 Anm. 941.

574 Vgl. BMF, Schreiben vom 29.01.2004, IV B 7-S 7280-19/04, BStBl. I 2004, S. 258. Dabei kann die Organgesellschaft die Steuernummer oder die USt-IdNr. des Organträgers, jedoch ebenso die ihr nach § 27a Abs. 1 S. 3 UStG zugeteilte USt-IdNr. angeben. Demgegenüber gibt der Organträger in seinen Rechnungen seine Steuernummer oder seine USt-IdNr. an (§ 14 Abs. 4 Nr. 2 UStG). Für die Zusammenfassende Meldung nach § 18a UStG gilt jedoch die Organgesellschaft als Unternehmer (§ 18a Abs. 5 S. 4 UStG). In diesem Fall hat die Organgesellschaft eine eigene Meldung abzugeben.

575 Vgl. Stadie, in: Rau/Dürrwächter, UStG, 2018, § 2 Anm. 941.

576 Vgl. BFH, Urteil vom 29.01.2014, XI R 4/12, BFH/NV 2014, S. 992 unter II.1.

577 Vgl. BFH, Urteil vom 29.01.2014, XI R 4/12, BFH/NV 2014, S. 992 unter II.1.; BFH, Urteil vom 14.03.2012, XI R 28/09, BFH/NV 2012, S. 1493 unter II.3.a)aa); BFH, Urteil vom 10.11.2010, XI R 25/08, BFH/NV 2011, S. 839 unter II.1.b)aa); BFH, Urteil vom 03.04.2003, V R 63/01, BStBl. II 2004, S. 434 unter II.1.; BFH, Urteil vom 17.01.2002, V R 37/00, BStBl. II 2002, S. 373 unter II.2.b)aa). Für die Organgesellschaft besteht aufgrund ihrer Unselbstständigkeit keine Vorsteuerabzugsberechtigung, vgl. BFH, Urteil vom 10.11.2010, XI R 25/08, BFH/NV 2011, S. 839 unter II.1.b)aa).

578 Vgl. Stadie, in: Rau/Dürrwächter, UStG, 2018, § 2 Anm. 941.

Demgegenüber spricht sich der BFH ausdrücklich gegen eine bloße Innenverhältnisbetrachtung aus. Seiner Ansicht folgend wird für den Vorsteuerabzug des Organträgers auf die Außenumsätze, die der Organkreis gegenüber Dritten erbringt, abgestellt, sodass in diesem Fall die nichtsteuerbaren Innenumsätze an Bedeutung verlieren.[579] In diesem Sinne wirkt sich die umsatzsteuerliche Organschaft ebenso auf den gegenüber Dritten erbrachten und bezogenen Leistungsaustausch aus.[580] Weiterhin ist anzuführen, dass sich die Wirkung der umsatzsteuerlichen Organschaft ausschließlich auf die im Inland gelegenen Unternehmensteile beschränkt (sog. Inlandsbeschränkung[581]). Dies bedeutet im Umkehrschluss, dass die Wirkung in Form der nichtsteuerbaren Innenumsätze zwischen den im Inland und den im Ausland befindlichen Unternehmensteilen nicht eintritt.[582] Im Allgemeinen liegt eine derartige Beschränkung dem Bestimmungslandprinzip zugrunde, wonach bei grenzüberschreitenden Leistungsbeziehungen gewährleistet werden soll, dass die Umsatzsteuerbelastung in dem Land erfolgt, in dem die Leistung verbraucht wird.[583] Für die

579 In diesem Sinne ist zu beachten, sofern z. B. der Organträger ein Grundstück steuerfrei verkauft, jedoch die Organgesellschaft mit dem Erwerber einen Bauvertrag abschließt und dessen Bebauung ausführt, wirkt die Organschaft ebenso im Außenverhältnis, sodass eine einheitliche steuerpflichtige Leistung des Organträgers vorliegt, vgl. dazu: BFH, Urteil vom 06.05.2010, V R 26/09, BStBl. II 2011, S. 1114; BFH, Urteil vom 29.10.2008, XI R 74/07, BStBl. II 2009, S. 256. Zustimmend auch: Birkenfeld, in: Birkendfeld/Wäger, Das große Umsatzsteuer-Handbuch, 2018, § 44 Rn. 543. Abweichend hierzu: Lippross, Umsatzsteuer, 2017, S. 443; Stadie, in: Rau/Dürrwächter, UStG, 2018, § 2 Anm. 953 ff.

580 Vgl. BFH, Urteil vom 18.01.2005, V R 53/02, BStBl. II 2007, S. 730. Dazu umfassend: Wäger, in: Spindler et al., Steuerzentrierte Rechtsberatung, 2009, S. 1209 f.

581 Insgesamt zum Inlandsbegriff: § 1 Abs. 2 UStG.

582 Vgl. Birkenfeld, UR 2010, S. 199.

583 Vgl. Stadie, in: Rau/Dürrwächter, UStG, 2018, § 2 Anm. 1051 f., mit einem konstruktiven Beispiel: Erbringt eine ausländische Muttergesellschaft IT-Leistungen an ihre deutsche Tochtergesellschaft und wird eine grenzüberschreitende Organschaft angenommen, so würden nichtsteuerbare Innenumsätze vorliegen. Der ausländischen Muttergesellschaft wird folglich kein Vorsteuerabzug für die Eingangsleistungen im Zusammenhang mit den IT-Leistungen gewährt. Dies hat zur Folge, dass die Dienstleistungen in Deutschland, wo sie verbraucht werden, keiner Umsatzbesteuerung unterliegen. Hingegen erfolgt im Ausland, in dem die Dienstleistung nicht verbraucht wird, eine Belastung mit nichtabziehbaren Vorsteuern. Die räumliche Trennung der Organschaft führt jedoch zu dem Ergebnis, dass die ausländische Muttergesellschaft in Deutschland nach § 3a Abs. 2 S. 1 UStG steuerbare und steuerpflichtige Umsätze ausführt, sodass sie zum Vorsteuerabzug berechtigt ist. Die deutsche Tochtergesellschaft

Beurteilung, inwiefern derartige Unternehmensteile im Inland gelegen sind, ist entscheidungserheblich, ob der Organträger bzw. die Organgesellschaft im Inland ansässig ist oder ebendiese(r) eine inländische Betriebsstätte unterhält.[584] Mangels spezieller Umsatzsteuervorschriften zum Ansässigkeitsbegriff ist in erster Linie der Finanzverwaltungsauffassung zu folgen, dass sich die Belegenheit des Organträgers bzw. der Organgesellschaft nach dem Ort der Geschäftsleitung richtet und entsprechend § 10 AO zu beachten ist.[585] Des Weiteren gilt für Betriebsstätten[586] § 12 AO.[587]

Darüber hinaus ist zu berücksichtigen, dass die Organschaftsbeschränkung auf im Inland gelegene Unternehmensteile jedoch nicht den Grundsatz der Unternehmenseinheit[588] nach § 2 Abs. 1 S. 2 UStG beeinflusst.[589] Dies bedeutet, dass eine Leistung, die in der originären Vermögenssphäre desselben Unternehmens verbleibt, auch ohne Begründung einer umsatzsteuerlichen Organschaft nicht der Umsatzbesteuerung[590] unterliegt.[591] In der Regel

---

ist Steuerschuldnerin im Sinne des § 13b Abs. 1 in Verbindung mit Abs. 5 S. 1 UStG. Schließlich wird dadurch gewährleistet, dass die sonstigen Leistungen in dem EU-Mitgliedstaat besteuert werden, in dem diese auch tatsächlich verbraucht werden.

584 Vgl. Abschn. 2.9 Abs. 3 UStAE.

585 Die Geschäftsleitung definiert sich als Mittelpunkt der geschäftlichen Oberleitung (§ 10 AO). Allerdings ist darauf hinzuweisen, dass die Finanzverwaltung nach Absch. 2.9 Abs. 4 S. 1 UStAE auf die Ansässigkeit abstellt. Jedoch wird hier nicht beachtet, dass sich eine Ansässigkeit sowohl nach §§ 8, 9 und 11 AO als auch nach § 10 AO ergeben kann. Danach ist eine Ansässigkeit im In- und Ausland möglich. Deshalb ist auf den eindeutigen Gesetzeswortlaut „Ort der Geschäftsleitung" abzustellen, vgl. zutreffend dazu: Stadie, in: Rau/Dürrwächter, UStG, 2018, § 2 Anm. 1087.

586 Eine Betriebsstätte ist jede feste Geschäftseinrichtung oder Anlage, die der Tätigkeit eines Unternehmens dient (§ 12 AO; Abschn. 3a.1 Abs. 3 S. 1 UStAE). Eine Betriebsstätte liegt vor, wenn sie über einen ausreichenden Mindestbestand an Personal- und Sachmitteln verfügt, die für die Erbringung von Dienstleistungen notwendig sind (Abschn. 3a.1 Abs. 3 S. 2 UStAE). Zusätzlich muss die Betriebstätte einen hinreichenden Beständigkeitsgrad sowie eine Struktur aufweisen, die von der personellen und technischen Ausstattung her eine autonome Ausübung der Dienstleistungen gewährleistet (Abschn. 3a.1 Abs. 3 S. 3 UStAE).

587 Eine Betriebsstätte kann auch durch eine inländische Zweigniederlassung, vgl. Abschn. 2.9 Abs. 3 Nr. 3 und 5 UStAE, aber auch durch ein im Inland gelegenes und vermietetes Grundstück, begründet werden, vgl. Abschn. 2.9 Abs. 4 S. 2 UStAE.

588 Für eine Begriffsdefinition: Englisch, in: Tipke/Lang, Steuerrecht, 2018, § 17 Rn. 52.

589 Vgl. Abschn. 2.9 Abs. 2 und 8 UStAE.

590 Stadie, UStG, 2015, § 2 Rn. 339, spricht in diesem Zusammenhang von einem nichtsteuerbaren innerunternehmerischen Vorgang nach § 2 Abs. 1 S. 2 UStG.

591 Zwischen den Unternehmensteilen kann weder ein Leistungsaustausch stattfinden, noch kann die Überführung von Gegenständen aus einem Bereich in den anderen

ist dies der Fall, wenn Leistungen zwischen in- oder ausländischen Unternehmensteilen desselben Unternehmensträgers vollzogen werden. Lediglich grenzüberschreitende Warenbewegungen zwischen diesen besagten Unternehmensteilen gelangen durch den Tatbestand des innergemeinschaftlichen Verbringens nach §§ 1a Abs. 2, 3 und Abs. 1a UStG zur Steuerbarkeit.[592] In diesem Zusammenhang ist insbesondere darauf hinzuweisen, dass ausländische Betriebsstätten des inländischen Organträgers zu dessen Unternehmen gehören und ein etwaiger Leistungsaustausch zwischen Organträger und Betriebsstätte nicht besteuert wird.[593] Auch stellen Leistungsbewegungen zwischen ausländischen Betriebsstätten eines inländischen Organträgers und dessen inländischen Organkreismitgliedern nichtsteuerbare Innenumsätze dar.[594] Überdies gehören ausländische Organgesellschaften sowie deren im Ausland gelegene Betriebsstätten[595] nicht zum Unternehmen des Organträgers.[596] Stattdessen sind diese als selbstständige Unternehmer anzusehen.[597] Dies gilt gleichermaßen auch für ausländische Betriebsstätten inländischer Organgesellschaften.[598]

Allerdings ist mit Blick auf grenzüberschreitende Fallkonstellationen grundsätzlich zwischen den Voraussetzungen und Wirkungen der umsatzsteuerlichen Organschaft zu unterscheiden.[599] Insofern ist unbedeutend, dass Unternehmensteile über die Grenzen des Inlands hinaus ansässig sind.[600] Dementsprechend folgt daraus, dass die umsatzsteuerliche Organschaft hinsichtlich ihres

---

Bereich des Unternehmens zu einer unentgeltlichen Wertabgabe nach § 3 Abs. 1b Nr. 1 UStG und Abs. 9a Nr. 1 UStG führen, vgl. Englisch, in: Tipke/Lang, Steuerrecht, 2018, § 17 Rn. 52.

592 Vgl. auch dazu: Abschn. 2.9 Abs. 2 S. 2 UStAE; Schmidt, SteuerStud 2018, S. 275; Nieskens, BB 2015a, S. 1303; Suliga, EU-UStB 2011, S. 60.

593 Vgl. Abschn. 2.9 Abs. 6 S. 2 UStAE; Abschn. 2.9 Abs. 2 S. 2 UStAE.

594 Vgl. Abschn. 2.9 Abs. 6 S. 1 UStAE; Tüchelmann, UR 1989, S. 111 f.; Lippross, Umsatzsteuer, 2017, S. 449; Nieskens, BB 2015a, S. 1304; De Feo, UR 2017, S. 380. A. A.: Schmidt, SteuerStud 2018, S. 276; Birkenfeld, UR 2010, S. 205.

595 Kritisch zur Ungleichbehandlung zwischen ausländischer Betriebsstätte des Organträgers und der der Organgesellschaft: Orth, GmbHR 1996, S. 38.

596 Vgl. Abschn. 2.9 Abs. 6 S. 4 UStAE.

597 Vgl. Abschn. 2.9 Abs. 6 S. 5 und 6 UStAE; Abschn. 2.9 Abs. 9 S. 1 UStAE.

598 Vgl. Abschn. 2.9 Abs. 6 S. 7 und 8 UStAE; Abschn. 2.9 Abs. 8 S. 1 UStAE.

599 Vgl. so auch: Grune/Mönckedieck, UR 2012, S. 542.

600 Vgl. Tüchelmann, UR 1989, S. 111.

personenbezogenen Anwendungsbereichs nicht auf das Inland reduziert wird.[601] Dies gilt ebenso für den sachlichen Anwendungsbereich.[602] In diesem Sinne kann der Organträger auch im Ausland ansässig sein. Sofern ein ausländischer Organträger vorliegt, fingiert § 2 Abs. 2 Nr. 2 S. 4 UStG jedoch,[603] dass auf den wirtschaftlich bedeutendsten Unternehmensteil im Inland als Unternehmer abgestellt wird.[604] Damit wird der inländische Unternehmensteil im Sinne der Organgesellschaft trotz seiner rechtlichen Unselbstständigkeit auch Unternehmer nach § 2 Abs. 1 UStG.[605] An dieser Stelle gilt als wirtschaftlich bedeutendster Unternehmensteil die Gesellschaft, die den höchsten Umsatz erwirtschaftet.[606] Jedoch sind auch auf Antrag andere Bestimmungsmaßstäbe, wie beispielhaft der Gewinn oder die Anzahl der Arbeitnehmer, denkbar.[607] Insofern jedoch im Inland ausschließlich Betriebstätten vorliegen, gilt die wirtschaftlich bedeutendste Betriebsstätte ausnahmsweise als Unternehmerin im Sinne des § 2 Abs. 2 Nr. 2 S. 4 UStG, obwohl diese nach den allgemeinen Grundsätzen als unselbstständig erachtet wird.[608] Auch dieser daraus resultierende bedeutendste Unternehmensteil hat dann sämtliche steuerlichen Pflichten, die im Normalfall der Organträger tragen würde, zu erfüllen.[609]

V. Wirtschaftliche Bedeutung

1. Allgemeines

Bis zum Übergang auf das Nettoumsatzsteuersystem mit Vorsteuerabzug[610] konnten durch Bildung einer umsatzsteuerlichen Organschaft beträchtliche

601 Vgl. Klezath, DStZ 1989, S. 113; Sterzinger, in: Küffner et al., UStG, 2018, § 2 Rn. 611.

602 Vgl. Sterzinger, in: Küffner et al., UStG, 2018, § 2 Rn. 611.

603 Ziel dieser Fiktion ist, dass im Interesse der Finanzverwaltung die Steuerpflicht auf eine im Inland greifbare Gesellschaft verlagert wird, vgl. Stadie, UStG, 2015, § 2 Rn. 347.

604 Vgl. Abschn. 2.9 Abs. 7 S. 2 UStAE; Haase, BB 2009, S. 986.

605 Vgl. Abschn. 2.9 Abs. 7 S. 3 UStAE.

606 Vgl. Abschn. 2.9 Abs. 7 S. 4 UStAE; Müller, in: Weymüller, UStG, 2015, § 2 Rn. 383.

607 Vgl. Abschn. 2.9 Abs. 7 S. 4 UStAE; Müller, in: Weymüller, UStG, 2015, § 2 Rn. 383.1.

608 Bei Vorliegen mehrerer inländischer Betriebsstätten gilt die mit den höchsten Umsätzen als Unternehmer. Andere Maßstäbe sind auch im Betriebsstättenfall möglich, vgl. Abschn. 2.9 Abs. 7 S. 4 und 5 UStAE; Müller, in: Weymüller, UStG, 2015, § 2 Rn. 384. Kritisch dazu: Stadie, in: Rau/Dürrwächter, UStG, 2018, § 2 Anm. 1090.

609 Vgl. Müller, in: Weymüller, UStG, 2015, § 2 Rn. 385.

610 Dazu die vorangestellten Darlegungen in Kapitel B.III.2.

finanzielle Vorteile gegenüber einer Kette einstufiger Unternehmen erzielt werden.[611] Denn im System der kumulativen Allphasen-Bruttoumsatzsteuer fiel innerhalb eines Organkreises – insbesondere bei Bestehen mehrerer Wirtschaftsstufen – die Umsatzsteuer lediglich beim Verlassen des Organschaftsverhältnisses an.[612] Demgegenüber wurde die Umsatzsteuer bei einstufigen Unternehmen auf jeder einzelnen Wertschöpfungsstufe vom vollen Entgelt erhoben.[613] Dies hatte zur Folge, dass Rechtsträger ihre Unternehmensstrukturen beispielhaft in Form von Betriebssparten und ganzen Unternehmensteilen zusammenlegten, um Organschaften mit der Zielsetzung der Umsatzsteuereinsparung zu beleben.[614] Daher hatte eine umsatzsteuerliche Organschaft im Wesentlichen den Zweck Kaskadeneffekte kumulierender Umsatzsteuerbelastungen innerhalb der Produktionskette von Konzerngesellschaften zu vermeiden.[615] Mit der Geltung des Allphasen-Nettoumsatzsteuersystems kann über das Rechtsinstitut der umsatzsteuerlichen Organschaft aufgrund der Vorsteuerabzugsberechtigung in der Regel keine nennenswerte Steuerersparnis mehr erzielt werden.[616] Kumulativeffekte bei Konzernstrukturen sind seither jedenfalls bei einer vorsteuerabzugsberechtigten Unternehmerkette nicht mehr denkbar.[617]

Im System des Vorsteuerabzugs ist mithin unerheblich, ob eine Ware mehrere einstufige Unternehmen oder mehrere Stufen eines Organkreises durchläuft.[618] In beiden Fallkonstellationen ist die steuerliche Belastung gleich.[619] Diese muss

611 Vgl. Stöcker, in: Müller et al., Die Organschaft, 2017, Rn. 1151; Wäger, DB 2014, S. 915.

612 Vgl. Kirch, in: Fritsch et al., UStG, 2018, § 2 Rn. 104.

613 Vgl. Steppert, UR 1994, S. 344; Stöcker, in: Müller et al., Die Organschaft, 2017, Rn. 1151.

614 Vgl. Steppert, UR 1994, S. 344; Grune/Mönckedieck, UR 2012, S. 544; Leonard, DStR 2010, S. 721.

615 Vgl. List, UR 1969, S. 147; Lippross, Umsatzsteuer, 2017, S. 427; Plikat, UStB 2012, S. 254.

616 Vgl. Plikat, UStB 2012, S. 254.

617 Vgl. Kirch, in: Fritsch et al., UStG, 2018, § 2 Rn. 104.

618 Vgl. Steppert, UR 1994, S. 345; Stöcker, in: Müller et al., Die Organschaft, 2017, Rn. 1152.

619 Dass die Umsatzsteuerbelastung in beiden Fällen gleich ist, wird anhand des nachfolgenden Beispiels veranschaulicht. Für ein einstufiges Unternehmen gilt folgendes: Unternehmen B kauft Ware für 1.000 Euro (zzgl. USt). Nach Weiterverarbeitung der Ware wird dieses Produkt an das einstufige Unternehmen C zu einem Preis in Höhe von 1.600 Euro (zzgl. USt) weitergegeben. Unternehmer C verkauft dieses Produkt an den privaten Endkunden für 2.000 Euro (zzgl. USt). Vergleichbares gilt im Falle einer Organschaft: Organträger A kauft Ware in Höhe von 1.000 Euro (zzgl. USt) ein. Nach Weiterverarbeitung der Ware wird dieses Produkt an die Organgesellschaft

letztendlich nur der Endverbraucher tragen. Sie wird durch Anwendung eines einheitlichen Steuersatzes auf die Bemessungsrundlage, nämlich den Endverbrauchsnettopreis, determiniert.[620] Im Falle der umsatzsteuerlichen Organschaft wird die innerhalb des Organkreises fehlende Umsatzsteuerabfuhr bei Austritt aus dem Organschaftsverhältnis vollständig nachgeholt.[621] Einerseits wird durch eine solche Nachholwirkung die durch die umsatzsteuerliche Organschaft erzielte Ersparnis ausgeglichen und andererseits eine Beeinträchtigung des Mehrwertsteuersystems vermieden.[622] Vor diesem beschriebenen Hintergrund wird dem Organschaftsmodell im Umsatzsteuerrecht teilweise nur noch eine fortbestehende, aber verminderte wirtschaftliche Bedeutung zugewiesen bzw. es wird als sog. systemwidrige Ausnahmeregelung[623] im Umsatzsteuerrecht angesehen.[624]

Obwohl die Umsatzsteuerorganschaft mit dem Systemwechsel zur europäischen Mehrwertsteuer die ursprüngliche Intention der Senkung der effektiven Umsatzsteuerlast eingebüßt hat und dementsprechend der primäre steuerliche Gestaltungsvorteil der Organschaft sowie ihre wirtschaftspolitische Rechtfertigung[625] weitgehend entfallen sein sollen, ist die Bedeutung der umsatzsteuerlichen Organschaft gleichwohl ungebrochen. Denn diese kann auf vielfältige Art und Weise genutzt werden, um die umsatzsteuerliche Unternehmenssituation

---

B zu einem Verrechnungspreis in Höhe von 1.600 Euro (zzgl. USt) weitergegeben. Organgesellschaft B verkauft das Produkt – wie auch im Falle des einstufigen Unternehmens – an den privaten Endkunden für 2.000 Euro (zzgl. USt). Der Umstand, dass im Organschaftsfall keine Umsatzsteuer im Sinne der nichtsteuerbaren Innenumsätze anfällt, wird im Sachverhalt des einstufigen Unternehmens dadurch ausgeglichen, dass B die dem C in Rechnung gestellte Umsatzsteuer abzuführen hat und C diese als Vorsteuer abziehen kann.

620 Vgl. Stöcker, in: Müller et al., Die Organschaft, 2017, Rn. 1152.

621 Vgl. Stöcker, in: Müller et al., Die Organschaft, 2017, Rn. 1152; Plikat, UStB 2012, S. 254; Steppert, UR 1994, S. 345.

622 Vgl. Stöcker, in: Müller et al., Die Organschaft, 2017, Rn. 1152.

623 Vgl. BFH, Urteil vom 08.02.1979, V R 114/74, BStBl. II 1979, S. 358; Klezath, DStZ 1986, S. 114; ferner: Reiß, in: Reiß et al., UStG, 2018, § 2 Rn. 98.3.

624 Vgl. FG Rheinland-Pfalz, Urteil vom 12.03.1987, 3 K 246/86, EFG 1987, S. 430; Tischer, UR 1985, S. 77; Weiß, UR 1980, S. 51.

625 Vgl. Schriftlicher Bericht des Finanzausschusses zu BT-Drucks. V/1581, S. 11. So auch: Stadie, in: Rau/Dürrwächter, UStG, 2018, § 2 Anm. 819; Söhn, StuW 1976, S. 5 f.; Reiß, StuW 1979, S. 343; Reiß, UR 2016, S. 753; Hudasch/Höink, UVR 2016, S. 107; Rauch, UR 2017, S. 892; Weiß, UR 1980, S. 51; Weiß, UR 1979, S. 97; Steppert, UR 1994, S. 345; Treiber, in: Sölch/Ringleb, UStG, 2018, § 2 Rn. 142.

optimal zu gestalten.[626] Tatsächlich kann mit der Organschaftsregelung ein gravierender Steuervorteil für den Organkreis verbunden sein, insbesondere dann, wenn Gruppenmitglieder existent sind, deren Vorsteuerabzug entweder ausgeschlossen ist oder für die nur ein beschränktes Recht auf Vorsteuerabzug besteht.[627]

2. Wesentliche Vor- und Nachteile

a. Vorteile in Verbindung mit steuerfreien und teilweise steuerfreien Umsätzen

Bedeutende umsatzsteuerliche Vorzüge können sich in materieller Hinsicht[628] im Kontext mit steuerfreien Umsätzen – im Besonderen für Unternehmensgruppen aus dem Banken-, Versicherungs-, Krankenhaus- und Pflegesektor sowie für den Immobilienhandel – ergeben.[629] Dabei erweist sich die umsatzsteuerliche Organschaft, vor allem mit dem in den letzten Jahren wachsenden Steuersatz[630] als immer beliebteres Steuergestaltungs- und Optimierungsinstrument innerhalb solcher Wirtschaftssektoren.[631] Dies beruht darauf, dass nach § 15 Abs. 2 S. 1 Nr. 1 UStG der Vorsteuerabzug in erster Linie für Lieferungen und sonstige Leistungen, die der Unternehmer zur Ausführung steuerfreier Umsätze verwendet, verwehrt wird.[632] Dabei ist die Vorsteuer bzw. die durch ihre Nichtabziehbarkeit verbundene Einbuße auf den hinteren Wertschöpfungsstufen, bevor die Lieferung oder Leistung an den Endverbraucher erfolgt, am größten.[633]

Durch einen organschaftlichen Zusammenschluss mehrerer Lieferungs- und Leistungsstufen können die nichtabziehbaren Vorsteuern, vor allem bei personalintensiven Betrieben, drastisch reduziert werden. Insgesamt ist lediglich der auf einer früheren Lieferungs- und Leistungsstufe tätige Organträger von der

---

626 Vgl. Lippross, Umsatzsteuer, 2017, S. 427; Hüttemann, in: Schön/Osterloh-Konrad, Kernfragen des Unternehmenssteuerrechts, 2010, S. 130.

627 Vgl. Treiber, in: Sölch/Ringleb, UStG, 2018, § 2 Rn. 140.

628 Vgl. Prinz, in: Prinz/Witt, Steuerliche Organschaft, 2015, Rn. 1.63, der von einem sog. echten materiellen Steuervorteil spricht.

629 Ausführlich zu den Gestaltungsmöglichkeiten einer umsatzsteuerlichen Organschaft: Haase, INF 2002, S. 517; Slapio, DStR 2000, S. 1000 f.; Heintzen, DStR 1999, S. 1800; Leonard, DStR 2010, S. 721 ff.; Korn, Stbg 1996, S. 443.

630 Dazu insbesondere die Darlegungen in Kapitel B.III.

631 Vgl. Leonard, DStR 2010, S. 721.

632 Vgl. Prinz, in: Prinz/Witt, Steuerliche Organschaft, 2015, Rn. 1.63.

633 Vgl. Stöcker, in: Müller et al., Die Organschaft, 2017, Rn. 1154.

Versagung des Vorsteuerabzugs betroffen.[634] Die damit einhergehenden Wettbewerbsvorteile geben allerdings aus der damaligen Rechtsprechungsperspektive keinen Anlass zu verfassungs- und/oder unionsrechtlichen Bedenken.[635] Dies wird damit begründet, dass derartige Vorzüge lediglich einen beschränkten Kreis von Steuerpflichtigen betreffen und als Folge der vom Gesetzgeber für zweckmäßig angesehenen Regelung hinzunehmen ist.[636] Hingegen lässt sich aus der jüngst ergangenen Rechtsprechungslinie des BFH (zumindest der des V. Umsatzsteuersenats) entnehmen, dass die umsatzsteuerliche Organschaft nicht mehr als reines steuerliches Optimierungsinstrument genutzt werden soll.[637]

Abschließend wird die Vorteilhaftigkeit einer umsatzsteuerlichen Organschaft dargestellt: Unternehmer U_1 erbringt steuerpflichtige Dienstleistungen (Besteuerung mit dem Normalsteuersatz) für einen nach § 4 Nr. 14 Buchst. a UStG vollständig von der Umsatzsteuer befreiten Unternehmer U_2. Im Nichtorganschaftsfall sind die Dienstleistungen des U_1 an U_2 umsatzsteuerpflichtig. Folglich wird U_2 mit Umsatzsteuer belastet, die er aufgrund seiner steuerfreien Ausgangsumsätze nach § 15 Abs. 2 S. 1 Nr. 1 UStG nicht abziehen kann. Im Ergebnis führt die nichtabzugsfähige Umsatzsteuer für U_2 zu einer zusätzlichen Kostenbelastung in Höhe des Normalsteuersatzes. Wird allerdings eine umsatzsteuerliche Organschaft zwischen U_1 und U_2 begründet, liegen nichtsteuerbare Innenumsätze vor, sodass sich der wesentliche Vorteil im Vergleich zum Nichtorganschaftsfall in Höhe der ersparten Umsatzsteuer ergibt.

Vor diesem Hintergrund ist es für Unternehmen, die vollständig den Vorsteuerabzug nach § 15 Abs. 1 S. 1 Nr. 1 UStG in Anspruch nehmen können,

---

634 Vgl. Stöcker, in: Müller et al., Die Organschaft, 2017, Rn. 1154. Abweichend dazu: Tischer, UR 1985, S. 77, der darin einen Nachteil der umsatzsteuerlichen Organschaft im Zusammenhang mit der Versagung des Vorsteuerabzugs sieht.

635 Vgl. BFH, Urteil vom 19.10.1995, V R 71/93, BFH/NV 1996, S. 273 unter 4.; BFH, Urteil vom 03.04.2003, V R 63/01, BStBl. II 2004, S. 434 unter II.1.c)dd). Unbedenklich erscheint danach die Organschaft zweifelsfrei, sofern bei ein- und mehrstufigen Unternehmen mit ausschließlich steuerpflichtigen Umsätzen keine Unterschiede zwischen der umsatzsteuerlichen Belastung existieren. Kritisch dazu: Treiber, in: Sölch/Ringleb, UStG, 2018, § 2 Rn. 140 f.

636 Vgl. BFH, Urteil vom 19.10.1995, V R 71/93, BFH/NV 1996, S. 273 unter 4.; BFH, Beschluss vom 01.04.1998, V B 108/97, BFH/NV 1998, S. 1272 unter II.1.a); FG Baden-Württemberg, Urteil vom 10.05.1994, 1 K 262/89, EFG 1994, S. 1021; BFH, Urteil vom 03.04.2003, V R 63/01, BStBl. II 2004, S. 434 unter II.1.c)dd). A. A.: Fasold, BB 1967, S. 1205; Teichmann, StuW 1975, S. 189; Straub, UR 2009, S. 345 f.

637 So zumindest der V. Umsatzsteuersenat des BFH, Urteil vom 02.12.2015, V R 67/14, BStBl. II 2017, S. 560 unter II.3.b)cc)(2).

daher bedeutungslos, ob eine umsatzsteuerliche Organschaft gegründet wird oder nicht.[638] Denn insoweit bei zwischenunternehmerischen Umsätzen für den unternehmerischen Leistungsempfänger eine Vorsteuerabzugsberechtigung existiert, fällt weder bei einem Einheitsunternehmen für reine innerbetriebliche Vorgänge noch für Leistungen zwischen selbstständigen Unternehmen eine Umsatzsteuer(mehr-)belastung an. Angesichts der grundsätzlichen Neutralität bei solchen Fällen verliert die umsatzsteuerliche Organschaft ihre Gestaltungsattraktivität. Von der betriebswirtschaftlichen Betrachtungsweise ausgehend ist die umsatzsteuerliche Organschaft für Wirtschaftsunternehmen ohne Steuerbefreiung und Vorsteuerausschluss damit als überflüssig zu bezeichnen.[639]

Bei genauer Bewertung kann durch die Gründung einer umsatzsteuerlichen Organschaft in gewissen Fallkonstellationen jedoch einer wesentlichen Kostenbelastung aufgrund nichtabziehbarer Vorsteuern aus konzerninternen Leistungsbeziehungen entgegengewirkt werden. Insoweit ist eine echte Steuerersparnis auch im gegenwärtigen System des Vorsteuerabzugs im Zusammenhang mit einer umsatzsteuerlichen Organschaft durchaus möglich. Allerdings ist zu berücksichtigen, dass die Eingangsumsätze bei der Organgesellschaft nicht mehr zum Vorsteuerabzug berechtigen.[640] Daraus folgt, dass aus einer solchen Gestaltung nur dann eine Kostenersparnis bewirkt werden kann, soweit die Innenumsätze zwischen Organträger und Organgesellschaft im Nichtorganschaftsfall einen höheren umsatzsteuerlichen Betrag aufweisen als die Eingangsumsätze der Organgesellschaft. Bei höheren Eingangsumsätzen der Organgesellschaft wirkt sich eine derartige Gestaltung ansonsten umsatzsteuerlich als nachteilig aus.[641] Insgesamt kann jedoch nicht von einer materiellen Überflüssigkeit[642] ebendieses Rechtsgebildes gesprochen werden, solange nicht alle Unternehmer zum Vorsteuerabzug berechtigt sind.[643]

---

638 Vgl. Hummel, MwStR 2013, S. 295; Schiffers, GmbH-StB 1998, S. 357.

639 Vgl. Reiß, UR 2016, S. 753 und 762.

640 Vgl. List, UR 1969, S. 147; Kanduth-Kristen, SWK 2015, S. 1242.

641 Vgl. Hartman, Stbg 2016, S. 19; Hartman, NWB 2015, S. 1257.

642 So u. a.: Stadie, in: Rau/Dürrwächter, UStG, 2018, § 2 Anm. 819; Steppert, UR 1994, S. 343; Reiß, StuW 1979, S. 343 ff.; Reiß, UR 2016, S. 762; Söhn, StuW 1976, S. 1.

643 So tendenziell auch: Walcher/Sedlacek, ecolex 2015, S. 816; ebenfalls: Hummel, MwStR 2013, S. 295, der die Ansicht vertritt, dass die Zwecksetzung der umsatzsteuerlichen Organschaft gerade dann noch zutrifft, wenn die Unternehmer des Organkreises nicht zum vollständigen Vorsteuerabzug berechtigt sind. Zustimmend auch: Ismer/Reiß, in: UmsatzsteuerForum e.V. und BMF, 100 Jahre Umsatzsteuer in Deutschland, 2018, S. 434. A. A. vermutlich der BFH, der argumentiert, dass die

Folgerichtig wird daher die umsatzsteuerliche Organschaft auch weiterhin im UStG zugelassen.[644]

b. Vorteile im verfahrensrechtlich-technischen Bereich

Des Weiteren ist die umsatzsteuerliche Organschaft mit einem verringerten Organisationsaufwand und einer daraus resultierenden Kostenersparnis verbunden, da innerhalb des gesamten Organkreises die Berechnung und Verbuchung der Umsatzsteuer überflüssig wird.[645] Insbesondere bewirkt dies eine deutliche Reduzierung der Verwaltungskosten für Unternehmen und den deutschen Fiskus.[646] Auch werden Bewertungsprobleme bei Konzerninnenumsätzen vermieden.[647]

Vor diesem Hintergrund wird teilweise im wissenschaftlichen Schrifttum[648] der Standpunkt dahingehend vertreten, dass seit der Systemumstellung auf den Vorsteuerabzug ihr alleiniger Zweck in den Bürokratieerleichterungen liegt.[649]

---

umsatzsteuerliche Organschaft ausschließlich bei Steuerpflichtigen, die voll vorsteuerabzugsberechtigt sind, angewendet werden sollte. Denn nur in solchen Fällen wird dem Vereinfachungsgedanken der umsatzsteuerlichen Organschaft Rechnung getragen. Folglich könnte die neue Rechtsprechungstendenz des BFH das Ende der umsatzsteuerlichen Organschaft als Steueroptimierungsinstrument bedeuten, vgl. BFH, Urteil vom 02.12.2015, V R 67/14, BStBl. II 2017, S. 560 unter II.3.b)cc)(2). Gegen eine Organschaftsbeschränkung auf Unternehmer mit vollem Vorsteuerabzugsrecht: Wäger, UR 2016, S. 179.

644 Nach Grune/Mönckedieck, UR 2012, S. 549 ff., wird die umsatzsteuerliche Organschaft auch aufgrund der endgültigen „Haftung" des Organträgers als wesentlicher Beibehaltungsgrund im UStG angesehen.

645 Vgl. Schumacher, Die Organschaft im Steuerrecht, 2016, S. 253; List, UR 1969, S. 147. Kritisch dazu: Reiß, StuW 1979, S. 344; Steppert, UR 1994, S. 345, der anführt, dass solche Einsparungen nicht zuletzt durch die Datenverarbeitung von untergeordneter Relevanz sind, da Rechnungen bereits aus handelsrechtlichen Gründen erteilt werden müssen.

646 Vgl. Weber, USt direkt digital 2017, S. 12.

647 Vgl. Stellungnahmen der Bundessteuerberaterkammer, DStR 1985, S. 290; ferner: Hubert, StuB 2014, S. 724.

648 Vgl. Treiber, in: Prinz/Witt, Steuerliche Organschaft, 2015, Rn. 22.14; Stadie, in: Rau/Dürrwächter, UStG, 2018, § 2 Anm. 820; Müller, in: Weymüller, UStG, 2015, § 2 Rn. 182; Straub, UR 2009, S. 344; Schiffers, GmbH-StB 1998, S. 357.

649 Vgl. nach Müller, in: Weymüller, UStG, 2015, § 2 Rn. 182, resultiert die Verwaltungsvereinfachung aus der Zusammenführung mehrerer Unternehmen zu einem Unternehmen. Zustimmend auch: Heuermann, DB 2016, S. 609. Diese Sichtweise kritisierend: Stadie, in: Rau/Dürrwächter, UStG, 2018, § 2 Anm. 820 (in Fn. 3). Ein Teil des wissenschaftlichen Schrifttums vertritt jedoch die Auffassung, dass neben dem

Vor allem soll eine solche Verwaltungsvereinfachung darauf beruhen, dass für den betreffenden Organkreis lediglich eine Umsatzsteuervoranmeldung oder -jahreserklärung erstellt sowie übermittelt werden muss.[650] Ein etwaiger, in der Vergangenheit bestehender verringerter Vereinfachungseffekt, könnte jedoch mittlerweile durch den digitalen Fortschritt als überholt zu bezeichnen sein. In diesem Zusammenhang ist es durch die weitestgehend maschinelle Erstellung und Verarbeitung unbedeutend, ob für den umsatzsteuerlichen Organschaftsverbund zusammengefasste oder für sämtliche Beteiligte gesonderte Voranmeldungen sowie Jahreserklärungen eingereicht werden.[651] Darüber hinaus vertreten andere Teile der wissenschaftlichen Literatur[652] die Auffassung, dass weder bei den Wirtschaftsunternehmen noch bei den zuständigen Finanzverwaltungen ein administrativer Entlastungseffekt eintritt. Dies soll insbesondere deshalb schon gelten, weil hinsichtlich des noch nicht abschließend geklärten Anwendungsbereichs der umsatzsteuerlichen Organschaft – vor allem bei komplexen organschaftlich verbundenen Strukturen – erhebliche Unsicherheiten[653]

Motiv der Vermeidung unnötiger Verwaltungsarbeit keine eindeutigen Anhaltspunkte aus den Gesetzesmaterialien ableitbar sind, die auf einen Vereinfachungseffekt hinweisen, vgl. insbesondere: Rauch, UR 2017, S. 888; Lange, UR 2016, S. 299; Birkenfeld, UR 2014, S. 126.

650 Vgl. Prinz, in: Prinz/Witt, Steuerliche Organschaft, 2015, Rn. 1.62; Schumacher, Die Organschaft im Steuerrecht, 2016, S. 253.

651 Vgl. Feldgen, BB 2010, S. 286; Rauch, UR 2017, S. 889; Hartman, NWB 2015, S. 1257. Dagegen sind: Eggers/Korf, MwStR 2015, S. 718, die von einer erheblichen administrativen Mehrbelastung sprechen, sofern den betreffenden Unternehmen keine Möglichkeit zur Bildung einer umsatzsteuerlichen Organschaft zur Verfügung stehen würde. So auch: Winter, MwStR 2016, S. 333, der in der Begründung einer Organschaft ein beachtliches Einsparungspotenzial durch die Reduktion der Anzahl der Steuerpflichtigen sieht. Gleicher Auffassung: Heinrichshofen, UR 2015, S. 724; Müller, in: Weymüller, UStG, 2015, § 2 Rn. 182; Schumacher, Die Organschaft im Steuerrecht, 2016, S. 253; Elster, in: UmsatzsteuerForum e.V. und BMF, 100 Jahre Umsatzsteuer in Deutschland, 2018, S. 877.

652 Vgl. u. a.: Reiß, UR 2016, S. 762; Stadie, in: Rau/Dürrwächter, UStG, 2018, § 2 Anm. 820; Treiber, in: Prinz/Witt, Steuerliche Organschaft, 2015, Rn. 22.17; Steppert, UR 1994, S. 345.

653 Vgl. Steppert, UR 1994, S. 345, spricht von einer komplizierten Rechtsmaterie in Zusammenhang mit der Anwendung einer umsatzsteuerlichen Organschaft. So auch: Widmann, in: Herzig, Organschaft, 2003, S. 337.

für den Rechtsanwender bestehen.[654] Abschließend ist aus der nationalen Rechtsprechung[655] (zumindest der des V. Umsatzsteuersenats) zu entnehmen, dass die umsatzsteuerliche Organschaft überwiegend der Verwaltungsvereinfachung dienen soll. Auch aus Sicht der Wirtschaftsverbände kann eine umsatzsteuerliche Organschaft zur Vermeidung unnötiger Verwaltungsarbeit mit verbundenen Effizienzgewinnen und Kostenersparnissen führen.[656] Jüngst hat allerdings der XI. Umsatzsteuersenat des BFH eine solche Sichtweise teilweise abgelehnt.[657]

c. Nachteile

In Anbetracht dessen, dass der Organkreis als ein Unternehmen gilt, werden daher sämtliche Umsätze bzw. Besteuerungsmerkmale des Organträgers und der Organgesellschaft zusammengerechnet, was zur Überschreitung bestimmter Höchstgrenzen (beispielhaft §§ 18 Abs. 2, 19 oder 20 UStG) führen kann.[658] Ein finanzieller Nachteil kann sich im Organschaftsfall beispielhaft dann ergeben, wenn die Gesamtumsätze der Organkreismitglieder addiert werden und daraufhin ein Unternehmen, das die Umsatzsteuer im Nichtorganschaftsfall nach vereinnahmten Entgelten besteuern kann, die Höchstgrenze von 500.000 Euro übersteigt und ihm deswegen die Inanspruchnahme des § 20 S. 1 Nr. 1 UStG versagt wird.

Durch den Verbund mehrerer Unternehmen in einen Organkreis kann ein weiterer Nachteil in dem potenziellen Verlust der Optionsmöglichkeit nach § 9 UStG gesehen werden.[659] Gegenüber dem Nichtorganschaftsfall besteht das Risiko im Organschaftsfall, dass der Vorsteuerabzug gemäß § 15 Abs. 2 Nr. 1 UStG über den Verzicht auf Steuerfreiheit ausgeschlossen wird, da der Umsatz nicht mehr an einen anderen Unternehmer erbracht wird, wie es jedoch § 9 Abs. 1 UStG fordert. Denn im Organschaftsfall stellt der Organträger innerhalb

---

654 Vgl. Reiß, UR 2016, S. 762; Stadie, in: Rau/Dürrwächter, UStG, 2018, § 2 Anm. 820; Treiber, in: Prinz/Witt, Steuerliche Organschaft, 2015, Rn. 22.17; Steppert, UR 1994, S. 345.

655 Vgl. BFH, Urteil vom 02.12.2015, V R 25/13, BStBl. II 2017, S. 547 unter II.1.a); BFH, Urteil vom 02.12.2015, V R 15/14, BStBl. II 2017, S. 553 unter II.1.a)aa); BFH, Urteil vom 02.12.2015, V R 67/14, BStBl. II 2017, S. 560 unter II.3.b)cc)(2).

656 Vgl. Spitzenverbände der gewerblichen Wirtschaft, Stellungnahme zur umsatzsteuerlichen Organschaft, 2016, S. 2.

657 Vgl. daran zweifelnd: BFH, Urteil vom 19.01.2016, XI R 38/12, BStBl. II 2017, S. 567 unter II.4.e)dd).

658 Vgl. Steppert, UR 1994, S. 345; Hartman, Stbg 2016, S. 19.

659 Vgl. Stöcker, in: Müller et al., Die Organschaft, 2017, Rn. 1175.

der organschaftlichen Vereinigung den einzigen Unternehmer dar.[660] Mit Blick darauf, dass die Innenleistungen umsatzsteuerlich irrelevant sind, kann sich die umsatzsteuerliche Organschaft durchaus zum Nachteil umkehren.

Insgesamt resultiert jedoch der größte Nachteil der umsatzsteuerlichen Organschaft aus der endgültigen Inanspruchnahme des Organträgers als Steuerschuldner für die von einer zahlungsunfähigen Organgesellschaft verursachten Umsatzsteuer.[661] Die Organgesellschaft haftet nach Maßgabe des § 73 S. 1 AO zunächst subsidiär für die Umsatzsteuerbeträge des Organträgers, die während des Organschaftsverhältnisses entstanden sind.[662] Insofern der Haftungsumfang nicht auf solche Umsätze beschränkt wird, die ohne die Organschaft auf die Organgesellschaften entfallen würden, kann sich dies als nachteilig erweisen.[663] Die bis zur Eröffnung eines Insolvenzverfahrens über das Organgesellschaftsvermögen ausgelöste Umsatzsteuer wird weiterhin vom Organträger geschuldet, da nur dieser als Unternehmer sichtbar ist und somit sämtliche Umsatzsteuerschulden des Organkreises schuldet.[664]

Eine weitere Benachteiligung kann sich im Zusammenhang mit der Verlagerung der Steuerschuld und des Vorsteuerabzugsrechts auf den Organträger ergeben.[665] Denn daraus resultiert die Notwendigkeit einer zivilrechtlichen Ausgleichsverpflichtung zwischen den Organkreisbeteiligten.[666] Allerdings sind die Anspruchsgrundlagen teilweise umstritten.[667] Ein zivilrechtlicher Rückgriffsanspruch des Organträgers gegenüber der Organgesellschaft ist vom Bundesgerichtshof (BGH) zutreffend aus §§ 426[668], 421 des Bürgerlichen Gesetzbuches

---

660 Vgl. Grune/Mönckedieck, UR 2012, S. 549; List, UR 1969, S. 147.

661 Vgl. Stadie, in: Rau/Dürrwächter, UStG, 2018, § 2 Anm. 993 ff.

662 Dies gilt allerdings nicht für steuerliche Nebenleistungen im Sinne von Zinsen, vgl. BFH, Urteil vom 05.10.2004, VII R 76/03, BStBl. II 2006, S. 3.

663 Vgl. Stöcker, in: Müller et al., Die Organschaft, 2017, Rn. 1178.

664 Vgl. Stöcker, in: Müller et al., Die Organschaft, 2017, Rn. 1179; Grune/Mönckedieck, UR 2012, S. 549.

665 Vgl. Kirch, in: Fritsch et al., UStG, 2018, § 2 Rn. 105; Rauch, UR 2017, S. 889.

666 Vgl. Stadie, in: Rau/Dürrwächter, UStG, 2018, § 2 Anm. 993; Wäger, DB 2014, S. 918, das deutsche Steuerrecht enthält für den zwischen Organträger und Organgesellschaft notwendigen Ausgleich keine Vorschriften.

667 Vgl. Reiß, StuW 1979, S. 345; Hartman, Die Vereinbarkeit der umsatzsteuerrechtlichen Organschaft mit dem Europäischen Unionsrecht, 2013, S. 60 ff.; Hoff, Die Anwendung der Umsatzsteuerorganschaft im nationalen Recht, 2016, S. 234 ff.; Stadie, in: Rau/Dürrwächter, UStG, 2018, § 2 Anm. 993 f.

668 Jüngst zum Innenausgleich bei einer umsatzsteuerlichen Organschaft: BFH, Beschluss vom 20.02.2018, XI B 129/17, BFH/NV 2018, S. 641.

(BGB) hergeleitet worden.[669] Mit Blick auf potenzielle Vorsteuervergütungen der Organgesellschaft könnte ggf. ein Bereicherungsanspruch nach § 812 BGB[670] oder eine entsprechende Anwendung des § 430 BGB[671] infrage kommen.[672]

Abschließend können beträchtliche negative finanzielle Konsequenzen bei der Rückabwicklung einer irrtümlich angenommenen Organschaft[673] eintreten, da die Umsätze nicht oder nicht vom zutreffenden Unternehmer versteuert worden sind.[674] Auch wenn eine Vielzahl dieser Rechnungen sowie Steuererklärungen berichtigt werden kann, verbleibt insgesamt ein enormer Zinsnachteil nach § 233a AO sowie ein erhöhter Arbeitsaufwand. Dazu korrespondierend besteht im Besonderen bei Insolvenzen im Organschaftsverbund das Risiko beachtlicher Steuerausfälle.[675]

VI. Zusammenfassende Würdigung

Dem Rechtsinstitut der umsatzsteuerlichen Organschaft lediglich eine Bedeutung im verfahrensrechtlichen Bereich beizumessen, griffe bei einer umfassenden gegenwärtigen Beurteilung deutlich zu kurz. In Anbetracht der mittlerweile

---

669 Vgl. BGH, Urteil vom 22.10.1992, IX ZR 244/91, NJW 1993, S. 585, Organträger (Steuerschuldner) und Organgesellschaft (Haftungsschuldner) sind nach BGH-Rechtsprechung als Gesamtschuldner im Sinne des § 421 BGB einzustufen. Dem Organträger als Steuerschuldner für die Umsätze des gesamten Organkreises steht nach § 426 BGB ein zivilrechtlicher Ausgleichsanspruch zu. Daher existiert ein Anspruch gegen die Organgesellschaft auf Zahlung der Umsatzsteuer, die auf ihre Umsatzaktivitäten entfällt. Zustimmend auch: Hoff, Die Anwendung der Umsatzsteuerorganschaft im nationalen Recht, 2016, S. 241; Stadie, in: Rau/Dürrwächter, UStG, 2018, § 2 Anm. 993; Reiß, in: Reiß et al., UStG, 2018, § 2 Rn. 104.6; Wäger, DB 2014, S. 918; ferner: Lippross, Umsatzsteuer, 2017, S. 444.

670 Vgl. Fröschl, HFR 2002, S. 1120; Grune/Mönckedieck, UR 2012, S. 549.

671 Vgl. Stadie, in: Rau/Dürrwächter, UStG, 2018, § 2 Anm. 994; Reiß, in: Reiß et al., UStG, 2018, § 2 Rn. 104.6.

672 Vgl. zur Gegenansicht: Hoff, Die Anwendung der Umsatzsteuerorganschaft im nationalen Recht, 2016, S. 240.

673 In diesem Zusammenhang lagen die tatbestandlichen Voraussetzungen einer umsatzsteuerlichen Organschaft nicht vor. Jedoch sind die Organkreismitglieder von dem Vorliegen und den Rechtsfolgen der Organschaft fälschlicherweise ausgegangen. Insgesamt zu einer irrtürmlich gelebten umsatzsteuerlichen Organschaft: vgl. Treiber, in: Sölch/Ringleb, UStG, 2018, § 2 Rn. 295 bis 299.

674 Vgl. Klink/Wüllrich, BB 2014, S. 1758.

675 Vgl. Rauch, UR 2017, S. 889; Radeisen, Stbg 2018, S. 7; Grune/Mönckedieck, UR 2012, S. 550.

zahlreichen Rechtsprechungsentscheidungen zu der Zentralvorschrift des § 2 Abs. 2 Nr. 2 UStG und der weiterhin fortbestehenden erheblichen Rechtsunklarheiten im Hinblick auf deren Anwendungsbereich bestehen berechtigte Zweifel, ob das Gebilde der umsatzsteuerlichen Organschaft wirklich noch in einer Verfahrensvereinfachung mündet. Denn anscheinend hat die umsatzsteuerliche Organschaft ihren ursprünglichen Zweck längst verloren. Die vermehrten gerichtlichen Streitfragen belegen umso mehr, dass sich die umsatzsteuerliche Organschaft vielmehr zu einem verfahrensrechtlich belastenden Rechtsgebilde entwickelt hat.[676] Weder bei den Unternehmen noch bei der Finanzverwaltung führt die umsatzsteuerliche Organschaft zu den erhofften administrativen Erleichterungen. Darüber hinaus ist deutlich zu erkennen, dass die Organschaft gegenwärtig ausschließlich als Gestaltungs-[677] und Optimierungsmittel[678] dient. Mithin steht der bedeutende Nachteil der Inanspruchnahme des Organträgers als Steuerschuldner für sämtliche bei der Organgesellschaft anfallenden Umsatzsteuerbeiträge der vermeintlichen Vorteilhaftigkeit der umsatzsteuerlichen Organschaft entgegen. Besonders in Zeiten wirtschaftlicher Unternehmensschieflagen hat der Organträger für die Umsatzsteuer des Organschaftsverbundes einzustehen.[679]

Aus diesem Blickwinkel kann zu Recht die Frage[680] aufgeworfen werden, ob anstatt einer gesetzlichen Beibehaltung der umsatzsteuerlichen Organschaft sich der deutsche Gesetzgeber nicht dazu entschließen sollte, den § 2 Abs. 2 Nr. 2 UStG ersatzlos zu streichen. Denn eine Abschaffung der umsatzsteuerlichen Organschaft wäre unionsrechtlich durchaus geboten, da es dem betreffenden

676 Vgl. so im Ergebnis auch: Wäger, UR 2016, S. 173; Treiber, in: Prinz/Witt, Steuerliche Organschaft, 2015, Rn. 22.17; Rauch, UR 2017, S. 889.

677 Vgl. Treiber, in: Sölch/Ringleb, UStG, 2018, § 2 Rn. 144, denn die Unternehmer können durch die gezielte Ausgestaltung des Sachverhalts, insbesondere auf dem Gebiet der organisatorischen Eingliederung, die Rechtsfolgen einer umsatzsteuerlichen Organschaft bewusst herbeiführen oder vermeiden. Zustimmend auch: Rauch, UR 2017, S. 888; Wäger, DB 2014, S. 915; Meurer, StBW 2015, S. 624.

678 Insbesondere Unternehmen, die nicht zum Vorsteuerabzug berechtigt sind, können durch die Einbindung einer umsatzsteuerlichen Organschaft umsatzsteuerliche Definitivbelastungen umgehen.

679 Vgl. Korn, Stbg 1996, S. 443 f.

680 Beispielhaft: Hartman, Die Vereinbarkeit der umsatzsteuerrechtlichen Organschaft mit dem Europäischen Unionsrecht, 2013, S. 232 ff., der sich eingehend mit der Frage der ersatzlosen Streichung der umsatzsteuerlichen Organschaft befasst. Hoff, Die Anwendung der Umsatzsteuerorganschaft im nationalen Recht, 2016, S. 304, spricht sich ebenfalls für eine Abschaffung des § 2 Abs. 2 Nr. 2 UStG aus dem Gesetz aus.

nationalen Gesetzgeber unter Bezugnahme der unionsrechtlichen Vorgaben freisteht, ob er eine Organschaftsregelung in das nationale Umsatzsteuerrecht einführt oder nicht.[681] Kritiker, die bereits in der Vergangenheit eine Abschaffung der umsatzsteuerlichen Organschaft forderten, konnten sich bisher gegenüber der Praxis nicht durchsetzen.[682] Vor allem im Zusammenhang mit unechten Steuerbefreiungen kann die umsatzsteuerliche Organschaft derzeit immens genutzt werden, um umsatzsteuerlichen Definitivbelastungen zu entgehen.[683]

Darüber hinaus werden die nachstehenden Ausführungen verdeutlichen, dass die Möglichkeit der Einführung einer Mehrwertsteuergruppe in den übrigen EU-Mitgliedstaaten rege in Anspruch genommen wird.[684] Denn zum gegenwärtigen Zeitpunkt haben etwa 64 Prozent[685] der EU-Mitgliedstaaten von der Etablierung einer Mehrwertsteuergruppe Gebrauch gemacht. Des Weiteren wird sich zeigen, dass eine derartige Gruppenbildung kein reines europäisches Phänomen darstellt, sondern sich entsprechende Regelungen auch in Nicht-Mitgliedstaaten wiederfinden lassen. Das durchaus weitverbreitete Phänomen der Mehrwertsteuergruppe sowohl innerhalb der EU als auch in ihren anliegenden Nachbarstaaten ist bereits ein wesentliches Indiz dafür, dass dieser Möglichkeit, insbesondere von den westlichen Staaten, ein hoher Stellenwert eingeräumt wird. Aufgrund einer solchen Tendenz darf die Prognose gewagt werden, dass sich entsprechende Regelungen in absehbarer Zeit zumindest in den europäischen Gesetzgebungen wiederfinden lassen werden.[686] Daher erscheint eine ersatzlose Streichung der deutschen Organschaftsregelung aus betriebswirtschaftlichen

---

681 Zur Möglichkeit der Einführung einer umsatzsteuerlichen Organschaft in nationales Recht: Kapitel D.I.3.

682 Für eine Abschaffung plädieren u. a.: Stadie, in: Rau/Dürrwächter, UStG, 2018, § 2 Anm. 820; Sterzinger, UR 2016, S. 329; Hartman, NWB 2015, S. 1257; Reiß, StuW 1979, S. 343; Steppert, UR 1994, S. 343. Tendenziell auch: Reiß, UR 2016, S. 752; Ismer/Reiß, in: UmsatzsteuerForum e.V. und BMF, 100 Jahre Umsatzsteuer in Deutschland, 2018, S. 436.

683 Dazu die vorangestellten Darlegungen in Kapitel C.V.2.a. Darüber hinaus: Steppert, UR 1994, S. 343; Slapio, DStR 2000, S. 999; Haase, INF 2002, S. 517; Feldgen, BB 2010, S. 285; Meurer, StBW 2015, S. 624; Heintzen, DStR 1999, S. 1800.

684 Vgl. Slapio, in: UmsatzsteuerForum e.V. und BMF, 100 Jahre Umsatzsteuer in Deutschland, 2018, S. 444 f.

685 Bereits 18 von 28 EU-Mitgliedstaaten haben Vorschriften zu einer sog. VAT grouping in ihre innerstaatliche Gesetzgebung eingeführt, vgl. Annacondia, EU VAT Compass 2017/2018, 2017, S. 589 ff.

686 Auch in Italien, Malta und Luxemburg wird es zukünftig eine Mehrwertsteuergruppe geben. Umfassend dazu die nachfolgenden Darlegungen in Kapitel D.I.3.

Gesichtspunkten keineswegs sinnvoll,[687] da mit einer möglichen isolierten Abschaffung übermäßige Wettbewerbsbeeinträchtigungen für den Wirtschaftsstandort Deutschland verbunden wären.[688] Daher versteht sich die vorliegende Dissertationsschrift als Plädoyer für die Aufrechterhaltung bzw. mögliche unionsrechtliche Weiterentwicklung der umsatzsteuerlichen Organschaft nach § 2 Abs. 2 Nr. 2 UStG.[689] Sofern aus den gewonnenen Analyseergebnissen ein potenzieller Anpassungsbedarf der deutschen Organschaftsregelung resultiert, müssen sich etwaige Lösungshinweise am Normzweck des § 2 Abs. 2 Nr. 2 UStG messen lassen. Trotz eines heterogenen Meinungsbildes in der nationalen Rechtsprechung sowie im wissenschaftlichen Schrifttum wird als Beurteilungsmaßstab der Normzweck der Verwaltungsvereinfachung angenommen. Im Ergebnis werden ausschließlich dem Normzweck fördernde Lösungshinweise diskutiert.

687 Aus diesem Grunde wird die Möglichkeit einer Abschaffung des umsatzsteuerlichen Organschaftskonzepts nicht in der vorliegenden Dissertationsschrift diskutiert.

688 Ebenso: Ismer/Reiß, in: UmsatzsteuerForum e.V. und BMF, 100 Jahre Umsatzsteuer in Deutschland, 2018, S. 429 ff., 434 und 436; Reiß, UR 2016, S. 756, die in der einseitigen Abschaffung durch die Bundesrepublik Deutschland eine erhebliche Schlechterstellung deutscher Unternehmer mit überwiegend steuerbefreiten Umsätzen gegenüber den übrigen EU-Mitgliedstaaten sehen. Dem zustimmend auch: Walcher/Sedlacek, ecolex 2015, S. 816. Auch die in der wissenschaftlichen Literatur diskutierten Alternativansätze zur umsatzsteuerlichen Organschaft haben aus dem Grunde keine Umsetzungsperspektive. Für die Alternativvorschläge siehe: Sterzinger, UR 2016, S. 329; Radeisen, Stbg 2016, S. 7; Röhrbein/Schneider, UVR 2016, S. 138; Reiß, StuW 1979, S. 343.

689 Vgl. Heinrichshofen, UR 2015, S. 724, der sich ebenso für die unbedingte Beibehaltung des Rechtsinstituts der umsatzsteuerlichen Organschaft ausspricht. Wohl auch: Elster, in: UmsatzsteuerForum e.V. und BMF, 100 Jahre Umsatzsteuer in Deutschland, 2018, S. 894.

D. Anwendungsbereich der umsatzsteuerlichen Organschaft und seine Vereinbarkeit mit dem Unionsrecht

I. Rechtliche Grundlagen und internationale Einführung einer Mehrwertsteuergruppe nach Art. 11 MwStSystRL

1. Historische Rechtsentwicklung

Erstmalig wurde die Vorschrift zur unionsrechtlichen Mehrwertsteuergruppe[690] im Jahre 1967 in Anhang A Nr. 2 Abs. 4 S. 2 der zweiten Richtlinie[691] gesetzlich normiert.[692] Demzufolge gewährte die Begrifflichkeit der Selbstständigkeit[693] gemäß Art. 4 der zweiten Richtlinie den jeweiligen EU-Mitgliedstaaten, Personen, die zwar rechtlich unabhängig, aber durch finanzielle, wirtschaftliche und organisatorische Beziehungen untereinander verbunden sind, nicht getrennt als mehrere Steuerpflichtige, sondern zusammen als einen Steuerpflichtigen zu behandeln.[694] Beweggrund für die Aufnahme einer derartigen

690 Vgl. EU-Kommission, UR 2009, S. 632, spricht von einer sog. Mehrwertsteuergruppe. Allerdings ist die Mitteilung der EU-Kommission nicht verbindlich. Die Begrifflichkeit der Mehrwertsteuergruppe wird in der Richtlinie zwar nicht gesetzlich geregelt. Sie wird jedoch für die Bezeichnung des Steuerpflichtigen verwendet. Dazu: EuGH, Urteil vom 09.04.2013, C 85/11, ECLI:EU:C:2013:217, Rn. 21. Ferner auch: Swinkels, IVM 2010, S. 36 ff.

691 Vgl. zweite Richtlinie 67/228/EWG des Rates vom 11.04.1967 zur Harmonisierung der Rechtsvorschriften der Mitgliedstaaten über die Umsatzsteuer – Struktur und Anwendungsmodalitäten des gemeinsamen Mehrwertsteuersystems, ABl. EG 1967 Nr. 71, S. 1308.

692 Zur Entstehungsgeschichte: GA Jääskinen, Schlussanträge vom 27.11.2012, C 85/11, ECLI:EU:C:2012:753, Rn. 29 ff.

693 Der Selbstständigkeitsbegriff geht auf die seit 1934 in § 2 Abs. 2 Nr. 2 UStG enthaltenen, vom RFH übernommene Formulierung, zurück. Dazu: Stadie, in: Rau/Dürrwächter, UStG, 2018, § 2 Anm. 780 f. und 788.

694 Vgl. zweite Richtlinie 67/228/EWG des Rates vom 11.04.1967 zur Harmonisierung der Rechtsvorschriften der Mitgliedstaaten über die Umsatzsteuern – Struktur und Anwendungsmodalitäten des gemeinsamen Mehrwertsteuersystems, ABl. EG 1967 Nr. 71, S. 1308. Darüber hinaus galt als Steuerpflichtiger, „wer regelmäßig mit oder ohne Absicht, Gewinn zu erzielen, selbstständig Leistungen erbringt, die zu den Tätigkeiten eines Erzeugers, Händlers oder Dienstleistungen gehören", vgl. zweite Richtlinie 67/228/EWG des Rates vom 11.04.1967 zur Harmonisierung der Rechtsvorschriften

Mehrwertsteuergruppenvorschrift in die zweite Richtlinie war die Tatsache, dass die damaligen EWG-Mitgliedstaaten[695] Deutschland und die Niederlande das Rechtsgebilde der umsatzsteuerlichen Organschaft bzw. der sog. *fiscale Eenheid van de Onderneming* bereits vor der Etablierung des europäischen Mehrwertsteuersystems kannten.[696] Ebendieses Rechtsgebilde sollte aufrechterhalten und unionsrechtlich abgesichert werden.[697] Die zweite Richtlinie wurde mit Wirkung zum 1. Januar 1978 durch die sechste Richtlinie[698] abgelöst, durch welche die Mehrwertsteuergruppenregelung in Art. 4 Abs. 4 eine verschärfende Ausgestaltung erhielt.[699] Danach wurde einerseits eine sog. enge Verbindung[700] durch gegenseitige finanzielle, wirtschaftliche und organisatorische Beziehungen verlangt und andererseits eine Beschränkung der Rechtsfolgen einer Mehrwertsteuergruppe auf im Inland ansässige Personen vorgenommen. Zudem wurde die Wortfolge „getrennt als mehrere Steuerpflichtige" bei der Abfassung des Art. 4 Abs. 4 Unterabschn. 2 der sechsten Richtlinien gestrichen.[701]

Darüber hinaus wurden in der Begründung des Vorschlags zur sechsten Richtlinie vor allem die Zielsetzung der Verwaltungsvereinfachung und die Vermeidung unlauterer Steuerpraktiken[702] genannt.[703] Aufgrund dieser Festlegung

---

der Mitgliedstaaten über die Umsatzsteuern – Struktur und Anwendungsmodalitäten des gemeinsamen Mehrwertsteuersystems, ABl. EG 1967 Nr. 71, S. 1304. Dazu auch: Treiber, in: Sölch/Ringleb, UStG, 2018, § 2 Rn. 134.

695 Daneben zählten im Jahr 1967 Frankreich, Italien, Belgien und Luxemburg zu den EWG-Mitgliedstaaten, vgl. EU-Kommission, Die Finanzverfassung der Europäischen Union, 2009, S. 18.

696 Vgl. EuGH, Urteil vom 12.06.1979, C 181/78 und C 229/78, Slg. 1979, S. 02063; Stadie, in: Rau/Dürrwächter, UStG, 2018, § 2 Anm. 788; Mehrwertsteuerexpertengruppe, VEG No. 70 REV1, 2018, S. 5; Treiber, in: Sölch/Ringleb, UStG, 2018, § 2 Rn. 137. Ferner: Hummel, UR 2015, S. 679.

697 Vgl. BFH, Urteil vom 17.01.2002, V R 37/00, BStBl. II 2002, S. 373 unter II.2.b)bb).

698 Vgl. sechste Richtlinie 77/388/EWG des Rates vom 15.07.1977 zur Harmonisierung der Rechtsvorschriften der Mitgliedstaaten über die Umsatzsteuern – Gemeinsames Mehrwertsteuersystem: einheitliche steuerpflichtige Bemessungsgrundlage, ABl. EG 1977 Nr. L 145, S. 1; BT-Drucks. 7/913, S. 37.

699 Vgl. GA Jääskinen, Schlussanträge vom 27.11.2012, C 85/11, ECLI:EU:C:2012:753, Rn. 30.

700 Dazu kritisch: Prechtl, in: Achatz/Tumpel, Umsatzsteuer im Konzern, 2003, S. 31, die darauf hinweist, dass das zusätzliche Einfügen der Erfordernis der engen Verbindung lediglich der reinen Klarstellung dient. Auch Stadie, in: Rau/Dürrwächter, UStG, 2018, § 2 Anm. 789, hält dieses Kriterium für unbedeutend.

701 Vgl. EuGH, Urteil vom 09.04.2013, C 85/11, ECLI:EU:C:2013:217, Rn. 37.

702 Ausführlich zu den Zwecksetzungen einer Mehrwertsteuergruppe: Kapitel D.II.

703 Vgl. BT-Drucks. 7/913, S. 37.

erschien es zweckmäßig, eine elastische Formulierung für Art. 4 Abs. 4 der sechsten Richtlinie zu wählen, um es den EU-Mitgliedstaaten zu ermöglichen, die Eigenschaften eines Steuerpflichtigen nicht systematisch an das Charakteristikum der bloßen rechtlichen Selbstständigkeit anknüpfen zu lassen.[704] Des Weiteren wurde durch die Richtlinie 2006/69/EG[705] der Art. 4 Abs. 4 Unterabschn. 2 der sechsten Richtlinie entsprechend um den Textteil: „Ein Mitgliedstaat, der die in Unterabsatz 2 vorgesehene Möglichkeit in Anspruch nimmt, kann die erforderlichen Maßnahmen treffen, um Steuerhinterziehung oder -umgehung durch die Anwendung dieser Bestimmung vorzubeugen" erweitert. Unter Rekurs auf die jüngst ergangene Rechtsprechung des EuGH[706] beinhaltete die sechste Richtlinie zwar bis zum Verbindlichwerden des zuvor genannten Textteils keine expliziten Bestimmungen zur Vermeidung potenziellen Steuermissbrauchs. Nichtsdestotrotz war es den EU-Mitgliedstaaten gestattet, vor Inkraftreten dieser Präventionsvorschrift[707] gleichwertige sachdienliche Maßnahmen zu erlassen, um gegen Steuerhinterziehung und -umgehung[708] vorzubeugen.[709] Entsprechende Maßnahmen wurden somit von der sechsten Richtlinie grundsätzlich anerkannt, obwohl es derzeit an einer ausdrücklichen Ermächtigungsgrundlage durch den europäischen Richtliniengeber mangelte.[710]

---

704 Vgl. BT-Drucks. 7/913, S. 37; weiterhin auch: EU-Kommission, UR 2009, S. 633; Stadie, in: Rau/Dürrwächter, UStG, 2018, § 2 Anm. 789.

705 Richtlinie 2006/69/EG des Rates vom 24.07.2006 zur Änderung der Richtlinie 77/388/EWG hinsichtlich bestimmter Maßnahmen zur Bekämpfung der Steuerhinterziehung oder -umgehung, zur Vereinfachung der Erhebung der Mehrwertsteuer sowie zur Aufhebung bestimmter Entscheidungen über die Genehmigung von Ausnahmeregelungen, ABl. EU 2006 Nr. L 221, S. 10; EuGH, Urteil vom 09.04.2013, C 85/11, ECLI:EU:C:2013:217, Rn. 47; EuGH, Urteil vom 25.04.2013, C 480/10, ECLI:EU:C:2013:263, Rn. 37; EuGH, Urteil vom 16.07.2015, C 108/14 und C 109/14, ECLI:EU:C:2015:496, Rn. 40.

706 Vgl. EuGH, Urteil vom 16.07.2015, C 108/14 und C 109/14, ECLI:EU:C:2015:496, Rn. 42 mit Verweis auf EuGH, Urteil vom 21.02.2006, C 255/02, Slg. 2006, S. I-01609 Rn. 70 f.

707 Vgl. EuGH, Urteil vom 25.04.2013, C 480/10, ECLI:EU:C:2013:263, Rn. 37.

708 Die Begrifflichkeit der Steuerumgehung umfasst auch den Rechtsmissbrauch, vgl. EuGH, Urteil vom 22.05.2008, C 162/07, ECLI:EU:C:2008:301, Rn. 27 ff.

709 Vgl. EuGH, Urteil vom 16.07.2015, C 108/14 und C 109/14, ECLI:EU:C:2015:496, Rn. 42; EuGH, Urteil vom 21.02.2006, C 255/02, Slg. 2006, S. I-01609 Rn. 70 f.

710 Vgl. GA Mengozzi, Schlussanträge vom 26.03.2015, C 108/14 und C 109/14, ECLI:EU:C:2015:212, Rn. 78 f.

Der nunmehr gültige Art. 11 MwStSystRL beruht auf dem damals geltenden Art. 4 Abs. 4 Unterabschn. 2 der sechsten Richtlinie und ist entsprechend als inhaltsgleiche Folgebestimmung zu verstehen. Weiterhin sieht Art. 11 MwStSystRL in Abs. 2 eine ausdrückliche Berechtigung für die einzelnen EU-Mitgliedstaaten vor, notwendige Maßnahmen zu treffen, um bestimmten Missbrauch zu bekämpfen.

2. Allgemeine Rechtsgrundlagen

Die zuvor in Kapitel C vorgestellte deutsche Organschaftsregelung im Umsatzsteuerrecht wird durch die unionsrechtlichen Rahmenbedingungen des Art. 11 MwStSystRL determiniert. Nach Art. 11 Abs. 1 MwStSystRL wird den einzelnen Mitgliedstaaten der EU die Möglichkeit eröffnet, nach Konsultation eines Beratenden Ausschusses für die Mehrwertsteuer (auch sog. Mehrwertsteuerausschuss[711]), in ihrem Gebiet ansässige Personen, die rechtlich unabhängig voneinander sind, aber durch gegenseitige finanzielle, wirtschaftliche und organisatorische Beziehungen eng miteinander verbunden sind, zusammen als einen Steuerpflichtigen zu behandeln. Die Durchführung der hiernach für den EU-Mitgliedstaat eingeräumten Ermächtigung, Personen als einen einzigen Steuerpflichtigen zu behandeln, führt zu einer sog. Verschmelzung[712] derartiger Personen.

Aus dieser Vorschrift ergibt sich zunächst, dass den Gesetzgebern der einzelnen EU-Mitgliedstaaten die Entscheidung überlassen wird, ob sie eine Mehrwertsteuergruppe in ihr innerstaatliches Umsatzsteuerrecht integrieren wollen oder nicht (sog. Kann-Regelung).[713] Nimmt ein EU-Mitgliedstaat ein derartiges Wahlrecht in Anspruch, steht es ihm gemäß Art. 11 Abs. 2 MwStSystRL frei, zusätzliche Maßnahmen zu treffen, die erforderlich sind, um Steuerhinterziehung oder -umgehung im Rahmen der Anwendung der Vorschriften über die Mehrwertsteuergruppe vorzubeugen. Insofern stellt Art. 11 MwStSystRL die einzige und primäre Regelung für die Bildung einer unionsrechtlichen Mehrwertsteuergruppe dar.[714]

711 Der Mehrwertsteuerausschuss besteht aus Vertretern der EU-Mitgliedstaaten und der EU-Kommission (Art. 398 Abs. 2 MwStSystRL).

712 Vgl. EuGH, Urteil vom 22.05.2008, C 162/07, ECLI:EU:C:2008:301, Rn. 19; BFH, Beschluss vom 19.03.2014, V B 14/14, BFH/NV 2014, S. 999 unter II.2.a).

713 Vgl. EuGH, Urteil vom 25.04.2013, C 480/10, ECLI:EU:C:2013:263, Rn. 35; Birkenfeld, UR 2014, S. 124.

714 Vgl. EU-Kommission, UR 2009, S. 633.

Zu beachten ist jedoch, dass, sofern sich ein EU-Mitgliedstaat für eine Einführung einer Mehrwertsteuergruppe in sein nationales Recht entscheidet, dieser sowohl auf der Tatbestands- als auch auf der Rechtsfolgenseite an die unionsrechtlichen Vorgaben gebunden sein soll.[715] Grundsätzlich dürfen die EU-Mitgliedstaaten keine weitergehenden Bedingungen an die Bildung einer Mehrwertsteuergruppe als die in Art. 11 MwStSystRL vorgesehenen Voraussetzungen erlassen, damit keine Abweichungen[716] von einem EU-Mitgliedstaat zu einem anderen Mitgliedstaat auftreten.[717]

Ebenso sollen geringere Anforderungen für die Bildung einer Mehrwertsteuergruppe nicht zulässig sein.[718] Demzufolge wäre eine willkürliche Auswahl der Tatbestandsvoraussetzungen nicht mit Art. 11 MwStSystRL vereinbar. Gegen eine derartige Auswahl spricht der Grundgedanke der MwStSystRL, der

---

715 Vgl. Lippross, Umsatzsteuer, 2017, S. 429; Heuermann, DB 2016, S. 609; Slapio, UR 2013, S. 411, weist darauf hin, dass für die umsatzsteuerliche Organschaft das Prinzip „ganz oder gar nicht" gilt; Wäger, UVR 2013, S. 210; Hummel, UR 2010, S. 212 f.; Boor, UR 2013, S. 737; Boor, Die Gruppenbesteuerung im harmonisierten Mehrwertsteuersystem, 2014, S. 94 ff.; Küffner/Streit, UR 2013, S. 403; Birkenfeld, UR 2008, S. 6; Birkenfeld, UR 2014, S. 124 f. und 127; Endres, Mehrwertsteuergruppe nach Art. 11 MwStSystRL, 2016, S. 6 f.; auch der EuGH, Urteil vom 22.05.2008, C 162/07, ECLI:EU:C:2008:301, Rn. 20, spricht von zwingenden Vorgaben. A. A.: Reiß, UR 2016, S. 746; Englisch, UR 2016, S. 823; Sterzinger, UR 2014, S. 136 f., spricht im Zusammenhang mit Art. 11 MwStSystRL von einem Mindestanforderungskatalog, der erfüllt sein muss, um mehrere Personen zusammen als einen Steuerpflichtigen behandeln zu können. So auch: Hoff, Die Anwendung der Umsatzsteuerorganschaft im nationalen Recht, 2016, S. 74. Korf, UVR 2008, S. 179 und Vyncke, IVM 2007, S. 257, gehen von einem Ermessensspielraum der EU-Mitgliedstaaten mit Blick auf den sachlichen Anwendungsbereich aus, solange der Zweck des Art. 11 MwStSystRL nicht missachtet wird; ebenso: Tratlehner, SWI 2016, S. 362, der zunächst hinweist, dass die Gestaltung der Mehrwertsteuergruppenvorschrift keinem Wahlrecht unterliegt, den EU-Mitgliedstaaten jedoch eine Präzisierungsermächtigung unter Beachtung der Zielsetzungen der Mehrwertsteuergruppe eingeräumt wird. Kritisch zur Auslegung eines in Art. 11 MwStSystRL verwendeten Begriffs: Stadie, in: Rau/Dürrwächter, UStG, 2018, § 2 Anm. 791.1.

716 Stadie, in: Rau/Dürrwächter, UStG, 2018, § 2 Anm. 791.2, weist kritisch darauf hin, dass bei einer in die Ermessensentscheidung der EU-Mitgliedstaaten gestellte Vorschrift eine einheitliche Anwendung von vornherein ausgeschlossen ist. Dazu auch: Englisch, UR 2016, S. 823 f.

717 Vgl. EuGH, Urteil vom 25.04.2013, C 480/10, ECLI:EU:C:2013:263, Rn. 34 f.; Stadie, in: Rau/Dürrwächter, UStG, 2018, § 2 Anm. 791.1.

718 Vgl. Birkenfeld, UR 2014, S. 125.

eine gemeinschaftsweit einheitliche Rechtsanwendung vorsieht und entsprechend auf eine weitgehende Harmonisierung innerhalb der EU-Mitgliedstaaten abzielt.[719] In diesem Sinne soll vor allem die Rechtsprechung des BFH nicht mehr tragbar sein. Denn diese sieht für Deutschland einen inhaltlichen Wertungsspielraum hinsichtlich der Umsetzung der Tatbestandsmerkmale des Art. 11 MwStSystRL vor und erkennt insbesondere an, dass die unionsrechtlichen Vorgaben zur Mehrwertsteuergruppe lediglich teilweise umzusetzen sind.[720] Eine restriktive Vorgehensweise bei der Umsetzung des Art. 11 MwStSystRL ist nach Ansicht des EuGH jedoch nicht mehr zulässig.[721] Nach dieser Auffassung bilden die unionsrechtlichen Vorgaben nicht lediglich einen äußeren Rahmen mitgliedstaatlicher Entscheidungsfreiheit. Diese Vorschriften sind nach Ansicht des EuGH grundsätzlich abschließend.[722] Folglich sind die EU-Mitgliedstaaten dazu verpflichtet, die in Art. 11 Abs. 1 MwStSystRL befindlichen autonomen unionsrechtlichen Begrifflichkeiten anzuerkennen und diese richtlinienkonform in ihre nationale Gesetzgebung umzusetzen.[723] Da die unionsrechtlichen Begrifflichkeiten nicht explizit auf das Recht der EU-Mitgliedstaaten verweisen, sollen diese für die gesamte EU durch die Auslegung des EuGH eine verbindliche Bedeutung erhalten.[724] Die Fragestellung, unter welchen Voraussetzungen eine Mehrwertsteuergruppe existiert, soll aus diesen Gründen nicht außerhalb der Missbrauchsvorschrift[725] der Mehrwertsteuergruppennorm von den jeweiligen

---

719 Vgl. EuGH, Urteil vom 25.04.2013, C 480/10, ECLI:EU:C:2013:263, Rn. 34; Wäger, UVR 2013, S. 209.

720 Vgl. BFH, Urteil vom 03.04.2008, V R 76/05, BStBl. II 2008, S. 905 unter II.1.; BFH, Urteil vom 19.05.2005, V R 31/03, BStBl. II 2005, S. 671 unter II.2.a)aa). Im Ergebnis auch: Hoff, Die Anwendung der Umsatzsteuerorganschaft im nationalen Recht, 2016, S. 74; Hartman, Stbg 2016, S. 19; Hartman, NWB 2015, S. 124; Reiß, UR 2016, S. 746 f.

721 Vgl. EuGH, Urteil vom 16.07.2015, C 108/14 und C 109/14, ECLI:EU:C:2015:496, Rn. 36; EuGH, Urteil vom 09.04.2013, C 85/11, ECLI:EU:C:2013:217, Rn. 36; Wäger, UVR 2013, S. 209.

722 Vgl. EuGH, Urteil vom 09.04.2013, C 85/11, ECLI:EU:C:2013:217, Rn. 36; Becker, MwStR 2018, S. 249; Müller, in: Weymüller, UStG, 2015, § 2 Rn. 201.1.

723 Vgl. EuGH, Urteil vom 25.04.2013, C 480/10, ECLI:EU:C:2013:263, Rn. 34; Birkenfeld, UR 2014, S. 122.

724 Vgl. EuGH, Urteil vom 25.04.2013, C 480/10, ECLI:EU:C:2013:263, Rn. 34. Anders verhält es sich nur in solchen Fällen, wenn eine unionsrechtliche Bestimmung für die Ermittlung ihrer Reichweite und ihres Sinnes explizit auf das EU-Mitgliedstaatenrecht verweist, vgl. u. a.: EuGH, Urteil vom 03.12.2009, C 433/08, ECLI:EU:C:2009:750, Rn. 18; EuGH, Urteil vom 18.01.1984, Rs. 327/82, Slg. 1984, S. 00107 Rn. 11.

725 Vgl. Lippross, Umsatzsteuer, 2017, S. 429; GA Mengozzi, Schlussanträge vom 26.03.2015, C 108/14 und C 109/14, ECLI:EU:C:2015:212, Rn. 70; Reiß, UR 2016,

EU-Mitgliedstaaten divergierend beantwortet werden dürfen. Bezugnehmend auf die vorangestellten Ausführungen haben sämtliche mitgliedstaatlichen Instanzen daher eine einheitliche Auslegung der Mehrwertsteuergruppenvorschrift vorzunehmen.[726]

Darüber hinaus hat der EuGH jüngst entschieden, dass eine unmittelbare Berufung[727] auf Art. 11 MwStSystRL ausscheidet, da diese Regelung demzufolge nicht die Bedingungen erfüllt, um eine unmittelbare Wirkung zu entfalten.[728] Ein derartiges Berufungsrecht soll deswegen ausgeschlossen sein, weil in Art. 11 MwStSystRL nicht inhaltlich unbedingt und genügend genau bestimmt ist, welche Bedingungen vorliegen müssen, damit Personen durch gegenseitige finanzielle, wirtschaftliche und organisatorische Beziehungen eng verbunden sind.[729] Daher bedarf es einer Präzisierungsnotwendigkeit auf nationaler Ebene. In diesem Zusammenhang räumt der EuGH mit Blick auf die Festlegung der Verbindungsmerkmale den EU-Mitgliedstaaten ausdrücklich einen gewissen Ermessensspielraum ein. Folglich verneint der EuGH eine unmittelbare

---

S. 747 f.; Birkenfeld, in: Birkenfeld/Wäger, Das große Umsatzsteuer-Handbuch, 2018, § 44 Rn. 81.

726 Vgl. Tratlehner, SWI 2016, S. 362; Ehrke-Rabel, in: Englisch/Nieskens, Umsatzsteuer-Kongress-Bericht 2010, 2011, S. 162; Massin/Vyncke, IVM 2009, S. 455 f.; wohl auch: Korf, UVR 2008, S. 178 f.

727 Erstmals hat der EuGH eine direkte Berufung auf die Richtlinienbestimmung in der verbundenen Rs. Becker, vgl. Urteil vom 19.01.1982, C 8/81, Slg. 1982, S. 00053 und zu einem späteren Zeitpunkt in der verbundenen Rs. Kügler, vgl. Urteil vom 10.09.2002, C 141/00, Slg. 2002, S. I-06833 zugelassen.

728 Vgl. EuGH, Urteil vom 16.07.2015, C 108/14 und C 109/14, ECLI:EU:C:2015:496, Rn. 50 f. So auch der GA Mengozzi in seinen Schlussanträgen vom 26.03.2015, C 108/14 und C 109/14, ECLI:EU:C:2015:212, Rn. 112 f. Dazu kritisch: Hartman, NWB 2015, S. 1256. An dieser Stelle könnten jedoch m. E. im Zweifel die Ausführungen der EU-Kommission das Argument der unzureichenden Genauigkeit entkräften. Jedoch sind die Maßstäbe der EU-Kommission nicht von verbindlicher Natur. Für weitergehende Erläuterungen des sachlichen Anwendungsbereichs einer Mehrwertsteuergruppe siehe: Kapitel D.III.4.

729 Zustimmend auch: Stadie, in: Rau/Dürrwächter, UStG, 2018, § 2 Anm. 792; Hummel, UR 2010, S. 212 f.; Boor, UR 2013, S. 737. A. A.: Slapio, UR 2013, S. 411, die davon ausgeht, dass die Richtlinienvorschrift unbedingt und inhaltlich hinreichend bestimmt ist. So auch: Küffner/Streit, UR 2013, S. 404; Michel, DB 2014, S. 639; Hartman, Die Vereinbarkeit der umsatzsteuerrechtlichen Organschaft mit dem Europäischen Unionsrecht, 2013, S. 144 f.; Birkenfeld, UR 2014, S. 127.

Anwendung des Art. 11 MwStSystRL,[730] mit der Konsequenz, dass der Steuerpflichtige unmittelbar keine Rechte aus der Richtlinienbestimmung zu seinen Gunsten geltend machen kann.[731] Aus der fehlenden Möglichkeit zur unmittelbaren Berufbarkeit auf die Richtlinienbestimmung soll zugleich folgen, dass die nationalen Rechtsanwender eine richtlinienkonforme Auslegung vorzunehmen haben.[732] Allerdings ist dies nach der hier vertretenen Ansicht kritisch zu sehen, da aus einem nur bedingten Charakter der Mehrwertsteuergruppennorm grundsätzlich keine Pflicht zu einer richtlinienkonformen Auslegung des nationalen Rechts erwachsen kann.[733] Danach sind die jeweiligen EU-Mitgliedstaaten in erster Linie aufgefordert, nationale Rechtsvorschriften zu schaffen, die den konkreten Umfang derartiger Verbindungen bestimmen.[734]

---

730 Vgl. EuGH, Urteil vom 16.07.2015, C 108/14 und C 109/14, ECLI:EU:C:2015:496, Rn. 49 f. und 51. Die EuGH-Entscheidung stößt jedoch im wissenschaftlichen Schrifttum (etwa: Englisch, UR 2016, S. 824 f.; von Streit/Streit, DStR 2016, S. 1448; von Streit/Streit, UStB 2016, S. 148; Jarewitz, IStR 2015, S. 726; Stößel/Gries, Ubg 2015, S. 611; Nieskens, BB 2015b, S. 2075 f.; Grünwald, MwStR 2015, S. 588) auf starkes Unverständnis. Danach ist primärer Kritikpunkt, dass der EuGH den nationalen Gerichten einen Präzisierungsauftrag erteilt, obwohl dieser stets in seiner Rechtsprechung betont, dass Begriffe der MwStSystRL durch ihn autonom und einheitlich auszulegen sind, insofern sie nicht explizit auf das nationale Recht der einzelnen EU-Mitgliedstaaten verweisen, vgl. EuGH, Urteil vom 25.04.2013, C 480/10, ECLI:EU:C:2013:263, Rn. 33; EuGH, Urteil vom 27.11.2003, C 497/01, Slg. 2003, S. I-14393 Rn. 34. Da die Mehrwertsteuergruppennorm einen etwaigen Verweis nicht beinhaltet, sind die Tatbestandsmerkmale primär durch den EuGH zu konkretisieren. Demgegenüber wird auch die Meinung vertreten, dass die Verwendung unbestimmter Rechtsbegriffe einem unmittelbaren Berufungsrecht auf die Richtlinie nicht entgegensteht, da nur erforderlich sei, dass die Richtlinie dem Steuerpflichtigen gewisse Mindestrechte verleiht. Dabei wird das notwendige Mindestrecht in der Befähigung einer Mehrwertsteuergruppe beizutreten gesehen. Dagegen spricht sich Stadie, in: Rau/Dürrwächter, UStG, 2018, § 2 Anm. 792, für einen bedingten Charakter der Mehrwertsteuergruppennorm aus.

731 Vgl. ferner dazu: Lippross, Umsatzsteuer, 2017, S. 429.

732 Vgl. Hörtnagl-Seidner, RdW 2016, S. 577.

733 Gleicher Auffassung: Stadie, in: Rau/Dürrwächter, UStG, 2018, § 2 Anm. 792.

734 Wäger, in: Birkenfeld/Wäger, Das große Umsatzsteuer-Handbuch, 2018, Organschaft Rn. 55, spricht in diesem Zusammenhang von einem „Kunststück" des EuGH, da dieser einerseits eine unmittelbare Wirkung aufgrund der ungenauen Regelung verneint, jedoch andererseits die EU-Mitgliedstaaten auffordert, zugleich eine richtlinienkonforme Auslegung entsprechend dieser „nicht näher bestimmbaren Vorgaben" verpflichtend vorzunehmen. Dazu auch: von Streit/Streit, DStR 2016, S. 1449.

3. Internationale Einführung einer Mehrwertsteuergruppe

De facto haben das bestehende Wahlrecht zur Einführung einer Mehrwertsteuergruppe sowie die den EU-Mitgliedstaaten eingeräumte Präzisierungsberechtigung dazu geführt, dass innerhalb der einzelnen EU-Mitgliedstaaten erhebliche Unterschiede in der Ausgestaltung der innerstaatlichen Organschaftsregelungen existieren.[735] Neben Deutschland haben bisher Belgien[736], Dänemark[737], Estland[738], Finnland[739], Großbritannien[740], Irland[741], Lettland[742], die Niederlande[743], Österreich[744], Schweden[745], die Slowakei[746], die Tschechische Republik[747], Ungarn[748] und Zypern[749] das Wahlrecht zur Einführung einer Mehrwertsteuergruppe in ihr nationales Recht ausgeübt. Im Jahr 2017 und 2018 haben Italien[750], Malta[751] und Luxemburg[752] ebenfalls den Mehrwertsteuerausschuss konsultiert, um in ihren innerstaatlichen Gesetzgebungen eine Mehrwertsteuergruppe zu etablieren.

---

735 Vgl. Annacondia, EU VAT Compass 2017/2018, 2017, S. 599 ff.; Becker, MwStR 2018, S. 249.
736 Vgl. Annacondia, EU VAT Compass 2017/2018, 2017, S. 600.
737 Vgl. Annacondia, EU VAT Compass 2017/2018, 2017, S. 602.
738 Vgl. Annacondia, EU VAT Compass 2017/2018, 2017, S. 603.
739 Vgl. Annacondia, EU VAT Compass 2017/2018, 2017, S. 603.
740 Vgl. Annacondia, EU VAT Compass 2017/2018, 2017, S. 607.
741 Vgl. Annacondia, EU VAT Compass 2017/2018, 2017, S. 605.
742 Vgl. Annacondia, EU VAT Compass 2017/2018, 2017, S. 606, neben der Antragstellung ist eine Vertragsunterzeichnung zusätzliche Voraussetzung für die Bildung einer Mehrwertsteuergruppe.
743 Vgl. Annacondia, EU VAT Compass 2017/2018, 2017, S. 606.
744 Vgl. Annacondia, EU VAT Compass 2017/2018, 2017, S. 599.
745 Vgl. Annacondia, EU VAT Compass 2017/2018, 2017, S. 607.
746 Vgl. Annacondia, EU VAT Compass 2017/2018, 2017, S. 606.
747 Vgl. Annacondia, EU VAT Compass 2017/2018, 2017, S. 602.
748 Vgl. Annacondia, EU VAT Compass 2017/2018, 2017, S. 604.
749 Vgl. Annacondia, EU VAT Compass 2017/2018, 2017, S. 600.
750 Vgl. Mehrwertsteuerausschuss, Working Paper No. 933, 2017.
751 Vgl. Mehrwertsteuerausschuss, Working Paper No. 942, 2018; Borg, MwStR 2018, S. 605 ff.
752 Vgl. Mehrwertsteuerausschuss, Working Paper No. 948 REV, 2018; Glohr/Lambion, MwStR 2018, S. 510 ff.; o. V., MwStR 2018a, S. 732.

Alternativ zum umsatzsteuerlichen Organschaftskonzept besteht in Frankreich[753], Rumänien[754] und Spanien[755] das sog. Regime der Umsatzsteuerkonsolidierung[756], durch das ausschließlich administrative Erleichterungen im Sinne eines Ausgleichs der Umsatzsteuerzahllasten und -erstattungsforderungen der einzelnen Gesellschaften erzielt werden können. Wesentlicher Unterschied gegenüber dem Mehrwertsteuergruppenkonzept ist jedoch, dass über ein derartiges Konsolidierungsregime keine Steuerneutralität innerbetrieblicher Transaktionen zwischen den einzelnen Konzerngesellschaften erreicht werden kann.[757] Hingegen kennen andere EU-Mitgliedstaaten, im Besonderen Bulgarien, Griechenland, Kroatien, Litauen, Polen, Portugal sowie Slowenien keine Regelungen zur unionsrechtlichen Mehrwertsteuergruppe.[758] Außerhalb der EU haben die Staaten Australien, Norwegen[759], Neuseeland[760], die Schweiz[761] sowie Singapur dagegen Organschaftsregelungen in ihrem Mehrwertsteuergesetz etabliert.[762]

Sofern sich die EU-Mitgliedstaaten für die Mehrwertsteuergruppe entschließen, kann eine Registrierung zu einer solchen Gruppe optional[763] erfolgen, sodass eine Gruppenbildung nur in Frage kommt, wenn potenzielle Gruppenmitglieder, welche die landesspezifischen Voraussetzungen erfüllen, einen entsprechenden Antrag stellen.[764] Ein derartig fiktives Wahlrecht zur Begründung einer unionsrechtlichen Mehrwertsteuergruppe (sog. optionales

753 Vgl. Annacondia, EU VAT Compass 2017/2018, 2017, S. 609. Umfassend zur Umsatzsteuerkonsolidierung in Frankreich: Viegener, UR 2011, S. 486 ff.

754 Vgl. Annacondia, EU VAT Compass 2017/2018, 2017, S. 609 f.; Mehrwertsteuerausschuss, Working Paper No. 556, 2007, S. 12 ff. und 54 ff.

755 Vgl. Mehrwertsteuerausschuss, Working Paper No. 556, 2007, S. 8 ff. und 34 ff.; Mehrwertsteuerausschuss, Working Paper No. 680, 2010, S. 1 ff.

756 Vgl. insgesamt dazu: Ine Lejeune, Expert Study on VAT and Pan-European business, 2011, Rn. 186 ff. Weiterhin existieren in zahlreichen EU-Mitgliedstaaten Vorschriften zu einer sog. Cost Sharing Group. Für umfassende Darlegungen: Ine Lejeune, Expert Study on VAT and Pan-European business, 2011, Rn. 179 ff.

757 Vgl. Annacondia, EU VAT Compass 2017/2018, 2017, S. 608; Schultze, IStR 2015, S. 547.

758 Vgl. Soares, Intertax 2014, S. 538 (in Fn. 4).

759 Insbesondere zur norwegischen Regelung: Elgaard, Nordic Tax Journal 2017, S. 1 ff.

760 Vgl. Inland Revenue Te Tari Taake, GST Grouping Rules, 2018.

761 Vgl. Art. 13 bis 19 MWSTG.

762 Vgl. Ine Lejeune, Expert Study on VAT and Pan-European business, 2011, Rn. 160.

763 Vgl. Vyncke, EC Tax Review 2009, S. 300.

764 Im Rahmen der Antragsprüfung erfolgt eine Beurteilung des Vorliegens der Tatbestandsmerkmale. In diesem Sinne sind entsprechende Belege bei der zuständigen Finanzverwaltung einzureichen, vgl. Sterzinger, in: Küffner et al., UStG, 2018, § 2 Rn. 516.

Mehrwertsteuergruppenregime) liegt unter anderem in den EU-Mitgliedstaaten Belgien, Dänemark, Estland, Ungarn, Finnland, Großbritannien, Irland, Lettland, Schweden, Slowakei, Tschechische Republik, Zypern, Italien[765], Malta[766] sowie Luxemburg[767] vor.[768] Insgesamt haben sich etwa 83 Prozent[769] der EU-Mitgliedstaaten für eine weitgehende optionale Registrierung entschieden. Ebenso existiert im Nicht-Mitgliedstaat Schweiz[770] ein Antragsrecht. Lediglich in Österreich[771], in den Niederlanden[772] sowie in Deutschland ist die Mehrwertsteuergruppe durch Gesetz legalisiert, insofern sämtliche hierfür relevanten Tatbestandsvoraussetzungen vorliegen (sog. obligatorisches Mehrwertsteuergruppenregime).[773] Daher kommt die nationale Regelung zur Mehrwertsteuergruppe ohne gesonderten Willensakt der Steuerpflichtigen zur Anwendung.

Sowohl das optionale als auch das obligatorische System weisen gewisse Vorzüge sowie Nachteile auf. Ein optionales Mehrwertsteuergruppenregime trägt zur Steigerung der wirtschaftlichen Wettbewerbsfähigkeit der Unternehmen bei,[774] indem es solchen Unternehmen ermöglicht, die ihrer jeweiligen

765 Vgl. Annacondia, EU VAT Compass 2017/2018, 2017, S. 605. Dazu kritisch: Mehrwertsteuerausschuss, Working Paper No. 933, 2017, S. 8 f., der zwar grundsätzlich in der italienischen Mehrwertsteuergruppe ein optionales System sieht. Widersprüche ergeben sich dahingehend, dass bei Ausübung der Option, eine Mehrwertsteuergruppe einzugehen, sämtliche Personen, die finanziell, wirtschaftlich und organisatorisch eng miteinander verbunden sind, automatisch Mitglied der Mehrwertsteuergruppe werden. Auch der Umstand, dass die Mitglieder beweisen müssen, dass die wirtschaftliche und organisatorische Beziehung nicht vorliegt, spricht in erster Linie für ein obligatorisches System.

766 Vgl. Mehrwertsteuerausschuss, Working Paper No. 942, 2018, S. 5.

767 Vgl. Mehrwertsteuerausschuss, Working Paper No. 948 REV, 2018, S. 5.

768 Vgl. Mehrwertsteuerexpertengruppe, VEG No. 70 REV1, 2018, S. 6.

769 15 von 18 der Mitgliedstaaten sehen ein Recht auf Antragstellung vor.

770 Nach Art. 13 Abs. 1 S. 1 MWSTG kann die Gruppenbesteuerung von Rechtsträgern beantragt werden, die unter einheitlicher Leitung eines Rechtsträgers miteinander verbunden sind. Mit der Kann-Formulierung sieht Art. 13 Abs. 1 MWSTG ein Wahlrecht für solche Personen vor, die die Voraussetzungen für eine Gruppenbesteuerung erfüllen. Daher wird die Gruppenbesteuerung nicht von Amts wegen eingeführt. So kann die Finanzverwaltung eine Gruppenbesteuerung nicht verlangen.

771 Vgl. Annacondia, EU VAT Compass 2017/2018, 2017, S. 598.

772 Vgl. Annacondia, EU VAT Compass 2017/2018, 2017, S. 606; Mehrwertsteuerexpertengruppe, VEG No. 70 REV1, 2018, S. 5.

773 Vgl. Mehrwertsteuerexpertengruppe, VEG No. 70 REV1, 2018, S. 6. Ferner: Sterzinger, in: Küffner et al., UStG, 2018, § 2 Rn. 515.

774 Vgl. Sterzinger, in: Küffner et al., UStG, 2018, § 2 Rn. 516.

Situation entsprechende, gewinnmaximierende Strategie zu verfolgen.[775] Ein explizites Wahlrecht leistet somit einen Beitrag zur Verwaltungsvereinfachung und zur Rechtssicherheit sowohl für Unternehmen als auch für die Finanzverwaltungen.[776] Einem derartigen System kann aber auch ein gewisser Gestaltungsspielraum für missbräuchliche Praktiken innewohnen, weshalb sich einige EU-Mitgliedstaaten bei Verdacht auf unerwünschte Steuergestaltungen das Recht vorbehalten, die Möglichkeit der Gruppenbildung für Mehrwertsteuerzwecke vollständig zu untersagen.[777]

Die größte Ermessensfreiheit haben Steuerpflichtige in den EU-Mitgliedstaaten, die eine sog. Doppeloption[778] vorsehen. Diese ist unter anderem in Schweden, Großbritannien und in der Tschechischen Republik zu finden.[779] Zum einen besteht die Möglichkeit, wahlweise zur Gruppenbesteuerung zu optieren, zum anderen ergibt sich aus der Doppeloption das Sonderrecht, potenzielle Mitglieder bewusst und zielgenau auswählen zu können.[780] Hingegen sprechen für ein obligatorisches System die Gleichbehandlung sämtlicher Steuerpflichtiger sowie die Eindämmung steuerlicher Missbrauchsmöglichkeiten.[781] Problematisch erscheint an diesem System jedoch die damit verbundene erhöhte Rechtsunsicherheit, sowohl für Unternehmen als auch für die Finanzverwaltungen, da der Entstehungszeitpunkt einer Mehrwertsteuergruppe häufig ungewiss ist und dieser möglicherweise nicht sofort erkannt wird.[782] Weiterhin gehen mit einem obligatorischen System nicht zu vernachlässigende Haftungsrisiken für Unternehmen und Staat sowie erhöhte administrative Anforderungen an die Finanzverwaltung einher.[783]

Zur möglichen Überwindung der nachweislichen Vor- und Nachteile beider Systeme hat insbesondere Belgien[784] eine Art Mischsystem entwickelt, das folglich Bestandteile des optionalen sowie obligatorischen

775 Vgl. Vyncke, EC Tax Review 2009, S. 300.

776 Vgl. Endres-Reich, UR 2016, S. 662.

777 Vgl. näheres dazu: Endres-Reich, UR 2016, S. 662.

778 Für weitergehende Ausführungen siehe: Vyncke, IVM 2007, S. 255; Vyncke, EC Tax Review 2009, S. 300 f.; Endres-Reich, UR 2016, S. 662.

779 Vgl. Sterzinger, in: Küffner et al., UStG, 2018, § 2 Rn. 516.

780 Vgl. Vyncke, EC Tax Review 2009, S. 300 f. Dazu auch: Sterzinger, in: Küffner et al., UStG, 2018, § 2 Rn. 516.

781 Vgl. Endres-Reich, UR 2016, S. 661 f.

782 Vgl. Vyncke, EC Tax Review 2009, S. 300.

783 Vgl. Endres-Reich, UR 2016, S. 662.

784 Vgl. Vyncke, IVM 2007, S. 255.

Mehrwertsteuergruppensystems in sich trägt. Auf dieser Basis können belgische Unternehmen in einem ersten Schritt frei wählen, ob sie eine Mehrwertsteuergruppe bilden möchten. Im Gegenzug hat der belgische Gesetzgeber drei Mechanismen, die mit den Anforderungen des Art. 11 MwStSystRL vereinbar sein sollen, eingeführt, um missbräuchliche Praktiken zu verhindern.[785] Dies macht es erforderlich, in einem zweiten Schritt zwischen Unternehmen zu differenzieren, die wahlweise einbezogen werden können und denen, die verpflichtend aufzunehmen sind. Bei der ersten Gruppe handelt es sich um Gruppenmitglieder, die durch finanzielle, wirtschaftliche und organisatorische Beziehungen eng miteinander verbunden sind, währenddessen die letztere Gruppe solche Unternehmen umfasst, die sich zu mehr als 50 Prozent im Besitz anderer Gruppenmitglieder befinden.[786] Im letzteren Fall werden enge Beziehungen als gegeben angenommen. Darüber hinaus müssen die potenziellen Personen mindestens bis zum 31. Dezember des dritten, auf ihren Eintritt in die Gruppe folgenden Jahres, Mitglieder der Mehrwertsteuergruppe bleiben.[787] Eine zusätzliche Einschränkung besteht weiterhin darin, dass die Unternehmen lediglich einer Mehrwertsteuergruppe angehören können. Durch eine solche Beschränkung soll die Nutzung der Mehrwertsteuergruppe mit dem Ziel einer kurzfristigen Gewinnmaximierungsstrategie vermieden werden.[788]

II. Zweck einer Mehrwertsteuergruppe

1. Grundsätzliches

Entsprechend der Rechtsfolge der Richtlinienbestimmung können zwei oder mehrere Personen, die eng miteinander verbunden sind, zu einem Mehrwertsteuerpflichtigen „verschmelzen". Durch Anwendung des Art. 11 Abs. 1 MwStSystRL wird ein neuer Steuerpflichtiger geschaffen, der jedoch rein fiktiv und ausschließlich für Mehrwertsteuerzwecke existiert.[789] Ungeachtet dessen behält zwar jedes Mitglied der Mehrwertsteuergruppe seine rechtliche Unternehmensform bei, jedoch genießt das Wesen der Mehrwertsteuergruppe

785 Ausführlich zu den Maßnahmen gegen Steuerhinterziehung und -umgehung siehe Kapitel D.II.2.

786 Vgl. Mehrwertsteuerausschuss, Working Paper No. 556, 2007, S. 28 ff.; Annacondia, EU VAT Compass 2017/2018, 2017, S. 600 f.; Vyncke, EC Tax Review 2009, S. 301.

787 Vgl. Vyncke, EC Tax Review 2009, S. 300; Annacondia, EU VAT Compass 2017/2018, 2017, S. 601.

788 Vgl. Vyncke, IVM 2007, S. 255.

789 Vgl. EU-Kommission, UR 2009, S. 633.

bezüglich der Mehrwertbesteuerung Vorrang vor den Rechtsformen.[790] Infolgedessen hat der Eintritt in die Mehrwertsteuergruppe zur Konsequenz, dass die betreffende Person ihre Zugehörigkeit zu jedem anderen gleichzeitig bestehenden Rechtskleid verliert und stattdessen Teil eines neuen, gesonderten Mehrwertsteuerpflichtigen wird.[791] Daher konzentriert sich die Umsatzsteuerpflicht ausschließlich auf eine Person. Aus mehrwertsteuerlichen Gesichtspunkten wird der Gruppe lediglich eine einzige Mehrwertsteueridentifikationsnummer nach Art. 214 MwStSystRL zugewiesen. Daher sind individuelle Mehrwertsteueridentifikationsnummern für die jeweiligen Gruppenmitglieder ausgeschlossen.[792] Ebenso soll damit eine eindeutige Bestimmbarkeit des Mehrwertsteuerpflichtigen verbunden sein.[793] In diesem Sinne soll die Mehrwertsteuergruppenvorschrift in erster Linie eine verwaltungsvereinfachende Wirkung entfalten sowie eine Unterbindung steuerlicher Missbräuche bezwecken.[794] Beide Maßnahmen sind als primäre Zwecksetzungen einer Mehrwertsteuergruppe anerkannt. Während der EuGH den Vereinfachungszweck der ursprünglichen Richtlinienregelung in seiner Rechtsprechung ausdrücklich bestätigt,[795] wurde zur Stärkung der Missbrauchsbekämpfung[796] im Rahmen der MwStSystRL der heutige Art. 11 Abs. 2 MwStSystRL eingefügt. In diesem Zusammenhang wird den EU-Mitgliedstaaten ein Ermessensspielraum gewährt, um von dem Richtlinienwortlaut des Art. 11 MwStSystRL in legitimer Weise abweichen zu können. Abschließend besteht für die EU-Mitgliedstaaten eine Nachweispflicht, dass die innergemeinschaftliche Vorschrift zur Vereinfachung des Mehrwertsteuersystems dient. Daher darf eine derartige Vorschrift nicht von der Absicht getragen sein einen Steuervorteil zu generieren.[797]

---

790 Vgl. EU-Kommission, UR 2009, S. 633.

791 Vgl. EU-Kommission, UR 2009, S. 633.

792 Vgl. EU-Kommission, UR 2009, S. 633.

793 Vgl. EU-Kommission, UR 2009, S. 633.

794 Vgl. EU-Kommission, UR 2009, S. 637.

795 Vgl. EuGH, Urteil vom 09.04.2013, C 85/11, ECLI:EU:C:2013:217, Rn. 47 f.; EuGH, Urteil vom 25.04.2013, C 480/10, ECLI:EU:C:2013:263, Rn. 37.

796 Jüngst auch durch die europäische Rechtsprechung bestätigt: EuGH, Urteil vom 16.07.2015, C 108/14 und C 109/14, ECLI:EU:C:2015:496, Rn. 40; EuGH, Urteil vom 09.04.2013, C 85/11, ECLI:EU:C:2013:217, Rn. 47 f.; EuGH, Urteil vom 25.04.2013, C 480/10, ECLI:EU:C:2013:263, Rn. 37.

797 Vgl. EuGH, Urteil vom 22.05.2008, C 162/07, ECLI:EU:C:2008:301, Rn. 30; EU-Kommission, UR 2009, S. 634; Stadie, UStG, 2015, § 2 Rn. 263.

2. Maßnahmen gegen Steuerhinterziehung und -umgehung

a. Allgemeines

Nach Art. 11 Abs. 2 MwStSystRL sind die EU-Mitgliedstaaten befugt, notwendige Maßnahmen innerhalb ihrer innerstaatlichen Regelungen zu ergreifen, um mögliche Steuerhinterziehungen oder -umgehungen in Zusammenhang mit der Anwendung der Mehrwertsteuergruppenregelung zu vermeiden. Jedoch ist fraglich, welcher Beurteilungsmaßstab bei der Prüfung einer derartigen auf Art. 11 Abs. 2 MwStSystRL gestützten Beschränkung mitgliedstaatlicher Mehrwertsteuergruppensysteme heranzuziehen ist, da dieser grundsätzlich nicht abschließend geklärt ist.

Missbräuchliche Praktiken sollen nach ständiger Rechtsprechung des EuGH dann vorliegen, wenn einerseits aus einer Gestaltung trotz formaler Anwendung der Voraussetzungen der Richtlinienbestimmung und der nationalen Vorschriften ein Steuervorteil einhergeht, dessen Gewährung dem mit diesen Bestimmungen verfolgten Ziel zuwiderlaufe. Andererseits müssen stichhaltige Anhaltspunkte erkennbar sein, dass mit den besagten Umsätzen grundsätzlich richtlinienwidrige Steuervorteile verwirklicht werden.[798] Sofern jedoch andere Erklärungsansätze[799] als die Erlangung steuerlicher Vorzüge für die gewählte Gestaltung einschlägig sind, soll das Missbrauchsverbot grundsätzlich nicht greifen.[800]

Insbesondere soll die Inanspruchnahme der Mehrwertsteuergruppenvorschrift in bestimmten Fallkonstellationen eine missbräuchliche Praxis darstellen. In diesem Zusammenhang ist unter anderem die Aufspaltung eines Unternehmens in mehrere Steuerpflichtige zu nennen, um in den Genuss einer Sondervorschrift zu gelangen.[801] In diesem Fall denkt der EuGH an die Beanspruchung

798 Vgl. EuGH, Urteil vom 22.03.2012, C 153/11, ECLI:EU:C:2012:163, Rn. 49; EuGH, Urteil vom 21.02.2006, C 255/02, Slg. 2006, S. I-01609 Rn. 74 und 75. Diese Missbrauchsvorschriften sind im Wesentlichen auch mit den Tatbestandsmerkmalen des § 42 AO vereinbar, vgl. Wäger, UR 2006, S. 240 ff.; von Streit/Korf, UR 2009, S. 509 ff. Ferner auch: Stadie, in Rau/Dürrwächter, UStG, 2018, § 2 Anm. 972 ff.

799 In der BFH-Entscheidung vom 02.12.2015, V R 67/14, BStBl. II 2017, S. 560, waren für die Gründung einer Tochtergesellschaft arbeitsrechtliche und tarifvertragliche Gründe maßgeblich.

800 Vgl. EuGH, Urteil vom 21.02.2006, C 255/02, Slg. 2006, S. I-01609 Rn. 75.

801 Vgl. BT-Drucks. 7/913, S. 37; EuGH, Urteil vom 16.07.2015, C 108/14 und C 109/14, ECLI:EU:C:2015:496, Rn. 40.

umsatzabhängiger Steuerbefreiungen.[802] Des Weiteren soll durch den Verbund mehrerer Personen zu einem Steuerpflichtigen erreicht werden können, dass der Leistungsaustausch zwischen den Mitgliedern der Mehrwertsteuergruppe nichtsteuerbar ist und dass, die anfallende Vorsteuer, die ohne Begründung einer Mehrwertsteuergruppe nicht geltend gemacht werden kann, abzugsfähig ist.[803] Weiterhin ist allerdings klarzustellen, dass mit Blick auf die Missbrauchsverhinderungsmaßnahmen die EU-Mitgliedstaaten einen weiten Ermessensspielraum haben, da diese nur geltend machen müssen, dass die entsprechende Maßnahme zur Verhinderung der erwähnten Gefahren beschlossen wurde.[804] Zwar obliegen die EU-Mitgliedstaaten einer gerichtlichen Kontrolle, jedoch reicht als Rechtfertigungsgrundlage bereits eine plausible Begründung aus.[805] Die Erfolgsaussichten einer solchen Maßnahme müssen allerdings nicht nachgewiesen werden, sondern nur nicht unwahrscheinlich sein.[806] Folglich muss das Gegenteil von der EU-Kommission überzeugend bewiesen werden.[807] Darüber hinaus fordert der EuGH die EU-Mitgliedstaaten im Zusammenhang mit seiner Entscheidung in der verbundenen Rechtssache *Halifax* auf, missbräuchliche Praktiken konsequent zu bekämpfen.[808]

b. Internationale Beanspruchung der Antimissbrauchsvorschrift

In einigen EU-Mitgliedstaaten ist das Recht zur Begründung einer Mehrwertsteuergruppe grundsätzlich bestimmten Wirtschaftszweigen, Wirtschaftsteilnehmern oder Rechtsformen unter besonderen Voraussetzungen vorbehalten, die sich jedoch nicht explizit aus Art. 11 Abs. 1 MwStSystRL ergeben.[809] Der

---

802 Vgl. Stadie, in: Rau/Dürrwächter, UStG, 2018, § 2 Anm. 974 wie beispielhaft die Kleinunternehmerbefreiung.

803 Vgl. BFH, Urteil vom 02.12.2015, V R 67/14, BStBl. II 2017, S. 560 unter II.3.b)cc)(2); BFH, Urteil vom 02.12.2015, V R 15/14, BStBl. II 2017, S. 553 unter II.1.c)cc)(2), zur Verhinderung des nach § 15 Abs. 2 UStG existierenden Vorsteuerabzugsverbots. Ferner: von Streit/Streit, DStR 2016, S. 1450; Stadie, in: Rau/Dürrwächter, UStG, 2018, § 2 Anm. 975.

804 Vgl. EuGH, Urteil vom 25.04.2013, C 480/10, ECLI:EU:C:2013:263, Rn. 39.

805 Vgl. Birkenfeld, in: Birkenfeld/Wäger, Das große Umsatzsteuer-Handbuch, 2018, § 44 Rn. 161.

806 Vgl. Birkenfeld, UR 2014, S. 125; Wäger, UVR 2013, S. 209.

807 Vgl. EuGH, Urteil vom 25.04.2013, C 480/10, ECLI:EU:C:2013:263, Rn. 40.

808 Vgl. EuGH, Urteil vom 21.02.2006, C 255/02, Slg. 2006, S. I-01609 Rn. 71.

809 Vgl. Becker, MwStR 2018, S. 249.

Grund dafür ist möglicherweise im Lichte der nationalen Missbrauchspräventionsbestrebungen zu sehen.

So ist in Finnland[810] die mehrwertsteuerliche Gruppenbildung lediglich für umsatzsteuerbefreite Kredit- und Versicherungsinstitute und von ihnen beherrschte Unternehmen[811] möglich. Darüber hinaus gilt in Finnland für Rentierbesitzer eine besondere Regelung, nach der sie als ein Steuerpflichtiger behandelt werden können.[812] Eine ähnliche Regelung lässt sich in Schweden[813] finden, wobei festzuhalten ist, dass eine dortige Mehrwertsteuergruppenbildung zusätzlich auch für als Kommissionär tätige Unternehmen und ihnen zuarbeitende Steuerpflichtige zulässig ist.[814] Auch Malta reduziert seinen Anwendungsbereich auf den Finanz-, Versicherungs- und Glückspielsektor.[815]

Demgegenüber ist die Mehrwertsteuergruppe beispielhaft in Italien[816], Deutschland[817], Estland[818] und in der Slowakei[819] regelmäßig nicht auf bestimmte Branchen beschränkt. Allerdings können Personen in Italien und der Slowakei, die sich in einer Unternehmensliquidation oder in einem Insolvenzverfahren befinden, grundsätzlich keiner Mehrwertsteuergruppe beitreten.[820] Ebenso können zypriotische Reiseveranstalter unter bestimmten Bedingungen nicht Bestandteil einer Mehrwertsteuergruppe werden.[821] In Ungarn kann Unternehmen, deren Umsätze die Höhe von sechs Millionen HUF (umgerechnet 19.400 Euro) überschreiten, die Gruppenzugehörigkeit versagt werden.[822] Hingegen muss in Lettland ein bestimmter Umsatz erzielt werden, um einer Mehrwertsteuergruppe überhaupt beitreten zu können. Vor diesem Hintergrund muss

810 Vgl. Annacondia, EU VAT Compass 2017/2018, 2017, S. 603.

811 Als beherrschte Unternehmen kommen auch nicht umsatzsteuerbefreite Unternehmen infrage, sofern sie im Inland ansässig sind oder über eine inländische Betriebsstätte verfügen.

812 Vgl. Annacondia, EU VAT Compass 2017/2018, 2017, S. 603.

813 Vgl. Annacondia, EU VAT Compass 2017/2018, 2017, S. 607.

814 Vgl. Annacondia, EU VAT Compass 2017/2018, 2017, S. 607.

815 Vgl. Mehrwertsteuerausschuss, Working Paper No. 942, 2018, S. 4; Borg, MwStR 2018, S. 606.

816 Vgl. Mehrwertsteuerausschuss, Working Paper No. 933, 2017, S. 4.

817 Dazu auch: Reiß, UR 2016, S. 749.

818 Vgl. Mehrwertsteuerausschuss, Working Paper No. 544, 2007, S. 2.

819 Vgl. Mehrwertsteuerausschuss, Working Paper No. 601, 2009, S. 8.

820 Vgl. Mehrwertsteuerausschuss, Working Paper No. 933, 2017, S. 4; Mehrwertsteuerausschuss, Working Paper No. 601, 2009, S. 7.

821 Vgl. Annacondia, EU VAT Compass 2017/2018, 2017, S. 601.

822 Vgl. Annacondia, EU VAT Compass 2017/2018, 2017, S. 604.

mindestens ein Gruppenmitglied einen jährlichen Umsatz in Höhe von 350.000 Euro vorweisen.[823] Auch in Großbritannien kann der Zugang zur Mehrwertsteuergruppe beschränkt werden, wenn Umsatzkreise mit einem Umsatzvolumen von mehr als zehn Millionen Pfund vorliegen, in denen der Organträger nicht zum vollen Vorsteuerabzug berechtigt ist.[824]

Von der Gruppenbesteuerung grundsätzlich ausgeschlossen sind in Ungarn[825] Unternehmen, an denen der Staat mittelbar oder unmittelbar mehr als die Hälfte der Stimmrechtsanteile hält. Auch Zypern hat sich das Recht vorbehalten, bei Verdacht auf unerwünschte Steuergestaltungen die Möglichkeit zur Bildung einer Gruppenbildung vollständig zu verwehren.[826] Selbst bei Vorliegen sämtlicher Tatbestandsvoraussetzungen können britische Finanzverwaltungen aus Präventionsgründen zum Schutz vor steuerlichem Missbrauch eine Mehrwertsteuergruppenzugehörigkeit ablehnen.[827] In Estland scheiden steuerpflichtige Personen aus, die ausschließlich umsatzsteuerbefreite Ausgangsleistungen tätigen.[828] In Luxemburg gilt als Maßnahme zur Vorbeugung gegen Steuermissbrauch der Gruppenausschluss von Mitgliedern mit gruppenfremden Aktivitäten.[829] Im Übrigen wird auch die Einführung eines Antragsverfahrens als Vorbeugungsmaßnahme gegen Steuerhinterziehung und -umgehung erachtet.[830] Demgegenüber hat Dänemark keine Regelungen im nationalen Umsatzsteuerrecht getroffen, um potenziellen Steuermissbrauch zu verhindern.[831]

Abschließend kann festgehalten werden, dass derartige Einschränkungen durch die nationale Gesetzgebung jedoch unbedenklich sein sollen, da Art. 11 Abs. 2 MwStSystRL den jeweiligen EU-Mitgliedstaaten ausdrücklich

---

823 Vgl. Annacondia, EU VAT Compass 2017/2018, 2017, S. 606.

824 Vgl. näher dazu: Lang-Horgan, MwStR 2015, S. 288. Die Aufnahme eines Mitglieds kann demzufolge von der britischen Finanzbehörde innerhalb von 90 Tagen verwehrt werden, insoweit dies zum Schutz der Staatskasse zwingend erforderlich ist.

825 Vgl. Annacondia, EU VAT Compass 2017/2018, 2017, S. 605.

826 Vgl. Mehrwertsteuerausschuss, Working Paper No. 408, 2004, S. 1; Annacondia, EU VAT Compass 2017/2018, 2017, S. 601, in Zusammenhang mit steuerpflichtigen Personen, die ausschließlich umsatzsteuerbefreite Ausgangsleistungen tätigen.

827 Vgl. Annacondia, EU VAT Compass 2017/2018, 2017, S. 608.

828 Steuerpflichtige Personen mit Mischtätigkeiten im Sinne von steuerpflichtigen und steuerbefreiten Umsätzen werden jedoch zur Mehrwertsteuergruppe zugelassen, vgl. Mehrwertsteuerauschuss, Working Paper No. 544, 2007, S. 2.

829 Vgl. Mehrwertsteuerausschuss, Working Paper No. 948 REV, 2018, S. 9 f.

830 Vgl. Birkenfeld, in: Birkenfeld/Wäger, Das große Umsatzsteuer-Handbuch, 2018, § 44 Rn. 163; Sterzinger, BB 2013, S. 1303.

831 Vgl. Elgaard, Nordic Tax Journal 2017, S. 8 und 12.

die Gestaltung individueller Missbrauchsvermeidungsvorschriften zugesteht.[832] Mithin stellt Art. 11 Abs. 2 MwStSystRL eine Rechtfertigungsgrundlage für die jeweiligen EU-Mitgliedstaaten dar, die in ihren innerstaatlichen Gesetzgebungen schärfere bzw. abweichende Regelungen zur Mehrwertsteuergruppe in Vergleich zu den unionsrechtlichen Vorgaben getroffen haben.

III. Anwendungsbereich einer Mehrwertsteuergruppe und seine Bedeutung für den deutschen Organkreis

1. Grundsätzliches

Für EU-Mitgliedstaaten, die mehrwertsteuerliche Regelungen zur Gruppenbesteuerung in ihr innerstaatliches Rechtssystem einführen wollen, besteht zunächst die Notwendigkeit einer vorherigen Konsultation des Mehrwertsteuerausschusses.[833] Diese formale Voraussetzung resultiert ausdrücklich aus dem Wortlaut der Bestimmung.[834] Der genannte Mehrwertsteuerausschuss nimmt eine Beratungsfunktion ein und wird eingesetzt, um eine einheitliche Anwendung der Bestimmungen des Art. 11 MwStSystRL zu fördern (Art. 398 Abs. 4 MwStSystRL). Da es sich lediglich um einen unterstützenden Ausschuss handelt, der über keine gesetzgeberische Befugnis verfügt, sind seine Entscheidungen ausschließlich als Empfehlungen zu verstehen.

Weiterhin soll eine derartige Konsultation einerseits bereits vor der geplanten Veröffentlichung der vorgesehenen innerstaatlichen Rechtsvorschriften sowie andererseits vor jeder wesentlichen Änderung einer bereits eingeführten Mehrwertsteuergruppenvorschrift erfolgen.[835] Die Konsultationspflicht des Mehrwertsteuerausschusses nach Art. 11 Abs. 1 MwStSystRL gilt entsprechend auch für vorgesehene Maßnahmen des Art. 11 Abs. 2 MwStSystRL.[836] Um dieser

832 Vgl. nach Lippross, Umsatzsteuer, 2017, S. 429, können zur Verhinderung missbräuchlicher Gestaltungen in der Richtlinie nicht „spezifizierte Maßnahme" getroffen werden.

833 Für eine Übersicht der Konsultationen der EU-Mitgliedstaaten: Mehrwertsteuerausschuss, Liste der Konsultationen, 2018. Insbesondere zu den Working Papers des Mehrwertsteuerausschusses: Mehrwertsteuerausschuss, Unterlagen zu den Konsultationsverfahren, 2018. Ferner: Vyncke, IVM 2007, S. 260.

834 Vgl. EuGH, Urteil vom 22.05.2008, C 162/07, ECLI:EU:C:2008:301, Rn. 18.

835 Vgl. EuGH, Urteil vom 08.01.2002, C 409/99, Slg. 2002, S. I-00081 Rn. 63; EU-Kommission, UR 2009, S. 634.

836 Vgl. EU-Kommission, UR 2009, S. 634. In diesem Zusammenhang hat die EU-Kommission auch deshalb ein Vertragsverletzungsverfahren gegen die Mehrwertsteuergruppenvorschrift der Niederlande eingeleitet, da diese den Mehrwertsteuerausschuss

Bestimmung ihre vollumfängliche Wirksamkeit zu verschaffen und vor allem um eine umfassende Diskussion im Mehrwertsteuerausschuss zu gewährleisten, sollte nach Auffassung der EU-Kommission eine derartige Konsultation frühzeitig durchgeführt werden.[837] Zu berücksichtigen ist allerdings, dass der Mehrwertsteuerausschuss keine Befugnis besitzt, die geplante Mehrwertsteuergruppenregelung sowie die sich im Zeitablauf herausbildenden und bekanntzugebenden Änderungen zu bestätigen oder abzulehnen.[838] Allerdings kann der Mehrwertsteuerausschuss den jeweiligen EU-Mitgliedstaaten Verbesserungsvorschläge unterbreiten, die bei Nichtbeachtung Ausgangspunkt für die Einleitung eines Vertragsverletzungsverfahrens durch die EU-Kommission sein können,[839] über dessen Rechtmäßigkeit jedoch der EuGH zu urteilen hat.[840] Im Ergebnis ist das Konsultationserfordernis des Mehrwertsteuerausschusses folgerichtig als zwingend einzuhaltende Verfahrensverpflichtung für die Einführung einer nationalen Vorschrift zur Mehrwertsteuergruppe zu verstehen.[841] Sie gilt als Vorbedingung für den Erlass einer Mehrwertsteuergruppenregelung im Rahmen innerstaatlicher Gesetzgebung.[842] Wird einer derartigen Bedingung nicht Folge geleistet, so kann sich der Steuerpflichtige auf die Ungültigkeit der nationalen Organschaftsregelung berufen.[843]

2. Vereinbarkeitsprüfung des personenbezogenen Anwendungsbereichs mit den unionsrechtlichen Vorgaben

a. Allgemeines

Die umsatzsteuerliche Organschaftsregelung nach § 2 Abs. 2 Nr. 2 UStG lässt derzeit ausschließlich juristische Personen[844] als Organgesellschaften zu. Der

---

nicht über die Änderungen der nationalen Vorschriften in Kenntnis gesetzt hat, vgl. Slapio, UR 2013, S. 408.

837 Vgl. EU-Kommission, UR 2009, S. 634.

838 Vgl. EuGH, Urteil vom 12.06.1979, C 181/78 und C 229/78, Slg. 1979, S. 02063.

839 Nach Korf, IStR 2010, S. 561 fungiert die Kommission als sog. Hüter der Harmonisierung.

840 Vgl. Birkenfeld, UR 2014, S. 122.

841 Vgl. EuGH, Urteil vom 08.01.2002, C 409/99, Slg. 2002, S. I-00081 Rn. 62.

842 Vgl. EuGH, Urteil vom 08.01.2002, C 409/99, Slg. 2002, S. I-00081 Rn. 63. In diesem Sinne auch: EuGH, Urteil vom 22.05.2008, C 162/07, ECLI:EU:C:2008:301, Rn. 18; des Weiteren: Huschens, UVR 2008, S. 340 ff.

843 Vgl. EuGH, Urteil vom 08.01.2002, C 409/99, Slg. 2002, S. I-00081 Rn. 62 und 65.

844 Daneben reduzieren u. a. Österreich und Großbritannien ebenso den personenbezogenen Anwendungsbereich auf juristische Personen, vgl. § 2 Abs. 2 Z 2 öst. UStG;

Organträger ist allerdings nicht an eine Rechtsform gebunden. Dagegen können gemäß Art. 11 MwStSystRL im jeweiligen EU-Mitgliedstaat ansässige Personen Bestandteil einer Mehrwertsteuergruppe werden. Aus unionsrechtlichem Blickwinkel resultieren hieraus weder ein besonders bezeichneter Gruppenträger im Sinne des Organträgers noch einfache Gruppenmitglieder in Gestalt von Organgesellschaften.[845] Des Weiteren lässt der Wortlaut des § 2 Abs. 2 Nr. 2 UStG keine Zweifel an dem Erfordernis der Unternehmereigenschaft für die Organkreismitglieder aufkommen.[846] Vor diesem Hintergrund können Personen, die nicht Unternehmer im Sinne des § 2 Abs. 1 UStG darstellen, weder als Organträger noch als Organgesellschaft fungieren.[847] Insgesamt geht das UStG von einem wirtschaftlich tätigen Organträger aus, der bestimmte andere wirtschaftliche Personen auf die Art und Weise beherrscht, dass sie wie unselbstständige Bestandteile eines Unternehmens eingestuft werden.[848] Im Gegensatz dazu beschränkt Art. 11 MwStSystRL den personenbezogenen Anwendungsbereich einer Mehrwertsteuergruppe nicht auf unternehmerische Personen. Unter diesem Gesichtspunkt soll auch Nichtsteuerpflichtigen der Zugang zu einer Mehrwertsteuergruppe freistehen. Die deutsche Organschaftsregelung und die unionsrechtliche Bestimmung weisen allerdings die Gemeinsamkeit auf, dass sie die Anzahl der eingliederungsfähigen Personen bzw. Unternehmensteile grundsätzlich nicht begrenzt.[849]

Im Übrigen kann zur Einschätzung des Art. 11 MwStSystRL festgehalten werden, dass es sich – anders als nach deutschem Rechtsverständnis – nicht um eine Vorschrift über Anforderungen an die Selbstständigkeit handelt.[850] Denn die Mehrwertsteuergruppennorm legt fest, dass Steuerpflichtige, deren Unabhängigkeit eine reine Rechtsformalität darstellt, nicht als getrennte Steuerpflichtige zu betrachten sind.[851] Dies bedeutet, dass die der Mehrwertsteuergruppe beigetretenen Personen zwar ihre rechtliche Unabhängigkeit beibehalten, jedoch

---

Lang-Horgan, MwStR 2015, S. 288. Allerdings soll in Großbritannien zukünftig unter bestimmten Voraussetzungen auch möglich sein, Personengesellschaften in eine Mehrwertsteuergruppe einzubinden, vgl. HMRC, VAT grouping, 2018.

845 Vgl. Hubert, StuB 2014, S. 721.

846 Vgl. Kapitel C.III.1.

847 Vgl. dazu insbesondere die Ausführungen in Kapitel C.III.1.

848 Vgl. Abschn. 2.8 Abs. 1 S. 6 UStAE; von Streit, UStB 2013, S. 296; Birkenfeld, UR 2014, S. 121.

849 Vgl. Birkenfeld, UR 2014, S. 123.

850 Vgl. Korn, in: Bunjes, UStG, 2018, § 2 Rn. 138.

851 Vgl. EU-Kommission, UR 2009, S. 633.

aus mehrwertsteuerlichen Gesichtspunkten als Bestandteil dieses neuen Mehrwertsteuerpflichtigen angesehen werden, mit der Folge, dass die wirtschaftliche Realität Vorrang vor der rechtlichen Form hat.[852] Resümierend lassen die vorstehend dargelegten Unterschiede ein deutlich ausgeprägtes Spannungsverhältnis zwischen dem personenbezogenen Anwendungsbereich des § 2 Abs. 2 Nr. 2 UStG und den unionsrechtlichen Bestimmungen zur Mehrwertsteuergruppe erkennen.

b. Internationale Ausgestaltung des personenbezogenen Anwendungsbereichs

Vor dem beschriebenen Hintergrund eröffnet die Begrifflichkeit der Person bei der Umsetzung ins nationale Recht einen gewissen Interpretationsspielraum. Demzufolge kann dieser Begriff sowohl steuerpflichtige als auch nichtsteuerpflichtige Personen umfassen. Die Frage, ob unter diese Begrifflichkeit auch Nichtsteuerpflichtige fallen und nicht ausschließlich Steuerpflichtige, sorgt innerhalb der EU-Mitgliedstaaten für erhebliche Meinungsverschiedenheiten.

In diesem Zusammenhang erlaubt insbesondere das nationale Umsatzsteuerrecht in Dänemark[853], Irland[854], mit Einschränkungen in den Niederlanden[855], Großbritannien[856], Luxemburg[857], Malta[858], Schweden, Finnland und in der Tschechischen Republik die Einbeziehung nichtsteuerpflichtiger Personen in die Mehrwertsteuergruppe.[859] Der potenzielle Kreis der Gruppenmitglieder in der Schweiz erfasst indes jede Form von Unternehmensträgern. In diesem Sinne kommen vor allem neben nichtrechtsfähigen Personengesellschaften auch natürliche Personen infrage (Art. 16 S. 1 MWSTV).[860] Natürliche Personen können allerdings nur als Mitglied in Betracht gezogen werden, wenn sie die

852 Vgl. EU-Kommission, UR 2009, S. 633; Nieskens, BB 2015b, S. 2076.

853 Vgl. Annacondia, EU VAT Compass 2017/2018, 2017, S. 602; Vyncke, EC Tax Review, 2009, S. 301.

854 Vgl. Mehrwertsteuerausschuss, Working Paper No. 523, 2006, S. 1.

855 Beispielhaft können in den Niederlanden Holdinggesellschaften, die unentgeltlich Tochtergesellschaften führen, in eine Mehrwertsteuergruppe einbezogen werden, vgl. Annacondia, EU VAT Compass 2017/2018, 2017, S. 606. Dazu auch: Vyncke, EC Tax Review, 2009, S. 301.

856 Vgl. Vyncke, EC Tax Review, 2009, S. 301.

857 Vgl. Mehrwertsteuerausschuss, Working Paper No. 948 REV, 2018, S. 4.

858 Vgl. Mehrwertsteuerausschuss, Working Paper No. 942, 2018, S. 4.

859 Vgl. dazu auch: Sterzinger, UR 2014, S. 135.

860 Zur umsatzsteuerlichen Organschaft mit Personengesellschaften: Kapitel E.

Gruppe beherrschen oder vertraglich so eingebunden sind, dass die Gesamtheit ihrer beruflichen und gewerblichen Tätigkeiten einer Gruppengesellschaft untergeordnet ist.[861] Ebenso können Rechtsträger, die kein Unternehmen betreiben, zum Kreis der Gruppenmitglieder gehören, jedoch nur unter der strikten Voraussetzung, dass mindestens ein Mitglied der Gruppe ein Unternehmen im Sinne des Art. 10 Abs. 1 MWSTG betreibt (Art. 13 Abs. 1 S. 1 MWSTG). Hingegen wird in Deutschland, Lettland[862], Estland[863], Belgien[864], Österreich[865], Italien[866], Zypern[867], Ungarn[868] und der Slowakei[869] vorrangig auf die Eigenschaft eines Steuerpflichtigen abgestellt. Diesbezüglich ist strittig, ob die unionsrechtlichen Anforderungen als äußere, nicht zu überschreitende Rahmenbedingungen auszulegen sind oder ob ein gewisser Beurteilungsspielraum den jeweiligen EU-Mitgliedstaaten zugestanden werden kann.[870] Während vereinzelte Autoren im wissenschaftlichen Schrifttum[871] letztere Auffassung vertreten, scheint für den EuGH die einheitliche Auslegung der Richtlinienbestimmungen vorrangiges Ziel zu sein. Dieser stellt daher auf ein EU-weites einheitliches Mehrwertsteuergruppenmodell ab.

Im nachfolgenden Abschnitt soll umfassend untersucht werden, ob die umsatzsteuerliche Organschaftsregelung nach § 2 Abs. 2 Nr. 2 UStG dahingehend geändert werden muss, dass auch nichtsteuerpflichtigen Personen der

---

861 Vgl. Camenzind et al., Handbuch zum Mehrwertsteuergesetz, 2012, S. 220 f.

862 Vgl. Annacondia, EU VAT Compass 2017/2018, 2017, S. 606.

863 Vgl. Annacondia, EU VAT Compass 2017/2018, 2017, S. 603.

864 Vgl. Annacondia, EU VAT Compass 2017/2018, 2017, S. 600.

865 Vgl. Annacondia, EU VAT Compass 2017/2018, 2017, S. 600.

866 Vgl. Mehrwertsteuerausschuss, Working Paper No. 933, 2017, S. 4; Annacondia, EU VAT Compass 2017/2018, 2017, S. 605.

867 Vgl. Annacondia, EU VAT Compass 2017/2018, 2017, S. 601.

868 Vgl. Annacondia, EU VAT Compass 2017/2018, 2017, S. 604.

869 Vgl. Annacondia, EU VAT Compass 2017/2018, 2017, S. 606.

870 Vgl. Grünwald, MwStR 2013, S. 329.

871 Vgl. im Besonderen: Reiß, UR 2016, S. 746 ff., der grundsätzlich die Auffassung vertritt, dass die Begrifflichkeit „Person“ sowohl Steuerpflichtige als auch Nichtsteuerpflichtige erfasst. Im Ergebnis zweifelt Reiß jedoch erheblich an einer Vollumsetzungspflicht des Art. 11 MwStSystRL in das nationale Recht, folgert jedoch schlussendlich daraus, dass, wenn eine Vollumsetzungspflicht des Art. 11 MwStSystRL zwingend zu beachten ist, dem EU-Mitgliedstaat Beschränkungen in Bezug auf den Personenkreis einer Mehrwertsteuergruppe grundsätzlich unter Berufung der Antimissbrauchsvorschrift gestattet ist. Darüber hinaus: Korn, SteuK 2016, S. 149; Hartman, NWB 2015, S. 1255; Sterzinger, UR 2014, S. 140.

Zugang in den Organkreis ermöglicht werden muss. Dabei umfasst die Begrifflichkeit des Nichtsteuerpflichtigen alle Personen, die die Voraussetzungen des § 2 Abs. 1 UStG nicht erfüllen.[872] In diesem Sinne würde beispielhaft eine reine Finanzholding in Betracht kommen. Zur Beantwortung dieser Fragestellung werden vor allem die Auffassungen der EU-Kommission, des Mehrwertsteuerausschusses sowie der Mehrwertsteuerexpertengruppe, aus europäischer und nationaler Rechtsprechung sowie der Meinungsstand des wissenschaftlichen Schrifttums zur Ergebnisgewinnung herangezogen. Im Fokus der nachfolgenden Untersuchung steht, welche umsatzsteuerlichen Rechtsfolgen sich bei einer Einbeziehung nichtsteuerpflichtiger Personen in den Organkreis ergeben können. Insbesondere stellt sich hier die Frage, ob die Mitberücksichtigung solcher Personen materielle Auswirkungen auf den Umfang des Vorsteuerabzugs bzw. auf die Besteuerung von Leistungsbeziehungen innerhalb des Organkreises hat.

c. *Analyse und Bewertung des personenbezogenen Anwendungsbereichs und seine Bedeutung für den deutschen Organkreis*

aa. *Auffassungen der EU-Kommission, des Mehrwertsteuerausschusses und der Mehrwertsteuerexpertengruppe*

Nach bisheriger[873] Ansicht der EU-Kommission soll Art. 11 MwStSystRL regelmäßig solche Personen erfassen, die die Kriterien eines Mehrwertsteuerpflichtigen erfüllen.[874] Diese Anforderung soll auch dadurch gestützt werden, dass Art. 11 MwStSystRL unter Titel III der MwStSystRL fällt, der auf die Definition des Steuerpflichtigen verweist.[875] Wer als Steuerpflichtiger gilt, normiert Art. 9 MwStSystRL, der zusätzlich durch Art. 10, 12 und 13 MwStSystRL ergänzt wird. Danach handelt es sich in der Regel bei einem Steuerpflichtigen um eine Person, die eine wirtschaftliche Tätigkeit selbstständig und unabhängig von ihrem

872 Vgl. Nieskens, BB 2015a, S. 1303.

873 Die EU-Kommission hat im Jahr 2009 eine Mitteilung zu der in Art. 11 MwStSystRL befindlichen Möglichkeit der unionsrechtlichen Mehrwertsteuergruppe veröffentlicht, vgl. EU-Kommission, UR 2009, S. 632 ff.

874 Vgl. EU-Kommission, UR 2009, S. 634. Diese Auffassung vertrat die EU-Kommission ebenso im Vertragsverletzungsverfahren gegen Irland, vgl. GA Jääskinen, Schlussanträge vom 27.11.2012, C 85/11, ECLI:EU:C:2012:753, Rn. 21.

875 Vgl. EU-Kommission, UR 2009, S. 634, im Übrigen soll nach Auffassung der EU-Kommission Art. 11 MwStSystRL keine Möglichkeit bestehen, von dem Definitionsgehalt des Art. 9 MwStSystRL abweichen zu können. Dazu auch: EuGH, Urteil vom 09.04.2013, C 85/11, ECLI:EU:C:2013:217, Rn. 25 und 28.

Ort, Zweck und Ergebnis ausübt (Art. 9 Abs. 1 MwStSystRL).[876] Die Tatsache, dass Art. 9 Abs. 2 MwStSystRL die Bezeichnung „Personen“ verwendet, führt zur Vermutung der EU-Kommission, dass dieser Begriff lediglich als Ummantelung für Steuerpflichtige im Sinne der MwStSystRL dient. In diesem Zusammenhang soll sich diese Begrifflichkeit eindeutig auf steuerpflichtige Personen beziehen. Nach Auffassung der EU-Kommission ist das Tatbestandsmerkmal der Personen möglicherweise vom europäischen Richtliniengeber auch deswegen gewählt worden, um eine Wiederholung des Begriffs des Steuerpflichtigen zu vermeiden, nicht aber, um nichtsteuerpflichtige Personen zu berücksichtigen.[877] Darüber hinaus soll dies auch implizieren, dass eine als ein Steuerpflichtiger zu behandelnde Gruppe[878] von Personen nur solche Personen einbeziehen darf, die auch im Einzelnen steuerpflichtig sind.[879] Dies leitet sie aus dem Attribut „ein“ ab. Aus diesem Grunde vertritt die EU-Kommission den Standpunkt, dass sämtliche Mitglieder der Mehrwertsteuergruppe die Eigenschaft eines Steuerpflichtigen zwingend besitzen müssen.[880] Ansonsten bestünde die Möglichkeit, dass eine Mehrwertsteuergruppe ausschließlich aus Nichtsteuerpflichtigen gebildet werden könnte.[881]

Ferner wird das Argument von der EU-Kommission vorgebracht, dass eine nichtsteuerpflichtige Person, der aus der MwStSystRL weder Rechte noch Pflichten auferlegt werden, nicht allein schon deshalb als Steuerpflichtiger qualifiziert werden könne, weil sie einer Mehrwertsteuergruppe beitritt.[882] Dieser Auffassung folgend, sollen bei Einbeziehung derartiger Personen Kriterien umgangen werden, anhand derer festgelegt wird, was einen Steuerpflichtigen definiert.[883]

876 Vgl. EuGH, Urteil vom 09.02.2017, C 21/16, ECLI:EU:C:2017:106.

877 Vgl. EU-Kommission, UR 2009, S. 634.

878 Die Begrifflichkeit „Gruppe“ soll nach Ansicht der EU-Kommission dahingehend verstanden werden, dass sämtliche Personen in der nach Art. 11 MwStSystRL zusammengefassten Gruppe aus mehrwertsteuerlichen Gesichtspunkten zur selben Kategorie gehören müssen, vgl. GA Jääskinen, Schlussanträge vom 27.11.2012, C 85/11, ECLI:EU:C:2012:753, Rn. 21.

879 Vgl. EU-Kommission, UR 2009, S. 634; GA Jääskinen, Schlussanträge vom 27.11.2012, C 85/11, ECLI:EU:C:2012:753, Rn. 22.

880 Vgl. EU-Kommission, UR 2009, S. 634.

881 Vgl. GA Jääskinen, Schlussanträge vom 27.11.2012, C 85/11, ECLI:EU:C:2012:753, Rn. 21.

882 Vgl. EU-Kommission, UR 2009, S. 635.

883 Vgl. EU-Kommission, UR 2009, S. 635; EuGH, Urteil vom 09.04.2013, C 85/11, ECLI:EU:C:2013:217, Rn. 24.

Im Ergebnis verbietet die EU-Kommission nichtsteuerpflichtigen Personen den Beitritt zu einer Mehrwertsteuergruppe.

Diese restriktive Sichtweise könnte sich möglicherweise unter Bezugnahme auf eine jüngst ergangene Rechtsprechung des EuGH[884] geändert haben. Unter Rekurs auf diese Entscheidung wurde explizit klargestellt, dass durch den bewussten Gebrauch der Begrifflichkeit der Person in Art. 11 MwStSystRL keine Differenzierung zwischen Steuerpflichtigen und Nichtsteuerpflichtigen erfolgen soll. Ergänzend dazu sollen sowohl juristische Personen als auch Einheiten ohne Rechtspersönlichkeit[885] als Gruppenmitglieder infrage kommen können. Diesem Auslegungsverständnis folgt auch die Mehrwertsteuerexpertengruppe.[886] Der Mehrwertsteuerausschuss hält jedoch die Ausgrenzung nichtsteuerpflichtiger Personen aus der Mehrwertsteuergruppe für möglich.[887]

bb. Auffassung des EuGH

Der Anlass zu der Beantwortung der Frage, ob Nichtsteuerpflichtige auch in den deutschen Organkreis verpflichtend einzubeziehen sind, ergab sich 2013 aus einem Vertragsverletzungsverfahren[888] der EU-Kommission gegen Irland. Das irische Recht sieht abweichend von der deutschen Regelung vor, dass zwei oder mehr in Irland ansässige Personen, von denen mindestens einer Steuerpflichtiger ist und diese entsprechend durch gegenseitige finanzielle, wirtschaftliche und organisatorische Beziehungen miteinander verbunden sind, als ein Steuerpflichtiger zu behandeln sind.[889] Im Rahmen dieses Vertragsverletzungsverfahrens entschied der EuGH, dass die Einbeziehung von Nichtsteuerpflichtigen in

884 EuGH, Urteil vom 09.04.2013, C 85/11, ECLI:EU:C:2013:217.

885 Beispielhaft Personengesellschaften, vgl. EuGH, Urteil vom 16.07.2015, C 108/14 und C 109/14, ECLI:EU:C:2015:496, Rn. 37. Dazu auch: GA Mengozzi, Schlussanträge vom 26.03.2015, C 108/14 und C 109/14, ECLI:EU:C:2015:212, Rn. 61. Eine umfassende Analyse, in welchem Umfang Personengesellschaften als Organgesellschaft in eine umsatzsteuerliche Organschaft eingegliedert werden können, erfolgt in Kapitel E.

886 Vgl. Mehrwertsteuerexpertengruppe, VEG No. 70 REV1, 2018, S. 9.

887 Vgl. EU-Kommission, Mitteilung vom 19.02.2015, UVR 2015, S. 97 mit Hinweis auf die Leitlinien des Mehrwertsteuerausschusses aus der 101. Sitzung vom 20.10.2014 – Dokument C taxud.c.1(2015) 46844 – 824. Dazu kritisch: Englisch, UR 2016, S. 825, der davon ausgeht, dass ein solches Meinungsbild den steuerpolitischen Autonomiebestrebungen der dort vertretenen EU-Mitgliedstaaten geschuldet ist.

888 EuGH, Urteil vom 09.04.2013, C 85/11, ECLI:EU:C:2013:217.

889 Vgl. GA Jääskinen, Schlussanträge vom 27.11.2012, C 85/11, ECLI:EU:C:2012:753, Rn. 5.

eine Mehrwertsteuergruppe richtlinienkonform ist.[890] Entgegen der Auffassung der EU-Kommission stellte der EuGH ausdrücklich fest, dass grundsätzlich nichtsteuerpflichtige Personen in die Festlegung der Mehrwertsteuergruppe einbezogen werden können.[891] Dies begründet er sowohl unter Zuhilfenahme des Wortlauts[892], der Entstehungsgeschichte[893] und der Systematik[894] als auch mit der Zwecksetzung[895] der Richtlinienbestimmung. Nach Ansicht des EuGH kann insbesondere aus der Systematik des Titels III der MwStSystRL nicht hergeleitet werden, dass eine Person, die die Voraussetzungen dieser allgemeinen Definition nach Art. 9 MwStSystRL nicht erfüllt, automatisch von dem in Art. 11 MwStSystRL genannten Personenkreis auszuschließen ist.[896] Aufgrund fehlender Einschränkung der Mehrwertsteuergruppennorm auf bestimmte Personen, erachtet der EuGH es als hinreichend, dass eng miteinander verbundene Personen die Voraussetzungen eines Steuerpflichtigen zwar nicht jeweils für sich, aber gemeinsam im Sinne einer wechselseitigen Zurechnung erlangen können.[897] Insgesamt soll damit das Tatbestandsmerkmal der Person nicht mit einem Steuerpflichtigen im Sinne der MwStSystRL gleichzusetzen sein.[898] Dies

890 Vgl. EuGH, Urteil vom 09.04.2013, C 85/11, ECLI:EU:C:2013:217, Rn. 50. Dabei folgte der EuGH den Schlussanträgen des GA Jääskinen vom 27.11.2012 C 85/11, ECLI:EU:C:2012:753, Rn. 54.

891 Vgl. EuGH, Urteil vom 09.04.2013, C 85/11, ECLI:EU:C:2013:217, Rn. 50.

892 Zur Wortauslegung: EuGH, Urteil vom 09.04.2013, C 85/11, ECLI:EU:C:2013:217, Rn. 36 ff.

893 Zur Entstehungsgeschichte: EuGH, Urteil vom 09.04.2013, C 85/11, ECLI:EU:C:2013:217, Rn. 37 f.

894 Zur Systematik: EuGH, Urteil vom 09.04.2013, C 85/11, ECLI:EU:C:2013:217, Rn. 42 ff.

895 Insgesamt zur Zielsetzung: EuGH, Urteil vom 09.04.2013, C 85/11, ECLI:EU:C:2013:217, Rn. 47 ff.

896 Vgl. EuGH, Urteil vom 09.04.2013, C 85/11, ECLI:EU:C:2013:217, Rn. 45 ff. In diesem Sinne ist beispielhaft darauf hinzuweisen, dass nach Art. 9 Abs. 2 MwStSystRL ebenfalls Personen einbezogen werden können, die nicht die Eigenschaften eines Steuerpflichtigen im Sinne der MwStSystRL erfüllen. Dabei ist u. a. jede Person zu verstehen, die gelegentlich ein neues Fahrzeug liefert, das durch den Verkäufer oder durch den Erwerber oder für ihre Rechnung an den Erwerber nach einem Ort außerhalb des Mitgliedstaatsgebietes, aber im Gemeinschaftsgebiet, versandt oder befördert wird. Ähnliche Vorschriften lassen sich in Art. 10, 12 Abs. 1 und 13 MwStSystRL finden.

897 Vgl. EuGH, Urteil vom 09.04.2013, C 85/11, ECLI:EU:C:2013:217, Rn. 45.

898 Vgl. EuGH, Urteil vom 09.04.2013, C 85/11, ECLI:EU:C:2013:217, Rn. 45; dieser Richtung ebenso folgend: GA Mengozzi, Schlussanträge vom 26.03.2015, C 108/14 und C 109/14, ECLI:EU:C:2015:212, Rn. 93, der betont, dass die Begrifflichkeit des

begründet der EuGH damit, dass das Erfordernis eines Steuerpflichtigen nicht den Anwendungsbereich berühre, sondern ausschließlich die Rechtsfolge der Mehrwertsteuergruppennorm beschreibe.[899] Auch ist nach dessen Ansicht diese Begrifflichkeit nicht zur Vermeidung einer Wortwiederholung des Steuerpflichtigen, sondern bewusst gewählt worden, um sämtlichen Ausprägungsformen des Personenbegriffs den Mehrwertsteuergruppenzugang zu ermöglichen.[900]

Ferner hält der EuGH es ebenso für denkbar, dass insbesondere die Einbeziehung Nichtsteuerpflichtiger zu einer Verwaltungsvereinfachung führen kann, sodass eine derartige Berücksichtigungsfähigkeit auch mit dem Regelungszweck vereinbar ist.[901] Mithin hält der EuGH die Anwesenheit nichtsteuerpflichtiger Personen in einer Mehrwertsteuergruppe in bestimmten Fällen dann für unvermeidlich, wenn sie allein die engen Beziehungen herstellen, die auf finanzieller, wirtschaftlicher und organisatorischer Ebene zwischen den diese Gruppe bildenden Personen existieren müssen, damit diese zusammen als ein Steuerpflichtiger behandelt werden können.[902]

Das Argument des Steuermissbrauchs wird ebenso in seiner Entscheidung aufgegriffen. Mit Blick auf eine generelle Einschränkung des Personenbegriffs weist der EuGH weitestgehend sämtliche Missbrauchsgedanken zurück. Doch erkennt er ausdrücklich an, dass nicht ausgeschlossen werden kann, dass gerade die Berücksichtigung nichtsteuerpflichtiger Personen einen Beitrag zur Vermeidung bestimmter Missbräuche leisten könne.[903] Obwohl aus dieser Sicht ein genereller Ausschluss nichtsteuerpflichtiger Personen als unionsrechtswidrig eingestuft wird, stellt der EuGH jedoch abschließend klar, dass, sofern mit der

---

Steuerpflichtigen kein Synonym von Personen im Sinne des Art. 11 MwStSystRL darstellt. Ferner: Birkenfeld, UR 2014, S. 123.

899 Vgl. EuGH, Urteil vom 09.04.2013, C 85/11, ECLI:EU:C:2013:217, Rn. 40.

900 Vgl. EuGH, Urteil vom 09.04.2013, C 85/11, ECLI:EU:C:2013:217, Rn. 36 und 39.

901 Vgl. EuGH, Urteil vom 09.04.2013, C 85/11, ECLI:EU:C:2013:217, Rn. 47 f.

902 Vgl. EuGH, Urteil vom 09.04.2013, C 85/11, ECLI:EU:C:2013:217, Rn. 48.

903 Vgl. EuGH, Urteil vom 09.04.2013, C 85/11, ECLI:EU:C:2013:217, Rn. 47, der als Missbrauch die Aufspaltung eines Unternehmens zwischen mehreren Steuerpflichtigen ansieht, um in den Genuss einer Sonderregelung zu gelangen. Demgegenüber macht Irland im Rahmen der Verhandlungen geltend, dass die Zulassung nichtsteuerpflichtiger Personen, insbesondere Holdinggesellschaften, zur Mehrwertsteuergruppe zur Vorbeugung von Steuermissbrauch grundsätzlich förderlich sei. Nach irischer Auffassung stelle die Einbeziehung derartiger Gesellschaften dahingehend einen Vorteil dar, da diese zur gesamtschuldnerischen Haftung herangezogen werden könnten, vgl. GA Jääskinen, Schlussanträge vom 27.11.2012, C 85/11, ECLI:EU:C:2012:753, Rn. 26.

Einbeziehung nichtsteuerpflichtiger Personen ein Missbrauchspotenzial verbunden sein soll, die EU-Mitgliedstaaten grundsätzlich zur Ergreifung von Sondermaßnahmen berechtigt seien.[904]

Allerdings bleibt auch nach diesem Auslegungsurteil weiterhin offen, ob Nichtsteuerpflichtige zwingend in den Mehrwertsteuerverbund einzubeziehen sind. Aus dem Verdikt des EuGH lässt sich kein unionsrechtlicher Zwang[905] zur Aufnahme nichtsteuerpflichtiger Personen ableiten. Denn der EuGH hat in seiner Urteilsfindung anstatt des Wortes „müssen" das Wort „können" verwendet.[906] Ein mögliches Einbeziehungswahlrecht ist grundsätzlich kritisch zu beurteilen, denn es steht einer unionsweit einheitlichen Umsetzung der Mehrwertsteuergruppe in den EU-Mitgliedstaaten entgegen und ist nach der hier vertretenen Auffassung abzulehnen.

Darüber hinaus hat der EuGH in zwei weiteren Vertragsverletzungsverfahren gegen Schweden[907] und Finnland[908] entschieden, dass eine Beschränkung des Anwendungsbereichs der Mehrwertsteuergruppe auf bestimmte Branchen[909] grundsätzlich unionsrechtskonform ist.[910] Nichtsdestotrotz wird maßgeblich darauf hingewiesen, dass Art. 11 MwStSystRL den EU-Mitgliedstaaten nicht die Möglichkeit einräumt, weitergehende Voraussetzungen zur Bildung einer Mehrwertsteuergruppe zu fordern als die Richtlinienbestimmung es vorsieht.[911] Unter Rekurs auf diese Vertragsverletzungsverfahren ist die berechtigte Frage aufgeworfen worden, ob die in § 2 Abs. 2 Nr. 2 UStG geforderte Bedingung, dass der Organträger und die Organgesellschaft grundsätzlich Unternehmer sein müssen, mit dem unionsrechtlichen Vorgaben noch vereinbar ist.[912] Denn

---

904 Vgl. EuGH, Urteil vom 09.04.2013, C 85/11, ECLI:EU:C:2013:217, Rn. 49.

905 Gleicher Auffassung: Grünwald, MwStR 2013, S. 332; Meurer, StBW 2015, S. 629; Sterzinger, UR 2014, S. 133. Für den zwingenden Einbezug von Nichtunternehmern u. a.: Küffner/Streit, UR 2013, S. 401; von Streit, UStB 2013, S. 295; Becker, UStB 2014, S. 231; Endres, UR 2015, S. 854.

906 Vgl. EuGH, Urteil vom 09.04.2013, C 85/11, ECLI:EU:C:2013:217, Rn. 39.

907 EuGH, Urteil vom 25.04.2013, C 480/10, ECLI:EU:C:2013:263. Dazu auch: Grube, MwStR 2013, S. 279.

908 EuGH, Urteil vom 25.04.2013, C 74/11, ECLI:EU:C:2013:266.

909 Danach reduziert sich der Anwendungsbereich in Schweden und Finnland auf Unternehmen des Finanz- und Versicherungssektors. Die Mehrzahl der EU-Mitgliedstaaten lässt eine branchenübergreifende Mehrwertsteuergruppe zu, vgl. Mehrwertsteuerexpertengruppe, VEG No. 70 REV1, 2018, S. 4 f.

910 Kritisch dazu: Stadie, in: Rau/Dürrwächter, UStG, 2018, § 2 Anm. 807.

911 Vgl. EuGH, Urteil vom 25.04.2013, C 480/10, ECLI:EU:C:2013:263, Rn. 35.

912 Dazu auch: GA Mengozzi, Schlussanträge vom 26.03.2015, C 108/14 und C 109/14, ECLI:EU:C:2015:212, Rn. 96.

die deutsche Organschaftsregelung stellt mit der Unternehmerstellung höhere Anforderungen als die unionsrechtliche Richtlinienbestimmung.

cc. Auffassung des BFH und der Finanzverwaltung

Die vom EuGH zurückgewiesene Auffassung der EU-Kommission entspricht dem allgemeinen deutschen Rechtsverständnis. Denn auch im Lichte der EuGH-Entscheidungen halten beide Umsatzsteuersenate des BFH – jedoch mit unterschiedlicher Begründung – an ihren bisherigen Grundsätzen fest, dass die deutsche Organschaftsregelung des § 2 Abs. 2 Nr. 2 S. 1 UStG hinsichtlich des Unternehmererfordernisses unionsrechtskonform ausgestaltet ist. Danach muss sowohl der Organträger als auch die Organgesellschaft grundsätzlich eine eigenständige unternehmerische Tätigkeit ausüben, d. h. sämtliche Mitglieder der umsatzsteuerlichen Organschaft müssen selbst nachhaltig Leistungen gegen Entgelt erbringen.[913] Mit Blick auf die geforderte Unternehmerstellung des Organträgers stellt der V. Umsatzsteuersenat des BFH in seiner jüngst ergangenen Rechtsprechung zunächst fest, dass diese Voraussetzung über die unionsrechtliche Anforderung des Art. 11 MwStSystRL hinausgeht.[914] Allerdings soll eine derartige Überschreitung der unionsrechtlichen Vorgabe im nationalen Kontext zur Vermeidung missbräuchlicher Steuerpraktiken dienen und daher unionsrechtskonform sein.[915] In diesem Sinne weist der V. Senat darauf hin, dass die Organschaft ausschließlich dem reinen Vereinfachungsgedanken dient. Es soll mit ihr nicht das Ziel verfolgt werden, in den Genuss einer Sonderregelung zu gelangen.[916] Eine solche Regelung wird danach in der Begründung nichtsteuerbarer Innenumsätze gesehen. Vor diesem Hintergrund sollen Innenleistungen für nichtunternehmerische Zwecke nichtsteuerbar erbracht werden, wodurch in erster Linie dem Entstehen einer nach § 15 UStG nichtabziehbaren Vorsteuer entgegengewirkt werden kann.[917]

---

913 Vgl. jüngst bestätigt durch: BFH, Urteil vom 15.12.2016, V R 44/15, BFHE 256, S. 557; BFH, Urteil vom 12.10.2016, XI R 30/14, BStBl. II 2017, S. 597; BFH, Urteil vom 10.08.2016, XI R 41/14, BStBl. II 2017, S. 590 unter II.1.a)aa) mit Hinweis auf die ständige Rechtsprechung des BFH (u. a.: BFH, Urteil vom 09.10.2002, V R 64/99, BStBl. II 2003, S. 375 unter II.2.b); BFH, Urteil vom 29.10.2008, XI R 74/07, BStBl. II 2009, S. 256 unter II.1.a); ebenso: BFH, Urteil vom 02.12.2015, V R 67/14, BStBl. II 2017, S. 560).

914 Vgl. BFH, Urteil vom 02.12.2015, V R 67/14, BStBl. II 2017, S. 560 unter II.3.b)cc).

915 Vgl. BFH, Urteil vom 02.12.2015, V R 67/14, BStBl. II 2017, S. 560 unter II.3.b)cc).

916 Vgl. BFH, Urteil vom 02.12.2015, V R 67/14, BStBl. II 2017, S. 560 unter II.3.b)cc)(2).

917 Vgl. BFH, Urteil vom 02.12.2015, V R 67/14, BStBl. II 2017, S. 560 unter II.3.b)cc)(2); auch mit der Finanzverwaltungsauffassung übereinstimmend: BMF, Schreiben

Nach Ansicht des V. Umsatzsteuersenats soll gerade die Anbindung an die Unternehmereigenschaft des Organträgers das Entstehen derartiger Vorteile verhindern.[918] Aus diesen Beweggründen wird auch die Forderung der Unternehmerstellung zur Bewertung einer Organgesellschaft als berechtigt angesehen.[919] Mithin kommt der V. Umsatzsteuersenat zum Ergebnis, dass die Bildung einer umsatzsteuerlichen Organschaft nicht als Instrument für Steuervergünstigungen genutzt werden darf.[920] Allerdings könnte nach dessen Ansicht ein derartiger Vorteil dann gerechtfertigt sein, wenn die Unternehmensteile aufgrund der Eingliederung ähnlich eng wie Betriebsabteilungen eines Einheitsunternehmens miteinander verbunden seien.[921] Dagegen kommt der XI. Umsatzsteuersenat des BFH in seinen jüngst ergangenen Entscheidungen zu der Schlussfolgerung, dass aufgrund des eindeutigen Wortlauts der deutschen Organschaftsregelung, wonach eine Eingliederung einer wirtschaftlich tätigen Person in das Unternehmen des Organträgers stattfindet, eine abweichende richtlinienkonforme Auslegung nicht in Betracht kommt.[922] Demzufolge musste sich dieser Senat nicht mit der Fragestellung auseinandersetzen, ob das Anknüpfen an das sich aus dem deutschen Rechtsverständnis ergebende Erfordernis einer eigenen Unternehmerstellung des Organträgers lediglich im Sinne des Art. 11 Abs. 2 MwStSystRL zu rechtfertigen ist. Ebenso bleibt die deutsche Finanzverwaltung bei ihrer Auffassung, dass Personen, die nach § 2 Abs. 1 UStG keine Unternehmer darstellen,

vom 26.05.2017, III C 2 – S 7105/15/10002, BStBl. I 2017, S. 790; ferner auch: BMF, Schreiben vom 05.05.2014, IV D 2 – S 7105/11/10001IV D 2 – S 7105/13/10003, BStBl. I 2014, S. 820; FG Saarland, Gerichtsbescheid vom 18.11.2014, 1 K 1480/12, EFG 2015, S. 684.

918 Vgl. BFH, Urteil vom 02.12.2015, V R 67/14, BStBl. II 2017, S. 560 unter II.3.b)cc)(2).

919 Vgl. BFH, Urteil vom 02.12.2015, V R 67/14, BStBl. II 2017, S. 560 unter II.3.b)cc)(2).

920 Vgl. BFH, Urteil vom 02.12.2015, V R 67/14, BStBl. II 2017, S. 560 unter II.3.b)bb)(3) und II.3.b)cc)(2).

921 Vgl. BFH, Urteil vom 02.12.2015, V R 15/14, BStBl. II 2017, S. 553 unter II.1.c)cc)(2); BFH, Urteil vom 02.12.2015, V R 67/14, BStBl. II 2017, S. 560 unter II.3.b)cc)(2). Kritisch dazu: Stadie, in: Rau/Dürrwächter, UStG, 2018, § 2 Anm. 976.

922 Vgl. BFH, Urteil vom 12.10.2016, XI R 30/14, BStBl. II 2017, S. 597 unter II.4.c); BFH, Urteil vom 10.08.2016, XI R 41/14, BStBl. II 2017, S. 590. Zustimmend auch: Englisch, UR 2016, S. 826, der zutreffend darauf hinweist, dass sich für die Qualifikation als Organgesellschaft die Beschränkung auf die Unternehmereigenschaft bereits aus dem § 2 Abs. 2 S. 2 und 3 UStG ergibt, da bei separater Betrachtung jede Organgesellschaft einen Unternehmensteil darstellen muss. A. A.: Stadie, in: Rau/Dürrwächter, UStG, 2018, § 2 Anm. 832; Endres, UR 2015, S. 855; Küffner/Rust, MwStR 2015, S. 722, die für eine Rechtsfortbildung plädieren.

weder als Organträger noch als Organgesellschaften fungieren können.[923] Vorerst existiert aber weiterhin die Möglichkeit, über einen Nichtunternehmer im Sinne einer sog. Zwischengesellschaft Enkelgesellschaften in das Unternehmen des Organträgers einzugliedern.[924] Für diese Konstellation ist der betreffende Nichtunternehmer jedoch nicht in den Organschaftsverbund einzubeziehen. Die besagte Gesellschaft bildet lediglich eine nichtunternehmerische Enklave im Unternehmen der Organschaft.[925]

Es kann zusammengefasst werden, dass die Umsatzsteuersenate des BFH und die deutsche Finanzverwaltung aus den zuvor genannten EuGH-Entscheidungen keinen notwendigen Handlungsbedarf ableiten, den personenbezogenen Anwendungsbereich der umsatzsteuerlichen Organschaft erweiternd auszugestalten, da der EuGH nicht ausdrücklich festgestellt habe, dass auch Nichtunternehmer zwingend eingegliedert werden müssen. Denn der EuGH ist vielmehr zum Resultat gekommen, dass eine Miteinbeziehung nichtsteuerpflichtiger Personen in die Mehrwertsteuergruppe keinen Verstoß gegen das Unionsrecht darstellt.[926] Schließlich sehen der BFH und die Finanzverwaltung die nationale Organschaftsregelung nicht im Widerspruch zur Auslegung der Richtlinienbestimmung des EuGH. Im Ergebnis wird das bisher bestehende Rechtsverständnis bestätigt, dass nur ein Unternehmer Organträger sein kann und auch ausschließlich nur solche Gesellschaften als Organgesellschaften eingliederungsfähig sind, die wirtschaftliche Leistungen erbringen und auch ohne Vorliegen einer umsatzsteuerlichen Organschaft unternehmerisch tätig wären.

dd. Auffassung des wissenschaftlichen Schrifttums

Im wissenschaftlichen Schrifttum existiert keine einheitliche Meinungsbildung zur Einbeziehung nichtsteuerpflichtiger Personen, sodass im Folgenden die verschiedenen Ansichten dargestellt werden sollen.

---

923 Vgl. Abschn. 2.8 Abs. 2 S. 9 UStAE, dort wird nunmehr ausdrücklich festgelegt, dass Organträger und Organgesellschaft explizit die Unternehmereigenschaft im Sinne des § 2 Abs. 1 UStG besitzen müssen.

924 Vgl. Abschn. 2.8 Abs. 5b S. 2 UStAE; so auch der BFH, Urteil vom 02.12.2015, V R 67/14, BStBl. II 2017, S. 560 unter II.3.b)cc)(3).

925 Vgl. Grünwald, MwStR 2013, S. 332.

926 Vgl. BFH, Urteil vom 02.12.2015, V R 67/14, BStBl. II 2017, S. 560 unter II.3.b) bb)(3) mit explizitem Verweis auf das EuGH, Urteil vom 09.04.2013, C 85/11, ECLI:EU:C:2013:217, Rn. 50; Bauer, MwStR 2014, S. 346.

Teile der wissenschaftlichen Literatur[927] begründen den Ausschluss nichtsteuerpflichtiger Personen mit der Antimissbrauchsvorschrift des Art. 11 Abs. 2 MwStSystRL und folgen somit der Rechtsprechung des BFH (zumindest der des V. Umsatzsteuersenats) sowie der Auffassung der Finanzverwaltung. In diesem Sinne soll für einen generellen Ausschluss nichtsteuerpflichtiger Personen sprechen, dass der Vorsteuerabzug entgegen der Vorschrift des § 15 UStG auf von diesem Personenkreis bezogene Leistungen missbräuchlich ausgedehnt wird. Ebenso kann eine Organschaft bewirken, dass getätigte Erwerbe sich umsatzsteuerlich nicht auswirken.[928] Daher können an nichtsteuerpflichtige Personen Gegenstände geliefert oder sonstige Leistungen erbracht werden, ohne die Umsatzsteuer in Rechnung zu stellen. Des Weiteren könnten die in diese Leistungen eingegangenen Vorsteuern abgezogen werden. Dies wäre grundsätzlich mit dem Umsatzsteuerzweck, regelmäßig jeden Endverbrauch zu erfassen, nicht vereinbar.[929] Denn ein solcher Verbrauch würde zum einen unversteuert bleiben,[930] zum anderen würde die Abzugsfähigkeit der angefallenen Vorsteuern zu einem Nettoverlust der Mehrwertsteuer führen.[931] Im Übrigen ist der Organträger unter dem Gesichtspunkt des Vereinfachungszwecks Steuerschuldner des gesamten Organkreises, insbesondere für die dadurch entstehenden unselbstständigen tätigen Personen.[932]

927 Insbesondere: Urbach, Kösdi 2018, S. 20921; Hummel, in: Mössner et al., Steuerrecht international tätiger Unternehmen, 2018, Kapitel 14 Umsatzsteuerrecht bei Auslandsbeziehungen Rn. 14.462; Schwetlik, GmbH-StB 2016, S. 103; Hartman, NWB 2015, S. 1255; Sterzinger, UR 2014, S. 140; Wäger, UVR 2013, S. 210; Wäger, in: Spindler et al., Steuerzentrierte Rechtsberatung, 2009, S. 1191; Tratlehner, in: Achatz/Tumpel, Der Unternehmerbegriff des UStG, 2017, S. 129; tendenziell auch: Grünwald, MwStR 2015, S. 588. Überdies Slapio, UR 2013, S. 410, die daran zweifelt, dass sich durch die Einbeziehung von Nichtunternehmern in einen Organkreis aus fiskalischer Perspektive weitreichende Folgen ergeben können. Die Autorin stellt jedoch im Ergebnis fest, dass sich im Einzelfall Vorteile ergeben können. Demgegenüber offen lassend: Boor, UR 2013, S. 734 f.; Langer, DStR 2013, S. 808; Elster, in: Umsatzsteuer-Forum e.V. und BMF, 100 Jahre Umsatzsteuer in Deutschland, 2018, S. 881.

928 Dies folgt unmittelbar aus dem Grundsatz der Unternehmenseinheit, vgl. Wäger, in: Spindler et al., Steuerzentrierte Rechtsberatung, 2009, S. 1211.

929 Vgl. Stöcker, in: Müller et al., Die Organschaft, 2017, Rn. 1124.

930 Vgl. BFH, Urteil vom 13.01.2011, V R 12/08, BStBl. II 2012, S. 61; BFH, Urteil vom 09.12.2010, V R 17/10, BStBl. II 2012, S. 53.

931 Vgl. EuGH, Urteil vom 09.04.2013, C 85/11, ECLI:EU:C:2013:217, Rn. 24.

932 Vgl. Stöcker, in: Müller et al., Die Organschaft, 2017, Rn. 1124.

Bei Einbezug nichtsteuerpflichtiger Personen würde dieser Zweck jedoch entfallen.[933]

Andere Autoren des wissenschaftlichen Schrifttums vertreten die gegenteilige Ansicht[934], nämlich dass die besagte Einschränkung auf die zwingend zu erfüllende Unternehmereigenschaft unter dem Missbrauchsgesichtspunkt grundsätzlich nicht gerechtfertigt sei. Wie bereits in Kapitel D.II.2.a. angeführt wurde, würde unter anderem bei Vorliegen einer Mehrwertsteuergruppe ein Missbrauchstatbestand mit Blick auf eine fiktive Zusammenfassung mehrerer Personen zu einem Steuerpflichtigen ausgelöst werden. Im Regelfall könnten steuerpflichtige Umsätze in nichtsteuerbare Innenumsätze umqualifiziert werden. Diesbezüglich ist jedoch umstritten, ob es sich hierbei um eine Art der zu verhindernden Steuerumgehung handelt und im Ergebnis dadurch überhaupt ein „unzulässiger" Steuervorteil im Organkreis bezweckt wird.[935] Nach Feststellung des EuGH soll die Einbeziehung von Nichtunternehmern offenkundig nicht der anerkannten Zielsetzung der Missbrauchsbekämpfung zuwiderlaufen.[936]

---

933 Vgl. Stöcker, in: Müller et al., Die Organschaft, 2017, Rn. 1124; Küffner/Streit, UR 2013, S. 401.

934 Vgl. von Streit/Streit, DStR 2016, S. 1450 ff.; Küffner/Rust, MwStR 2015, S. 721 f.; wohl auch: Luber, Die umsatzsteuerliche Organschaft, 2016, S. 131; Stößel/Gries, Ubg 2015, S. 610. Zweifelnd auch: Hudasch/Höink, UVR 2016, S. 111; Slapio, UR 2013, S. 409 f.; Birkenfeld, UR 2014, S. 123; Grünwald, MwStR 2014, S. 229; Endres, UR 2015, S. 855; Reiß, UR 2016, S. 745 ff.; Englisch, UR 2016, S. 833 ff.; Erdbrügger, DStR 2013, S. 1579.

935 Vgl. von Streit/Streit, DStR 2016, S. 1450, die darüber hinaus den Standpunkt vertreten, dass der historische Gesetzgeber bei der Beschränkung der umsatzsteuerlichen Organschaft grundsätzlich nicht das Ziel der Missbrauchsbekämpfung verfolgte. Denn der Art. 11 Abs. 2 MwStSystRL wurde erst im Jahr 2006 eingeführt. Dies hätte jedoch eine außergewöhnliche Vorausschau des historischen Gesetzgebers bedeutet. Auch dazu: Englisch, UR 2016, S. 828. Hingegen vertritt Wäger, UR 2016, S. 175, die Position, dass ein Nichtsteuerpflichtiger durch die Organschaft zu einem Steuervorteil im Sinne der Vermeidung nichtabzugsfähiger Vorsteuerbeträge gelangt, der mit dem gesetzlichen Regelungsziel zuwiderlaufe. Ferner auch: Trinks, NWB 2013, S. 2373, der in Verbindung mit den nichtsteuerbaren Innenumsätzen einen Steuervorteil sieht und insgesamt eine Beschränkung auf originäre Unternehmer für möglich hält. Für einen Rechtsmissbrauch: Leonard, DStR 2010, S. 724 ff.; Haslinger, WRP 2007, S. 1414 f. Demgegenüber offen lassend: Langer, DStR 2013, S. 808. Dagegen spricht sich Widmann, in: Herzig, Organschaft, 2003, S. 338 dafür aus, dass die umsatzsteuerliche Organschaft in völlig legaler Weise zur Steuervermeidung planerisch eingesetzt werden kann.

936 Vgl. EuGH, Urteil vom 09.04.2013, C 85/11, ECLI:EU:C:2013:217, Rn. 48. Dagegen spricht sich Stadie, UStG, 2015, § 2 Rn. 258, deutlich gegen einen Missbrauch im Sinne

Vereinzelt wird vor dem Hintergrund dieser Aussage des EuGH der Standpunkt vertreten, dass die umsatzsteuerliche Organschaft deswegen auch zu wirtschaftlichen Vorzügen führen könne.[937] Ferner wird darauf hingewiesen, dass der EuGH in einem anderen entschiedenen Fall, in dem ein Steuerpflichtiger, der durch die gezielte Ausnutzung divergierender Rechtsverständnisse unterschiedlicher EU-Mitgliedstaaten sog. weiße Umsätze[938] erzielt hat, nicht von einem missbräuchlichen Verhalten ausgegangen ist, obwohl bei der geschickten Sachverhaltsgestaltung eine Umsatzsteuerbelastung vermieden wurde.[939] Darüber hinaus soll die mögliche Missbrauchsthematik deswegen vollständig entkräftet werden können, weil der europäische Richtliniengeber und insbesondere der EuGH die Aufnahme von Nichtsteuerpflichtigen in eine Mehrwertsteuergruppe einerseits ausdrücklich begrüßen und andererseits letzterer diese in bestimmten Fallkonstellationen für unabdingbar hält. Sofern eine derartige Einbeziehung als ein Beitrag zu unlauterbaren Steuerpraktiken einzustufen ist, müssten die EU-Mitgliedstaaten ebendiese Personen durch entsprechende Vorschriften wieder ausschließen. Somit würden diese EU-Mitgliedstaaten die missbräuchliche Praxis in erster Linie gesetzlich fördern, anstatt diese explizit zu unterbinden.[940] Abschließend wird ebenso der Standpunkt vertreten, dass, sofern die generelle Berücksichtigung nichtsteuerpflichtiger Personen den Regelfall missbräuchlicher Praktiken implizieren würde, sich der EuGH in seiner ergangenen Rechtsprechung deutlich für eine Einengung des Personenbegriffs im Rahmen der Mehrwertsteuergruppennorm ausgesprochen hätte.[941]

---

des § 42 AO aus, da die gleichen Rechtsfolgen auch durch Unternehmensfusionen, die durch die Rechtsordnung gebilligt werden, herbeigeführt werden können.

937 So ausdrücklich: Küffner/Streit, UR 2013, S. 406; eine von dieser Auffassung deutlich distanzierende Haltung nimmt Sterzinger, UR 2014, S. 138 und 140 ein. Kritisch dazu auch: Trinks, NWB 2013, S. 2373.

938 Vgl. Höinck, in: Adick et al., Umsatzsteuer und Strafrecht, 2016, Rn. 24.

939 Vgl. EuGH, Urteil vom 22.12.2010, C 277/09, ECLI:EU:C:2010:810, Rn. 47 ff. Auch die Ausnutzung eines niedrigeren Steuersatzes in einem anderen EU-Mitgliedstaat soll keine missbräuchliche Praxis darstellen, vgl. EuGH, Urteil vom 17.12.2015, C 419/14, ECLI:EU:C:2015:832, Rn. 49.

940 Vgl. von Streit/Streit, DStR 2016, S. 1451.

941 Vgl. Englisch, UR 2016, S. 828; Hudasch/Höink, UVR 2016, S. 111; Küffner/Streit, UR 2013, S. 403; Hartman, NWB 2015, S. 1255.

ee. Analyse der vertretenen Auffassungen

In Anlehnung an die obigen Ausführungen ist zunächst dem EuGH zuzustimmen, dass unter Bezugnahme auf Sprachfassungen[942] anderer EU-Mitgliedstaaten die Begrifflichkeit der Person sowohl Steuerpflichtige als auch Nichtsteuerpflichtige umreißen kann, da hier keine einschränkenden Formulierungen[943] vorliegen. Somit ist die Auffassung der EU-Kommission, die ein generelles Aufnahmeverbot für nichtsteuerpflichtige Personen vorsieht, grundsätzlich abzulehnen. Darüber hinaus wird in der wissenschaftlichen Literatur darin eine Problematik[944] erkannt, dass Art. 11 Abs. 1 MwStSystRL die Rechtsfolge regelt, dass Personen zu einem Steuerpflichtigen zusammengefasst werden. Sofern jedoch ausschließlich Personen vorliegen, die als Nichtsteuerpflichtige zu qualifizieren sind, wäre diese Rechtsfolge von Vornherein nicht erfüllbar. Unter diesem Gesichtspunkt soll ein Ausschluss nichtsteuerpflichtiger Personen möglicherweise bereits gerechtfertigt sein.[945] So sehen beispielhaft schon die irische[946], die maltesische[947]

---

942 Diese Auslegungssichtweise lässt sich auch anhand der einzelnen Sprachfassungen anderer EU-Mitgliedstaaten (die englische Version enthält den Begriff „any persons“, die französischen Version „les personnes“, die spanische Version „las personas“, die italienische Version „le persone“ sowie die niederländische Version „personen“) belegen, die eine Differenzierung zwischen steuerpflichtigen und nichtsteuerpflichtigen Personen nicht zulassen, vgl. Rat der EU, MwStSystRL in sämtlichen Sprachfassungen, 2006, S. 11.

943 Insbesondere die englische Fassung „any persons“ verdeutlicht, dass von einer weiten Auslegung des Personenbegriffs ausgegangen werden kann. Dies lässt vermuten, dass es sich bei der zu einer Mehrwertsteuergruppe gehörenden Person nicht ohne weiteres um einen Steuerpflichtigen handeln muss, vgl. EuGH, Urteil vom 09.04.2013, C 85/11, ECLI:EU:C:2013:217, Rn. 38.

944 Das Argument, dass eine Mehrwertsteuergruppe ausschließlich aus Nichtsteuerpflichtigen bestehen kann, hat die EU-Kommission ebenso im Vertragsverletzungsverfahren gegen Irland vorgebracht, vgl. GA Jääskinen, Schlussanträge vom 27.11.2012, C 85/11, ECLI:EU:C:2012:753, Rn. 21; EuGH, Urteil vom 09.04.2013, C 85/11, ECLI:EU:C:2013:217, Rn. 29. Dieser Auffassung folgt auch: Hartman, Die Vereinbarkeit der umsatzsteuerrechtlichen Organschaft mit dem Europäischen Unionsrecht, 2013, S. 223. Hingegen kann sich von Streit, UStB 2013, S. 299, vorstellen, dass eine Mehrwertsteuergruppe nur aus nichtsteuerpflichtigen Personen bestehen kann.

945 Diese Betrachtungsweise wäre mit dem Auslegungsverständnis der EU-Kommission vereinbar.

946 In Irland muss mindestens ein Mitglied einer Mehrwertsteuergruppe ein Steuerpflichtiger im Sinne von Titel III der MwStSystRL sein.

947 Vgl. Mehrwertsteuerausschuss, Working Paper No. 942, 2018, S. 4 und 14; Borg, MwStR 2018, S. 605 f.

und die schweizerische Mehrwertsteuergruppenregelung vor, dass nichtsteuerpflichtige Personen nur dann im Rahmen des Mehrwertsteuerverbunds berücksichtigungsfähig sind, solange daneben eine steuerpflichtige Person existent ist. Unter diesem Aspekt sprechen sich derartige Mitgliedstaaten für eine weite Auslegung des Personenbegriffs aus, sodass nicht die einzelnen Mitglieder, sondern lediglich die Gruppe in ihrer Gesamtheit die Voraussetzung der Steuerpflicht zu erfüllen hat. Daher ist davon auszugehen, dass mindestens eine steuerpflichtige Person innerhalb der Mehrwertsteuergruppe existieren muss, um den Zugang nichtsteuerpflichtiger Personen zu gewährleisten.[948] Zusätzlich könnte auch das Beziehungsmerkmal der Wirtschaftlichkeit zum Ausschluss derartiger Personen führen, sofern es in Verbindung mit der Begrifflichkeit der wirtschaftlichen Tätigkeit nach Art. 9 Abs. 1 MwStSystRL verstanden wird.[949] Denn einem strengen Auslegungsverständnis folgend, kann eine wirtschaftliche Tätigkeit ausschließlich von einem Steuerpflichtigen ausgeführt werden.[950] Unter diesem Aspekt wäre die erforderliche wirtschaftliche Beziehung bei Nichtsteuerpflichtigen nicht geboten.

---

948 Dieser Auffassung ist auch: Birkenfeld, in: Birkenfeld/Wäger, Das große Umsatzsteuer-Handbuch, 2018, § 44 Rn. 101, der davon ausgeht, dass eine Mehrwertsteuergruppe nicht ausschließlich aus nichtsteuerpflichtigen Personen bestehen kann. Ebenso: Mehrwertsteuerexpertengruppe, VEG No. 70 REV1, 2018, S. 9 f., welche die Meinung vertritt, dass eine Mehrwertsteuergruppe einerseits nur aus Steuerpflichtigen bestehen kann und andererseits eine Gruppe auch aus steuerpflichtigen und nichtsteuerpflichtigen Personen gebildet werden kann.

949 Vgl. dazu auch: Becker, UStB 2014, S. 230. Gleicher Auffassung: Boor, Die Gruppenbesteuerung im harmonisierten Mehrwertsteuerrecht, 2014, S. 120; Grünwald, MwStR 2013, S. 330 (in Fn. 23); Schnarrenberger, Die umsatzsteuerliche Organschaft, 2014, S. 157. Ablehnend dagegen: Endres, UR 2015, S. 857; von Streit, UStB 2013, S. 299.

950 Vgl. zustimmend auch: Wäger, UVR 2013, S. 209. Allerdings weist er darauf hin, dass eine gegenseitige wirtschaftliche Beziehung auch begründet werden könnte, sofern eine Person im Rahmen einer wirtschaftlichen Tätigkeit Leistungen an eine andere Person ausübt und folglich der Leistungsbezug als Endverbraucher für die wirtschaftliche Beziehung genügen könnte. Grundsätzlich kritisch zur restriktiven Auslegung der wirtschaftlichen Beziehung: Endres, UR 2015, S. 856, die davon ausgeht, dass eine wirtschaftliche Beziehung bereits dadurch existent ist, dass die nichtsteuerpflichtige Person im Mehrwertsteuerverbund im weitesten Sinne mittelbar mit den anderen Mitgliedern zusammenarbeitet. Auch verneinen von Streit/Duyfjes, DStR 2014, S. 401; Forster/Trejo, UStB 2010, S. 18; Buttgereit/Schulte, UR 2011, S. 606, dass nichtsteuerpflichtige Personen aufgrund der Auslegung der wirtschaftlichen Beziehung von der Mehrwertsteuergruppe grundsätzlich ausgeschlossen werden sollen.

Weiterhin kann der Argumentation zum historischen Auslegungsergebnis des EuGH nur eingeschränkt gefolgt werden. In diesem Sinne führt er an, dass der europäische Richtliniengeber nach der zweiten Richtlinie ausdrücklich Personen mit der Eigenschaft eines Steuerpflichtigen zulassen wollte, währenddessen diese Anforderung in der sechsten Richtlinie bewusst entfallen ist, wodurch sämtlichen Ausprägungsformen des Personenbegriffs der Zugang zur Mehrwertsteuergruppe ermöglicht werden sollte. Auch wurde die Begrifflichkeit der Person in der MwStSystRL übernommen. Daraus zieht der EuGH die Schlussfolgerung, dass die Mitglieder einer Mehrwertsteuergruppe nicht unbedingt die Eigenschaft eines Steuerpflichtigen zu bekleiden haben. Jedoch ist mangels Erläuterungen zur betreffenden Richtlinienänderung durch den europäischen Richtliniengeber nicht eindeutig erkennbar, welchen historischen Willen ebendieser tatsächlich verfolgen wollte. Dies führt in der Konsequenz dazu, dass daraus keine aussagekräftigen Rückschlüsse gezogen, sondern lediglich vage Vermutungen über das Tatbestandsmerkmal Person angestellt werden können.[951] Angesichts der Entstehungsgeschichte lässt sich aus den aufeinanderfolgenden veröffentlichten Fassungen der Richtlinie daher lediglich mutmaßen, dass der Unionsgesetzgeber den Kreis derjenigen, die sich zu einer Mehrwertsteuergruppe zusammenfassen können, möglicherweise ausdehnen wollte. Dennoch kann dem Ergebnis zur systematischen Auslegung des EuGH gefolgt werden. Es ist anzuerkennen, dass nicht ausschließlich Personen von der MwStSystRL erfasst werden, die grundsätzlich den Stellenwert eines Steuerpflichtigen einnehmen. Es wird entsprechend an anderer Stelle der MwStSystRL eine klare Trennung zwischen der Person und einer steuerpflichtigen Person vorgenommen.[952] An dieser Stelle lässt sich jedoch kein eindeutiges Interpretationsverständnis ableiten.

Des Weiteren soll nach Auffassung des EuGH und vereinzelter Stimmen im wissenschaftlichen Schrifttum die Berücksichtigung nichtsteuerpflichtiger Personen mit dem Sinn und Zweck der Mehrwertsteuergruppenbestimmung

---

951 Vgl. Hartman, Die Vereinbarkeit der umsatzsteuerrechtlichen Organschaft mit dem Europäischen Unionsrecht, 2013, S. 224, spricht sich im Rahmen der Wortänderung für redaktionelle Gründe aus. Seiner Ansicht folgend, hätte der europäische Richtliniengeber bei bewusster Änderung des Bedeutungsgehalts der Begrifflichkeit der Personen dies in den Erwägungsgründen zu der umsatzsteuerlichen Organschaft deutlich hervorgehoben. A. A.: EuGH, Urteil vom 01.06.1961, Rs. 15/60, Slg. 1961, S. 00225; Erdbrügger, DStR 2013, S. 1578.

952 Vgl. in diesem Sinne auch: Art. 193 bis 197 MwStSystRL, welche die Pflichten der steuerpflichtigen und bestimmter nichtsteuerpflichtiger Personen zum Inhalt haben.

vereinbar sein. Dieser Sichtweise kann sich nicht vorbehaltlos angeschlossen werden. Ein derartiges Ausschlussverbot soll grundsätzlich eine missbräuchliche Inanspruchnahme der Vorsteuerabzugsmöglichkeit verhindern. Darüber hinaus könnte die Bildung einer Organschaft bewirken, dass Leistungen innerhalb des Organkreises an Nichtsteuerpflichtige nicht mehr steuerbar sind. Ausgedehnt wird der potenzielle Umgehungstatbestand, wenn solche Leistungen für den privaten Bereich, der außerhalb der Organschaft liegt, verwendet werden.[953] Unter diesen Gesichtspunkten scheint das über den Regelungscharakter des Art. 11 Abs. 1 MwStSystRL hinausgehende Merkmal der originären Unternehmereigenschaft der Organkreisbeteiligten durchaus geeignet zu sein. Dies gilt allerdings nicht, wenn gelindere Maßnahmen herangezogen werden können, die eine Einschränkung des Personenkreises aus diesen Gründen nicht erforderlich machen. Möglicherweise kann das durch die Einbindung nichtsteuerpflichtiger Personen hervorgerufene Missbrauchspotenzial bereits über bestehende Vorschriften im UStG behoben werden.

Eine missbräuchliche Inanspruchnahme des Vorsteuerabzugs durch einen Nichtunternehmer[954] soll im Folgenden verdeutlicht werden:

Beispiel:
Eine reine Finanzholding F ist zu jeweils 100 Prozent an der G-GmbH und H-GmbH beteiligt. Die Finanzholding hat ihren Zweck lediglich im Halten dieser Beteiligungen. Die Finanzholding wird daher nicht als Unternehmerin gemäß § 2 Abs. 1 S. 1 UStG erachtet. Folgerichtig gehört die Finanzholding nicht zu dem Personenkreis, der zum Vorsteuerabzug nach § 15 UStG berechtigt ist.[955] Weiterhin üben beide GmbHs eine umsatzsteuerpflichtige Tätigkeit aus. Darüber hinaus bezieht F steuerpflichtige Leistungen[956] von der I-GmbH.

Lösung:
Im Nichtorganschaftsfall ist die von der I-GmbH in Rechnung gestellte Steuer für F nicht als Vorsteuer abziehbar.[957] Wird allerdings eine umsatzsteuerliche Organschaft zwischen F und den beiden GmbHs angenommen, wäre F als

953 Vgl. Stößel/Gries, Ubg 2015, S. 610.

954 Vgl. von Streit/Streit, DStR 2016, S. 1452.

955 Vgl. Slapio, UR 2015, S. 861.

956 Die steuerpflichtigen Leistungen werden bei der Finanzholding F den Gemeinkosten zugeordnet.

957 Das Vorsteuerabzugsrecht besteht nur dann, wenn die Eingangsleistung für die besteuerten Umsätze im Sinne des § 15 Abs. 1 Nr. 1 S. 1 UStG bezogen wird.

Organträgerin Empfängerin der Leistungen. Der Vorsteuerabzug richtet sich nach den Außenumsätzen des Organkreises.[958] Da die beiden GmbHs ausschließlich umsatzsteuerpflichtige Tätigkeiten ausüben, wäre die von der I-GmbH in Rechnung gestellte Steuer für F abziehbar. Im Ergebnis würde die Finanzholding einen Vorteil erlangen, der mit der Grundwertung des UStG nicht vereinbar wäre. Allerdings könnte die missbräuchliche Inanspruchnahme des Vorsteuerabzugs möglicherweise über § 15 Abs. 2 UStG bei den Eingangsleistungen gelöst werden.[959]

Eine weitere missbräuchliche Wirkung entstünde, wenn Leistungen innerhalb des Organkreises an den Nichtsteuerpflichtigen nicht mehr steuerbar sind. In diesem Zusammenhang ist zunächst anzumerken, dass ein Nichtsteuerpflichtiger so in die umsatzsteuerliche Organschaft integriert werden könnte, dass dadurch ein sog. nichtunternehmerischer Bereich[960] der Organschaft verwirklicht wird.[961] Nach der Rechtsprechung des EuGH ist anerkannt, dass eine Person[962] sowohl eine unternehmerische als auch eine nichtunternehmerische Sphäre haben kann.[963] Führt beispielhaft eine Organgesellschaft eine Leistung an den nichtunternehmerischen Bereich des Organträgers aus,[964] soll es sich dabei um einen nichtsteuerbaren Innenumsatz handeln,[965] wodurch eine Belastung

958 Insoweit Eingangsumsätze nicht unmittelbar steuerpflichtigen Ausgangsleistungen zugeordnet werden können, sondern zu den Gemeinkosten, ist der Vorsteuerabzug entsprechend der wirtschaftlichen Gesamttätigkeit vorzunehmen, vgl. Heidner, in: Bunjes, UStG, 2018, § 15 Rn. 19 m. w. N.

959 Vgl. Stößel/Gries, Ubg 2015, S. 610. Kritisch: Hudasch/Hoink, UVR 2016, S. 111.

960 Zum sog. nichtunternehmerischen Bereich: Stadie, in: Rau/Dürrwächter, UStG, 2018, § 2 Anm. 617 ff.

961 Insbesondere dazu auch: Grünwald, MwStR 2013, S. 332 f.

962 Ein nichtunternehmerischer Bereich ist bei Unternehmen jeder Rechts- und Organisationsform möglich. Dies gilt somit für Personengesellschaften, juristische Personen des privaten und des öffentlichen Rechts und andere Unternehmensgebilde, vgl. BFH, Urteil vom 20.12.1984, V R 25/76, BStBl. II 1985, S. 176; Abschn. 2.10 Abs. 1 S. 9 UStAE.

963 Vgl. EuGH, Urteil vom 12.02.2009, C 515/07, ECLI:EU:C:2009:88. Zur Auffassung der deutschen Finanzverwaltung: Abschn. 2.3 Abs. 1a UStAE.

964 Beispielhaft stellt bei juristischen Personen des öffentlichen Rechts nach § 2 Abs. 3 UStG a. F. der hoheitliche sowie der vermögensverwaltende Bereich die nichtunternehmerische Sphäre dar, vgl. BFH, Urteil vom 20.12.1984, V R 25/76, BStBl. II 1985, S. 176 unter B.3.b) und 4.b); BFH, Urteil vom 18.08.1988, V R 194/83, BStBl. II 1988, S. 932.

965 Vgl. Wäger, in: Spindler et al., Steuerzentrierte Rechtsberatung, 2009, S. 1211; Sterzinger, UR 2014, S. 138; Sterzinger, UR 2010, S. 399.

des nichtunternehmerischen Bereichs mit Umsatzsteuer vermieden werden kann. Dies soll vor allem aus dem Grundsatz der Unternehmenseinheit folgen.[966] Folglich könnte dies zu einem nicht besteuerten Letztverbrauch innerhalb des Organkreises führen.[967] Im wissenschaftlichen Schrifttum[968] wird allerdings vermehrt die Auffassung vertreten, dass von anderen Organschaftsmitgliedern an nichtunternehmerische Bereiche erbrachte Innenleistungen eine Verwendung von Gegenständen oder Leistungen für außerunternehmerische Zwecke im Sinne des §§ 3 Abs. 1b Nr. 1 oder Abs. 9a UStG[969] auslöse.[970] Andernfalls sei alternativ zu berücksichtigen, dass, sofern dieser außerunternehmerische Zweck bereits beim Leistungsbezug bestünde, eine dafür genutzte Eingangsleistung im Vornherein[971] vom Vorsteuerabzug ausgeschlossen sei.[972]

Gleichwohl wird jedoch vereinzelt die Ansicht[973] dahingehend vertreten, dass für die Annahme einer Entnahmebesteuerung keine Rechtsgrundlage bestünde, da Leistungen in den nichtunternehmerischen Bereich keine Leistungen für unternehmensfremde Zwecke darstellen. Denn nach der Rechtsprechung des

---

966 Vgl. BFH, Urteil vom 20.08.2009, V R 30/06, BStBl. II 2010, S. 863. So auch: GA Jääskinen, Schlussanträge vom 27.11.2012, C 85/11, ECLI:EU:C:2012:753, Rn. 42; Englisch, UR 2016, S. 829; Endres, UR 2015, S. 859.

967 Vgl. Sterzinger, UR 2014, S. 138.

968 Vgl. Stößel/Gries, Ubg 2015, S. 610; Sterzinger, UR 2014, S. 134 und 138; Sterzinger, in: Küffner et al., UStG, 2018, § 2 Rn. 542; Wäger, UVR 2013, S. 210; Wäger, in: Spindler et al., Steuerzentrierte Rechtsberatung, 2009, S. 1211; Ehrke-Rabel, in: Englisch/Nieskens, Umsatzsteuer-Kongress-Bericht 2010, 2011, S. 173; Grünwald, MwStR 2013, S. 332; Birkenfeld, in: Birkenfeld/Wäger, Das große Umsatzsteuer-Handbuch, 2018, § 44 Rn. 553; tendenziell auch: Erdbrügger, DStR 2013, S. 1577. Weiterhin auch: BFH, Urteil vom 20.08.2009, V R 30/06, BStBl. II 2010, S. 863.

969 Zur Grundidee einer unentgeltlichen Wertabgabe: Englisch, in: Tipke/Lang, Steuerrecht, 2018, § 17 Rn. 153.

970 Der Besteuerung der unentgeltlichen Wertabgabe kommt weitgehend die Aufgabe einer Korrektur des vorherigen Vorsteuerabzugs zu, vgl. insbesondere: EuGH, Urteil vom 26.09.1996, C 230/94, Slg. 1996, S. I-04517.

971 Grundsätzlich hat die Versagung des Vorsteuerabzugs Vorrang vor der Besteuerung einer unentgeltichen Wertabgabe, vgl. dazu auch: Englisch, in: Tipke/Lang, Steuerrecht, 2018, § 17 Rn. 154.

972 Vgl. Sterzinger, UR 2014, S. 138 mit Hinweis auf die BFH-Rechtsprechung, Urteil vom 09.12.2010, V R 17/10, BStBl. II 2012, S. 53 unter II.1.c), zum Vorsteuerabzug bei Eingangsleistungen, die in unentgeltlichen Wertabgaben münden.

973 Vgl. Küffner/Streit, UR 2013, S. 406. Kritisch dazu: Sterzinger, UR 2014, S. 138; Englisch, UR 2016, S. 830.

BFH[974], der sein Auslegungsverständnis unter Zugrundelegung der EuGH-Entscheidung in der verbundenen Rechtssache *VNLTO*[975] belegt, soll sich der Anwendungsbereich des §§ 3 Abs. 1b Nr. 1 oder Abs. 9a UStG ausschließlich auf Entnahmen bzw. Leistungsabgaben zu rein privaten Zwecken beschränken. Dies bedeutet, dass Entnahmen zu unternehmensfremden Zwecken ausschließlich bei natürlichen Personen infrage kommen. Aus dem Umkehrschluss folgt, dass Verwendungen für Geschäfts- oder Tätigkeitsfelder, die der Unternehmer mit Blick auf seine gewerblichen oder beruflichen Organisationsstrukturen unterhält, auch wenn diese nicht auf eine Umsatzsteuererzielung[976] ausgerichtet sind, von der Entnahmevorschrift grundsätzlich nicht erfasst werden.[977] Demzufolge beginnt der Bereich der Entnahmebesteuerung bei Kapital- und Personengesellschaften erst außerhalb vom Satzungs- und Gesellschaftsgegenstand.[978] Die Auslegungssichtweise des BFH hat bislang jedoch noch keinen Niederschlag in den Verwaltungsanweisungen gefunden.[979]

Allerdings bestehen nach der hier vertretenen Ansicht erhebliche Zweifel, ob die Aufnahme Nichtsteuerpflichtiger mit dem Vereinfachungsgedanken in Einklang steht. Im Allgemeinen soll mit der Zusammenfassung mehrerer Steuerpflichtiger zu einem Steuerpflichtigen eine verwaltungsvereinfachende Wirkung erreicht werden. Dies wird darauf zurückgeführt, dass sich dadurch die Anzahl der Steuerschuldner verringert.[980] Jedoch ist darauf hinzuweisen,

974 Vgl. BFH, Urteil vom 18.03.2010, V R 12/09, BFH/NV 2010, S. 1500; BFH, Urteil vom 03.03.2011, V R 23/10, BStBl. II 2012, S. 74 unter II.3.

975 EuGH, Urteil vom 12.02.2009, C 515/07, ECLI:EU:C:2009:88.

976 Bei juristischen Personen des öffentlichen Rechts löst die Verwendung eines Gegenstandes für den hoheitlichen Bereich keine Entnahmebesteuerung aus, vgl. EuGH, Urteil vom 10.09.2014, C 92/13, ECLI:EU:C:2014:2188, Rn. 25 f.

977 Vgl. EuGH, Urteil vom 13.03.2008, C 437/06, ECLI:EU:C:2008:166, Rn. 26 und 30; EuGH, Urteil vom 12.02.2009, C 515/07, ECLI:EU:C:2009:88, Rn. 32 ff. und 38. Ebenso bestätigt durch: EuGH, Urteil vom 15.09.2016, C 400/15, ECLI:EU:C:2016:687, Rn. 31. Ferner: Englisch, UR 2016, S. 830.

978 Im Lichte der Vorgaben der Art. 16 und 26 MwStSystRL liegen in diesem Zusammenhang nur noch dann sog. unternehmensfremde Zwecke vor, wenn beispielhaft Anteilseignern unentgeltliche Gegenstände zugewendet werden und dadurch die Deckung ihres Privatbedarfs ermöglicht wird, vgl. Englisch, in: Tipke/Lang, Steuerrecht, 2018, § 17 Rn. 159 mit Verweis auf GA Mengozzi, Schlussanträge vom 12.02.2008, C 515/07, ECLI:EU:C:2008:769, Rn. 45.

979 Vgl. Abschn. 3.4 Abs. 2 S. 4 UStAE; zustimmend auch: Englisch, UR 2016, S. 830; Sterzinger, UR 2014, S. 138. Kritisch dazu: Klenk, UR 2012, S. 666; Oelmaier, MwStR 2014, S. 604.

980 Vgl. Wäger, UVR 2013, S. 208.

dass für Nichtsteuerpflichtige keine Erklärungspflicht besteht, sodass sie nicht von der Finanzverwaltung erfasst werden.[981] Eine zahlenmäßige Reduzierung von Steuerschuldnern kann durch die Aufnahme eines Nichtsteuerpflichtigen in eine bereits existierende Organschaft nicht erreicht werden.[982] In diesem Zusammenhang ist nicht nachvollziehbar, inwiefern durch die Gewährung eines Vorsteuerabzugs für Leistungsbezüge einer Person, die bei eigenständiger Betrachtung keinen Anspruch auf diesen gehabt hätte, ein Vereinfachungseffekt erreicht werden kann. Eine Vereinfachung erschließt sich auch in den Fällen nicht, in denen Leistungen innerhalb des Organkreises an einen Nichtsteuerpflichtigen nichtsteuerbar erbracht werden. Die erlangten Steuervorteile im Sinne des Vorsteuerabzugs und der nichtsteuerbaren Innenumsätze stellen keine umsatzsteuerrechtliche Vereinfachung nach § 2 Abs. 2 Nr. 2 UStG dar.[983] Auch die vollständige Aufnahme eines Nichtsteuerpflichtigen in den Organkreis unter Beanspruchung umsatzsteuerlicher Korrekturvorschriften wäre grundsätzlich nicht mit dem Vereinfachungsgedanken der Organschaft gedeckt. Vor diesem Hintergrund müsste jede eingehende Eingangsleistung auf ihre Vorsteuerabziehbarkeit geprüft werden und entsprechend ein angemessener Aufteilungsmaßstab für wirtschaftliche und nichtwirtschaftliche Tätigkeiten gefunden werden.[984] Daraus folgt unmittelbar eine erhöhte Ermittlungsbedürftigkeit für die Finanzverwaltungen, womit eine deutliche Verfehlung des Organschaftszwecks verbunden ist.

ff. Stellungnahme

Im Rahmen einer kritischen Würdigung kann den vorgetragenen Argumenten, welche die Einbeziehungsmöglichkeit nichtsteuerpflichtiger Personen in den umsatzsteuerlichen Organkreis legimitieren, nicht uneingeschränkt gefolgt werden. Zunächst ist anzuerkennen, dass der Personenbegriff sowohl nichtsteuerpflichtige Personen als auch steuerpflichtige Personen erfassen kann. Für die Klärung der Fragestellung, ob Nichtsteuerpflichtige als potenzielle

---

981 Vgl. Küffner/Luber, in: ifst, Vorschläge zum steuerpolitischen Ideenwettbewerb, 2015, S. 39.

982 Vgl. Wäger, UVR 2013, S. 208.

983 Vgl. so im Recht: Stadie, in: Rau/Dürrwächter, UStG, 2018, § 2 Anm. 976, der zutreffend anführt, dass die Erzielung eines solchen steuerlichen Vorteils keine Vereinfachung darstellt, die § 2 Abs. 2 Nr. 2 UStG bezweckt. Ferner: Straub, UR 2009, S. 345.

984 Zutreffend auch: Treiber, in: Prinz/Witt, Steuerliche Organschaft, 2015, Rn. 22.18; Hartman, Die Vereinbarkeit der umsatzsteuerrechtlichen Organschaft mit dem Europäischen Unionsrecht, 2013, S. 225.

Organkreismitglieder in Betracht kommen können, sind die Zwecksetzungen des Art. 11 MwStSystRL ausschlaggebend. Zu berücksichtigen ist, dass nach europäischer Rechtsprechung die Zusammenfassung zu einem Steuerpflichtigen vorrangig der Verwaltungsvereinfachung dient. Die Erlangung von Steuervorteilen, denen nicht der Charakter einer reinen Vereinfachung zukommt, könnten als Steuerumgehungstatbestand eingestuft werden.[985] Vor diesem Hintergrund ist die geforderte Unternehmereigenschaft der Organkreismitglieder gerechtfertig und ist zugleich Anknüpfungspunkt für eine differente Möglichkeit zur Bildung eines Organkreises im Sinne des § 2 Abs. 2 Nr. 2 UStG. Die durchgeführte Analyse hat impliziert, dass begründete Zweifel[986] bestehen können, dass die Berücksichtigung Nichtsteuerpflichtiger in den umsatzsteuerlichen Organkreis die Gefahr von Umsatzsteuergestaltungen hervorrufen und andererseits nicht mit dem Vereinfachungsgedanken der umsatzsteuerlichen Organschaft in Einklang steht. Hinzukommend kann mit einem Ausschlussverbot einer negativen Beeinflussung der Steuererhebung entgegengewirkt werden.[987]

Weiterhin ist anzuführen, dass, solange Nichtsteuerpflichtige die erforderlichen Verbindungsvoraussetzungen zu weiteren Unternehmen herstellen, die Berücksichtigungsfähigkeit solcher Personen für den umsatzsteuerlichen Organkreis nicht schädlich ist. Im Gegenteil kann in diesen Fällen eine verwaltungsvereinfachende Wirkung erreicht werden. Allerdings ist ein Einbezug derartiger Personen in den umsatzsteuerlichen Organkreis nicht erforderlich. Auch ohne vollständige Aufnahme können ebendiese die erforderlichen Verbindungen zwischen den anderen Gruppenmitgliedern herstellen.

Schließlich sollte darauf hingewiesen werden, dass aus der jüngst ergangenen BFH-Rechtsprechung zur Unternehmerstellung des Organträgers sich möglicherweise eine Beschränkung des Anwendungsbereichs auf Unternehmen mit vollständigem Vorsteuerabzug ergeben könnte. Denn die umsatzsteuerliche Organschaft soll nicht mehr als steuerplanerisches Instrument dienen. Mit einer derartigen Beschränkung könnte sich der deutsche Gesetzgeber grundsätzlich

---

985 Vgl. zutreffend auch: Wäger, UVR 2013, S. 210.

986 Nach Birkenfeld, UR 2014, S. 125, ist bereits eine plausible Begründung für den Ausschluss nichtsteuerpflichtiger Personen ausreichend.

987 So lässt Reiß, UR 2016, S. 749, jede Einschränkung des Anwendungsbereichs der Mehrwertsteuergruppe zu, die auf eine bessere Sicherstellung der Steuererhebung abstellt.

wieder dem Vereinfachungsgedanken[988] annähern. Ob zukünftig umsatzsteuerbefreite Unternehmer aus der umsatzsteuerlichen Organschaft ausgeschlossen werden, darf jedoch bezweifelt werden. Denn insbesondere die EU-Mitgliedstaaten Schweden, Finnland sowie die jüngst eingeführte maltesische Mehrwertsteuergruppe reduzieren ihren Anwendungsbereich ausschließlich auf Unternehmer mit umsatzsteuerbefreiten Ausgangsleistungen. Vereinzelte Autoren im wissenschaftlichen Schrifttum[989] sehen in einer solchen Vorgehensweise die Erhaltung der eigenen Wettbewerbsfähigkeit gegenüber anderen EU-Mitgliedstaaten. Die Eingrenzung des deutschen Organschaftskonzepts auf vollabzugsfähige unternehmerische Gesellschaften hätte zur Konsequenz, dass Unternehmen mit teilweisen bzw. vollständig steuerbefreiten Umsätzen gegenüber ausländischen Gesellschaften erheblichen Wettbewerbsnachteilen ausgesetzt wären. Gegen einen derartigen Ausschluss spricht auch, dass im derzeitigen Umsatzsteuersystem nicht alle Unternehmer zum vollständigen Vorsteuerabzug befugt sind. Mit Blick auf ihr Ursprungsziel vermeidet die umsatzsteuerliche Organschaft partielle Umsatzsteuerkumulationen.[990] Nach der hier vertretenen Ansicht ist eine Beschränkung der Organschaft auf ausschließlich vorsteuerabzugsberechtigte Unternehmen abzulehnen.

3. Vereinbarkeitsprüfung des räumlichen Anwendungsbereichs mit den unionsrechtlichen Vorgaben

a. Allgemeines

Nach Art. 11 MwStSystRL wird der räumliche Anwendungsbereich der Mehrwertsteuergruppe durch Personen repräsentiert, die ausschließlich im Gebiet des jeweiligen Mitgliedstaates ansässig sind. Angesichts der geltenden, eindeutigen[991]

---

988 Die Zusammenfassung von Unternehmen mit vollständiger Vorsteuerabzugsberechtigung und der damit verbundene Wegfall der Besteuerung und des Vorsteuerabzugs stellen sich als aufkommensneutrale Vereinfachung dar, vgl. Wäger, UR 2016, S. 175.

989 Vgl. vor allem: Reiß, UR 2016, S. 748 und 755 f.; Ismer/Reiß, in: UmsatzsteuerForum e.V. und BMF, 100 Jahre Umsatzsteuer in Deutschland, 2018, S. 436; im Ergebnis auch ablehnend: Wäger, UR 2016, S. 179.

990 So auch deutlich: Hummel, MwStR 2013, S. 295 f.; Ismer/Reiß, in: UmsatzsteuerForum e.V. und BMF, 100 Jahre Umsatzsteuer in Deutschland, 2018, S. 436. A. A.: Stadie, in: Rau/Dürrwächter, UStG, 2018, § 2 Anm. 976.2.

991 Trotz des eindeutigen Wortlauts des Art. 11 Abs. 1 MwStSystRL bestehen im wissenschaftlichen Schrifttum Zweifel, ob die Richtlinienbestimmung unter Verweis auf das Primärrecht der EU, insbesondere gegen das Prinzip der Niederlassungs- und Dienstleistungsfreiheit im Sinne des Art. 49 AEUV in Verbindung mit Art. 54 AEUV

Richtlinienbestimmung ist eine grenzüberschreitende Mehrwertsteuergruppe verboten.[992] Nach früherem deutschen Rechtszustand war für das UStG der Jahre 1967, 1973 und 1980 eine Organschaft über die Grenze hinweg allerdings noch zulässig.[993] Demzufolge entfalteten sich die Wirkungen der umsatzsteuerlichen Organschaft auch auf im Außengebiet[994] ansässige Organträger und Organgesellschaften.[995] Jedoch forderten Stimmen im wissenschaftlichen Schrifttum[996], dass die damalige Organschaftsregelung[997] dahingehend richtlinienkonform auszulegen sei, dass die Wirkungen der umsatzsteuerlichen Organschaft auf das Erhebungsgebiet[998] zu beschränken sind.

Seit 1987[999] ist die deutsche Organschaftsregelung nunmehr auf das Inland begrenzt, nachdem die EU-Kommission gegen die Bundesrepublik Deutschland

---

verstößt und somit als ungültig erachtet werden muss, vgl. Boor, Die Gruppenbesteuerung im harmonisierten Mehrwertsteuerrecht, 2014, S. 48 ff. und 70 ff.; Widmann, UR 2012, S. 34; Birkenfeld, UR 2010, S. 202 f.; Hamacher/Grundt, DStR 2006, S. 2157; Luber, Die umsatzsteuerliche Organschaft, 2016, S. 248 ff. und 289; Reiß, in: Englisch/Nieskens, Umsatzsteuer-Kongress-Bericht 2010, 2011, S. 211 ff. A. A.: Hummel, in: Mössner et al., Steuerrecht international tätiger Unternehmen, 2018, Kapitel 14 Umsatzsteuerrecht bei Auslandsbeziehungen Rn. 14.478 f.; Hartman, Die Vereinbarkeit der umsatzsteuerrechtlichen Organschaft mit dem Europäischen Unionsrecht, 2013, S. 148 ff.; Treiber, in: Sölch/Ringleb, UStG, 2018, § 2 Rn. 301, der keine Anhaltspunkte für einen primärrechtlichen Verstoß sieht, da die Inlandsbeschränkung der Aufteilung der Besteuerungsbefugnis zwischen den EU-Mitgliedstaaten dient. Ebenfalls: Endres, Mehrwertsteuergruppe nach Art. 11 MwStSystRL, 2016, S. 230 ff. Sofern jedoch eine Verletzung vorliegen sollte, so hat der europäische Richtliniengeber einen primärrechtlichen Zustand zu schaffen. Eine Untersuchung, ob der Ausschluss einer grenzüberschreitenden Mehrwertsteuergruppe bzw. Organschaft noch geboten ist, wird aufgrund der Schwerpunktsetzung der vorliegenden Dissertationsschrift nicht weiter thematisiert.

992 Der Ausschluss einer grenzüberschreitenden Mehrwertsteuergruppe wird durch die Wortfolge „in seinem Gebiet ansässige Personen" verdeutlicht.

993 Vgl. Stöcker, in: Müller et al., Die Organschaft, 2017, Rn. 1555 m. w. N.

994 Der Begriff „Außengebiet" entspricht heute dem Begriff des Auslands nach § 1 Abs. 2 S. 2 UStG.

995 Vgl. Stöcker, in: Müller et al., Die Organschaft, 2017, Rn. 1555.

996 Vgl. etwa: Martin, UR 1962, S. 140; Wenzel, DB 1979, S. 2151; Reiß, StuW 1979, S. 343.

997 Dabei handelt es sich um das UStG 1967/1973.

998 Der Begriff „Erhebungsgebiet" entspricht heute dem Begriff des Inlands nach § 1 Abs. 1 S. 1 UStG.

999 Die Unionsrechtswidrigkeit ist durch Art. 14 Nr. 2 und Art. 25 Abs. 1 des Steuerbereinigungsgesetzes 1986 vom 19.12.1985 aufgehoben worden, vgl. BGBl. I 1985, S. 2436.

eine Vertragsverletzungsklage eingeleitet hatte. Diese hatte zum Gegenstand, dass die Erweiterung der umsatzsteuerlichen Organschaft über das nationale Gebiet hinaus gegen den Wortlaut der Richtlinienbestimmung verstoße.[1000] Seither entfaltet die umsatzsteuerliche Organschaft ihre Wirkungen lediglich auf den Leistungsaustausch zwischen den im Inland gelegenen Unternehmensteilen eines übergeordneten Unternehmens. Nur in diesen Fällen sind nichtsteuerbare Innenleistungen anzunehmen.[1001] Vor diesem beschriebenen Hintergrund weicht jedoch das nationale Verständnis von der unionsrechtlichen Vorgabe ab. Diese geht davon aus, dass der Wortlaut des Art. 11 MwStSystRL bereits als tatbestandliche Voraussetzung eine Inlandsbeschränkung der potenziellen Mitglieder einer Mehrwertsteuergruppe fordert. Die Wirkungen der Mehrwertsteuergruppe im Sinne eines neu geschaffenen Steuerpflichtigen sind somit auf die wirtschaftliche Aktivität der mit ihr eng verbundenen physisch präsenten Personen im Inland beschränkt.[1002] Hingegen kann nach deutschem Auslegungsverständnis eine umsatzsteuerliche Organschaft über die Grenze verwirklicht werden. Diesem Rechtsverständnis folgend wird erst auf der Rechtsfolgenseite eine Inlandsbeschränkung verlangt.[1003] Die Voraussetzungen nach § 2 Abs. 2 Nr. 2 S. 1 UStG werden durch die Grenze nicht tangiert, sodass auf der Tatbestandsseite eine grenzüberschreitende Organschaft weiterhin möglich ist.[1004]

Zudem sind in den letzten Jahren grenzüberschreitende Konzernstrukturen zunehmend in den Fokus gerückt.[1005] In diesem Sinne haben international tätige Unternehmen versucht, durch Errichtung grenzüberschreitender Strukturen[1006],

1000 Vgl. hierzu auch: Schlienkamp, UR 1984, S. 6; Schlienkamp, UR 1986, S. 49.

1001 In einer jüngst ergangenen Entscheidung hat der BFH eine derartige Beschränkung der Organschaftswirkungen auf das Inland sowohl mit dem Unionsrecht als auch mit dem Verfassungsrecht für vereinbar erklärt, vgl. BFH, Urteil vom 22.02.2017, XI R 13/15, BFH/NV 2017, S. 1001. Auch: Treiber, in: Sölch/Ringleb, UStG, 2018, § 2 Rn. 301, der hervorhebt, dass der BFH zu Recht keinen Anlass gesehen hat, den EuGH zur Gültigkeit der Mehrwertsteuergruppennorm nach Art. 11 MwStSystRL zu befragen.

1002 Vgl. EU-Kommission, UR 2009, S. 635; Birkenfeld, in: Birkenfeld/Wäger, Das große Umsatzsteuer-Handbuch, 2018, § 45 Rn. 26.

1003 Siehe dazu auch: Kapitel C.IV.

1004 Dazu auch: Orth, GmbHR 1996, S. 34; Tüchelmann, UR 1989, S. 111; Haase, BB 2009, S. 985; Nieskens, BB 2015a, S. 1306.

1005 Insbesondere dazu: Pohl, in: Mössner et al., Steuerrecht international tätiger Unternehmen, 2018, Kapitel 1 Unternehmen im Internationalen Steuerrecht Rn. 1.1 ff.

1006 In diesem Zusammenhang können rechtlich unabhängige Gesellschaften und/oder Zweigniederlassungen derartige Strukturen bewirken. Innerhalb solcher Strukturen

den Leistungsaustausch zwischen Gesellschaften verschiedener Staaten ohne Umsatzsteuerbelastung zu tätigen.[1007] Diesbezüglich hat der EuGH mit seiner Entscheidung in der verbundenen Rechtssache *Skandia America*[1008] Stellung genommen und solche Gestaltungsmöglichkeiten weitgehend eingeschränkt. Insbesondere befasst sich der EuGH mit der Fragestellung, ob Personen, die sowohl im Inland als auch im Ausland eine feste Niederlassung haben, nur mit ihren inländischen Bestandteilen einer Mehrwertsteuergruppe angehören können. In diesem Zusammenhang rückt der Grundsatz der Unternehmenseinheit[1009] zwischen Sitz der wirtschaftlichen Tätigkeit und der festen Niederlassung in den Mittelpunkt kontroverser Diskussionen.[1010] Vor diesem Hintergrund stellt sich in einem ersten Schritt die Frage, wie die räumliche Beschränkung des Personenkreises nach Art. 11 MwStSystRL, insbesondere unter Einbeziehung der Auffassungen der EU-Kommission, des EuGH und des Mehrwertsteuerausschusses, zu interpretieren ist. In einem zweiten Schritt wird sodann der räumliche Anwendungsbereich nach § 2 Abs. 2 Nr. 2 UStG auf seine Vereinbarkeit mit dem Unionsrecht überprüft.

b. Analyse und Bewertung des räumlichen Anwendungsbereichs und seine Bedeutung für den deutschen Organkreis

aa. Auffassung der EU-Kommission

Zur Definition des räumlichen Anwendungsbereichs schlägt die EU-Kommission vor, dass eine Differenzierung zwischen dem Sitz der wirtschaftlichen

werden in erster Linie wirtschaftliche Funktionen, wie z. B. der Ein- und Verkauf oder die Administration, gebündelt, vgl. Suliga, EU-UStB 2011, S. 60.

1007 Vgl. De Feo, UR 2017, S. 375.

1008 EuGH, Urteil vom 17.09.2014, C 7/13, ECLI:EU:C:2014:2225. Zur Sachverhaltsdarstellung siehe beispielhaft: Nieskens, BB 2015a, S. 1305.

1009 Vgl. dazu auch die Ausführungen in Kapitel C.IV. Ferner: Stadie, in: Rau/Dürrwächter, UStG, 2018, § 2 Anm. 605 ff.

1010 Etwa: Heinrichshofen, UR 2014, S. 890; von Streit/Streit, MwStR 2014, S. 714; Wüst, MwStR 2014, S. 425; Becker, UStB 2014, S. 346; Nieskens, EU-UStB 2014, S. 69; Nieskens, BB 2015a, S. 1303; DeFeo, UR 2017, S. 375; Endres, MwStR 2015, S. 916; Lang-Horgan, MwStR 2015, S. 288; Wäger, UR 2015, S. 128; Obermayr/Hofmann, taxlex 2014, S. 387; Stratton, BTR 2015, S. 19; Korf, MwStR 2018, S. 747; Soares, Intertax 2014, S. 538; Ehrke-Rabel/Kettisch, SWK 2015, S. 806; Pfeiffer, ÖStZ 2015, S. 313; Elster, in: UmsatzsteuerForum e.V. und BMF, 100 Jahre Umsatzsteuer in Deutschland, 2018, S. 436.

Tätigkeit[1011] und einer festen Niederlassung von Unternehmen vorgenommen werden sollte.[1012] Aufgrund dieser Zuordnung kommt sie zum Ergebnis, das durch Art. 11 MwStSystRL nur inländische Bestandteile eines Unternehmens erfasst werden dürfen.

Die Festlegung der EU-Kommission führt zu folgender Auslegungssichtweise[1013]: Ansässige Personen sind Unternehmen mit dem Sitz ihrer wirtschaftlichen Tätigkeit im Gebiet des EU-Mitgliedstaates, der die Regelungen zur Mehrwertsteuergruppe anwendet. Feste Niederlassungen, die jedoch im Ausland gelegen sind, werden nicht in die Mehrwertsteuergruppe einbezogen. Einzubeziehen sind allerdings feste Niederlassungen ausländischer Unternehmen, die im Gebiet des EU-Mitgliedstaates gelegen sind, der die Regelung zur Mehrwertsteuergruppe anwendet. Dass ausländische feste Niederlassungen inländischer Unternehmer in die Mehrwertsteuergruppe des Sitzstaates des besagten Unternehmens nicht einbezogen werden dürfen, begründet die EU-Kommission unter Zuhilfenahme des sog. Territorialitäts- und des Steuerhoheitsgrundsatzes. Zunächst führt die EU-Kommission an, dass ausländische Niederlassungen in einer inländischen Mehrwertsteuergruppe nicht zu berücksichtigen sind, da sie im Inland physisch nicht präsent sind. Da es sich bei der Mehrwertsteuergruppenregelung um eine Kann-Vorschrift handelt, vertritt die EU-Kommission den Standpunkt, dass die Einführung einer derartigen Gruppe nicht mit der Folge einer Ausdehnung des physischen Gebiets des EU-Mitgliedstaates, der sich für die Einführung einer Mehrwertsteuergruppe entschließt, verbunden sein soll. Des Weiteren könne die Berücksichtigungsfähigkeit fester Niederlassungen inländischer Unternehmen, die im Ausland gelegen sind, möglicherweise zur Verletzung der Besteuerungsrechte eines anderen EU-Mitgliedstaates führen.[1014]

Schlussfolgernd wird von der EU-Kommission insbesondere hervorgehoben, dass eine Person, die durch den Beitritt zu einer Mehrwertsteuergruppe Bestandteil eines neuen Steuerpflichtigen wird, sich im Ergebnis von seiner im Ausland gelegenen festen Niederlassung loslöst. Mithin führt dies nach Auffassung der EU-Kommission zu einer klaren Trennung zwischen dem Stammhaus und seiner festen Niederlassung.

1011 Für den Sitz der wirtschaftlichen Tätigkeit wird auch regelmäßig das Synonym des Stammhauses verwendet, vgl. Nieskens, BB 2015a, S. 1304; Becker, UStB 2014, S. 347.

1012 Vgl. EU-Kommission, UR 2009, S. 635.

1013 Vgl. EU-Kommission, UR 2009, S. 635 ff.

1014 Vgl. hierzu auch: Birkenfeld, UR 2010, S. 206.

bb. Auffassung des EuGH und des Mehrwertsteuerausschusses

In der ergangenen Rechtssache *Skandia America* hat der EuGH entschieden, dass Dienstleistungen, die von einem Stammhaus an seine in einem anderen Staat liegende feste Niederlassung erbracht werden, steuerbare Umsätze darstellen, insoweit diese Niederlassung zugleich Mitglied einer Mehrwertsteuergruppe ist.[1015] Daraus resultiert, dass in derartigen Fallkonstellationen das Stammhaus nicht an seine feste Niederlassung wie üblich einen nichtsteuerbaren innerunternehmerischen Vorgang bewirkt. Stattdessen wird mit der von ihm rechtlich getrennten Mehrwertsteuergruppe, zu der seine feste Niederlassung gehört, ein steuerpflichtiger Leistungsaustausch abgewickelt.[1016]

Wie bereits die EU-Kommission vorgeschlagen hat, kommt auch der EuGH zum Ergebnis, dass die Zuordnung der festen Niederlassung zu einer Mehrwertsteuergruppe zur Herauslösung dieser Niederlassung aus dem Unternehmen des Stammhauses führt und insgesamt ihre Zugehörigkeit allein der Mehrwertsteuergruppe zugeschrieben werden soll.[1017] Dieser Auffassung folgend, soll die betriebsbezogene Betrachtungsweise des einheitlichen, einzigen Unternehmens zurücktreten.[1018]

Die diskutierten Ausführungen sind in Abbildung 2[1019] beispielhaft zusammengefasst:

1015 Vgl. EuGH, Urteil vom 17.09.2014, C 7/13, ECLI:EU:C:2014:2225. Im entschiedenen Fall war die Hauptniederlassung im Drittland (Amerika) ansässig und seine dazugehörige feste Niederlassung in einem EU-Mitgliedtsaat (Schweden) belegen.

1016 Vgl. EuGH, Urteil vom 17.09.2014, C 7/13, ECLI:EU:C:2014:2225, Rn. 31. Für den umgekehrten Sachverhalt, dass die Hauptniederlassung zu einer Organschaft gehört und an seine ausländische Niederlassung leistet, hat sich der EuGH nicht geäußert. Jedoch appelieren von Streit/Streit, MwStR 2014, S. 718 auch in diesem Fall für die Verwirklichung eines steuerbaren Leistungsvorgangs.

1017 Vgl. ebenso: Endres, Mehrwertsteuergruppe nach Art. 11 MwStSystRL, 2016, S. 61; Endres, MwStR 2015, S. 920 ff.; von Streit/Streit, MwStR 2014, S. 717.

1018 Vgl. Nieskens, EU-UStB 2015, S. 70.

1019 Quelle: Eigene Darstellung in Anlehnung an EuGH, Urteil vom 17.09.2014, C 7/13, ECLI:EU:C:2014:2225. Im Übrigen hebt der EuGH hervor, dass der entschiedene Fall auch auf Konzernstrukturen innerhalb der EU übertragbar sein kann. Dazu auch: Wäger, UR 2015, S. 128; Wüst, MwStR 2014, S. 426.

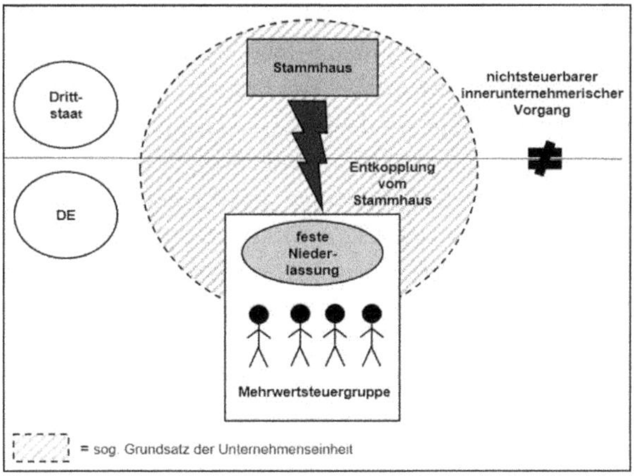

Abbildung 2: Entkopplung einer festen Niederlassung von dem Stammhaus aufgrund ihrer Zugehörigkeit zu einer Mehrwertsteuergruppe

Gestützt auf die Auslegung des EuGH zum räumlichen Anwendungsbereich einer Mehrwertsteuergruppe hat der Mehrwertsteuerausschuss am 16. Dezember 2016 unverbindliche Leitlinien mit Blick auf eine mögliche Behandlung der Rechtsgrundsätze der *Skandia*-Entscheidung veröffentlicht.[1020] Die Leitlinien sollen entsprechend für jeden möglichen grenzüberschreitenden Sachverhalt[1021] einen Lösungshinweis bieten.[1022] Der Mehrwertsteuerausschuss vertritt den Standpunkt dahingehend, dass bei Vorliegen einer juristischen Person, die über eine Hauptniederlassung (im Nachfolgenden: sog. Hauptsitz) und eine feste Niederlassung (im Nachfolgenden: sog. Zweigniederlassung) verfügt, nur die Niederlassung (Hauptsitz oder Zweigniederlassung) in die Mehrwertsteuergruppe einbezogen werden darf, die physisch im Hoheitsgebiet eines EU-Mitgliedstaates[1023] liegt. Auch soll für eine Zweigniederlassung gelten, dass diese Bestandteil einer Mehrwertsteuergruppe werden kann, unabhängig davon, wo sich der Hauptsitz des Unternehmens[1024] befindet. Darüber hinaus kann der Hauptsitz eines Unternehmens mit einer Zweigniederlassung in einem Drittland oder einem anderen EU-Mitgliedstaat, unabhängig von seiner Zweigniederlassung, Mitglied einer Mehrwertsteuergruppe werden. Dies gilt jedoch ausschließlich in dem EU-Mitgliedstaat, in dem sich der Hauptsitz befindet.

1020 Vgl. Mehrwertsteuerausschuss, Leitlinien bis November 2018, 2018, S. 209.

1021 Vgl. Mehrwertsteuerausschuss, Leitlinien bis November 2018, 2018, S. 209 ff.

1022 Siehe dazu auch: Korn, in: Bunjes, UStG, 2018, § 2 Rn. 147.

1023 Voraussetzung ist, dass dieser Mitgliedstaat die Regelung zu einer Mehrwertsteuergruppe eingeführt hat.

1024 Dies gilt ungeachtet dessen, ob sich der Hauptsitz in einem Drittland oder einem EU-Mitgliedstaat befindet.

Abschließend ist festzuhalten, dass sich die Auffassungen des EuGH und des Mehrwertsteuerausschusses dahingehend übereinstimmend auslegen lassen, dass sie eine Zugehörigkeit einer festen Niederlassung in eine Mehrwertsteuergruppe grundsätzlich bejahen und eine eindeutige Durchbrechung des grenzüberschreitenden Unternehmenseinheitsgrundsatzes vorsehen. Ebenso resultiert daraus, dass zwei neue Rechtssubjekte geschaffen werden, was zu einer Verselbstständigung der festen Niederlassung führt. Im Ergebnis kommt es zu einer Art Duplizierung[1025] der Unternehmereigenschaft mit der Konsequenz, dass ein Leistungsaustausch eines Unternehmers an einen anderen gegen Entgelt erzeugt wird.

cc. Internationale Ausgestaltung des räumlichen Anwendungsbereichs

Den dargelegten Auffassungen, wonach eine feste Niederlassung eines Stammhauses[1026] Bestandteil einer Mehrwertsteuergruppe werden kann und gleichzeitig von diesem entkoppelt wird, haben sich mittlerweile die EU-Mitgliedstaaten[1027] Tschechische Republik, Dänemark[1028], Ungarn[1029], Lettland[1030], Slowakei[1031], Belgien[1032], Italien[1033] und tendenziell Luxemburg[1034] angeschlossen.[1035]

1025 Vgl. Korn, in: Bunjes, UStG, 2018, § 2 Rn. 147.

1026 Dies gilt in einigen EU-Mitgliedstaaten auch für den umgekehrten Fall.

1027 Sofern bestimmte EU-Mitgliedstaaten nicht angesprochen werden, so ist eine Stellungnahme dieser Länder noch ungewiss, vgl. HMRC, Revenue and Customs Brief 18, 2015.

1028 Vgl. o. V., MwStR 2017b, S. 7.

1029 Vgl. Annacondia, EU VAT Compass 2017/2018, 2017, S. 604.

1030 Vgl. Annacondia, EU VAT Compass 2017/2018, 2017, S. 606.

1031 Vgl. Annacondia, EU VAT Compass 2017/2018, 2017, S. 606.

1032 Belgien passte die nationalen Vorschriften an die Rechtsgrundsätze des Skandia-Urteils an. Danach ist die Erbringung von Dienstleistungen zwischen einem Stammhaus und einer belgischen festen Niederlassung, die zugleich einer Mehrwertsteuergruppe angehört, steuerbar. Dies gilt auch für den umgekehrten Sachverhalt.

1033 Italien hat ebenso die Skandia-Rechtsgrundsätze umgesetzt. In diesem Zusammenhang wurde entschieden, dass der Leistungsaustausch zwischen einem britischen Stammhaus und seiner italienischen festen Niederlassung steuerpflichtig ist, wenn das britische Stammhaus Teil einer umsatzsteuerlichen Organschaft ist, vgl. o. V., MwStR 2017a, S. 7. Dies zeigt den umgekehrten Sachverhalt des Skandia-Falls.

1034 Nach Auffassung des Mehrwertsteuerausschusses bleibt jedoch offen, ob bei einer juristischen Person, die sich aus einer Hauptniederlassung und einer Zweigniederlassung zusammensetzt, wonach die Zweigniederlassung zu einer Mehrwertsteuergruppe in Luxemburg gehört und sich die Hauptniederlassung in einem anderen EU-Mitgliedstaat oder außerhalb der EU befindet, Leistungen an die in Luxemburg ansässige Zweigniederlassung einen steuerpflichtigen Umsatz darstellt, vgl. Mehrwertsteuerausschuss, Working Paper No. 948 REV, 2018, S. 6 f.

1035 Vgl. Schrauwen et al., Skandia Update, 2015, S. 5; HMRC, Revenue and Customs Brief 2, 2015.

Dagegen vertritt Großbritannien die Ansicht, dass eine inländische, nicht rechtlich selbstständige feste Niederlassung eines ausländischen Unternehmens in eine britische Mehrwertsteuergruppe einbezogen werden kann.[1036] Da eine derartige Niederlassung jedoch Bestandteil eines Unternehmensrechtsträgers ist und dieser umsatzsteuerlich nicht aufgespalten werden kann, wird das gesamte ausländische Unternehmen im Sinne des Stammhauses und der festen Niederlassung in die Mehrwertsteuergruppe einbezogen.[1037] Auch Malta[1038], Niederlande[1039] und Finnland[1040] haben sich für diese sehr weitreichende Auslegungsmöglichkeit des Umfangs[1041] einer Mehrwertsteuergruppe entschieden, indem die komplette Unternehmenseinheit in die Mehrwertsteuergruppe einbezogen wird. Hingegen sieht die österreichische Verwaltungspraxis eine asymmetrische, d. h. divergierende Behandlung auf Inbound- und Outbound-Fälle vor.[1042] Bei dem Inbound-Fall[1043], in dem Leistungen an die österreichische Organschaft von einem ausländischen Unternehmensteil getätigt werden, liegt eine im Inland steuerbare und im Regelfall steuerpflichtige Leistung vor. Daher wird im Inbound-Fall davon ausgegangen, dass es zu einer Trennung von Stammhaus und fester Niederlassung kommt. Ungeachtet dessen wird im Outbound-Fall[1044], in dem Leistungen von der österreichischen Organschaft an einen ausländischen Unternehmensteil erbracht werden, davon ausgegangen, dass ein nichtsteuerbarer Innenumsatz vorliegt.[1045] Unter diesem Gesichtspunkt bleibt der Grundsatz der grenzüberschreitenden Unternehmenseinheit gewahrt.

1036 Vgl. s 43 A (1) VATA 1994.

1037 Vgl. s 43 (2A) – (2E) VATA 1994; Lang-Horgan, MwStR 2015, S. 289.

1038 Vgl. Mehrwertsteuerausschuss, Working Paper No. 942, 2018, S. 4 und 6.

1039 Vgl. Cornielje/Bondarev, IVM 2015, S. 18 mit Hinweis auf Hooge Raad, Urteil vom 14.06.2002, Nr. 35 976, BNB 2002/287, IVM 2002, S. 538.

1040 Vgl. Vyncke, IVM 2007, S. 256.

1041 Zum möglichen Umfang einer Mehrwertsteuergruppe insbesondere auch: Becker, UStB 2014, S. 351.

1042 Dazu auch: Pfeiffer, ÖStZ 2015, S. 315.

1043 Der Inbound-Fall zeigt den Sachverhalt des Skandia-Falls.

1044 Der Outbound-Fall zeigt den umgekehrten Sachverhalt des Skandia-Falls.

1045 Vgl. öst. UStR 2000, Rn. 241

Überdies lässt sich ein entgegenstehender Trend zur konzerninternen umsatzsteuerlichen Behandlung grenzüberschreitender Leistungen in der Schweiz[1046] und in Estland[1047] finden. Danach gilt, dass ein grenzüberschreitender Leistungsaustausch zwischen Stammhaus und Niederlassung grundsätzlich der Besteuerung unterliegt.[1048] Die Leistungen, die zwischen dem schweizer bzw. estnischen Stammhaus und der ausländischen Niederlassung erbracht werden, werden so behandelt, als wären es Umsätze mit fremden Dritten.[1049] Demzufolge unterliegen grenzüberschreitende Leistungen grundsätzlich der Umsatzsteuer. Unerheblich ist dabei, ob die besagte Niederlassung einer Mehrwertsteuergruppe angehört oder nicht. Denn mit Bezug z. B. auf das schweizerische Recht bilden der Sitz im Inland nach Art. 3 Buchst. a MWSTG sowie sämtliche inländische Betriebsstätten gemäß Art. 10 Abs. 3 MWSTG zusammen ein Steuersubjekt. Ausgenommen sind daher ausländische feste Niederlassungen sowie Stammhäuser. Dies soll in der Schweiz zu einer erhöhten Rechtssicherheit und zur Minimierung des Risikos einer Doppelbesteuerung für den Steuerpflichtigen führen.[1050] Daher findet der Grundsatz der Unternehmenseinheit bei grenzüberschreitenden Leistungsbeziehungen in der Schweiz und in Estland regelmäßig keine Anwendung.[1051]

dd. Regelung des UStG und Auffassung der Finanzverwaltung

Wie bereits in Kapitel C.IV. dargelegt, ist in § 2 Abs. 2 Nr. 2 UStG gesetzlich festgelegt, dass sich die Organschaftswirkungen auf Innenleistungen zwischen den im Inland gelegenen Unternehmensteilen beschränken. Nach § 2 Abs. 2 Nr. 2 S. 3 UStG werden zudem die inländischen Unternehmensteile zu einem Unternehmen zusammengefasst. Aus dem Umkehrschluss folgt konsequenterweise, dass ausländische Unternehmensteile als andere Unternehmen erachtet werden.[1052]

1046 Vgl. Russi/Knaisch, PIStB 2009, S. 348.

1047 Vgl. Annacondia, EU VAT Compass 2017/2018, 2017, S. 603.

1048 Dort gilt das sog. Single-Entities-Prinzip, vgl. Weidmann/Bader, ASA 2009/2010, S. 801.

1049 Vgl. Schweizerische Eidgenossenschaft, MwSt-Info 03 zur Gruppenbesteuerung, 2018, S. 9.

1050 Vgl. De Feo, UR 2017, S. 382; Glauser, IVM 2010, S. 34 f.

1051 Dort gilt das sog. Separate-Entities-Prinzip, vgl. De Feo, UR 2017, S. 376.

1052 Vgl. so auch: Korn, in: Bunjes, UStG, 2018, § 2 Rn. 147, der zutreffend darlegt, dass die Inlandsbeschränkung dazu führt, dass eine grenzüberschreitende Organschaft

Daraus resultiert ebenso, dass ein Leistungsaustausch zwischen einer in- und ausländischen rechtlich unabhängigen Person zur Steuerbarkeit führt. Allerdings wird dadurch der Grundsatz der Unternehmenseinheit nach § 2 Abs. 1 S. 2 UStG nicht beeinträchtigt.[1053] Mithin wird diesem Grundsatz durch die Sondervorschrift der umsatzsteuerlichen Organschaft keine Nachrangigkeit zugewiesen. Daher gilt die Einheitlichkeit des Unternehmens unabhängig von der Belegenheit des Unternehmens bzw. der Betriebsstätte.[1054] In diesem Sinne umfasst das Unternehmen des inländischen Organträgers neben den inländischen Organgesellschaften auch die in- und ausländischen[1055] nichtselbstständigen Betriebsstätten.[1056] Aus umsatzsteuerlicher Sicht wird den Betriebsstätten dadurch ein sog. Doppelcharakter zugewiesen. Sie können sowohl Unternehmensteil ihres Unternehmensrechtsträgers[1057] als auch Bestandteil einer umsatzsteuerlichen Organschaft[1058] sein.[1059] Vor diesem Hintergrund verfolgt die deutsche Finanzverwaltung

---

nicht möglich ist. Daraus resultiert, dass zwischen zwei rechtlich unabhängigen Personen, die sich in unterschiedlichen Mitgliedstaaten befinden, ein steuerbarer Leistungsaustausch gegen Entgelt durchgeführt wird.

1053 Vgl. Abschn. 2.9 Abs. 2 S. 1 UStAE.

1054 Vgl. Müller, in: Weymüller, UStG, 2015, § 2 Rn. 472; Stadie, in: Rau/Dürrwächter, UStG, 2018, § 2 Anm. 607; Korn, in: Bunjes, UStG, 2018, § 2 Rn. 147.

1055 Allerdings gilt dies nur für ausländische Betriebsstätten des inländischen Organträgers, vgl. Abschn. 2.9 Abs. 6 S. 2 UStAE.

1056 Vgl. Abschn. 2.9 Abs. 6 S. 1 und 2 UStAE; Abschn. 2.9 Abs. 3 Nr. 1 bis 3 UStAE. Unabhängig von dem Vorliegen einer umsatzsteuerlichen Organschaft gilt, dass der Leistungsaustausch zwischen einem Unternehmen mit Hauptsitz in Deutschland (Organträger) und seiner ausländischen Betriebsstätte nicht der Umsatzsteuer unterworfen wird. In diesem Zusammenhang ermöglicht der Grundsatz der Unternehmenseinheit die Organschaftswirkungen durch den Einsatz von Betriebsstätten auf grenzüberschreitende Sachverhalte auszudehnen, vgl. Pfeiffer, ÖStZ 2015, S. 314.

1057 Dies spiegelt den Grundsatz der Unternehmenseinheit nach § 2 Abs. 1 S. 2 UStG wider.

1058 Eine Betriebsstätte kann nur mittelbar durch ihren Unternehmensträger und nicht originär Mitglied einer umsatzsteuerlichen Organschaft werden. Dazu: Wüst, MwStR 2014, S. 427.

1059 Vgl. zur Doppelstellung einer Betriebsstätte insbesondere: Birkenfeld, UR 2010, S. 204; Birkenfeld, in: Birkenfeld/Wäger, Das große Umsatzsteuer-Handbuch, 2018, § 45 Rn. 64.

insgesamt eine kumulative Anwendung der beiden Grundsätze.[1060] Aufgrund des beschriebenen Sachverhalts hat die deutsche Finanzverwaltung bislang die Auffassung vertreten, dass Innenleistungen zwischen Stammhaus und Betriebsstätte auch bei Einbeziehung in eine umsatzsteuerliche Organschaft grundsätzlich nicht steuerbar sind.[1061]

In einem erst jüngst erschienenen Entwurfschreiben des Bundesfinanzministeriums (BMF)[1062] sollen die vom EuGH entwickelten Rechtsgrundsätze nunmehr auf Fallkonstellationen Anwendung finden, in denen Leistungen zwischen einem Stammhaus in einem Drittland und ihren Betriebsstätten, die im Inland einem Organkreis angehörig sind, ausgeübt werden.[1063] Allerdings sollen die Entscheidungsgrundsätze des EuGH keine Beachtung finden, wenn das ausländische Stammhaus eine sonstige Leistung ausschließlich an im Inland gelegene Betriebsstätten erbringt.[1064] In diesem Fall liegen nichtsteuerbare Innenumsätze vor. Eine weitergehende Berücksichtigung der Entscheidungsgrundsätze des EuGH auf Konzernstrukturen innerhalb der EU ist dagegen nicht vorgesehen.[1065] Abschließend darf nicht übersehen werden, dass eine ausländische Betriebsstätte einer inländischen Organgesellschaft, nur mittelbar dieser Organgesellschaft zugerechnet wird.[1066] Diese Betriebsstätte gehört nicht zum Unternehmen des Organträgers.[1067] Daraus folgt, dass zwischen dem inländischen Organträger und dieser Betriebsstätte sowie zwischen anderen inländischen Organgesellschaften steuerbare Leistungen ausgelöst werden.[1068]

1060 Vgl. Abschn. 2.9 Abs. 2 S. 1 und 2 UStAE; Abschn. 2.9 Abs. 3 Nr. 3 und Nr. 5 UStAE; Nieskens, BB 2015a, S. 1304; De Feo, UR 2017, S. 379.

1061 Vgl. Abschn. 2.9 Abs. 2 S. 1 UStAE.

1062 Vgl. BMF, Entwurfschreiben vom 23.07.2018, III C 2 – S 7105/13/10001.

1063 Vgl. BMF, Entwurfschreiben vom 23.07.2018, III C 2 – S 7105/13/10001, S. 2.

1064 Vgl. BMF, Entwurfschreiben vom 23.07.2018, III C 2 – S 7105/13/10001, S. 2.

1065 So auch: Korf, MwStR 2018, S. 749.

1066 Vgl. Abschn. 2.9 Abs. 8 S. 1 UStAE.

1067 A. A.: Stöcker, in: Müller et al., Die Organschaft, 2017, Rn. 1566, der ausländische Betriebsstätten der inländischen Organgesellschaft aufgrund des § 2 Abs. 2 Nr. 2 S. 1 UStG ebenso dem Unternehmen des inländischen Organträgers zuordnet.

1068 Vgl. Abschn. 2.9 Abs. 6 S. 7 UStAE; Abschn. 2.9 Abs. 8 S. 2 UStAE; Birkenfeld, UR 2010, S. 205.

ee. Analyse der vertretenen Auffassungen

aaa. Interpretation des Begriffs ansässige Personen

Zur Untersuchung und Bewertung der dargelegten Auffassungen der relevanten Institutionen ist zunächst zu klären, was grundsätzlich unter dem Ansässigkeitsbegriff im Sinne des Art. 11 Abs. 1 MwStSystRL zu verstehen ist, um sodann eine kritische Würdigung dieser Argumentationen vorzunehmen.

Die Richtlinienbestimmung gestattet dem jeweiligen EU-Mitgliedstaat die Einführung einer Mehrwertsteuergruppe für Personen, die in seinem Gebiet ansässig sind. Allerdings kann unter Bezugnahme auf Sprachfassungen anderer EU-Mitgliedstaaten[1069] kein Rückschluss daraus gezogen werden, was unter dem Ansässigkeitsmerkmal zu verstehen ist. Der historischen Auslegung kann an dieser Stelle keine wesentliche Bedeutung zugewiesen werden, da der Wille des damaligen Richtliniengebers nicht erschlossen werden kann. Denn aus dem Begründungsvorschlag zur sechsten Richtlinie lassen sich keine Anhaltspunkte ableiten, wie die räumliche Einschränkung des Personenkreises auszulegen ist.[1070] Unionsrechtlich findet sich die Begrifflichkeit der Ansässigkeit vor allem in Art. 44[1071] und 45 MwStSystRL wieder. Infolgedessen lässt sich die Ansässigkeit eines Steuerpflichtigen sowohl am Sitz der wirtschaftlichen Tätigkeit als auch am Ort der festen Niederlassung[1072]

1069 Englische Fassung: „established in the territory of that Member State", französische Fassung: „établies sur le territoire de ce même État membre", spanische Fassung: „establecidas en el territorio de ese mismo Estado Miembro", ilatienische Fassung: „stabilite nel territorio dello stesso Stato membro" sowie die niederländische Fassung: „die binnen het grondgebied van deze lidstaat gevestigd", vgl. Rat der EU, MwStSystRL in sämtlichen Sprachfassungen, 2006, S. 11.

1070 Vgl. EU-Kommission, UR 2009, S. 635.

1071 Nach Art. 44 MwStSystRL definiert sich der Leistungsort maßgeblich nach dem Ort, an dem der Leistungsempfänger den Sitz seiner wirtschaftlichen Tätigkeit hat. Dies ist der Ort, an dem die Handlungen zur zentralen Verwaltung des Unternehmens durchgeführt werden (Art. 10 Abs. 1 der Mehrwertsteuer-Durchführungsverordnung (MwSt-DVO)). Zur Bestimmung des Ortes können weitere Kriterien herangezogen werden. Dies ist in erster Linie der Ort, an dem die maßgeblichen Entscheidungen zur allgemeinen Leitung des Unternehmens getroffen werden, der Ort seines satzungsmäßigen Sitzes und der Ort, an dem die Unternehmensführung zusammentreffen (Art. 10 Abs. 2 MwSt-DVO).

1072 Für den Definitionsgehalt einer Niederlassung sind Art. 45 MwStSystRL und Art. 11 Abs. 2 MwSt-DVO heranzuziehen. Dazu ausführlich: Haase/Geils, UR 2018, S. 142; Haller, MwStR 2017, S. 650 ff.

bestimmen.[1073] Bei Fehlen der vorgenannten Anknüpfungspunkte[1074] kann auch auf den Wohnsitz[1075] oder auf den üblichen Aufenthaltsort[1076] abgestellt werden.[1077] Dies bedeutet, dass ein Unternehmensrechtsträger nicht nur mit dem Sitz seiner wirtschaftlichen Tätigkeit, sondern auch mit einer festen Niederlassung im Inland ansässig sein kann. Insgesamt kann dieser Rechtsträger sowohl im In- als auch im Ausland seine Ansässigkeit begründen.[1078]

In diesem Zusammenhang kann zunächst für Art. 11 MwStSystRL angenommen werden, dass sich die Ansässigkeit einer Person auf den Sitz der wirtschaftlichen Tätigkeit und den Sitz der festen Niederlassung beschränkt.[1079] In die Mehrwertsteuergruppe eines EU-Mitgliedstaats dürfen daher lediglich Personen mit Sitz der wirtschaftlichen Tätigkeit ohne ihre ausländische feste Niederlassung einbezogen werden. Eine Person mit Sitz der wirtschaftlichen Tätigkeit im Ausland kann folgerichtig nur mit ihrer im Inland belegenen festen Niederlassung in der Mehrwertsteuergruppe berücksichtigt werden.[1080] Aus der engen Verbundenheit der Personen zueinander, resultiert konsequenterweise die Zuordnung ausschließlich zu jeweils einer Mehrwertsteuergruppe der im EU-Mitgliedstaat durch den Sitz der wirtschaftlichen Tätigkeit und/oder eine feste Niederlassung ansässigen Personen.[1081] Diese Auslegungssichtweise entspricht auch der nationalen Auffassung. Aufgrund des erforderlichen Eingliederungsverhältnisses existiert für einen Unternehmensrechtsträger lediglich die Möglichkeit, dass dieser nur einem Organkreis angehören kann. Dass ein

1073 Vgl. Stadie, in: Rau/Dürrwächter, UStG, 2018, § 2 Anm. 1057; Birkenfeld, in: Birkenfeld/Wäger, Das große Umsatzsteuer-Handbuch, 2018, § 45 Rn. 24; Becker, UStB 2014, S. 351. Zum Begriff der Ansässigkeit in der europäischen Rechtsprechung: EuGH, Urteil vom 06.10.2011, C 421/10, ECLI:EU:C:2011:640.

1074 Dieser Sachverhalt liegt vor, wenn der Sitz der wirtschaftlichen Tätigkeit nicht eindeutig bestimmt werden kann. Daher kommen als Leistungsort auch der Wohnsitz des Leistungsempfängers oder der Ort seines gewöhnlichen Aufenthalts infrage.

1075 Zur Bestimmung des Wohnsitzes siehe: Art. 12 MwSt-DVO.

1076 Zur Bestimmung des gewöhnlichen Aufenthaltsorts siehe: Art. 13 MwSt-DVO.

1077 Vgl. EuGH, Urteil vom 23.03.2006, C 210/04, Slg. 2006, S. I-02803 Rn. 41; Wäger, in: Birkenfeld/Wäger, Das große Umsatzsteuer-Handbuch, 2018, § 156 Rn. 42.

1078 So auch: EU-Kommission, UR 2009, S. 632; Stadie, UStG, 2015, § 2 Rn. 337; Reiß, in: Englisch/Nieskens, Umsatzsteuer-Kongress-Bericht 2010, 2011, S. 207.

1079 Vgl. ebenfalls: Reiß, in: Englisch/Nieskens, Umsatzsteuer-Kongress-Bericht 2010, 2011, S. 207; EU-Kommission, UR 2009, S. 635; Luber, Die umsatzsteuerliche Organschaft, 2016, S. 237.

1080 Vgl. Stadie, UStG, 2015, § 2 Rn. 338.

1081 Vgl. Reiß, in: Englisch/Nieskens, Umsatzsteuer-Kongress-Bericht 2010, 2011, S. 208.

inländischer Unternehmensrechtsträger mehreren Organkreisen zugeordnet wird, ist damit ausgeschlossen.[1082]

bbb. Feste Niederlassung als Mitglied einer Mehrwertsteuergruppe

Der EuGH ist in der Rechtssache *Skandia America* nicht der Fragestellung nachgegangen, ob eine feste Niederlassung ohne das dazugehörige Stammhaus überhaupt Mitglied in einem Organkreis in einem EU-Mitgliedstaat sein kann. Ohne Prüfung dieser Frage, unterstellt dieser vielmehr, dass eine feste Niederlassung rechtswirksam einer schwedischen Mehrwertsteuergruppe angehört.[1083] Grundsätzlich ist auf dem Gebiet der Mehrwertsteuer höchstrichterlich anerkannt, dass ein Stammhaus und seine feste Niederlassung einen einheitlichen Unternehmensrechtsträger darstellen und nicht als verschiedene Rechtssubjekte anzusehen sind.[1084] Denn zwischen Stammhaus und fester Niederlassung existiert kein Rechtsverhältnis, auf dessen Basis ein Leistungsaustausch stattfinden kann.[1085]

In diesem Zusammenhang können aus der Formulierung des Art. 11 MwStSystRL keine Anhaltspunkte abgeleitet werden, dass dieser eine Durchbrechung des Grundsatzes der Unternehmenseinheit an der Mitgliedstaatengrenze vorsieht.[1086] Die Richtlinienbestimmung bringt lediglich zum Ausdruck, dass eine in einem EU-Mitgliedstaat einbezogene feste Niederlassung[1087] nicht in eine andere Mehrwertsteuergruppe in einem anderen EU-Mitgliedstaat berücksichtigt werden darf.[1088]

Demgegenüber vertreten die EU-Kommission, der EuGH sowie der Mehrwertsteuerausschuss die gegenteilige Auffassung, dass sich eine feste Niederlassung mit dem Beitritt in eine Mehrwertsteuergruppe von ihrem

1082 Vgl. Reiß, in: Englisch/Nieskens, Umsatzsteuer-Kongress-Bericht 2010, 2011, S. 208; EU-Kommission, UR 2009, S. 636.

1083 Vgl. EuGH, Urteil vom 17.09.2014, C 7/13, ECLI:EU:C:2014:2225, Rn. 28.

1084 Vgl. EuGH, Urteil vom 23.03.2006, C 210/04, Slg. 2006, S. I-02803 Rn. 36 bis 41, der jedoch nicht darüber entschieden hat, ob diese Betrachtungsweise auch in dem Fall gilt, wenn das Stammhaus oder die feste Niederlassung in einem anderen EU-Mitgliedstaat einer Mehrwertsteuergruppe angehören. Ferner: EuGH, Urteil vom 17.09.2014, C 7/13, ECLI:EU:C:2014:2225, Rn. 26; EU-Kommission, UR 2009, S. 636.

1085 Vgl. EuGH, Urteil vom 23.03.2006, C 210/04, Slg. 2006, S. I-02803 Rn. 33 f.

1086 Vgl. ebenso: Elster, in: UmsatzsteuerForum e.V. und BMF, 100 Jahre Umsatzsteuer in Deutschland, 2018, S. 885; Reiß, in: Englisch/Nieskens, Umsatzsteuer-Kongress-Bericht 2010, 2011, S. 210; Korn, in: Bunjes, UStG, 2018, § 2 Rn. 147; Stadie, in: Rau/Dürrwächter, UStG, 2018, § 2 Anm. 1062.1.

1087 Dies gilt auch für den Sitz der wirtschaftlichen Tätigkeit.

1088 Vgl. Reiß, in: Englisch/Nieskens, Umsatzsteuer-Kongress-Bericht 2010, 2011, S. 210.

Unternehmensrechtsträger loslöst, da diese in einem neuen Steuerpflichtigen aufgeht. Mithin führt dies zur Rechtsfolge, dass zwei verschiedene Rechtssubjekte entstehen, die jeweils für sich als selbstständiger Steuerpflichtiger anzusehen sind.[1089] Gegen diesen Standpunkt spricht zunächst, dass sich eine feste Niederlassung dadurch auszeichnet, dass sie nicht selbst die mit ihrer Tätigkeit verbundenen wirtschaftlichen Risiken[1090] trägt und nicht über eigenes Kapital oder Betriebsvermögen verfügt. Daher erweist sie sich gegenüber ihrem Unternehmen als unselbstständig.[1091] Ebenso resultiert daraus, dass eine solche Niederlassung nicht als eigenständiger Steuerpflichtiger anzusehen ist.[1092] Grundsätzlich können einer derartigen Niederlassung auch keine Erklärungs- und Zahlungsverpflichtungen auferlegt werden.[1093] Daher ist im wissenschaftlichen Schrifttum[1094] umstritten, ob eine feste Niederlassung als eine Person im Sinne des Art. 11 MwStSystRL zu qualifizieren ist. Dies ist angesichts des eindeutigen Wortlauts des Art. 11 Abs. 1 MwStSystRL äußert bedenklich, da rechtlich

---

1089 Vgl. GA Wathelet, Schlussanträge vom 08.05.2014, C 7/13, ECLI:EU:C:2014:311, Rn. 49, aus dem Umkehrschluss resultierend.

1090 In diesem Sinne auch von Streit/Streit, MwStR 2014, S. 715, die zu Recht darauf hinweisen, dass nach §§ 13d ff. HGB eine Ausstattung einer Niederlassung mit eigenem Kapital grundsätzlich nicht notwendig ist.

1091 Typisches Merkmal einer Betriebsstätte ist die Unselbstständigkeit gegenüber ihrem Unternehmen, vgl. Haase/Geils, UR 2018, S. 142. Anders verhält es sich in der Schweiz. Aus mehrwertsteuerlicher Sicht werden schweizerische Betriebsstätten im Zusammenhang mit grenzüberschreitenden Leistungsbeziehungen als selbstständig fingiert. Dazu auch: Weidmann/Bader, ASA 2009/2010, S. 811.

1092 Vgl. EuGH, Urteil vom 17.09.2014, C 7/13, ECLI:EU:C:2014:2225, Rn. 26; Nieskens, BB 2015a, S. 1303; Haase/Geils, UR 2018, S. 142.

1093 Vgl. Korf, UVR 2016, S. 350; Stadie, in: Rau/Dürrwächter, UStG, 2018, § 2 Anm. 53.2.

1094 Insbesondere kritisch: GA Wathelet, Schlussanträge vom 08.05.2014, C 7/13, ECLI:EU:C:2014:311, Rn. 45 f.; Elster, in: UmsatzsteuerForum e.V. und BMF, 100 Jahre Umsatzsteuer in Deutschland, 2018, S. 885 f.; Stadie, UStG, 2015, § 2 Rn. 340; Wüst, MwStR 2014, S. 428; Heinrichshofen, UR 2014, S. 892; Korf, UVR 2016, S. 350. A. A.: EuGH, Urteil vom 17.09.2014, C 7/13, ECLI:EU:C:2014:2225, Rn. 28, der jedoch, ohne auf die Schlussanträge des GA Wathelets einzugehen, eine feste Niederlassung dem Anwendungsbereich des Art. 11 MwStSystRL zuordnet. Ähnlich: Endres, Mehrwertsteuergruppe nach Art. 11 MwStSystRL, 2016, S. 40 und 44 ff. Zu möglichen Grenzen der umsatzsteuerlichen Einheit zwischen Stammhaus und fester Niederlassung: EuGH, Urteil vom 12.09.2013, C 388/11, ECLI:EU:C:2013:541, Rn. 30 ff. und 42.

unabhängige[1095] Personen verlangt werden.[1096] Es wird angeführt, dass Personen im Sinne des Richtlinienwortlauts eine eigene Rechtspersönlichkeit[1097] aufzuweisen haben.[1098]

Jüngst hat der EuGH[1099] allerdings entschieden, dass die Begrifflichkeit der Person sowohl Steuerpflichtige, Nichtsteuerpflichtige als auch juristische Personen sowie Einheiten ohne Rechtspersönlichkeit[1100] umfassen könne. Grundsätzlich würde danach eine feste Niederlassung unter das Tatbestandsmerkmal der Person fallen. Allerdings sollte darauf hingewiesen werden, dass es sich bei der Entscheidung des EuGH um Personengesellschaften[1101] handelte, die zwar keine eigene Rechtspersönlichkeit begründen können, nichtsdestotrotz als eigenständiges Umsatzsteuersubjekt gelten. Personengesellschaften werden daher als eingliederungsfähige Person angesehen.[1102] Das Kriterium der umsatzsteuerlichen Eigenständigkeit bzw. Selbstständigkeit kann eine feste Niederlassung nicht erfüllen.[1103] Zunächst kann festgehalten werden, dass nach der hier vertretenen Auffassung eine feste Niederlassung nicht als einbeziehungsfähige Person nach Art. 11 MwStSystRL eingestuft werden kann. Dies bedeutet auch, dass eine solche Niederlassung nicht originär, sondern ausschließlich mittelbar als ein bloßer

---

1095 Englische Version: „while legally independent", französischen Fassung: „qui sont indépendantes", spanische Fassung: „que gocen de independencia jurídica", ilatienische Fassung: „che siano giuridicamente indipendenti" sowie die niederländische Fassung: „zijn en die juridisch gezien zelfstandig zijn", vgl. Rat der EU, MwStSystRL in sämtlichen Sprachfassungen, 2006, S. 11.

1096 Vgl. Stadie, UStG, 2015, § 2 Rn. 340.

1097 Kritisch dazu: von Streit/Streit, MwStR 2014, S. 716, die darauf hinweisen, dass der EuGH eine Reduzierung auf Personen mit Rechtspersönlichkeit nicht in seiner Entscheidung vorgenommen hat.

1098 Vgl. GA Wathelet, Schlussanträge vom 08.05.2014, C 7/13, ECLI:EU:C:2014:311, Rn. 45.

1099 Siehe dazu umfassend: Kapitel D.III.2.c.bb.

1100 Beispielhaft Personengesellschaften, vgl. EuGH, Urteil vom 16.07.2015, C 108/14 und C 109/14, ECLI:EU:C:2015:496, Rn. 37. Dazu auch: GA Mengozzi, Schlussanträge vom 26.03.2015, C 108/14 und C 109/14, ECLI:EU:C:2015:212, Rn. 61.

1101 Eine umfassende Analyse, ob und unter welchen Voraussetzungen Personengesellschaften als Organgesellschaft in eine umsatzsteuerliche Organschaft eingegliedert werden können, erfolgt in Kapitel E.

1102 Vgl. EuGH, Urteil vom 27.01.2000, C 23/98, Slg. 2000, S. I-00419 Rn. 8.

1103 Zutreffend auch: Stadie, in: Rau/Dürrwächter, UStG, 2018, § 2 Anm. 53; Elster, in: UmsatzsteuerForum e.V. und BMF, 100 Jahre Umsatzsteuer in Deutschland, 2018, S. 886.

Unternehmensteil des Organträgers bzw. der Organgesellschaft Berücksichtigung finden kann.[1104]

Darüber hinaus wird in der wissenschaftlichen Literatur ebenso die Problematik erkannt, dass eine feste Niederlassung in ihrer isolierten Betrachtung nicht die erforderlichen Beziehungsmerkmale verwirklichen kann, da diese weder rechtlich selbstständig ist noch eine eigene ihr zuzurechnende wirtschaftliche Tätigkeit durchführen kann.[1105] Dieser Aussage kann zugestimmt werden. Damit eine feste Niederlassung im Inland eines ausländischen Unternehmens in das inländische Unternehmen des Organträgers eingegliedert werden kann, müssen die Eingliederungsvoraussetzungen grenzüberschreitend erfüllt werden.[1106] Aus diesem Zusammenhang lässt sich die Auffassung einzelner EU-Mitgliedstaaten herleiten, dass neben der festen Niederlassung auch das Stammhaus, somit das Unternehmen in seiner Gesamtheit, in die Mehrwertsteuergruppe einzubeziehen ist. Auch nach bisheriger Finanzverwaltungsauffassung können

1104 Vgl. nach Stadie, in: Rau/Dürrwächter, UStG, 2018, § 2 Anm. 53.2, gelten Niederlassungen stets als unselbstständige Teile eines Unternehmens. Es wird zutreffend dargelegt, dass auch an anderen Stellen der MwStSystRL keine abweichende Definition der festen Niederlassung zugelassen wird. Im Rahmen der MwStSystRL ist die feste Niederlassung nicht Träger von Rechten und Pflichten. Ebenso: Suliga, EU-UStB 2011, S. 63.

1105 Dies lässt sich eindeutig aus der Rechtsprechung des EuGH in der Rs. FCE Bank ableiten, vgl. EuGH, Urteil vom 23.03.2006, C 210/04, Slg. 2006, S. I-02803 Rn. 33 f.; gleicher Auffassung: Elster, in: UmsatzsteuerForum e.V. und BMF, 100 Jahre Umsatzsteuer in Deutschland, 2018, S. 885; Wüst, MwStR 2014, S. 427; Stadie, in: Rau/Dürrwächter, UStG, 2018, § 2 Anm. 1063; Nieskens, BB 2015a, S. 1306; Suliga, EU-UStB 2011, S. 62; Pfeiffer, ÖStZ 2015, S. 313; Ehrke-Rabel/Kettisch, SWK 2015, S. 812. A. A.: Endres, Mehrwertsteuergruppe nach Art. 11 MwStSystRL, 2016, S. 54; von Streit/Streit, MwStR 2014, S. 716 f.

1106 Im entschiedenen Skandia-Fall wurde, ohne eine Prüfung der Verbindungsmerkmale vorzunehmen, der festen Niederlassung die Zugehörigkeit zu einer Mehrwertsteuergruppe zugesprochen. Damit hat sich der EuGH nicht mit der Fragestellung auseinandergesetzt, in welcher Form gegenseitige finanzielle, wirtschaftliche und organisatorische Beziehungen zwischen der festen Niederlassung und den anderen Gruppenmitgliedern begründet werden können. Eine Unterlassung der Prüfung der Beziehungsmerkmale ist möglicherweise deswegen erfolgt, da eine schwedische Mehrwertsteuergruppe auf Antrag ihrer Mitglieder durch eine Entscheidung der Finanzverwaltung über die Registrierung begründet wird. Daher kann die schwedische Finanzverwaltung vermutlich auch Mitgliedern ohne das tatsächliche Vorliegen der Beziehungsmerkmale den Zugang zur Mehrwertsteuergruppe gewähren, vgl. von Streit/Streit, MwStR 2014, S. 716.

inländische Betriebsstätten ausländischer Organgesellschaften bzw. eines ausländischen Organträgers Bestandteil der Organschaft sein. Gleichwohl ist allerdings zu beachten, dass sich dieses Rechtsverständnis ausschließlich auf solche Fallkonstellationen beschränkt, in denen ebenso das Stammhaus der Betriebsstätte Mitglied des Organkreises ist.[1107] Die ausländische Organgesellschaft bzw. der ausländische Organträger bleibt im Verhältnis zu den im Inland gelegenen Unternehmensteilen aber selbstständiger Unternehmer. An dieser Stelle ist hervorzuheben, dass in den beiden Fällen ein vergleichbarer Sachverhalt zur *Skandia*-Entscheidung vorliegt. Nach Erfüllung der Eingliederungsvoraussetzungen liegen zwei Steuerpflichtige vor.[1108] In diesen Fallkonstellationen könnte eine Durchbrechung der grenzüberschreitenden Unternehmenseinheit möglich sein.

Darüber hinaus vertreten der EuGH[1109], Generalanwalt Wathelet[1110] und die EU-Kommission[1111] den Standpunkt, dass dem Bestimmungsland Steuersubstrat durch die Beibehaltung der betriebsbezogenen Betrachtungsweise entzogen wird.[1112] Aus diesem Grunde besteht keine Möglichkeit zur Verbindung der Rechtsfolgen der Organschaft und der Unternehmenseinheit. Es wird zunächst angeführt, dass aus der gleichzeitigen Anwendung des Grundsatzes der Organschaft und der Unternehmenseinheit folgt, dass Leistungsbeziehungen zwischen einem ausländischen Stammhaus und seiner inländischen festen Niederlassung und anschließend von dieser Niederlassung als Organschaftsmitglied an ein anderes Organschaftsmitglied nicht steuerbar erbracht werden können. Insgesamt würde dies zu einer Nichtbesteuerung der in Rede stehenden sonstigen Leistung führen.[1113] Deswegen wird eine Trennung zwischen Stammhaus und fester Niederlassung vorgenommen. Daraus folgt, dass die feste Niederlassung einerseits Empfängerin der Dienstleistungen des ausländischen Stammhauses wird und andererseits die Mehrwertsteuergruppe[1114], in der die feste Niederlassung

1107 Vgl. Abschn. 2.9. Abs. 3 Nr. 3 und 5 UStAE.

1108 Vgl. Pfeiffer, ÖStZ 2015, S. 313.

1109 Vgl. EuGH, Urteil vom 17.09.2014, C 7/13, ECLI:EU:C:2014:2225; Reiß, in: Reiß et al., UStG, 2018, § 2 Rn. 127.3.

1110 Vgl. GA Wathelet, Schlussanträge vom 08.05.2014, C 7/13, ECLI:EU:C:2014:311, Rn. 57 f. und 76.

1111 Vgl. EU-Kommission, UR 2009, S. 635.

1112 Für einen steuerlichen Missbrauch auch: Endres, Mehrwertsteuergruppe nach Art. 11 MwStSystRL, 2016, S. 60.

1113 Vgl. GA Wathelet, Schlussanträge vom 08.05.2014, C 7/13, ECLI:EU:C:2014:311, Rn. 76.

1114 Vgl. Art. 196 MwStSystRL.

trotz ihrer Unselbstständigkeit als Mitglied integriert ist, Steuerschuldnerin[1115] wird.[1116] Diesem Auslegungsverständnis kann allerdings aus folgenden Gründen nicht zugestimmt werden. Wie bereits eingangs verdeutlicht wurde, kann eine feste Niederlassung nicht Zuordnungssubjekt von Rechten und Pflichten sein und ist somit nicht als originäres Mitglied einer Mehrwertsteuergruppe anzuerkennen.[1117]

Die besagten Dienstleistungen der festen Niederlassung an die Mehrwertsteuergruppe sind dagegen als Dienstleistungen des ausländischen Stammhauses zu qualifizieren. Dies kann vor allem aus Art. 192a MwStSystRL[1118] bzw. § 13b Abs. 7 S. 3 UStG abgeleitet werden. Dieser legt zunächst fest, dass eine feste Niederlassung keine eigenen Dienstleistungen erbringen kann, sondern lediglich an diesen beteiligt ist.[1119] Weiterhin geht aus dem Umkehrschluss der vorgenannten Rechtsnorm ausdrücklich hervor, dass das ausländische Stammhaus für derartige Dienstleistungen Steuerschuldner[1120] wird, weil es aufgrund der festen Niederlassung als im Inland ansässig anzusehen ist. In diesem Sinne wird das im Ausland ansässige Stammhaus zu einem „inländischen Unternehmer" fingiert. Voraussetzung ist allerdings, dass das ausländische Stammhaus einerseits einen im Inland steuerbaren und steuerpflichtigen Umsatz[1121] ausführt und andererseits die inländische Niederlassung in die Leistung miteinbezogen wird.[1122] Von einer solchen Einbeziehung kann regelmäßig ausgegangen werden,

1115 Vgl. Art. 196 MwStSystRL.

1116 Vgl. EuGH, Urteil vom 17.09.2014, C 7/13, ECLI:EU:C:2014:2225, Rn. 28, 33 f. und 37 f.

1117 Vgl. Stadie, in: Rau/Dürrwächter, UStG, 2018, § 2 Anm. 53 und 340.

1118 Allerdings gilt Art. 192a MwStSystRL nur für die Fallkonstellation der festen Niederlassung im EU-Mitgliedstaat der Leistungserbringung. Für den umgekehrten Fall ist Art. 54 MwSt-DVO einschlägig. Dieser besagt, sofern ein Unternehmer seinen Sitz im Inland hat und ein im Inland steuerbarer und steuerpflichtiger Umsatz vom Ausland getätigt wird, gilt der Unternehmer als im Inland ansässig. Dies gilt unabhängig davon, ob der Sitz des Unternehmens an diesem Umsatz beteiligt war. Dazu auch: Abschn. 13b.11 Abs. 1 S. 7 UStAE.

1119 Vgl. Art. 192a Buchst. b MwStSystRL; dazu auch: Art. 53 Abs. 2 MwSt-DVO. Insgesamt zur Unselbstständigkeit einer festen Niederlassung: Stadie, in: Rau/Dürrwächter, UStG, 2018, § 2 Anm. 53 ff. A. A.: Endres, Mehrwertsteuergruppe nach Art. 11 MwStSystRL, 2016, S. 59.

1120 Vgl. Art. 193 MwStSystRL bzw. § 13a UStG.

1121 In diesem Zusammenhang muss das ausländische Stammhaus einen Umsatz nach § 13b Abs. 1 oder Abs. 2 Nr. 1 und Nr. 5 UStG ausführen.

1122 Vgl. Abschn. 13b.11 Abs. 1 S. 6 UStAE.

wenn das ausländische Stammhaus die Leistung unter Angabe der USt-IdNr. der inländischen Niederlassung abrechnet.[1123] Folgerichtig kann die Mehrwertsteuergruppe als Leistungsempfängerin – wie es allerdings der EuGH in seiner Rechtsprechung hergeleitet hat – nicht als Steuerschuldnerin infrage kommen.

ccc. Auswirkungen für den deutschen Organkreis

Auch wenn vor diesem beschriebenen Hintergrund erhebliche Zweifel[1124] bestehen, ob die vom EuGH vorgenommene Auslegung des Art. 11 MwStSystRL zutreffend ist, ist die Rechtsprechung bei der Auslegung des § 2 Abs. 2 Nr. 2 UStG zu berücksichtigen.

Nach Finanzverwaltungsauffassung sollen die *Skandia*-Rechtsgrundsätze ausschließlich auf Fallkonstellationen, in denen Leistungen zwischen einem Stammhaus in einem Drittland und ihren Betriebsstätten, die im Inland einem Organkreis angehörig sind, Anwendung finden. Demzufolge nimmt die Finanzverwaltung gegenüber anderen EU-Mitgliedstaaten eine deutlich eingeschränkte Umsetzung vor. Eine Änderung könnte sich möglicherweise auch für die Fälle ergeben, in denen die inländische Betriebsstätte eines ausländischen Organträgers bzw. einer Organgesellschaft in den Organkreis einbezogen wird.

In diesem Kontext wird im wissenschaftlichen Schrifttum[1125] die Ansicht vertreten, dass Leistungen eines ausländischen Organträgers bzw. einer ausländischen Organgesellschaft an ihre im Inland gelegene feste Niederlassung steuerbar erbracht werden. Allerdings soll in der Anwendung berücksichtigt werden, dass die Einführung einer optionalen Einführung einer Mehrwertsteuergruppe durch einen EU-Mitgliedstaat nicht bewirken kann, dass sich für einen anderen EU-Mitgliedstaat Änderungen in Bezug auf die steuerliche Beurteilung von Leistungsbeziehungen ergeben können.[1126] Grundsätzlich gilt für sonstige Leistungen, die zwischen Stammhaus und fester Niederlassung erbracht werden, dass keine Umsatzsteuerbelastung im Sinne der MwStSystRL ausgelöst wird.[1127]

1123 Vgl. Abschn. 13b.11 Abs. 1 S. 6 UStAE.

1124 Insbesondere nach Stadie, in: Rau/Dürrwächter, UStG, 2018, § 2 Anm. 795.2, ist die Entscheidung des EuGH für die Auslegung des § 2 Abs. 2 Nr. 2 UStG ohne Bedeutung. Elster, in: UmsatzsteuerForum e.V. und BMF, 100 Jahre Umsatzsteuer in Deutschland, 2018, S. 886 bezeichnet die ergangene EuGH-Rechtsprechung in der Rs. Skandia America als misslich.

1125 Vgl. vor allem: Pfeiffer, ÖStZ 2015, S. 315.

1126 Vgl. EuGH, Urteil vom 12.09.2013, C 388/11, ECLI:EU:C:2013:541, Rn. 43 f.

1127 Unionsrechtlich werden sonstige Leistungen von Art. 14 Abs. 1, Art. 17, Art. 21 und Art. 138 Abs. 2 Buchst. c MwStSystRL nicht erfasst, sodass regelmäßig keine Umsatzbesteuerung stattfinden kann.

Dies bedeutet, dass insbesondere die Einführung einer Mehrwertsteuergruppe in einem EU-Mitgliedstaat nicht mit der Folge verbunden sein kann, dass sich diese zu Lasten eines anderen EU-Mitgliedstaates im Sinne der Erweiterung des Besteuerungsrechts auswirkt.[1128]

Folglich könne ein EU-Mitgliedstaat einen anderen EU-Mitgliedstaat nicht zur Befolgung seines Umsatzsteuerrechts verpflichten.[1129] Daraus soll resultieren, dass ausschließlich Inbound-Fälle, in denen Leistungen an die inländische Organschaft erbracht werden, eine Umsatzbesteuerung auslösen. Die umgekehrte Leistungsrichtung soll keine Auswirkungen auf den Grundsatz der grenzüberschreitenden Unternehmenseinheit haben. Dies lässt sich darauf zurückführen, dass im Nichtorganschaftsfall Leistungen von einem inländischen Unternehmensteil an einen ausländischen Unternehmensteil desselben Unternehmensträgers im Empfängerland stets zu keiner Steuerbarkeit führen. Wird dagegen eine Organschaft angenommen, wird ein Leistungsaustausch von einem Unternehmer an einen anderen gegen Entgelt erzeugt. Infolge des Empfängerortprinzips kommt es zum Übergang der Steuerschuld auf den Leistungsempfänger.[1130] Aus diesen Gründen wird eine symmetrische Anwendung der Rechtsfolgen der *Skandia*-Entscheidung abgelehnt. Dagegen lassen sich vereinzelt Stimmen in der wissenschaftlichen Literatur[1131] finden, die eine symmetrische Anwendung befürworten. Aufgrund der „Verschmelzung" des Organkreises zu einem Steuerpflichtigen bzw. Unternehmen kommt es zu einer umsatzsteuerlichen Trennung zwischen einer festen Niederlassung im Inland und ihrem ausländischen Stammhaus, wenn nur einer der beiden von den Organschaftswirkungen erfasst wird. Dies gilt unabhängig davon, ob es sich bei den Leistungsbeziehungen um In- oder Outbound-Fälle handelt.

ff. Stellungnahme

Nach Art. 11 MwStSystRL kann jeder EU-Mitgliedstaat in seinem Gebiet ansässige Personen als einen Steuerpflichtigen zusammenfassen. Das Merkmal der Ansässigkeit wird zwar nicht explizit von Art. 11 MwStSystRL definiert, jedoch kann aus dem systematischen Zusammenhang geschlossen werden, dass sich die Ansässigkeit einer Person regelmäßig auf den Sitz der wirtschaftlichen Tätigkeit

---

1128 So zutreffend: Reiß, in: Englisch/Nieskens, Umsatzsteuer-Kongress-Bericht 2010, 2011, S. 209.

1129 Vgl. Pfeiffer, ÖStZ 2015, S. 315 f.

1130 Vgl. Pfeiffer, ÖStZ 2015, S. 315.

1131 Vgl. Ehrke-Rabel/Kettisch, SWK 2015, S. 813.

und auf den Ort der festen Niederlassung stützt. Daraus folgt, dass unter die Wortfolge „im Inland gelegene Unternehmensteile" solche fallen, die dem inländischen Sitz der wirtschaftlichen Tätigkeit oder einer inländischen Betriebstätte zuzurechnen sind.

Unionsrechtlich wird jedoch anstatt auf die Begrifflichkeit der Betriebsstätte auf die feste Niederlassung abgestellt.[1132] Dies bedeutet, dass im Rahmen der richtlinienkonformen Interpretation die Betriebsstätte die Merkmale einer festen Niederlassung zu erfüllen hat.[1133] Nach gefestigter EuGH-Rechtsprechung liegt diese vor, wenn sie über einen hinreichenden Mindestbestand an Personal- und Sachmitteln verfügt, die für die Erbringung von Dienstleistungen notwendig sind.[1134] Des Weiteren muss diese Niederlassung einen ausreichenden Beständigkeitsgrad sowie eine Struktur[1135] aufweisen, die von der personellen und technischen Ausrichtung her eine eigenständige Erbringung der betreffenden Dienstleistungen gewährleistet.[1136] Aufgrund dieser Anforderungen reicht für den im Inland gelegenen Unternehmensteil im Sinne des § 2 Abs. 2 Nr. 2 UStG nicht jede Betriebsstätte nach § 12 AO aus.[1137] Als feste Niederlassung kommen ausschließlich die Stätte der Geschäftsleitung sowie die Zweigniederlassung in Betracht.[1138]

Es kann festgehalten werden, dass der deutsche Gesetzeswortlaut nach der hier vertretenen Ansicht in Einklang mit der unionsrechtlichen Anforderung

---

1132 Vgl. Birkenfeld, in: Birkenfeld/Wäger, Das große Umsatzsteuer-Handbuch, 2018, § 45 Rn. 61. Zur festen Niederlassung im Unionsrecht auch: Scholz, UR 2015, S. 501.

1133 Vgl. Eckl, IStR 2009, S. 510; Englisch, IStR 2009, S. 526; Lange, UR 1999, S. 152; Birkenfeld, in: Birkenfeld/Wäger, Das große Umsatzsteuer-Handbuch, 2018, § 45 Rn. 61.

1134 Vgl. EuGH, Urteil vom 07.05.1998, C 390/96, Slg. 1998, S. I-02553 Rn. 24; EuGH, Urteil vom 17.07.1997, C 190/95, Slg. 1997, S. I-04383 Rn. 15; EuGH, Urteil vom 04.07.1985, C 168/84, Slg. 1985, S. 02251 Rn. 17 f.

1135 Voraussetzung für eine beständige Struktur ist, dass die Einrichtung über eine Anzahl von Beschäftigten verfügt. Zudem muss diese in der Lage sein, beispielhaft Verträge abzuschließen oder Rechnungen zu erstellen, vgl. Birkenfeld, in: Birkenfeld/Wäger, Das große Umsatzsteuer-Handbuch, 2018, § 45 Rn. 62.

1136 Vgl. EuGH, Urteil vom 04.07.1985, C 168/84, Slg. 1985, S. 02251; EuGH, Urteil vom 02.05.1996, C 231/94, Slg. 1996, S. I-02395; EuGH, Urteil vom 17.07.1997, C 190/95, Slg. 1997, S. I-04383; EuGH, Urteil vom 20.02.1997, C 260/95, Slg. 1997, S. I-01005; Art. 11 Abs. 1 MwSt-DVO. Entspricht auch der Finanzverwaltungsauffassung: Abschn. 3a.1 Abs. 3 S. 2, 3 und 4 UStAE.

1137 Vgl. Stadie, in: Rau/Dürrwächter, UStG, 2018, § 2 Anm. 1052.

1138 Vgl. Stadie, in: Rau/Dürrwächter, UStG, 2018, § 2 Anm. 1058.

steht. Der Gesetzeswortlaut und die unionsrechtliche Bestimmung weichen zwar im Wortlaut voneinander ab, können aber durchaus übereinstimmend ausgelegt werden. Insgesamt sind die „im Inland gelegenen Unternehmensteile" in § 2 Abs. 2 Nr. 2 UStG durch Art. 11 Abs. 1 MwStSystRL gedeckt. Jedoch ist anzumerken, dass das UStG die Begrifflichkeit der im Inland gelegenen Unternehmensteile nicht definiert, sodass diese durch die Finanzverwaltung in Abschn. 2.9 Abs. 3 UStAE[1139] mit Definitionsgehalt gefüllt wurden. Unter Bezugnahme auf die *Skandia*-Rechtsprechung sollen sich für umsatzsteuerliche Zwecke alle ausländischen Unternehmensteile vom inländischen Organkreis loslösen, mit der Konsequenz, dass ein nichtsteuerbarer innerunternehmerischer Vorgang in einen steuerbaren Leistungsaustausch umqualifiziert wird. Ungeklärt bleibt allerdings, ob einerseits auch Outbound-Fälle von der EuGH-Rechtsprechung betroffen sind. Andererseits ist offen, ob das Urteil auch in einem entsprechenden EU-Sachverhalt Anwendung finden soll. Es gilt daher abzuwarten, ob der EuGH eine symmetrische Anwendung der Rechtsfolgen des Urteils, unabhängig von einem EU- oder Drittlandsachverhalt, bestätigt. Konsequent ist in diesem Zusammenhang die eingeschränkte Umsetzung der *Skandia*-Entscheidungsgrundsätze durch die deutsche Finanzverwaltung.

Weiterhin ist die von der Finanzverwaltung vorgenommene unterschiedliche Behandlung ausländischer Betriebsstätten des Organträgers und der Organgesellschaften im Organkreis äußerst bedenklich. Eine derartige ungleiche Einbeziehung soll sich aus der grundsätzlichen Unternehmereigenschaft des Organträgers und aus der Unselbstständigkeit der Organgesellschaften im Verhältnis zum Organträger ergeben. Es erscheint jedoch fraglich, ob für solch differenzierte Einbeziehung ausländischer Betriebsstätten von im Inland ansässigen Organkreismitgliedern eine hinreichende Rechtsgrundlage besteht.[1140] In den Fallkonstellationen, in denen eine Organgesellschaft eines ausländischen Organträgers wirtschaftlich bedeutendster Unternehmensteil[1141] wird und somit trotz

---

1139 Im Inland gelegene Unternehmensteile im Sinne der Vorschrift sind: 1. Der Organträger, sofern er im Inland ansässig ist; 2. Die im Inland ansässigen Organgesellschaften des in Nr. 1 bezeichneten Organträgers; 3. Die im Inland gelegenen Betriebsstätten, z. B. Zweigniederlassungen, des in Nr. 1 bezeichneten Organträgers und seiner im Inland und Ausland ansässigen Organgesellschaften; 4. Die im Inland ansässigen Organgesellschaften eines Organträgers, der im Ausland ansässig ist; 5. Die im Inland gelegenen Betriebsstätten, z. B. Zweigniederlassungen, des im Ausland ansässigen Organträgers und seiner im Inland und Ausland ansässigen Organgesellschaften.

1140 Vgl. Orth, GmbHR 1996, S. 38.

1141 Vgl. Abschn. 2.9 Abs. 7 S. 3 UStAE.

ihrer Unselbstständigkeit als Unternehmerin[1142] fingiert wird, wären ausländische Betriebsstätten einer derartigen Organgesellschaft ebenso im Organkreis zu berücksichtigen. Denn in solchen Fällen liegen die gleichen Voraussetzungen vor. Einerseits ist die Unternehmereigenschaft nach § 2 Abs. 1 UStG erfüllt und andererseits geht die Steuerschuld auf die Organgesellschaft (§ 13a Abs. 1 Nr. 1 UStG) über. Damit liegt ein vergleichbarerer Sachverhalt mit Blick auf den inländischen Organträger mit ausländischer Betriebsstätte vor.[1143] Im Übrigen ist auch die Handhabe der Finanzverwaltung, dass eine im Inland gelegene Betriebsstätte eines ausländischen Organträgers wirtschaftlich bedeutendster Unternehmensteil[1144] wird, kritisch zu sehen. Diese Betrachtungsweise ist konsequenterweise abzulehnen, denn Betriebsstätten können keine unternehmerischen Gebilde darstellen.[1145] Aus dem Umkehrschluss folgt, dass als wirtschaftlich bedeutendster Unternehmensteil ausschließlich im Inland ansässige Organgesellschaften infrage kommen können.

4. Vereinbarkeitsprüfung des sachlichen Anwendungsbereichs mit den unionsrechtlichen Vorgaben

a. Allgemeines

Nachdem untersucht wurde, unter welchen Bedingungen Personen Mitglied in einer unionsrechtlichen Mehrwertsteuergruppe bzw. einer deutschen Organschaft sein können, sind weitere Voraussetzungen für die Bildung einer Mehrwertsteuergruppe zu überprüfen. Während das UStG im Sinne des § 2 Abs. 2 Nr. 2 UStG eine finanzielle, wirtschaftliche und organisatorische Eingliederung voraussetzt, stellt sich die Rechtslage nach dem Unionsrecht anders dar. Der Wortlaut des Art. 11 Abs. 1 MwStSystRL fordert lediglich „gegenseitige finanzielle, wirtschaftliche und organisatorische Beziehungen" für die Bildung einer Mehrwertsteuergruppe. Vor diesem Hintergrund wird die Begrifflichkeit der

---

1142 Vgl. Abschn. 2.9 Abs. 7 S. 2 UStAE.

1143 Vgl. Abschn. 2.9 Abs. 6 S. 3 UStAE und Abschn. 2.9 Abs. 7 S. 2 UStAE.

1144 Nach Stadie, UStG, 2015, § 2 Anm. 349, kommen zu Recht ausschließlich Organgesellschaften als Unternehmer im Sinne des § 2 Abs. 2 Nr. 2 S. 4 UStG infrage. Voraussetzung ist, dass diese ihre Geschäftsleitung im Inland haben. Ebenso: Elster, in: UmsatzsteuerForum e.V. und BMF, 100 Jahre Umsatzsteuer in Deutschland, 2018, S. 885, der anführt, dass systematisch betrachtet nur eine Organgesellschaft als ein eigenständiges Rechtssubjekt in Betracht kommen kann.

1145 Vgl. Stadie, in: Rau/Dürrwächter, UStG, 2018, § 2 Anm. 1090; Reiß, in: Reiß et al., UStG, 2018, § 2 Rn. 128.1. A. A.: Abschn. 2.9 Abs. 7 S. 5 UStAE.

Beziehungen dahingehend verstanden, dass eine Art kooperative Verbundenheit einander nahestehender Personen existiert. Aus der Konsequenz der Verbundenheit kann das Entstehen eines neuen Steuerpflichtigen abgeleitet werden. In diesem Zusammenhang wird das Mehrwertsteuergruppenkonzept insgesamt so ausgelegt, dass es sich mehr um eine Zusammenarbeit verschiedener Personen[1146] als um eine Beherrschung abhängiger juristischer Personen durch eine übergeordnete unternehmerische Einheit handelt.[1147] Des Weiteren weisen die deutsche Organschaftsregelung und die unionsrechtliche Bestimmung die Gemeinsamkeit auf, dass eine kumulative Erfüllung aller drei Kriterien vorliegen muss.[1148] Nach deutschem und europäischem Recht wird dies durch die Konjunktion „und" hervorgehoben.[1149] Das Vorliegen der drei Beziehungsmerkmale soll sicherstellen, dass nur eine Person die Vorteile aus der Eingehung einer Mehrwertsteuergruppe beanspruchen kann.[1150] Der Richtlinienwortlaut[1151] lässt dabei jedoch offen, was unter den jeweiligen Tatbestandsmerkmalen grundsätzlich zu verstehen ist.[1152] Auch die Materialien zur zweiten und sechsten Richtlinie können keine Hilfestellung leisten, da sie keine weiterführenden Begriffsdefinitionen

---

1146 Vgl. Grünwald, MwStR 2013, S. 332, spricht in diesem Sinne von einer arbeitsteiligen Verfolgung eines wirtschaftlichen Gemeinschaftsziels.

1147 Vgl. von Streit, UStB 2013, S. 299.

1148 Im Rahmen des Konsultationsverfahrens des EU-Mitgliedstaates Italien bestätigt der Mehrwertsteuerausschuss nochmals das Erfordernis des Vorliegens sämtlicher Beziehungsmerkmale, vgl. Mehrwertsteuerausschuss, Working Paper No. 933, 2017, S. 7.

1149 Vgl. EU-Kommission, UR 2009, S. 636.

1150 Vgl. Mehrwertsteuerausschuss, Working Paper No. 933, 2017, S. 8.

1151 Die englische Version enthält die Wendung „are closely bound to one another by financial, economic and organisational links", die französische Version spricht von „qui sont étroitement liées entre elles sur les plans financier, économique et de l'organisation", die spanische Version enthält die Wendung „pero que se hallen firmemente vinculadas entre sí en los órdenes financiero, económico y de organización", die italienische Version spricht von „ma strettamente vincolate fra loro da rapporti finanziari, economici ed organizzativi") und die niederländische Version spricht von „doch financieel, economisch en organisatorisch nauw met elkaar verbonden zijn, tezamen als één belastingplichtige aanmerken", vgl. Rat der EU, MwStSystRL in sämtlichen Sprachfassungen, 2006, S. 11.

1152 Auch im wissenschaftlichen Schrifttum herrscht Uneinigkeit darüber, wie die Beziehungsmerkmale ausgestaltet sein müssen. So beispielhaft: von Streit/Streit, UStB 2016, S. 150; Slapio, UR 2013, S. 411 f.; Küffner/Streit, UR 2013, S. 404; Grünwald, MwStR 2014, S. 230 f.; Birkenfeld, UR 2014, S. 123 f.; von Streit/Duyfjes, DStR 2014, S. 401 f.

enthalten.[1153] Insbesondere existiert auch noch kein belastbares Auslegungsurteil des EuGH bezüglich der konkreten Ausgestaltung des Verhältnisses der Mehrwertsteuergruppenmitglieder zueinander.[1154]

In nachfolgender Synthese wird daher in einem ersten Arbeitsschritt der Versuch unternommen, die geforderten Beziehungsmerkmale auf unionsrechtlicher Basis inhaltlich zu definieren. Zur Erkenntnisgewinnung sollen vor allem die Auffassungen der EU-Kommission, des Mehrwertsteuerausschusses, der Mehrwertsteuerexpertengruppe sowie die internationale Ausgestaltung des sachlichen Anwendungsbereichs herangezogen werden. Anhand des gewonnenen Auslegungsverständnisses werden sodann in einem zweiten Schritt erste Rückschlüsse mit Blick auf die Vereinbarkeit des sachlichen Anwendungsbereichs nach § 2 Abs. 2 Nr. 2 UStG mit dem Unionsrecht gezogen. Ergänzend ist anzuführen, dass der EuGH derzeit die nationalen Gerichte veranlasst, ihr Rechtsverständnis zur Notwendigkeit eines Eingliederungsverhältnisses zwischen Organträger und Organgesellschaft zu überdenken. Da aus unionsrechtlicher Perspektive eine derartige Struktur zwischen den Organkreismitgliedern nicht mehr notwendig sein soll, wird in einem letzten Schritt das Erfordernis eines Eingliederungsverhältnisses nach § 2 Abs. 2 Nr. 2 UStG auf seine unionsrechtliche Konformität überprüft.

b. Analyse und Bewertung des sachlichen Anwendungsbereichs und seine Bedeutung für den deutschen Organkreis

aa. Auffassungen der EU-Kommission, des Mehrwertsteuerausschusses und der Mehrwertsteuerexpertengruppe

Erste Versuche zur Deklaration der drei Beziehungsmerkmale hat die EU-Kommission bereits im Jahre 2009 in Form einer unverbindlichen Mitteilung[1155] über

---

1153 Vgl. zweite Richtlinie 67/228/EWG des Rates vom 11.04.1967 zur Harmonisierung der Rechtsvorschriften der Mitgliedstaaten über die Umsatzsteuern – Struktur und Anwendungsmodalitäten des gemeinsamen Mehrwertsteuersystems, ABl. EG 1967 Nr. 71, S. 1308; sechste Richtlinie 77/388/EWG des Rates vom 17.05.1977 zur Harmonisierung der Rechtsvorschriften der Mitgliedstaaten über die Umsatzsteuern – Gemeinsames Mehrwertsteuersystem: einheitliche steuerpflichtige Bemessungsgrundlage, ABl. EG 1977 Nr. L 145, S. 3.

1154 Vgl. Birkenfeld, UR 2014, S. 128, der zutreffend dafür plädiert, dass der EuGH den Inhalt und die Reichweite des sachlichen Anwendungsbereichs im Einzelnen aufklären muss.

1155 Vgl. Hoff, Die Anwendung der Umsatzsteuerorganschaft im nationalen Recht, 2016, S. 71, führt an, dass die Mitteilung der EU-Kommission inhaltlich noch weit

die Option der Mehrwertsteuergruppe[1156] vorgelegt. Im Rahmen dieser Mitteilung wurden diese wie folgt definiert:

Für die Festlegung der finanziellen Beziehung sind kapitalmäßige Anteile oder Stimmrechte maßgeblich. Hierfür gibt die EU-Kommission einen Anteil von mehr als 50 Prozent vor, damit von einer tatsächlichen Kontrolle einer Person durch eine andere ausgegangen werden kann.[1157] Für die Sicherstellung einer finanziellen Beziehung kann alternativ auch ein Franchisevertrag abgeschlossen werden.[1158] Zur Klärung der wirtschaftlichen Beziehung stellt die EU-Kommission auf das wirtschaftliche Zusammenwirken der Mehrwertsteuergruppenmitglieder ab. Diese liegt vor, wenn entweder die Gruppenmitglieder die gleiche Haupttätigkeit ausführen oder sich die Tätigkeiten der Gruppenmitglieder ergänzen, voneinander abhängig sind oder den anderen Gruppenmitgliedern in einem wesentlichen Umfang zugutekommen.[1159] Ferner wird festgelegt, dass organisatorische Beziehungen bei einer gemeinsamen oder teilweise gemeinsam ausgeführten Managementstruktur vorliegen sollen.[1160] Es werden sämtliche Tätigkeiten eines Gruppenmitglieds im Inland von der Mehrwertsteuergruppe erfasst, sodass ein Gruppenmitglied lediglich einer Mehrwertsteuergruppe beitreten kann.[1161] Bedingung dafür, dass zwei oder mehr Personen als Einheit im Sinne des Art. 11 MwStSystRL zusammengefasst werden können, ist nach Auffassung der EU-Kommission eine enge Verbundenheit untereinander, die sich über die diskutierte finanzielle, organisatorische und wirtschaftliche Beziehung definiert. Ohne die Erfüllung derartiger Beziehungsmerkmale können die betreffenden Personen nicht in einer Mehrwertsteuergruppe verbunden sein.

Darüber hinaus hat sich zudem seit der Veröffentlichung der EU-Kommission in 2009, insbesondere durch die ergangene EuGH-Rechtsprechung[1162], das Auslegungsverständnis des sachlichen Anwendungsbereichs nach Art. 11 MwStSystRL verändert. Zur Klärung der neuen Situation wurden vom

von einem „belastbaren Auslegungsstandard für die Mehrwertsteuergruppe der MwStSystRL" entfernt ist.

1156 EU-Kommission, UR 2009, S. 632 bis 638.

1157 Vgl. EU-Kommission, UR 2009, S. 636.

1158 Vgl. EU-Kommission, UR 2009, S. 636.

1159 Vgl. EU-Kommission, UR 2009, S. 636.

1160 Vgl. EU-Kommission, UR 2009, S. 636.

1161 Vgl. EU-Kommission, UR 2009, S. 632.

1162 Vor allem durch das EuGH-Urteil vom 16.07.2015, C 108/14 und C 109/14, ECLI:EU:C:2015:496, hat sich das Auslegungsverständnis des sachlichen Anwendungsbereichs verändert.

Mehrwertsteuerausschuss[1163] sowie von der Mehrwertsteuerexpertengruppe Arbeitspapiere zur Bedeutung des Begriffs der finanziellen, wirtschaftlichen und organisatorischen Verbindungen zwischen den Mitgliedern der Mehrwertsteuergruppe in 2017 und 2018 veröffentlicht.[1164] Diese Arbeitspapiere dienen jedoch lediglich als unterstützende Orientierungshilfe zur Anwendung des Art. 11 MwStSystRL und entfalten keine rechtliche Bindungswirkung.[1165] Des Weiteren ist anzuführen, dass derartige Arbeitspapiere ausschließlich den Standpunkt des Mehrwertsteuerausschusses sowie der Mehrwertsteuerexpertengruppe darlegen. Daraus resultiert weiterhin, dass es sich nicht um eine offizielle Auslegung des Unionsrechts hinsichtlich der Vorschriften der Mehrwertsteuergruppe handelt.

Den Auslegungsmaßstäben des Mehrwertsteuerausschusses folgend, hat vor allem die finanzielle Beziehung gegenüber der Interpretation der EU-Kommission eine neue Sichtweise erhalten. Nach dieser Auffassung sind weitere bzw. geänderte Voraussetzungen erforderlich, um eine Mehrwertsteuergruppe zu begründen. So könnte die Mindestanforderung an die finanzielle Beziehung bereits über zwei Optionen[1166] erreicht werden. Im Allgemeinen werden in erster Linie mit dem Adjektiv „finanziell" die finanziellen Verhältnisse der betreffenden Personen angesprochen. Daher muss nach Ansicht des Mehrwertsteuerausschusses die finanzielle Beziehung im Sinne des Art. 11 MwStSystRL dahingehend ausgelegt werden, dass sie sich auf die finanziellen Zahlungsströme der Mehrwertsteuergruppenmitglieder bezieht.

In diesem Sinne geht der Mehrwertsteuerausschuss davon aus, dass zwei Personen durch eine finanzielle Beziehung eng miteinander verbunden sind, wenn eine der Personen die wesentlichen Rechte und Verbindlichkeiten der anderen Person besitzt oder über eine wesentliche Kapitalbeteiligung an der anderen Person verfügt (Option 1).[1167] Darüber hinaus könnte eine finanzielle Beziehung

---

1163 Die EU-Kommission hat im Jahr 2017 Arbeitspapiere veröffentlicht, die der Mehrwertsteuerausschuss in seiner Märzsitzung behandelt hat. Daher wird im weiteren Verlauf der Dissertationsschrift von der Meinung des Mehrwertsteuerausschusses ausgegangen, vgl. o. V., MwStR 2017c, S. 560.

1164 Vgl. Mehrwertsteuerausschuss, Working Paper No. 918, 2017, S. 1 und Mehrwertsteuerexpertengruppe, VEG No. 70 REV1, 2018, S. 1.

1165 Für die deutsche Rechtsanwendung sind allerdings das UStG, die Umsatzsteuer-Durchführungsverordnung sowie der UStAE und andere Verwaltungsanweisungen maßgebend, vgl. Englisch, in: Tipke/Lang, Steuerrecht, 2018, § 17 Rn. 4.

1166 Vgl. Mehrwertsteuerausschuss, Working Paper No. 918, 2017, S. 10 ff.

1167 Vgl. Mehrwertsteuerausschuss, Working Paper No. 918, 2017, S. 25.

auch dann vorliegen, wenn eine Person derartig finanziell von der anderen Person abhängig ist, sodass diese keine eigenen finanziellen Risiken zu tragen hat (Option 2).[1168] Diesbezüglich wurden vom Mehrwertsteuerausschuss weitere Annahmen getroffen, um bestehende Rechtsunsicherheiten für die betreffenden Wirtschaftsteilnehmer zu reduzieren. Insoweit eine der nachfolgenden Annahmen vorliegt, gilt das finanzielle Tatbestandsmerkmal als erfüllt.[1169] Sofern die Beteiligung an einem anderen Unternehmen über 50 Prozent beträgt, liegt Annahme 1 vor. Diese kann entweder über Stimmrechte oder Kapitalanteile[1170] an einem anderen Unternehmen (Option 1) erreicht werden.[1171] Jedoch weisen der Mehrwertsteuerausschuss und die Mehrwertsteuerexpertengruppe dezidiert darauf hin, dass auch eine geringere Beteiligungshöhe (< 50 Prozent) in bestimmten Fallkonstellationen durchaus möglich ist, um eine finanzielle Beziehung zu verwirklichen.[1172]

Alternativ können auch vergleichbare Instrumente eingesetzt werden, die jedoch den gleichen Effekt wie Option 1 aufweisen müssen (Option 2). An dieser Stelle verweist der Mehrwertsteuerausschuss im Besonderen auf die Pflicht zur Erstellung eines konsolidierten Jahresabschlusses (Annahme 2) hin.[1173] Grundsätzlich sollen konsolidierte Abschlüsse die Tätigkeiten eines Mutterunternehmens und seiner Tochterunternehmen als eine wirtschaftliche Einheit im Sinne einer Gruppe belegen.[1174] In diesem Zusammenhang könnte die finanzielle Kontrolle zunächst darin bestehen, dass das Mutterunternehmen die Mehrheit der Stimmrechte der Aktionäre oder Gesellschafter eines anderen Unternehmens hält (Art. 22 Abs. 1 Buchst. a) der EU-Bilanzrichtlinie (EU-BRL)).

1168 Vgl. Mehrwertsteuerausschuss, Working Paper No. 918, 2017, S. 25.

1169 Vgl. Mehrwertsteuerausschuss, Working Paper No. 918, 2017, S. 25 f.

1170 Hier gilt das sog. „One Share, one Vote"-Prinzip. Sofern ein Eigentümer über mehr als die Hälfte des Kapitals verfügt, so wird dieser im Regelfall mehr als die Hälfte der Stimmrechte innehaben, wodurch die geforderte Kontrolle über das andere Unternehmen besteht, vgl. Mehrwertsteuerausschuss, Working Paper No. 918, 2017, S. 18.

1171 Zustimmend auch: Mehrwertsteuerexpertengruppe, VEG No. 70 REV1, 2018, S. 9 f.

1172 Für ein konstruktives Beispiel: Mehrwertsteuerausschuss, Working Paper No. 918, 2017, S. 18 und Mehrwertsteuerexpertengruppe, VEG No. 70 REV1, 2018, S. 13 f.

1173 Vgl. Mehrwertsteuerausschuss, Working Paper No. 918, 2017, S. 26.

1174 Vgl. 31. Erwägungsgrund der Richtlinie 2013/34/EU des Europäischen Parlaments und des Rates vom 26. Juni 2013 über den Jahresabschluss, den konsolidierten Abschluss und damit verbundene Berichte von Unternehmen bestimmter Rechtsformen und zur Änderung der Richtlinie 2006/43/EG des Europäischen Parlaments und des Rates und zur Aufhebung der Richtlinien 78/660/EWG und 83/349/EWG des Rates Text von Bedeutung für den EWR, ABl. EU 2013 Nr. L 182, S. 19.

Darüber hinaus könnte das Recht, die Mehrheit der Mitglieder des Verwaltungs-, Leitungs- oder Aufsichtsorgans des Tochterunternehmens zu bestellen oder abzuberufen, sofern diese gleichzeitig die Stellung eines Aktionärs oder Gesellschafters dieses Unternehmens einnimmt (Art. 22 Abs. 1 Buchst. b) EU-BRL) ebenso ausreichend sein. Sofern das Recht existiert, einen beherrschenden Einfluss aufgrund eines mit dem Tochterunternehmen geschlossenen Vertrags oder aufgrund von Satzungsbestimmungen auszuüben (Art. 22 Abs. 1 Buchst. c) EU-BRL), wäre die tatsächliche Kontrolle auch ohne Beteiligung an einem anderen Unternehmen möglich. Insgesamt geht der Mehrwertsteuerausschuss davon aus, dass das Vorliegen einer finanziellen Beziehung auch bei all jenen Personen bejaht werden könnte, für die nach Art. 22 EU-BRL ein konsolidierter Jahresabschluss zu erstellen ist.

Weiterhin könnte eine finanzielle Beziehung – wie bereits von der EU-Kommission vorgeschlagen – auch dann erfüllt sein, wenn ein Franchisevertrag vorliegt (Annahme 3). Bei Vorhandensein eines Franchisevertrags mangelt es jedoch an einer Kapital- oder Stimmrechtsbeteiligung. Gleichwohl hat die Person in Gestalt des sog. Franchisegebers die effektive Kontrolle über eine andere Person (sog. Franchisenehmer).[1175] Für diese Beziehungssituation vertritt jedoch die Mehrwertsteuerexpertengruppe die Meinung, dass zwar ein bestimmtes Kontrollverhältnis zwischen beiden Vertragsparteien existiert, jedoch der Franchisenehmer im Rahmen seines Unternehmens finanziell, wirtschaftlich und organisatorisch unabhängig vom Franchisegeber bleibt.[1176] Dies hat zur Folge, dass der Franchisenehmer weiterhin als selbstständig erachtet wird. Allerdings weist der Mehrwertsteuerausschuss auch darauf hin, dass ein derartiger Vertrag eher zur Herstellung einer wirtschaftlichen oder organisatorischen Beziehung genutzt werden sollte.[1177] Nach Ansicht des Mehrwertsteuerausschusses und der Mehrwertsteuerexpertengruppe soll daher der Annahme 3 zur Überprüfung einer finanziellen Beziehung keine große Bedeutung beigemessen werden. Aufgrund der vorangestellten Ausführungen ist das finanzielle Tatbestandsmerkmal primär in Gestalt einer finanziellen Kontrolle durch gesellschaftsrechtliche Beziehungen zu verstehen,[1178] wodurch eine autonome Willensbildung in der

1175 Vgl. Mehrwertsteuerausschuss, Working Paper No. 918, 2017, S. 19 f.

1176 Vgl. Mehrwertsteuerexpertengruppe, VEG No. 70 REV1, 2018, S. 16 f.; gleicher Auffassung: Endres, Mehrwertsteuergruppe nach Art. 11 MwStSystRL, 2016, S. 108.

1177 Vgl. Mehrwertsteuerausschuss, Working Paper No. 918, 2017, S. 20 f.

1178 Diesem Verständnis folgt auch: Endres, Mehrwertsteuergruppe nach Art. 11 MwStSystRL, 2016, S. 104.

Mehrwertsteuergruppe verbunden ist. Eine Beeinflussung durch Dritte wäre damit ausgeschlossen.[1179]

Ferner stützen sich die Aussagen des Mehrwertsteuerausschusses und der Mehrwertsteuerexpertengruppe zur wirtschaftlichen Beziehung auf die vorgelegten Maßstäbe der EU-Kommission. Sofern mindestens eine der drei dargelegten Bedingungen erfüllt ist, liegt danach ein wirtschaftlicher Zusammenhang vor.[1180] Jedoch bezweifelt der Mehrwertsteuerausschuss, dass nichtsteuerpflichtige Personen einer Mehrwertsteuergruppe beitreten können, da diese keine wirtschaftliche Beziehung im Sinne des Art. 9 MwStSystRL aufbauen können.[1181] Des Weiteren steht hinter dem Erfordernis einer wirtschaftlichen Beziehung vielmehr die Intention einer Missbrauchsvermeidung. Unter dem Missbrauchsgesichtspunkt soll danach grundsätzlich vermieden werden, dass zur Nutzung von Besteuerungsvorteilen künstlich zusammenhängende Gebilde zwischen wirtschaftlich völlig unzusammenhängenden Unternehmen geschaffen werden.[1182] Unabhängig davon will es die Mehrwertsteuerexpertengruppe zulassen, dass auch nichtsteuerpflichtige Personen die besagte Voraussetzung erfüllen können, lässt dabei jedoch offen, wie eine solche Verbindung durch nichtsteuerpflichtige Personen geschaffen werden kann.[1183] Darüber hinaus hat der Mehrwertsteuerausschuss die organisatorische Beziehung gegenüber der Auffassung der EU-Kommission dahingehend konkretisiert, dass diese vorliegt, wenn die Entscheidungskompetenz innerhalb der Mehrwersteuergruppe bei einem Mitglied liegt.[1184] In diesem Sinne

---

1179 Vgl. Birkenfeld, in: Birkenfeld/Wäger, Das große Umsatzsteuer-Handbuch, 2018, § 44 Rn. 286.

1180 Vgl. Mehrwertsteuerausschuss, Working Paper No. 918, 2017, S. 21 f. und Mehrwertsteuerexpertengruppe, VEG No. 70 REV1, 2018, S. 11.

1181 Vgl. Mehrwertsteuerausschuss, Working Paper No. 918, 2017, S. 23. Kritisch dazu: Luber, Die umsatzsteuerliche Organschaft, 2016, S. 213, der hervorhebt, dass die wirtschaftliche Beziehung vorliegt, wenn die Tätigkeit ausschließlich oder im Wesentlichen gegenüber einem anderen Mitglied ausgeübt wird. Nach seiner Auffassung soll es sich daher nicht um eine wirtschaftliche Beziehung nach Art. 9 Abs. 1 MwStSystRL handeln. Seiner Ansicht folgend, ist eine derartige Abweichung erforderlich, sodass auch nichtsteuerpflichtigen Personen der Zugang zur Mehrwertsteuergruppe zugestanden werden kann. Ebenso: Wäger, UVR 2013, S. 209, der einen Leistungsbezug eines Endverbrauchers für eine wirtschaftliche Beziehung ausreichen lässt.

1182 Vgl. EU-Kommission, UR 2009, S. 636.

1183 Vgl. Mehrwertsteuerexpertengruppe, VEG No. 70 REV1, 2018, S. 10.

1184 Vgl. Mehrwertsteuerausschuss, Working Paper No. 918, 2017, S. 24.

soll maßgeblich sein, dass die strategische Führung durch eine zur Mehrwertsteuergruppe gehörenden Person, die einerseits durch eine hierarchische Struktur[1185] oder andererseits durch die Art und Weise der Entscheidungsfindung[1186], ausgeübt werden kann.[1187] Im Übrigen muss eine organisatorische Beziehung nicht notwendigerweise durch eine personelle Verflechtung der Geschäftsführungen erfolgen. Der Mehrwertsteuerausschuss verweist insbesondere auf eine Entscheidung des EuGH, nach dessen Auffassung ein Agenturvertrag für die organisatorische Tatbestandsvoraussetzung ebenfalls herangezogen werden kann.[1188]

Weiterhin vertreten die EU-Kommission und der Mehrwertsteuerausschuss den Standpunkt, dass sämtliche Beziehungsmerkmale während der gesamten Dauer des Bestehens einer Mehrwertsteuergruppe vorliegen müssen.[1189] Hingegen spricht sich die Mehrwertsteuerexpertengruppe offenbar dafür aus, dass bei Vorliegen des finanziellen Beziehungsmerkmals auch die übrigen Verbindungsmerkmale als erfüllt anzusehen sind, solange diese nicht durch die Mitglieder der Mehrwertsteuergruppe widerlegt werden.[1190]

In der Synthese der obenstehenden Ausführungen lässt sich folgendes Prüfungsschema für den sachlichen Anwendungsbereich einer Mehrwertsteuergruppe entwickeln (vgl. Abbildung 3[1191]):

1185 Eine hierarchische Struktur liegt zum Beispiel bei einem gemeinsamen Top-Management vor.

1186 Diese Auslegungssichtweise kann bei einem gemeinsamen Management der Rechtsangelegenheiten oder gemeinsamen Finanzentscheidungen erreicht werden.

1187 Vgl. Mehrwertsteuerausschuss, Working Paper No. 918, 2017, S. 26. A. A.: von Streit, UStB 2013, S. 300.

1188 Vgl. Mehrwertsteuerausschuss, Working Paper No. 918, 2017, S. 24 mit Hinweis auf EuGH, Urteil vom 20.02.1997, C 260/95, Slg. 1997, S. I-01005.

1189 Vgl. EU-Kommission, UR 2009, S. 636; Mehrwertsteuerausschuss, Working Paper No. 933, 2017, S. 7.

1190 Vgl. Mehrwertsteuerexpertengruppe, VEG No. 70 REV1, 2018, S. 12.

1191 Quelle: Eigene Darstellung in Anlehnung an Mehrwertsteuerexpertengruppe, VEG No. 70 REV1, 2018, S. 12.

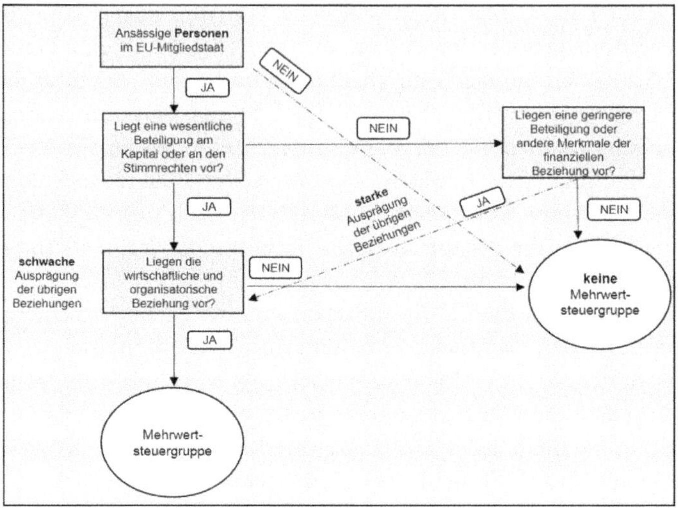

Abbildung 3: Prüfungsschema des sachlichen Anwendungsbereichs einer unionsrechtlichen Mehrwertsteuergruppe

bb. Internationale Ausgestaltung des sachlichen Anwendungsbereichs

Aufgrund der sehr weit gefassten Definitionsansätze der EU-Kommission sind verschiedene Auslegungen der Beziehungsmerkmale denkbar und letztendlich auch in der Praxis beobachtbar.[1192] In den Niederlanden[1193] wird grundsätzlich zu einer Verwirklichung der finanziellen Beziehung auf die Mehrheit der Anteile in den abhängigen Gesellschaften abgestellt. Daneben besteht in den Niederlanden jedoch auch die Auffassung, dass nicht zwingend eine Kapitalmehrheit erforderlich ist, da eine Mehrwertsteuergruppe ebenso mit einer Stiftung begründet werden kann.[1194] Allerdings wird in einigen europäischen Gesetzgebungen eine gewisse Mindesthöhe für die Beteiligung festgelegt. In der Tschechischen Republik ist eine Beteiligung von mindestens 40 Prozent erforderlich.[1195] Nach österreichischer

1192 Vgl. Vyncke, IVM 2007, S. 257, der ebenso darauf hinweist, dass mangels Begriffsdefinitionen in der MwStSystRL nicht überraschend ist, dass unterschiedliche Auslegungsmaßstäbe in den EU-Mitgliedstaaten verwendet werden.

1193 Vgl. Annacondia, EU VAT Compass 2017/2018, 2017, S. 606.

1194 Da eine Stiftung kein Kapital aufweisen kann, sind in diesem Fall andere Kontrollmechanismen heranzuziehen, um die finanzielle Beherrschung zu erlangen, vgl. Annacondia, EU VAT Compass 2017/2018, 2017, S. 606; Dahm/Hamacher, IStR 2013, S. 824.

1195 Vgl. Annacondia, EU VAT Compass 2017/2018, 2017, S. 602.

Verwaltungspraxis ist von einer finanziellen Beherrschung ab einem Anteil von 75 Prozent auszugehen.[1196] Eine stimmenmäßige Beteiligung zwischen 50 und 75 Prozent soll dagegen nur dann zu einer finanziellen Eingliederung führen, wenn gleichzeitig die übrigen Merkmale der organisatorischen und wirtschaftlichen Eingliederung besonders stark ausgeprägt sind.[1197] Die niedrigste Beteiligungshöhe lässt sich in Belgien finden. Dort sind 10 Prozent ausreichend.[1198] Außerhalb des Bereichs juristischer Personen liegt dort eine finanzielle Verbindung vor, wenn die Mehrheit der Aktiva, die für die Zwecke der wirtschaftlichen Aktivität eingesetzt worden ist, direkt oder indirekt derselben Person zusteht. Dieser Fall wird vermutet, sofern eine mehr als 50-prozentige Beteiligung an einem anderen Steuerpflichtigen existiert.[1199] In Schweden[1200] und Malta[1201] werden unter anderem (mehr als) 90 Prozent gefordert. Dänemark verlangt die höchste Beteiligungsquote. Dort wird in bestimmten Fällen eine 100-prozentige Beteiligung verlangt.[1202] Darüber hinaus ist in einigen EU-Mitgliedstaaten wie Deutschland, Österreich[1203], Italien[1204], Finnland[1205], Slowakei[1206], Malta[1207], Luxemburg[1208], Großbritannien[1209] und

---

1196 Vgl. öst. UStR 2000, Rn. 236.

1197 Vgl. öst. UStR 2000, Rn. 236.

1198 Vgl. Rundschreiben des belgischen Finanzministers vom 09.11.2007, Circulaire Nr. 42/2007 (E.T. 111.702), 2007, unter 3.1.1. Darüber hinaus kann das finanzielle Tatbestandsmerkmal verwirklicht werden, wenn der Organträger lediglich eine Kontrollmöglichkeit besitzt, d. h. wenn er die Befugnis hat, die Mehrheit der Geschäftsführer der Organgesellschaft zu benennen oder abzuberufen, vgl. Rundschreiben des belgischen Finanzministers vom 09.11.2007, Circulaire Nr. 42/2007 (E.T. 111.702), 2007, unter 3.1.2.; Vyncke, EC Tax Review 2009, S. 302.

1199 Vgl. Rundschreiben des belgischen Finanzministers vom 09.11.2007, Circulaire Nr. 42/2007 (E.T. 111.702), 2007, unter 4.

1200 Vgl. Annacondia, EU VAT Compass 2017/2018, 2017, S. 607.

1201 Vgl. Mehrwertsteuerausschuss, Working Paper No. 942, 2018, S. 4.

1202 Vgl. Annacondia, EU VAT Compass 2017/2018, 2017, S. 602; Elgaard, Nordic Tax Journal 2017, S. 12, bei steuerpflichtigen Personen mit ausschließlich steuerbefreiten Ausgangsumsätzen.

1203 Vgl. Annacondia, EU VAT Compass 2017/2018, 2017, S. 599.

1204 Vgl. Annacondia, EU VAT Compass 2017/2018, 2017, S. 605 und Mehrwertsteuerausschuss, Working Paper No. 933, 2017, S. 4 f.

1205 Vgl. Annacondia, EU VAT Compass 2017/2018, 2017, S. 603, sofern auch nichtsteuerpflichtige Personen vorliegen.

1206 Vgl. Mehrwertsteuerausschuss, Working Paper No. 601, 2009, S. 2.

1207 Vgl. Mehrwertsteuerausschuss, Working Paper No. 942, 2018, S. 4.

1208 Vgl. Mehrwertsteuerausschuss, Working Paper No. 948 REV, 2018, S. 4.

1209 Vgl. Dahm/Hamacher, IStR 2013, S. 824.

Schweden[1210] anstatt der kapitalmäßigen Mehrheitsbeteiligung die Stimmrechtsmehrheit entscheidungsrelevant. Mit Blick auf den schweizerischen Lösungsansatz[1211] kann eine Gruppenbesteuerung verwirklicht werden, wenn Rechtsträger unter einheitlicher Leitung eines Rechtsträgers miteinander verbunden sind. In der Schweiz ist das finanzielle Kriterium grundsätzlich bei sämtlichen Rechtsträgern erfüllt, die zu einer Erstellung einer konsolidierten Jahresrechnung verpflichtet sind.[1212] Unabhängig von dieser Verpflichtung liegt eine einheitliche Leitung vor, wenn das Verhalten eines Rechtsträgers durch Stimmenmehrheit, Vertrag oder auf andere Weise kontrolliert werden kann (Art. 13 und 15 MWSTG).[1213] In diesem Sinne kann trotz fehlender Stimmenmehrheit eine einheitliche Leitung vorliegen. Zur Beurteilung des finanziellen Kriteriums wird dabei insbesondere die statutarische Ausrichtung einer Gesellschaft auf eine andere Gesellschaft oder eine Gesellschaftsgruppe, ein vertraglicher Zusammenschluss in Gestalt eines Beherrschungs-, Gewinnabführungs- und Betriebspachtvertrags oder die Identität der Verwaltungs- und Leistungsorgane[1214] herangezogen.[1215] Weiterhin kann in Großbritannien[1216] sowie in der Slowakei[1217] eine Person auch mithilfe einer Mitgliedschaft in der abhängigen Gesellschaft die erforderliche Beherrschung erlangen, indem sie aufgrund einer Vereinbarung mit anderen Gruppenmitgliedern die Mehrheit der Stimmrechte erhält. Daneben kann das finanzielle Kriterium Zyperns auch erreicht werden, wenn eine Personengruppe die anderen Gruppenmitglieder beherrscht.[1218] Hingegen werden beispielhaft in der Tschechischen Republik[1219], in Estland[1220] und in

---

1210 Vgl. Annacondia, EU VAT Compass 2017/2018, 2017, S. 607.

1211 Im Gegensatz zu Art. 11 MwStSystRL spricht der schweizerische Gesetzestext nicht von einer finanziellen Verbundenheit. Jedoch impliziert die einheitliche Leitung das Erfordernis des finanziellen Kriteriums.

1212 Vgl. Schweizerische Eidgenossenschaft, MwSt-Info 03 zur Gruppenbesteuerung, 2018, S. 8.

1213 Vgl. Schweizerische Eidgenossenschaft, MwSt-Info 03 zur Gruppenbesteuerung, 2018, S. 8.

1214 Jedoch stellt das alleinige Kriterium der Personalunion der Geschäftsleitung keine einheitliche Leitung dar, vgl. Schweizerische Eidgenossenschaft, MwSt-Info 03 zur Gruppenbesteuerung, 2018, S. 9.

1215 Vgl. Schweizerische Eidgenossenschaft, MwSt-Info 03 zur Gruppenbesteuerung, 2018, S. 8 f.

1216 Vgl. HMRC, VAT Notice 700/2 Group, 2014.

1217 Vgl. Mehrwertsteuerausschuss, Working Paper No. 601, 2009, S. 2.

1218 Vgl. Tsielepis, Cyprus VAT, 2015, S. 2.

1219 Vgl. Annacondia, EU VAT Compass 2017/2018, 2017, S. 602.

1220 Vgl. Annacondia, EU VAT Compass 2017/2018, 2017, S. 603.

Ungarn[1221] entweder eine Kapital- oder eine Stimmrechtsmehrheit verlangt. Von einer entsprechenden Beziehung kann auch ausgegangen werden, wenn zwischen zwei Personen ein Franchisevertrag vereinbart worden ist. Bisher hat jedoch nur Estland von einer solchen Option Gebrauch gemacht.[1222] In Irland kann neben einer kapitalmäßigen Beteiligung die finanzielle Beherrschung begründet werden, wenn die Möglichkeit besteht, 50 Prozent oder mehr der Mitglieder der Geschäftsführung der Mehrwertsteuergruppe zu bestimmen.[1223] Vergleichbares gilt in Großbritannien und Luxemburg, indem die beherrschende Gesellschaft die Geschäftsführung der beherrschten Gesellschaft benennen oder abberufen kann.[1224] Für Luxemburg gilt darüber hinaus, dass das Vorliegen der finanziellen Beziehung gegenüber der Finanzverwaltung zunächst bei Begründung der Mehrwertsteuergruppe und sodann in einem jährlichen Rhythmus durch einen zugelassenen Wirtschaftsprüfer geprüft und attestiert werden muss.[1225]

Auch die Beschaffenheit des wirtschaftlichen Tatbestandsmerkmals lässt zahlreiche Auslegungsmöglichkeiten zu. Die Mehrzahl der EU-Mitgliedstaaten wie beispielhaft Deutschland, Belgien[1226], Österreich[1227], Malta[1228], die

1221 Vgl. Annacondia, EU VAT Compass 2017/2018, 2017, S. 604.

1222 Vgl. Annacondia, EU VAT Compass 2017/2018, 2017, S. 603, der zwischen dem beherrschenden Unternehmen und seinen Tochtergesellschaften abgeschlossen wird. A. A.: sind die EU-Mitgliedstaaten Deutschland, Österreich und Niederlande, die auf eine gesellschaftsrechtliche Beteiligung abstellen. Das Fehlen einer eigenen mittelbaren oder unmittelbaren Beteiligung kann nicht durch einen Beherrschungs- oder Gewinnabführungsvertrag kompensiert werden. Dazu auch: von Streit/Duyfjes, DStR 2014, S. 402.

1223 Vgl. Dahm/Hamacher, IStR 2013, S. 824.

1224 Vgl. Dahm/Hamacher, IStR 2013, S. 824; Mehrwertsteuerausschuss, Working Paper No. 948 REV, 2018, S. 12.

1225 Vgl. Mehrwertsteuerausschuss, Working Paper No. 948 REV, 2018, S. 4. Offen bleibt allerdings, ob die Bestätigung auch durch einen Rechtsanwalt erfolgen kann, vgl. Conrad, IStR-LB 2018, S. 56.

1226 Vgl. Annacondia, EU VAT Compass 2017/2018, 2017, S. 600 f.

1227 Vgl. Annacondia, EU VAT Compass 2017/2018, 2017, S. 599. Nach der aktuellen Rechtsprechung des Verwaltungsgerichtshofs (VwGH) entschärft dieser die Anforderungen an die wirtschaftliche Eingliederung. Im diesem Sinne wendet sich dieser von dem jahrzehntelang geforderten Über- oder Unterordnungserfordernisses im Zusammenhang mit dem wirtschaftlichen Tatbestandsmerkmal ab, vgl. Schefzig, taxlex 2017, S. 80 ff. Für umfassende Fallgestaltungen zur wirtschaftlichen Eingliederung siehe: öst. UStR 2000, Rn. 237.

1228 Vgl. Mehrwertsteuerausschuss, Working Paper No. 942, 2018, S. 4.

Slowakei[1229], Italien[1230], Irland[1231], Luxemburg[1232] sowie die Niederlande[1233] haben in ihren nationalen Gesetzgebungen weitestgehend die zu einem wirtschaftlichen Zusammenhang führenden Bedingungen entsprechend der Empfehlungen der EU-Kommission übernommen. Dabei ist von einer grundsätzlichen Unabhängigkeit von Über- und Unterordnung innerhalb des Wertungsspielraums der wirtschaftlichen Beziehungen auszugehen.[1234] Eine Abweichung lässt sich z. B. in Schweden[1235] finden. Dort wird ein wirtschaftlicher Zusammenhang von diesen Festlegungen ausschließlich durch einen gruppeninternen Güter- und Dienstleistungsaustausch verwirklicht.

Hinsichtlich des letzten Merkmals der organisatorischen Beziehung lassen die nationalen Gesetzgebungen der jeweiligen EU-Mitgliedstaaten keinen großen Ermessensspielraum zu. Denn weitestgehend wurden die Vorgaben der EU-Kommission ohne abweichende Modifikationen in den EU-Mitgliedstaaten wie beispielhaft Deutschland, Malta[1236], Österreich[1237], Italien[1238], Slowakei[1239], Belgien[1240] sowie in den Niederlanden[1241] übernommen. In Luxemburg liegen

1229 Vgl. Mehrwertsteuerausschuss, Working Paper No. 601, 2009, S. 3.

1230 Vgl. Annacondia, EU VAT Compass 2017/2018, 2017, S. 60; Mehrwertsteuerausschuss, Working Paper No. 933, 2017, S. 5.

1231 Vgl. Annacondia, EU VAT Compass 2017/2018, 2017, S. 605. Betreffend der wirtschaftlichen Beziehung ist ausreichend, wenn die Mehrwertsteuergruppenmitglieder ähnliche wirtschaftliche Zielsetzungen verfolgen.

1232 Vgl. Mehrwertsteuerausschuss, Working Paper No. 984, 2018, S. 4.

1233 Vgl. Annacondia, EU VAT Compass 2017/2018, 2017, S. 606.

1234 Vgl. Pfeiffer, SWK 2014, S. 537; Paterno, SWK 2013, S. 1370.

1235 Vgl. Annacondia, EU VAT Compass 2017/2018, 2017, S. 607.

1236 Vgl. Mehrwertsteuerausschuss, Working Paper No. 942, 2018, S. 4.

1237 Die organisatorische Eingliederung kann insbesondere vorliegen, wenn der Organträger wesentliche Aufgaben, z. B. auf dem Gebiet der Beschaffung, Vertrieb oder Rechnungswesen für die Organgesellschaft besorgt oder wenn die tatsächliche Willensdurchsetzung des Organträgers in der Organgesellschaft mithilfe von Konzernrichtlinien, durch regelmäßige Berichtserstattungspflichten erfolgt, vgl. öst. UStR 2000, Rn. 239.

1238 Vgl. Mehrwertsteuerausschuss, Working Paper No. 933, 2017, S. 5.

1239 Vgl. Mehrwertsteuerausschuss, Working Paper No. 601, 2009, S. 3.

1240 Die organisatorische Beziehung kann bereits vorliegen, wenn die Steuerpflichtigen ihre Tätigkeiten ganz oder teilweise gemeinsam organisieren, vgl. Rundschreiben des belgischen Finanzministers vom 09.11.2007, Circulaire Nr. 42/2007 (E.T. 111.702), 2007.

1241 Für die organisatorische Verbundenheit ist ausreichend, dass der Geschäftsführer eines Unternehmens als Aufsichtsrat in den anderen der Gruppe angehörenden Unternehmen tätig wird, vgl. von Streit/Duyfjes, DStR 2014, S. 401.

organisatorische Beziehungen vor, wenn die Mitglieder der Mehrwertsteuergruppe rechtlich oder tatsächlich unter gemeinsamer Leitung stehen, ihre Aktivitäten untereinander abstimmen oder unmittelbar bzw. mittelbar der Kontrollbefugnis einer einzelnen Person unterliegen.[1242] Jedoch werden nicht in allen EU-Mitgliedstaaten sämtliche Fallvarianten zur organisatorischen Beziehung anerkannt. So wird wiederum in Schweden eine organisatorische Beziehung nur dann bestätigt, wenn innerhalb der Mehrwertsteuergruppe geteilte Funktionen in Form einer gemeinsamen Marketingabteilung vorliegen.[1243]

Darüber hinaus ist bemerkenswert, dass einige EU-Mitgliedstaaten Fallkonstellationen zulassen, in denen keine oder lediglich vereinzelte Beziehungsmerkmale vorliegen müssen, obwohl die MwStSystRL das kumulative Vorliegen sämtlicher Beziehungsmerkmale ausdrücklich fordert.[1244] Beispielhaft kann in Dänemark eine Mehrwertsteuergruppe auch ohne das Vorliegen der finanziellen, wirtschaftlichen und organisatorischen Beziehung gebildet werden.[1245] Sofern in Dänemark allerdings nichtsteuerpflichtige Personen in den Organkreis einbezogen werden sollen, ist das finanzielle Tatbestandsmerkmal von eminenter Bedeutung.[1246] Des Weiteren kann beispielsweise in Ungarn[1247], Großbritannien[1248], Finnland[1249],

1242 Vgl. Mehrwersteuerausschuss, Working Paper No. 948 REV, 2018, S. 4.

1243 Vgl. Annacondia, EU VAT Compass 2017/2018, 2017, S. 607.

1244 Für eine Übersicht der Gewichtung der Beziehungsmerkmale in den jeweiligen EU-Mitgliedstaaten: Mehrwertsteuerexpertengruppe, VEG No. 70 REV1, 2018, S. 11.

1245 Vgl. Widmann, DK 2003, S. 331.

1246 Vgl. Annacondia, EU VAT Compass 2017/2018, 2017, S. 602; Mehrwertsteuerausschuss, Working Paper No. 70 REV1, 2018, S. 11.

1247 Vgl. Annacondia, EU VAT Compass 2017/2018, 2017, S. 604, sofern eine Holding mindestens 50 Prozent der Anteile an den Mitgliedern der Mehrwertsteuergruppe besitzt. Auch dazu: Mehrwertsteuerausschuss, Working Paper No. 877, 2015, S. 5.

1248 Vgl. Annacondia, EU VAT Compass 2017/2018, 2017, S. 607. An dieser Stelle wird beispielsweise in Großbritannien ein sog. Control Test durchgeführt. Danach kontrolliert ein Gruppenträger seine Gruppenmitglieder, wenn er die Mehrheit der Stimmrechte besitzt oder das Recht hat, die Mehrheit der Geschäftsführer der Tochtergesellschaft zu berufen oder abzubestellen. In diesem Zusammenhang wird auf den Nachweis wirtschaftlicher und organisatorischer Beziehungen verzichtet, vgl. HRMC, VAT Notice 700/2, 2014.

1249 Vgl. Annacondia, EU VAT Compass 2017/2018, 2017, S. 603.

Italien[1250], Malta[1251] und Belgien[1252] auf den Nachweis der wirtschaftlichen und/oder organisatorischen Beziehung in bestimmten Fällen verzichtet werden. Denn bei Vorliegen der finanziellen Beziehung werden diese als angenommen angesehen. Demgegenüber kann eine Mehrwertsteuergruppe in der Tschechischen Republik[1253] auch ausschließlich bei Vorliegen einer finanziellen oder organisatorischen Beziehung gebildet werden. Vergleichbares gilt in Estland; dort wird lediglich eine finanzielle Beziehung verlangt.[1254] In der Schweiz stellt zwar die Stimmenmehrheit die bedeutendste Voraussetzung für die Beurteilung einer Gruppenbesteuerung dar, jedoch müssen auch die übrigen Voraussetzungen in wirtschaftlicher und organisatorischer Hinsicht berücksichtigt werden. Diese sind vor allem bei den Rechtsträgern von besonderer Relevanz, die stimmen- bzw. kapitalmäßig nicht beherrscht werden können.[1255] Daher wird auf die wirtschaftliche und organisatorische Beziehung ausschließlich dann abgestellt, wenn das finanzielle Kriterium nicht ausreichend eng ausgestaltet ist, um eine gegenseitige Verbundenheit annehmen zu können.[1256] Aus diesem Grunde sind die drei Beziehungsmerkmale nicht wörtlich in den schweizerischen Gesetzestext übernommen worden. Die Evaluierung nach dem Gesamtbild der tatsächlichen Verhältnisse bereitet dort keine Schwierigkeiten, da die Vorgaben der MwStSystRL für die Schweiz lediglich als Orientierungshilfe dienen und nicht von verbindlicher Natur sind. Daher wird ein Abweichen von den unionsrechtlichen Vorgaben nicht beanstandet.

Die Diskussion der drei Beziehungsmerkmale hat gezeigt, dass die enge Verbundenheit entweder bei einer Gleichordnungsorganschaft[1257], einer horizontalen Organschaft[1258] oder bei einer vertikalen Organschaft[1259] vorliegt.[1260] Aus diesen Möglichkeiten lassen beispielhaft die EU-Mitgliedstaaten Deutschland

---

1250 Vgl. Mehrwertsteuerausschuss, Working Paper No. 933, 2017, S. 7.
1251 Vgl. Mehrwertsteuerausschuss, Working Paper No. 942, 2018, S. 4.
1252 Vgl. Annacondia, EU VAT Compass 2017/2018, 2017, S. 601.
1253 Vgl. Annacondia, EU VAT Compass 2017/2018, 2017, S. 602.
1254 Vgl. Annacondia, EU VAT Compass 2017/2018, 2017, S. 603.
1255 Vgl. Camenzind et al., Handbuch zum Mehrwertsteuergesetz, 2012, S. 219.
1256 Vgl. Camenzind et al., Handbuch zum Mehrwertsteuergesetz, 2012, S. 219.
1257 Eine Mehrwertsteuergruppe besteht zwischen nebengeordneten Gesellschaften, jedoch ohne Vorliegen einer gemeinsamen Muttergesellschaft.
1258 Die Mehrwertsteuergruppe besteht zwischen nebengeordneten Gesellschaften, allerdings mit gemeinsamen Gesellschaftern.
1259 Die Mehrwertsteuergruppe liegt vor, wenn die Personen unter einer einheitlichen Muttergesellschaft geführt werden.
1260 Dazu auch: Dahm/Hamacher, IStR 2013, S. 823.

und Österreich[1261] ausschließlich eine vertikale Organschaft zu.[1262] Auch die schweizerische Steuerverwaltung geht aufgrund der einheitlichen Leitung vorrangig von einem Über- und Unterordnungsverhältnis aus.[1263] Die übrigen EU-Mitgliedstaaten lassen dagegen auch andere Deutungsmöglichkeiten zu, die zu einer engen Verbundenheit führen können. In erster Linie muss dafür ein Über- und Unterordnungsverhältnis nicht berücksichtigt werden. Im Ergebnis wird damit nicht in jedem EU-Mitgliedstaat zwingend auf eine gesellschaftsrechtliche Beteiligung, die insbesondere eine hierarchische Mehrwertsteuergruppe impliziert, abgestellt.[1264]

cc. Analyse der vertretenen Auffassungen

Zunächst muss beachtet werden, dass die Auslegungsempfehlungen zum sachlichen Anwendungsbereich in Kapitel D.III.4.b.aa. keine rechtliche Verbindlichkeit aufweisen und die MwStSystRL selbst keine richtungsweisenden Definitionen beinhaltet, sodass derzeit von einem Wertungsspielraum der EU-Mitgliedstaaten mit Blick auf den sachlichen Anwendungsbereich auszugehen ist. Dieser entfaltet jedoch seine Schrankenwirkung immer dort, wo die Zwecksetzungen des Art. 11 MwStSystRL überschritten werden.[1265] Das deutsche Rechtsverständnis hat die drei Adjektive des Art. 11 MwStSystRL in seinem Wortlaut übernommen. Danach müssen Personen durch gegenseitige finanzielle, wirtschaftliche und organisatorische Beziehungen eng miteinander verbunden sein. Übereinstimmend lassen sich die deutsche und europäische Sichtweise dahingehend auslegen, dass alle drei Beziehungsmerkmale kumulativ vorliegen müssen.

Jedoch haben die Ländervergleiche gezeigt, dass ein solches Auslegungsverständnis nicht grundsätzlich in sämtlichen EU-Mitgliedstaaten umgesetzt

1261 (…) wenn eine juristische Person dem Willen eines Unternehmers derart untergeordnet ist, dass Sie keinen eigenen Willen hat, vgl. § 2 Abs. 2 Z 2 öst. UStG.

1262 Insgesamt sollen vier EU-Mitgliedstaaten ein Eingliederungsverhältnis vorsehen, vgl. GA Mengozzi, Schlussanträge vom 26.03.2015, C 108/14 und C 109/14, ECLI:EU:C:2015:212, Rn. 90.

1263 Vgl. Schweizerische Eidgenossenschaft, MwSt-Info 03 zur Gruppenbesteuerung, 2018, S. 8.

1264 Dazu auch: von Streit/Streit, UStB 2016, S. 150, die darauf hinweisen, dass die finanzielle Eingliederung nicht zwingend aus einer Mehrheitsbeteiligung bzw. der Mehrheit der Stimmrechte resultieren muss.

1265 Vgl. ebenso: GA Mengozzi, Schlussanträge vom 26.03.2015, C 108/14 und C 109/14, ECLI:EU:C:2015:212, Rn. 70; Pfeiffer, SWK 2014, S. 538; Sterzinger, UR 2014, S. 137; Boor, UR 2013, S. 737; Korf, UVR 2008, S. 179.

wird. Der Vorgehensweise einiger EU-Mitgliedstaaten, die von der finanziellen Beziehung auf die organisatorische und/oder wirtschaftliche Beziehung schließen, die das Vorliegen einzelner Beziehungsmerkmale zulassen oder keine Beziehungsanforderungen voraussetzen, ist grundsätzlich nicht zuzustimmen, da diese den Vorgaben des Art. 11 MwStSystRL nicht genügen.[1266] Aus diesem Grunde ist auch die Sichtweise der Mehrwertsteuerexpertengruppe abzulehnen. Denn bei Vorliegen einer finanziellen Beziehung ist nicht zwingend davon auszugehen, dass auch die übrigen Beziehungsmerkmale erfüllt sind. Zwar könnte eine solche Vermutungsregel den Vereinfachungsgedanken im Rahmen der Anwendung einer Mehrwertsteuergruppe fördern,[1267] jedoch ist dies nicht mit der derzeitigen Mehrwertsteuergruppenvorschrift vereinbar. Das nationale Auslegungsverständnis zum finanziellen Tatbestandsmerkmal entspricht im Kern der Auffassung der EU-Kommission, des Mehrwertsteuerausschusses und der Mehrwertsteuerexpertengruppe. So ist eine finanzielle Beziehung zweifelsfrei bei einer Mehrheitsbeteiligung gegeben. Aus der gesellschaftsrechtlichen Beteiligung kann daher auf die unionsrechtlich geforderte finanzielle Verbundenheit geschlossen werden. In diesem Zusammenhang kann allerdings die finanzielle Beziehung unabhängig von der Höhe des Beteiligungsverhältnisses bereits existieren. Die damit einhergehende Verbindung[1268] zwischen Gesellschafter und der Gesellschaft wird erst mit wachsender Beteiligungsquote enger.[1269] Daher ist grundsätzlich das finanzielle Tatbestandsmerkmal im Sinne einer geforderten Beteiligung von mehr als 50 Prozent mit dem Wortsinn des Art. 11 MwStSystRL vereinbar. Die notwendige Gegenseitigkeit könnte nach Auffassung vereinzelter Stimmen im wissenschaftlichen Schrifttum bei einer wechselseitigen

1266 Zustimmend auch: Pfeiffer, SWK 2014, S. 537; Hartman, Die Vereinbarkeit der umsatzsteuerrechtlichen Organschaft mit dem Europäischen Unionsrecht, 2013, S. 39. A. A.: Stadie, in: Rau/Dürrwächter, UStG, 2018, § 2 Anm. 805, der sich dafür ausspricht, die wirtschaftliche und organisatorische Eingliederung zu vernachlässigen, da diese für die Verfolgung des Vereinfachungszwecks nicht notwendig sind und diese sich bereits aus dem finanziellen Tatbestandsmerkmal ergeben. So ähnlich auch: Nieskens/Slapio, UR 2011, S. 580.

1267 Vgl. Boor, Die Gruppenbesteuerung im harmonisierten Mehrwertsteuerrecht, 2014, S. 147, der sich für die Streichung des wirtschaftlichen Beziehungsmerkmals ausspricht. Ebenfalls: Hoff, Die Anwendung der Umsatzsteuerorganschaft im nationalen Recht, 2016, S. 153.

1268 Der Gesellschafter stellt der betreffenden Gesellschaft Kapital zur Verfügung und erhält im Gegenzug Gesellschafterrechte, vgl. Grünwald, MwStR 2014, S. 230.

1269 Vgl. so auch: Grünwald, MwStR 2014, S. 230. Nach Stadie, in: Rau/Dürrwächter, UStG, 2018, § 2 Anm. 789, ist das Kriterium „eng“ unbedeutend.

Kapitalbeteiligung[1270] vorliegen.[1271] Danach wäre nicht nur der Organträger an der Organgesellschaft, sondern vielmehr auch die Organgesellschaft am Organträger beteiligt.[1272] Allerdings lehnt der BFH eine solche Auslegungssichtweise strikt ab.[1273] Ein derartiges Verständnis würde demzufolge den Anwendungsbereich der finanziellen Beziehung erheblich reduzieren, sodass derzeit kein EU-Mitgliedstaat diese Voraussetzung erfüllen würde. Sofern auf eine gesellschaftsrechtliche Beteiligung in dem betreffenden EU-Mitgliedstaat abgestellt wird, ist lediglich eine Person an der anderen Person beteiligt. Jedoch kann auch ein einseitiges Beteiligungsverhältnis Wirkungen auf die Gegenpartei entfalten, sodass die in der Mehrwertsteuergruppennorm geforderte Gegenseitigkeit erfüllt ist.[1274]

Darüber hinaus sollen auch geringere bzw. ebenso höhere[1275] Beteiligungsquoten oder vergleichbare Instrumente, die die gleiche Wirkung wie eine Kapital- oder Stimmrechtsbeteiligung aufweisen, sowie der Umstand, dass die beherrschende Person die faktische Dominanz in der abhängigen Gesellschaft innehat, für die Intensität der finanziellen Beziehung ausschlaggebend sein. Insbesondere sollen schuldrechtliche Verträge im Sinne eines Franchisevertrages

---

1270 In Anlehnung an § 19 AktG wird eine wechselseitige Beteiligung dadurch gekennzeichnet, dass jedem Unternehmen mindestens 25 Prozent der Anteile des anderen Unternehmens gehören. Dazu: Wäger, in: Spindler et al., Steuerzentrierte Rechtsberatung, 2009, S. 1195, spricht in diesem Zusammenhang von einer sog. echten gegenseitigen Beziehung.

1271 Auch Luber, Die umsatzsteuerliche Organschaft, 2016, S. 215, hebt hervor, dass die Gegenseitigkeit dahingehend verstanden werden kann, dass die Beziehungsmerkmale in divergierenden Richtungen erfüllt werden können. Dazu ebenso: Hartman, Die Vereinbarkeit der umsatzsteuerrechtlichen Organschaft mit dem Europäischen Unionsrecht, 2013, S. 212; Wäger, in: Spindler et al., Steuerzentrierte Rechtsberatung, 2009, S. 1195.

1272 Vgl. Hartman, Die Vereinbarkeit der umsatzsteuerrechtlichen Organschaft mit dem Europäischen Unionsrecht, 2013, S. 212.

1273 Vgl. BFH, Urteil vom 01.12.2010, XI R 43/08, BStBl. II 2011, S. 600 unter II.2.a); BFH, Urteil vom 18.12.1996, XI R 25/94, BStBl. II 1997, S. 441 unter II.

1274 Vgl. zutreffend auch: Endres, Mehrwertsteuergruppe nach Art. 11 MwStSystRL, 2016, S. 94. A. A.: Wäger, in: Spindler et al., Steuerzentrierte Rechtsberatung, 2009, S. 1195.

1275 Dazu: Endres, Mehrwertsteuergruppe nach Art. 11 MwStSystRL, 2016, S. 112, die ein qualifizierendes Mehrheitserfordernis von beispielhaft 75 Prozent für unionsrechtswidrig hält. A. A. offensichtlich: Reiß, UR 2016, S. 746.

oder die Vergabe eines Darlehens mit wirtschaftlichem Gewicht[1276] das finanzielle Kontrollverhältnis nach Art. 11 MwStSystRL begründen. An dieser Stelle ist jedoch anzuführen, dass derartige Verträge im Allgemeinen in der Begründung wechselseitiger Rechte und Pflichten oder in einem Leistungsaustausch münden und nicht die erforderlichen Vorschriften gesellschaftsrechtlicher Beziehungen zum Gegenstand haben.[1277]

Weiterhin wird im wissenschaftlichen Schrifttum zu Recht darauf hingewiesen, dass derartige Verträge nicht mit dem Normzweck des Art. 11 MwStSystRL in Einklang zu bringen sind, da diese jederzeit kündbar sind. Mit einer sofortigen Beendigung der Mehrwertsteuergruppe könne möglicherweise eine damit verbundene Missbrauchsgefahr nicht verhindert werden.[1278] Unter diesem Gesichtspunkt wäre eine dauerhafte finanzielle Beziehung grundsätzlich nicht geboten.[1279] Des Weiteren geht die EU-Kommission hinsichtlich des organisatorischen Merkmals davon aus, dass dieses bei einer gemeinsamen oder zumindest teilweise gemeinsamen Managementstruktur[1280] vorliegt. In diesem Sinne sind die Kriterien des deutschen Rechts zunächst nicht zu weit gefasst. Demzufolge lässt sich die Eingliederung mittels Personalunion zweifelsfrei mit den europäischen Auslegungsmaßstäben vereinbaren. Auch liegt eine solche Struktur vor, wenn zwischen Personen eine Beherrschung im Sinne des § 291 AktG oder

---

1276 Vgl. Stößel/Gries, Ubg 2015, S. 609; von Streit, UStB 2013, S. 300, führen an, dass eine finanzielle Beziehung auch in einer „gegenseitigen finanziellen Unterstützung" existieren kann. So soll eine finanzielle Beziehung z. B. durch eine wechselseitige Finanzierung im Sinne eines sog. Cash Poolings bewirkt werden können.

1277 Vgl. Schmidt, Der aktienrechtliche Unternehmensvertrag, 2007, S. 110. Überdies wird im wissenschaftlichen Schrifttum die Gleichstellung der gesellschaftsrechtlichen Beteiligung mit schuldrechtlichen Verträgen verneint, da ersteres nicht einseitig kündbar ist, vgl. Endres, Mehrwertsteuergruppe nach Art. 11 MwStSystRL, 2016, S. 134.

1278 Vgl. so im Recht: Endres, Mehrwertsteuergruppe nach Art. 11 MwStSystRL, 2016, S. 94.

1279 Der Organlehre folgend, ist von einer auf Dauer ausgerichteten Unternehmenseinheit zwischen Organträger und Organgesellschaft auszugehen, vgl. Radeisen, in: Schwarz et al., UStG, 2018, § 2 Rn. 247. A. A. offensichtlich: von Streit, UStB 2013, S. 300.

1280 Vgl. Dodenhoff, UR 2014, S. 339, der anführt, dass der strukturelle oder organisatorische Unternehmensaufbau, einheitliche Konzernrichtlinien und Geschäftsführungsordnungen, die Ausprägung der Führungstiefe und -spanne sowie personelle Aspekte der Geschäftsführung eine derartige Struktur vermuten lassen. Ebenso: Mehrwertsteuerexpertengruppe, VEG No. 70 REV1, 2018, S. 11.

eine Eingliederung nach § 319 AktG vereinbart ist. In diesem Zusammenhang sind ebenso die Möglichkeiten zur Eingliederung ohne Personalunion mit den unionsrechtlichen Vorgaben vereinbar. Allerdings könnte auch jede weitergehende Form der gegenseitigen wirtschaftlichen Kooperation, durch die der Stimmenmehrheitsinhaber seine Entscheidungen gegenüber den übrigen Personen durchsetzen kann, für eine Managementstruktur genügen.[1281] Vermutlich könnten die Maßstäbe an die organisatorische Eingliederung allerdings zu eng gefasst sein, da im geltenden System des Art. 11 MwStSystRL lediglich eine gegenseitige organisatorische Verbundenheit gefordert wird. Demzufolge könnte das Erfordernis des BFH nach einer aktiven Willensdurchsetzung des Organträgers in der laufenden Geschäftsführung der Organgesellschaft im Widerspruch zum Unionsrecht stehen. Ob eine derartige Willensdurchsetzung zwingend notwendig ist, wird in Kapitel D.III.4.c. diskutiert.

Mit Blick auf das wirtschaftliche Beziehungsmerkmal erscheint das deutsche Recht im Vergleich mit dem Unionsrecht in einem unkritischen Licht.[1282] In erster Linie verlangt der BFH eine betriebswirtschaftlich vernünftige Verflechtung, Einheit oder Zusammenarbeit oder abgestimmte Tätigkeiten, die einander ergänzen oder dienen. Die wirtschaftliche Eingliederung dürfte daher mit dem europäischen Auslegungsverständnis in Einklang stehen. Lediglich mit dem Erfordernis der Ausübung einer gleichen Haupttätigkeit der Gruppenmitglieder hält die EU-Kommission gegenüber dem deutschen Rechtsverständnis strengere Anforderungen für angezeigt. Denn nach deutschem Rechtsverständnis können Organträger und Organgesellschaft auch in unterschiedlichen Wirtschaftszweigen tätig sein.[1283]

dd. Zwischenergebnis

Als Quintessenz lässt sich festhalten, dass aufgrund fehlender unmittelbarer rechtsverbindlicher Vorgaben durch die MwStSystRL die drei Beziehungsmerkmale in den jeweiligen EU-Mitgliedstaaten unterschiedlich ausgelegt werden können und dies auch umfassend erfolgt. Abweichend von der Übernahme

---

1281 Ähnlich auch: von Streit, UStB 2013, S. 300, der „jede organisierte Form der Kooperation von Entscheidungsträgern verschiedener Personen" für ausreichend erachtet. Dies hält er bereits bei der Vereinbarung eines gemeinsamen Ziels für möglich.

1282 Für eine Vereinbarkeit mit dem Unionsrecht spricht sich auch: Treiber, in: Sölch/Ringleb, UStG, 2018, § 2 Rn. 201; Slapio, in: UmsatzsteuerForum e.V. und BMF, 100 Jahre Umsatzsteuer in Deutschland, 2018, S. 450 aus. A. A.: Hummel, MwStR 2013, S. 298 ff.; von Streit, UStB 2013, S. 300.

1283 Vgl. BFH, Urteil vom 25.06.1998, V R 76/97, BFH/NV 1998, S. 1534 unter II.2.a).

der drei Beziehungselemente zielt das Unionsrecht jedoch auf eine gegenseitige Beziehung und eine daraus resultierende enge Verbundenheit ab. Zwar haben die vorangestellten Ausführungen gezeigt, dass die drei Eingliederungsmerkmale nach § 2 Abs. 2 Nr. 2 UStG weitgehend richtlinienkonform – jedoch restriktiver – ausgestaltet sind. Allerdings könnte die Mehrwertsteuergruppennorm vielmehr auch zulassen, dass eine Gruppe gleichgeordneter Personen bei Existenz enger gegenseitiger Beziehungen zusammen als ein Steuerpflichtiger behandelt werden kann.

Problematisch erscheint in diesem Sinne, dass das Merkmal der Eingliederung vormals in einer Über- und Unterordnungsstruktur mündete bzw. nach aktuell geltendem Rechtsverständnis mit Durchgriffsrechten verbunden ist. Ein derartiges Verhältnis drückt sich nach deutschem Rechtsverständnis primär in der Auslegung des Tatbestandsmerkmals der finanziellen Eingliederung aus.[1284] Die aufgeführten Voraussetzungen zur finanziellen Eingliederung in Kapitel C.III.2.b. können ohne weitergehende Prüfung auf eine enge finanzielle Verbundenheit schließen lassen. Gleichwohl soll das Eingliederungserfordernis zwischen den beteiligten Gruppenmitgliedern kein Mindesterfordernis konstituieren. Denn nach Ansicht des Mehrwertsteuerausschusses und der Mehrwertsteuerexpertengruppe soll das Mindestqualifikationserfordernis auch bereits auf das Vorhandensein gegenseitig verbundener Finanzinstrumente oder grundsätzlich auf eine finanzielle Abhängigkeit[1285] der beteiligten Personen abgestellt werden.

Erst in einer jüngst ergangenen Entscheidung[1286] des EuGH hat sich dieser ausdrücklich mit der Fragestellung auseinandergesetzt, ob das in Deutschland geforderte Über- und Unterordnungsverhältnis zwischen Organträger und Organgesellschaft unionsrechtskonform ausgestaltet ist. Im nachfolgenden Abschnitt soll daher untersucht werden, ob das Eingliederungserfordernis den unionsrechtlichen Rahmenbedingungen des Art. 11 MwStSystRL noch gerecht wird. Zur Ergebnisgewinnung werden zunächst in einem ersten Schritt die Rechtsprechungstendenzen aus europäischer und nationaler Sichtweise sowie der Meinungsstand in der wissenschaftlichen Literatur präsentiert, um diese Auffassungen dann in einem zweiten Schritt kritisch zu diskutieren.

1284 Vgl. Reiß, in: Reiß et al., UStG, 2018, § 2 Rn. 109.1; Urbach, Kösdi 2018, S. 20926; Sterzinger, BB 2013, S. 1304.

1285 Vgl. so auch: Slapio, in: UmsatzsteuerForum e.V. und BMF, 100 Jahre Umsatzsteuer in Deutschland, 2018, S. 445.

1286 EuGH, Urteil vom 16.07.2015, C 108/14 und C 109/14, ECLI:EU:C:2015:496.

c. *Analyse und Bewertung der Notwendigkeit eines Eingliederungsverhältnisses*

aa. *Auffassung des EuGH*

In seiner bisherigen Rechtsprechung *Ampliscientifica* und *Amplifin* ging der EuGH noch davon aus, dass im Fall einer umsatzsteuerlichen Organschaft „die untergeordnete Person oder die untergeordneten Personen (...) nicht als Steuerpflichtiger oder Steuerpflichtige (...) gelten“[1287] und grundsätzlich ein Über- und Unterordnungsverhältnis tatbestandliche Voraussetzung der umsatzsteuerlichen Organschaft ist.[1288] Ohne Bezugnahme auf diese Entscheidung kommt der EuGH nach neuer Rechtsprechung zum Ergebnis, dass aus dem Bedeutungsgehalt des Art. 11 MwStSystRL nicht mehr abgeleitet werden kann, dass der europäische Richtliniengeber ausschließlich Organgesellschaften in den Organkreis einbeziehen will, die sich in einem Unterordnungsverhältnis zum Organträger befinden.[1289] Danach dürfe das Erfordernis einer engen Verbundenheit nicht als Beschränkung auf lediglich im Über- und Unterordnungsverhältnis stehende Einheiten gesehen werden.[1290] Der EuGH führt weiterhin aus, dass ein solches Verhältnis zwar auf eine enge Verbindung im Sinne der Richtlinienbestimmung hinweisen könne, es dürfe jedoch nicht zur notwendigen Voraussetzung gemacht werden.[1291] Erläuternd stellt der EuGH ausdrücklich fest, dass der weit gefasste Wortlaut der Richtlinienbestimmung zeige, dass der europäische Richtliniengeber eine Beschränkung auf ein Über- und Unterordnungsverhältnis nicht beabsichtigt habe.[1292] Insgesamt hält der EuGH das deutsche Erfordernis eines Eingliederungsverhältnisses für unzulässig und erklärt eine enge Verbundenheit

---

1287 EuGH, Urteil vom 22.05.2008, C 162/07, ECLI:EU:C:2008:301, Rn. 19.

1288 Vgl. EuGH, Urteil vom 22.05.2008, C 162/07, ECLI:EU:C:2008:301, Rn. 19. Kritisch dazu: GA Mengozzi, Schlussanträge vom 26.03.2015, C 108/14 und C 109/14, ECLI:EU:C:2015:212, Rn. 91.

1289 Vgl. EuGH, Urteil vom 16.07.2015, C 108/14 und C 109/14, ECLI:EU:C:2015:496, Rn. 44 f. Gleicher Auffassung: Korf, UVR 2008, S. 172 und Grünwald, MwStR 2014, S. 230, die bereits vor Ergehen dieser EuGH-Rechtsprechung diesen Standpunkt vertraten.

1290 Vgl. EuGH, Urteil vom 16.07.2015, C 108/14 und C 109/14, ECLI:EU:C:2015:496, Rn. 44.

1291 Vgl. EuGH, Urteil vom 16.07.2015, C 108/14 und C 109/14, ECLI:EU:C:2015:496, Rn. 45.

1292 Vgl. kritisch dazu: Reiß, in: Reiß et al., UStG, 2018, § 2 Rn. 109, der zutreffend darauf hinweist, dass der EuGH ohne plausible argumentative Gründe zu seinem Ergebnis kommt.

für ausreichend. Davon könne allerdings abgewichen werden, wenn eine derartige Eingliederungsstruktur in einem bestimmten nationalen Kontext eine erforderliche und geeignete Maßnahme zur Vermeidung von Steuerhinterziehung oder -umgehung im Sinne des Art. 11 Abs. 2 MwStSystRL darstelle.[1293] Die Aufgabe zur Beurteilung dieser Verknüpfungen legt der EuGH in die Hände der nationalen Gerichte.[1294]

bb. Auffassung des BFH und der Finanzverwaltung

Die Eingliederung impliziert nach vormaligem nationalen Auslegungsverständnis eine Struktur der Über- und Unterordnung zwischen dem Organträger und der Organgesellschaft.[1295] Der V. Umsatzsteuersenat des BFH hat das Erfordernis der Über- und Unterordnung mittlerweile dahingehend modifiziert, dass nicht mehr auf ein solches Verhältnis abgestellt wird, sondern nunmehr eine Eingliederung mit Durchgriffsrechten[1296] erforderlich ist. Inhaltliche Änderungen ergeben sich dadurch jedoch nur geringfügig.[1297] Dieser Sichtweise hat sich auch die Finanzverwaltung angeschlossen.[1298] Nach ständiger Rechtsprechung des BFH[1299] wird eine entscheidende Anteilsmehrheit des Organträgers an der Organgesellschaft gefordert. Daher werden Organschaftsstrukturen ausgeschlossen, die

---

1293 Vgl. EuGH, Urteil vom 16.07.2015, C 108/14 und C 109/14, ECLI:EU:C:2015:496, Rn. 45; GA Mengozzi, Schlussanträge vom 26.03.2015, C 108/14 und C 109/14, ECLI:EU:C:2015:212, Rn. 99 f., der daran zweifelt, dass ein Eingliederungsverhältnis zwischen den Organkreismitgliedern als Maßnahme im Sinne des Art. 11 Abs. 2 MwStSystRL anzusehen ist.

1294 Vgl. EuGH, Urteil vom 16.07.2015, C 108/14 und C 109/14, ECLI:EU:C:2015:496, Rn. 46.

1295 Dazu auch: Reiß, in: Reiß et al., UStG, 2018, § 2 Rn. 107.

1296 In diesem Zusammenhang wird im nachfolgenden Verlauf für eine bessere Übersichtlichkeit ausschließlich auf den Begriff der Eingliederung mit Durchgriffsrechten bzw. des Eingliederungsverhältnisses abgestellt.

1297 Ebenso Pfeiffer, ÖStZ 2016, S. 115 f., der auch zutreffend darauf hinweist, dass das Eingliederungskriterium mit Durchgriffsmöglichkeiten weiterhin in einem Über- und Unterordnungsverhältnis mündet. So wohl auch: Wäger, UR 2017, S. 665.

1298 Vgl. Abschn. 2.8 Abs. 5b S. 1 UStAE.

1299 Vgl. beispielhaft zur Rechtsprechung des XI. Senats: BFH, Urteil vom 18.12.1996, XI R 25/94, BStBl. II 1997, S. 441; BFH, Urteil vom 01.12.2010, XI R 43/08, BStBl. II 2011, S. 600 unter II.2.; zur Rechtsprechung des V. Senats: BFH, Urteil vom 17.01.2002, V R 37/00, BStBl. II 2002, S. 373 unter II.1.a); BFH, Urteil vom 19.05.2005, V R 31/03, BStBl. II 2005, S. 671; BFH, Urteil vom 08.08.2013, V R 18/13, BStBl. II 2017, S. 543 unter II.2.a).

nicht auf einer solchen Eingliederung beruhen. Demzufolge wird eine Organschaft zwischen Schwestergesellschaften strikt abgelehnt.[1300]

Nach Ansicht des V. Umsatzsteuersenats müssen die Organschaftsvoraussetzungen einerseits aufgrund der mit der Organschaft eintretenden Verlagerung der Steuerschuld auf den Organträger rechtssicher bestimmbar sein.[1301] Dementsprechend verlangt die finanzielle Eingliederung eine Mehrheitsbeteiligung des Organträgers an der juristischen Person.[1302] Hingegen soll bei Vorliegen einer Beteiligung mehrerer Gesellschafter an zwei Schwestergesellschaften nicht rechtssicher feststellbar sein, unter welchen Bedingungen der Beteiligungsbesitz der Gesellschafter zusammengerechnet werden kann, um entsprechend eine finanzielle Eingliederung der einen Schwestergesellschaft in die andere Schwestergesellschaft zu bewirken.[1303]

Andererseits soll nach Ansicht des Senats der mit der umsatzsteuerlichen Organschaft verbundene Vereinfachungsgedanke bei der Auslegung der Eingliederungsvoraussetzungen Berücksichtigung finden. Diesem Gedanken folgend, soll die umsatzsteuerliche Organschaft für den Organträger als einzigen Steuerschuldner der organschaftlich zusammengefassten Unternehmensteile einfach anzuwenden sein.[1304] Grundsätzlich muss der Organträger in der Lage sein, die Verantwortung mitsamt strafrechtlicher Konsequenzen nach § 370 AO für die Umsatztätigkeit der mit ihm verbundenen Organkreismitglieder in Gestalt der juristischen Personen zu übernehmen. Zur Absicherung sollen spezielle Durchgriffsrechte notwendig sein, aufgrund derer der Organträger – vergleichbar wie bei unselbstständigen Betriebsabteilungen im Unternehmen einer Person – seine Informations- sowie Ausgleichsansprüche gegen die Organgesellschaft durchsetzen kann.[1305] Infolgedessen wird entgegen der Auffassung des EuGH ausdrücklich an der strengen Rechtsprechung der vergangenen Jahre zu den Eingliederungsvoraussetzungen festgehalten. Daher sei ein Abstellen auf eine

---

1300 Vgl. zustimmend auch: FG Rheinland-Pfalz, Urteil vom 08.12.2016, 6 K 2485/13, EFG 2017, S. 343 (anhängig beim BFH: Az. XI R 3/17).

1301 Vgl. BFH, Urteil vom 02.12.2015, V R 25/13, BStBl. II 2017, S. 547 unter II.1.a) und II.1.c)cc)(1).

1302 Vgl. BFH, Urteil vom 02.12.2015, V R 15/14, BStBl. II 2017, S. 553 unter II.1.a).

1303 Vgl. grundlegend dazu: BFH, Urteil vom 02.12.2015, V R 15/14, BStBl. II 2017, S. 553 unter II.1.a)cc); BFH, Urteil vom 22.04.2010, V R 9/09, BStBl. II 2011, S. 597 unter II.3.b)bb)(2); auch dazu: BFH, Urteil vom 24.08.2016, V R 36/15, BStBl. II 2017, S. 595 unter II.1.

1304 Vgl. BFH, Urteil vom 02.12.2015, V R 15/14, BStBl. II 2017, S. 553 unter II.1.c).cc).

1305 Vgl. BFH, Urteil vom 02.12.2015, V R 15/14, BStBl. II 2017, S. 553 unter II.1.dd)(2).

Eingliederung mit Durchgriffsmöglichkeiten unionsrechtlich unbedenklich, da diese nationalgesetzliche Anforderung insbesondere der Verwaltungsvereinfachung und der Missbrauchsverhinderung dient.[1306]

Weiterhin soll es mangels Antrags- oder Feststellungsverfahrens zur Beurteilung des Vorliegens der Organschaftsvoraussetzungen nach Auffassung des V. Umsatzsteuersenats nicht möglich sein, anstelle einer eigenen Mehrheitsbeteiligung auf das unbestimmte und unpräzise Kriterium der unionsrechtlich geforderten engen finanziellen Verbundenheit zwischen mehreren Personen abzustellen. In diesem Zusammenhang soll aufgrund fehlender eigener Mehrheitsbeteiligung die Person des Organträgers weder eindeutig bestimmbar sein noch stehen ihr die notwendigen Durchgriffsrechte zu.[1307] Ebenso soll für die organisatorische Eingliederung deshalb nicht genügen, dass der Organträger bei der Organgesellschaft nur eine von seinem Willen abweichende Willensbildung ausschließen kann.[1308]

Demgegenüber hat sich der XI. Umsatzsteuersenat des BFH nicht zu den Eingliederungsvoraussetzungen in seiner jüngst ergangenen Rechtsprechung geäußert und lässt dabei insbesondere die Fragestellung offen, ob eine juristische Person im Sinne des Über- und Unterordnungsverhältnisses in das Unternehmen des Organträgers eingegliedert sein muss.[1309] Daher ist weiterhin umstritten, ob der XI. Umsatzsteuersenat auch eine Gleichordnungsorganschaft oder eine horizontale Organschaft für zulässig erachtet. Allerdings bedeutet dies auch, dass er das Organschaftsmodell mit einem übergeordneten Organträger und untergeordneten Organteilen nicht grundsätzlich für unionsrechtswidrig hält.[1310] Somit wäre die derzeit bestehende vertikale Organschaftsstruktur auch weiterhin möglich.

1306 Vgl. BFH, Urteil vom 02.12.2015, V R 15/14, BStBl. II 2017, S. 553 unter II.1.c)cc).

1307 Vgl. BFH, Urteil vom 02.12.2015, V R 15/14, BStBl. II 2017, S. 553 unter II.1.dd)(2).

1308 Vgl. BFH, Urteil vom 02.12.2015, V R 15/14, BStBl. II 2017, S. 553 unter II.2.a) und II.2.b).

1309 Vgl. BFH, Urteil vom 19.01.2016, XI R 38/12, BStBl. II 2017, S. 567 unter II.7.; BFH, Urteil vom 01.06.2016, XI R 17/11, BStBl. II 2017, S. 581 unter II.6.c). In diesem Sinne ist jedoch anzumerken, dass der XI. Umsatzsteuersenat aufgrund fehlender Feststellungen der FG hinsichtlich des Über- und Unterordnungsverhältnisses als Ausprägungsform der engen Verbundenheit nicht zu entscheiden hatte, ob dieses zur Vermeidung missbräuchlicher Steuerpraktiken geeignet und erforderlich ist.

1310 Diesem Verständnis folgt auch: Reiß, UR 2016, S. 749.

cc. Auffassung des wissenschaftlichen Schrifttums

Im wissenschaftlichen Schrifttum gibt es erhebliche Auffassungsunterschiede, sodass im Folgenden das Spektrum der Einwendungen differenziert dargestellt werden soll.

In Teilen der wissenschaftlichen Literatur[1311] schließen sich Autoren der Auffassung des V. Umsatzsteuersenats an und legen damit den Fokus ausdrücklich auf ein durchsetzungsfähiges Beherrschungsverhältnis zwischen Organträger und Organgesellschaft. In diesem Zusammenhang soll von essentieller Bedeutung sein, dass der Organträger aufgrund des Eingliederungsverhältnisses[1312] in die Lage versetzt wird, die sich für ihn aus der umsatzsteuerlichen Organschaft ergebenden Pflichten erfüllen zu können. Die Eingliederung mit uneingeschränkten rechtlichen Eingriffsmöglichkeiten soll mit dem Unionsrecht konform sein. Dies wird unter anderem damit begründet, dass aufgrund der strafbewehrten Pflicht des Organträgers, die Umsatztätigkeiten der abhängigen juristischen Personen vollständig und fristgemäß zu versteuern, dem Organträger nicht nur ein zivilrechtlicher Ausgleichsanspruch zustehen muss. Der Organträger muss darüber hinaus befähigt sein, unter Berücksichtigung der für ihn existierenden Erklärungspflichten[1313], diesen Ausgleichsanspruch auch zeitnah und effektiv durchsetzen zu können.[1314] Es wird die Ansicht vertreten, dass es daher besonderer Durchgriffsmöglichkeiten bedarf. Diese sollen sich im Besonderen aus der finanziellen und organisatorischen Eingliederung ergeben.[1315] Aus diesem Grunde wird eine derartige tatbestandliche Voraussetzung als eine geeignete und erforderliche Maßnahme im Sinne des Art. 11 Abs. 2

1311 Vgl. beispielhaft: Wäger, UR 2016, S. 174; Wäger, DB 2014, S. 918; Reiß, in: Reiß et al., UStG, 2018, § 2 Rn. 108; Tratlehner, in: Achatz/Tumpel, Der Unternehmerbegriff des UStG, 2017, S. 139; wohl auch: Eggers/Korf, MwStR 2015, S. 717, die jedoch daran zweifeln, ob die Begründungen von Wäger für das Aufrechterhalten eines strengen Über- und Unterordnungsverhältnisses zur Verhinderung von Missbräuchen oder zur Bekämpfung von Steuerhinterziehungen geeignet und erforderlich sind. A. A.: Hummel, UR 2015, S. 680; Streit/Rust, DStR 2015, S. 2099.

1312 Nach dem BFH, Urteil vom 15.12.2016, V R 14/16, BStBl. II 2017, S. 600 unter II.2.a), besteht „aufgrund der Gesamtheit der Eingliederungsvoraussetzungen eine Durchgriffsmöglichkeit auf die Organgesellschaft, die es dem Organträger ermöglicht, die ihm nach § 2 Abs. 2 Nr. 2 UStG zugeordnete Verantwortung für die Besteuerung der Umsatztätigkeit des gesamten Organkreises zu übernehmen".

1313 Voranmeldungen im Sinne des § 18 Abs. 1 S. 1 und Abs. 2 S. 2 UStG.

1314 Vgl. Wäger, DB 2014, S. 919; Tratlehner, in: Achatz/Tumpel, Der Unternehmerbegriff des UStG, 2017, S. 139.

1315 A. A.: Stadie, in: Rau/Dürrwächter, UStG, 2018, § 2 Anm. 914.

MwStSystRL angesehen und grundsätzlich mit dem Verständnis des EuGH als vereinbar erachtet.

Andere Teile des wissenschaftlichen Schrifttums[1316] vertreten die gegenteilige Auffassung, dass sich aus der Eingliederung nach § 2 Abs. 2 Nr. 2 UStG keine etwaigen Befugnisse ergeben können, um die notwendigen Ansprüche gegenüber den Organgesellschaften durchsetzen zu können.[1317] Dies wird darauf zurückgeführt, dass die Organgesellschaften zivilrechtlich weiterhin als selbstständig angesehen werden und in erster Linie keine Rechtsgrundlage[1318] existieren soll, nach der für die betreffenden Organgesellschaften die Pflicht besteht, dem Organträger Auskünfte über die durchgeführten Umsätze sowie bezogenen Leistungen zu erteilen. Allerdings wird darauf hingewiesen, dass die Geschäftsleitung der Organgesellschaft aufgrund des faktischen Abhängigkeitsverhältnisses zum Organträger diesem im Regelfall entsprechende Informationen erteilt, jedoch solle eine rechtliche und damit verbundene Durchsetzungsverpflichtung nicht bestehen.[1319] Derartige Ansprüche sollen ausschließlich vor den Gerichten unter Berücksichtigung des maßgeblichen Zivilrechts durchgesetzt werden können.[1320] Insgesamt wird der Standpunkt dahingehend vertreten, dass das Auslegungsergebnis des V. Umsatzsteuersenats, wonach in der Gesamtbetrachtung der Eingliederungsmerkmale eine Durchsetzungsmöglichkeit gegen die Organgesellschaft existiert, nicht richtlinienkonform sei und für die zivilrechtlichen Informations- und Zahlungsverpflichtungen keine hinreichende Grundlage im

---

1316 Vgl. insbesondere: Stadie, in: Rau/Dürrwächter, UStG, 2018, § 2 Anm. 915; Hummel, in: Mössner et al., Steuerrecht international tätiger Unternehmen, 2018, Kapitel 14 Umsatzsteuerrecht bei Auslandsbeziehungen Rn. 14.462; Treiber, in: Sölch/Ringleb, UStG, 2018, § 2 Rn. 216 und 261.

1317 Lediglich aus einem Gewinn- oder Beherrschungsvertrag steht dem Organträger ein Auskunftsrecht zu. Diese Verträge sind jedoch keine zwingenden Voraussetzungen einer umsatzsteuerlichen Organschaft, vgl. Stadie, in: Rau/Dürrwächter, UStG, 2018, § 2 Anm. 914.

1318 Nach Reiß, UR 2016, S. 750, sollen sich derartige Durchgriffsrechte explizit aus dem Gesellschaftsrecht ergeben.

1319 Vgl. Stadie, in: Rau/Dürrwächter, UStG, 2018, § 2 Anm. 914.

1320 Vgl. Stadie, in: Rau/Dürrwächter, UStG, 2018, § 2 Anm. 915; Hummel, in: Mössner et al., Steuerrecht international tätiger Unternehmen, 2018, Kapitel 14 Umsatzsteuerrecht bei Auslandsbeziehungen Rn. 14.462; Treiber, in: Sölch/Ringleb, UStG, 2018, § 2 Rn. 216 und 261, der Organträger hat aufgrund zivilrechtlicher Ausgleichsansprüche die bestehende Möglichkeit, sich die Umsatzsteuer von der Organgesellschaft zu beschaffen. A. A.: Wäger, UR 2016, S. 174.

Unionsrecht[1321] bestehe. Ferner lassen sich vereinzelt Stimmen in der wissenschaftlichen Literatur[1322] finden, die entgegen anderslautender Meinungen[1323] die Position vertreten, dass die Eingliederungsvoraussetzungen aus unionsrechtlicher Perspektive keine Bedenken hervorrufen, sofern der Fokus auf die eindeutige Bestimmung des Vorliegens der umsatzsteuerlichen Organschaftsvoraussetzungen gelegt wird. Ein durchsetzungsfähiges Herrschaftsverhältnis zwischen Organträger und Organgesellschaft wird dagegen abgelehnt. An dieser Stelle wird ebenso angeführt, dass einfach bestimmbare Eingliederungsvoraussetzungen im Kern auch gegen missbräuchliche Praktiken vorbeugen können.[1324]

dd. Analyse der vertretenen Auffassungen

Von erheblicher Bedeutung ist zunächst, dass der EuGH die Voraussetzung einer Eingliederung im Sinne des Über- und Unterordnungsverhältnisses grundsätzlich für unionsrechtswidrig erachtet.[1325] Im Vergleich zu der engen

---

1321 A. A. jedoch: BFH, Urteil vom 02.12.2015, V R 15/14, BStBl. II 2017, S. 553 unter II.1.c)cc). Demgegenüber zweifelnd: BFH, Urteil vom 19.01.2016, XI R 38/12, BStBl. II 2017, S. 567 unter II.7.; BFH, Urteil vom 01.06.2016, XI R 17/11, BStBl. II 2017, S. 581 unter II.6.c). Nach Wäger, DB 2014, S. 919, erweist sich die Begründung eines Ausgleichsanspruchs nach dem geltenden Unionsrecht als schwierig. Dies wird darauf zurückgeführt, dass der Ausgleichsanspruch zivilrechtlicher Natur ist und nicht direkt Gegenstand einer steuerrechtlichen Richtlinie sein kann.

1322 Vgl. beispielhaft: Stadie, in: Rau/Dürrwächter, UStG, 2018, § 2 Anm. 856; Hummel, in: Mössner et al., Steuerrecht international tätiger Unternehmen, 2018, Kapitel 14 Umsatzsteuerrecht bei Auslandsbeziehungen Rn. 14.462; Hoff, Die Anwendung der Umsatzsteuerorganschaft im nationalen Recht, 2016, S. 121 und 157; Luber, Die umsatzsteuerliche Organschaft, 2016, S. 217; Reiß, UR 2016, S. 750; Hartman, NWB 2015, S. 1254; Hartman, Die Vereinbarkeit der umsatzsteuerrechtlichen Organschaft mit dem Europäischen Unionsrecht, 2013, S. 214, der anführt, dass durch ein Subordinationsverhältnis der Steuerschuldner eindeutig identifizierbar ist; wohl auch: Wäger, DB 2014, S. 919.

1323 Für eine mögliche Unvereinbarkeit der Eingliederungsmerkmale nach § 2 Abs. 2 Nr. 2 UStG mit dem Unionsrecht sprechen sich u. a.: Korf, UVR 2008, S. 172; Birkenfeld, UR 2014, S. 126; von Streit/Duyfjes, DStR 2014, S. 402 f.; Hamacher/Dahm, UR 2013, S. 428 aus.

1324 Vgl. gleicher Auffassung: BFH, Urteil vom 02.12.2015, V R 67/14, BStBl. II 2017, S. 560.

1325 Zum gleichen Resultat kommen: Endres, Mehrwertsteuergruppe nach Art. 11 MwStSystRL, 2016, S. 99 ff. und 133; Grünwald, MwStR 2014, S. 226; Dahm/Hamacher, IStR 2013, S. 823; Slapio, UR 2013, S. 411 f.; Erdbrügger, DStR 2013, S. 1576. A. A.: Luber, Die umsatzsteuerliche Organschaft, 2016, S. 219, der die Meinung

Verbundenheit, wie es das derzeitige System des Art. 11 MwStSystRL verlangt, soll die Eingliederung im Sinne des UStG zunächst eine grundsätzlich nicht erlaubte zusätzliche Bedingung für die Bildung einer umsatzsteuerlichen Organschaft darstellen. Liegt ein Eingliederungsverhältnis vor, kann zwar auf eine enge Verbindung geschlossen werden, jedoch soll sich aus der Diktion des Art. 11 MwStSystRL nicht entnehmen lassen, dass dies eine notwendige Bedingung für das Vorliegen einer umsatzsteuerlichen Organschaft sei.[1326] An dieser Stelle ist dem EuGH aus den nachfolgenden wesentlichen Gründen nicht zuzustimmen. Zunächst kann im Rahmen der wörtlichen Auslegung anderer Sprachfassungen[1327] lediglich aufgezeigt werden, dass sich die Begrifflichkeit der engen Verbundenheit auch in den nationalen Richtlinienbestimmungen anderer EU-Mitgliedstaaten finden lässt. Jedoch ist auch anzuerkennen, dass die enge Verbundenheit begrifflich weiter gefasst ist als die nach dem deutschen

---

vertritt, dass das deutsche Eingliederungserfordernis unionsrechtskonform ausgestaltet sei. Dafür ist auch: Hartman, Die Vereinbarkeit der umsatzsteuerrechtlichen Organschaft mit dem Europäischen Unionsrecht, 2013, S. 215 f., der die damalige Eingliederung im Sinne eines Unter- und Überordnungsverhältnisses für zwingend notwendig hält. In diesem Zusammenhang ist jedoch darauf hinzuweisen, dass die letztgenannten Autoren ihr Auslegungsverständnis ohne Bezugnahme auf die wesentliche EuGH-Entscheidung ermittelt haben. Gleicher Auffassung weiterhin auch: Kühbacher, SWI 2012, S. 419.

1326 Vgl. EuGH, Urteil vom 16.07.2015, C 108/14 und C 109/14, ECLI:EU:C:2015:496, Rn. 44, der hier noch von der Eingliederung in Gestalt eines Über- und Unterordnungsverhältnisses spricht. Ebenso: GA Mengozzi, Schlussanträge vom 26.03.2015, C 108/14 und C 109/14, ECLI:EU:C:2015:212, Rn. 90. Diese Aussagen lassen sich jedoch auch auf die Eingliederung mit Durchgriffsrechten übertragen, da sich nur die namentliche Benennung des Eingliederungsmerkmals geändert hat. Ein Über- und Unterordnungsverhältnis besteht auch nach der hier vertretenen Ansicht weiterhin fort.

1327 Englische Version: „(...) who, while legally independent, are closely bound to one another by financial, economic and organisational links.", französischen Version: „(...) qui sont étroitement liées entre elles sur les plans financier, économique et de l'organisation.", spanische Version: „(...) que se hallen firmemente vinculadas entre sí en los órdenes financiero, económico y de organización.", italienische Version: „(...) che siano giuridicamente indipendenti, ma strettamente vincolate fra loro da rapporti finanziari, economici ed organizzativi." und die niederländische Version: „(...) doch financieel, economisch en organisatorisch nauw met elkaar verbonden zijn (...)", vgl. Rat der EU, MwStSystRL in sämtlichen Sprachfassungen, 2006, S. 11.

Rechtsverständnis geforderte Eingliederung.[1328] Das Eingliederungserfordernis stellt lediglich einen Teilaspekt der unionsrechtlich geforderten engen Verbundenheit dar.[1329] Aus der Formulierung des Art. 11 MwStSystRL kann demzufolge nicht hergeleitet werden, dass dieser eine zwangsläufige Differenzierung zwischen einem Organträger und seinen Organgesellschaften vorsieht.[1330] Im Umkehrschluss kann nicht durch die Mehrwertsteuergruppennorm belegt werden, dass ausschließlich Gruppen mit gleichgeordneten Mitgliedern gebildet werden dürfen. Allerdings ist an dieser Stelle festzuhalten, dass Schwestergesellschaften aus unionsrechtlicher Perspektive eine Mehrwertsteuergruppe begründen könnten.[1331] Insgesamt steht es den EU-Mitgliedstaaten jedoch frei, ob sie in ihren nationalen Rechtsordnungen eine vertikale oder horizontale Organschaft oder eine Gleichordnungsorganschaft verlangen. Die Pflicht, dass sämtliche zur Gruppe zugelassenen Personen gleichgeordnet sein müssen, erschließt sich nicht explizit aus Art. 11 MwStSystRL.[1332] Insgesamt kann unter Bezugnahme des Wortlauts kein eindeutiger Rückschluss daraus gezogen werden, dass der deutsche Eingliederungsprozess gegen Art. 11 MwStSystRL verstößt. Weiterhin kann der historischen Auslegung an dieser Stelle keine wesentliche Bedeutung zugewiesen werden, da der Wille des historischen Richtliniengebers nicht ermittelbar ist.[1333] Dies gilt ebenfalls für die systematische Auslegung, da sich die Begrifflichkeit der engen Verbundenheit nicht an anderen Stellen der

---

1328 So auch: Eggers/Korf, MwStR 2015, S. 717; von Streit, UStB 2013, S. 299; Korf, UVR 2008, S. 179; Hamacher/Grundt, DStR 2006, S. 2159 f.

1329 Vgl. Thietz-Bartram, DB 2009, S. 1786. Ferner dazu auch: Stadie, in: Rau/Dürrwächter, UStG, 2018, § 2 Anm. 856.

1330 Vgl. Korf, UR 2010, S. 583, spricht von einer sog. wechselseitigen, gleichgeordneten Verbindung; auch: Reiß, UR 2016, S. 750, sieht keinen Zwang zur „Unterteilung der Gruppenmitglieder in einen Organträger und in die übrigen Organe".

1331 Jedoch kritisch dazu: Birkenfeld, in: Birkenfeld/Wäger, Das große Umsatzsteuer-Handbuch, 2018, § 44 Rn. 145.

1332 Ebenso in diese Richtung: Reiß, UR 2016, S. 750. A. A.: Endres, Mehrwertsteuergruppe nach Art. 11 MwStStystRL, 2016, S. 180, 198 f. und 203 f.; GA Mengozzi, Schlussanträge vom 26.03.2015, C 108/14 und C 109/14, ECLI:EU:C:2015:212, Rn. 90.

1333 Vgl. zweite Richtlinie 67/228/EWG des Rates vom 11.04.1967 zur Harmonisierung der Rechtsvorschriften der Mitgliedstaaten über die Umsatzsteuern – Struktur und Anwendungsmodalitäten des gemeinsamen Mehrwertsteuersystems, ABl. EG 1967 Nr. 71, S. 1308; sechste Richtlinie 77/388/EWG des Rates vom 17.05.1977 zur Harmonisierung der Rechtsvorschriften der Mitgliedstaaten über die Umsatzsteuern – Gemeinsames Mehrwertsteuersystem: einheitliche steuerpflichtige Bemessungsgrundlage, ABl. EG 1977 Nr. L 145, S. 3.

MwStSystRL wiederfinden lässt.[1334] In diesem Zusammenhang könnten jedoch die neuen Auslegungsempfehlungen des Mehrwertsteuerausschusses und der Mehrwertsteuerexpertengruppe Abhilfe schaffen. Danach wäre eine vertikale Organschaft grundsätzlich möglich, aber auch andere Arten der Mehrwertsteuergruppenbildung wären ebenso zulässig. An dieser Stelle lässt sich auch kein eindeutiges Interpretationsverständnis ableiten.

Wesentliche Relevanz muss an dieser Stelle der teleologischen Auslegungsmethode beigemessen werden. Der einschränkende Charakter des § 2 Abs. 2 Nr. 2 UStG im Sinne der Eingliederungsvoraussetzungen lässt sich durch die Zwecksetzungen des Art. 11 MwStSystRL rechtfertigen. Zunächst ist anzuführen, dass etwaigen Argumentationen, die sich auf eine Hierarchiestruktur zwischen Organträger und Organgesellschaft und den damit verbundenen Durchgriffsrechten berufen, nicht zu folgen ist. Wie bereits ein Teil des wissenschaftlichen Schrifttums zutreffend erkannt hat, kann ein zivilrechtlicher Ausgleichsanspruch unabhängig von der finanziellen und organisatorischen Eingliederung durchgesetzt werden. Eine derartige Definition der Eingliederung ist daher mit Blick auf die unionsrechtlichen Vorgaben kritisch zu sehen. Sofern jedoch der Schwerpunkt auf eine zutreffende Beurteilung der umsatzsteuerlichen Organschaftsvoraussetzungen gelegt wird, wodurch der Zurechnungsadressat der Steuerschuldnerschaft rechtssicher bestimmbar ist, kann das Eingliederungserfordernis als unionsrechtskonform bewertet werden.

Darüber hinaus ist insbesondere die Aussage des V. Umsatzsteuersenats zu rügen, dass mangels Antrags- oder Feststellungsverfahrens nicht auf eine finanzielle Verbindung im Sinne des Art. 11 MwStSystRL abgestellt werden kann. In diesem Zusammenhang kann der Eindruck vermittelt werden, dass, sofern die umsatzsteuerliche Organschaft verfahrensrechtlich ergänzt werden würde, eine Organschaft zwischen Schwestergesellschaften begründet werden könnte. Ebenso wäre in solchen Fällen eine eindeutige Bestimmbarkeit des Steuerschuldners grundsätzlich möglich.[1335] Eine Berufung auf den unionsrechtlichen

---

1334 Allerdings lässt sich ein Unterordnungsverhältnis in Art. 10 MwStSystRL finden, wonach Lohn- und Gehaltsempfänger durch einen Arbeitsvertrag ein solches Verhältnis begründen. Jedoch soll die Mehrwertsteuergruppe nicht zwingend in einem Hierarchieverhältnis münden. Deswegen ist Art. 10 MwStSystRL im Rahmen der systematischen Auslegung nicht heranzuziehen. Dazu auch: GA Mengozzi, Schlussanträge vom 26.03.2015, C 108/14 und C 109/14, ECLI:EU:C:2015:212, Rn. 92.

1335 Vgl. Heuermann, DB 2016, S. 612, der davon ausgeht, dass eine verfahrensrechtliche Unterstützung eine Organschaft zwischen Schwestergesellschaften ermöglichen würde. Folglich wäre rechtssicher bestimmbar, welches der Unternehmen als Organträger die Verantwortung für den Organschaftsverbund zu tragen hat.

Maßstab kommt aber deswegen nicht in Betracht, weil eine Person nach den materiell-rechtlichen Bestimmungen des § 2 Abs. 2 Nr. 2 UStG zu beurteilen ist und verfahrensrechtliche Instrumentarien diese lediglich nachbilden können.[1336] Angenommen es wird auf das unpräzise Merkmal der engen Verbindung abgestellt, so könnte beispielhaft ein Feststellungsverfahren und ein damit verbundener Grundlagenbescheid[1337] die Person auch nicht eindeutig bestimmen, da zweifelhaft wäre, in welcher Person die materiell-rechtlichen Voraussetzungen des Organträgers erfüllt sind. In diesem Sinne kann der angestrebte Vereinfachungseffekt erst dann eintreten, wenn der Anwendungsbereich der umsatzsteuerlichen Organschaft auch leicht bestimmbar ist. Unter Zuhilfenahme der derzeitigen Eingliederungsvoraussetzungen nach § 2 Abs. 2 Nr. 2 UStG lässt sich demzufolge ermitteln, wer die Steuerschuldnerschaft bei Vorliegen einer umsatzsteuerlichen Organschaft zu tragen hat.[1338] Denn die finanzielle Eingliederung im Sinne der kapitalmäßigen Beteiligung ist einfach festzustellen.[1339] Sofern die umsatzsteuerliche Organschaft für die Zukunft wahlrechtsabhängig ausgestaltet werden sollte, müssten für die Eingliederung von Schwestergesellschaften umfangreiche zusätzliche Gesetzesvorschriften nur für Zwecke der Umsatzbesteuerung geschaffen werden.[1340] Keineswegs sind solche Gesellschaftsstrukturen bereits über verfahrensrechtliche Absicherungen einfach ermittelbar mit der Konsequenz, dass die effektive Steuererhebung durch die nationalen Finanzverwaltungen erheblich gefährdet wäre.

Resümierend lässt sich festhalten, dass mit der Eindeutigkeit des materiellen Anwendungsbereichs der umsatzsteuerlichen Organschaft insgesamt auch dem Steuermissbrauch entgegengewirkt werden kann. Schließlich lassen sich

---

1336 Vgl. so im Ergebnis auch: Stadie, in: Rau/Dürrwächter, UStG, 2018, § 2 Anm. 864.

1337 In diesem Zusammenhang vertritt Wäger, UR 2016, S. 174 und 176, die Ansicht, dass ein derartiger Bescheid feststellen würde, welche Informations- und Zahlungsansprüche dem Organträger zustehen würden, um seinen steuerrechtlichen Pflichten nachkommen zu können. A. A.: Stadie, in: Rau/Dürrwächter, UStG, 2018, § 2 Anm. 864 und 913, der zutreffend argumentiert, dass ein Grundlagenbescheid keine materiellen Verpflichtungen begründen kann.

1338 Zur rechtssicheren Prüfung der Eingliederungsvoraussetzungen: Reiß, in: Reiß et al., UStG, 2018, § 2 Rn. 109.1.

1339 Vgl. Jacobs, BB 2017, S. 424; Elster, in: UmsatzsteuerForum e.V. und BMF, 100 Jahre Umsatzsteuer in Deutschland, 2018, S. 878.

1340 Vgl. dazu kritisch: Reiß, UR 2016, S. 751, der anführt, dass es für die Eingliederung von Schwestergesellschaften einer umfassenden Rechtsetzung bedarf. In diesem Zusammenhang wäre beispielhaft zu klären, wer für die Gruppe handlungsbefugt ist oder wer die Steuerschuld zu tragen bzw. zu entrichten hat.

Maßnahmen, die eine vorbeugende Wirkung gegen Rechtsunsicherheit, Verwaltungskompliziertheit sowie unpräzise Gesetzesbestimmungen entfalten, unter die Missbrauchspräventionsvorschrift fassen.[1341]

ee. Stellungnahme

Als Ergebnis der Analyse kann festgehalten werden, dass das nationalgesetzlich geforderte Eingliederungsverhältnis nach der hier vertretenen Ansicht in Einklang mit den unionsrechtlichen Anforderungen steht. Die deutsche Organschaftsregelung und die unionsrechtliche Bestimmung zur Mehrwertsteuergruppe weichen zwar im Wortlaut voneinander ab, können aber durchaus übereinstimmend dahingehend ausgelegt werden, dass auch die in Art. 11 Abs. 1 MwStSystRL befindlichen Begrifflichkeiten der gegenseitigen Beziehungen und der daraus resultierenden engen Verbundenheit im Sinne einer Eingliederung nach § 2 Abs. 2 Nr. 2 UStG zu verstehen sind. Insgesamt dient das Zurückgreifen auf eine Eingliederungsstruktur zwischen Organträger und Organgesellschaft der rechtssicheren Bestimmung, unter welchen Bedingungen es zu der durch die umsatzsteuerliche Organschaft verursachten Verlagerung der Steuerschuld kommt.

Abschließend sollte allerdings darauf hingewiesen werden, dass sich bei der organisatorischen Eingliederung unter Einbeziehung des Eindeutigkeitsaspekts der Ausschluss der Möglichkeit eine abweichende Willensbildung in der Organgesellschaft zu verhindern nicht mehr unionsrechtlich rechtfertigen lässt.[1342] Bei Vorliegen einer derartigen Willensbildung wäre eine einfache und rechtssichere Bestimmbarkeit des Organträgers nicht gefährdet.[1343] Folglich könnte dies auch bedeuten, dass sich der vormaligen Rechtsprechung wieder angenähert wird.[1344]

1341 So zutreffend auch: Reiß, UR 2016, S. 751.

1342 Ähnlich auch: von Streit, UStB 2013, S. 300; Treiber, in: Sölch/Ringleb, UStG, 2018, § 2 Rn. 216; Slapio, in: UmsatzsteuerForum e.V. und BMF, 100 Jahre Umsatzsteuer in Deutschland, 2018, S. 453.

1343 A. A. offensichtlich: BFH, Urteil vom 02.12.2015, V R 15/14, BStBl. II 2017, S. 553.

1344 Nach vormaliger Ansicht war für die organisatorische Eingliederung ausreichend, dass die mit der verbundenen Möglichkeit der Beherrschung der Tochtergesellschaft durch die Muttergesellschaft in der laufenden Geschäftsleitung tatsächlich wahrgenommen wird. In diesem Zusammenhang musste der Organträger die Organgesellschaft durch die Art und Weise die Geschäftsführung beherrschen oder aber zumindest durch die Gestaltung der Beziehungen zwischen Organträger und Organgesellschaft gewährleisten, dass eine vom Willen des Organträgers abweichende Willensbildung bei der Organgesellschaft nicht möglich ist, vgl. BFH, Urteil vom 28.10.2010, V R 7/10, BStBl. II 2011, S. 391 unter II.2.

Ein durch Gesellschaftsvertrag zugesichertes Vetorecht des Organträgers gegen die Geschäftsleitung der Organgesellschaft wäre beispielhaft für die organisatorische Eingliederung ausreichend. Es wird durchaus für möglich gehalten, dass aufgrund der Abschwächungstendenzen in absehbarer Zeit die Anforderungen an die organisatorische Eingliederung herabgesetzt werden.[1345] Die Gewährleistung einer einheitlichen Willensbildung sämtlicher Organkreisbeteiligter, die nicht durch Einzelne verhindert oder umgangen werden kann, würde ebenso den unionsrechtlichen Vorgaben im Sinne der Gleichordnung der Organkreismitglieder Rechnung tragen. Denn eine sog. Pattsituation[1346] führt einerseits zu einer neuen, gemeinsamen Entscheidungsfindung und andererseits zu einer gleichlaufenden Umsetzung durch gleichrangig organisierte Mitglieder des Organkreises.[1347] Die Möglichkeit einer tatsächlichen Willensdurchsetzung des Organträgers im Sinne einer aktiven Beherrschung bei der Organgesellschaft bedarf es hierbei nicht.[1348]

1345 Vgl. so bereits auch: Hummel, in: Mössner et al., Steuerrecht international tätiger Unternehmen, 2018, Kapitel 14 Umsatzsteuerrecht bei Auslandsbeziehungen Rn. 14.463. A. A.: Abschn. 2.8 Abs. 7 S. 3 UStAE.

1346 Vgl. Birkenfeld, in: Birkenfeld/Wäger, Das große Umsatzsteuer-Handbuch, 2018, § 44 Rn. 402.

1347 Vgl. ebenso: Slapio, in: UmsatzsteuerForum e.V. und BMF, 100 Jahre Umsatzsteuer in Deutschland, 2018, S. 453 und 456.

1348 Vgl. Abschn. 2.8. Abs. 7 S. 2 UStAE.

E. Umsatzsteuerliche Organschaft mit Personengesellschaften

I. Eingliederung von Personengesellschaften aus europäischer und nationaler Perspektive

1. Allgemeines

Wie bereits in Kapitel C.III.1.c. dargelegt, lässt die umsatzsteuerliche Organschaftsregelung nach derzeit geltendem Recht ausschließlich juristische Personen als Organgesellschaft zu. Angesichts der insoweit eindeutigen Einschränkung des Kreises tauglicher Organgesellschaften auf juristische Personen durch den Gesetzeswortlaut, galten Personengesellschaften – auch bis dato nicht ohne begründete Zweifel[1349] – nicht als potenzielle Organkreismitglieder. In diesem Zusammenhang wurde die Begrifflichkeit der juristischen Person im Sinne des § 2 Abs. 2 Nr. 2 UStG rein zivilrechtlich[1350] verstanden,[1351] obwohl zugleich anerkannt ist, dass die Vorschriften des Umsatzsteuerrechts autonom auszulegen sind.[1352] Allerdings ist im zivilrechtlichen Schrifttum mittlerweile umstritten, ob

1349 Zur Kritik etwa: Stößel/Gries, Ubg 2015, S. 607 f.; Hartman, Die Vereinbarkeit der umsatzsteuerrechtlichen Organschaft mit dem Europäischen Unionsrecht, 2013, S. 125 ff.; Hartman, NWB 2015, S. 1252 ff.; Hahne, DStR 2008, S. 913 f.; Birkenfeld, UR 2008, S. 2 und 5; Birkenfeld, UR 2014, S. 124 und 126; Erdbrügger, DStR 2013, S. 1577 ff.; Slapio, UR 2013, S. 411; Feldgen, BB 2013, S. 2967; von Streit, UStB 2013, S. 299; Trinks, NWB 2013, S. 2373; Hubertus/Fetzer, DStR 2013, S. 1468 ff.; Boor, UR 2013, S. 735 f.; Grünwald, MwStR 2013, S. 331; Hummel, MwStR 2013, S. 296; Wäger, in: Spindler et al., Steuerzentrierte Rechtsberatung, 2009, S. 1193 f.; Wäger, UVR 2013, S. 209 ff.; Schnarrenberger, Die umsatzsteuerliche Organschaft, 2014, S. 119 ff.; Jacobs, NWB 2011, S. 2283 ff.; Hummel, UR 2010, S. 209 ff.; Thietz-Bartram, DB 2009, S. 1787.

1350 Für eine Abkehr von dem zivilrechtlichen Verständnis sprechen sich u. a. Prätzler, BB 2018, S. 601 und Jansen, BB 2016, S. 2265 aus.

1351 Vgl. BFH, Urteil vom 20.12.1973, V R 87/70, BStBl. II 1974, S. 311; zur unterschiedlichen Qualifikation im Zivilrecht und im Umsatzsteuerrecht: Tischer, UR 1985, S. 79; ferner: Wagner/Marchal, DStR 2017, S. 2151.

1352 Vgl. Stadie, in: Rau/Dürrwächter, UStG, 2018, Einführung zum UStG Anm. 706; Scholz/Nattkämper, UR 2008, S. 721. Umfassend zu den zivilrechtlichen Unterschieden zwischen juristischen Personen und Personengesellschaften insbesondere auch: Schnarrenberger, Die umsatzsteuerliche Organschaft, 2014, S. 112 ff.

eine Personengesellschaft nur teilrechtsfähig ist oder im Sinne einer juristischen Person als vollrechtsfähig anerkannt werden kann.[1353] Neben diesen Auslegungsschwierigkeiten soll sich ein derartiges Ausschlussverbot unter Berücksichtigung der unionsrechtlichen Anforderungen in Art. 11 MwStSystRL grundsätzlich nicht mehr rechtfertigen lassen.

Diesbezüglich ist bereits in Kapitel D.III.2. umfassend analysiert worden, dass Art. 11 MwStSystRL im Allgemeinen von Personen spricht und damit jeglichen Ausprägungsformen des Personenbegriffs den Zugang zur Mehrwertsteuergruppe öffnet. Vor diesem Hintergrund ist fraglich, ob das Einbeziehungsverbot von Personengesellschaften als Organgesellschaft unionsrechtlich noch geboten ist. Nach der jüngst ergangenen Entscheidung des EuGH in der verbundenen Rechtssache *Larentia + Minerva* und *Marenave Schifffahrt*[1354] lässt sich die Frage nach der Einbeziehungspflicht von Personengesellschaften in den Organkreis eindeutig beantworten. Zu diesem Fall hat der EuGH in seinem Urteil festgestellt, dass das allgemeine Ausschlussverbot von Personengesellschaften als Organgesellschaft grundsätzlich unionsrechtswidrig ist. Dies gilt jedoch nicht, wenn die Reduzierung auf juristische Personen ein geeignetes und erforderliches Instrumentarium zur Vermeidung missbräuchlicher Praktiken oder Verhaltensweisen und zur Verhinderung von Steuerhinterziehung und -umgehung nach Art. 11 Abs. 2 MwStSystRL darstellt. In diesem Zusammenhang haben die nationalen Gerichte sowie die Finanzverwaltung diese Gelegenheit zum Anlass genommen, um § 2 Abs. 2 Nr. 2 UStG unionsrechtskonform erweiternd auszulegen. Mithin sind Personengesellschaften unter bestimmten Umständen zukünftig als taugliche Organgesellschaften in den umsatzsteuerlichen Organkreis einbeziehungswürdig.

Die nachfolgende Analyse widmet sich daher der Situation des Status Quo der umsatzsteuerlichen Organschaft mit Personengesellschaften. Zur Erkenntnisgewinnung werden insbesondere die aktuellen Rechtsprechungsentwicklungen

---

1353 Vgl. nach dem BGH, Urteil vom 29.01.2001, II ZR 331/00, NJW 2001, S. 1056, besitzt eine (Außen-GbR) Rechtsfähigkeit, insoweit sie durch Teilnahme am Rechtsverkehr eigene Rechte und Pflichten begründet. Auch dazu: Hadding, ZGR 2001, S. 718 f.; Timm, ZGR 1996, S. 251 f.; Raiser, AcP 1999, S. 104 ff. Ferner stellen nach Hummel, UR 2015, S. 679, Personengesellschaften eine besondere Form juristischer Personen dar. A. M.: Ulmer, AcP 1998, S. 122, der aufgrund der gesamthänderischen Prägung der Personengesellschaft eine Gleichtsellung mit juristischen Personen verneint. Des Weiteren muss nach Weber-Grellet, AcP 1982, S. 328 f., eine oHG nicht zwingend als rechtsfähig angesehen werden.

1354 Dazu ausführlich Kapitel: E.I.3.b.

aus nationaler und europäischer Sichtweise herangezogen. Darüber hinaus werden unter anderem die praktischen Problemfelder im Zusammenhang mit der Eingliederung von Personengesellschaften[1355] als Organgesellschaften in den deutschen Organschaftsverbund verdeutlicht. Da anzunehmen ist, dass Personengesellschaften lediglich in einem begrenzten Umfang als Organgesellschaften fungieren können, wird abschließend der Untersuchungsfrage nachgegangen, welches Anforderungsprofil vorausgesetzt werden muss, um möglichst jeder Personengesellschaftsform den Zugang zur umsatzsteuerlichen Organschaft zu ermöglichen.

2. Bisherige nationale Rechtsprechungsperspektive

a. Ausgangsurteil

Nach dem Urteil des FG München vom 13. März 2013[1356] ist die Vorschrift des § 2 Abs. 2 Nr. 2 S. 1 UStG unionsrechtskonform dahingehend auszulegen, dass neben juristischen Personen auch eine Personengesellschaft in Gestalt einer GmbH & Co. KG in das Unternehmen des Organträgers eingliederungsfähig ist. Nach dieser Entscheidung wurde erstmalig derartigen Gesellschaften die Organfähigkeit zugesprochen.[1357]

In dem zu entscheidenden Streitfall erbrachte die Klägerin in der Rechtsform einer AG Beratungs- und Verwaltungsleistungen auf dem Gebiet der Rehabilitation, ärztlichen Versorgung, Pflege sowie im Bereich des Beherbergungswesens. Dabei war sie als Organträgerin alleinige Geschäftsführerin der B- und der C-GmbH sowie der D-GmbH, die 2001 in die E-GmbH umbenannt worden ist (nachfolgend: E-GmbH).[1358] Im Streitjahr wurden die beiden Betriebsgesellschaften in die Rechtsform einer GmbH & Co. KG umgewandelt.[1359] Nach der Umstrukturierung war die Klägerin jeweils Kommanditistin und die E-GmbH, an der die Klägerin 100 Prozent der Anteile hielt, persönlich haftende Gesellschafterin der beiden GmbH & Co. KGs. Darüber hinaus wurde der E-GmbH die Geschäftsführungsbefugnis für beide KGs zugesprochen. Auch hatte die

---

1355 An dieser Stelle sind im Besonderen die finanzielle und organisatorische Eingliederung zu nennen, vgl. Kapitel E.II.1.

1356 FG München, Urteil vom 13.03.2013, 3 K 235/10, EFG 2013, S. 1434; auch: Prätzler, jurisPR-SteuerR 39/2013 Anm. 6, 2013.

1357 Vgl. Hubertus/Fetzer, DStR 2013, S. 1468.

1358 Vgl. FG München, Urteil vom 13.03.2013, 3 K 235/10, EFG 2013, S. 1434.

1359 Vgl. FG München, Urteil vom 13.03.2013, 3 K 235/10, EFG 2013, S. 1435.

E-GmbH eine leitende Stellung bei der Klägerin inne.[1360] Nach Auffassung der Klägerin waren beide KGs auch nach dem Umstrukturierungsprozess Bestandteil des Organkreises. Aus diesem Grunde wurde der Leistungsaustausch mit den beiden Betriebsgesellschaften als nichtsteuerbarer Innenumsatz behandelt.[1361] Hingegen kam für die Finanzverwaltung mangels fehlender Organgesellschaftsqualität der beiden KGs eine umsatzsteuerliche Organschaft nicht in Betracht. Denn die Finanzverwaltung ging davon aus, dass aufgrund der Umwandlung der GmbHs in Personenhandelsgesellschaften kein Organschaftsverhältnis mehr möglich sei, da nach § 2 Abs. 2 Nr. 2 UStG ausschließlich juristische Personen als Organgesellschaften fungieren können.[1362] Folgerichtig seien beide Betriebsgesellschaften vielmehr als umsatzsteuerlich selbstständige Unternehmen anzusehen.

Im Ergebnis behandelte die Finanzverwaltung alle Leistungen, die an die GmbH & Co. KGs erbracht wurden, nicht als nichtsteuerbare Innenumsätze, sondern als steuerpflichtige Leistungen. Nach erfolglosem Einspruch hat die Klägerin Klage erhoben. Diese wird damit begründet, dass die nationale Organschaftsvorschrift gegen Art. 11 MwStSystRL verstoße und nicht mit dem Grundsatz der Rechtsform- und Wettbewerbsneutralität zu vereinbaren sei.[1363]

b. Entscheidung unter Einfluss unionsrechtskonformer Auslegung

Das FG München hat mit seiner Entscheidung der Klage des Organträgers stattgegeben und sich dessen Sichtweise angeschlossen. Folglich unterliegen sowohl die von der Klägerin als auch die von den anderen Organgesellschaften an die Betriebsgesellschaften erbrachten entgeltlichen Leistungen als nichtsteuerbare Leistungen nicht der Umsatzbesteuerung.[1364] Im Zuge dessen seien beide Betriebsgesellschaften als Organgesellschaften zu behandeln. Denn eine Eingliederung der Betriebsgesellschaften in das Unternehmen der Klägerin stehe nicht im Widerspruch zu der Tatsache, dass diese Unternehmen keine juristischen Personen seien.[1365] Auch die für das Vorliegen einer umsatzsteuerlichen Organschaft notwendige Beherrschung der Organgesellschaft durch den Organträger sei bei der im Streitfall vorliegenden vom gesetzlichen Leitbild der

1360 Vgl. FG München, Urteil vom 13.03.2013, 3 K 235/10, EFG 2013, S. 1434 f.
1361 Vgl. FG München, Urteil vom 13.03.2013, 3 K 235/10, EFG 2013, S. 1435.
1362 Vgl. FG München, Urteil vom 13.03.2013, 3 K 235/10, EFG 2013, S. 1435.
1363 Vgl. FG München, Urteil vom 13.03.2013, 3 K 235/10, EFG 2013, S. 1435.
1364 Vgl. FG München, Urteil vom 13.03.2013, 3 K 235/10, EFG 2013, S. 1435.
1365 Vgl. FG München, Urteil vom 13.03.2013, 3 K 235/10, EFG 2013, S. 1436.

Personenhandelsgesellschaft abweichenden, kapitalistisch strukturierten GmbH & Co. KG erfüllt.[1366] Ebenfalls könne diese wie eine juristische Person – anders als eine natürliche Person oder eine nur aus natürlichen Personen bestehende Personengesellschaft – unselbstständig dem Willen eines anderen Rechtsträgers unterworfen sein, da bei ihr ausschließlich eine GmbH und damit eine juristische Person im Sinne der Komplementärin die Geschäftsführung leitet.[1367]

Infolgedessen kommt das FG München zur Schlussfolgerung, dass sich die Klägerin zu ihren Gunsten auf das für sie günstigere Unionsrecht berufen kann.[1368] Dies wird mit dem Grundsatz der Rechtsformneutralität begründet,[1369] nach dem Personen- und Kapitalgesellschaften weitgehend gleich zu behandeln sind. Folglich soll der personenbezogene Anwendungsbereich der umsatzsteuerlichen Organschaft nicht ausschließlich auf juristische Personen reduziert werden.[1370] Dies soll allerdings nur für solche Fälle gelten, in denen es sich, wie im vorliegenden Streitfall, um eine kapitalistisch strukturierte Personengesellschaft handelt.[1371] Die gegen das Urteil durch die Finanzverwaltung eingelegte Revision war zunächst beim BFH unter dem Az. V R 25/13 anhängig und wurde erst nach der Urteilsfindung des EuGH am 02. Dezember 2015[1372] entschieden.[1373]

3. Einfluss der europäischen Rechtsprechung auf die nationale Perspektive

a. BFH-Vorlage an den EuGH

Am 11. Dezember 2013[1374] legte der XI. Umsatzsteuersenat des BFH im Rahmen eines Vorabentscheidungsverfahrens dem EuGH unter anderem die Frage vor,

1366 Vgl. FG München, Urteil vom 13.03.2013, 3 K 235/10, EFG 2013, S. 1436.

1367 Vgl. FG München, Urteil vom 13.03.2013, 3 K 235/10, EFG 2013, S. 1436.

1368 Vgl. FG München, Urteil vom 13.03.2013, 3 K 235/10, EFG 2013, S. 1435.

1369 Vgl. FG München, Urteil vom 13.03.2013, 3 K 235/10, EFG 2013, S. 1436 mit Hinweis auf die europäische Rechtsprechung zur Rechtsformneutralität: EuGH, Urteil vom 10.09.2002, C 141/00, Slg. 2002, S. I-06833 Rn. 30 sowie auf die nationale Rechtsprechung: BFH, Urteil vom 14.05.2008, XI R 70/07, BStBl. II 2008, S. 912 unter II.1.a) aa).

1370 Vgl. FG München, Urteil vom 13.03.2013, 3 K 235/10, EFG 2013, S. 1436 mit Verweis auf BFH, Urteil vom 01.12.2010, XI R 43/08, BStBl. II 2011, S. 600.

1371 Vgl. FG München, Urteil vom 13.03.2013, 3 K 235/10, EFG 2013, S. 1436.

1372 BFH, Urteil vom 02.12.2015, V R 25/13, BStBl. II 2017, S. 547.

1373 Umfassend zur Urteilsfindung des BFH siehe: Kapitel E.I.4.

1374 BFH, EuGH-Vorlage vom 11.12.2013, XI R 38/12, BStBl. II 2014, S. 428; BFH, EuGH-Vorlage vom 11.12.2013, XI R 17/11, BStBl. II 2014, S. 417.

ob die Bestimmung über die Zusammenfassung mehrerer Steuerpflichtiger in Art. 4 Abs. 4 Unterabschn. 2 der sechsten Richtlinie einer nationalen Regelung entgegensteht, nach der lediglich eine juristische Person – nicht aber Gesellschaftsformen wie beispielhaft Personengesellschaften – in das Unternehmen eines anderen Steuerpflichtigen eingegliedert werden können.[1375] In den Vorinstanzen[1376] ging es jeweils um KGs, die als Personengesellschaften zwar die Unternehmereigenschaft im Sinne des § 2 Abs. 1 S. 1 UStG aufwiesen und entsprechend als Organträgerin fungieren können,[1377] jedoch nicht als juristische Personen im Sinne des § 2 Abs. 2 Nr. 2 UStG eingestuft wurden und insgesamt nicht als Organgesellschaft eingliederungsfähig sind.[1378]

Nach der Auffassung des XI. Umsatzsteuersenats verstoße eine derartige Eingliederungsbeschränkung gegen den unionsrechtlichen Grundsatz der Rechtsformneutralität.[1379] Denn in diesem Fall würden Personengesellschaften aufgrund ihrer Rechtsform in sachlich ungerechtfertigter Weise unterschiedlich behandelt werden.[1380] Dies führt er darauf zurück, dass der Rechtsformneutralitätsgrundsatz eine Gleichstellung von Kapital- und Personengesellschaften[1381] verlange und die Zielsetzung verfolge, dass es im Zusammenhang mit dem Umsatzsteuerrecht unerheblich sei, welche Rechtsform der Steuerpflichtige

---

1375 Vgl. BFH, EuGH-Vorlage vom 11.12.2013, XI R 38/12, BStBl. II 2014, S. 428.

1376 Vgl. FG Hamburg, Urteil vom 10.10.2012, 2 K 189/10, EFG 2013, S. 255 und FG Niedersachsen, Urteil vom 12.05.2011, 16 K 411/07, EFG 2011, S. 1751.

1377 Vgl. BFH, Urteil vom 22.04.2010, V R 9/09, BStBl. II 2011, S. 597; BFH, Urteil vom 12.02.2009, V R 61/06, BStBl. II 2009, S. 828; BFH, Urteil vom 19.05.2005, V R 31/03, BStBl. II 2005, S. 671.

1378 Vgl. BFH, Urteil vom 19.05.2005, V R 31/03, BStBl. II 2005, S. 671 unter II.2.a); BFH, Urteil vom 08.02.1979, V R 101/78, BStBl. II 1979, S. 362; BFH, Urteil vom 07.12.1978, V R 22/74, BStBl. II 1979, S. 356; Korn, in: Bunjes, UStG, 2018, § 2 Rn. 112.

1379 Vgl. BFH, EuGH-Vorlage vom 11.12.2013, XI R 38/12, BStBl. II 2014, S. 428 unter II.4.d)cc); BFH, EuGH-Vorlage vom 11.12.2013, XI R 17/11, BStBl. II 2014, S. 417 unter II.4.d)cc).

1380 Vgl. BFH, EuGH-Vorlage vom 11.12.2013, XI R 38/12, BStBl. II 2014, S. 428 unter II.4.d)cc); BFH, EuGH-Vorlage vom 11.12.2013, XI R 17/11, BStBl. II 2014, S. 417 unter II.4.d)cc). Weiterhin auch: Boor, UR 2013, S. 737; Hummel, UR 2010, S. 211; Birkenfeld, UR 2008, S. 4; Hahne, DStR 2008, S. 913; Dahm/Hamacher, IStR 2013, S. 826 f.

1381 Vgl. BFH, Urteil vom 01.12.2010, XI R 43/08, BStBl. II 2011, S. 600 unter II.3.d)aa).

besitze.[1382] Die Rechtfertigung einer etwaigen Beschränkung über die Missbrauchsvorschrift des Art. 11 Abs. 2 MwStSystRL hält der XI. Umsatzsteuersenat für fernliegend.[1383]

b. Auslegungsurteil des EuGH

Mit der Entscheidung vom 16. Juli 2015 in der verbundenen Rechtssache *Larentia + Minerva* und *Marenave Schifffahrt*[1384] hat sich der EuGH zum ersten Mal mit dem deutschen Organschaftskonzept befasst und die dazu vorherrschende Rechtsprechung des BFH in maßgeblichen Punkten auf den Prüfstand gestellt. Einerseits hat er die Vorsteuerabzugsberechtigung bei Holdingsgesellschaften[1385] erweitert und andererseits hat er sich explizit zum personenbezogenen Anwendungsbereich der umsatzsteuerlichen Organschaft nach § 2 Abs. 2 Nr. 2 UStG geäußert.

Dem Urteil des EuGH lag folgender Sachverhalt zugrunde: In dem entschiedenen Verfahren war die *Larentia* und *Minerva* GmbH & Co. KG (in Gestalt einer Führungsholding) an zwei Tochtergesellschaften, ebenfalls in der Rechtsform einer GmbH & Co. KG, zu jeweils 98 Prozent beteiligt.[1386] Jede dieser Tochterpersonengesellschaften sollte ein Containerschiff erwerben, das für einen längeren Zeitraum verchartert werden sollte. Die notwendige Kapitaleinwerbung in Höhe von 26 Millionen Euro erfolgte durch die Führungsholding. Mit der Kapitalbeschaffung waren Kosten in Höhe von etwa zwei Millionen Euro verbunden, die mit Vorsteuern in Höhe von circa 373.000 Euro belastet wurden.[1387] Die Führungsholding erbrachte verschiedene entgeltliche Dienstleistungen gegenüber ihren Tochtergesellschaften und machte den Vorsteuerabzug uneingeschränkt geltend.[1388] Die zuständige Finanzverwaltung ließ den Vorsteuerabzug jedoch

---

1382 Vgl. BFH, Urteil vom 26.09.2007, V R 54/05, BStBl. II 2008, S. 262.

1383 Vgl. BFH, EuGH-Vorlage vom 11.12.2013, XI R 38/12, BStBl. II 2014, S. 428 unter II.4.d)bb); BFH, EuGH-Vorlage vom 11.12.2013, XI R 17/11, BStBl. II 2014, S. 417 unter II.4.d)bb).

1384 EuGH, Urteil vom 16.07.2015, C 108/14 und C 109/14, ECLI:EU:C:2015:496.

1385 Auf die Ausdehnung des Vorsteuerabzugs bei Holdinggesellschaften wird nachfolgend nicht eingegangen. Für fundierte Ausführungen siehe beispielhaft: Eggers, MwStR 2017, S. 562 ff.; Wagner/Marchal, DStR 2017, S. 2156 ff.; Eggers, NWB 2015, S. 2566 ff.; Slapio, UR 2015, S. 861 ff.; Küffner/Grimm, DK 2015, S. 308 f.

1386 Vgl. EuGH, Urteil vom 16.07.2015, C 108/14 und C 109/14, ECLI:EU:C:2015:496, Rn. 7; zum Sachverhalt auch: Jansen, BB 2016, S. 2263.

1387 Vgl. EuGH, Urteil vom 16.07.2015, C 108/14 und C 109/14, ECLI:EU:C:2015:496, Rn. 12.

1388 Vgl. EuGH, Urteil vom 16.07.2015, C 108/14 und C 109/14, ECLI:EU:C:2015:496, Rn. 8.

nur beschränkt zu.[1389] Im Rahmen eines Rechtsbehelfsverfahrens machte die Führungsholding unter Zuhilfenahme des Rechtsinstituts der umsatzsteuerlichen Organschaft geltend, dass sie mit ihren Tochterpersonengesellschaften ein Organschaftsverhältnis begründe und für dessen Vorsteuerabzugsberechtigung allein auf die zum Vorsteuerabzug berechtigten Außenumsätze abzustellen sei.[1390]

Zunächst sprach der EuGH der Führungsholding einen vollständigen Vorsteuerabzug zu.[1391] Darüber hinaus bestätigte der EuGH unter Verweis auf seine jüngst ergangene Rechtsprechung[1392], dass hinsichtlich der Auslegung der Mehrwertsteuergruppennorm er bereits konstatiert habe, dass die Möglichkeit der Gruppenbildung regelmäßig nicht von weiteren Voraussetzungen als die im Unionsrecht vorgesehenen abhängig gemacht werden dürfe.[1393] Bezüglich der aufgeworfenen Fragestellung, ob ein Eingliederungsverbot von Personengesellschaften zulässig ist, kam der EuGH zum Ergebnis, dass Art. 11 MwStSystRL grundsätzlich keine Einheiten, wie beispielhaft Personengesellschaften, von ihrem Anwendungsbereich ausschließe.[1394] Denn aus der Mehrwertsteuergruppennorm sei nicht ersichtlich, dass die nationalen Gesetzgebungen verlangen können, dass ausschließlich juristische Personen einer Mehrwertsteuergruppe angehören dürfen.[1395] In diesem Zusammenhang eröffnet jedoch Art. 11 Abs. 2 MwStSystRL den innerstaatlichen Rechtsordnungen die Möglichkeit, weitere Voraussetzungen an die Anwendung einer Mehrwertsteuergruppenbildung zu knüpfen, sofern diese notwendig seien, um missbräuchliche steuerliche Gestaltungen vorzubeugen.[1396] Eine solche Vorgehensweise, bekräftigt der EuGH,

---

1389 Vgl. EuGH, Urteil vom 16.07.2015, C 108/14 und C 109/14, ECLI:EU:C:2015:496, Rn. 9.

1390 Vgl. EuGH, Urteil vom 16.07.2015, C 108/14 und C 109/14, ECLI:EU:C:2015:496, Rn. 24.

1391 Vgl. EuGH, Urteil vom 16.07.2015, C 108/14 und C 109/14, ECLI:EU:C:2015:496, Rn. 25.

1392 Vgl. EuGH, Urteil vom 09.04.2013, C 85/11, ECLI:EU:C:2013:217, Rn. 36.

1393 Vgl. EuGH, Urteil vom 16.07.2015, C 108/14 und C 109/14, ECLI:EU:C:2015:496, Rn. 36.

1394 Vgl. EuGH, Urteil vom 16.07.2015, C 108/14 und C 109/14, ECLI:EU:C:2015:496, Rn. 37.

1395 Vgl. EuGH, Urteil vom 16.07.2015, C 108/14 und C 109/14, ECLI:EU:C:2015:496, Rn. 34. So auch bereits: GA Mengozzi, Schlussanträge vom 26.03.2015, C 108/14 und C 109/14, ECLI:EU:C:2015:212, Rn. 62.

1396 Vgl. EuGH, Urteil vom 25.04.2013, C 480/10, ECLI:EU:C:2013:263, Rn. 38 und 39.

entspreche somit auch der Zwecksetzung einer Mehrwertsteuergruppe.[1397] Jedoch bleibt weiterhin offen, ob der Ausschluss von Personengesellschaften als mögliche Organgesellschaften eine notwendige und geeignete Maßnahme zur Vorbeugung steuerlicher Missbrauchspraktiken darstellt. Die Prüfung, ob ein Eingliederungsverbot von Personengesellschaften über die Antimissbrauchsvorschrift zu rechtfertigen ist, überlässt der EuGH den deutschen Gerichten.[1398]

c. *Kritische Würdigung*

Der EuGH hat in seinem Vorabentscheidungsurteil eine wesentliche Auslegungsfrage bezüglich des personenbezogenen Anwendungsbereichs der umsatzsteuerlichen Organschaft beantwortet und gleichwohl einen Versuch zur Klarstellung der Einbeziehungsmöglichkeit von Personengesellschaften in den umsatzsteuerlichen Organschaftsverbund unternommen.

Im Rahmen der Fragestellung der Zulässigkeit der allgemeinen Ausklammerung von Personengesellschaften als potenzielle Organgesellschaft hat der EuGH zunächst zutreffend entschieden, dass ein derartiges Eingliederungsverbot nicht mit den unionsrechtlichen Anforderungen vereinbar ist. Einheiten, die der Mehrwertsteuer vollständig unterworfen sind, dürfen nicht aufgrund ihrer Rechtsform von der Möglichkeit, einer Mehrwertsteuergruppe anzugehören, ausgeschlossen werden und im Ergebnis gegenüber anderen Gesellschaftsformen schlechter gestellt werden. Aufgrund der nichtsteuerbaren Innenumsätze kann sich die Begründung einer Mehrwertsteuergruppe im steueroptimalen Fall positiv auf den Cash-Flow auswirken.[1399] Eine Gesellschaft aufgrund ihrer Unternehmensform von der Bildung einer Mehrwertsteuergruppe und der damit verbundenen Rechtsfolge auszuschließen, würde zu einer Ungleichbehandlung gleichartiger Umsätze führen.[1400] Darin sieht der EuGH einen Verstoß gegen den

1397 Vgl. EuGH, Urteil vom 16.07.2015, C 108/14 und C 109/14, ECLI:EU:C:2015:496, Rn. 40 ff.; BT-Drucks. 7/913, S. 37.

1398 Vgl. EuGH, Urteil vom 16.07.2015, C 108/14 und C 109/14, ECLI:EU:C:2015:496, Rn. 45 f.

1399 Auch in diese Richtung tendierend: Tratlehner, in: Achatz/Tumpel, Der Unternehmerbegriff des UStG, 2017, S. 135.

1400 Nach Tratlehner, in: Achatz/Tumpel, Der Unternehmerbegriff des UStG, 2017, S. 135, besteht eine Ungleichbehandlung zwischen unecht umsatzsteuerbefreiten Personengesellschaften und unecht umsatzsteuerbefreiten Kapitalgesellschaften. A. A.: Reiß, in: Englisch/Nieskens, Umsatzsteuer-Kongress-Bericht 2010, 2011, S. 200 ff.

Grundsatz der Wettbewerbs- und Rechtsformneutralität.[1401] In diesem Zusammenhang könnten auf nationaler Ebene deutliche Besteuerungsunterschiede bei vergleichbaren Situationen erwachsen. Trotz gleichem oder ähnlichem Leistungsspektrum werden Personengesellschaften als Organgesellschaften ausgeschlossen, währenddessen Kapitalgesellschaften zulässig sind.[1402] Aufgrund der Anknüpfung der Organschaftsvorschrift an die Rechtsform werden somit Personengesellschaften im Wettbewerb benachteiligt.[1403] Allerdings behält sich der EuGH in diesem Fall einen Ausweg für nationale Sonderlösungen vor. Denn ein Ausschluss von Personengesellschaften ist nach Auffassung des EuGH immer dann zu rechtfertigen, wenn es sich dabei um eine geeignete und erforderliche Missbrauchsschutzmaßnahme handelt. Er überlässt jedoch dem BFH die Prüfung, ob eine solche Maßnahme vorliegt und ob diese mit dem Verhältnismäßigkeitsgrundsatz vereinbar ist.

Zwar hat der EuGH zutreffend darauf hingewiesen, dass mit Blick auf die Beschränkung der Organgesellschaft auf juristische Personen ein unionsrechtlicher Verstoß vorliegt und entsprechend die europarechtlichen Bedenken hinsichtlich des personenbezogenen Anwendungsbereichs nach § 2 Abs. 2 Nr. 2 UStG bestätigt. Jedoch ist der Umstand zu bemängeln, dass dieser die Entscheidungshoheit über die umsatzsteuerliche Organschaft auf die nationalen Gerichte abwälzt. In diesem Punkt verbirgt sich der EuGH hinter der Rechtfertigungsmöglichkeit des Art. 11 Abs. 2 MwStSystRL, um möglicherweise nicht zu stark in die Steuersouveränität der EU-Mitgliedstaaten eingreifen zu müssen. Faktisch gesehen, ist der EuGH seiner Aufgabe im Rahmen des Vorabentscheidungsverfahrens zur einheitlichen Auslegung und Anwendung des Unionsrechts an dieser Stelle nicht nachgekommen. Darüber hinaus kann einerseits die Berufung auf die Schutzvorschrift des Art. 11 Abs. 2 MwStSystRL dazu führen, dass sich die nationalen EU-Mitgliedstaaten möglicherweise ohne berechtigte Argumente

1401 Zustimmend: GA Mengozzi, Schlussanträge vom 26.03.2015, C 108/14 und C 109/14, ECLI:EU:C:2015:212, Rn. 81. Dies entspricht auch der Auffassung des XI. Umsatzsteuersenats in seinen Vorlagen an den EuGH. Ebenso: Hahne, DStR 2008, S. 914; Schnarrenberger, Die umsatzsteuerliche Organschaft, 2014, S. 119 f.; Endres, Mehrwertsteuergruppe nach Art. 11 MwStStystRL, 2016, S. 27 ff.; Hartman, Die Vereinbarkeit der umsatzsteuerrechtlichen Organschaft mit dem Europäischen Unionsrecht, 2013, S. 138; Hoff, Die Anwendung der Umsatzsteuerorganschaft im nationalen Recht, 2016, S. 91.

1402 Vgl. Schnarrenberger, Die umsatzsteuerliche Organschaft, 2014, S. 121.

1403 Dazu insbesondere: Kapitel C.V.2.a.

steuerlichen Gefahrenpotenzials[1404] auf diese Vorschrift stützen, um ihre nationalen Sonderwege durchsetzen zu können.[1405] Denn die EU-Mitgliedstaaten sind hinsichtlich der Missbrauchsschutzvorschrift nicht sehr hohen Anforderungen ausgesetzt, sodass ihre individuellen Vorstellungen mit Blick auf die Ausgestaltung der Mehrwertsteuergruppennorm einfach umzusetzen sind. Bereits die durchgeführten Ländervergleiche in den vorangegangenen Kapiteln haben gezeigt, dass die Mehrwertsteuergruppen in den jeweiligen EU-Mitgliedstaaten stark divergierend ausgestaltet sind. Die von dem EuGH eingeräumte Präzisierungsbefugnis könnte die vorliegenden Unterschiede in den innerstaatlichen Rechtssystemen der jeweiligen EU-Mitgliedstaaten vermutlich vergrößern, wodurch die Zielsetzung des EuGH, ein unionsweites einheitliches Auslegungsverständnis der Mehrwertsteuergruppe zu erreichen, ins Leere laufen würde.[1406] Andererseits ist mit der EuGH-Entscheidung die Gefahr verbunden, dass durch das Abwälzen der Präzisierungsaufgaben auf die nationalen Gerichte jegliche Berufungsmöglichkeit auf das günstigere Unionsrecht ausscheidet.

1404 In Schweden ist eine Mehrwertsteuergruppe auf die Erbringer von Finanzdienstleistungen beschränkt. Dabei ist zu beachten, dass diese Unternehmen unmittelbar oder mittelbar der Überwachung der Finanzaufsicht unterliegen und entsprechend einem Regelwerk öffentlicher Kontrolle unterstellt sind. Die Begrenzung einer Mehrwertsteuergruppe auf derartige Branchen soll allerdings eine Maßnahme nach Art. 11 Abs. 2 MwStSystRL darstellen. Diesbezüglich ist jedoch umstritten, ob eine derartige Branchenbeschränkung als Maßnahme zur Verhinderung von Mehrwertsteuerumgehungen gerechtfertig ist. Insbesondere kritisch dazu: Reiß, UR 2016, S. 748 f.; Ismer/Reiß, in: UmsatzsteuerForum e.V. und BMF, 100 Jahre Umsatzsteuer in Deutschland, 2018, S. 420. Hingegen wird vielmehr der Eindruck erweckt, dass eine solche Beschränkung eher der schwedischen Wettbewerbsfähigkeit gegenüber anderen EU-Mitgliedstaaten dient und sich aus diesen Gründen auf die Antimissbrauchsvorschrift berufen wurde.

1405 In diesem Zusammenhang spricht Englisch, UR 2016, S. 824 von umfassenden Befugnissen, auf der Basis des Art. 11 Abs. 2 MwStSystRL Beschränkungen des richtlinienrechtlichen Statuts der Mehrwertsteuergruppe vorzunehmen.

1406 An dieser Stelle wäre wünschenswert gewesen, wenn der EuGH konkrete Tatbestandsmerkmale genannt hätte, inwiefern ein genereller Ausschluss von Personengesellschaften als Organgesellschaft gegen Steuermissbrauch rechtfertigt.

4. Reaktionen auf die europäische Rechtsprechung und Konsequenzen für die Gestaltungspraxis

a. *Allgemeines*

Auf Grundlage dieser EuGH-Entscheidung erging eine Urteilsserie[1407] des BFH. Obwohl die Vorlagefragen an den EuGH durch den XI. Umsatzsteuersenat eingereicht wurden, hatte der V. Umsatzsteuersenat zur Auslegung des umsatzsteuerlichen Organschaftskonzepts mit seinen Urteilen vom 02. Dezember 2015[1408] bereits diesbezüglich Position bezogen.[1409] Die erste Nachfolgeentscheidung zu der Vorlagefrage des XI. Umsatzsteuersenats erging am 19. Januar 2016[1410] und somit gegenüber den Entscheidungen des V. Umsatzsteuersenats erst einige Wochen später. Seine zweite Nachfolgeentscheidung erging am 01. Juni 2016[1411]. Eine abweichende Auffassung gegenüber seiner ersten Nachfolgentscheidung lässt sich daraus nicht ableiten. Wenngleich die beiden Umsatzsteuersenate dasselbe Auslegungsverständnis[1412] teilen, weichen hingegen die jeweiligen Lösungsansätze[1413] erheblich voneinander ab. Daraus ergeben sich diverse neuartige Fragestellungen für den deutschen Rechtsanwender. Mit einem am 26. Mai 2017[1414] veröffentlichten Schreiben hat das BMF den

1407 Dazu auch: Fleckenstein-Weiland, BB 2016, S. 1050 ff.

1408 BFH, Urteil vom 02.12.2015, V R 25/13, BStBl. II 2017, S. 547; BFH, Urteil vom 02.12.2015, V R 15/14, BStBl. II 2017, S. 553; BFH, Urteil vom 02.12.2015, V R 67/14, BStBl. II 2017, S. 560.

1409 In diesem Sinne sprechen von Streit/Streit, UStB 2016, S. 149 von einem „Wettrennen" der beiden BFH-Umsatzsteuersenate.

1410 BFH, Urteil vom 19.01.2016, XI R 38/12, BStBl. II 2017, S. 567.

1411 BFH, Urteil vom 01.06.2016, XI R 17/11, BStBl. II 2017, S. 581. Dabei lässt dieser jedoch die Auslegungsgrundsätze des V. Umsatzsteuersenats überwiegend unkommentiert.

1412 Da die beiden Umsatzsteuersenate des BFH im Ergebnis gleichermaßen davon ausgegangen sind, dass eine GmbH & Co. KG als Organgesellschaft fungieren kann und insoweit diesbezüglich Übereinstimmung herrscht, kommt eine Vorlage an den Großen Senat des BFH nicht infrage, vgl. BFH, Urteil vom 19.01.2016, XI R 38/12, BStBl. II 2017, S. 567 unter II.6.g); BFH, Urteil vom 01.06.2016, XI R 17/11, BStBl. II 2017, S. 581 unter II.5.f)dd).

1413 Für abweichende Lösungsansätze sorgten die Umsatzsteuersenate bereits beispielsweise auf dem Gebiet der Vorsteueraufteilung: BFH, Urteil vom 22.08.2013, V R 19/09, BFH/NV 2014, S. 278; BFH, Urteil vom 05.09.2013, XI R 4/10, BStBl. II 2014, S. 95; BFH, Urteil vom 07.05.2014, V R 1/10, BFH/NV 2014, S. 1177; BFH, EuGH-Vorlage vom 05.06.2014, XI R 31/09, BFH/NV 2014, S. 1334.

1414 BMF, Schreiben vom 26.05.2017, III C 2 – S 7105/15/10002, BStBl. I 2017, S. 790.

Umsatzsteueranwendungserlass an die Vorgaben aus der Rechtsprechung des EuGH und des BFH hinsichtlich der Anerkennung der Einbeziehung von Personengesellschaften in den umsatzsteuerlichen Organschaftskreis angepasst. Mithin hat sich die Finanzverwaltung weitestgehend an dem Auslegungsverständnis des V. Umsatzsteuersenats orientiert.

b. Auffassung des V. Umsatzsteuersenats

Der EuGH hat festgestellt, dass eine Beschränkung ausschließlich auf juristische Personen als Organgesellschaften lediglich dann zulässig sei, insofern diese eine erforderliche und geeignete Maßnahme im Sinne der Missbrauchsverhinderungsmaßnahme darstelle. Zunächst führt der V. Umsatzsteuersenat unter Zuhilfenahme des Zivil- und Gesellschaftsrechts an,[1415] dass Personengesellschaften nicht dem Kreis der juristischen Personen zuzuordnen sind. Ein derartiger Rückgriff ist nach dessen Ansicht notwendig, da das UStG die Begrifflichkeit der juristischen Person nicht definiert.[1416] Demzufolge können Personengesellschaften im Vergleich zu AGs[1417] sowie GmbHs[1418] keine eigene Rechtspersönlichkeit[1419] begründen.[1420] Auch sollen Personengesellschaften des Handelsrechts entsprechend früherer BFH-Rechtsprechung nicht unselbstständig sein.[1421] Unter Bezugnahme auf die Erwägungsgründe des historischen Gesetzgebers, nach denen die Begrifflichkeit der umsatzsteuerlichen Organschaft lediglich

1415 Vgl. BFH, Urteil vom 02.12.2015, V R 25/13, BStBl. II 2017, S. 547 unter II.1.b)aa).

1416 Vgl. BFH, Urteil vom 02.12.2015, V R 25/13, BStBl. II 2017, S. 547 unter II.1.b).

1417 Zum Wesen der AG: § 1 Abs. 1 AktG.

1418 Zur Rechtspersönlichkeit einer GmbH: § 13 Abs. 1 GmbHG.

1419 Zwar können Personenhandelsgesellschaften wie die oHG oder die KG unter ihrer Firma Rechte erwerben und Verbindlichkeiten eingehen, verwirklichen diese jedoch nicht aufgrund einer eigenen Rechtspersönlichkeit, vgl. BFH, Urteil vom 02.12.2015, V R 25/13, BStBl. II 2017, S. 547 unter II.1.b)bb). Demgegenüber kann nach Ansicht des BGH eine (Außen-) Gesellschaft des bürgerlichen Rechts Rechtsfähigkeit erlangen, soweit sie durch Teilnahme am Wirtschaftsverkehr eigene Rechte und Pflichten begründet. Allerdings betont dieser, dass eine solche Personengesellschaft durch die Anerkennung dieser Rechtsfähigkeit nicht mit einer juristischen Person gleichgestellt werden kann, vgl. BGH, Urteil vom 29.01.2001, II ZR 331/00, NJW 2001, S. 1056.

1420 Vgl. BFH, Urteil vom 02.12.2015, V R 25/13, BStBl. II 2017, S. 547 unter II.1.b)bb). Dazu kritisch: Jansen, BB 2016, S. 2265.

1421 Vgl. BFH, Urteil vom 02.12.2015, V R 25/13, BStBl. II 2017, S. 547 unter II.1.c)bb) mit explizitem Verweis auf das BFH, Urteil vom 08.02.1979, V R 101/78, BStBl. II 1979, S. 362.

bei juristischen Personen anwendbar ist,[1422] hat sich der V. Umsatzsteuersenat gegen eine Erweiterung des § 2 Abs. 2 Nr. 2 UStG auf nichtrechtsfähige Personenvereinigungen ausgesprochen. Denn dies stehe im Widerspruch zu dem Gesetzeswortlaut sowie dem gesetzgeberischen Willen.[1423] Weiterhin hält der V. Umsatzsteuersenat fest, und bestätigt somit seine frühere Rechtsprechung[1424], dass anhand der umsatzsteuerlichen Organschaft über die Person des Steuerschuldners zu entscheiden ist. Diesbezüglich müssen die Tatbestandsmerkmale rechtssicher ausgestaltet sein,[1425] um „rechtliche Irrtürmer und damit verbundene Steuerumgehungen“[1426] zu vermeiden. Diesem Steuerschuldner werden nicht nur finanzielle, sondern auch strafrechtliche Verpflichtungen auferlegt.[1427] Daher knüpft eine Ungleichbehandlung zwischen Kapital- und Personengesellschaften nicht an die Rechtsform an,[1428] sondern dient vordergründig der rechtssicheren Feststellung der finanziellen Eingliederung. In diesem Sinne sei eine derartige Beurteilung nur dann möglich, wenn der Organträger aufgrund seiner Beteiligung an der Organgesellschaft durch Mehrheitsbeschluss in der Gesellschafterversammlung seinen Willen durchsetzen kann.[1429]

Entscheidungsrelevant ist dabei in erster Linie die einfache Stimmenmehrheit bei der Gesellschafterbeschlussfassung, sodass eine Beteiligung von

1422 Vgl. BFH, Urteil vom 02.12.2015, V R 25/13, BStBl. II 2017, S. 547 unter II.1.c)bb). Kritisch dazu: Hartman, NWB 2015, S. 1253, der zu Recht anmerkt, dass die Auffassung des damaligen Gesetzgebers, dass Personengesellschaften sowie natürliche Personen gegenüber juristischen Personen ein divergierendes Maß an Selbstständigkeit aufweisen, als Begründung für eine Ungleichbehandlung zwischen Kapital- und Personengesellschaften nicht mehr ausreichend ist. In diesem Zusammenhang können mittlerweile Personengesellschaften wie juristische Personen im umsatzsteuerlichen Sinne als selbstständig bzw. unselbstständig angesehen werden.

1423 Vgl. BFH, Urteil vom 02.12.2015, V R 25/13, BStBl. II 2017, S. 547 unter II.1.c)bb).

1424 Vgl. BFH, Urteil vom 02.12.2015, V R 25/13, BStBl. II 2017, S. 547 unter II.1.c)bb).

1425 Vgl. BFH, Urteil vom 02.12.2015, V R 25/13, BStBl. II 2017, S. 547 unter II.1.a) mit Verweis auf BFH, Urteil vom 22.04.2010, V R 9/09, BStBl. II 2011, S. 597 unter II.3.b)bb)(1) und zum Unionsrecht: EuGH, Urteil vom 09.07.2015, C 144/14, ECLI:EU:C:2015:452, Rn. 34 f.

1426 BFH, Urteil vom 02.12.2015, V R 25/13, BStBl. II 2017, S. 547 unter II.1.a).

1427 Vgl. Korn, SteuK 2016, S. 147.

1428 Vgl. BFH, Urteil vom 02.12.2015, V R 25/13, BStBl. II 2017, S. 547 unter II.2.c)aa).

1429 Vgl. BFH, Urteil vom 02.12.2015, V R 25/13, BStBl. II 2017, S. 547 unter II.1.c)cc)(1). So auch bereits die in der Vergangenheit ergangene Rechtsprechung des BFH, Urteil vom 08.08.2013, V R 18/13, BStBl. II 2017, S. 543 unter II.2.a); BFH, Urteil vom 22.04.2010, V R 9/09, BStBl. II 2017, S. 597 unter II.2.

mehr als 50 Prozent der Stimmrechte an der Organgesellschaft genügt.[1430] Das gesellschaftsrechtliche Stimmrecht wird bei juristischen Personen durch die Vorschriften der notariell beurkundeten Satzung (bei einer GmbH aus § 2 Abs. 1 und § 3 Abs. 1 Nr. 4 des Gesetzes betreffend die Gesellschaften mit beschränkter Haftung (GmbHG) und bei einer AG aus §§ 12, 23 und 8 ff. AktG) festgelegt.[1431] Entscheidungen sind nach dem sog. Mehrheitsgrundsatz zu treffen (§ 47 Abs. 1 GmbHG bzw. § 133 Abs. 1 AktG). Folglich ist nur der Gesellschafter mit der Stimmrechtsmehrheit in der Lage, seinen Willen in der Gesellschaft durchzusetzen.[1432] Hinzukommend sei die Übertragung von Geschäftsanteilen[1433] bzw. Aktien[1434] und das damit einhergehende Stimmrecht rechtssicher nachvollziehbar. Der zuständige Senat weist ergänzend darauf hin, dass für Mehrheitsbeteiligungen zusätzlich besondere Meldepflichten nach § 20 Abs. 4 AktG einzuhalten sind.[1435] Insgesamt soll über das finanzielle Eingliederungsmerkmal die juristische Person im Gegensatz zu Personengesellschaften rechtssicher und ohne Nachweisschwierigkeiten bestimmt werden können.[1436] Hingegen gelte bei Personengesellschaften nach § 709 Abs. 1 BGB (GbR), § 119 Abs. 1 des Handelsgesetzbuches (HGB; oHG) sowie § 161 Abs. 2 HGB (KG) regelmäßig das sog. Einstimmigkeitsprinzip mit der verbundenen Konsequenz, dass die geforderte Willensdurchsetzung eines einzelnen Gesellschafters ausscheide.[1437] Einem diesbezüglich abweichenden Mehrheitsprinzip nach § 709 Abs. 2 BGB, § 119 Abs. 2 HGB soll bereits einer Mehrheitsentscheidung durch nur einen Gesellschafter entgegenstehen, da im Zweifelsfall nach der Gesellschafterzahl zu entscheiden ist.[1438]

1430 Vgl. BFH, Urteil vom 02.12.2015, V R 25/13, BStBl. II 2017, S. 547 unter II.1.c)cc)(1).

1431 Vgl. BFH, Urteil vom 02.12.2015, V R 25/13, BStBl. II 2017, S. 547 unter II.1.c)cc)(2)(a).

1432 Vgl. BFH, Urteil vom 02.12.2015, V R 25/13, BStBl. II 2017, S. 547 unter II.1.c)cc)(2)(a).

1433 Zur Übertragung von Geschäftsanteilen und zum Formerfordernis: § 15 Abs. 3 GmbHG.

1434 Zur Übertragung von Aktien: § 67 Abs. 1 ff. AktG

1435 Vgl. BFH, Urteil vom 02.12.2015, V R 25/13, BStBl. II 2017, S. 547 unter II.1.c)cc)(2)(a).

1436 Vgl. BFH, Urteil vom 02.12.2015, V R 25/13, BStBl. II 2017, S. 547 unter II.1.c)cc)(2).

1437 Vgl. BFH, Urteil vom 02.12.2015, V R 25/13, BStBl. II 2017, S. 547 unter II.1.c)cc)(2)(b).

1438 Vgl. BFH, Urteil vom 02.12.2015, V R 25/13, BStBl. II 2017, S. 547 unter II.1.c)cc)(2)(b).

Wenngleich es den Gesellschaftern obliegt, anderweitige Mehrheitsregelungen im Gesellschaftsvertrag nach § 710 BGB und § 109 HGB festzulegen, bestehe für Abschlüsse und Änderungen gesellschaftlicher Verträge sowie für mögliche Stimmrechtsvereinbarungen kein vorgeschriebenes Formerfordernis, sodass Nachweisproblematiken dahingehend bestünden, ob ein Gesellschafter seinen Willen durchsetzen kann oder nicht.[1439] Daher können gesellschaftsvertragliche Stimmrechtsvereinbarungen, die von den §§ 709 BGB und 119 HGB abweichen, auch mündlich getroffen sowie geändert werden, wodurch die Annahme einer umsatzsteuerlichen Organschaft unter Missbrauchspräventionsgründen ausscheide.[1440] Vor diesem Hintergrund existiere nach Auffassung des V. Umsatzsteuersenats gerade bei Personengesellschaften keine hinreichende Grundlage dafür, die Person des Steuerschuldners einfach und rechtssicher bestimmen zu können.[1441] Folglich diene die gesetzliche Einschränkung auf juristische Personen dazu, die Organschaftsvoraussetzungen eindeutig feststellen zu können.[1442] Aus diesem Grunde wird die vom EuGH unionsrechtlich gewährte Präzisierungsberechtigung in Anspruch genommen.[1443] Aus Missbrauchsabwehrgesichtspunkten sieht der V. Umsatzsteuersenat demnach das vorgesehene Eingliederungsverbot von Personengesellschaften grundsätzlich als sachgerecht an, lässt allerdings aufgrund der Rechtsformneutralitätsvorgaben des EuGH einen Sonderweg zu.[1444] Danach können Personengesellschaften als mögliche Organgesellschaften in Betracht gezogen werden, wenn 100 Prozent der Gesellschaftsanteile an der Personengesellschaft vom Organträger oder dessen Tochtergesellschaften gehalten werden. In diesem Fall wäre die geforderte Durchgriffsmöglichkeit auch bei stets vorliegendem Einstimmigkeitsprinzip sichergestellt.[1445] Die durch den BFH neu

1439 Vgl. BFH, Urteil vom 02.12.2015, V R 25/13, BStBl. II 2017, S. 547 unter II.1.c)cc)(2)(b).

1440 Vgl. BFH, Urteil vom 02.12.2015, V R 25/13, BStBl. II 2017, S. 547 unter II.1.c)cc)(2)(b). Zur formlosen Änderung trotz vereinbarter Schriftformklausel: BFH, Urteil vom 24.07.1996, I R 115/95, BStBl. II 1997, S. 138.

1441 Vgl. BFH, Urteil vom 02.12.2015, V R 25/13, BStBl. II 2017, S. 547 unter II.1.c)cc)(2) und II.1.c)cc)(2)(b).

1442 Vgl. BFH, Urteil vom 02.12.2015, V R 25/13, BStBl. II 2017, S. 547 unter II.3.c)bb).

1443 Vgl. BFH, Urteil vom 02.12.2015, V R 25/13, BStBl. II 2017, S. 547 unter II.3.c)aa).

1444 Vgl. BFH, Urteil vom 02.12.2015, V R 25/13, BStBl. II 2017, S. 547 unter II.3.c)bb).

1445 Vgl. BFH, Urteil vom 02.12.2015, V R 25/13, BStBl. II 2017, S. 547 unter II.2.

aufgestellten Maßstäbe[1446] hinsichtlich einer umsatzsteuerlichen Organschaft mit Personengesellschaften werden in Abbildung 4[1447] vereinfachend illustriert:

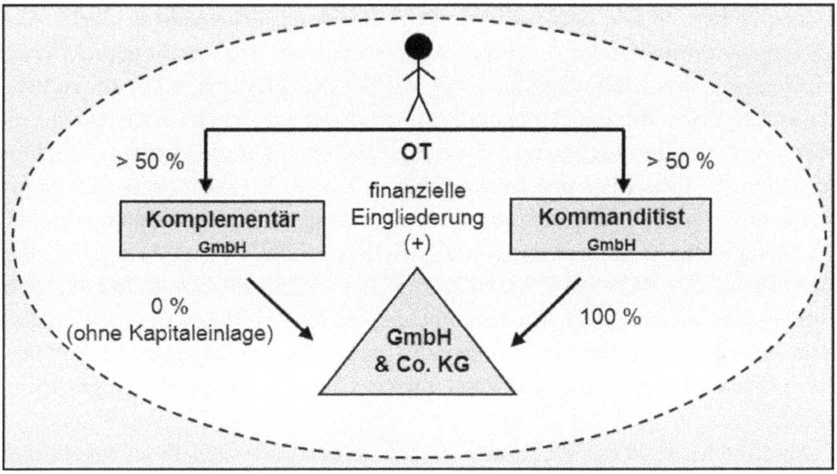

Abbildung 4: Darstellung der BFH-Kriterien zur Eingliederung von Personengesellschaften

Aus dieser Abbildung wird ersichtlich, dass der Organträger über seine Kommanditisten-GmbH mittelbar 100 Prozent der Anteile der Personengesellschaft hält, sodass die Voraussetzungen zur vollständigen finanziellen Eingliederung erfüllt sind. Im Ergebnis kann die Personengesellschaft in das Unternehmen des Organträgers eingegliedert werden.

Zur Überwindung des Wortlauts von § 2 Abs. 2 Nr. 2 UStG bedient sich der V. Umsatzsteuersenat der teleologischen Extension.[1448] Für diesen Sachverhalt soll eine gesetzgeberische Lücke vorliegen, da zwar ein bestimmter Sachbereich gesetzlich normiert ist, jedoch keine Regelung für die Fallkonstellationen

1446 Vgl. BFH, Urteil vom 02.12.2015, V R 25/13, BStBl. II 2017, S. 547 unter II.1.c)cc)(2)(b), II.2. und II.2.c)aa). Ebenfalls: FG Rheinland-Pfalz, Urteil vom 08.12.2016, 6 K 2485/13, EFG 2017, S. 343 (anhängig beim BFH: Az. XI R 3/17).

1447 Quelle: Eigene Darstellung in Anlehnung an BFH, Urteil vom 02.12.2015, V R 25/13, BStBl. II 2017, S. 547 unter II.2.

1448 Vgl. BFH, Urteil vom 02.12.2015, V R 25/13, BStBl. II 2017, S. 547 unter II.2.a) mit Hinweis auf das BFH-Judikat vom 11.02.2010, V R 38/08, BStBl. II 2010, S. 873 unter II.5.b).

existiert, die nach dem Grundgedanken und dem System des Gesetzes hätten mitgeregelt werden müssen. Jedoch dürfe eine Ergänzung allerdings einer von der Gesetzgebung vorgesehenen Begrenzung auf bestimmte Tatbestände nicht widersprechen.[1449] Die dafür erforderliche Regelungslücke sieht er darin, dass ein Eingliederungsverbot von Personengesellschaften dann nicht gerechtfertigt sei, wenn die finanzielle Eingliederung wie bei der juristischen Person zu bejahen ist.[1450] Unter diesem Aspekt soll die deutsche Organschaftsvorschrift eine an ihrem Zweck gemessene, unvollständige und ergänzungsbedürftige Regelung darstellen.[1451] Eine derartige Lücke schließt der V. Umsatzsteuersenat damit, dass er unter den zuvor genannten Voraussetzungen auch Personengesellschaften als taugliche Organgesellschaften ansieht. Mithilfe dieser neu entwickelten Maßstäbe ist der Wille des Organträgers in der Organgesellschaft durchsetzbar, sodass dem allgemeinen Einstimmigkeitsprinzip bei Personengesellschaften keine Bedeutung zukommt.[1452] Folgerichtig kann eine Personengesellschaft ausnahmsweise wie eine juristische Person nach § 2 Abs. 2 Nr. 2 UStG eingegliedert werden.

Abschließend hält der V. Umsatzsteuersenat fest, dass neben dieser besonderen Ausnahmeregelung eine weitergehende Ausweitung bestehender umsatzsteuerlicher Organschaftskreise, die im Allgemeinen eine Eingliederungsfähigkeit von Personengesellschaften zulassen würde, nicht aus den unionsrechtlichen Vorgaben ableitbar ist.[1453]

c. *Auffassung des XI. Umsatzsteuersenats*

Am 19. Januar 2016 hat der XI. Umsatzsteuersenat mit Rücksichtnahme auf das zuvor ergangene Auslegungsurteil des EuGH über eine in der Vorlage befindliche Rechtssache neu entschieden.[1454] Im Gegensatz zum V. Umsatzsteuersenat hält dieser die Einbeziehung der Missbrauchsabwehrvorschrift des Art. 11 Abs. 2 MwStSystRL für die Eingliederung von Personengesellschaften nicht für erforderlich.[1455] Von einem derartigen Resultat war der XI. Umsatzsteuersenat

---

1449 Vgl. BFH, Urteil vom 02.12.2015, V R 25/13, BStBl. II 2017, S. 547 unter II.2.a).

1450 Vgl. BFH, Urteil vom 02.12.2015, V R 25/13, BStBl. II 2017, S. 547 unter II.2.c)bb).

1451 Vgl. BFH, Urteil vom 02.12.2015, V R 25/13, BStBl. II 2017, S. 547 unter II.2.a) und II.2.c)aa).

1452 Vgl. BFH, Urteil vom 02.12.2015, V R 25/13, BStBl. II 2017, S. 547 unter II.2.c)bb).

1453 Vgl. BFH, Urteil vom 02.12.2015, V R 25/13, BStBl. II 2017, S. 547 unter II.3.

1454 Vgl. BFH, Urteil vom 19.01.2016, XI R 38/12, BStBl. II 2017, S. 567. Dazu auch: Heinrichshofen/Sterzinger, UR 2016, S. 324 und S. 326.

1455 Vgl. BFH, Urteil vom 19.01.2016, XI R 38/12, BStBl. II 2017, S. 567 unter II.4.e).

bereits in seiner Vorlage an den EuGH ausgegangen.[1456] Sein Auslegungsverständnis ist gleichermaßen auch mit den Auffassungen des Generalanwalts *Mengozzi* und der EU-Kommission vereinbar.[1457] Der XI. Umsatzsteuersenat kann in der Gesetzesbegründung[1458] zum umsatzsteuerlichen Organschaftskonzept keine erkennbaren Anhaltspunkte finden, dass mit einer Beschränkung auf juristische Personen eine Vermeidung von Steuerhinterziehung und -umgehung erreicht werden sollte.[1459] Seiner Ansicht folgend sei daher eine richtlinienkonforme Auslegung des § 2 Abs. 2 Nr. 2 UStG notwendig. Diese lasse zu, dass auch eine GmbH & Co. KG unter die Begrifflichkeit der juristischen Person subsumiert werden kann.[1460] Sie sei deshalb geboten, weil der EuGH ein unmittelbares Berufungsrecht auf die Mehrwertsteuergruppennorm ausschließt und folgerichtig den Weg für eine richtlinienkonforme Auslegung bereitet.[1461]

In diesem Zusammenhang beruft sich der XI. Umsatzsteuersenat auf den Grundsatz der Unionstreue, aus dem die Pflicht für nationale Gerichte erwächst, diejenige Auslegung des nationalen Rechts zu wählen, die so weit wie möglich dem Richtlinieninhalt entspricht[1462] und verweist auf die dazugehörige Rechtsprechung des BVerfG.[1463] Insgesamt schließt sich der XI. Umsatzsteuersenat, insbesondere in Verbindung mit dem Rechtsformneutralitätsgrundsatz[1464], der

---

1456 Vgl. BFH, Urteil vom 19.01.2016, XI R 38/12, BStBl. II 2017, S. 567 unter II.4.e)aa) mit Verweis auf seine Vorlagebeschlüsse: BFH, EuGH-Vorlage vom 11.12.2013, XI R 38/12, BStBl. II 2014, S. 428 unter II.4.d)bb); BFH, EuGH-Vorlage vom 11.12.2013, XI R 17/11, BStBl. II 2014, S. 417 unter II.4.d)bb).

1457 Vgl. BFH, Urteil vom 19.01.2016, XI R 38/12, BStBl. II 2017, S. 567 unter II.4.e) bb); GA Mengozzi, Schlussanträge vom 26.03.2015, C 108/14 und C 109/14, ECLI:EU:C:2015:212, Rn. 73, 74 und 80.

1458 Vgl. BT-Drucks. 8/1779, S. 29 f.

1459 Vgl. BFH, Urteil vom 19.01.2016, XI R 38/12, BStBl. II 2017, S. 567 unter II.4.e)dd).

1460 Vgl. BFH, Urteil vom 19.01.2016, XI R 38/12, BStBl. II 2017, S. 567 unter II.6.e).

1461 Vgl. EuGH, Urteil vom 16.07.2015, C 108/14 und C 109/14, ECLI:EU:C:2015:496; GA Mengozzi, Schlussanträge vom 26.03.2015, C 108/14 und C 109/14, ECLI:EU:C:2015:212, Rn. 114.

1462 Vgl. BFH, Urteil vom 19.01.2016, XI R 38/12, BStBl. II 2017, S. 567 unter II.6.b), entspricht dem sog. Gebot der Optimierung: BVerfG, Beschluss vom 26.09.2011, 2 BvR 2216/06 u. a., NJW 2012, S. 669 unter B.II.1.b).

1463 Vgl. BFH, Urteil vom 19.01.2016, XI R 38/12, BStBl. II 2017, S. 567 unter II.6.b)aa); BVerfG, Beschluss vom 08.04.1987, 2 BvR 687/85, NJW 1988, S. 1459.

1464 So beispielhaft auch: Hartman, NWB 2015, S. 1253 f.; Grünwald, MwStR 2013, S. 331; Grünwald, MwStR 2014, S. 229; Wäger, UVR 2013, S. 210; Lange, HFR 2011, S. 676; Erdbrügger, DStR 2013, S. 1579; Birkenfeld, UR 2010, S. 202; Hummel, UR 2010,

Auffassung des FG München aus dem Jahr 2013 an.[1465] Schlussfolgernd hält er fest, dass eine GmbH & Co. KG zwar zivilrechtlich nicht als Kapitalgesellschaft gelte, da sie jedoch über eine kapitalistische Struktur verfüge, komme sie faktisch einer GmbH gleich.[1466] Dies zeige sich vor allem auch in der Angleichung des Steuerrechts für GmbHs und GmbH & Co. KGs sowie in den gleichen Publizitäts- und Prüfungspflichten gemäß §§ 164a ff. HGB.[1467] Indes führt der XI. Umsatzsteuersenat an, dass auch eine GmbH & Co. KG wie eine juristische Person unselbstständig dem Willen eines anderen Rechtsträgers unterliegen könne, da ihre Geschäfte nach § 164 HGB von einer GmbH und entsprechend von einer juristischen Person geführt würden.[1468]

Auch mit der fast ein halbes Jahr später ergangenen zweiten Nachfolgeentscheidung[1469] des XI. Umsatzsteuersenats zur Rechtssache *Larentia + Minerva* und *Marenave Schifffahrt* ist gegenüber seiner ersten Nachfolgeentscheidung kein neuer Erkenntniszugewinn verbunden. In diesem Sinne hat der XI. Umsatzsteuersenat wiederholt festgestellt, dass auch eine GmbH & Co. KG organfähig sein kann, obwohl der Wortlaut der deutschen Organschaftsvorschrift ausschließlich juristische Personen zulässt. Demzufolge seien steuerrechtliche Tatbestandsmerkmale, auch wenn sie einem anderen Rechtsgebiet – in diesem Fall dem Zivilrecht – entnommen sind, nach dem steuerrechtlichen Bedeutungszusammenhang, dem Zweck des betreffenden Steuergesetzes sowie dem Inhalt der maßgeblichen Einzelregelung zu deuten.[1470] Darüber hinaus soll es nach seiner Auffassung auch außerhalb des Steuerrechts durchaus Beispiele für eine von der zivilrechtlichen Terminologie abweichende Auslegung der Begrifflichkeit

---

S. 209 f.; Thietz-Bartram, DB 2009, S. 1787 f., die sich ebenfalls für einen unionsrechtlichen Verstoß aussprechen.

1465 Vgl. BFH, Urteil vom 19.01.2016, XI R 38/12, BStBl. II 2017, S. 567 unter II.6.d); BFH, EuGH-Vorlage vom 11.12.2013, XI R 38/12, BStBl. II 2014, S. 428 unter II.4.d) cc).

1466 Vgl. BFH, Urteil vom 19.01.2016, XI R 38/12, BStBl. II 2017, S. 567 unter II.6.d); FG München, Urteil vom 13.03.2013, 3 K 235/10, EFG 2013, S. 1434; Stadie, in: Rau/ Dürrwächter, UStG, 2018, § 2 Anm. 847.

1467 Vgl. BFH, Urteil vom 19.01.2016, XI R 38/12, BStBl. II 2017, S. 567 unter II.6.d).

1468 Vgl. BFH, Urteil vom 19.01.2016, XI R 38/12, BStBl. II 2017, S. 567 unter II.6.d); FG München, Urteil vom 13.03.2013, 3 K 235/10, EFG 2013, S. 1434.

1469 BFH, Urteil vom 01.06.2016, XI R 17/11, BStBl. II 2017, S. 581.

1470 Vgl. BFH, Urteil vom 01.06.2016, XI R 17/11, BStBl. II 2017, S. 581 unter II.4.; BFH, Urteil vom 29.01.2015, V R 5/14, BStBl. II 2015, S. 567 unter II.B.2.c)bb)(1); BVerfG, Beschluss vom 27.12.1991, 2 BvR 72/90, BStBl. II 1992, S. 212 unter 1.a)cc) m. w. N.

der juristischen Person geben.[1471] Schließlich hält der XI. Umsatzsteuersenat im Wesentlichen an seinen Entscheidungsgründen aus dem vorangegangenen Urteil fest.[1472]

d. *Auswirkungen auf die Gestaltungspraxis*

Die Möglichkeit, Personengesellschaften als Organgesellschaften einzusetzen, ist neuartig. Dies hat die beiden Umsatzsteuersenate des BFH bewogen, ihre Rechtsauffassungen an die neue Situation anzupassen. Im nachfolgenden Verlauf soll anhand ausgewählter Beispiele dargestellt werden, dass sich aufgrund der Lösungswege aus nationaler und europäischer Betrachtungsweise erhebliche Schwierigkeiten in der Organkreisabgrenzung mit Personengesellschaften ergeben können.

Ausgangssachverhalt[1473]:
A hat sein Einzelunternehmen im Jahr 2018 in die A-GmbH & Co. KG eingebracht. Das zum Unternehmen gehörende Grundstück verbleibt bei A und wird von diesem an die KG umsatzsteuerpflichtig vermietet. A ist zunächst der einzige Kommanditist der KG. Zudem ist dieser zu 100 Prozent an der Komplementär-GmbH beteiligt, die folglich nicht an dem Kapital der KG beteiligt ist. Darüber hinaus leitet A die Geschäfte der Komplementär-GmbH nach § 35 GmbHG. Insgesamt liegt hier eine sog. Einmann-GmbH & Co. KG vor.

Zur Verdeutlichung des vorgestellten Sachverhalts diene die folgende Abbildung 5[1474]:

1471 Vgl. BFH, Urteil vom 01.06.2016, XI R 17/11, BStBl. II 2017, S. 581 unter II.5.b)cc) m. w. N. So führt der XI. Umsatzsteuersenat an, dass das BVerfG im Zusammenhang mit Art. 19 Abs. 3 GG anerkannt hat, dass Personengesellschaften vor diesem Hintergrund auch mit juristischen Personen gleichzustellen sind. So werden die oHG, die KG, die Partnerschaftsgesellschaft sowie die Außen-GbR als grundrechtsfähig im Sinne des Art. 19 Abs. 3 GG erachtet. Dazu exemplarisch: BVerfG, Beschluss vom 02.09.2002, 1 BvR 1103/02, NJW 2002, S. 3533 unter 2.a); BVerfG, Beschluss vom 04.12.1979, 2 BvR 64/78 und 2 BvR 460/79, NJW 1980, S. 929; BVerfG, Beschluss vom 18.10.1966, 2 BvR 386/63 und 2 BvR 478/63, NJW 1967, S. 291 unter B.II.2. Kritisch dazu: Stadie, in: Rau/Dürrwächter, UStG, 2018, § 2 Anm. 853, der zutreffend darlegt, dass einem Begriff in verschiedenen Rechtsgebieten abweichende Bedeutungen beigemessen werden können, sodass der Verweis auf außerhalb des nationalen Steuerrechts zu findende Beispiele abzulehnen ist.

1472 Vgl. BFH, Urteil vom 01.06.2016, XI R 17/11, BStBl. II 2017, S. 581 unter II.5.

1473 Vgl. in Anlehnung an: Korn, SteuK 2016, S. 150 und Strahl, Kösdi 2018, S. 20890.

1474 Quelle: Eigene Darstellung.

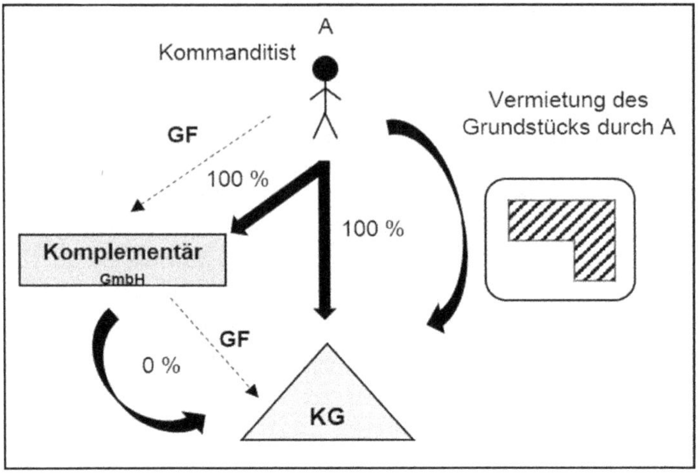

Abbildung 5: Begründung einer umsatzsteuerlichen Organschaft mit einer GmbH & Co. KG

Der Sichtweise des UStG folgend, wäre eine umsatzsteuerliche Organschaft nicht möglich, da nach Maßgabe des Gesetzeswortlauts eine Organgesellschaft zwingend eine juristische Person sein muss. Ausgehend von der Betrachtungsweise der MwStSystRL und des EuGH ist dagegen anzunehmen, dass eine umsatzsteuerliche Organschaft möglich ist, sofern kein steuerlicher Missbrauch vorliegt. Nach Ausführungen des V. Umsatzsteuersenats ist eine umsatzsteuerliche Organschaft für das Jahr 2018 zu bejahen. Durch die Vermietung des Betriebsgrundstücks ist A im Sinne des § 2 Abs. 1 UStG unternehmerisch tätig und erfüllt entsprechend die notwendig erachtete Unternehmereigenschaft. Aufgrund dieser Leistungsbeziehung liegt ebenfalls die wirtschaftliche Eingliederung vor. Der Kommanditist A ist Geschäftsführer der Komplementär-GmbH, welche die Geschäfte der KG leitet. In diesem Sinne ist die Einflussnahme des A in die laufenden Geschäfte der KG sichergestellt. Eine organisatorische Eingliederung kann nach Abschn. 2.8 Abs. 7 S. 1 UStAE grundsätzlich bejaht werden. Wird dem Lösungsaufbau des V. Umsatzsteuersenats gefolgt, so ist im Ausnahmefall eine Personengesellschaft als Organgesellschaft berücksichtigungsfähig, wenn 100 Prozent der Gesellschaftsanteile an der Personengesellschaft vom Organträger oder dessen Tochtergesellschaften gehalten werden. Neben A ist ausschließlich die Komplementär-GmbH an der KG beteiligt, an der A die Stimmrechtsmehrheit hält. Da an der KG keine weiteren Fremdkommanditisten beteiligt sind, ist die finanzielle Eingliederung zu bejahen. Folgerichtig kann die Personengesellschaft in das Unternehmen des Organträgers eingegliedert werden. Auch nach den Grundsätzen des XI. Umsatzsteuersenats ist aufgrund der vorliegenden kapitalistisch strukturierten Personengesellschaft eine umsatzsteuerliche Organschaft gegeben.

Abwandlung des Ausgangssachverhalts[1475]:
Im Jahr 2019 verkauft A Gesellschaftsanteile an die beiden natürlichen Personen B und C. Nach dem Anteilserwerb sind nunmehr die beiden Personen B und C jeweils zu je 5 Prozent an der KG als weitere Kommanditisten beteiligt. Die Abwandlung des Ausgangssachverhalts wird in der nachfolgenden Abbildung 6[1476] vorgestellt:

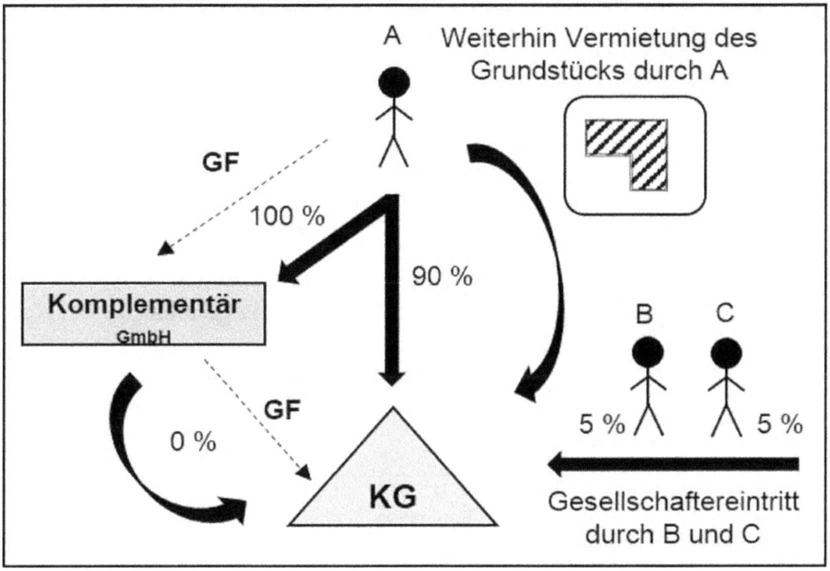

Abbildung 6: Vernichtung einer umsatzsteuerlichen Organschaft mit einer GmbH & Co. KG durch Anteilserwerb

Nach Sichtweise des UStG wäre auch in der Abwandlung des Ausgangssachverhalts eine umsatzsteuerliche Organschaft nicht legimitiert. Hingegen ist nach der Diktion der MwStSystRL eine umsatzsteuerliche Organschaft mit sämtlichen genannten Gesellschaften wie im Ausgangssachverhalt möglich. Die Richtlinienbestimmung stellt lediglich auf den Begriff „Personen" ab. Aus Sicht des EuGH ist

1475 Vgl. in Anlehnung an: Korn, SteuK 2016, S. 150.
1476 Quelle: Eigene Darstellung.

nicht eindeutig erwiesen, ob eine umsatzsteuerliche Organschaft mit allen Beteiligten begründet werden kann. Die Eingliederung einer Personengesellschaft ist grundsätzlich möglich. Der Ausschluss dieser Gesellschaft ist allerdings gerechtfertigt, wenn dies dem Ziel der Verhinderung missbräuchlicher Praktiken dient.

Abweichend zum Ausgangssachverhalt ändert der V. Umsatzsteuersenat hier seine Auffassung. Im Jahr des Anteilserwerbs sind B und C als Gesellschafter nicht in das Unternehmen des A vollständig eingegliedert, sodass mit Gesellschaftereintritt die finanzielle Eingliederung nicht gegeben ist. Nach dieser Sichtweise ist eine umsatzsteuerliche Organschaft in 2019 daher zu verneinen. Mit Blick auf die Darlegungen des XI. Umsatzsteuersenats ist dagegen eine umsatzsteuerliche Organschaft neben 2018 im vorgelegten Fall für das Jahr 2019 durchaus möglich. Demzufolge verfügt A mit der GmbH & Co. KG über eine Personengesellschaft, die eine kapitalistische Struktur aufweist, sodass die KG in das Unternehmen des A finanziell eingegliedert werden kann. Die Gesellschafteraufnahme durch B und C ist für die vorliegende kapitalistische Struktur unschädlich, sodass nach Ansicht des XI. Umsatzsteuersenats – im Gegensatz zum V. Umsatzsteuersenat – auch ein Organschaftsverhältnis für das Jahr 2019 anzunehmen ist.

Im Übrigen ist belanglos, ob eine an der Personengesellschaft beteiligte Kommanditisten-Gesellschaft die Stellung eines Nichtunternehmers einnimmt. Die diskutierten Zusammenhänge sind in Abbildung 7[1477] dargestellt:

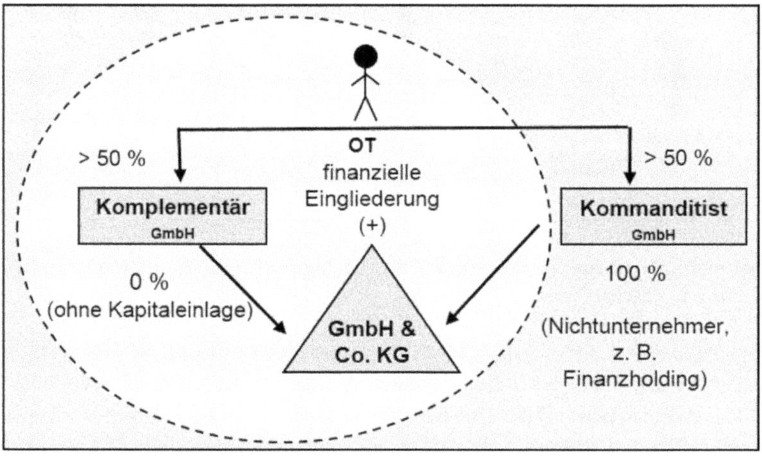

Abbildung 7: Organkreis mit Personengesellschaft trotz Beteiligung eines Nichtunternehmers

1477 Quelle: Eigene Darstellung.

Grafisch nachvollziehbar sind sämtliche Gesellschafter der GmbH & Co. KG in das Unternehmen des Organträgers finanziell eingegliedert. Die Personengesellschaft ist unter Vorbehalt der übrigen Voraussetzungen des § 2 Abs. 2 Nr. 2 UStG als Organgesellschaft des Organträgers zu qualifizieren. Für die Begründung einer umsatzsteuerlichen Organschaft ist nicht maßgebend, dass der Kommanditist in der Rechtsform der GmbH eine unternehmerische Tätigkeit ausübt. Denn der V. Umsatzsteuersenat fordert lediglich, dass die Gesellschafter der Personengesellschaft neben dem Organträger nur Personen sind, die finanziell in das Unternehmen des Organträgers eingegliedert sind. Demzufolge ist ein existierender Kommanditist in Gestalt einer Finanzholding für die Verwirklichung eines Organschaftsverhältnisses unschädlich. Zu beachten ist jedoch, dass nach der zutreffenden Auffassung der Finanzverwaltung und des BFH ein Nichtunternehmer nicht Bestandteil der umsatzsteuerlichen Organschaft werden kann. Anderer Ansicht sind in diesem Fall die MwStSystRL und der EuGH, die nichtsteuerpflichtigen Personen grundsätzlich den Zugang zur Mehrwertsteuergruppe gewähren. Nach Ansicht des EuGH kann in dem vorliegenden Fall die Finanzholding einbezogen werden, da erst durch Einbindung einer solchen Holding die finanzielle Verbundenheit begründet werden kann. Die Bildung einer Mehrwertsteuergruppe ist allerdings nur möglich, wenn eine der beteiligten Gesellschaften Unternehmer ist.[1478] Auch aus dem Blickwinkel des XI. Umsatzsteuersenats ist in diesem Fall die Bildung einer umsatzsteuerlichen Organschaft grundsätzlich zulässig, sofern eine kapitalistische Struktur der Personengesellschaft bejaht werden kann.

Es bleibt jedoch weiterhin offen, ob neben der GmbH & Co. KG weitere kapitalistisch strukturierte Personengesellschaften berücksichtigungsfähig sind. Zu nennen wäre an dieser Stelle die GmbH & Co. oHG[1479], da auch bei dieser Gesellschaftsform – wie auch bei der GmbH & Co. KG – die

1478 Zur Auffassung des EuGH siehe insbesondere die vorherigen Ausführungen in Kapitel D.III.2.c.bb.

1479 Zur Sonderform der oHG in Gestalt der GmbH & Co. oHG siehe insbesondere: Heinze, in: Fleischer/Goette, Münchener Kommentar zum GmbHG, 2018, § 4 Rn. 134.

unbeschränkt haftenden und ebenso geschäftsführungsberechtigten Gesellschafter ausschließlich juristische Personen darstellen.[1480] Ceteris paribus kann auch hier von einer potenziellen Eingliederungsfähigkeit ausgegangen werden.[1481] Nichts anderes muss dann für die UG & Co. KG gelten, soweit der Unternehmergesellschaft die Position als Komplementärin einer KG zugesprochen wird.[1482] Im Ergebnis zeigen die analysierten Sachverhaltsgestaltungen, dass durch die europäische und nationale Sichtweise abweichende Möglichkeiten zur Eingliederung von Personengesellschaften in den Organkreis bestehen.

e. *Umsetzung durch die Finanzverwaltung*

Eine erste Stellungnahme der Finanzverwaltung zum diskutierten Sachverhalt erfolgte durch die Rundverfügung der OFD Frankfurt am Main vom 24. Mai 2016[1483]. Dieser war bereits zu entnehmen, dass die BFH-Entscheidungen vorläufig nicht über den entschiedenen Einzelfall angewendet werden sollen. Jedoch können sich Steuerpflichtige auf solche Fälle berufen, in denen nach beiden BFH-Entscheidungen die Eingliederungsfähigkeit einer Personengesellschaft bejaht wird.[1484] Erst mit einem am 26. Mai 2017[1485] veröffentlichten BMF-Schreiben hat sich die Finanzverwaltung eindeutig positioniert und sich hinsichtlich der Einbeziehung von Personengesellschaften in den umsatzsteuerlichen Organschaftsverbund mittlerweile der einschränkenden Auffassung des V. Umsatzsteuersenats angeschlossen. Danach können Personengesellschaften als Organgesellschaften behandelt werden, vorausgesetzt wird jedoch, dass der Organträger alle Anteile an der Personengesellschaft unmittelbar oder mittelbar

1480 Vgl. Heinze, in: Fleischer/Goette, Münchener Kommentar zum GmbHG, 2018, § 4 Rn. 134; von Streit/Streit, UStB 2016, S. 156.

1481 Vgl. von Streit/Streit, UStB 2016, S. 156.

1482 Vgl. Veil, GmbHR 2007, S. 1084; Wälzholz, GmbH-StB 2007, S. 320.

1483 Vgl. OFD Frankfurt am Main, Verfügung vom 24.05.2016, S 7105 A-22-St-110, StEd 2016, S. 470, geändert durch OFD Frankfurt am Main, Verfügung vom 11.07.2017, S 7105 A-22-St-110, StEd 2017, S. 524.

1484 Vgl. Treiber, in: Sölch/Ringleb, UStG, 2018, § 2 Rn. 165 f.

1485 BMF, Schreiben vom 26.05.2017, III C 2 – S 7105/15/10002, BStBl. I 2017, S. 790.

hält.[1486] Bei Vorliegen einer mittelbaren Beteiligung über eine Kapitalgesellschaft ist hinreichend, dass der Organträger die Mehrheit der Anteile an der zwischengeschalteten Organgesellschaft besitzt.[1487] Ist demgegenüber jedoch ein fremder Dritter an der Personengesellschaft beteiligt, scheidet eine umsatzsteuerliche Organschaft mit der Personengesellschaft weiterhin aus. Auf die vom XI. Umsatzsteuersenat geforderten einer Kapitalgesellschaft ähnlichen Verfassung stellt das BMF-Schreiben somit nicht ab.[1488] Abschließend ist anzumerken, dass durch das Verwaltungsschreiben eine Vielzahl offener Fragestellungen[1489] zur Einbeziehungsmöglichkeit von Personengesellschaften in den Organkreis, die durch die unterschiedlichen Lösungsansätze der beiden Umsatzsteuersenate geschuldet waren, weitgehend geklärt werden konnten.

5. Analyse und Bewertung der nationalen Entscheidungen

a. Auffassung des V. Umsatzsteuersenats

Wie bereits dargelegt, kommt der V. Umsatzsteuersenat dem Prüfauftrag[1490] des EuGH nach. Seiner Ansicht folgend ist die allgemeine Ausklammerung von Personengesellschaften mit den unionsrechtlichen Vorgaben vereinbar. Der V. Senat führt an, dass bei der Eingliederung von Personengesellschaften das Gefahrenpotenzial bestehe, dass aufgrund von Nachweisproblematiken bezüglich der Beteiligungsverhältnisse die finanzielle Eingliederung und die damit verbundene Bestimmbarkeit des Steuerschuldners im Besteuerungsverfahren

1486 Vgl. Abschn. 2.8 Abs. 2 S. 5 und Abs. 5a UStAE; Treiber, in: Sölch/Ringleb, UStG, 2018, § 2 Rn. 168.

1487 Vgl. Abschn. 2.8 Abs. 5a S. 2 UStAE.

1488 Die Änderungen des UStAE sind grundsätzlich auf nach dem 31. Dezember 2018 ausgeführte Umsätze anzuwenden.

1489 In diesem Zusammenhang blieb zunächst offen, ob erstens ausschließlich eine GmbH & Co. KG als kapitalistische Personengesellschaft oder zweitens Personengesellschaften unter strikter Berücksichtigung der vollständigen finanziellen Eingliederung oder drittens immer GmbH & Co. KGs als kapitalistische Personengesellschaften sowie Personengesellschaften unter strikter Berücksichtigung der vollständigen finanziellen Eingliederung oder viertens sämtliche Formen von Personengesellschaften in eine umsatzsteuerliche Organschaft einbezogen werden können, vgl. Tratlehner, in: Achatz/Tumpel, Der Unternehmerbegriff des UStG, 2017, S. 132.

1490 Diesbezüglich existieren jedoch Zweifel, ob der V. Umsatzsteuersenat seinem Prüfungsauftrag ausreichend nachgekommen ist. Dazu kritisch: Lange, UR 2016, S. 303 und 305 mit Verweis auf Heuermann, DB 2016, S. 612.

nicht einfach und rechtssicher[1491] vorgenommen werden kann. Dies könne zu Rechtsirrtürmern führen und stets einen Beitrag zur Steuerumgehung leisten.

Im Allgemeinen ist darauf hinzuweisen, dass bei Personengesellschaften keine Gesellschaftsanteile im klassischen Sinne wie bei juristischen Personen existieren. Stattdessen resultiert die Mitgliedschaft in einer Personengesellschaft aus den Rechten und Pflichten, die sich aus dem Gesellschaftsvertrag für den jeweiligen Gesellschafter entnehmen lassen.[1492] Für die Vornahme einer rechtssicheren Bestimmung ist daher bei Personengesellschaften vorrangig auf den Gesellschaftsvertrag abzustellen. Dem vom V. Umsatzsteuersenat aufgeworfenen Argument des mangelnden Formerfordernisses bei Personengesellschaften kann zunächst grundsätzlich gefolgt werden.[1493] Denn auf Willkür beruhende Änderungen der umsatzsteuerlichen Organschaftsvoraussetzungen durch mündliche Vereinbarungen bergen die Gefahr, dass dem Staatshaushalt Einnahmen entzogen werden können.[1494] Das vorgebrachte Argument der unsicheren Feststellung der Beteiligungsstrukturen bei Personengesellschaften[1495] ist jedoch nicht in jedem Fall schlüssig.

1491 Zustimmend auch: Reiß, in: Englisch/Nieskens, Umsatzsteuer-Kongress-Bericht 2010, 2011, S. 200 ff. A. A.: Hartman, Die Vereinbarkeit der umsatzsteuerrechtlichen Organschaft mit dem Europäischen Unionsrecht, 2013, S. 134 und Schnarrenberger, Die umsatzsteuerliche Organschaft, 2014, S. 123, die dem Argument der Rechtssicherheit keine besondere, hohe Gewichtung beimessen.

1492 Vgl. Schäfer, in: Habersack, Münchener Kommentar zum BGB, 2017, § 705 Rn. 179.

1493 Dazu kritisch: Erdbrügger, DStR 2013, S. 1579, der anführt, dass abweichende Formvorschriften für Gesellschaftsverträge keine stichhaltige Rechtfertigung für eine Bekämpfung von Steuerhinterziehung sind und daher als Differenzierungsgrund zwischen Kapital- und Personengesellschaften ausscheiden.

1494 Dies gilt beispielhaft in Insolvenzfällen, bei denen je nach Interessenlage zugunsten der Beteiligten die Vereinbarungen so geändert werden, dass sie einem Haftungsrisiko entgehen können, vgl. Jansen, BB 2016, S. 2266. Englisch, in: Tipke/Lang, Steuerrecht, 2018, § 17 Rn. 62, spricht in diesem Zusammenhang von einem erhöhten Risiko von Manipulationen und Falschangaben.

1495 Personengesellschaften sind die GbR, die oHG, die KG, die stille Gesellschaft, die PartG, die EWIV sowie die Partenreederei, vgl. Grunewald, Gesellschaftsrecht, 2017, Erster Teil Rn. 1. Die Partenreederei nach § 489 HGB wird aufgrund ihrer geringen praktischen Relevanz nicht in die Untersuchung einbezogen, vgl. Grunewald, Gesellschaftsrecht, 2017, § 7 Rn. 1. Auch eine stille Gesellschaft wird nicht in der Analyse berücksichtigt, da sie keine Unternehmerin nach § 2 Abs. 1 UStG sein kann, vgl. BFH, Urteil vom 18.10.1962, V 264/59, HFR 1963, S. 356. Darüber hinaus ist für die EWIV zu beachten, dass grundsätzlich die Verordnung der Europäischen Gemeinschaften (EWIV-VO), dann das EWIV-Ausführungsgesetz (EWIV-AG) gilt und

In der nachfolgenden Abbildung 8[1496] werden die relevanten Fakten für die jeweiligen Gesellschaftsarten erläutert.

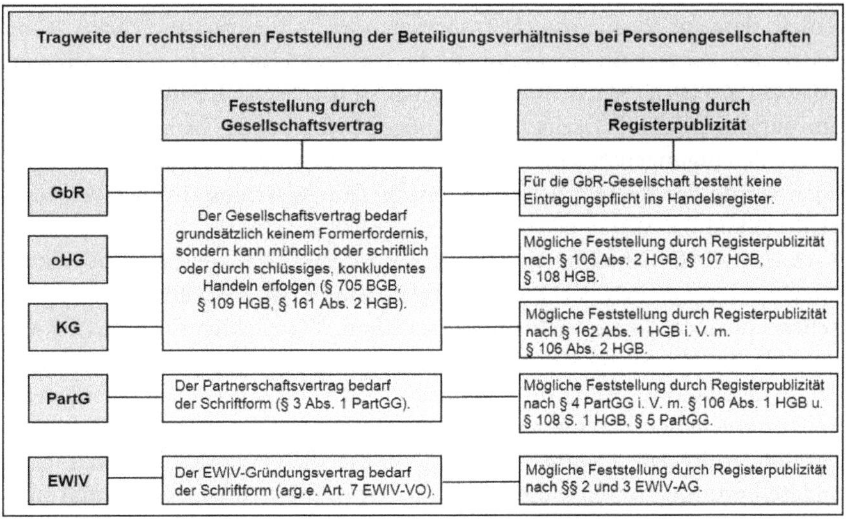

Abbildung 8: Tragweite der rechtssicheren Feststellung der Beteiligungsverhältnisse bei Personengesellschaften

Für die Gesellschaftsformen der PartG und der EWIV ist aufgrund des zwingenden Schriftformerfordernisses bei Vertragsabschluss der Rechtsunsicherheitsfaktor nicht einschlägig. Insgesamt könnte sich die rechtssichere Beurteilung der Beteiligungsverhältnisse bei Personengesellschaften[1497] (siehe Abbildung

---

falls dort keine Vorschriften enthalten sind, das Recht der oHG einschlägig ist, vgl. § 1 EWIV-AG. Weiterhin zur wirtschaftlichen Relevanz einer EVIW insbesondere Klein-Blenkers, DB 1994, S. 2225.

1496 Quelle: Eigene Darstellung.

1497 Anders kann es sich bei juristischen Personen verhalten: Bei der GmbH und bei der AG handelt es sich dabei um notariell beurkundete Satzungen. Dies gilt auch für die KGaA (§ 280 Abs. 1 S. 1 AktG) sowie die Europäische Gesellschaft (Art. 15 Abs. 1 SE-VO in Verbindung mit § 23 Abs. 1 S. 1 AktG). Bei der eingetragenen Genossenschaft ist keine notarielle Beglaubigung erforderlich, sondern eine einfache Schriftform reicht in diesem Fall aus (§ 5 GenG). Sofern ein Gesellschafterwechsel ansteht, unterliegt dieser grundsätzlich bei der GmbH und UG der notariellen Beurkundung (§ 15 Abs. 3 GmbHG) und bei der AG der Neueintragung im Aktienregister auf Mitteilung und Nachweis des Wechsels (§ 67 Abs. 3 AktG).

8 Spalte 1) jedoch als schwierig erweisen, da im Regelfall der Abschluss eines Gesellschaftsvertrags sowie mögliche Anteilsübertragungen[1498] in erster Linie formfrei vorgenommen werden. Diesbezüglich sollte jedoch darauf hingewiesen werden, dass aus Rechtssicherheitsüberlegungen in den meisten Fällen, insbesondere bei Wirtschaftsunternehmen, die ihr Handelsgewerbe in Gestalt einer oHG oder KG betreiben, der Gesellschaftsvertrag schriftlich fixiert wird. Ebenso kann aufgrund der im Gesellschaftsvermögen befindlichen Grundstücke[1499] oder GmbH-Beteiligungen[1500] eine notarielle Beurkundung vorliegen.[1501] In diesen Fällen würde der Rechtfertigungsgrund für den Ausschluss solcher Personengesellschaften entfallen.

Andernfalls bestehen hinsichtlich des Parameters der Registerpublizität bei Personengesellschaften (siehe Abbildung 8 Spalte 2) im Verhältnis zu den juristischen Personen[1502] vergleichbare Vorschriften.[1503] Lediglich für eine GbR-Gesellschaft besteht keine Pflicht zur Handelsregistereintragung. Jedoch lassen sich die Beteiligungsverhältnisse, wie sie sich bei den juristischen Personen aus der einzureichenden Gesellschafterliste[1504] ergeben, nicht unmittelbar aus den betreffenden Registern entnehmen.[1505] Grundsätzlich lässt sich hiernach insbesondere bestimmen, wer Mitgesellschafter ist und wer die Geschäftsführungs- und Vertretungsbefugnis innehat. Gleichwohl könnten weitere Informationen aus dem erst in 2017 eingeführten sog. Transparenzregister[1506] ermittelt werden.

1498 Für die GbR, oHG und KG erfolgt eine Übertragung grundsätzlich durch formfreie Abtretung nach §§ 413, 398 BGB.

1499 Sofern bei der Gesellschaftsgründung ein Grundstück in die Personengesellschaft eingebracht wird, ist § 311b Abs. 1 BGB zu beachten.

1500 Bei Einbringung von GmbH-Beteiligungen in eine Personengesellschaft ist § 15 Abs. 4 GmbHG relevant.

1501 So auch von Streit/Streit, UStB 2016, S. 151 die in diesem Zusammenhang von rechtssicheren Unternehmen sprechen.

1502 Beispielhaft für die GmbH: Bei der Eintragung in das Handelsregister sind die Firma und der Sitz der Gesellschaft (…), die Höhe des Stammkapitals (…) und die Personen der Geschäftsführer anzugeben (§ 10 Abs. 1 S. 1 GmbHG). Zudem sind Angaben zur Vertretungsberechtigung zu tätigen (§ 10 Abs. 1 S. 2 GmbHG). Vergleichbares gilt für eine AG, dazu: § 37 AktG.

1503 Zustimmend auch: Erdbrügger, DStR 2013, S. 1579.

1504 Beispielhaft für die GmbH: § 8 Abs. 2 GmbHG und § 40 Abs. 1 GmbHG. Anhand der Gesellschafterliste lassen sich Gesellschafter und die Höhe der Gesellschaftsanteile identifizieren.

1505 Ebenso: Wäger, UR 2017, S. 666.

1506 Hierzu im Einzelnen: Pelka et al., DStR 2018, S. 1303 ff.; Longrée/Pesch, NZG 2017, S. 1081 ff.; Frase, Kösdi 2018, S. 20651 ff.

Danach sind eingetragene[1507] Personengesellschaften verpflichtet, Angaben zu ihren Beteiligungsverhältnissen offenzulegen (§ 20 Abs. 1 des Geldwäschegesetzes (GwG)). Sofern jedoch die zu meldenden Angaben bereits aus den öffentlichen Registern zu entnehmen sind, entfällt die Meldepflicht (sog. Meldefiktion nach § 20 Abs. 2 GWG). Allerdings soll die vorstehende Meldefiktion nicht greifen, wenn sich die tatsächlichen Kontroll- bzw. Stimmrechte einer natürlichen Person nicht aus den öffentlichen Registern ergeben. Insbesondere werden hier Stimmbindungsverträge[1508], Sonderbestimmungen im Gesellschaftsvertrag (im Besonderen bei Personengesellschaften) sowie Sonderstimmrechte oder Konstellationen, bei denen natürliche Personen über Beteiligungsketten mittelbar Kapitalanteile bzw. Stimmrechte halten, genannt (§ 19 GwG). Unter diesem Gesichtspunkt könnten derartige Angaben im Transparenzregister ebenso zur aufhellenden Sachverhaltsaufklärung beitragen.

Dem Missbrauchsrisiko ist der V. Umsatzsteuersenat mit der Forderung einer Vollbeherrschung durch den Organträger entgegengetreten. Mit Blick auf das Anforderungsprofil an die finanzielle Eingliederung bei juristischen Personen entfaltet eine 100-prozentige Beteiligung jedoch eine deutlich verschärfende Wirkung. Bei Kapitalgesellschaften ist regelmäßig eine Beteiligung von mehr als 50 Prozent ausreichend.[1509] Diese Maßnahme verfolgt den legitimen Zweck der Vermeidung von steuerlichen Missbräuchen und kann durchaus zur Zweckerfüllung geeignet sein. Eine 100-prozentige Beteiligung ist allerdings nicht erforderlich, da gelindere Maßnahmen infrage kommen können. Auftretende Nachweisschwierigkeiten könnten in der Regel über eine entsprechende Dokumentationspflicht oder möglicherweise durch die objektive Feststellungslast gelöst werden.[1510] Daher ist eine solche Missbrauchsmaßnahme nicht mit dem Grundsatz der Verhältnismäßigkeit zu vereinbaren.

1507 Bei den sog. eingetragenen Personengesellschaften handelt es sich insbesondere um eine oHG, KG einschließlich GmbH & Co. KG sowie die PartG. Nicht von der Eintragungspflicht erfasst ist die GbR.

1508 Ausführlich zu den Stimmrechtsvereinbarungen im Transparenzregister: Schaub, DStR 2018, S. 871 ff.

1509 Auch Jansen, BB 2016, S. 2266 hält die Maßnahme der vollständigen Beherrschung der Personengesellschaft durch den Organträger für eine über das „Ziel hinausschießende Forderung".

1510 Vgl. Hummel, in: Mössner et al., Steuerrecht international tätiger Unternehmen, 2018, Kapitel 14 Umsatzsteuerrecht bei Auslandsbeziehungen Rn. 14.475, spricht in diesem Zusammenhang von den „üblichen Beweislastregeln"; Brinkmann/Walter-Yadegardjam, DStR 2016, S. 652; Jansen, BB 2016, S. 2266.

Überdies können weitere stichhaltige Anhaltspunkte die Argumentation entkräften, dass grundsätzlich die Eingliederung von Personengesellschaften in einem höheren Missbrauchsrisiko[1511] mündet als bei Kapitalgesellschaften. Dazu können einerseits die vom V. Umsatzsteuersenat aufgezeigten besonderen Meldepflichten nach § 20 Abs. 4 AktG und des § 21 AktG dienen.[1512] In diesem Zusammenhang könnten Sanktionsmaßnahmen des § 20 Abs. 7 AktG die rechtssichere Bestimmung aktienrechtlicher Beteiligungsverhältnisse erheblich beeinträchtigen.[1513] Bei einem Verstoß gegen derartige Pflichten wäre eine Eingliederung einer AG zu versagen. Im Übrigen können auch bei Kapitalgesellschaften die Voraussetzungen zur finanziellen Eingliederung nicht immer zweifelsfrei festgestellt werden. Dies lässt sich im Besonderen durch die zahlreichen Streitfragen in Verbindung mit der mittelbaren finanziellen Eingliederung belegen.[1514] Die vorangestellte Diskussion lässt keine sachlichen Gründe[1515] erkennen, die eine differenzierte Behandlung von Kapital- und Personengesellschaften in § 2 Abs. 2 Nr. 2 UStG rechtfertigen können.[1516] Zwar kann eine rechtsunsichere Bestimmung des Gesellschafterkreises im Einzelfall Steuerhinterziehung und -umgehung fördern,[1517] allerdings ist ein pauschales Eingliederungsverbot von Personengesellschaften nach der hier vertretenen Ansicht abzulehnen.

1511 Vgl. so bereits auch: Hoff, Die Anwendung der Umsatzsteuerorganschaft im nationalen Recht, 2016, S. 89, der anführt, dass keine rechtlichen oder tatsächlichen Gründe existieren, die die Verwendung von Personengesellschaften im Organkreis missbrauchsanfälliger erscheinen lässt.

1512 Zweifelnd auch: von Streit/Streit, UStB 2016, S. 152, welche die Fragestellung aufwerfen, ob Meldepflichten grundsätzlich zu einer erhöhten Rechtssicherheit führen können.

1513 Hierzu auch: Bayer, in: Goette et al., Münchener Kommentar zum AktG, 2016, § 20 Rn. 1 ff.

1514 Vgl. zuletzt: BFH, Urteil vom 02.12.2015, V R 15/14, BStBl. II 2017, S. 553; Brinkmann/Walter-Yadegardjam, DStR 2016, S. 652.

1515 Dazu ebenfalls: Hummel, in: Mössner et al., Steuerrecht international tätiger Unternehmen, 2018, Kapitel 14 Umsatzsteuerrecht bei Auslandsbeziehungen Rn. 14.468 ff.; Hummel, UR 2010, S. 210 f.

1516 Ferner auch: Hummel, in: Mössner et al., Steuerrecht international tätiger Unternehmen, 2018, Kapitel 14 Umsatzsteuerrecht bei Auslandsbeziehungen Rn. 14.473, der zu Recht darauf hinweist, dass der V. Umsatzsteuersenat die entscheidende Frage, ob ein sachlicher Grund vorliegt, eingegliederte Personengesellschaften anders als eingegliederte Kapitalgesellschaften zu behandeln, nicht beantwortet hat. Seinem Standpunkt folgend wird der Aspekt der Rechtssicherheit im Falle einer eingegliederten Personengesellschaft im Sinne des § 2 Abs. 2 Nr. 2 UStG nicht beeinträchtigt.

1517 Vgl. Brinkmann/Walter-Yadegardjam, DStR 2016, S. 652.

Auch stellt sich die Frage, ob die durch den V. Umsatzsteuersenat vorgenommene Erweiterung des personenbezogenen Anwendungsbereichs mithilfe der teleologischen Extension grundsätzlich zulässig war. Im Allgemeinen gilt, dass sich die nationalen Gerichtsbarkeiten nach der Rechtsprechung des EuGH zu richten haben und die Gültigkeit der Umsatzsteuerregelungen durch unionsrechtskonforme Auslegung zu wahren haben. Die nationalen Gerichte sind daher verpflichtet, ihre nationalen Umsatzsteuerrechte im Lichte des Wortlauts und der Zielsetzung der Richtlinienbestimmung auszulegen. Mithin bedeutet dies auch, dass die nationalen Gerichte nach Maßgabe des gesamten nationalen Rechts und unter Anwendung anerkannter Auslegungsmethoden alle ihnen zur Verfügung stehenden Mittel ausschöpfen müssen, um die mit der Richtlinienbestimmung beabsichtigte Zielsetzung zu erreichen. In der Anwendung ist allerdings zu beachten, dass die richtlinienkonforme Auslegung ihre Grenze im Wortlaut der nationalen Norm findet.[1518]

Da eine Subsumierung von Personengesellschaften unter die Begrifflichkeit der juristischen Person grundsätzlich nicht möglich ist, kann eine Anerkennung solcher Gesellschaftsformen als Organgesellschaft zunächst nicht erfolgen.[1519] Personengesellschaften können zwar rechtsfähig[1520] sein, stellen aber mangels Rechtspersönlichkeit keine juristische Person dar. Daher scheidet für den zuständigen V. Senat zunächst eine richtlinienkonforme Auslegung aus. Allerdings bedient sich der V. Umsatzsteuersenat der richtlinienkonformen Rechtsfortbildung im Sinne der teleologischen Extension. In diesem Zusammenhang wird eine Regelungslücke vorausgesetzt, die der Gesetzgeber nicht bewusst erschaffen hat und die insgesamt ergänzungsbedürftig ist. Zunächst ist klarzustellen, dass nach deutschem Rechtsverständnis die Begrifflichkeit der juristischen Person keine Personengesellschaften erfasst, sodass eine Gesetzeslücke vorliegen könnte, die im Widerspruch zum Unionsrecht steht, denn letzteres spricht sich für einen weiten Personenkreis aus. Des Weiteren kann dies auch planwidrig sein, da der deutsche Gesetzgeber in erster Linie eine unionsrechtskonforme

1518 Vgl. Kapitel B.II.4.a.

1519 Der V. Umsatzsteuersenat stellt auf die Rechtspersönlichkeit im Wege einer richtlinienkonformen Auslegung der Begrifflichkeit der juristischen Person ab. Demzufolge werden beispielhaft Personenhandelsgesellschaften wie die oHG oder die KG nicht den juristischen Personen zugeordnet, da sie keine eigene Rechtspersönlichkeit begründen können. Daher ist eine Subsumierung von Personengesellschaften unter die Begrifflichkeit der juristischen Personen nicht möglich.

1520 Nach § 14 Abs. 2 BGB ist eine Personengesellschaft rechtsfähig, die mit der Fähigkeit ausgestattet ist, Rechte zu erwerben und Verbindlichkeiten einzugehen.

Organschaftsregelung schaffen wollte. Mit Blick auf die Entstehungsgeschichte der umsatzsteuerlichen Organschaft ist jedoch klar erkennbar, dass der RFH[1521] mit seiner Rechtsprechung zur umsatzsteuerlichen Organschaft ausschließlich auf Kapitalgesellschaften abstellen wollte und für nichtrechtsfähige Personenvereinigungen lediglich das Rechtsinstitut des organschaftsähnlichen Verhältnisses entwickelt hat.[1522] Unter diesen Gesichtspunkten muss dem damaligen Gesetzgeber eine derartige Differenzierung zwischen diesen Gesellschaftsformen durchaus bewusst gewesen sein.[1523] Denn der BFH[1524] hat diese Rechtsfigur zu Recht aufgrund des völlig eindeutigen Gesetzeswortlauts aufgegeben. Es können daher erhebliche Bedenken unterstellt werden, ob eine gesetzgeberische Lücke vorliegt und die vorgenommene teleologische Extension dem Grunde nach zulässig war.[1525] Denn es ist zu beachten, dass eine Interpretation, die sich über den eindeutig erkennbaren Willen des Gesetzgebers hinwegsetzt, unzulässig in die Kompetenzen des Gesetzgebers eingreift.[1526]

Es kann festgehalten werden, dass die Argumente gegen eine kategorische Ausklammerung von Personengesellschaften als Organgesellschaft nicht stringent vorgetragen worden sind,[1527] um eine Eingliederung von Personengesellschaften von deutlich schärferen Anforderungen als bei Kapitalgesellschaften abhängig zu machen. Schließlich verbleiben zu Recht Zweifel, dass der V. Umsatzsteuersenat für die selektive Eingliederung von Personengesellschaften als Organgesellschaft eine methodisch nicht vertretbare Auslegung vorgenommen hat.

1521 Vgl. RFH, Urteil vom 06.10.1920, II A 141/20, RFHE 3, S. 290; RFH, Urteil vom 26.09.1927, V A 417/27, RFHE 22, S. 69.

1522 Auch Hummel, in: Mössner et al., Steuerrecht international tätiger Unternehmen, 2018, Kapitel 14 Umsatzsteuerrecht bei Auslandsbeziehungen Rn. 14.473, weist auf eine mögliche bewusste Differenzierung des Anwendungsbereichs der umsatzsteuerlichen Organschaft des damaligen Gesetzgebers hin.

1523 Dazu die vorstehenden Ausführungen in Kapitel C.I.

1524 Zur Aufgabe des Rechtsgebildes des organschaftlichen Verhältnisses: BFH, Urteil vom 07.12.1978, V R 22/74, BStBl. II 1979, S. 356.

1525 Kritisch auch: von Streit/Streit, UStB 2016, S. 153; Reiß, UR 2016, S. 742 und 762; Hoff, Die Anwendung der Umsatzsteuerorganschaft im nationalen Recht, 2016, S. 92.

1526 Vgl. so bereits auch: Reiß, UR 2016, S. 744.

1527 Gleicher Auffassung: Lange, UR 2016, S. 301; Korn, SteuK 2016, S. 149; von Streit/Streit, UStB 2016, S. 156 f.; Stadie, in: Rau/Dürrwächter, UStG, 2018, § 2 Anm. 852.

b. *Auffassung des XI. Umsatzsteuersenats*

Der XI. Umsatzsteuersenat kam in seinen beiden Nachfolgeentscheidungen zu dem Ergebnis, dass der grundsätzliche Ausschluss von Personengesellschaften als Organgesellschaft nicht geeignet und erforderlich ist, um Steuermissbrauch zu verhindern. Damit stuft er eine solche Beschränkung zunächst als unionsrechtswidrig ein.[1528] Dieser Umstand bewog ihn dazu, dass die deutsche Organschaftsnorm dahingehend auszulegen sei, dass eine GmbH & Co. KG eine juristische Person im Sinne des § 2 Abs. 2 Nr. 2 UStG darstellt. Es ist darauf hinzuweisen, dass der XI. Umsatzsteuersenat im Rahmen seiner EuGH-Vorlage aus dem Jahr 2013 noch an einer derartigen Auslegungsfähigkeit gezweifelt hat.[1529] Bemerkenswert erscheint, dass eine richtlinienkonforme Auslegung nunmehr möglich sein soll, obwohl der EuGH in seinem Auslegungsurteil entschieden hat, dass KGs nicht als juristische Personen eingestuft werden können.[1530] An dieser Stelle wird legitimerweise im wissenschaftlichen Schrifttum[1531] die Fragestellung aufgeworfen, mit welcher Intention der XI. Umsatzsteuersenat dem EuGH das Verfahren vorgelegt hat.

Die Argumentationsstränge des XI. Umsatzsteuersenats zur Eingliederbarkeit einer GmbH & Co. KG können durchaus plausibel sein. Der XI. Umsatzsteuersenat führt an, dass der Organträger bei einer GmbH & Co. KG seinen Willen deshalb durchsetzen kann, weil dessen Geschäfte lediglich von einer juristischen Person (GmbH als Komplementärin) getätigt werden. Insgesamt geht der XI. Umsatzsteuersenat auch bei einer GmbH & Co. KG[1532] wieder davon aus, dass nur juristische Personen nach § 2 Abs. 2 Nr. 2 UStG einbezogen werden können, die dem Organträger untergeordnet sind.[1533] Allerdings trägt seine Entscheidung

---

1528 Zustimmend auch: Korn, in: Bunjes, UStG, 2018, § 2 Rn. 112c; Brinkmann/Walter-Yadegardjam, DStR 2016, S. 657; Korn, SteuK 2016, S. 149; Hartman, Stbg 2016, S. 21; Feldgen, BB 2016, S. 607; von Streit/Streit, UStB 2016, S. 154; Birkenfeld, UR 2014, S. 124 und 126.

1529 Vgl. BFH, EuGH-Vorlage vom 11.12.2013, XI R 38/12, BStBl. II 2014, S. 428 unter II.5.a); BFH, EuGH-Vorlage vom 11.12.2013, XI R 17/11, BStBl. II 2014, S. 417 unter II.5.a). Dazu auch kritisch: Korn, in: Bunjes, UStG, 2018, § 2 Rn. 112c.

1530 Vgl. EuGH, Urteil vom 16.07.2015, C 108/14 und C 109/14, ECLI:EU:C:2015:496, Rn. 37.

1531 So im Recht: Grünwald, MwStR 2016, S. 271; von Streit/Streit, UStB 2016, S. 155; Korn, SteuK 2016, S. 149.

1532 Umfassende Ausführungen zur möglichen Eingliederung einer GmbH & Co. KG insbesondere: Schnarrenberger, Die umsatzsteuerliche Organschaft, 2014, S. 179 ff.

1533 Vgl. so bereits auch: von Streit/Streit, UStB 2016, S. 155.

nicht zur Beantwortung der Frage bei, ob Personengesellschaften grundsätzlich in den Organkreis eingliederungsfähig sind.

Nichtdestotrotz ist der Fragestellung nachzugehen, ob § 2 Abs. 2 Nr. 2 UStG für eine richtlinienkonforme Interpretation überhaupt zugänglich ist.[1534] Nach der hier vertretenen Auffassung ist eine Subsumierung von Personengesellschaften unter die Begrifflichkeit der juristischen Person nach § 2 Abs. 2 Nr. 2 UStG nicht möglich. Es ist hervorzuheben, dass eine richtlinienkonforme Auslegung contra legem unionsrechtlich nicht zulässig ist.[1535] In diesem Zusammenhang stellt derselbe Umsatzsteuersenat in einer anderen ergangenen Entscheidung zutreffend fest, dass eine dem klaren Wortlaut des § 2 Abs. 2 Nr. 2 UStG – nämlich die Eingliederung in das Unternehmen des Organträgers – eine vom Wortlaut abweichende richtlinienkonforme Auslegung, wonach nichtsteuerpflichtige Personen Mitglieder des Organkreises sein sollen, nicht möglich ist.[1536] Nach dem eindeutigen Gesetzeswortlaut kann im Verhältnis zu Personengesellschaften eine Organschaft nicht gebildet werden. Eine über das Gesetz hinausgehende Auslegung im Sinne der Rechtsfortbildung kann – wie bereits oben stehend gerügt – auch nicht in Erwägung gezogen werden.[1537]

Es ist daher fraglich, ob eine Erweiterung des personenbezogenen Anwendungsbereichs des umsatzsteuerlichen Organschaftsmodells de lega lata hätte stattfinden dürfen.[1538] Ein richtlinienkonformes Ergebnis kann in diesem Fall

---

1534 Für eine richtlinienkonforme Auslegung: Streit/Rust, DStR 2015, S. 2099 f.; tendenziell auch: Hummel, UR 2015, S. 680. A. A.: Reiß, UR 2016, S. 762; Englisch, UR 2016, S. 833. Offen lassend: Eggers/Korf, MwStR 2015, S. 718; Diemer, DB 2015, S. 1752. Nach Nieskens, BB 2015b, S. 2076, ist eine ergänzende Rechtsfortbildung denkbar.

1535 Vgl. dazu auch: Kapitel B.II.4.a.

1536 Vgl. BFH, Urteil vom 12.10.2016, XI R 30/40, BStBl. II 2017, S. 597 unter II.4.c); BFH, Urteil vom 10.08.2016, XI R 41/14, BStBl. II 2017, S. 590 unter II.1.a)cc); ebenfalls: Tratlehner, in: Achatz/Tumpel, Der Unternehmerbegriff des UStG, 2017, S. 134.

1537 Ebenfalls: Englisch, UR 2016, S. 833 ff.; Reiß, UR 2016, S. 744 ff.; Hoff, Die Anwendung der Umsatzsteuerorganschaft im nationalen Recht, 2016, S. 94.

1538 Nach Hummel, UR 2010, S. 207 f.; Hummel, UR 2015, S. 680, soll eine verfassungskonforme Auslegung der Begrifflichkeit der juristischen Person im Sinne des § 2 Abs. 2 Nr. 2 UStG in Anlehnung an die Auslegungsinterpretation des BVerfG im Rahmen des Art. 19 Abs. 3 GG möglich sein. Danach werden die Außen-GbR, die oHG, die KG und die PartG als grundrechtsfähig im Sinne des Art. 19 Abs. 3 GG erachtet. Insgesamt erfahren diese Personengesellschaften mit juristischen Personen im Sinne des Zivilrechts eine Gleichstellung. Zur Gegenansicht: Reiß, in: Englisch/Nieskens, Umsatzsteuer-Kongress-Bericht 2010, 2011, S. 200 (in Fn. 7), der zutreffend darlegt, dass sowohl nach dem Willen des historischen Gesetzgebers als auch nach dem derzeitigen Verständnis des nationalen Gesellschaftsrechts die Begrifflichkeit

weder durch Auslegung noch durch Rechtsfortbildung der deutschen Organschaftsnorm auf methodisch tragbarem Wege erreicht werden. Nach der hier vertretenen Auffassung ist der personenbezogene Anwendungsbereich ausschließlich durch Tätigwerden des deutschen Gesetzgebers zu erweitern.[1539] Im Übrigen können die Auslegungssichtweisen der beiden Umsatzsteuersenate nicht das Grundproblem beseitigen, dass Personengesellschaften nach § 2 Abs. 2 Nr. 2 UStG von dem Organkreis ausgeschlossen sind.

c. *Stellungnahme*

Aus der vorliegenden Untersuchung des europäischen und nationalen Rechtsverständnisses zur Berücksichtigungsfähigkeit von Personengesellschaften als Organgesellschaft kann zunächst abgeleitet werden, dass in diesem Fall ein Paradigmenwechsel stattgefunden hat. Aus übergeordneter Position forderte der EuGH, die deutsche Organschaftsnorm gemäß § 2 Abs. 2 Nr. 2 UStG so auszulegen, dass auch Personengesellschaften als Organgesellschaft fungieren können. In der Begründung der für die Umsatzsteuer zuständigen Senate des BFH und somit auch für den personenbezogenen Anwendungsbereich werden erhebliche Diskrepanzen aufgedeckt.

Dabei setzte der V. Umsatzsteuersenat die Vorgaben des EuGH so um, dass neben dem Organträger lediglich solche Personen Gesellschafter der Personengesellschaft sein können, die in das Unternehmen des Organträgers vollständig finanziell eingegliedert sind. Somit kann eine umsatzsteuerliche Organschaft bereits aufgrund einer geringfügigen Streubesitzbeteiligung versagt werden. Allerdings ist eine Beschränkung auf besondere Personengesellschaftsarten nicht ersichtlich. Unter diesem Gesichtspunkt könnte der Eindruck vermittelt werden, dass der V. Umsatzsteuersenat grundsätzlich der Forderung des EuGH, sämtlichen Personengesellschaftsformen den Zugang zur umsatzsteuerlichen Organschaft zu gewähren, nachgekommen ist und entsprechend eine rechtsformneutrale Organschaftsregelung geschaffen hat. Jedoch ist in diesem

---

der juristischen Person im UStG gerade nicht Personengesellschaften umfasst. Die Organschaftsregelung stellt erkennbar auf juristische Personen im Sinne des Zivilrechts ab. Ebenso ablehnend: Hoff, Die Anwendung der Umsatzsteuerorganschaft im nationalen Recht, 2016, S. 93.

1539 In diesem Sinne auch: Stadie, in: Rau/Dürrwächter, UStG, 2018, § 2 Anm. 852; Diemer, DB 2015, S. 1752; Reiß, UR 2016, S. 744 f.; Rauch, UR 2017, S. 892; Ismer/Reiß, in: UmsatzsteuerForum e.V. und BMF, 100 Jahre Umsatzsteuer in Deutschland, 2018, S. 425 f; Tratlehner, in: Achatz/Tumpel, Der Unternehmerbegriff des UStG, 2017, S. 135.

Zusammenhang anzuführen, dass die Auslegung des V. Umsatzsteuersenats den potenziellen Organgesellschaftskreis erheblich einschränkt, sodass die gesetzliche Reduzierung der Organgesellschaft auf juristische Personen nach der hier vertretenen Auffassung im Kern bestehen bleibt. Vor diesem Hintergrund wird bezweifelt, ob die Voraussetzungen zur vollständigen finanziellen Eingliederung in praxistaugliche Modelle umgesetzt werden können.[1540] In der Gestaltungspraxis werden häufig grundstückshaltende Gesellschaften in Form von GmbH & Co. KG konzipiert, um durch die Beteiligung von Minderheitsgesellschaftern das Anfallen von Grunderwerbsteuer bei konzerninternen Immobilientransaktionen zu verhindern.[1541] Solche Fallkonstellationen würden bereits zur Versagung einer umsatzsteuerlichen Organschaft führen.

Des Weiteren kann sich die Überprüfung der BFH-Maßstäbe in Verbindung mit unübersichtlichen Unternehmensstrukturen mit weit über 100 Organgesellschaften, als sehr schwierig erweisen. Denn die Beteiligungsketten müssen bis zum potenziellen Organträger zurückverfolgt werden, um das Vorliegen einer 100-prozentigen Eingliederung sämtlicher Gesellschafter der Personengesellschaft sicherstellen zu können. Ob dies grundsätzlich mit dem Vereinfachungsgedanken der umsatzsteuerlichen Organschaft zu vereinbaren ist, ist äußerst bedenklich. Im Gegenteil kann ein solches Auslegungsverständnis die Besteuerung für Steuerpflichtige und deren Berater sowie für die Finanzverwaltung erheblich verkomplizieren, womit sowohl Fehlbeurteilungen als auch ein erhöhter Arbeitsaufwand für sämtliche Beteiligte verbunden sind.

Im Gegensatz dazu schränkt der XI. Umsatzsteuersenat seine Sichtweise dahingehend ein, dass er lediglich eine kapitalistisch strukturierte Personengesellschaft als Organgesellschaft zulässt. Demzufolge ist nicht entscheidungsrelevant, dass sämtliche Anteile an der GmbH & Co. KG beim Organträger liegen müssen. Ein Minderheitsgesellschafter ist in diesem Fall für das Vorliegen einer umsatzsteuerlichen Organschaft unschädlich. Unter Einbeziehung des neuen BMF-Schreibens ist die Eingliederung von Personengesellschaften allerdings unter Berücksichtigung der strikten beteiligungsbezogenen Allein-Beherrschungsvoraussetzung durch den Organträger ab 2019 zwingend.[1542]

1540 So beispielhaft: Wäger, UR 2017, S. 667; Jansen, BB 2016, S. 2265.

1541 Vgl. Jansen, BB 2016, S. 2265 und 2268.

1542 In Österreich werden bereits seit 2017 unter Berücksichtigung der vom V. Umsatzsteuersenat entwickelten Anforderungen Personengesellschaften in den Organkreis eingegliedert, vgl. öst. UStR 2000, Rn. 233 mit ausdrücklichem Verweis auf BFH, Urteil vom 02.12.2015, V R 25/13, BStBl. II 2017, S. 547 und EuGH, Urteil vom 16.07.2015, C 108/14 und C 109/14, ECLI:EU:C:2015:496.

Ob die Entscheidungen der beiden Umsatzsteuersenate sowie die der Finanzverwaltung, sich der Ansicht des V. Umsatzsteuersenats anzuschließen, mit den Bestrebungen des EuGH kompatibel sind, ist kritisch zu bewerten.[1543] Aus seinem Verdikt ist nicht ersichtlich, dass die Eingliederung von Personengesellschaften als Organgesellschaft weder von der Gesellschaftsstruktur noch von einem bestimmten Beteiligungsgrad abhängig gemacht werden soll.[1544] Daraus ergibt sich, dass grundsätzlich keine weiteren Voraussetzungen an die Bildung einer umsatzsteuerlichen Organschaft zu knüpfen sind. Als einziges belastbares Argument lässt der EuGH das Berufungsrecht auf die Missbrauchsabwehrvorschrift zu, um eine Öffnung des Organschaftskreises für andere Gesellschaften, wie in § 2 Abs. 2 Nr. 2 UStG vorgesehen, zu versagen. Fragwürdig erscheint in diesem Zusammenhang allerdings, ob sich das vom V. Umsatzsteuersenat in den Fokus gerückte Kriterium der einfachen und rechtssicheren Ermittlung des Steuerschuldners in diesem Fall als valider Beweggrund für die Einschränkung des Kreises potenziell tauglicher Organgesellschaften bzw. des Neutralitätsgrundsatzes in der Ausprägung der Rechtsformneutralität erweist.[1545] Denn wie die obenstehenden Darlegungen verdeutlicht haben, können sich einerseits auch bei juristischen Personen Nachweisprobleme ergeben, die mit einer erhöhten Rechtsunsicherheit verbunden sind. Andererseits kann zwar die 100-prozentige Beteiligung als Missbrauchsvorbeugungsmaßnahme geeignet sein; allerdings ist diese z. B. durch Vorlage entsprechender Belege, dass die Tatbestandsvoraussetzungen vorliegen, nicht erforderlich. Daher wird die Ansicht dahingehend vertreten, dass die Festlegung auf den Rechtssicherheitsgrundsatz für eine unterschiedliche Behandlung von Kapital- und Personengesellschaften nicht überzeugend ist. Aus diesem Grunde könnte möglicherweise die deutlich enge Auslegung der Zulassung von Personengesellschaften als Organgesellschaft bewirken, dass ein nicht mit dem Unionsrecht zu vereinbarender nationaler Rechtsstatus[1546] fortbesteht.

1543 Zweifelnd auch: Winter, MwStR 2016, S. 334; Küffner/Rust, DB 2016, S. 731; Jansen, BB 2016, S. 2265.

1544 Vgl. so bereits auch: Jansen, BB 2016, S. 2265.

1545 Reiß, in: Englisch/Nieskens, Umsatzsteuer-Kongress-Bericht 2010, 2011, S. 200 ff., verneint in diesem Zusammenhang eine Verletzung des Neutralitätsgrundsatzes.

1546 Nach Hummel, in: Mössner et al., Steuerrecht international tätiger Unternehmen, 2018, Kapitel 14 Umsatzsteuerrecht bei Auslandsbeziehungen Rn. 14.475, ist kaum vorstellbar, dass eine vollständige Beteiligung des Organträgers an der Personengesellschaft im Rahmen einer Vorlage an den EuGH zu rechtfertigen ist. Prätzler, BB 2018, S. 601, spricht von einer „kurzfristigen Reparatur" des Unionsrechtsverstoßes im deutschen § 2 Abs. 2 Nr. 2 UStG.

Sofern § 2 Abs. 2 Nr. 2 UStG den personenbezogenen Anwendungsbereich weiterhin auf juristische Personen einschränkt, könnte sich die EU-Kommission vor diesem Hintergrund veranlasst sehen, ein Vertragsverletzungsverfahren gegen Deutschland einzuleiten.[1547] Auch werden auf nationaler Ebene an die Voraussetzungen zur Eingliederungsfähigkeit von Personengesellschaften durch die 100-prozentige Beteiligung im Vergleich zu juristischen Personen unverhältnismäßig hohe Anforderungen gestellt. Ob allerdings die beteiligungsbezogene Allein-Beherrschungsvoraussetzung durch den Organträger einer Prüfung vor dem EuGH standhält, ist fraglich. Jedoch lässt sich eine vergleichbare Regelung auch in Dänemark finden. Sofern Personen mit ausschließlich steuerbefreiten Außenumsätzen in die Mehrwertsteuergruppe einbezogen werden sollen, müssen dort sämtliche Anteile in der Hand einer Person vereint sein.[1548]

Abschließend stellt sich in diesem Zusammenhang insbesondere die Frage, ob die Eingliederung von Personengesellschaften als Organgesellschaft nicht von anderen Voraussetzungen als im Sinne einer Vollbeherrschung durch den Organträger abhängig gemacht werden kann. Die nachfolgende Untersuchung soll sich diesem Aspekt widmen. Es soll daher analysiert werden, ob der personenbezogene Anwendungsbereich der umsatzsteuerlichen Organschaft noch weitergehender als nach der aktuellen Rechtsprechung bzw. der Finanzverwaltungsanweisung für Personengesellschaften als Organgesellschaft zu öffnen ist.

II. Weitergehende Überlegungen zur Eingliederung von Personengesellschaften

1. Allgemeines

Grundsätzlich ist die Eingliederung von Personengesellschaften als taugliche Organgesellschaft in den umsatzsteuerlichen Organkreis zu verneinen. Im Regelfall lassen sich die Festlegungen zur Eingliederung juristischer Personen nicht auf Personengesellschaften übertragen. Für die Nichtzulassung der Personengesellschaften als potenzielle Organkreismitglieder spielen die finanzielle und organisatorische Eingliederung eine übergeordnete Rolle.[1549] Bei der EWIV gilt die Besonderheit, dass bestimmte Gesellschafter mehrere Stimmen besitzen können. Voraussetzung ist dafür allerdings, dass ein einziges Mitglied dadurch

1547 Vgl. ebenso: Lange, UR 2016, S. 301; Ismer/Reiß, in: UmsatzsteuerForum e.V. und BMF, 100 Jahre Umsatzsteuer in Deutschland, 2018, S. 426.

1548 Vgl. Annacondia, EU VAT Compass 2017/2018, 2017, S. 602.

1549 Vgl. so auch: Wäger, UR 2017, S. 665.

nicht die Stimmenmehrheit erhält (Art. 17 Abs. 1 S. 2 EWIV-VO). Daher ist bei der EWIV ein abweichendes Mehrheitsprinzip per se ausgeschlossen. Vor diesem Hintergrund scheidet eine finanzielle Eingliederung kraft EWIV-VO aus.

Hingegen lässt sich die wirtschaftliche Eingliederung auch bei Personengesellschaften begründen. Die wirtschaftliche Eingliederung[1550] erfordert lediglich, dass zwischen Organgesellschaft und Organträger ein vernünftiger wirtschaftlicher Zusammenhang im Sinne einer wirtschaftlichen Einheit, Kooperation oder Verflechtung vorhanden ist. In diesem Sinne spielt die Rechtsform für die wirtschaftliche Eingliederung keine wesentliche Rolle, sodass dieses Tatbestandsmerkmal zweifelsfrei auch durch eine Personengesellschaft erfüllt werden kann. Daher wird die wirtschaftliche Eingliederung für die weitere Untersuchung als gegeben angesehen. Für eine mögliche Behandlung bzw. Nichtbehandlung von Personengesellschaften als Organgesellschaft in einem umsatzsteuerlichen Organkreis lassen sich vier Fallvarianten[1551] unterscheiden, die nachfolgend auch besonders durch Vergleich mit juristischen Personen kritisch diskutiert werden sollen.[1552]

2. Fallvarianten zur Eingliederung von Personengesellschaften

a. Fallvariante 1

Mit Blick auf die finanzielle Eingliederung juristischer Personen stellt die kapitalmäßige Beteiligung von mehr als 50 Prozent bei gleichzeitiger Stimmenmehrheit die Willensdurchsetzung in der Organgesellschaft sicher.[1553] In diesem Zusammenhang scheitert die finanzielle Eingliederung bei Personengesellschaften am gesetzlich durch § 709 Abs. 1 BGB (GbR), § 119 Abs. 1 HGB (oHG), § 161 Abs. 2 HGB (KG) und § 1 Abs. 4 PartGG (PartG) vorgesehenen Regelfall des sog. Einstimmigkeitsprinzips.[1554] In diesem Sinne garantiert das Einstimmigkeitsprinzip, dass alle Mitgesellschafter der Personengesellschaft bei

1550 Zur wirtschaftlichen Eingliederung juristischer Personen: Kapitel C.III.2.c.

1551 Trotz der in Kapitel D.III.4.c.ee. aufgezeigten unionsrechtlichen Bedenken mit Blick auf die nationalen Eingliederungsvoraussetzungen werden für die nachfolgende Untersuchung die derzeit geltenden Organschaftsvoraussetzungen juristischer Personen nach § 2 Abs. 2 Nr. 2 UStG für eine Prüfung der Übertragbarkeit auf Personengesellschaften herangezogen.

1552 Mit ähnlichen Überlegungen: Wäger, UR 2017, S. 667 ff.

1553 Zur finanziellen Eingliederung juristischer Personen: Kapitel C.III.2.b.

1554 Vgl. Grunewald, Gesellschaftsrecht, 2017, § 1 Rn. 39; Schäfer, in: Habersack, Münchener Kommentar zum BGB, 2017, § 705 Rn. 10; Wiedemann, ZGR 1996, S. 292 f.

der Beschlussfassung gleicher Meinung bezüglich der zu fällenden Entscheidung sein müssen.[1555] Eine Willensdurchsetzung durch nur einen Gesellschafter in Form des Organträgers wäre nicht möglich. Darüber hinaus wird bei juristischen Personen grundsätzlich dem sog. Prinzip der Drittorganschaft[1556] gefolgt, nach dem die Geschäftsführung mithilfe eines Organs fremdbestimmt geleitet wird. Die Voraussetzungen zur organisatorischen Eingliederung juristischer Personen liegen vor, wenn der Organträger durch organisatorische Maßnahmen sicherstellt, dass in der Organgesellschaft sein Wille auch tatsächlich durchgesetzt wird. Sind beispielhaft bei der Organgesellschaft mehrere einzelvertretungsbefugte Geschäftsführer bestellt, ist ausreichend, dass zumindest einer von ihnen auch Geschäftsführer des Organträgers ist. In diesem Fall sind zusätzliche Maßnahmen zur Sicherstellung der Beherrschung der Geschäftsführung der Organgesellschaft erforderlich. Als Maßnahme kommt z. B. ein umfassendes Weisungsrecht des Organträgers gegenüber der Geschäftsführung der Organgesellschaft mit dem Recht zur Bestellung und Abberufung sämtlicher Geschäftsführer der Organgesellschaft in Betracht.[1557] Das Abberufungsrecht muss dem Organträger uneingeschränkt zustehen und nicht nur bei Vorliegen eines wichtigen Grundes.[1558] Hingegen ist die organisatorische Eingliederung bei Personengesellschaften im gesetzlichen Regelfall nicht denkbar. In diesem Sinne gilt die sog. Selbstorganschaft[1559], innerhalb derer eine Gesellschaft nach ihrer gesetzlichen Konstruktion über kein besonderes Geschäftsführungs- und Vertretungsorgan verfügt, sondern die Geschäftsführungskompetenz in den Verantwortungsbereich aller Mitglieder der Gesellschaft fällt.[1560] Im Ergebnis ist nach Fallvariante 1 im gesetzlichen Regelfall eine Berücksichtigung von Personengesellschaften als Organgesellschaft im Organkreis mangels finanzieller und organisatorischer Eingliederung nicht möglich.

1555 Vgl. Schöne, in: Bamberger et al., BeckOK BGB, 2018, § 709 Rn. 2.

1556 Zum sog. Prinzip der Drittorganschaft: Fleischer, in: Fleischer/Goette, Münchener Kommentar zum GmbHG, 2018, Einleitung Rn. 25 ff.

1557 Vgl. Abschn. 2.8 Abs. 8 S. 8 UStAE.

1558 Vgl. Birkenfeld, in: Birkenfeld/Wäger, Das große Umsatzsteuer-Handbuch, 2018, § 44 Rn. 417.

1559 Zum sog. Prinzip der Selbstorganschaft: Schäfer, in: Habersack, Münchener Kommentar zum BGB, 2017, § 709 Rn. 4 ff.

1560 Vgl. Grunewald, Gesellschaftsrecht, 2017, § 1 Rn. 40.

b. *Fallvariante 2*

Im Vergleich zur Fallvariante 1 ist jedoch anzumerken, dass von wesentlicher Bedeutung ist, dass zahlreiche Vorschriften zur Personengesellschaft im BGB und HGB von dispositiver Natur sind.[1561] Dies bedeutet, dass die Gesellschafter bei der Ausgestaltung des Gesellschaftsvertrags weitgehend von dem gesetzlichen Regelfall abweichen können. In diesem Sinne könnte in dem betreffenden Gesellschaftsvertrag einer Personengesellschaft ein abweichendes Mehrheitsprinzip[1562] geregelt werden. Jedoch könnte in diesem Fall die sog. Vermutungsregelung nach § 709 Abs. 2 BGB (GbR), § 119 Abs. 2 HGB (oHG), § 161 Abs. 2 HGB (KG) und § 1 Abs. 4 PartGG (PartG) greifen. Aufgrund der gesetzlich vorgesehenen Vermutungsregel bei Personengesellschaften scheitert auch hier eine finanzielle Eingliederung, da die Mehrheit im Zweifel nach der Zahl der Gesellschafter zu bestimmen ist.[1563] In diesem Zusammenhang würde der potenzielle Organträger nicht über 50 Prozent der Stimmrechte verfügen, sondern lediglich über eine von mehreren gleichgewichteten Stimmen, sodass die nach neuer Rechtsprechung des BFH geforderte stetige Willensdurchsetzung ausgeschlossen ist.[1564]

Des Weiteren kann der Gesellschaftsvertrag vorsehen, dass die Geschäftsführungsberechtigung jedem einzelnen Gesellschafter oder allenfalls einigen Gesellschaftern allein zusteht.[1565] Bei der sog. Einzelgeschäftsführungsbefugnis sind dieser oder diese Gesellschafter berechtigt, ohne Zustimmung der anderen Gesellschafter für die Gesellschaft die Geschäfte zu führen.[1566] Ist dies der Fall, sind die übrigen Gesellschafter von der Geschäftsführungsbefugnis ausgeschlossen.[1567] Für die Vertretungsmacht gilt, dass, soweit einem Gesellschafter nach dem Gesellschaftsvertrag die Geschäftsführungsberechtigung zusteht, er auch ermächtigt ist, die anderen Gesellschafter gegenüber Dritten zu vertreten.[1568] Allerdings ist bei der

---

1561 Vgl. Grunewald, Gesellschaftsrecht, 2017, § 1 Rn. 42.

1562 Zur Praxisrelevanz von Mehrheitsvereinbarungen: Prätzler, BB 2018, S. 601.

1563 Vgl. Grunewald, Gesellschaftsrecht, 2017, § 1 Rn. 85.

1564 Vgl. Wäger, UR 2017, S. 667.

1565 Vgl. beispielhaft für die GbR: § 710 BGB; für die oHG: § 114 Abs. 1 HGB und § 116 Abs. 2 HGB; für die PartG: § 6 Abs. 3 PartGG.

1566 Vgl. Grunewald, Gesellschaftsrecht, 2017, § 1 Rn. 40.

1567 Vgl. beispielhaft für die GbR: § 710 S. 1 BGB; für die oHG: § 114 Abs. 2 HGB; für die KG: § 161 Abs. 2 HGB.

1568 Vgl. Grunewald, Gesellschaftsrecht, 2017, § 1 Rn. 52. Sofern im Gesellschaftsvertrag nichts Abweichendes geregelt ist, gilt bei der GbR gemäß §§ 709 Abs. 1 und 714 BGB im Regelfall die Gesamtvertretungsmacht. Für die oHG gilt, dass jeder Gesellschafter zur Vertretung ermächtigt ist (§ 125 Abs. 1 HGB), jedoch ist auch eine

PartG die Besonderheit zu beachten, dass ein völliger Ausschluss eines Partners von der Geschäftsführungsbefugnis nicht möglich ist (§ 6 Abs. 2 PartGG). Vor diesem Hintergrund wäre eine organisatorische Eingliederung bei Personengesellschaften nur dann denkbar, sofern ausschließlich der Organträger geschäftsführungs- und vertretungsberechtigt ist.[1569] Im Ergebnis ist auch in Fallvariante 2 eine Eingliederung von Personengesellschaften als Organgesellschaft wegen mangelhafter Voraussetzungen zur finanziellen Eingliederung nicht möglich.

c. *Fallvariante 3*

Abweichend zur Fallvariante 2 kann im Gesellschaftsvertrag geregelt werden, dass sich die Mehrheit nicht nach Köpfen, sondern nach der Quote der Kapitalbeteiligung richten soll.[1570] In diesem Sinne ist eine finanzielle Eingliederung in vergleichbarer Weise wie bei juristischen Personen möglich. Durch eine Kapitalquotenregelung kommt eine mehrheitliche Stellung eines Mitgesellschafters einer Personengesellschaft genauso infrage wie eine mehrheitliche Beteiligung eines Gesellschafters an einer Kapitalgesellschaft.[1571] Der Gesellschaftsvertrag muss somit vorsehen, dass einerseits bei Beschlussfassungen die Mehrheit der Stimmen und andererseits für diese Mehrheit der Kapitalanteil maßgeblich ist. Für die organisatorische Eingliederung gelten die vorangestellten Ausführungen in Fallvariante 2. Aus dieser Sicht müssen gesellschaftsvertragliche Vereinbarungen getroffen werden, die entgegenstehende Regelungen im Sinne des §§ 709, 710 BGB (GbR), §§ 116, 119, 125 HGB (oHG) und § 161 Abs. 2 HGB (KG) eindeutig ausschließen. In diesem Sinne muss im Gesellschaftsvertrag festgelegt sein, dass der Organträger im Sinne des Mehrheitsgesellschafters die alleinige Geschäftsführungs- und Vertretungsberechtigung zugewiesen wird.[1572] Unter diesen beschriebenen Voraussetzungen ist eine finanzielle und organisatorische Eingliederung von Personengesellschaften durch vertragliche Gestaltung möglich.

Gesamtvertretung nach § 125 Abs. 2 HGB möglich. Der Umfang der Vertretungsmacht richtet sich nach § 126 HGB. Zur Vertretung bei einer KG und bei einer PartG siehe insbesondere: Grunewald, Gesellschaftsrecht, 2017, § 3 Rn. 16 ff. und § 5 Rn. 8.

1569 Vgl. Wäger, UR 2017, S. 666.

1570 Vgl. Grunewald, Gesellschaftsrecht, 2017, § 1 Rn. 85.

1571 Vgl. Hummel, UR 2010, S. 210.

1572 Vgl. Klink/Wüllrich, BB 2014, S. 1760, die zu Recht darauf hinweisen, dass für das Vorliegen einer umsatzsteuerlichen Organschaft ausschließlich die Geschäftsführungsbefugnis maßgebend ist. Allerdings empfehlen sie, dass im Gesellschaftsvertrag der Organgesellschaft klare Regelungen zur Geschäftsführungsberechtigung und Vertretungsmacht zu implementieren.

d. *Fallvariante 4*

Die letzte Variante umfasst das vom V. Umsatzsteuersenat neu entwickelte sog. Prinzip der vollständigen finanziellen Eingliederung. Bedingung ist, dass sämtliche Mitgesellschafter der Personengesellschaft in das Unternehmen des Organträgers finanziell eingegliedert sind. Dies hat zur Folge, dass das gesetzlich normierte Einstimmigkeitsprinzip keine schädliche Wirkung auf die finanzielle Eingliederung entfalten kann. Durch die 100-prozentige Beteiligung kann der Organträger die Beschlussfassung in der Personengesellschaft über die in ihn eingegliederten Mitgesellschafter nach seinem Willen vornehmen. In diesem Sinne existiert für den Organträger die Möglichkeit einer aktiven Willensdurchsetzung in der Organgesellschaft, da sämtliche Gesellschaftsanteile der Organgesellschaft beim Organträger zusammengeführt sind.[1573] Auch die Voraussetzungen zur organisatorischen Eingliederung sind gegeben. Mit Bezug auf den Grundsatz der Selbstorganschaft können ausschließlich die Gesellschafter und somit der Organträger und die in ihn finanziell eingegliederten Mitgesellschafter für die Geschäftsführungs- und Vertretungsbefugnis infrage kommen.[1574]

3. Kritische Würdigung

Unter Berücksichtigung der zuvor dargestellten Eingliederungsproblematik von Personengesellschaften lässt sich gegenüber den BFH-Maßstäben eine weitere Fallvariante ableiten, die ebenso zur Eingliederung von Personengesellschaften als Organgesellschaft in den umsatzsteuerlichen Organkreis befähigt. Zunächst ist hervorzuheben, dass durch Heranziehen der Fallvariante 3 der Notwendigkeit einer 100-prozentigen Beteiligung entgegengewirkt werden kann. Folgerichtig wäre auch bei der Eingliederung von Personengesellschaften eine „mehrheitliche Beteiligung" ausreichend. Vor diesem Hintergrund kann einerseits der Kritik fehlender Praxisuntauglichkeit bezogen auf die vom BFH entwickelten Maßstäbe widersprochen werden. Andererseits lässt sich die Überprüfbarkeit der Eingliederungsvoraussetzungen für die zuständigen Finanzverwaltungen (bzw. für die Steuerpflichtigen) deutlich erleichtern. Die Fallvariante 3 kann im Verhältnis zur Vollbeherrschung durch den Organträger die Eingliederung von Personengesellschaften als Organgesellschaft in der Praxis fördern. In diesem Zusammenhang

---

1573 Vgl. Slapio, in: UmsatzsteuerForum e.V. und BMF, 100 Jahre Umsatzsteuer in Deutschland, 2018, S. 457.

1574 Vgl. Wäger, UR 2017, S. 667; Slapio, in: UmsatzsteuerForum e.V. und BMF, 100 Jahre Umsatzsteuer in Deutschland, 2018, S. 457. Siehe insbesondere dazu: Abbildung 4.

würden Konzernstrukturen mit Einbindung von Minderheitsgesellschaftern nicht zu einer Vernichtung einer umsatzsteuerlichen Organschaft führen. Die Vereinfachung, insbesondere für die zuständigen Finanzverwaltungen, ergibt sich nunmehr daraus, dass die Organschaftsvoraussetzungen durch Abschluss eines schriftlichen Gesellschaftsvertrags sowie beispielhaft unter Zuhilfenahme der zu tätigenden Angaben in den Registern nachgewiesen werden können. Eine arbeits- und zeitintensive Zurückverfolgung von Beteiligungsketten bis zum potenziellen Organträger, um eine 100-prozentige Beteiligung sicherzustellen, würde somit entfallen. Eine solche Nachweispflicht könnte zukünftig durch eine verfahrensrechtliche Ergänzung der umsatzsteuerlichen Organschaft geschaffen werden. Im Ergebnis kann Fallvariante 3 dazu beitragen, dass Personengesellschaften eine Gleichstellung mit juristischen Personen im Rahmen des umsatzsteuerlichen Organschaftskonzepts erfahren.

Die nachfolgende Abbildung 9[1575] verdeutlicht in Form eines Prüfungsschemas, welches Anforderungsprofil erfüllt werden muss, um eine weitergehende Eingliederung von Personengesellschaften in den umsatzsteuerlichen Organkreis zu gewährleisten.

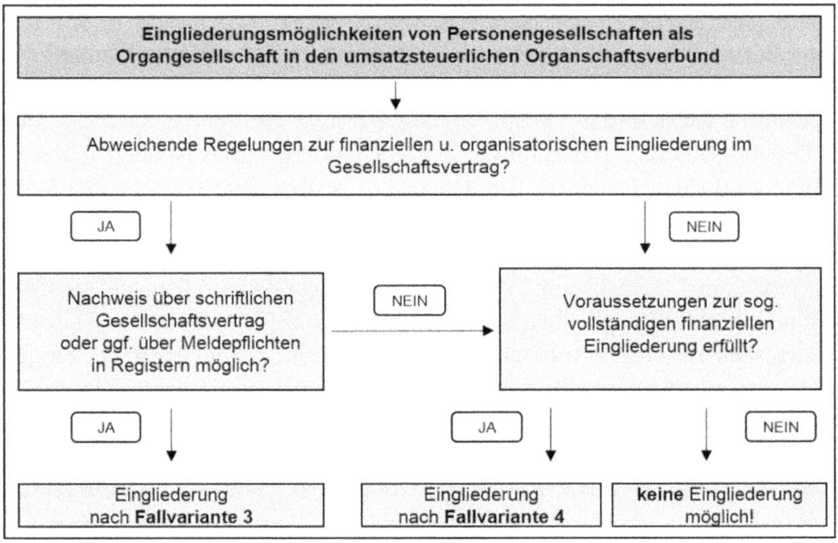

Abbildung 9: Anforderungsprofil für eine weitergehende Eingliederung von Personengesellschaften

1575 Quelle: Eigene Darstellung.

In der Konsequenz der durchgeführten Analyse lässt sich festhalten, dass die Voraussetzung, dass Mitgesellschafter der Personengesellschaft neben dem Organträger nur jene Personen sein können, die finanziell in das Unternehmen des Organträgers eingegliedert sein müssen, nicht zwingend ist. Dies gilt lediglich für Personengesellschaftsformen, die keinen schriftlich abgeschlossenen Gesellschaftsvertrag vorlegen können oder die keinen Publizitätspflichten unterliegen. Zudem ist eine Tendenz zu beobachten, durch die sich die umsatzsteuerliche Organschaftsvorschrift rechtsformunabhängig – wie es das Unionsrecht fordert – entwickeln kann.

III. Zusammenfassende Würdigung der Eingliederung von Personengesellschaften

Nach vorheriger Rechtsauffassung konnten in zahlreichen Konzernstrukturen Personengesellschaften gezielt als sog. Organschaftsblocker eingesetzt werden, um die Rechtsfolgen der umsatzsteuerlichen Organschaft nicht eintreten zulassen.[1576] In diesem Sinne konnte trotz Vorliegen der entscheidenden Anteilsmehrheit, vollständiger Personenidentität und wirtschaftlicher Verflechtungen der Unternehmensbereiche eine umsatzsteuerliche Organschaft vermieden werden.[1577] Vor diesem Hintergrund ist die umsatzsteuerliche Organschaft verhindert bzw. beendet worden, wenn die Organgesellschaft im Wege eines Formwechsels nach §§ 190 ff. UmwG in eine Personengesellschaft umgewandelt wurde.[1578]

Es sollte jedoch auch berücksichtigt werden, dass in der Vergangenheit nicht in jedem Fall durch die Einschaltung einer Personengesellschaft die gewünschte schädliche Wirkung erzielt werden konnte. Dies gilt für Tochtergesellschaften jener Personengesellschaft, welche die Rechtsform einer Kapitalgesellschaft bekleiden und wiederum zu dem Unternehmen des Organträgers gehören. Demzufolge kann über die Personengesellschaft die mittelbare finanzielle Eingliederung nachgeordneter Gesellschaften verwirklicht und gezielt genutzt werden, um die Voraussetzungen des sachlichen Anwendungsbereichs zu fördern. Eine derartige Klammergesellschaft hat zum Vorteil, dass der Organkreis nicht durchbrochen wird.[1579] Folgerichtig sind Personengesellschaften bereits nach

---

1576 Vgl. Hudasch/Höink, UVR 2016, S. 113; Jansen, BB 2016, S. 2268.

1577 Vgl. Jansen, BB 2016, S. 2268, der darauf hinweist, dass in der Vergangenheit unerwünschte Geschäftstätigkeiten in einer Personengesellschaft ausgeübt wurden.

1578 Vgl. Feldgen, BB 2010, S. 286; Widmann, DK 2003, S. 333.

1579 Vgl. Wäger, UR 2016, S. 179; Jansen, BB 2016, S. 2268.

der alten Rechtslage in bestimmten Fallkonstellationen als Organschaftsblocker nicht geeignet gewesen, sofern diese einen gesamten Teilkonzern von der übrigen Organschaft abgrenzen sollen.[1580] Insgesamt wird die Wahl der Rechtsform nicht mehr ausreichen, um grundsätzlich die Organschaftsthematik zu vermeiden bzw. die beabsichtigte Abschirmwirkung zu erzielen. Wesentliche Entscheidungskriterien für die Vermeidung einer umsatzsteuerlichen Organschaft könnten beispielhaft die Verhinderung der Haftungsinanspruchnahme der Organgesellschaft oder die Optimierung des Vorsteuerabzugs sein.[1581] In diesem Sinne muss bei der umsatzsteuerlichen Organschaft mit Personengesellschaften – wie auch bei juristischen Personen – derzeit auf die Gestaltung der Eingliederungsvoraussetzungen zurückgegriffen werden. Insbesondere kann die Bestellung eines externen einzelvertretungsberechtigten Geschäftsführers die gewünschte schädliche Wirkung erzielen.[1582] Alternativ kann die Einbindung eines sog. Zwergbeteiligten bzw. die Begründung von RETT-Blocker-Strukturen[1583] mit Blick auf die neuen Maßstäbe des V. Umsatzsteuersenats zur finanziellen Eingliederung von Personengesellschaften definitiv als Vermeidungsstrategie genutzt werden, um die Rechtsfolgen der umsatzsteuerlichen Organschaft nicht eintreten zu lassen.[1584]

1580 Vgl. Jansen, BB 2016, S. 2268.

1581 Vgl. Brinkmann/Walter-Yadegardjam, DStR 2016, S. 653; Jansen, BB 2016, S. 2268.

1582 Vgl. Nieskoven, GStB 2017, S. 379.

1583 Für eine Begriffsdefinition der RETT-Blocker: Demleitner, in: Haase/Jachmann, Beck'sches Handbuch Immobiliensteuerrecht, 2016, § 17 Rn. 1 ff.

1584 Für Gestaltungswege zur Verhinderung einer umsatzsteuerlichen Organschaft bei einer Ein-Personen-GmbH & Co. KG siehe insbesondere: Strahl, Kösdi 2018, S. 20890.

F. Lösungsansatz zur Weiterentwicklung des Anwendungsbereichs der umsatzsteuerlichen Organschaft nach § 2 Abs. 2 Nr. 2 UStG

I. Anwendungsbereich de lege lata

Die Kapitel D und E und die damit gewonnenen Untersuchungsergebnisse verdeutlichen, dass nach geltendem Recht grundsätzlich kein hoher Weiterentwicklungsspielraum des Anwendungsbereichs des umsatzsteuerlichen Organschaftskonzepts nach § 2 Abs. 2 Nr. 2 UStG bis zu einer unionsrechtlichen Mehrwertsteuergruppe im Sinne des Art. 11 MwStSystRL besteht. Der Sichtweise der Rechtsprechung des V. Umsatzsteuersenats und der deutschen Finanzverwaltung eng folgend, bleibt der Status Quo der umsatzsteuerlichen Organschaft weitgehend unberührt.[1585]

Dennoch ist im Ergebnis unter bestimmten Voraussetzungen der personenbezogene Anwendungsbereich um Personengesellschaften erweitert worden. Eine weitergehende Berücksichtigungsfähigkeit umfassender Personengesellschaftskonstellationen innerhalb des Organkreises soll nicht möglich sein.[1586] Zur Überwindung dieser Grenze könnte die Rechtsprechung des XI. Umsatzsteuersenats[1587] die Möglichkeit eröffnen, eine eventuell fehlende Konformität des geltenden Rechts mit den unionsrechtlichen Anforderungen herzustellen.[1588] Denkbar wäre, dass Personengesellschaften auch dann in den deutschen Organschaftsverbund einzubeziehen sind, wenn keine vollständige finanzielle Eingliederung vorliegt.[1589] Es sollte grundsätzlich zulässig sein, dass Personengesellschaften auch unter den Eingliederungsvoraussetzungen, die für Kapitalgesellschaften

---

1585 Ebenfalls: Rauch, UR 2017, S. 891.

1586 Englisch, in: Tipke/Lang, Steuerrecht, 2018, § 17 Rn. 62, plädiert weiterhin für den grundsätzlichen Ausschluss sämtlicher Personengesellschaften und spricht von einer inkonsequenten Entscheidung des V. Umsatzsteuersenats, in Ausnahmefällen nunmehr auch Personengesellschaften als Organgesellschaft in den Organkreis miteinzubeziehen.

1587 Vgl. dazu ausführlich: Kapitel E.I.4.c.

1588 Vgl. BFH, Urteil vom 19.01.2016, XI R 38/12, BStBl. II 2017, S. 567 unter II.6.b)aa); BFH, Urteil vom 01.06.2016, XI R 17/11, BStBl. II 2017, S. 581 unter II.5.b)aa).

1589 Vgl. so bereits: Rauch, UR 2017, S. 891.

gelten, in den umsatzsteuerlichen Organschaftskreis einbezogen werden können (Fallvariante 3).[1590] Insgesamt bleibt die umsatzsteuerliche Organschaft de lege lata aufgrund des gesetzlichen Eintritts der Rechtsfolgen der umsatzsteuerlichen Organschaft – mit juristischen Personen und Personengesellschaften als Organgesellschaften – auch weiterhin ein sehr komplexes und streitanfälliges Rechtsinstitut.

II. Anwendungsbereich de lege ferenda

Die Entscheidungen auf europäischer und nationaler Ebene haben gezeigt, dass das deutsche Organschaftskonzept in wesentlichen Punkten unionsrechtliche Lücken aufweist. In diesem Kontext ist eine Änderung auf gesetzlicher Basis geboten, um wieder eine angemessene Rechtssicherheit und Unionsrechtskonformität zu erreichen. Zwar ist der deutsche Gesetzgeber mit Blick auf die Personengesellschaftsthematik nicht gezwungen, tätig zu werden, da eine gesetzliche Anpassung erst dann verpflichtend ist, wenn eine unionsrechtskonforme Auslegung nicht denkbar ist. Eine solche Auslegung soll nach Ansicht der beiden Umsatzsteuersenate des BFH – entweder durch Auslegung des § 2 Abs. 2 Nr. 2 UStG oder durch Rechtsfortbildung im Sinne einer teleologischen Extension – möglich sein.[1591]

Allerdings ist hervorzuheben, dass sich eine etwaige Unvereinbarkeit von nationalem Recht mit den unionsrechtlichen Vorgaben ausschließlich durch verbindliche nationale Bestimmungen lösen lässt, die denselben rechtlichen Rang aufweisen wie die zu ändernden Bestimmungen. Daher kann eine reine Verwaltungspraxis nicht als rechtswirksame Erfüllung unionsrechtlicher Verpflichtungen erachtet werden.[1592] Darüber hinaus können beide Auslegungssichtweisen der Umsatzsteuersenate nicht das zentrale Problem beseitigen, dass im Allgemeinen die Eingliederung von Personengesellschaften ausgeschlossen ist. Denn wie bereits aufgezeigt wurde, bleibt die gesetzliche Reduzierung auf juristische Personen im Kern weiterhin bestehen. Zum einen ist das weiter existierende gesetzliche Ausschlussverbot von Personengesellschaften als

1590 Zur Fallvariante 3 siehe: Kapitel E.II.2.c.

1591 Vgl. Rauch, UR 2017, S. 892; von Streit/Streit, UStB 2016, S. 157. Kritisch dazu: Reiß, UR 2016, S. 744, der den V. Umsatzsteuersenat dahingehend rügt, dass sich dieser gesetzgeberische Befugnisse angemaßt hat.

1592 Vgl. EuGH, Urteil vom 10.03.2005, C 33/03, Slg. 2005, S. I-01865 Rn. 25 m. w. N. In diesem Sinne auch: Ismer/Reiß, in: UmsatzsteuerForum e.V. und BMF, 100 Jahre Umsatzsteuer in Deutschland, 2018, S. 425 f.

Organgesellschaft zu beseitigen. Zum anderen wird die Einführung einer antragsgebundenen Organschaft in der wissenschaftlichen Literatur[1593] sowie von Seiten der Wirtschaft[1594] gefordert, um mehr Rechtssicherheit zu schaffen. Zur Untersuchung dieses Ansatzes kommen grundsätzlich zwei verschiedene Verfahrensvarianten in Betracht. Dabei könnte über das Vorliegen einer umsatzsteuerlichen Organschaft im Rahmen eines Antrags- oder Feststellungsverfahren entschieden werden.[1595]

Die nachfolgende Untersuchung befasst sich in einem ersten Schritt mit der Fragestellung, ob die Einführung eines obligatorischen Mehrwertsteuergruppenregimes grundsätzlich mit den unionsrechtlichen Vorgaben des Art. 11 MwStSystRL vereinbar ist. Da die Mehrheit der EU-Mitgliedstaaten[1596] ein solches Wahlrecht vorsieht, sollte eine verfahrensrechtliche Ergänzung der umsatzsteuerlichen Organschaft unbedenklich sein.[1597] In einem weiteren Schritt werden die zuvor erwähnten Verfahrensvarianten einzeln dargestellt sowie einem kritischen Vergleich unterzogen. Als Evaluierungsmaßstab wird einerseits die Erzielung einer angemessenen Informationsgrundlage für die Finanzverwaltungen und andererseits die Schaffung von mehr Rechtssicherheit für die betreffenden Unternehmen und Finanzverwaltungen herangezogen.[1598] Zudem wird

---

1593 Vgl. Korn, in: Bunjes, UStG, 2018, § 2 Rn. 113; Elster, in: UmsatzsteuerForum e.V. und BMF, 100 Jahre Umsatzsteuer in Deutschland, 2018, S. 891 ff.; Brinkmann/Walter-Yadegardjam, DStR 2016, S. 657; Korn, SteuK 2016, S. 151; von Streit/Streit, UStB 2016, S. 157; Treiber, DStR 2016, S. 597; Wäger, UR 2016, S. 174; Winter, MwStR 2016, S. 334; Eggers/Korf, MwStR 2015, S. 719; Grünwald, MwStR 2014, S. 231; Prätzler, BB 2018, S. 605; Klenk, HFR 2013, S. 545; Nieskens/Slapio, UR 2011, S. 580; Ismer/Reiß, in: UmsatzsteuerForum e.V. und BMF, 100 Jahre Umsatzsteuer in Deutschland, 2018, S. 435 f.

1594 Vgl. Spitzenverbände der gewerblichen Wirtschaft, Stellungnahme zur umsatzsteuerlichen Organschaft, 2016, S. 2; Bundessteuerberaterkammer, Aktuelle Praxisprobleme in der Umsatzsteuer, 2012, S. 4.

1595 Vgl. Jansen, BB 2016, S. 2272; erwähnt auch im BFH-Urteil vom 02.12.2015, V R 25/13, BStBl. II 2017, S. 547 unter II.1.c)cc)(2)(b); Diemer, DB 2015, S. 1752; Elster, in: UmsatzsteuerForum e.V. und BMF, 100 Jahre Umsatzsteuer in Deutschland, 2018, S. 889.

1596 Siehe die vorangestellten Ausführungen in Kapitel D.I.3. Ferner auch: Elster, in: UmsatzsteuerForum e.V. und BMF, 100 Jahre Umsatzsteuer in Deutschland, 2018, S. 890 f.

1597 Vgl. Birkenfeld, UR 2008, S. 6.

1598 Vgl. Küffner/Luber, in: ifst, Vorschläge zum steuerpolitischen Ideenwettbewerb, 2015, S. 84.

überprüft, inwieweit der Umfang des potenziellen Organkreises selbst bestimmt werden kann.[1599] Allerdings ist bei der abschließenden Bewertung der Verfahrensvarianten zwingend der Normzweck des § 2 Abs. 2 Nr. 2 UStG zugrunde zu legen. In einem letzten Schritt wird unter Zuhilfenahme der gewonnenen Ergebnisse ein Lösungsvorschlag zur verfahrensmäßigen Verknüpfung der umsatzsteuerlichen Organschaft präsentiert. Zusätzlich soll im Rahmen dieses Lösungsansatzes insbesondere der Fragestellung nachgegangen werden, wie der Einbeziehung von Personengesellschaften gesetzestechnisch begegnet werden kann. Denn eine langfristig, gegen den expliziten Gesetzeswortlaut fokussierte Umsetzung der Eingliederung von Personengesellschaften als Organgesellschaft ist rechtlich überaus bedenklich. Abschließend sollen sich sämtliche Überlegungen zum Lösungsansatz auf den Beginn und auf das Ende einer umsatzsteuerlichen Organschaft beziehen. Denn erst durch die Kenntnisnahme über das Vorliegen bzw. Nichtvorliegen einer umsatzsteuerlichen Organschaft kann für den Steuerpflichtigen sowie auch für die Finanzverwaltung die geforderte Rechtssicherheit und -klarheit geschaffen werden.[1600] Es ist zu erwarten, dass dadurch die Anzahl der streitigen Organschaftsfälle erheblich verringert wird.

III. Weiterentwicklungsansatz zum Anwendungsbereich der umsatzsteuerlichen Organschaft

1. Allgemeines

Im wissenschaftlichen Schrifttum[1601] ist umstritten, ob die Schaffung eines obligatorischen Mehrwertsteuergruppenregimes, durch das die Rechtsfolgen der

---

1599 Vgl. Elster, in: UmsatzsteuerForum e.V. und BMF, 100 Jahre Umsatzsteuer in Deutschland, 2018, S. 892.

1600 Vgl. BFH, Urteil vom 22.04.2010, V R 9/09, BStBl. II 2011, S. 597 unter II.3.b)bb)(1).

1601 Für eine Vereinbarkeit mit dem Unionsrecht: Stadie, in: Rau/Dürrwächter, UStG, 2018, § 2 Anm. 910 f.; Boor, Die Gruppenbesteuerung im harmonisierten Mehrwertsteuerrecht, 2014, S. 84; Hartman, Die Vereinbarkeit der umsatzsteuerrechtlichen Organschaft mit dem Europäischen Unionsrecht, 2013, S. 209. A. M.: Pfeiffer, ÖStZ 2016, S. 115; Nieskens/Stadie, UR 2008, S. 539; Hoff, Die Anwendung der Umsatzsteuerorganschaft im nationalen Recht, 2016, S. 304, der darauf hinweist, dass de lege lata kein Antrags- oder Optionsrecht für eine Organschaft infrage kommen kann. Zur weitergehenden Diskussion solcher Verfahrensvarianten auch: Prätzler, BB 2018, S. 603 ff.; Jansen, BB 2016, S. 2272 f.; Endres-Reich, UR 2016, S. 660; Feldgen, BB 2016, S. 606; Küffner/Luber, in: ifst, Vorschläge zum steuerpolitischen Ideenwettbewerb, 2015, S. 55 ff. und S. 79 ff.; Elster, in: UmsatzsteuerForum e.V. und BMF, 100 Jahre Umsatzsteuer in Deutschland, 2018, S. 891 ff.

umsatzsteuerlichen Organschaft lediglich auf Antrag eintreten können, mit den unionsrechtlichen Anforderungen des Art. 11 MwStSystRL vereinbar ist. Die Bestimmung des Art. 11 MwStSystRL lässt hier keine Aussagen zu.[1602] Aus dem Richtlinienwortlaut kann lediglich geschlossen werden, dass den EU-Mitgliedstaaten eine Ermessensentscheidung eingeräumt wird, eine Mehrwertsteuergruppe in ihre nationalen Rechtsordnungen einzuführen.[1603] Ebenso kann aus der Systematik der MwStSystRL kein derartiges Antragsrecht hergeleitet werden. Beispielhaft können die EU-Mitgliedstaaten nach Art. 137 Abs. 1 MwStSystRL ihren Steuerpflichtigen ein „Recht einräumen".[1604] Eine derartige wörtliche Wendung kann somit nicht aus Art. 11 MwStSystRL abgleitet werden.[1605] Ebenso können keine eindeutigen Rückschlüsse aus der Rechtsprechung des EuGH gezogen werden. An dieser Stelle ist anzumerken, dass dieser in der Rechtssache *Ampliscientifica* und *Amplifin*[1606] zunächst davon ausgeht, dass „es (…) Personen, die rechtlich unabhängig, aber durch gegenseitige finanzielle, wirtschaftliche und organisatorische Beziehungen eng miteinander verbunden sind, gestattet, (…) als einen Steuerpflichtigen behandelt zu werden"[1607].[1608] Allerdings stellt der EuGH in derselben Entscheidung fest, dass ein EU-Mitgliedstaat, sofern er das Einführungswahlrecht in Anspruch nimmt, zwingend daran gebunden ist, dass die nationale Umsetzung einen einzigen Steuerpflichtigen vorsieht.[1609] Vor diesem beschriebenen Hintergrund wurde bislang vermutet, dass sich § 2 Abs. 2 Nr. 2 UStG insoweit im Rahmen der unionsrechtlichen Anforderungen des Art. 11 MwStSystRL bewegt.[1610]

1602 Bei Einführung einer nationalen Vorschrift zur Mehrwertsteuergruppe muss zunächst der Mehrwertsteuerausschuss konsulitiert werden, vgl. EU-Kommission, UR 2009, S. 633.

1603 Vgl. so auch: Elster, in: UmsatzsteuerForum e.V. und BMF, 100 Jahre Umsatzsteuer in Deutschland, 2018, S. 889.

1604 So spricht Art. 137 Abs. 2 MwStSystRL ausdrücklich von einem Wahlrecht; dazu auch: Hoff, Die Anwendung der Umsatzsteuerorganschaft im nationalen Recht, 2016, S. 69.

1605 Dazu auch Pfeiffer, ÖStZ 2016, S. 116.

1606 EuGH, Urteil vom 22.05.2008, C 162/07, ECLI:EU:C:2008:301.

1607 EuGH, Urteil vom 22.05.2008, C 162/07, ECLI:EU:C:2008:301, Rn. 23.

1608 Vgl. Elster, in: UmsatzsteuerForum e.V. und BMF, 100 Jahre Umsatzsteuer in Deutschland, 2018, S. 890, weist vor diesem Hintergrund darauf hin, dass der EuGH davon ausgeht, dass eine umsatzsteuerliche Organschaft keineswegs im Wege des Automatismus begründet wird.

1609 Vgl. EuGH, Urteil vom 22.05.2008, C 162/07, ECLI:EU:C:2008:301, Rn. 23.

1610 A. A.: Stadie, in: Rau/Dürrwächter, UStG, 2018, § 2 Anm. 910; Elster, in: UmsatzsteuerForum e.V. und BMF, 100 Jahre Umsatzsteuer in Deutschland, 2018, S. 890.

Jedoch ist nach ständiger Rechtsprechung des EuGH zugleich anerkannt, dass jeder EU-Mitgliedstaat regelungsbefugt ist, das betreffende Verfahrensrecht für die Anwendung der Mehrwertsteuergruppenorm zu präzisieren.[1611] An dieser Stelle wird den EU-Mitgliedstaaten ein umfassender Wertungsspielraum bei der Einführung verfahrensrechtlicher Vorschriften gewährt,[1612] der jedoch dort seine Schrankenwirkung entfaltet, wo er gegen den sachlichen Anwendungsbereich des Art. 11 MwStSystRL verstößt.[1613] In diesem Sinne dürfen die EU-Mitgliedstaaten die Verfahrensmodalitäten einerseits nicht weniger günstig ausgestalten als die innerstaatlichen Rechtsbehelfe. Andererseits dürfen sie das Ausüben der durch die unionsrechtliche Ordnung vorgesehenen Rechte praktisch nicht unmöglich machen oder diese deutlich erschweren.[1614] Unter diesen Ermessensspielraum soll insbesondere ein Wahlrecht im Sinne eines Antragsrechts, das Festlegen von Eintritts- und Austrittszeitpunkt einer Mehrwertsteuergruppe sowie die Feststellung oder die Versagung einer Mehrwertsteuergruppe durch einen anfechtbaren Verwaltungsakt durch die Finanzbehörde fallen.[1615] Angesichts der Normzwecke des Art. 11 MwStSystRL im Sinne der Verwaltungsvereinfachung und der Missbrauchsverhinderung[1616] könnte ein Wahlrecht nach künftigem Recht durchaus gerechtfertigt sein.[1617] Faktisch gesehen existiert für die Beteiligten aber auch schon nach geltendem Recht ein Wahlrecht, da sich

1611 Vgl. EuGH, Urteil vom 15.03.2007, C 35/05, Slg. 2007, S. I-02425 Rn. 40; EuGH, Urteil vom 16.05.2000, C 78/98, Slg. 2000, S. I-03201 Rn. 31; EuGH, Urteil vom 19.09.2006, C 392/04 und C 422/04, ECLI:EU:C:2006:586, Rn. 57.

1612 Vgl. Birkenfeld, in: Birkenfeld/Wäger, Das große Umsatzsteuer-Handbuch, 2018, § 44 Rn. 172.

1613 Vgl. Birkenfeld, UR 2014, S. 125.

1614 In diesem Zusammenhang sind somit die Grundsätze der Äquivalenz und Effektivität zu berücksichtigen, vgl. insbesondere: EuGH, Urteil vom 26.01.2012, C 218/10, ECLI:EU:C:2012:35, Rn. 35; EuGH, Urteil vom 21.01.2010, C 472/08, ECLI:EU:C:2010:32, Rn. 17; EuGH, Urteil vom 11.07.2002, C 62/00, Slg. 2002, S. I-06325 Rn. 34; EuGH, Urteil vom 17.11.1998, C 228/96, Slg. 1998, S. I-07141 Rn. 18.

1615 Vgl. Birkenfeld, UR 2014, S. 125.

1616 Vgl. Stadie, in: Rau/Dürrwächter, UStG, 2018, § 2 Anm. 976.3; Sterzinger, BB 2013, S. 1303.

1617 So tendenziell auch: BFH, Urteil vom 02.12.2015, V R 15/14, BStBl. II 2017, S. 553, der ein bloßes Verfahrenserfordernis oder ein materiell-rechtliches Wahlrecht für möglich hält. Nach Korn, in: Bunjes, UStG, 2018, § 2 Rn. 143 und Scherf/Greil, StBp 2013b, S. 139 ist ein Wahlrecht mit dem Zweck und Sinn der Organschaftsregelung vereinbar.

durch entsprechende Gestaltung der Eingliederungsmerkmale eine umsatzsteuerliche Organschaft herbeiführen oder gezielt vermeiden lässt.[1618]

2. Mögliche Verfahrensvarianten

a. Antragsverfahren

Nach dem Antragsverfahren können die Beteiligten in erster Linie die Mitgliedschaft zu einer umsatzsteuerlichen Organschaft fordern. Folglich wird den Steuerpflichtigen das Wahlrecht eingeräumt, sich für oder gegen die umsatzsteuerliche Organschaft zu entscheiden. Dadurch entsteht einerseits die Möglichkeit, die Mitglieder des Organkreises frei zu wählen oder andererseits die Anzahl der Mitglieder – wie es einige EU-Mitgliedstaaten vorsehen – zu begrenzen.[1619] Diese Vorgehensweise entspricht auch den Darlegungen der EU-Kommission, die von einem sog. Anschluss an eine bestehende Mehrwertsteuergruppe spricht, wonach ein aktives Handeln der Beteiligten vorausgesetzt wird.[1620] Richtigerweise können nur solche Personen Mitglieder einer umsatzsteuerlichen Organschaft werden, welche die gesetzlichen Tatbestandsvoraussetzungen nach § 2 Abs. 2 Nr. 2 UStG erfüllen. Abweichende Zugangsvoraussetzungen sollten allerdings nicht durch eine Ermessensentscheidung der Finanzverwaltung gewährt werden.[1621] Ferner bedeutet dies auch, dass selbst bei Vorliegen sämtlicher Voraussetzungen die beteiligten Unternehmen die Entscheidung treffen können, jeweils getrennt zur Umsatzsteuer veranlagt zu werden.[1622]

Im Übrigen lassen sich bereits bestehende Vorschriften zu einem Antragsverfahren im UStG finden.[1623] Unter Rekurs auf solche Verfahren ist zunächst festzulegen, welche Person den Antrag zu stellen hat. Da nach § 2 Abs. 2 Nr. 2

1618 U. a.: Treiber, in: Sölch/Ringleb, UStG, 2018, § 2 Rn. 144; Birkenfeld, UR 2014, S. 125.

1619 So auch: Elster, in: UmsatzsteuerForum e.V. und BMF, 100 Jahre Umsatzsteuer in Deutschland, 2018, S. 893.

1620 Vgl. EU-Kommission, UR 2009, S. 637.

1621 So wird beispielhaft in Schweden vermutet, dass trotz Nichtvorliegen enger Beziehungen die Finanzverwaltung durch Ermessensentscheidung die Zugehörigkeit zur Mehrwertsteuergruppe gewährt, vgl. dazu näher: von Streit/Streit, MwStR 2014, S. 716.

1622 Vgl. Scherf/Greil, StBp 2013b, S. 139; Bundessteuerberaterkammer, Aktuelle Praxisprobleme in der Umsatzsteuer, 2012, S. 5.

1623 Etwa: § 19 UStG (Besteuerung der Kleinunternehmer), § 20 UStG (Berechnung der Steuer nach vereinnahmten Entgelten), § 4 Nr. 4a UStG (Bewilligung eines Umsatzsteuerlagers) und in § 4a UStG (Antrag auf Steuervergütung zum Ausgleich von Steuerbelastungen).

UStG der Organträger als Steuerschuldner der Organschaft fungiert und jegliche Kommunikation mit der Finanzverwaltung führt, erscheint es sinnvoll, dass dieser für den gesamten Organkreis alleiniger Antragsberechtigter wird.[1624] Der Antrag stellt eine einseitige, empfangsbedürftige Willenserklärung dar und bedarf zunächst keiner besonderen Form.[1625] In diesem Fall soll jedoch, um potenziellen Nachweisschwierigkeiten zu begegnen, eine Schriftform im Sinne des § 126 BGB zwingend gelten.[1626] Mündliche Vereinbarungen oder schlüssiges Handeln des Organträgers sollen daher grundsätzlich ausscheiden. Der Antrag ist danach bei dem zuständigen Finanzamt des Organträgers[1627] einzureichen. Für den Antrag stellt die zuständige Finanzverwaltung ein einheitliches amtliches Antragsformular zur Verfügung.[1628] Zusätzlich ist dem Antrag eine von jedem potenziellen Organkreismitglied unterschriebene Einverständniserklärung[1629] beizufügen, um der Möglichkeit des Missbrauchs entgegenzutreten. Um auch bei den Finanzverwaltungen für eine gewisse Rechtssicherheit zu sorgen und kurzfristige Wechsel in der Organschaftszugehörigkeit zu vermeiden, kann über eine vordefinierte Bindungsdauer der umsatzsteuerlichen Organschaft nachgedacht werden.[1630] Jedoch kann ebenso die Möglichkeit existieren, dass eine umsatzsteuerliche Organschaft auf unbestimmte Zeit erfolgt, sodass ein Endzeitpunkt zunächst nicht bekannt ist. Weiterhin könnte die Kenntnisnahme über den Beginn bzw. die Beendigung einer umsatzsteuerlichen Organschaft ausdrücklich im Gesetzestext berücksichtigt werden. Daher könnte der

---

1624 Vgl. ebenso: Elster, in: UmsatzsteuerForum e.V. und BMF, 100 Jahre Umsatzsteuer in Deutschland, 2018, S. 893; Lippross, Umsatzsteuer, 2017, S. 441.

1625 Vgl. Busche, in: Schubert, Münchener Kommentar zum BGB, 2018, § 145 Rn. 5.

1626 Dazu auch: Einsele, in: Schubert, Münchener Kommentar zum BGB, 2018, § 126 Rn. 1 ff. Die Schriftform stellt insbesondere auf das Klarheits- und Beweissicherungsinteresse ab.

1627 Für im Inland tätige Organkreise bestimmt sich die örtliche Zuständigkeit nach § 21 S. 1 AO. Folglich ist das Finanzamt zuständig, von dessen Bezirk aus der Unternehmer sein Unternehmen ganz oder überwiegend betreibt. Für ausländische Organkreisstrukturen siehe: Hartman, SteuerStud 2011, S. 402.

1628 Siehe dazu auch: Küffner/Luber, in: ifst, Vorschläge zum steuerpolitischen Ideenwettbewerb, 2015, S. 64 und Elster, in: UmsatzsteuerForum e.V. und BMF, 100 Jahre Umsatzsteuer in Deutschland, 2018, S. 893.

1629 Ein Beispiel für eine Einverständniserklärung siehe: Schweizerische Eidgenossenschaft, MwSt-Info 03 zur Gruppenbesteuerung, 2018, S. 21.

1630 Vgl. EU-Kommission, UR 2009, S. 637; Nieskens/Slapio, UR 2011, S. 580; Elster, in: UmsatzsteuerForum e.V. und BMF, 100 Jahre Umsatzsteuer in Deutschland, 2018, S. 893.

Zusammenschluss der Unternehmensteile auf den Beginn jedes Kalenderjahres wählbar sein. Eine rückwirkende Eintragung einer umsatzsteuerlichen Organschaft sollte nicht möglich sein.[1631] Demzufolge wäre die Beendigung einer umsatzsteuerlichen Organschaft immer auf das Ende eines Kalenderjahres zulässig. Sonderfälle, die aus betrieblichen Gründen zum vorzeitigen Ausscheiden aus dem umsatzsteuerlichen Organschaftsverhältnis führen können – dabei sind insbesondere der Unternehmensverkauf, die Unternehmensliquidation und die Unternehmensinsolvenz zu nennen – sollten von der Finanzverwaltung geprüft werden.[1632]

Des Weiteren kann der Antrag mit einer Voranmeldefrist versehen werden.[1633] Um einen möglichen Mehraufwand für die Finanzverwaltungen zu vermeiden, scheidet eine Verlängerung der Antragsfrist aus.[1634] Verspätete Anträge entfalten ihre Wirkung lediglich für das darauffolgende Kalenderjahr.[1635] Vergleichbares gilt für die Beendigung einer umsatzsteuerlichen Organschaft. Dies bedeutet, dass eine verspätete Antragstellung auf Beendigung der umsatzsteuerlichen Organschaft ausschließlich für das darauffolgende Kalenderjahr seine Wirkung entfalten kann. Eine Voranmeldefrist lässt sich beispielhaft auch in Italien finden. Der Vertreter der Mehrwertsteuergruppe muss das von sämtlichen Gruppenmitgliedern unterzeichnete Antragsformular bis zum 30. September des Jahres, das dem Jahr vorausgeht, indem die Vorschrift gelten soll, einreichen. Verspätete Anträge können ebenso erst im darauffolgenden Kalenderjahr berücksichtigt werden[1636]

b. Feststellungsverfahren

Neben der Möglichkeit, die umsatzsteuerliche Organschaft über ein gesetzliches Antragsverfahren zu regeln, kann auch alternativ über die Einführung eines Feststellungsverfahrens nachgedacht werden. Ein derartiges Feststellungsverfahren kann einerseits von Amts wegen und andererseits auf Antrag beim zuständigen Finanzamt erfolgen.[1637] Dies bedeutet, dass ein solches Verfahren sowohl durch

---

1631 Vgl. FG Niedersachsen, Urteil vom 05.12.2007, 5 K 312/02, EFG 2008, S. 415.

1632 Vgl. Jansen, BB 2016, S. 2272.

1633 A.A.: Küffner/Luber, in: ifst, Vorschläge zum steuerpolitischen Ideenwettbewerb, 2015, S. 64, sprechen sich gegen eine Antragsfrist aus.

1634 Zur Antragsfrist siehe beispielhaft: § 4a Abs. 2 UStG.

1635 Eine solche Vorgehensweise gilt auch in Italien, vgl. o. V., MwStR 2018b, S. 953.

1636 Vgl. o. V., MwStR 2018b, S. 953.

1637 Vgl. Jansen, BB 2016, S. 2272.

den Unternehmer als auch durch die zuständige Finanzverwaltung angestoßen werden kann. Als Adaptionsgrundlage könnte vor allem das Feststellungsverfahren bei der körperschaftsteuerlichen Organschaft nach § 14 Abs. 5 des Körperschaftsteuergesetzes (KStG) herangezogen werden.[1638] Dieses Verfahren hat der Gesetzgeber mit dem im Jahre 2013 erlassenen Organschaftsreformgesetz[1639] eingeführt. Diese Regelung dient insbesondere dem Interesse der Verfahrensökonomie, der Rechtssicherheit und einer gleichmäßigen Besteuerung.[1640] Nach § 14 Abs. 5 S. 1 KStG werden das dem Organträger zuzurechnende Einkommen der Organgesellschaft und damit zusammenhängende andere Besteuerungsgrundlagen gegenüber dem Organträger und der Organgesellschaft gesondert und einheitlich festgestellt. Folglich wird mit Erteilung eines Feststellungsbescheides über die steuerliche Anerkennung einer Organschaft entschieden.[1641] Weiterhin ist zu beachten, dass die Feststellungen für die Besteuerung des Einkommens des Organträgers und der Organgesellschaft bindend sind (§ 14 Abs. 5 S. 2 KStG). Demzufolge stellt dieser Bescheid einen Grundlagenbescheid im Sinne des §§ 171 Abs. 10 und 175 Abs. 1 S. 1 Nr. 1 AO dar.[1642] In diesem Zusammenhang wird das Risiko beseitigt, dass das Finanzamt des Organträgers und der Organgesellschaft das Vorliegen einer umsatzsteuerlichen Organschaft unterschiedlich beurteilen.[1643]

Da sowohl der Organträger als auch die Organgesellschaft von der gesonderten Feststellung betroffen sind, ist der Feststellungsbescheid an beide zu

---

1638 Vgl. Drüen, in: Prinz/Witt, Steuerliche Organschaft, 2015, Rn. 4.21 ff.; Elster, in: UmsatzsteuerForum e.V. und BMF, 100 Jahre Umsatzsteuer in Deutschland, 2018, S. 891.

1639 Gesetz zur Änderung und Vereinfachung der Unternehmensbesteuerung und des steuerlichen Reisekostenrechts vom 20.02.2013, BGBl. I 2013, S. 285.

1640 Vgl. BT-Drucks. 17/10774, S. 2 und 20.

1641 Vgl. BT-Drucks. 17/10774, S. 20; Dötsch/Pung, DB 2013, S. 313 f. Aus dem Umkehrschluss ist anzunehmen, dass, wenn mithilfe des Feststellungsbescheids keine Zurechnung des Einkommens der Organgesellschaft erfolgt, ein Organschaftsverhältnis abgelehnt wird. Nach Müller, in: Müller et al., Die Organschaft, 2017, Rn. 472 erlässt die Finanzverwaltung der vermeintlichen Organgesellschaft einen Körperschaftsteuerbescheid, in dem das von der Kapitalgesellschaft selbst zu versteuernde Einkommen erfasst ist. Zugleich soll nach dieser Ansicht ebenso ein Bescheid erlassen werden, mit dem eine gesonderte und einheitliche Feststellung eines zuzurechnenden Einkommens versagt wird.

1642 Vgl. Drüen, DK 2013, S. 444; Krumm, in: Blümich et al., EStG/KStG/GewStG, 2018, § 14 KStG Rn. 302; Keller, DStZ 2013, S. 64.

1643 Vgl. Keller, DStZ 2013, S. 64.

adressieren und bekanntzugeben.[1644] Für den Erlass eines Feststellungsbescheids besteht zunächst die zwingende Verpflichtung, dass die Beteiligten eine Feststellungserklärung gegenüber dem Finanzamt einreichen.[1645] Aus § 14 Abs. 5 S. 5 KStG geht hervor, dass die Erklärung mit der Körperschaftsteuererklärung der Organgesellschaft verbunden werden soll. Daraus kann geschlussfolgert werden, dass in erster Linie die Organgesellschaft eine Feststellungserklärung abzugeben hat. An dieser Stelle ist die Finanzverwaltung der Organgesellschaft für die Überprüfung der eingereichten Erklärung zuständig (§ 14 Abs. 5 S. 4 KStG in Verbindung mit § 20 Abs. 1 AO).[1646] Darüber hinaus entfaltet ein Feststellungsbescheid nur für das Kalenderjahr seine Bindungswirkung, für das er erlassen wurde (§ 31 Abs. 1 S. 1 KStG in Verbindung mit § 2 Abs. 7 S. 1 EStG). Daraus resultiert das Erfordernis, dass für jeden Veranlagungszeitraum eine neue Feststellungserklärung abzugeben ist.[1647]

Werden die vorangestellten Darlegungen nun auf die umsatzsteuerliche Organschaft nach § 2 Abs. 2 Nr. 2 UStG übertragen, so könnte ein Feststellungsverfahren folgend ausgestaltet werden: Bei einem antragsbedingten Feststellungsverfahren muss der Organträger – wie auch bei dem klassischen Antragsverfahren – zunächst der zuständigen Finanzverwaltung im Rahmen eines schriftlichen Antrags erklären, dass die tatbestandlichen Voraussetzungen für die Begründung einer umsatzsteuerlichen Organschaft vorliegen. Insbesondere ist dabei anzugeben, dass die Option zur umsatzsteuerlichen Organschaft gewählt wurde und somit eine getrennte Veranlagung der Beteiligten nicht gewünscht ist. Bei der Angabe des Umfangs des Organkreises könnten allerdings zwei Möglichkeiten für den Antragsteller bestehen. Einerseits könnte der Umfang des Organkreises im Ermessen des Unternehmers liegen. Andererseits könnte jedoch auch geregelt sein, dass ein Einbeziehungswahlrecht hinsichtlich der Auswahl und Begrenzung der Organschaftsmitglieder nicht besteht.[1648] In diesem Fall würde lediglich die Feststellung beantragt werden.

Nach Abgabe des Antrags prüft die zuständige Finanzverwaltung das Vorliegen der materiell-rechtlichen Organschaftsvoraussetzungen. Sofern diese erfüllt sind, besteht für die zuständige Finanzverwaltung eine Zustimmungspflicht.

1644 Vgl. Müller, in: Müller et al., Die Organschaft, 2017, Rn. 472.

1645 Vgl. Krumm, in: Blümich et al., EStG/KStG/GewStG, 2018, § 14 KStG Rn. 310 ff.

1646 Dazu auch: Krumm, in: Blümich et al., EStG/KStG/GewStG, 2018, § 14 KStG Rn. 311.

1647 Vgl. Elster, in: UmsatzsteuerForum e.V. und BMF, 100 Jahre Umsatzsteuer in Deutschland, 2018, S. 892.

1648 Vgl. Küffner/Luber, in: ifst, Vorschläge zum steuerpolitischen Ideenwettbewerb, 2015, S. 83.

Daraus folgt, dass ein Ermessensspielraum auf Seiten der zuständigen Finanzverwaltung nicht existiert. Bei Anerkennung einer umsatzsteuerlichen Organschaft ist ein rechtsbehelfsfähiger Grundlagenbescheid zu erlassen.[1649] Dem Organträger und sämtlichen Organgesellschaften wird durch einen solchen Feststellungsbescheid das Vorliegen einer umsatzsteuerlichen Organschaft angezeigt. Dies bedeutet vor allem, dass die zuständige Finanzverwaltung des Organträgers die für die jeweiligen Organgesellschaften zuständigen Finanzverwaltungen von Amts wegen unverzüglich über das Bestehen der umsatzsteuerlichen Organschaft in Kenntnis zu setzen hat. Die Finanzverwaltungen der betreffenden Organgesellschaften wären entsprechend an den Grundlagenbescheid gebunden. Wird im Rahmen der Antragsprüfung allerdings ermittelt, dass die materiell-rechtlichen Voraussetzungen nicht erfüllt sind, wird den Beteiligten dies durch Erlass eines Ablehnungsbescheids angezeigt. Die Rechtsfolgen und -wirkungen einer umsatzsteuerlichen Organschaft treten im Ergebnis erst mit Bekanntgabe des Feststellungsbescheids mit Wirkung für die Zukunft ein.[1650] An dieser Stelle könnte die Finanzverwaltung – wie auch beim klassischen Antragsverfahren – den Anwendungsbeginn der umsatzsteuerlichen Organschaft ab dem nächsten Kalenderjahr gewähren, gerechnet ab dem Datum, an dem die Existenz der Organschaft durch die Finanzverwaltung angezeigt worden ist. Demgegenüber erfolgt ein reines Feststellungsverfahren von Amts wegen. Dies bedeutet, dass die zuständige Finanzverwaltung bei der Veranlagung zur Umsatzsteuer das Vorliegen der materiell-rechtlichen Organschaftsvoraussetzungen prüft.[1651] In diesem Zusammenhang können die beteiligten Unternehmen die Mitgliedschaft zu einer Umsatzsteuerorganschaft nicht verlangen oder verweigern.[1652]

c. *Kritische Würdigung*

Die vorangestellten Erläuterungen zur verfahrensrechtlichen Ergänzung der umsatzsteuerlichen Organschaft könnten – im Gegensatz zum gesetzlich geregelten Automatismus in § 2 Abs. 2 Nr. 2 UStG – zunächst einen Beitrag zur gewünschten Rechtssicherheit liefern. Allerdings sollte darauf hingewiesen

1649 Vgl. Ratschow, in: Klein/Orlopp, AO, 2018, § 179 Rn. 5.

1650 Vgl. Wäger, UVR 2013, S. 211; Jansen, BB 2016, S. 2272.

1651 In diesem Sinne auch: § 60a Abs. 2 Nr. 2 AO.

1652 Vgl. Elster, in: UmsatzsteuerForum e.V. und BMF, 100 Jahre Umsatzsteuer in Deutschland, 2018, S. 892, der ebenfalls zutreffend darauf hinweist, dass bei einem Feststellungsverfahren den Beteiligten keine Wahlmöglichkeit zur Verfügung steht.

werden, dass diese Verfahrensvarianten ein divergierendes Maß an Rechtssicherheit aufweisen.

Die höchstmögliche Rechtssicherheit[1653] kann nach der hier vertretenen Auffassung durch das kombinierte, antragsgebundene Feststellungsverfahren erreicht werden. Sowohl die Unternehmen als auch die betreffenden Finanzverwaltungen erlangen Kenntnis über das Vorliegen der umsatzsteuerlichen Organschaft. Insbesondere liegt die Herbeiführung einer umsatzsteuerlichen Organschaft aufgrund eines gestellten Antrags im Willen der Beteiligten. Unabhängig davon ist allerdings darauf hinzuweisen, dass für die beteiligten Unternehmen nur für den Besteuerungszeitraum[1654], für den der Grundlagenbescheid ergangen ist, Rechtssicherheit geschaffen werden kann. Dies hat zur Konsequenz, dass für jeden nachfolgenden Veranlagungszeitraum Feststellungserklärungen einzureichen sind. Hingegen kann das reine Feststellungsverfahren zur Schaffung von Rechtssicherheit beitragen. Nachteilig ist allerdings, dass im Gegensatz zum Antragsverfahren und antragsgebundenen Feststellungsverfahren eine bewusste Entscheidung für oder gegen eine umsatzsteuerliche Organschaft nicht erfolgen kann. Im Ergebnis kann ein reines Feststellungsverfahren sowie ein antragsbedingtes Feststellungsverfahren ein adäquates verfahrensrechtliches Instrumentarium für die umsatzsteuerliche Organschaft darstellen. Jedoch sind solche Verfahren schwierig mit dem Normzweck des § 2 Abs. 2 Nr. 2 UStG im Sinne der Verwaltungsvereinfachung zu vereinbaren. Die Bearbeitung der anfallenden Antragschreiben sowie der Feststellungserklärungen und die damit verbundenen Erlasse von Grundlagenbescheiden würden in einer erhöhten Ermittlungsbedürftigkeit der Finanzverwaltungen münden.[1655] Damit wäre der zu berücksichtigende Vereinfachungsgedanke der umsatzsteuerlichen Organschaft verfehlt.

Das Antragswahlrecht weist gegenüber den beiden Varianten zum Feststellungsverfahren vermutlich einen geringeren Grad an Rechtssicherheit auf. Allerdings ist zunächst hervorzuheben, dass der Antragsteller durch Zustimmung bzw. Ablehnung der Finanzverwaltung über das Vorliegen oder Nichtvorliegen einer umsatzsteuerlichen Organschaft zeitnah in Kenntnis gesetzt wird. Der Prozess der Antragstellung liegt dabei allein im Ermessen des Unternehmers.

1653 So bereits auch: Küffner/Luber, in: ifst, Vorschläge zum steuerpolitischen Ideenwettbewerb, 2015, S. 85.

1654 Der Besteuerungszeitraum ist nach § 16 Abs. 1 UStG das Kalenderjahr.

1655 Vgl. Küffner/Luber, in: ifst, Vorschläge zum steuerpolitischen Ideenwettbewerb, 2015, S. 85.

Nichtsdestotrotz ist anzuerkennen, dass im Rahmen des Antragsverfahrens nur solange Rechtssicherheit besteht, bis eines der Tatbestandsvoraussetzungen entfällt. Da die Antragstellung im Interesse der Beteiligten vorgenommen wird, ist jedoch davon auszugehen, dass diese dafür Sorge tragen, dass durch entsprechende Gestaltung der Tatbestandsmerkmale eine Organschaft beibehalten wird.[1656] Weiterhin darf nicht übersehen werden, dass eine umsatzsteuerliche Organschaft auch freiwillig auf Antrag enden kann.[1657] An dieser Stelle erlangt der Antragsteller Rechtssicherheit, da eine Beendigung in seinem Sinne erfolgt.

Um jedoch ein mögliches Unsicherheitspotenzial zu minimieren, könnte über eine zusätzliche Anzeigepflicht des Organträgers nachgedacht werden. Der Organträger wäre demzufolge verpflichtet, die zuständige Finanzverwaltung über Änderungen mit Blick auf die Gegebenheiten der Tatbestandsmerkmale des § 2 Abs. 2 Nr. 2 UStG zu informieren. Auch in diesem Fall wäre ein amtlich vorgesehenes Formular bei der Finanzverwaltung einzureichen. Der infolge dieser zusätzlichen Anzeigepflicht entstehende administrative Mehraufwand wäre m. E. für die betreffenden Unternehmen und Finanzverwaltungen tolerabel. Im Übrigen ist hervorzuheben, dass die Einführung eines Antragsrechts nicht zu einem zusätzlichen Verwaltungsaufwand führt, da das Vorliegen einer umsatzsteuerlichen Organschaft derzeit grundsätzlich im Rahmen der Umsatzsteuerveranlagung oder in späteren Betriebsprüfungen ermittelt wird.[1658] Eine Beurteilung des Vorliegens der Organschaftsvoraussetzungen wird durch ein Antragsverfahren lediglich zeitlich vorverlagert.[1659] Abschließend ist festzuhalten, dass die drei Verfahrensvarianten im Gegensatz zur derzeitigen Rechtslage ein gewisses Maß an Rechtssicherheit aufweisen und für die zuständigen Finanzverwaltungen ein angemessenes Informationsinstrument geschaffen wird. In der Gesamtschau der Verfahrensvarianten erweist sich das Antragsverfahren als praktikable Lösung[1660] für sämtliche Beteiligte. Insbesondere ist ein derartiges Verfahren mit dem zu berücksichtigenden Erfordernis der Verwaltungsvereinfachung vereinbar. Aus

---

1656 Vgl. Elster, in: UmsatzsteuerForum e.V. und BMF, 100 Jahre Umsatzsteuer in Deutschland, 2018, S. 893.

1657 Vgl. Scherf/Greil, StBp 2013b, S. 142.

1658 Vgl. Klink/Wüllrich, BB 2014, S. 1758.

1659 Vgl. Bundessteuerberaterkammer, Aktuelle Praxisprobleme in der Umsatzsteuer, 2012, S. 6.

1660 Vgl. im Ergebnis auch: Elster, in: UmsatzsteuerForum e.V. und BMF, 100 Jahre Umsatzsteuer in Deutschland, 2018, S. 893 f. und Küffner/Luber, in: ifst, Vorschläge zum steuerpolitischen Ideenwettbewerb, 2015, S. 86.

diesen Gründen befasst sich der nachfolgende Abschnitt mit der konkreten Ausgestaltung eines solchen Antragsrechts[1661].

3. Lösungsvorschlag

Zunächst ist anzuführen, dass es sich bei dem Antragsverfahren in Gestalt des Einreichens eines Antrags um eine weitere materiell-rechtliche[1662] Voraussetzung des Anwendungsbereichs nach § 2 Abs. 2 Nr. 2 UStG handelt. Nach diesem Entwurf ist aufgrund eines fehlenden Antrags eine Zwangsorganschaft[1663] nicht mehr möglich. Dies bedeutet auch, dass die Finanzverwaltung – wie noch in der Vergangenheit üblich – eine umsatzsteuerliche Organschaft nicht mehr von Amts wegen durchsetzen kann. Aufgrund des vom Organträger gestellten Antrags hat die zuständige Finanzverwaltung zu prüfen, ob die tatbestandlichen Voraussetzungen einer umsatzsteuerlichen Organschaft vorliegen. Erst mit Zustimmung[1664] zum Antrag durch einen schriftlichen Bescheid[1665] der zuständigen Finanzverwaltung treten die Rechtsfolgen und -wirkungen einer umsatzsteuerlichen Organschaft ein. Unter diesem Aspekt können die betroffenen Unternehmen bei Vorliegen der Voraussetzungen des § 2 Abs. 2 Nr. 2 UStG selbst entscheiden, ob sie eine umsatzsteuerliche Organschaft bilden möchten. In diesem Zusammenhang würde das Risiko einer irrtümlich gelebten umsatzsteuerlichen Organschaft entfallen.[1666] Überdies kann für die Finanzverwaltung ein angemessenes Informationsinstrument[1667] geschaffen werden, um eine

1661 Insbesondere zu einer konkreten Ausgestaltung eines Feststellungsverfahrens: Küffner/Luber, in: ifst, Vorschläge zum steuerpolitischen Ideenwettbewerb, 2015, S. 83.

1662 Vgl. Dötsch/Pung, DB 2013, S. 313.

1663 Vgl. Hüttemann, in: Schön/Osterloh-Konrad, Kernfragen des Unternehmenssteuerrechts, 2010, S. 130.

1664 Der in Irland für die Mehrwertsteuergruppe vorgeschriebene Antrag und eine damit verbundene Entscheidung durch schriftlichen Bescheid einer Finanzverwaltung wurde vom EuGH nicht beanstandet, vgl. EuGH, Urteil vom 09.04.2013, C 85/11, ECLI:EU:C:2013:217, Rn. 8.

1665 Dabei handelt es sich um einen steuerlichen Verwaltungsakt, der unter den Bedingungen des §§ 130, 131 AO zurückgenommen oder widerrufen werden kann, vgl. Küffner/Luber, in: ifst, Vorschläge zum steuerpolitischen Ideenwettbewerb, 2015, S. 65.

1666 Vgl. Meurer, StBW 2015, S. 624, die nachträglich zu erheblichen finanziellen Risiken führen kann.

1667 Damit eine umsatzsteuerliche Organschaft genehmigt werden kann, ist vorab ein Antrag einzureichen. Der Antrag sowie die Einverständniserklärung sind von den betreffenden Organkreismitgliedern rechtsgültig zu unterschreiben. Grundsätzlich

rechtssichere Bewertung der Organschaftsvoraussetzungen sowie des Steuerschuldners des Organkreises vornehmen zu können. Insgesamt ist eine derartige Regelung mit der Antimissbrauchsvorschrift nach Art. 11 Abs. 2 MwStSystRL sowie insbesondere mit dem Grundsatz der Rechtssicherheit und -klarheit vereinbar. Das zuvor diskutierte Antragsverfahren[1668] für die umsatzsteuerliche Organschaft kann folgendermaßen ausgestaltet werden:

§ 2 Unternehmer, Unternehmen

(1) […]

(2) Die gewerbliche oder berufliche Tätigkeit wird nicht selbständig ausgeübt, soweit natürliche Personen, einzeln oder zusammengeschlossen, einem Unternehmen so eingegliedert sind, dass sie den Weisungen des Unternehmers zu folgen verpflichtet sind.

(3) [1]Auf Antrag kann der Organträger mit einer unternehmerisch tätigen Person, die in sein Unternehmen nach dem Gesamtbild der tatsächlichen Verhältnisse finanziell, wirtschaftlich und organisatorisch eingegliedert ist, eine Organschaft bilden.[2] Diese eingegliederte Person (Organgesellschaft) übt ihre gewerbliche oder berufliche Tätigkeit nicht mehr selbständig im Sinne des Abs. 1 aus.[3] Der Antrag ist bei dem für die Besteuerung des Organträgers zuständigen Finanzamt schriftlich zu stellen.[4] Die Organschaft kann auf den Beginn jedes Kalenderjahres gewählt werden.[5] Die Beendigung der Organschaft ist jeweils auf das Ende eines Kalenderjahres möglich.[6] Änderungen der Organschaftsverhältnisse sind dem zuständigen Finanzamt schriftlich mitzuteilen.[7] Die Wirkungen der Organschaft sind auf Innenleistungen

---

könnten beispielhaft folgende Fragen gestellt werden, um die tatsächlichen umsatzsteuerlichen Verhältnisse zu überprüfen: 1. Welche juristischen Personen, Personengesellschaften und Betriebsstätten sind verpflichtend in den umsatzsteuerlichen Organkreis einzubeziehen? 2. Welche Gesellschaften sollen eventuell nicht in das Unternehmen des Organträgers einbezogen werden? In diesem Zusammenhang könnte ein Organigramm eingereicht werden, woraus die Beteiligungs- bzw. Stimmrechtsverhältnisse ersichtlich werden. Sofern sich die finanzielle Eingliederung bei Personengesellschaften aus anderen Nachweisen – z. B. ein schriftlich abgeschlossener Gesellschaftsvertrag – ergeben, sind diese zwingend einzureichen. Auch sollte für jede im Handelsregister eingetragene Gesellschaft ein aktueller Registerauszug beigelegt werden. Sofern sich weitere Informationen aus dem Transparenzregister ergeben, so sind diese ebenfalls beizulegen. Abschließend könnten gezielte Fragen zum Drei-Stufen-Prinzip der organisatorischen Eingliederung gestellt werden, um das Vorliegen einer Willensdurchsetzung des Organträgers in der Organgesellschaft zu überprüfen.

1668 Der Formulierungvorschlag zum Antragsverfahren wurde unter Zuhilfenahme der schweizerischen Verfahrensvariante entwickelt, vgl. Schweizerische Eidgenossenschaft, MwSt-Info 03 zur Gruppenbesteuerung, 2018, S. 2.

> zwischen den im Inland gelegenen Unternehmensteilen beschränkt.[8] Diese Unternehmensteile sind als ein Unternehmen zu behandeln.[9] Hat der Organträger seine Geschäftsleitung im Ausland, gilt die wirtschaftlich bedeutendste Organgesellschaft im Inland als der Unternehmer.

In diesem Entwurf ist die umsatzsteuerliche Organschaft in § 2 Abs. 3 UStG-E normiert. Der Zusammenschluss natürlicher Personen ist nunmehr in § 2 Abs. 2 UStG-E geregelt. Im Gegensatz zu § 2 Abs. 2 Nr. 2 UStG ist in § 2 Abs. 3 UStG-E die Begrifflichkeit der juristischen Person durch den Begriff der unternehmerisch tätigen Person[1669] ersetzt worden. Hinter dieser Begriffsänderung verbirgt sich die Intention, dass zunächst sämtlichen Personengesellschaften der Zugang zur umsatzsteuerlichen Organschaft gewährt werden soll. Die weitergehende Begrifflichkeit der Person wurde bewusst nicht gewählt, da nichtsteuerpflichtigen Personen bzw. Nichtunternehmern grundsätzlich weiterhin der Beitritt zur umsatzsteuerlichen Organschaft aufgrund der in Kapitel D.III.2.c.ff. vorgelegten Argumente versagt werden soll. Weiterhin ist in diesem Zusammenhang anzuführen, dass in der europäischen Rechtsprechung anerkannt ist, dass umsatzsteuerliche Vorschriften autonom, d. h. losgelöst vom Zivilrecht, zu bewerten sind.[1670] Angesichts der in Kapitel B aufgezeigten europäischen Einflussnahme auf das UStG wird eine richtlinienkonforme Auslegung auf nationaler Ebene verlangt, sodass ausschließlich auf die Begrifflichkeit der „rechtlich unabhängigen Person"[1671] nach Art. 11 MwStSystRL abgestellt werden muss. Sofern sich jeder EU-Mitgliedstaat auf sein innerstaatliches Gesellschaftsrecht berufen würde, wäre eine Harmonisierung der Vorschriften zur Mehrwertsteuergruppe innerhalb der EU nicht möglich. Diesbezüglich sollte nunmehr entscheidend sein, dass es sich bei der genannten Person um ein eigenständiges Umsatzsteuersubjekt handelt.[1672] Unter diesem Gesichtspunkt sollte der deutsche Gesetzgeber einen Rückgriff auf den Unternehmerbegriff[1673] im Sinne des § 2 Abs. 1 UStG vornehmen. Anknüpfungspunkt ist bei der Unternehmerfähigkeit nicht

1669 Eine ähnliche Begriffswahl lässt sich auch in § 3a Abs. 2 S. 3 UStG finden.

1670 Vgl. Hummel, UR 2010, S. 207.

1671 Zur Begrifflichkeit einer „rechtlich unabhängigen Person" siehe insbesondere: Birkenfeld, in: Birkenfeld/Wäger, Das große Umsatzsteuer-Handbuch, 2018, § 44 Rn. 131.

1672 Vgl. Nieskens, BB 2015b, S. 2076, der ebenso von einer „umsatzsteuerlich selbstständigen" Person spricht.

1673 Zum Unternehmerbegriff siehe: Korn, in: Bunjes, UStG, 2018, § 2 Rn. 5 ff. Unionsrechtlich basiert der Unternehmerbegriff auf Art. 9 MwStSystRL.

zwingend eine eigene Rechtspersönlichkeit.[1674] Stattdessen kann Unternehmer jedes unternehmensfähige Gebilde sein, das zur Verbraucherversorgung in der Lage ist, als solches am Rechtsverkehr teilzunehmen.[1675] Danach stellen insbesondere Personengesellschaften und auch juristische Personen zweifelsfrei im umsatzsteuerlichen Sinne Unternehmer dar. Abweichend von der vollständigen finanziellen Eingliederung sollte eine Eingliederung von Personengesellschaften ebenfalls möglich sein, sofern nachgewiesen werden kann, weshalb trotzdem von einer stimmrechtsmäßigen Beherrschung ausgegangen werden kann. Eine solche Nachweispflicht würde sich zukünftig im Rahmen der Antragstellung ergeben. In diesem Zusammenhang wären ein schriftlich abgeschlossener Gesellschaftsvertrag oder ggf. aktuelle Registerauszüge vorzulegen, die eindeutig belegen, dass die geforderten Tatbestandsmerkmale erfüllt sind. Darüber hinaus können vor allem natürliche Personen unter die gesetzliche Änderung „unternehmerisch tätige Person" fallen. Allerdings erfüllen diese die geforderten Eingliederungsmerkmale nicht und scheiden bereits von Gesetzes wegen aus.

Der § 2 Abs. 3 UStG-E geht – wie schon die gegenwärtige Fassung des § 2 Abs. 2 Nr. 2 UStG – weiterhin von einem Eingliederungsverhältnis zwischen Organträger und Organgesellschaft aus. Anderslautenden Stimmen im wissenschaftlichen Schrifttum[1676], die in diesem Zusammenhang die Auffassung vertreten, dass durch eine verfahrensrechtliche Verknüpfung der umsatzsteuerlichen Organschaft eine Anpassung an den Grundtatbestand der engen Verbindung des Art. 11 MwStSystRL vorzunehmen ist, ist nicht zu folgen. An dieser Stelle wird insbesondere hervorgehoben, dass die Rechtfertigungsgründe des BFH, die derzeit ein Abweichen von dem Maßstab der engen Verbindung in Art. 11 MwStSystRL zulassen, durch Einführung eines Antrags- oder Feststellungsverfahrens entfallen würden. Infolgedessen würde der materiell-rechtliche Anwendungsbereich zu einer erheblichen Ausdehnung der umsatzsteuerlichen Organschaft führen.

Dagegen spricht jedoch, dass sich die Person nach dem materiellen Recht des § 2 Abs. 2 Nr. 2 UStG beurteilen lässt und ein verfahrensrechtliches Instrument

---

1674 Vgl. RFH, Urteil vom 19.05.1930, V A 525/29, RStBl. 1931, S. 148; BFH, Urteil vom 09.12.1993, V R 108/91, BStBl. II 1994, S. 483; BFH, Urteil vom 21.04.1994, V R 105/91, BStBl. II 1994, S. 671; BFH, Beschluss vom 30.05.2000, V B 31/00, BFH/NV 2000, S. 1505.

1675 Vgl. BFH, Urteil vom 27.08.1970, V R 72/66, BStBl. II 1970, S. 833; BFH, Urteil vom 26.01.1984, V R 65/76, BStBl. II 1984, S. 231. Dazu auch: Stadie, in: Rau/Dürrwächter, UStG, 2018, § 2 Anm. 82.

1676 Insbesondere: Wäger, UR 2016, S. 179 f.

den Anwendungsbereich der umsatzsteuerlichen Organschaft lediglich abbilden kann. Sofern jedoch auf das unpräzise Merkmal der engen Verbindung abgestellt wird, kann eine verfahrensrechtliche Ergänzung die Person auch nicht eindeutig bestimmen. In diesem Zusammenhang wäre zweifelhaft, welcher Person die materiell-rechtlichen Voraussetzungen zuzurechnen sind. Insgesamt sind mit dem unionsrechtlichen Maßstab im Sinne der engen Verbundenheit zahlreiche Auslegungs- und Abgrenzungsschwierigkeiten verbunden. Im Übrigen könnte Folge des Zusammenschlusses „nur eng miteinander verbundener Unternehmensteile" zu einem einheitlichen Unternehmen sein, dass unübersichtliche Konzernstrukturen geschaffen werden, die einer effektiven Steuerveranlagung deutlich widersprechen würden. Insgesamt würde dies die Steuererhebung eher negativ beeinflussen als sie zu fördern. Wie bereits in Kapitel D.III.4 umfassend aufgezeigt wurde, wirft das Eingliederungserfordernis im Ergebnis unter Bezug auf den Eindeutigkeitsaspekt keine unionsrechtlichen Bedenken auf. Da sich die Organschaft mit der verbundenen Verlagerung der Steuerschuld auf den Organträger finanziell belastend auswirken kann, müssen die Voraussetzungen eine klare Ausprägung erhalten, um diese einfach und rechtssicher bestimmen zu können.

Die neu eingefügten Sätze 4 und 5 des § 2 Abs. 3 UStG-E beinhalten eindeutige Regelungen zum Vorliegen bzw. Nichtvorliegen einer umsatzsteuerlichen Organschaft. Dabei ist zunächst zu berücksichtigen, dass der Organträger das von sämtlichen Gruppenmitgliedern unterzeichnete Antragsformular bis zum 30. September des Jahres, das dem Jahr vorausgeht, indem die Vorschrift gelten soll, einzureichen hat. Der Antrag ist bei dem für die Besteuerung des Organträgers zuständigen Finanzamt schriftlich zu stellen (§ 2 Abs. 3 S. 3 UStG-E). Wird diesem Antrag zugestimmt, übt die eingegliederte Person ihre berufliche und gewerbliche Tätigkeit nicht mehr selbstständig aus (§ 2 Abs. 3 S. 2 UStG-E). Die umsatzsteuerliche Organschaft erfolgt nunmehr auf unbestimmte Zeit. Allerdings muss die Organschaft mindestens für ein Kalenderjahr beibehalten werden. Sie endet erst mit Entfallen eines der materiell-rechtlichen Voraussetzungen oder auf Antrag per Ende des laufenden Kalenderjahres.

Durch den zusätzlich eingefügten Satz 6 des § 2 Abs. 3 UStG-E soll die Finanzverwaltung fortlaufend aktualisierte Angaben zum umsatzsteuerlichen Organkreis erhalten. In diesem Sinne wäre der Organträger verpflichtet, potenzielle Änderungen des Organschaftsverhältnisses grundsätzlich innerhalb eines Monats nach Bekanntgabe im Register oder nach Abschluss eines Gesellschaftsvertrags der zuständigen Finanzverwaltung schriftlich zu melden.

Die Sätze 2 und 3 des § 2 Abs. 2 Nr. 2 UStG in der aktuellen Fassung behalten ihren Wortlaut bei und werden zu § 2 Abs. 3 S. 7 und 8 UStG-E. Der Wortlaut der derzeitigen Fassung des § 2 Abs. 2 Nr. 2 S. 4 UStG „Hat der Organträger seine Geschäftsleitung im Ausland, gilt der wirtschaftlich bedeutendste Unternehmensteil im Inland als der Unternehmer“ wird im Entwurf durch Satz 9 dahingehend geändert, dass auf die wirtschaftlich bedeutendste Organgesellschaft im Inland als Unternehmer abgestellt wird. Dies hat zur Konsequenz, dass eine Betriebsstätte nicht als wirtschaftlich bedeutendster Unternehmensteil festgelegt werden kann. Mithin folgt daraus ebenso, dass eine im Inland ansässige Organgesellschaft zwangsläufig als Unternehmerin gewertet wird. Dies gilt auch für solche Fälle, wenn eine Betriebsstätte eines Organträgers bzw. einer Organgesellschaft wirtschaftlich gesehen bedeutender ist.

Abschließend ist darauf hinzuweisen, dass die vorgeschlagenen Änderungen nur dann Bestand haben, wenn sie im Rahmen eines Konsultationsverfahrens dem Mehrwertsteuerausschuss vorgelegt werden. Erst dann kann eine ordnungsgemäße Umsetzung in die deutsche Gesetzgebung erfolgen.

G. Zusammenfassung und Ausblick

Der Anwendungsbereich der umsatzsteuerlichen Organschaft in § 2 Abs. 2 Nr. 2 UStG ist mit Blick auf seine Unionsrechtskonformität derzeit massiver Kritik ausgesetzt. In Deutschland wurde bislang ein großzügiger Beurteilungsspielraum hinsichtlich ihrer Ausgestaltung akzeptiert. Allerdings hat der EuGH nunmehr in einer jüngst ergangenen Urteilsserie zur Auslegung der Mehrwertsteuergruppenvorschrift explizit festgehalten, dass die EU-Mitgliedstaaten keine weitergehenden Bedingungen an die Bildung einer Mehrwertsteuergruppe als die in Art. 11 MwStSystRL vorgesehenen Voraussetzungen stellen dürfen. Dies gewährleistet, dass keine Abweichungen von einem EU-Mitgliedstaat zu einem anderen Mitgliedstaat im Hinblick auf die Ausgestaltung einer Mehrwertsteuergruppe auftreten. Damit will der EuGH die gemeinschaftsweit einheitliche Anwendung und Auslegung der Mehrwertsteuergruppennorm innerhalb der EU sicherstellen.

Vor diesem Hintergrund führt der EuGH insbesondere an, dass das zwingende Erfordernis der Unternehmereigenschaft der Organkreisbeteiligten, die gesetzliche Reduzierung des Tatbestandmerkmals der Organgesellschaft auf juristische Personen, die Eingliederungskriterien aus finanzieller, wirtschaftlicher und organisatorischer Hinsicht sowie Aspekte des räumlichen Anwendungsbereichs nicht mit den Maßstäben des Art. 11 Abs. 1 MwStSystRL vereinbar sind und stuft den engen Anwendungsbereich des § 2 Abs. 2 Nr. 2 UStG grundsätzlich als unionsrechtswidrig ein. Ein Abweichen lässt der EuGH lediglich im Rahmen der Missbrauchsbekämpfung im Sinne des Art. 11 Abs. 2 MwStSystRL zu. Die durchgeführte Untersuchung hat allerdings gezeigt, dass der personenbezogene, räumliche und sachliche Anwendungsbereich des § 2 Abs. 2 Nr. 2 UStG im Wesentlichen mit den sich aus Art. 11 MwStSystRL resultierenden unionsrechtlichen Anforderungen vereinbar sind, jedoch in einigen Punkten auch unionsrechtliche Lücken aufweist.

Im Hinblick auf den personenbezogenen Anwendungsbereich lässt sich zunächst anmerken, dass nach Art. 11 MwStSystRL der Personenbegriff weit gefasst ist und neben Steuerpflichtigen auch grundsätzlich nichtsteuerpflichtige Personen erfassen kann, sodass die erforderliche Unternehmereigenschaft der Organkreisbeteiligten nach § 2 Abs. 2 Nr. 2 UStG zunächst über die unionsrechtliche Vorgabe des Art. 11 Abs. 1 MwStSystRL hinausgeht. Allerdings hat die durchgeführte Analyse aufgezeigt, dass der Einbezug nichtsteuerpflichtiger Personen in den Organkreis einerseits Umsatzsteuergestaltungen hervorruft und andererseits nicht mit dem Vereinfachungsgedanken der umsatzsteuerlichen Organschaft in Einklang steht.

Weiterhin implizieren die gewonnenen Untersuchungsergebnisse zum räumlichen Anwendungsbereich, dass der deutsche Gesetzeswortlaut und die unionsrechtlichen Bestimmungen zwar voneinander abweichen, aber übereinstimmend ausgelegt werden können, sodass die in Art. 11 Abs. 1 MwStSystRL befindliche Begrifflichkeit der „in dem Gebiet des Mitgliedstaates ansässigen Person“ im Sinne der „im Inland gelegenen Unternehmensteile“ zu verstehen ist. Gleichwohl ist hervorzuheben, dass den *Skandia*-Entscheidungsgrundsätzen des EuGH für die Auslegung der deutschen Organschaftsregelung nur eingeschränkt gefolgt werden kann. Dieses Auslegungsverständnis widerspricht deutlich dem anerkannten Grundsatz, dass eine feste Niederlassung kein autonomes Rechtssubjekt darstellt. Ebenso ist diese Auslegung nicht mit Art. 11 Abs. 1 MwStSystRL, der ausdrücklich von „rechtlich unabhängigen Personen“ spricht, vereinbar. Darüber hinaus ist eine Anpassung des § 2 Abs. 2 Nr. 2 S. 4 UStG vorzunehmen. Dieser fingiert bei Vorliegen eines ausländischen Organträgers, der ausschließlich über eine inländische Betriebsstätte verfügt, dass diese wirtschaftlich bedeutendster Unternehmensteil wird. Daraus folgt, dass einer solchen Betriebsstätte die Unternehmerstellung zugewiesen wird. Diese Fiktion ist allerdings abzulehnen, weil Betriebsstätten stets als unselbstständige Bestandteile eines Unternehmens anzusehen sind.

Des Weiteren kann als Ergebnis der Analyse des sachlichen Anwendungsbereichs zusammengefasst werden, dass das nationalgesetzlich geforderte Eingliederungsverhältnis im Einklang mit den unionsrechtlichen Anforderungen steht. Nach Auffassung des EuGH stellt die Eingliederung im Sinne des UStG im Vergleich zur engen Verbundenheit nach Art. 11 MwStSystRL eine grundsätzlich nicht erlaubte zusätzliche Bedingung für die Bildung einer umsatzsteuerlichen Organschaft dar. Zunächst kann belegt werden, dass die Definition der Eingliederung im Sinne einer Hierarchiestruktur zwischen Organträger und Organgesellschaft und der damit verbundenen Durchgriffsmöglichkeit mit Blick auf die unionsrechtliche Vorgabe unvereinbar ist. Wird allerdings das geforderte Eingliederungsverhältnis im Lichte der zutreffenden Beurteilung der umsatzsteuerlichen Organschaftsvoraussetzungen ausgelegt, wodurch der Zurechnungsadressat der Steuerschuldnerschaft im Organkreis einfach und rechtssicher bestimmbar ist, ist der einschränkende Charakter des § 2 Abs. 2 Nr. 2 UStG durch die Zwecksetzungen des Art. 11 MwStSystRL gedeckt. Grundsätzlich fördert die Eindeutigkeit des materiellen Anwendungsbereichs der umsatzsteuerlichen Organschaft die Rechtssicherheit, Verwaltungsvereinfachung sowie die präzise Rechtsanwendung gesetzlicher Bestimmungen. Andernfalls hat die

Untersuchung verdeutlicht, dass sich die Definition der organisatorischen Eingliederung im Sinne der stetigen Willensdurchsetzung des Organträgers in der Organgesellschaft unter Einbindung des Eindeutigkeitsaspekts nicht rechtfertigen lässt.

Darüber hinaus kann aus der Untersuchung des europäischen und nationalen Rechtsverständnisses zur Berücksichtigung von Personengesellschaften als Organgesellschaft zunächst klargestellt werden, dass in diesem Fall eine Änderung der Rechtsprechung stattgefunden hat. Bislang galten Personengesellschaften angesichts der insoweit eindeutigen Einschränkung des Kreises tauglicher Organgesellschaften auf juristische Personen durch den Gesetzeswortlaut nicht als potenzielle Organkreismitglieder. Aus übergeordneter Position hat der EuGH zutreffend festgestellt, dass mit Blick auf die Reduzierung der Organgesellschaft auf juristische Personen ein Verstoß gegen den Grundsatz der Rechtsformneutralität vorliegt und entsprechend die europarechtlichen Bedenken hinsichtlich des personenbezogenen Anwendungskreises nach § 2 Abs. 2 Nr. 2 UStG bestätigt. Die Analyse der Auffassungen der Umsatzsteuersenate des BFH hat zum Ergebnis, dass sie zwar das gleiche Auslegungsverständnis teilen, jedoch weichen ihre jeweiligen Lösungsansätze erheblich voneinander ab. Insgesamt wird herausgearbeitet, dass das Auslegungsverständnis des V. Umsatzsteuersenats – dem auch mittlerweile die Finanzverwaltung folgt – den potenziellen Organgesellschaftskreis deutlich einschränkt, sodass die gesetzliche Reduzierung auf juristische Personen im Kern weiterhin fortbesteht. Aus diesem Grunde wurde explizit der Fragestellung nachgegangen, ob der personenbezogene Anwendungsbereich noch weitergehender als nach der aktuellen Rechtsprechung bzw. der Finanzverwaltungsanweisung zu öffnen ist. In diesem Zusammenhang ist ein Anforderungsprofil erstellt worden, das die grundsätzliche Eingliederung von Personengesellschaften in den Organkreis ermöglicht. Als Ergebnis lässt sich festhalten, dass die Voraussetzungen zur vollständigen finanziellen Eingliederung lediglich bei solchen Personengesellschaften zu berücksichtigen sind, die nicht eindeutig durch gesellschaftsrechtliche Vereinbarungen belegen können, dass die geforderten Tatbestandsmerkmale erfüllt sind.

Abgerundet wird die Dissertation mit einem Vorschlag zur Weiterentwicklung des Anwendungsbereichs nach § 2 Abs. 2 Nr. 2 UStG. Dieser Ansatz löst die herausgearbeiteten problembehafteten Schwachstellen des derzeit bestehenden Organschaftskonzepts. Mit diesem Lösungsansatz wird einerseits das gesetzliche Ausschlussverbot von Personengesellschaften beseitigt. Andererseits wird die existierende Unsicherheit aufgrund des zwingenden, gesetzlichen Eintritts der Rechtsfolgen mit einem angemessenen Antragsverfahren minimiert.

Abschließend ist hervorzuheben, dass die Zielsetzung, eine Angleichung der Vorschriften zur Mehrwertsteuergruppe innerhalb der EU-Mitgliedstaaten zu erreichen, bislang nicht umgesetzt werden konnte. Paradoxerweise scheint die Ausgestaltung der Gruppenbesteuerungsvorschrift des Nicht-Mitgliedstaats Schweiz eher mit den unionsrechtlichen Vorgaben vereinbar zu sein als die einiger EU-Mitgliedstaaten. Zwar haben sich der EuGH, der Mehrwertsteuerausschuss und die Mehrwertsteuerexpertengruppe durch die Überprüfung der Rechtmäßigkeit der Mehrwertsteuergruppenvorschrift einzelner EU-Mitgliedstaaten sowie durch die Erarbeitung von Leitlinien bemüht, ein unionsweit einheitliches Auslegungsverständnis zur Mehrwertsteuergruppe voranzutreiben. Allerdings ist zweifelhaft, ob sich dadurch zukünftig die signifikanten Unterschiede in der Ausgestaltung der Organschaftsregelungen innerhalb der EU beseitigen lassen. Vor allem hat die *Skandia*-Rechtsprechung des EuGH zur Folge, dass die Vorgaben an den räumlichen Anwendungsbereich in den EU-Mitgliedstaaten unterschiedlich umgesetzt worden sind. Die Urteilsfindung des EuGH hat nunmehr vermehrt zu einer Förderung des Ungleichgewichts der Mehrwertsteuergruppenvorschriften in den jeweiligen EU-Mitgliedstaaten beigetragen. Unzureichend ist in diesem Zusammenhang, dass eine divergierende Behandlung grenzüberschreitender Leistungen zwischen Niederlassungen desselben Rechtsträgers dahingehend erfolgt, ob eine oder alle Niederlassungen zu verschiedenen Mehrwertsteuergruppen gehören oder nicht. Die Beurteilung grenzüberschreitender Leistungsbeziehungen hat sich dadurch erheblich verkompliziert, wodurch Fehlbeurteilungen, die sich finanziell sowohl für die Steuerpflichtigen als auch für die Finanzverwaltungen belastend auswirken können, nicht ausgeschlossen sind.

Am einfachsten könnte eine Harmonisierung zweifelslos durch die verpflichtende[1677] Etablierung einer Mehrwertsteuergruppe in sämtlichen EU-Mitgliedstaaten mit klaren und einheitlichen Regelungen erreicht werden. Dies gilt einerseits für den personenbezogenen, räumlichen und sachlichen Anwendungsbereich einer Mehrwertsteuergruppe. Andererseits sollte ein konkreter Beurteilungsmaßstab im Rahmen der Prüfung einer auf Art. 11 Abs. 2 MwStSystRL gestützten Beschränkung mitgliedstaatlicher Mehrwertsteuergruppenregime gefunden werden. Die durchgeführte Untersuchung hat verdeutlicht, dass die Antimissbrauchsvorschrift einer unionsrechtlich einheitlichen Rechtsanwendung der Mehrwertsteuergruppenvorschrift entgegenstehen kann.

1677 Vgl. Boor, Die Gruppenbesteuerung im harmonisierten Mehrwertsteuersystem, 2014, S. 142; Englisch, in: Tipke/Lang, Steuerrecht, 2018, § 17 Rn. 61.

Literaturverzeichnis

Achatz, M./Tumpel, M. (Hrsg.) [zit.: Achatz/Tumpel, Umsatzsteuer im Konzern, 2003]: Umsatzsteuer im Konzern: Holding – Organschaft – verdeckte Ausschüttungen – verdeckte Einlagen – Konzernumlagen – Dienstleistungen – Optimierung von Leistungsströmen – Umstrukturierung, Wien 2003

Prechtl, B. in: Achatz, M./Tumpel, M. (Hrsg.) [zit.: Achatz/Tumpel, Umsatzsteuer im Konzern, 2003]: Umsatzsteuer im Konzern: Holding – Organschaft – verdeckte Ausschüttungen – verdeckte Einlagen – Konzernumlagen – Dienstleistungen – Optimierung von Leistungsströmen – Umstrukturierung, Wien 2003, Die umsatzsteuerliche Organschaft S. 27–59

Achatz, M./Tumpel, M. (Hrsg.) [zit.: Achatz/Tumpel, Der Unternehmerbegriff des UStG, 2017]: Der Unternehmerbegriff des UStG, Wien 2017

Tratlehner, S. in: Achatz, M./Tumpel, M. (Hrsg.) [zit.: Achatz/Tumpel, Der Unternehmerbegriff des UStG, 2017]: Der Unternehmerbegriff des UStG, Wien 2017, Die umsatzsteuerliche Organschaft S. 97–145

Adick, M./Höink, C./Kurt, G. (Hrsg.) [zit.: Adick et al., Umsatzsteuer und Strafrecht, 2016]: Umsatzsteuer und Strafrecht: Strafrechtliche Aspekte im Umsatzsteuer- und Zollrecht, Heidelberg 2016

Höink, C. in: Adick, M./Höink, C./Kurt, G. (Hrsg.) [zit.: Adick et al., Umsatzsteuer und Strafrecht, 2016]: Umsatzsteuer und Strafrecht: Strafrechtliche Aspekte im Umsatzsteuer- und Zollrecht, Heidelberg 2016, Kapitel 2 Grundlagen des Umsatzsteuerrechts Rn. 1–133

Annacondia, E. [zit.: EU VAT Compass 2017/2018, 2017]: EU VAT Compass 2017/2018, Amsterdam 2017

Baldus, C./Becker, R. [zit.: ZEuP 1997]: Haustürgeschäfte und richtlinienkonforme Auslegung: Probleme bei der Anwendung angeglichenen europäischen Privatrechts, in: ZEuP 1997, S. 874–889

Bamberger, H. G./Roth, H./Hau, W./Poseck, R. [zit.: Bamberger et al., BeckOK BGB, 2018]: BeckOK BGB, 48. Edition Stand: 01.11.2018, München 2018

Schöne, T. in: Bamberger, H. G./Roth, H./Hau, W./Poseck, R. [zit.: Bamberger et al., BeckOK BGB, 2018]: BeckOK BGB, 48. Edition Stand: 01.11.2018, München 2018, § 709 Rn. 1–72

Bauer, D. C. [zit.: MwStR 2014]: Umsatzsteuerrechtliche Organschaft (§ 2 Abs. 2 Nr. 2 UStG); Nichtunternehmer als Teil eines Organkreises (Konsequenzen EuGH v. 9. 4. 2013, C-85/11, und v. 25. 4. 2013, C-480/10); Konsequenzen des BFH-Urteils vom 8.8.2013, V R 18/13, sowie der Beschlüsse vom 11.12.2013,

XI R 17/11 und XI R 38/12; Änderung der Regelungen zur organisatorischen Eingliederung in Abschn. 2.8 UStAE, in: MwStR 2014, S. 344–346

Becker, F. [zit.: UStB 2014]: Umsatzsteuerliche Organschaft: vorläufige Aussagen durch das BMF-Schreiben vom 5.5.2014, in: UStB 2014, S. 230–234

Becker, S. [zit.: MwStR 2018]: Bericht aus Brüssel: 8. und 19. Sitzung der MwSt-Expertengruppe im Februar 2018, in: MwStR 2018, S. 246–249

Berger, W./Kindl, C./Wakounig, M. [zit.: Berger et al., MwStSystRL, 2009]: Mehrwertsteuersystemrichtlinie Praxiskommentar, Wien 2009

Berka, W. [zit.: Die Grundrechte, 1999]: Die Grundrechte: Grundfreiheiten und Menschenrechte in Österreich, Wien 1999

Billig, H. [zit.: UR 2007]: Vorsteuerabzugsrecht infolge einer übergangsweise zulässigen Ausnahmeregelung gem. Art. 28 Abs. 3 Buchst. a der 6. EG-Richtlinie?, in: UR 2007, S. 81–84

Birk, D. [zit.: FR 2005]: Das sog. „Europäische" Steuerrecht, in: FR 2005, S. 121–127

Birkenfeld, W. [zit.: StuW 1998]: Der Einfluß des Gemeinschaftsrechts auf die Rechtsverwirklichung im Steuerrecht: Eine Bestandsaufnahme, in: StuW 1998, S. 55–75

Birkenfeld, W. [zit.: UR 2008]: Umsatzsteuerrechtliche Organschaft und Gemeinschaftsrecht – GmbH & Co KG als Organträger und als Organgesellschaft –, in: UR 2008, S. 2–9

Birkenfeld, W. [zit.: UR 2010]: Gedanken zur grenzüberschreitenden Organschaft, in: UR 2010, S. 198–207

Birkenfeld, W. [zit.: UR 2014]: Organschaft als Mehrwertsteuergruppe, in: UR 2014, S. 120–128

Birkenfeld, W./Wäger, C. (Hrsg.) [zit.: Birkenfeld/Wäger, Das große Umsatzsteuer-Handbuch, 2018]: Das große Umsatzsteuer-Handbuch, 82. Lieferung 11.2018, Köln 2018

Birkenfeld, W. in: Birkenfeld, W./Wäger, C. (Hrsg.) [zit.: Birkenfeld/Wäger, Das große Umsatzsteuer-Handbuch, 2018]: Das große Umsatzsteuer-Handbuch, 82. Lieferung 11.2018, Köln 2018, § 1 Von Umsatzgeldern zur Umsatzsteuer Rn. 1–156

Birkenfeld, W. in: Birkenfeld, W./Wäger, C. (Hrsg.) [zit.: Birkenfeld/Wäger, Das große Umsatzsteuer-Handbuch, 2018]: Das große Umsatzsteuer-Handbuch, 82. Lieferung 11.2018, Köln 2018, § 11 Auslegung des Gesetzes Rn. 1–152

Birkenfeld, W. in: Birkenfeld, W./Wäger, C. (Hrsg.) [zit.: Birkenfeld/Wäger, Das große Umsatzsteuer-Handbuch, 2018]: Das große

Umsatzsteuer-Handbuch, 82. Lieferung 11.2018, Köln 2018, § 12 Richterliche Rechtsfortbildung Rn. 238–248

Birkenfeld, W. in: Birkenfeld, W./Wäger, C. (Hrsg.) [zit.: Birkenfeld/Wäger, Das große Umsatzsteuer-Handbuch, 2018]: Das große Umsatzsteuer-Handbuch, 82. Lieferung 11.2018, Köln 2018, § 22 Gemeinschaftsrecht und nationales Recht Rn. 1–153

Birkenfeld, W. in: Birkenfeld, W./Wäger, C. (Hrsg.) [zit.: Birkenfeld/Wäger, Das große Umsatzsteuer-Handbuch, 2018]: Das große Umsatzsteuer-Handbuch, 82. Lieferung 11.2018, Köln 2018, § 44 Organschaft im Inland Rn. 1–762

Birkenfeld, W. in: Birkenfeld, W./Wäger, C. (Hrsg.) [zit.: Birkenfeld/Wäger, Das große Umsatzsteuer-Handbuch, 2018]: Das große Umsatzsteuer-Handbuch, 82. Lieferung 11.2018, Köln 2018, § 45 Grenzüberschreitende Organschaft Rn. 1–175

Wäger, C. in: Birkenfeld, W./Wäger, C. (Hrsg.) [zit.: Birkenfeld/Wäger, Das große Umsatzsteuer-Handbuch, 2018]: Das große Umsatzsteuer-Handbuch, 82. Lieferung 11.2018, Köln 2018, Kapitel 3 C. Organschaft § 2 Abs. 2 Nr. 2 UStG Art. 11 MwStSystRL; Abschn. 2.8 UStAE Rn. 1–454

Wäger, C. in: Birkenfeld, W./Wäger, C. (Hrsg.) [zit.: Birkenfeld/Wäger, Das große Umsatzsteuer-Handbuch, 2018]: Das große Umsatzsteuer-Handbuch, 82. Lieferung 11.2018, Köln 2018, § 156 Leistungsempfänger als Steuerschuldner Rn. 1–267

Bleckmann, A. [zit.: NJW 1982]: Zu den Auslegungsmethoden des Europäischen Gerichtshofs, in: NJW 1982, S. 1177–1182

Bleckmann, A. [zit.: RIW 1987]: Probleme der Auslegung von EWG-Richtlinien, in: RIW 1987, S. 929–935

Bleckmann, A. [zit.: BB 2013]: Die organisatorische Eingliederung – das aktuelle BMF-Schreiben zur umsatzsteuerlichen Organschaft, in: BB 2013, S. 855–860

Boor, J. [zit.: UR 2013]: Grundlegende Entscheidungen des EuGH zur Gruppenbesteuerung im Mehrwertsteuerrecht, in: UR 2013, S. 729–739

Boor, J. [zit.: Die Gruppenbesteuerung im harmonisierten Mehrwertsteuerrecht, 2014]: Die Gruppenbesteuerung im harmonisierten Mehrwertsteuerrecht – Analyse unter Berücksichtigung der unionsrechtlichen Vorgaben für das deutsche Organschaftsrecht, Wiesbaden 2014

Borchardt, K.-D. [zit.: Die rechtlichen Grundlagen der EU, 2015]: Die rechtlichen Grundlagen der Europäischen Union: Eine systematische Darstellung für Studium Praxis, 6., überarbeitete Auflage, Wien 2015

Borg, C. [zit.: MwStR 2018]: Introduction of VAT Grouping in Malta, in: MwStR 2018, S. 605–607

Brinkmann, J./ Walter-Yadegardjam, T. [zit.: DStR 2016]: Die Einbeziehung von Personengesellschaften in die umsatzsteuerliche Organschaft: Anmerkungen zu den BFH-Urteilen v. 2.12.2015 und 19.1.2016 und Auswirkungen der geänderten Rechtsprechung für die Praxis, in: DStR 2016, S. 650–657

Buck, C. [zit.: Über die Auslegungsmethoden des Gerichtshofs der Europäischen Gemeinschaft, 1998]: Über die Auslegungsmethoden des Gerichtshofs der Europäischen Gemeinschaft, Frankfurt am Main 1998

Bunjes, J. (Hrsg.) [zit.: Bunjes, UStG, 2018]: Umsatzsteuergesetz Kommentar, 17., neubearbeitete Auflage, München 2018

Heidner, H.-H. in: Bunjes, J. (Hrsg.) [zit.: Bunjes, UStG, 2018]: Umsatzsteuergesetz Kommentar, 17., neubearbeitete Auflage, München 2018, § 4 Rn. 1–13

Heidner, H.-H. in: Bunjes, J. (Hrsg.) [zit.: Bunjes, UStG, 2018]: Umsatzsteuergesetz Kommentar, 17., neubearbeitete Auflage, München 2018, § 15 Rn. 1–461

Korn, C. in: Bunjes, J. (Hrsg.) [zit.: Bunjes, UStG, 2018]: Umsatzsteuergesetz Kommentar, 17., neubearbeitete Auflage, München 2018, § 2 Rn. 1–210

Robisch, M. in: Bunjes, J. (Hrsg.) [zit.: Bunjes, UStG, 2018]: Umsatzsteuergesetz Kommentar, 17., neubearbeitete Auflage, München 2018, Vor § 1 Einleitende Hinweise zum Umsatzsteuerrecht Rn. 1–28

Buttgereit H./Schulte, U. [zit.: UR 2011]: Umsatzsteuerrechtliche Organschaft und wirtschaftliche Eingliederung – „Nichts Genaues weiß man nicht" – eine Rechtsprechungsanalyse –, in: UR 2011, S. 605–612

Calliess, C./Ruffert, M. (Hrsg.) [zit.: Calliess/Ruffert, EUV/AEUV, 2016]: EUV/AEUV: Das Verfassungsrecht der Europäischen Union mit Europäischer Grundrechtecharta Kommentar, 5. Auflage, München 2016

Calliess, C. in: Calliess, C./Ruffert, M. (Hrsg.) [zit.: Calliess/Ruffert, EUV/AEUV, 2016]: EUV/AEUV: Das Verfassungsrecht der Europäischen Union mit Europäischer Grundrechtecharta Kommentar, 5. Auflage, München 2016, Art. 5 EUV Rn. 1–79

Ruffert, M. in: Calliess, C./Ruffert, M. (Hrsg.) [zit.: Calliess/Ruffert, EUV/AEUV, 2016]: EUV/AEUV: Das Verfassungsrecht der Europäischen Union mit Europäischer Grundrechtecharta Kommentar, 5. Auflage, München 2016, Art. 1 AEUV Rn. 1–32

Ruffert, M. in: Calliess, C./Ruffert, M. (Hrsg.) [zit.: Calliess/Ruffert, EUV/AEUV, 2016]: EUV/AEUV: Das Verfassungsrecht der Europäischen Union mit Europäischer Grundrechtecharta Kommentar, 5. Auflage, München 2016, Art. 288 AEUV Rn. 1–108

Waldhoff, C. in: Calliess, C./Ruffert, M. (Hrsg.) [zit.: Calliess/Ruffert, EUV/AEUV, 2016]: EUV/AEUV: Das Verfassungsrecht der Europäischen Union mit Europäischer Grundrechtecharta Kommentar, 5. Auflage, München 2016, Art. 110 AEUV Rn. 1–23

Waldhoff, C. in: Calliess, C./Ruffert, M. (Hrsg.) [zit.: Calliess/Ruffert, EUV/AEUV, 2016]: EUV/AEUV: Das Verfassungsrecht der Europäischen Union mit Europäischer Grundrechtecharta Kommentar, 5. Auflage, München 2016, Art. 113 AEUV Rn. 1–26

Wegener, B. W. in: Calliess, C./Ruffert, M. (Hrsg.) [zit.: Calliess/Ruffert, EUV/AEUV, 2016]: EUV/AEUV: Das Verfassungsrecht der Europäischen Union mit Europäischer Grundrechtecharta Kommentar, 5. Auflage, München 2016, Art. 19 EUV Rn. 1–52

Camenzind, A./Honauer, N./Vallender, K. A./Jung, M. R./Probst, S. L. [zit.: Camenzind et al., Handbuch zum Mehrwertsteuergesetz, 2012]: Handbuch zum Mehrwertsteuergesetz (MWSTG), Eine Wegleitung für Unternehmer, Steuerberater und Studierende, 3., vollständig überarbeitete und aktualisierte Auflage, Bern 2012

Canz, S. [zit.: Die Umsatzbesteuerung der öffentlichen Hand, 2013]: Die Umsatzbesteuerung der öffentlichen Hand im Wandel, Hamburg 2013

Conrad, N. [zit.: IStR-LB 2018]: Luxemburg: Einführung der umsatzsteuerlichen Organschaft (Mehrwertsteuergruppe), in: IStR-LB 2018, S. 53–56

Cornielje, S./Bondarev, I. [zit.: IVM 2015]: „Scanning the Scope of Skandia“, in: IVM 2015, S. 17–21

Dahm, J./Hamacher, R. [zit.: IStR 2013]: Umsatzsteuerliche Organschaft – Reform wider Willen, in: IStR 2013, S. 820–827

Dauses, M./Ludwigs, M. (Hrsg.) [zit.: Dauses/Ludwigs, Handbuch des EU-Wirtschaftsrechts, 2018]: Handbuch des EU-Wirtschaftsrechts, 45. Ergänzungslieferung 07.2018, München 2018

Gröpl, C. in: Dauses, M. /Ludwigs, M. (Hrsg.) [zit.: Dauses/Ludwigs, Handbuch des EU-Wirtschaftsrechts, 2018]: Handbuch des EU-Wirtschaftsrechts, 45. Ergänzungslieferung 07.2018, München 2018, J. Steuerrecht Rn. 1–705

Müller-Graff, P.-C. in: Dauses, M. /Ludwigs, M. (Hrsg.) [zit.: Dauses/Ludwigs, Handbuch des EU-Wirtschaftsrechts, 2018]: Handbuch des EU-Wirtschaftsrechts, 45. Ergänzungslieferung 07.2018, München 2018, A.I. Verfassungsziele der Europäischen Union Rn. 1–191

Pieper, S. U. in: Dauses, M. /Ludwigs, M. (Hrsg.) [zit.: Dauses/Ludwigs, Handbuch des EU-Wirtschaftsrechts, 2018]: Handbuch des

EU-Wirtschaftsrechts, 45. Ergänzungslieferung 07.2018, München 2018, B.I. Rechtsquellen Rn. 1–187

Stettner, R. in: Dauses, M. /Ludwigs, M. (Hrsg.) [zit.: Dauses/Ludwigs, Handbuch des EU-Wirtschaftsrechts, 2018]: Handbuch des EU-Wirtschaftsrechts, 45. Ergänzungslieferung 07.2018, München 2018, A.IV. Unionsrecht und nationales Recht Rn. 1–89

De Feo, S. [zit.: MwStR 2017]: Die MWST-Gruppe in der Schweiz, in: MwStR 2017, S. 493–496

De Feo, S. [zit.: UR 2017]: Grenzüberschreitende Leistungen zwischen Stammhaus und Betriebsstätte in der Schweiz und in Deutschland – Gestaltungsmöglichkeiten nach dem EuGH-Urteil Skandia?, in: UR 2017, S. 375–382

Diemer, M. [zit.: DB 2015]: Vorsteueraufteilung bei Holdinggesellschaften und umsatzsteuerliche Organschaft – Erste Gedanken zum Urteil in den Rs. „Larentia + Minerva“ und „Marenave“ –, in: DB 2015, S. 1748–1752

Dodenhoff, J. [zit.: UR 2014]: Eine Putzfrau zum Aufräumen der organisatorischen Eingliederung – Plädoyer für den „einfachen“ Mitarbeiter -, in: UR 2014, S. 337–346

Dötsch, E/Pung. A. [zit.: DB 2013]: Gesetz zur Änderung und Vereinfachung der Unternehmensbesteuerung und des steuerlichen Reisekostenrechts: Die Änderungen bei der Organschaft, in: DB 2013, S. 305–314

Drüen, K.-D. [zit.: DK 2013]: Das neue Verfahrensrecht der Organschaft – Kritische Würdigung des neuen Feststellungsverfahrens nach der kleinen Organschaftsreform –, in: DK 2013, S. 433–451

Ebbinghaus, M./Neu, P. [zit.: DB 2016]: Verunglückte umsatzsteuerliche Organschaft vor der Insolvenz – Massemehrung durch den Insolvenzverwalter –, in: DB 2016, S. 1653–1657

Eckl, P. [zit.: IStR 2009]: Generalthema I: Die Definition der Betriebsstätte, in: IStR 2009, S. 510–514

Eggers, J. [zit.: NWB 2015]: Vorsteuerabzug bei Holdings und umsatzsteuerliche Organschaft: Anmerkungen zum EuGH-Urteil vom 16.7.2015 – Rs. C-108/14 und C-109/14, in: NWB 2015, S. 2566–2575

Eggers, J. [zit.: MwStR 2017]: Vorsteuerabzug bei Kapitalbeschaffungsmaßnahmen zur Beteiligungsfinanzierung: Zugleich eine Anmerkung zu den Holdingaspekten des BMF-Schreibens v. 26.5.2017, in: MwStR 2017, S. 562–568

Eggers, J./Korf, R. [zit.: MwStR 2015]: Holding, Umsatzsteuer und Organschaft – eine unendliche Geschichte?, in: MwStR 2015, S. 710–719

Ehricke, U. [zit.: ZIP 2004]: Die Einbeziehung des Immobilienkaufs in die Folgen eines Widerrufs des Darlehensgeschäfts nach der Richtlinie 85/577/EWG, in: ZIP 2004, S. 1025–1034

Ehrke-Rabel, T./Kettisch, R. [zit.: SWK 2015]: Grenzüberschreitende Organschaften nach dem Urteil in der Rechtssache Skandia America, Zur Tragweite des Urteils für Österreich, in: SWK 2015, S. 806–815

Englisch, J. [zit.: IStR 2009]: Seminar B: Die „feste Niederlassung" und ihr Verhältnis zur „Betriebsstätte", in: IStR 2009, S. 526–528

Englisch, J. [zit.: UR 2016]: Unionsrecht und Organschaft – Bestandsaufnahme und gesetzgeberischer Handlungsbedarf –, in: UR 2016, S. 822–840

Englisch, J./Nieskens, H. (Hrsg.) [zit.: Englisch/Nieskens, Umsatzsteuer-Kongress-Bericht 2010, 2011]: Umsatzsteuer-Kongress-Bericht 2010: Neutralitätsprinzip – Zuordnung von Vorleistungen – Grenzüberschreitender Handel – Organschaft, Köln 2011

Ehrke-Rabel, T. in: Englisch, J./Nieskens, H. (Hrsg.) [zit.: Englisch/Nieskens, Umsatzsteuer-Kongress-Bericht 2010, 2011]: Umsatzsteuer-Kongress-Bericht 2010: Neutralitätsprinzip – Zuordnung von Vorleistungen – Grenzüberschreitender Handel – Organschaft, Köln 2011, Mitteilung der Kommission zur Mehrwertsteuergruppe S. 160–188

Reiß, W. in: Englisch, J./Nieskens, H. (Hrsg.) [zit.: Englisch/Nieskens, Umsatzsteuer-Kongress-Bericht 2010, 2011]: Umsatzsteuer-Kongress-Bericht 2010: Neutralitätsprinzip – Zuordnung von Vorleistungen – Grenzüberschreitender Handel – Organschaft, Köln 2011, Begrenzung der Organschaftswirkung auf das Inland – Sekundärrecht versus Primärrecht – S. 196–235

Wäger, C. in: Englisch, J./Nieskens, H. (Hrsg.) [zit.: Englisch/Nieskens, Umsatzsteuer-Kongress-Bericht 2010, 2011]: Umsatzsteuer-Kongress-Bericht 2010: Neutralitätsprinzip – Zuordnung von Vorleistungen – Grenzüberschreitender Handel – Organschaft, Köln 2011, Brennpunkte der wirtschaftlichen und organisatorischen Eingliederung S. 189–194

Elgaard, K. K. E. [zit.: Nordic Tax Journal 2017]: A comparative analysis of VAT grouping schemes form a Nordic perspective – aspects of tax avoidance and fiscal competition, in: Nordic Tax Journal 2017, S. 1–25

Endres, D. [zit.: MwStR 2015]: Folgerungen für die Mehrwertsteuergruppe aus dem EuGH-Urteil C-7/13, Skandia America, in: MwStR 2015, S. 916–922

Endres, D. [zit.: UR 2015]: Nichtsteuerpflichtige in der Mehrwertsteuergruppe nach Art. 11 MwStSystRL, in: UR 2015, S. 853–860

Endres, D. [zit.: Mehrwertsteuergruppe nach Art. 11 MwStSystRL, 2016]: Mehrwertsteuergruppe nach Art. 11 MwStSystRL: Entwicklung einer Gruppenbesteuerung in Deutschland, Köln 2016

Endres-Reich, D. [zit.: UR 2016]: Antragswahlrecht für die umsatzsteuerrechtliche Organschaft in Deutschland?, in: UR 2016, S. 660–664

Epping, V./Hillgruber, C. (Hrsg.) [zit.: Epping/Hillgruber, BeckOK GG, 2018]: BeckOK Grundgesetz, 38. Edition Stand: 15.08.2018, München 2018

Huster, S./Rux, J. in: Epping, V./Hillgruber, C. (Hrsg.) [zit.: Epping/Hillgruber, BeckOK GG, 2018]: BeckOK Grundgesetz, 38. Edition Stand: 15.08.2018, München 2018, Art. 20 Rn. 1- 231.1

Erdbrügger, A. [zit.: DStR 2013]: Deutsche Regelungen über die Umsatzsteuer-Organschaft aufgrund neuer EuGH-Rechtsprechung unerwartet auf dem Prüfstand, in: DStR 2013, S. 1573–1580

EU-Kommission [zit.: Die Finanzverfassung der Europäischen Union, 2009]: Die Finanzverfassung der Europäischen Union, 4. Ausgabe, Luxemburg 2009

EU-Kommission [zit.: UR 2009]: Mitteilung der Kommission an das Europäische Parlament und den Rat über die Option der Mehrwertsteuer-Gruppe gem. Art. 11 MwStSystRL (nationale Organschaftsregelungen), in: UR 2009, S. 632–638

EU-Kommission [zit.: UVR 2015]: Gesetzgebung Europäische Union, EU-Kommission veröffentlicht aktuelle Leitlinien des MwSt-Ausschusses, in: UVR 2015, S. 97–99

Fasold, R. [zit.: BB 1967]: Der systemwidrige Verlust des Vorsteuerabzugs im steuerfreien Bereich der neuen Mehrwertsteuer, in: BB 1967, S. 1205–1206

Feldgen, R. [zit.: BB 2010]: Die umsatzsteuerliche Organschaft im Konzern, in: BB 2010, S. 285–290

Feldgen, R. [zit.: BB 2013]: Die umsatzsteuerliche Organschaft in Konzernstrukturen, in: BB 2013, S. 2967–2973

Fleckenstein-Weiland, B. [zit.: BB 2016]: BB-Rechtsprechungsreport Umsatzsteuer 2015, in: BB 2016, S. 1049–1058

Fleischer, H./Goette, W. (Hrsg.) [zit.: Fleischer/Goette, Münchener Kommentar zum GmbHG, 2018]: Münchener Kommentar zum GmbHG, Band 1, §§ 1–34, 3. Auflage, München 2018

Fleischer, H. in: Fleischer, H./Goette, W. (Hrsg.) [zit.: Fleischer/Goette, Münchener Kommentar zum GmbHG, 2018]: Münchener Kommentar zum GmbHG, Band 1, §§ 1–34, 3. Auflage, München 2018, Einleitung Rn. 1–480

Heinze, S. in: Fleischer, H./Goette, W. (Hrsg.) [zit.: Fleischer/Goette, Münchener Kommentar zum GmbHG, 2018]: Münchener Kommentar zum GmbHG, Band 1, §§ 1–34, 3. Auflage, München 2018, § 4 Rn. 1–154

Forster, E./Trejo, K. [zit.: UStB 2010]: Aktuelle Bestandsaufnahme zur umsatzsteuerlichen Organschaft, in: UStB 2010, S. 16–30

Franzen, M. [zit.: Privatrechtsangleichung durch die Europäische Gemeinschaft, 2010]: Privatrechtsangleichung durch die Europäische Gemeinschaft, Berlin 2010

Frase, H. [zit.: Kösdi 2018]: Das neue „Transparenzregister" – Hintergrund und Praxisfragen, in: Kösdi 2018, S. 20651–20656

Frenz, W. [zit.: Handbuch Europarecht, 2010]: Handbuch Europarecht, Band 5: Wirkungen und Rechtsschutz, Berlin 2010

Frenz, W. [zit.: Europarecht, 2016]: Europarecht, 2. Auflage, Berlin 2016

Fritsch, F./Huschens, F./Koisiak, D./Langer, M. (Hrsg.) [zit.: Fritsch et al., UStG, 2018]: UStG-eKommentar, Stand: 11.2018

Kirch, F. in: Fritsch, F./Huschens, F./Koisiak, D./Langer, M. (Hrsg.) [zit.: Fritsch et al., UStG, 2018]: UStG-eKommentar, Stand: 11.2018, § 2 Rn. 1–174

Fröschl, K.-J. [zit.: HFR 2002]: Vorsteuerrückforderung nach Beendigung der Organschaft, in: HFR 2002, S. 1118–1120

Gebauer, M./Wiedmann, T. (Hrsg.) [zit.: Gebauer/Wiedmann, Zivilrecht unter europäischem Einfluss, 2010]: Zivilrecht unter europäischem Einfluss: die richtlinienkonforme Auslegung des BGB und anderer Gesetze – Kommentierung der wichtigsten EU-Verordnungen, 2. überarbeitete und erweiterte Auflage, Stuttgart 2010

Gebauer, M. in: Gebauer, M./Wiedmann, T. (Hrsg.) [zit.: Gebauer/Wiedmann, Zivilrecht unter europäischem Einfluss, 2010]: Zivilrecht unter europäischem Einfluss: die richtlinienkonforme Auslegung des BGB und anderer Gesetze – Kommentierung der wichtigsten EU-Verordnungen, 2. überarbeitete und erweiterte Auflage, Stuttgart 2010, Kapitel 3 Europäische Auslegung des Zivilrechts Rn. 1–56

Geiger, R./Khan, D.-E./Kotzur, M. (Hrsg.) [zit.: Geiger et al., EUV/AEUV, 2017]: EUV, AEUV: Vertrag über die Europäische Union, Vertrag über die Arbeitsweise der Europäischen Union, Kommentar, 6., überarbeitete Auflage, München 2017

Khan, D.-E. in: Geiger, R./Khan, D.-E./Kotzur, M. (Hrsg.) [zit.: Geiger et al., EUV/AEUV, 2017]: EUV, AEUV: Vertrag über die Europäische Union, Vertrag über die Arbeitsweise der Europäischen Union, Kommentar, 6., überarbeitete Auflage, München 2017, Art. 113 AEUV Rn. 1–11

Glauser, P. M. [zit.: IVM 2010]: Head Office/Branch Relationships from the Perspective of Swiss VAT, in: IVM 2010, S. 31–35

Glohr, R./Lambion, M. [zit.: MwStR 2018]: On 16 April 2018, the Luxembourg government has published its VAT group draft bill, in: MwStR 2018, S. 510–514

Goette, W./Habersack, M./Kalss, S. [zit.: Goette et al., Münchener Kommentar zum AktG, 2016]: Münchener Kommentar zum Aktiengesetz, Band 1, §§ 1–75, 4. Auflage, München 2016

Bayer, W. in: Goette, W./Habersack, M./Kalss, S. [zit.: Goette et al., Münchener Kommentar zum AktG, 2016]: Münchener Kommentar zum Aktiengesetz, Band 1, §§ 1–75, 4. Auflage, München 2016, § 20 Rn. 1–90

Grabitz, E./Hilf, M. (Hrsg.) [zit.: Grabitz/Hilf, Das Recht der Europäischen Union, 2009]: Das Recht der Europäischen Union, 40. Ergänzungslieferung Stand: 10.2009, München 2009

Voß, R. in: Grabitz, E./Hilf, M. (Hrsg.) [zit.: Grabitz/Hilf, Das Recht der Europäischen Union, 2009]: Das Recht der Europäischen Union, 40. Ergänzungslieferung Stand: 10.2009, München 2009, Art. 93 EGV Rn. 1–26

Grabitz, E./Hilf, M./Nettesheim, M. (Hrsg.) [zit.: Grabitz et al., Das Recht der EU, 2018]: Das Recht der Europäischen Union, 65. Ergänzungslieferung Stand: 08.2018, München 2018

Karpenstein, U. in: Grabitz, E./Hilf, M./Nettesheim, M. (Hrsg.) [zit.: Grabitz et al., Das Recht der EU, 2018]: Das Recht der Europäischen Union, 65. Ergänzungslieferung Stand: 08.2018, München 2018, Art. 267 AEUV Rn. 1–118

Nettesheim, M. in: Grabitz, E./Hilf, M./Nettesheim, M. (Hrsg.) [zit.: Grabitz et al., Das Recht der EU, 2018]: Das Recht der Europäischen Union, 65. Ergänzungslieferung Stand: 08.2018, München 2018, Art. 1 AEUV Rn. 1–81

Nettesheim, M. in: Grabitz, E./Hilf, M./Nettesheim, M. (Hrsg.) [zit.: Grabitz et al., Das Recht der EU, 2018]: Das Recht der Europäischen Union, 65. Ergänzungslieferung Stand: 08.2018, München 2018, Art. 288 AEUV Rn. 1–229

Seiler, C. in: Grabitz, E./Hilf, M./Nettesheim, M. (Hrsg.) [zit.: Grabitz et al., Das Recht der EU, 2018]: Das Recht der Europäischen Union, 65. Ergänzungslieferung Stand: 08.2018, München 2018, Art. 113 AEUV Rn. 1–67

von Rintelen, G. in: Grabitz, E./Hilf, M./Nettesheim, M. (Hrsg.) [zit.: Grabitz et al., Das Recht der EU, 2018]: Das Recht der Europäischen Union, 65. Ergänzungslieferung Stand: 08.2018, München 2018, Art. 43 AEUV Rn. 1–142

Grube, F. [zit.: MwStR 2013]: Vertragsverletzungsverfahren – Nationale Rechtsvorschriften, die die Möglichkeit, eine Organschaft zu bilden, auf die Unternehmen des Finanz- und Versicherungssektors beschränken – Europäische Kommission/Königreich Schweden, in: MwStR 2013, S. 276–280

Grune, J./Elvers, R. [zit.: Umsatzsteuer, 2008]: Umsatzsteuer Grundlagen der Praxis, Wiesbaden 2008

Grune, J./Mönckedieck, A. [zit.: UR 2012]: Umsatzsteuerrechtliche Organschaft – Bedeutung und aktuelle Entwicklungstendenzen –, in: UR 2012, S. 541–550

Grunewald, B. [zit.: Gesellschaftsrecht, 2017]: Gesellschaftsrecht, 10., vollständig überarbeitete Auflage, Tübingen 2017

Grünwald, U. [zit.: MwStR 2013]: Die jüngste Rechtsprechung des EuGH zur umsatzsteuerlichen Gruppenbesteuerung, in: MwStR 2013, S. 328–333

Grünwald, U. [zit.: MwStR 2014]: Durch gegenseitige Beziehungen eng miteinander verbunden – Konturen einer richtlinienkonformen umsatzsteuerlichen Gruppenbesteuerung, in: MwStR 2014, S. 226–231

Grünwald, U. [zit.: MwStR 2015]: Vorsteuerabzug der Holding – deutsche Organschaftsvorschrift nicht unionsrechtskonform – Beteiligungsgesellschaft Larentia + Minerva mbH & Co. KG/FA Nordenham (C-108/14) und FA Hamburg-Mitte/Marenave Schiffahrts AG (C-109/14), in: MwStR 2015, S. 583–589

Haase, F. [zit.: INF 2002]: Umsatzsteuer beim Outsourcing durch Banken und Versicherungen, in: INF 2002, S. 517–519

Haase, F. [zit.: BB 2009]: Die grenzüberschreitende Organschaft – eine Bestandsaufnahme, in: BB 2009, S. 980–987

Haase, F./Geils, M. [zit.: UR 2018]: Die umsatzsteuerrechtliche Betriebsstätte i.S.d. § 3a UStG auf Kreuzfahrtschiffen, in: UR 2018, S. 141–147

Haase, F./Jachmann, M. (Hrsg.) [zit.: Haase/Jachmann, Beck'sches Handbuch Immobiliensteuerrecht, 2016]: Beck'sches Handbuch Immobiliensteuerrecht: Erwerb, Nutzung, Veräußerung, München 2016

Demleitner, A./Behrendt, L. in: Haase, F./Jachmann, M. [zit.: Beck'sches Handbuch Immobiliensteuerrecht, 2016]: Beck'sches Handbuch Immobiliensteuerrecht: Erwerb, Nutzung, Veräußerung, München 2016, § 17 Rn. 1–144

Habersack, M. (Hrsg.) [zit.: Habersack, Münchener Kommentar zum BGB, 2017]: Münchener Kommentar zum Bürgerlichen Gesetzbuch, Band 6, Schuldrecht – Besonderer Teil IV, §§ 705–853, Partnerschaftsgesellschaftsgesetz, Produkthaftungsgesetz, 7. Auflage, München 2017

Schäfer, C. in: Habersack, M. (Hrsg.) [zit.: Habersack, Münchener Kommentar zum BGB, 2017]: Münchener Kommentar zum Bürgerlichen Gesetzbuch, Band 6, Schuldrecht – Besonderer Teil IV, §§ 705–853, Partnerschaftsgesellschaftsgesetz, Produkthaftungsgesetz, 7. Auflage, München 2017, § 705 Rn. 1–380

Schäfer, C. in: Habersack, M. (Hrsg.) [zit.: Habersack, Münchener Kommentar zum BGB, 2017]: Münchener Kommentar zum Bürgerlichen Gesetzbuch, Band 6, Schuldrecht – Besonderer Teil IV, §§ 705–853, Partnerschaftsgesellschaftsgesetz, Produkthaftungsgesetz, 7. Auflage, München 2017, § 709 Rn. 1–114

Habersack, M./Mayer, C. [zit.: WM 2002]: Der Widerruf von Haustürgeschäften nach der „Heiniger“-Entscheidung des EuGH, in: WM 2002, S. 253–259

Hadding, W. [zit.: ZGR 2001]: Zur Rechtsfähigkeit und Parteifähigkeit der (Außen-)Gesellschaft bürgerlichen Rechts sowie zur Haftung ihrer Gesellschafter für Gesellschaftsverbindlichkeiten – zugleich Besprechung des Urteils BGH WM 2001, 408 -, in: ZGR 2001, S. 713–743

Hahne, K. D. [zit.: DStR 2008]: Umsatzsteuerliche Organschaft mit Personengesellschaften europarechtlich geboten? – Analyse der EuGH-Rechtsprechung zur wettbewerbsneutralen Umsetzung von Mitgliedstaatenwahlrechten, in: DStR 2008, S. 910–914

Haller, E. [zit.: MwStR 2017]: Feste Niederlassung – alle Klarheiten beseitigt?, in: MwStR 2017, S. 650–660

Hamacher, R./Grundt, V. [zit.: DStR 2006]: Das DFDS-Urteil des EuGH: Ein Grund, die grenzüberschreitende mehrwertsteuerliche Organschaft endlich europaweit zu normieren?, in: DStR 2006, S. 2157–2161

Hammerl, R./Fietz, A. [zit.: NWB 2018]: Umsatzsteuerrechtliche Organschaft und Vorsteuerabzug von Holdings: Praktische Auswirkungen des BMF-Schreibens vom 26.5.2017, in: NWB 2018, S. 133–142

Hartman, T. [zit.: SteuerStud 2011]: Probleme und Tendenzen unter Berücksichtigung europarechtlicher Aspekte: Die umsatzsteuerliche Organschaft, in: SteuerStud 2011, S. 393–403

Hartman, T. [zit.: Die Vereinbarkeit der umsatzsteuerrechtlichen Organschaft mit dem Europäischen Unionsrecht, 2013]: Die Vereinbarkeit der umsatzsteuerrechtlichen Organschaft mit dem Europäischen Unionsrecht, München 2013

Hartman, T. [zit.: NWB 2015]: Umsatzsteuerrechtliche Organschaft – quo vadis? – Unionsrechtliche Perspektiven für die Organschaft gem. § 2 Abs. 2 Nr. 2 UStG, in: NWB 2015, S. 1249–1258

Hartman, T. [zit.: Stbg 2016]: Umsatzsteuerrechtliche Organschaft gem. § 2 Abs. 2 Nr. 2 UStG verstößt gegen das Unionsrecht – Urteil des EuGH vom 16. 7. 2015, C-108/14 und C-109/14, ABl. EU 2015 Nr. C 302 S. 7 –, in: Stbg 2016, S. 19–26

Haslinger, S. [zit.: WRP 2007]: Wettbewerbswidriger Missbrauch steuerlicher Gestaltungsmittel zur Umgehung chancengerechter Ausschreibungsverfahren, in: WRP 2007, S. 1412–1416

Hecker, B. [zit.: Europäisches Strafrecht, 2015]: Europäisches Strafrecht, 5. Auflage, Berlin 2015

Heidner, H. H. [zit.: UR 2003]: Wirkungsweise von EG-Richtlinien im deutschen Steuerrecht - Wie kommt die 6. EG-Richtlinie ins deutsche Umsatzsteuerrecht? -, in: UR 2003, S. 69–74

Heidner, H. H. [zit.: UR 2006]: Richtlinienkonforme Auslegung von Befreiungsvorschriften im Umsatzsteuerrecht – Dargestellt anhand einiger ausgewählter Fälle aus der Rechtsprechung des EuGH, in: UR 2006, S. 74–79

Heinrichshofen, S. [zit.: UR 2014]: Steuerbarkeit der von der Hauptniederlassung einer Gesellschaft mit Sitz in einem Drittland zugunsten ihrer einer Mehrwertsteuergruppe in einem Mitgliedstaat angehörenden Zweigniederlassung erbrachten Dienstleistungen, in: UR 2014, S. 890–893

Heinrichshofen, S. [zit.: UR 2015]: Recht einer Holdinggesellschaft auf Abzug der entrichteten Mehrwertsteuer für die Beschaffung des in ihre Tochtergesellschaften investierten Kapitals – an Tochtergesellschaften in der Rechtsform einer Personengesellschaft erbrachte Dienstleistungen – Erforderlichkeit eines Unterordnungsverhältnisses für die Bildung einer Mehrwertsteuergruppe, in: UR 2015, S. 722–724

Heinrichshofen, S./Sterzinger, C. [zit.: UR 2016]: Vorsteuerabzug einer geschäftsleitenden Holding – GmbH & Co. KG als juristische Person im Rahmen einer Organschaft – Begriff des Hilfsumsatzes – Rechtmäßigkeit des Steuerbescheids als Streitgegenstand des FG-Verfahrens – keine Abweichung bei Ergebnisgleichheit, aber abweichender Begründung – Erfordernis der Entscheidungserheblichkeit bei Anrufung des Großen Senats – Über- oder Unterordnungsverhältnis zwischen den Mitgliedern einer Mehrwertsteuergruppe, in: UR 2016, S. 312–329

Heintzen, M. [zit.: DStR 1999]: Die umsatzsteuerliche Organschaft bei Organisationsprivatisierungen in der öffentlichen Verwaltung, in: DStR 1999, S. 1799–1803

Herresthal, C. [zit.: Rechtsfortbildung im europarechtlichen Bezugsrahmen, 2006]: Rechtsfortbildung im europarechtlichen Bezugsrahmen: Methoden, Kompetenzen, Grenzen, dargestellt am Beispiel des Privatrechts, München 2006

Herrmann, C. [zit.: Richtlinienumsetzung durch die Rechtsprechung, 2003]: Richtlinienumsetzung durch die Rechtsprechung, Berlin 2003

Herrmann, C./Michl, W. [zit.: JuS 2009]: Wirkungen von EU-Richtlinien, in: JuS 2009, S. 1065–1070

Herzig, N. (Hrsg.) [zit.: Herzig, Organschaft, 2003]: Organschaft, laufende und aperiodische Besteuerung, nationale und internationale Aspekte, Hinweise zum EU-Recht, Stuttgart 2003

Widmann, W. in: Herzig, N. (Hrsg.) [zit.: Herzig, Organschaft, 2003]: Organschaft, laufende und aperiodische Besteuerung, nationale und internationale Aspekte, Hinweise zum EU-Recht, Stuttgart 2003, Organschaft und Umsatzsteuer S. 335–352

Heuermann, B. [zit.: DB 2016]: Neujustierung der Konzernbesteuerung im USt-Recht – Die Organschaft nach EuGH Minerva und den BFH-Urteilen vom 02.12.2015 und 19.01.2016 –, in: DB 2016, S. 608–615

Heuermann, B./Brandis, P. (Hrsg.) [zit.: Blümich et al., EStG/KStG/GewStG, 2018]: EStG/KStG/GewStG, Kommentar, 143. Ergänzungslieferung, München 2018

Krumm, M. in: Heuermann, B./Brandis, P. (Hrsg.) [zit.: Blümich et al., EStG/KStG/GewStG, 2018]: EStG/KStG/GewStG, Kommentar, 143. Ergänzungslieferung, München 2018, § 14 KStG Rn. 1–311

Hoff, E.-J. [zit.: Die Anwendung der Umsatzsteuerorganschaft im nationalen Recht, 2016]: Die Anwendung der Umsatzsteuerorganschaft im nationalen Recht: Entwicklung, Voraussetzungen, Wirkungen und Bedeutung, Frankfurt 2016

Horn, N. [zit.: Einführung in die Rechtswissenschaft, 2016]: Einführung in die Rechtswissenschaft und Rechtsphilosophie, 6., neu bearbeitete Auflage, Heidelberg 2016

Hörtnagl-Seidner, V. [zit.: RdW 2016]: Richtlinienkonforme Interpretation im Lichte der jüngsten EuGH-Rechtsprechung zur umsatzsteuerlichen Organschaft, in: RdW 2016, S. 575–581

Hubert, T. [zit.: StuB 2014]: Erneute Änderungen zur umsatzsteuerlichen Organschaft: Anmerkungen zum BMF-Schreiben vom 5.5.2014 zur organisatorischen Eingliederung, in: StuB 2014, S. 721–728

Hubertus, O./Fetzer, M. [zit.: DStR 2013]: Umsatzsteuerliche Organschaft: Personengesellschaft kann Organgesellschaft sein, in: DStR 2013, S. 1468–1471

Hudasch, C./Höink, C. [zit.: UVR 2016]: Die Ausgestaltung der umsatzsteuerrechtlichen Organschaft nach § 2 Abs. 2 Nr. 2 UStG auf dem unionsrechtlichen Prüfstand – BFH nimmt den Ball des EuGH nicht auf … oder doch?!, in: UVR 2016, S. 106–115

Hummel, D. [zit.: EuR 2010]: Verstoß gegen den Neutralitätsgrundsatz durch rechtsformabhängige Subventionen im Anwendungsbereich von EG-Richtlinien? – zum Gleichbehandlungsgebot, Rechtfertigungen und dem Umgang mit rechtsformabhängigen Subventionen –, in: EuR 2010, S. 309–321

Hummel, D. [zit.: UR 2010]: Begriff der juristischen Person im Rahmen der umsatzsteuerrechtlichen Organschaftsregelungen aus verfassungsrechtlicher Sicht, in: UR 2010, S. 207–214

Hummel, D. [zit.: MwStR 2013]: Missbrauch der umsatzsteuerrechtlichen Organschaft bei Kooperationen im Gesundheitswesen?, in: MwStR 2013, S. 294–300

Hummel, D. [zit.: UR 2015]: Recht einer Holdinggesellschaft auf Abzug der entrichteten Mehrwertsteuer für die Beschaffung des in ihre Tochtergesellschaften investierten Kapitals – an Tochtergesellschaften in der Rechtsform einer Personengesellschaft erbrachte Dienstleistungen – Erforderlichkeit eines Unterordnungsverhältnisses für die Bildung einer Mehrwertsteuergruppe, in: UR 2015, S. 671–681

Hummel, D. [zit.: MwStR 2018]: Zusammenspiel von Steuerrecht und Zivilrecht am Beispiel einer indirekten Steuer wie der Umsatzsteuer im Rahmen der Rückabwicklung von sog. § 13b-Fällen, Zugleich kritische Anmerkung zur Entscheidung des BGH v. 17.5.2018 – BGH VII ZR 157/17, in: MwStR 2018, S. 778–786

Huschens, F. [zit.: UVR 2008]: Institut der Organschaft – Auswirkungen des EuGH-Urteils vom 22.5.2008, C-162/07 (Ampliscientifica und Amplifin), in: UVR 2008, S. 340–343

Institut Finanzen und Steuern (Hrsg.) [zit.: ifst, Vorschläge zum steuerpolitischen Ideenwettbewerb, 2015]: Die Vorschläge zum steuerpolitischen Ideenwettbewerb, ifst-Schrift Nr. 507, Berlin 2015

Küffner, T./Luber, T. in: Institut Finanzen und Steuern (Hrsg.) [zit.: ifst, Vorschläge zum steuerpolitischen Ideenwettbewerb, 2015]: Die Vorschläge zum steuerpolitischen Ideenwettbewerb, ifst-Schrift Nr. 507, Berlin 2015, Umsatzsteuerliche Organschaft – Reformgedanken für mehr Rechtssicherheit und mehr Transparenz S. 29–96

Jacobs, H. [zit.: NWB 2011]: Umsatzsteuerliche Organschaft: BFH erteilt der horizontalen mittelbaren finanziellen Eingliederung eine Absage, in: NWB 2011, S. 2283–2288

Jacobs, H. [zit.: BB 2017]: BFH, 12.10.2016 – XI R 30/14: Umsatzsteuerrechtliche Organschaft: Zur organisatorischen Eingliederung und eigenständigen Unternehmenstätigkeit des Organträgers, in: BB 2017, S. 421–424

Jacobs, T. [zit.: DStZ 2006]: Am Anfang war der Warenumsatzstempel: 90 Jahre Umsatzbesteuerung in Deutschland, in: DStZ 2006, S. 655–660

Jansen, A. [zit.: BB 2016]: Entwicklungen bei der umsatzsteuerlichen Organschaft, in: BB 2016, S. 2263–2273

Jarass, H. D. [zit.: Grundfragen der innerstaatlichen Bedeutung des EG-Rechts, 1994]: Grundfragen der innerstaatlichen Bedeutung des EG-Rechts: die

Vorgaben des Rechts der Europäischen Gemeinschaft für die nationale Rechtsanwendung und die nationale Rechtsetzung nach Maastricht, Köln 1994

Jorewitz, G. [zit.: IStR 2015]: Voller Vorsteuerabzug bei reinen Führungsholdings zu gewähren und Neuregelung der Organschaft erforderlich: Eine Anmerkung zum EuGH-Urteil v. EUGH 16.7.2015 in den Rs. EUGH Aktenzeichen C-108/14 Larentia + Minerva und C-109/14 Marenave, in: IStR 2015, S. 721–727

Kanduth-Kristen, S. [zit.: SWK 2015]: Legistischer Anpassungsbedarf bei der umsatzsteuerlichen Organschaft: Einschränkung auf juristische Personen und Erfordernis der Über-/Unterordnung sollten entfallen, in: SWK 2015, S. 1238–1242

Keller, A. [zit.: DStZ 2013]: Neuerungen bei der Organschaft durch das Gesetz zur Änderung und Vereinfachung der Unternehmensbesteuerung und des steuerlichen Reisekostenrechts, in: DStZ 2013, S. 60–64

Kessler, W./Köhler, S./Kröner, M. (Hrsg.) [zit.: Kessler et al., Konzernsteuerrecht, 2018]: Konzernsteuerrecht: National – International, 3. Auflage, München 2018

Kessler, W./Arnold, N. in: Kessler, W./Köhler, S./Kröner, M. (Hrsg.) [zit.: Kessler et al., Konzernsteuerrecht, 2018]: Konzernsteuerrecht: National – International, 3. Auflage, München 2018, § 8 Konzernstruktur und Umstrukturierung, C. Besteuerung von Holdinggesellschaften Rn. 200–399

Pyszka, T. in: Kessler, W./Köhler, S./Kröner, M. (Hrsg.) [zit.: Kessler et al., Konzernsteuerrecht, 2018]: Konzernsteuerrecht: National – International, 3. Auflage, München 2018, § 3 Laufende Besteuerung, C. Personengesellschaften im Konzernverbund Rn. 515–704

Kirchhof, P. [zit.: DStR 2008]: 40 Jahre Umsatzsteuergesetz – Eine Steuer im Umbruch, in: DStR 2008, S. 1–8

Klein, F. K./Orlopp, G. (Hrsg.) [zit.: Klein/Orlopp, AO, 2018]: Abgabenordnung einschließlich Steuerstarfrecht, 14., völlig neubearbeitete Auflage, München 2018

Ratschow, E. in: Klein, F. K./Orlopp, G. (Hrsg.) [zit.: Klein/Orlopp, AO, 2018]: Abgabenordnung einschließlich Steuerstrafrecht, 14., völlig neubearbeitete Auflage, München 2018, § 179 Rn. 1–42

Klein-Blenkers, F. [zit.: DB 1994]: Wirtschaftliche Bedeutung und rechtliche Fragen zur Europäischen Wirtschaftlichen Interessenvereinigung, in: DB 1994, S. 2224–2226

Klenk, F. [zit.: StuW 1994]: 40 Jahre Mehrwertsteuer, in: StuW 1994, S. 277–281

Klenk, F. [zit.: UR 2012]: Mehrwertsteuer, Unternehmen, Eigenverbrauch und nicht in den Anwendungsbereich der Mehrwertsteuer fallende Tätigkeiten, in: UR 2012, S. 663–667

Klenk, F. [zit.: HFR 2013]: Einbeziehung nichtsteuerpflichtiger Personen in eine Mehrwertsteuergruppe, in: HFR 2013, S. 542–545

Klezath, P. [zit.: DStZ 1980]: Änderungen in den Grundtatbeständen des Umsatzsteuerrechts, in: DStZ 1980, S. 5–13

Klezath, P. [zit.: DStZ 1986]: Umsatzsteuerliche Neuregelungen im Steuerbereinigungsgesetz 1986, in: DStZ 1986, S. 113–117

Klink, M./Wüllrich, P. [zit.: BB 2014]: Die umsatzsteuerliche Organschaft – Gesellschaftsrechtliche Fallstricke bei der organisatorischen Eingliederung, in: BB 2014, S. 1757–1764

Knobbe-Keuk, B. (Hrsg.) [zit.: Knobbe-Keuk, Die Auslegung des europäischen Steuerrechts, 1993]: Die Auslegung europäischen Steuerrechts: das harmonisierte Steuerrecht zwischen nationalem Zivilrecht und europäischem Gemeinschaftsrecht, Köln 1993

Schön, W. in: Knobbe-Keuk, B. [zit.: Knobbe-Keuk, Die Auslegung des europäischen Steuerrechts, 1993]: Die Auslegung europäischen Steuerrechts: das harmonisierte Steuerrecht zwischen nationalem Zivilrecht und europäischem Gemeinschaftsrecht, Köln 1993

Korf, R. E. [zit.: UVR 2008]: Organschaft – quo vadis?, in: UVR 2008, S. 172–180

Korf, R. E. [zit.: IStR 2010]: Seminar D: Umsatzsteuer und Goods and Sales Tax in Organschaften, in: IStR 2010, S. 558–561

Korf, R. E. [zit.: UR 2010]: Keine umsatzsteuerrechtliche Organschaft bei mehreren Gesellschaftern nur gemeinsam zustehender Anteilsmehrheit an Besitz- und Betriebsgesellschaft, in: UR 2010, S. 583–584

Korf, R. E. [zit.: UVR 2016]: Haben die EuGH-Urteile „FCE Bank" und „Skandia" Auswirkungen auf Lieferungen im Inland?, in: UVR 2016, S. 347–350

Korf, R. E. [zit.: MwStR 2018]: Entwurf eines BMF-Schreibens zum Skandia-Urteil des EuGH – Ende gut, alles gut?, in: MwStR 2018, S. 747–749

Korn, C. [zit.: SteuK 2016]: Grundsatzentscheidungen zur umsatzsteuerlichen Organschaft, in: SteuK 2016, S. 145–151

Korn, K. [zit.: Stbg 1996]: Erwünschte und unerwünschte Organschaft bei Betriebsaufspaltungen, in: Stbg 1996, S. 443–446

Korn, K. [zit.: NWB 2013]: Neue Verwaltungsanweisungen zur organisatorischen Eingliederung bei der umsatzsteuerlichen Organschaft: Überblick, Zweifelsfragen und Handlungsbedarf, in: NWB 2013, S. 1881–1891

Krüper, J. (Hrsg.) [zit.: Krüper, Grundlagen des Rechts, 2016]: Grundlagen des Rechts, 3. Auflage, Baden-Baden 2016

Sauer, H. in: Krüper, J. (Hrsg.) [zit.: Krüper, Grundlagen des Rechts, 2016]: Grundlagen des Rechts, 3. Auflage, Baden-Baden 2016, § 9 Juristische Methodenlehre Rn. 1–43

Küffner, T./Grimm, S. [zit.: DK 2015]: Holding und Organschaft – Anmerkung zu EuGH-Urteil vom 16.07.2015 – Rs. C 108/14, Rs. C 109/14, Larentia + Minerva, DK 2015 S. 332 –, in: DK 2015, S. 306–309

Küffner, T./Maunz, S./Rust, M. [zit.: Küffner et al., MwStR 2013]: Organschaft: Organisatorische Eingliederung – Änderung von Abschn. 2.8 UStAE und offene Fragestellungen, in: MwStR 2013, S. 221–226

Küffner, T./Rust, M. [zit.: MwStR 2015]: Können nur Unternehmer Organträger sein? – Voraussetzungen der umsatzsteuerrechtlichen Organschaft: Anmerkung zum Urteil des FG Saarland v. 18.11.2014 – 1 K 1480/12, in: MwStR 2015, S. 719–722

Küffner, T./Stöcker, E.-E./Zugmaier, O. (Hrsg.) [zit.: Küffner et al., UStG, 2018]: Umsatzsteuer-Kommentar, 139. Aktualisierungslieferung Stand: 09.2018, Herne 2018

Sterzinger, C. in: Küffner, T./Stöcker, E.-E./Zugmaier, O. (Hrsg.) [zit.: Küffner et al., UStG, 2018]: Umsatzsteuer-Kommentar, 139. Aktualisierungslieferung Stand: 09.2018, Herne 2018, § 2 Rn. 1–922

Küffner, T./Streit, T. [zit.: UR 2013]: Einbeziehung eines Nichtsteuerpflichtigen in eine Organschaft – Zugleich Anmerkung zum Urteil des EuGH im Vertragsverletzungsverfahren Kommission/Irland –, in: UR 2013, S. 401–406

Küffner, T./Zugmaier, O. [zit.: StC 2009]: Umsatzsteuerliche Organschaft im Umbruch, in: StC 2009, S. 36–37

Kühbacher, T. [zit.: SWI 2012]: Die umsatzsteuerliche Organschaft in Österreich und Deutschland, in: SWI 2012, S. 411–420

Lang-Horgan, A. [zit.: MwStR 2015]: Die britische Interpretation des Territorialitätsprinzips – Skandia und seine Folgen für deutsche Banken und Versicherungen, in: MwStR 2015, S. 288–291

Lange, H.-F. [zit.: UR 1999]: Ort der sonstigen Leistung (Dienstleistung), in: UR 1999, S. 149–154

Lange, H.-F. [zit.: HFR 2011]: Zu den Voraussetzungen einer finanziellen Eingliederung einer Organgesellschaft in eine Kapital- oder Personengesellschaft, in: HFR 2011, S. 674–676

Lange, H.-F. [zit.: UR 2016]: Umsatzsteuerrechtliche Organschaft und das Unionsrecht – Gelungene Neuausrichtung unter Berücksichtigung unionsrechtlicher Erfordernisse? –, in: UR 2016, S. 297–306

Langer, R. [zit.: DStR 2013]: Mitgliedstaaten können Nichtsteuerpflichtige als Mitglieder einer Mehrwertsteuergruppe (Organschaft) zulassen, in: DStR 2013, S. 806–808

Lehner, M. (Hrsg.) [zit.: Lehner, Steuerrecht im europäischen Binnenmarkt, 1996]: Steuerrecht im europäischen Binnenmarkt: Einfluß des EG-Rechts auf die nationalen Steuerrechtsordnungen, Köln 1996

Klein, E. in: Lehner, M. (Hrsg.) [zit.: Lehner, Steuerrecht im europäischen Binnenmarkt, 1996]: Steuerrecht im europäischen Binnenmarkt: Einfluß des EG-Rechts auf die nationalen Steuerrechtsordnungen, Köln 1996, Der Einfluss des Europarechts auf das deutsche Steuerrecht S. 7–29

Lejeune, I. [zit.: Expert Study on VAT and Pan-European business, 2011]: Expert Study on VAT and Pan-European business, Specific Contract No. 4, TAXUD/2011/DE/307, 2011

Lenz, C. O./Borchardt, K.-D. (Hrsg.) [zit.: Lenz/Borchardt, EU-Verträge Kommentar, 2012]: EU-Verträge Kommentar: EUV, AEUV, GRCh, 6., aktualisierte und erweiterte Auflage, Köln 2012

Borchardt, K.-D. in: Lenz, C. O./Borchardt, K.-D. (Hrsg.) [zit.: Lenz/Borchardt, EU-Verträge Kommentar, 2012]: EU-Verträge Kommentar: EUV, AEUV, GRCh, 6., aktualisierte und erweiterte Auflage, Köln 2012, Art. 19 EUV Rn. 1–54

Wolffgang, H.-M./Gellert, L. in: Lenz, C. O./Borchardt, K.-D. (Hrsg.) [zit.: Lenz/Borchardt, EU-Verträge Kommentar, 2012]: EU-Verträge Kommentar: EUV, AEUV, GRCh, 6., aktualisierte und erweiterte Auflage, Köln 2012, Art. 113 AEUV Rn. 1–48

Leonard, A. [zit.: DStR 2010]: Taugt die Organschaft noch als Gestaltungsinstrument bei steuerfreien Umsätzen?, in: DStR 2010, S. 721–725

Lippross, O.-G. [zit.: Umsatzsteuer, 2017]: Umsatzsteuer, 24. Auflage, Achim 2017

List, H. [zit.: UR 1969]: Die Bedeutung der Organschaft in der Mehrwertsteuer, in: UR 1969, S. 145–148

Lohse, W. C. [zit.: UR 2004]: Neutralitätsgrundsatz im Umsatz / Mehrwertsteuerrecht: Gefestigte Erkenntnisse und neue Fragen, in: UR 2004, S. 582–590

Löbe, K. [zit.: NWB 2012]: Umsatzsteuerliche Organschaft: Organisatorische Eingliederung – Anmerkung zum BFH-Urteil vom 7.7.2011 – V R 53/10, in: NWB 2012, S. 366–372

Longrée, S. J. M./Pesch, K. [zit.: NZG 2017]: Das neue Transparenzregister in der Praxis, in: NZG 2017, S. 1081–1090

Luber, T. [zit.: Die umsatzsteuerliche Organschaft, 2016]: Die umsatzsteuerliche Organschaft – Eine europarechtliche Analyse von Reformbedarf im Lichte aktueller Rechtsentwicklungen, Freiburg 2016

Marchal, H./Oldiges, M. [zit.: DStR 2013]: Beendigung der umsatzsteuerlichen Organschaft auch bei Bestellung eines schwachen vorläufigen Insolvenzverwalters – BFH verschärft Anforderungen an umsatzsteuerliche Organschaft, in: DStR 2013, S. 2211–2213

Martin, S. [zit.: UR 2008]: Umsatzsteuer der gemeinnützigen Sportvereine – Chance und Grenzen –, in: UR 2008, S. 34–40

Martin, W. [zit.: UR 1962]: Umsatzsteuerliche Auswirkung der Organschaft (Unternehmereinheit) über die Grenze, in: UR 1962, S. 137–140

Massin, I./Vyncke, K. [zit.: IVM 2009]: EC Communication on VAT Grouping: An Attempt to Harmonize or to Restrict the Use of Group Registration?, in: IVM 2009, S. 454–461

Matheis, P./Scholz, J. [zit.: UVR 2013]: Das Problem der organisatorischen Eingliederung bei der umsatzsteuerlichen Organschaft – Welche Schlüsse lassen sich aus der Änderung des Umsatzsteuer-Anwendungserlasses (UStAE) für die Begründung einer umsatzsteuerlichen Organschaft bei fehlender personeller Verflechtung ziehen? –, in: UVR 2013, S. 184–188

Menck, T. [zit.: FR 2002]: Unternehmensbesteuerung in Europa – ein Strategie-Papier der EG-Kommission, in: FR 2002, S. 269–273

Menner, S./Broer, F. [zit.: UStB 2000]: Die umsatzsteuerliche Mehrmütter-Organschaft: Auswirkung der Rechtsprechungsänderung zur Gewerbesteuer auf die Umsatzsteuer, in: UStB 2000, S. 241–247

Meurer, T. [zit.: StBW 2015]: Aktuelle Brennpunkte bei der umsatzsteuerrechtlichen Organschaft, in: StBW 2015, S. 624–630

Michel, G. [zit.: DB 2014]: Vorsteuerabzug einer Führungsholding und Voraussetzungen einer Organschaft, in: DB 2014, S. 637–640

Mick, M. [zit.: Die Steuerkonzeption der Europäischen Union, 1995]: Die Steuerkonzeption der Europäischen Union: Zielvorgaben, Umsetzung und Grenzen zulässiger Steuerharmonisierung, Münster 1995

Mößlang, G. (Hrsg.) [zit.: Mößlang, Umsatzsteuerkongreß-Bericht 1995/96, 1996]: Umsatzsteuerkongreß-Bericht 1995/96: Umsatzsteuer-Binnenmarkt, österreichisches Umsatzsteuerrecht, innergemeinschaftliches Kontrollverfahren und Einzelauskunftsersuchen; Referate und Diskussionsbericht der Regensburger Hochschultage für das Umsatzsteuerrecht in der Praxis vom 12. und 13.10.1995, Köln 1996

Beermann, A. in: Mößlang, G. (Hrsg.) [zit.: Mößlang, Umsatzsteuerkongreß-Bericht 1995/96, 1996]: Umsatzsteuerkongreß-Bericht 1995/96: Umsatzsteuer-Binnenmarkt, österreichisches Umsatzsteuerrecht, innergemeinschaftliches Kontrollverfahren und Einzelauskunftsersuchen; Referate und Diskussionsbericht der Regensburger Hochschultage für das Umsatzsteuerrecht in der Praxis vom 12. und 13.10.1995, Köln 1996, Grenzen der gemeinschaftlichen Harmonisierung S. 17–23

Mössner, M. J./Baumhoff, H./Greif, M. (Hrsg.) [zit.: Mössner et al., Steuerrecht international tätiger Unternehmen, 2018]: Steuerrecht international tätiger Unternehmen, 5. Auflage, Köln 2018

Hummel, D. in: Mössner, M. J./Baumhoff, H./Greif, M. (Hrsg.) [zit.: Mössner et al., Steuerrecht international tätiger Unternehmen, 2018]: Steuerrecht international tätiger Unternehmen, 5. Auflage, Köln 2018, Kapitel 14 Umsatzsteuerrecht bei Auslandsbeziehungen Rn. 14.1–14.501

Pohl, C. in: Mössner, M. J./Baumhoff, H./Greif, M. (Hrsg.) [zit.: Mössner et al., Steuerrecht international tätiger Unternehmen, 2018]: Steuerrecht international tätiger Unternehmen, 5. Auflage, Köln 2018, Kapitel 1 Unternehmen im Internationalen Steuerrecht Rn. 1.1–1.15

Mozelewski, C. [zit.: IWB 2018]: Reform der Mehrwertsteuer in der EU: Neue Vorschläge der EU-Kommission sowie bereits beschlossene Vereinfachungen, in: IWB 2018, S. 230–233

Müller, T./Stöcker, E. E./Lieber, B. (Hrsg.) [zit.: Müller et al., Die Organschaft, 2017]: Die Organschaft: Körperschaftsteuerrecht, Gewerbesteuerrecht, Umsatzsteuerrecht, Grunderwerbsteuerrecht, 10. Auflage, Herne 2017

Müller, T. in: Müller, T./Stöcker, E. E./Lieber, B. (Hrsg.) [zit.: Müller et al., Die Organschaft, 2017]: Die Organschaft: Körperschaftsteuerrecht, Gewerbesteuerrecht, Umsatzsteuerrecht, Grunderwerbsteuerrecht, 10. Auflage, Herne 2017, Kapitel A. Die Organschaft im Körperschaftsteuerrecht Rn. 1–861

Stöcker, E. E. in: Müller, T./Stöcker, E. E./Lieber, B. (Hrsg.) [zit.: Müller et al., Die Organschaft, 2017]: Die Organschaft: Körperschaftsteuerrecht, Gewerbesteuerrecht, Umsatzsteuerrecht, Grunderwerbsteuerrecht, 10. Auflage, Herne 2017, Kapitel A. Organschaft im Umsatzsteuerrecht Rn. 1091–1678

Nieskens, H. [zit.: BB 2015a]: Widerstreitende Grundprinzipien in der Umsatzsteuer: der Grundsatz der Unternehmenseinheit und der Grundsatz der Organschaft – zugleich ein Beitrag zur EuGH-Entscheidung Skandia, in: BB 2015, S. 1303–1307

Nieskens, H. [zit.: BB 2015b]: Mythos Unionsrecht, Einige Anmerkungen zu den möglichen Auswirkungen des EuGH-Urteils in den verb. Rs. Larentia, Minerva und Marenave auf § 2 Abs. 2 Nr. 2 S. 1 UStG, in: BB 2015, S. 2074–2076

Nieskens, H./Slapio, U. [zit.: UR 2011]: Grünbuch der Europäischen Kommission über die Zukunft der Mehrwertsteuer – Eine Stellungnahme –, in: UR 2011, S. 573–585

Nieskens, H./Stadie, H. [zit.: UR 2008]: Rechtsfolgen einer Umsetzung der Regelung über die Behandlung einer Organschaft als ein einziger Steuerpflichtiger in nationales Recht ohne vorherige Konsultation des Beratenden Ausschusses für die Mehrwertsteuer durch den Mitgliedstaat, in: UR 2008, S. 534–542

Nieskoven, G. [zit.: GStB 2017]: BMF modifiziert Umsatzsteuer-Anwendungserlass als Reaktion auf neue Rechtsprechungstendenzen, in: GStB 2017, S. 378–386

Obermayr, A./Hofmann, P. [zit.: taxlex 2014]: Leistungsaustausch bei Zweigniederlassung und USt-Organschaft, in: taxlex 2014, S. 387–393

Oelmaier, A. [zit.: MwStR 2014]: Unternehmensbezogene Zuordnung und umsatzbezogener Vorsteuerabzug, in: MwStR 2014, S. 600–605

Ohler, C. [zit.: Die fiskalische Integration in der Europäischen Gemeinschaft, 1997]: Die fiskalische Integration in der Europäischen Gemeinschaft, Baden-Baden 1997

Orth, M. [zit.: GmbHR 1996]: Elemente einer grenzüberschreitenden Organschaft im deutschen Steuerrecht, in: GmbHR 1996, S. 33–40

o. V. [zit.: MwStR 2017a]: Italien – Änderungen bei der Gruppenbesteuerung ab 2018, Implementierung der Skandia-Entscheidung, in: MwStR 2017, S. 7

o. V. [zit.: MwStR 2017b]: Dänemark – „reverse-Skandia", in: MwStR 2017, S. 7

o. V. [zit.: MwStR 2017c]: EU – Mehrwertsteuerausschuss, in: MwStR 2017, S. 560

o. V. [zit.: MwStR 2018a]: Luxemburg – Gesetz über die Mehrwertsteuergruppe verabschiedet, in: MwStR 2018, S. 732

o. V. [zit.: MwStR 2018b]: Italien – Gruppenbesteuerung, neues Formular, in: MwStR 2018, S. 953

Paterno, L. [zit.: SWK 2013]: Die geschäftsleitende Holding als Organträger: Geschäftsleitende Holdings können Organträger einer Organschaft i. S. d. § 2 Abs. 2 Z 2 UStG sein, in: SWK 2013, S. 1366–1371

Pelka, J./Hettler, S./Weinhausen, S. [zit.: Pelka et al., DStR 2018]: Mitteilungspflichten zum Transparenzregister in Treuhandfällen, in: DStR 2018, S. 1303–1307

Pfeiffer, S. [zit.: SWK 2014]: Wirtschaftliche Eingliederung bei der umsatzsteuerlichen Organschaft: Anwendungsspielraum für EU-Mitgliedstaaten, in: SWK 2014, S. 536–541

Pfeiffer, S. [zit.: ÖStZ 2016]: (Fast) Alles wie gehabt – BFH zur umsatzsteuerlichen Organschaft nach Larentia + Minerva, in: ÖStZ 2016, S. 113–116

Plikat, M. R. [zit.: UStB 2012]: Die Organschaft im Umsatzsteuerrecht Entwicklungen und der aktuelle Status quo, in: UStB 2012, S. 253–258

Pötters, C. [zit.: Umsatzsteuer im Gesundheitswesen, 2016]: Umsatzsteuer im Gesundheitswesen, Lohmar 2016

Prinz, U./Witt S.-C. (Hrsg.) [zit.: Prinz/Witt, Steuerliche Organschaft, 2015]: Steuerliche Organschaft, Köln 2015

Drüen, K.-D. in: Prinz, U./Witt S.-C. (Hrsg.) [zit.: Prinz/Witt, Steuerliche Organschaft, 2015]: Steuerliche Organschaft, Köln 2015, Kapitel 22 Sonderfragen umsatzsteuerliche Organschaft Rn. 22.1–22.101

Treiber, A. in: Prinz, U./Witt S.-C. (Hrsg.) [zit.: Prinz/Witt, Steuerliche Organschaft, 2015]: Steuerliche Organschaft, Köln 2015, Kapitel 4 Verfassungs- und verfahrensrechtliche Grundlagen der Organschaft Rn. 4.1–4.58

Prinz, U. in: Prinz, U./Witt S.-C. (Hrsg.) [zit.: Prinz/Witt, Steuerliche Organschaft, 2015]: Steuerliche Organschaft, Köln 2015, Kapitel 1 Steuerliche Grundlagen der „Organschaft im Wandel“ Rn. 1.11.-1.74

Prätzler, R. [zit.: jurisPR-SteuerR 39/2013 Anm. 6, 2013]: Eingliederung einer Personengesellschaft in das Unternehmen des Organträgers, in: jurisPR-SteuerR 37/2017 Anm. 6, 2013

Prätzler, R. [zit.: jurisPR-SteuerR 37/2017 Anm. 6, 2017]: Beherrschungsvertrag als Mittel der organisatorischen Eingliederung für die umsatzsteuerliche Organschaft, in: jurisPR-SteuerR 37/2017 Anm. 6, 2017

Prätzler, R. C. [zit.: BB 2018]: Umsatzsteuerliche Organschaft im Umbruch, in: BB 2018, S. 599–605

Radeisen, R.-R. [zit.: Stbg 2016]: Umsatzsteuer 2015/2016 – Praxis zwischen Verwaltung und Gerichten, in: Stbg 2016, S. 7–18

Radeisen, R.-R. [zit.: Stbg 2018]: Brennpunkt Umsatzsteuer 2017/2018 – Aktuelle Fragen des Umsatzsteuerrechts vor dem Hintergrund unionsrechtlicher Vorgaben –, in: Stbg 2018, S. 7–17

Raiser, T. [zit.: AcP 1999]: Der Begriff der juristischen Person. Eine Neubesinnung, in: AcP 1999, S. 104–144

Rau, G./Dürrwächter, E. (Hrsg.) [zit.: Rau/Dürrwächter, UStG, 2018]: Umsatzsteuergesetz, 179. Ergänzungslieferung Stand: 10.2018, Köln 2018

Stadie, H. in: Rau, G./Dürrwächter, E. (Hrsg.) [zit.: Rau/Dürrwächter, UStG, 2018]: UStG, 179. Ergänzungslieferung Stand: 10.2018, Köln 2018, Einführung zum UStG Anm. 1–1017

Stadie, H. in: Rau, G./Dürrwächter, E. (Hrsg.) [zit.: Rau/Dürrwächter, UStG, 2018]: UStG, 179. Ergänzungslieferung Stand: 10.2018, Köln 2018, § 2 Anm. 1–1482

Stadie, H. in: Rau, G./Dürrwächter, E. (Hrsg.) [zit.: Rau/Dürrwächter, UStG, 2018]: UStG, 179. Ergänzungslieferung Stand: 10.2018, Köln 2018, § 13b Anm. 1–693

Rauch, S. G. [zit.: UR 2017]: Quo vadis? – Zur Zukunft der umsatzsteuerrechtlichen Organschaft, in: UR 2017, S. 885–893

Reiß, W. [zit.: StuW 1979]: Die umsatzsteuerliche Organschaft – eine überholte Rechtsfigur, in: StuW 1979, S. 343–346

Reiß, W. [zit.: RIW 2004]: Rechtsprechung des EuGH zur Umsatzsteuer im Jahre 2003, in: RIW 2004, S. 641–654

Reiß, W. [zit.: UR 2016]: Umsatzsteuerrechtliche Organschaft und Mehrwertsteuergruppe – Zoff im BFH zu einer überflüssigen und den Grundfreiheiten des AEUV widersprechenden Rechtsfigur –, in: UR 2016, S. 739–763

Reiß, W./Kraeusel, J./Langer, M. (Hrsg.): [zit.: Reiß et al., UStG, 2018]: Umsatzsteuergesetz, 147. Aktualisierungslieferung Stand: 11.2018, Bonn 2018

Reiß, W. in: Reiß, W./Kraeusel, J./Langer, M. (Hrsg.): [zit.: Reiß et al., UStG, 2018]: Umsatzsteuergesetz, 147. Aktualisierungslieferung Stand: 11.2018, Bonn 2018, Einführung UStG Rn. 1–130

Reiß, W. in: Reiß, W./Kraeusel, J./Langer, M. (Hrsg.): [zit.: Reiß et al., UStG, 2018]: Umsatzsteuergesetz, 147. Aktualisierungslieferung Stand: 11.2018, Bonn 2018, § 2 Rn. 1–192

Rödder, T. [zit.: DStR 2004]: Deutsche Unternehmensbesteuerung im Visier des EuGH, in: DStR 2004, S. 1629–1634

Röhrbein, J./Schneider, Z.-A. [zit.: UVR 2016]: Finanzielle Eingliederung von Tochterpersonengesellschaften in das Unternehmen von juristischen Personen des öffentlichen Rechts, in: UVR 2016, S. 138–141

Romang, D./ Schafroth, G. [zit.: Der Schweizer Treuhänder 1999]: Die Gruppenbesteuerung im MWST-Gesetz, Art. 22 MWSTG bringt zahlreiche Änderungen, in: Der Schweizer Treuhänder 1999, S. 1266–1272

Russi, A./Knaisch, M. [zit.: PIStB 2009]: Das neue Mehrwertsteuergesetz der Schweiz, in: PIStB 2009, S. 347–250

Schaub, P. [zit.: DStR 2018]: Stimmbindungsvereinbarungen im neuen Transparenzregister, in: DStR 2018, S. 871–877

Schaumburg, H./Englisch, J. (Hrsg.) [zit.: Europäisches Steuerrecht, 2015]: Europäisches Steuerrecht, Köln 2015

Kofler, G. in: Schaumburg, H./Englisch, J. (Hrsg.) [zit.: Europäisches Steuerrecht, 2015]: Europäisches Steuerrecht, Köln 2015, Kapitel 13 Auslegung und Anwendung des harmonisierten Steuerrechts Rn. 13.1–13.20

Schefzig, A. [zit.: taxlex 2017]: VwGH: Keine Unterordnung bei der wirtschaftlichen Eingliederung iZm einer Organschaft, in: taxlex 2017, S. 80–82

Schenke, R. P. /Gebhardt, G. [zit.: DStZ 2005]: Steuerrechtliche Probleme der Public Partnership (PPP), in: DStZ 2005, S. 213–221

Scherf, D./Greil, S. [zit.: StBp 2013a]: Die umsatzsteuerliche Organschaft – Voraussetzungen und Rechtsfolgen – Teil I, in: StBp 2013, S. 112–113

Scherf, D./Greil, S. [zit.: StBp 2013b]: Die umsatzsteuerliche Organschaft – Voraussetzungen und Rechtsfolgen – Teil II, in: StBp 2013, S. 138–142

Schiffers, J. [zit.: GmbH-StB 1998]: Vorteilhafte Gestaltungen durch Organschaft, in: GmbH-StB 1998, S. 354–358

Schlienkamp, A. [zit.: UR 1984]: Erster Bericht der EG-Kommission über das Funktionieren des gemeinsamen Mehrwertsteuersystems (1. Teil), in: UR 1984, S. 6–9

Schlienkamp, A. [zit.: UR 1986]: Änderungen des Umsatzsteuergesetzes durch das Steuerbereinigungsgesetzes 1986, in: UR 1986, S. 49–56

Schmidt, C. [zit.: SteuerStud 2018]: SteuerStud-Reihe: Fallstudien zur Umsatzsteuer: Umsatzsteuerliche Organschaft, in: SteuerStud 2018, S. 267–277

Schmidt, R. M. [zit.: Der aktienrechtliche Unternehmensvertrag, 2007]: Der aktienrechtliche Unternehmensvertrag als Gegenstand der Spaltung nach dem Umwandlungsgesetz, München 2007

Schnarrenberger, C. [zit.: Die umsatzsteuerliche Organschaft, 2014]: Die umsatzsteuerliche Organschaft, Hamburg 2014

Scholz, J. [zit.: UR 2015]: Ich handele (autonom), also bin ich (eine Betriebsstätte)? – Ein Beitrag zum Wesen der festen Niederlassung in der Umsatzsteuer –, in: UR 2015, S. 500–506

Scholz, J./Nattkämper, S. [zit.: UR 2008]: Organisatorische Eingliederung im Rahmen der umsatzsteuerlichen Organschaft – Zugleich Anmerkungen zu den BFH-Urteilen vom 5.12.2007 und 3.4.2008 –, in: UR 2008, S. 716–724

Schön, W./Osterloh-Konrad, C. (Hrsg.) [zit.: Schön/Osterloh-Konrad, Kernfragen des Unternehmenssteuerrechts, Berlin 2010

Hüttemann, R. in: Schön, W./Osterloh-Konrad, C. (Hrsg.) [zit.: Schön/Osterloh-Konrad, Kernfragen des Unternehmenssteuerrechts, Berlin 2010, Organschaft S. 128–147

Schröder, C. [zit.: Europäische Richtlinien und deutsches Strafrecht, 2017]: Europäische Richtlinien und deutsches Strafrecht: Eine Untersuchung über den Einfluß europäischer Richtlinien gemäß Art. 249 Abs. 3 EGV auf das deutsche Strafrecht, Berlin 2017

Schubert, C. (Hrsg.) [zit.: Schubert, Münchener Kommentar zum BGB, 2018]: Münchener Kommentar zum Bürgerlichen Gesetzbuch, Band 1, Allgemeiner Teil §§ 1–240, ProstG, AGG, 8. Auflage, München 2018

Busche, J. in: Schubert, C. (Hrsg.) [zit.: Schubert, Münchener Kommentar zum BGB, 2018]: Münchener Kommentar zum Bürgerlichen Gesetzbuch,

Band 1, Allgemeiner Teil §§ 1–240, ProstG, AGG, 8. Auflage, München 2018, § 145 Rn. 1–29

Einsele, D. in: Schubert, C. (Hrsg.) [zit.: Schubert, Münchener Kommentar zum BGB, 2018]: Münchener Kommentar zum Bürgerlichen Gesetzbuch, Band 1, Allgemeiner Teil §§ 1–240, ProstG, AGG, 8. Auflage, München 2018, § 126 Rn. 1–37

Schultze, P. [zit.: IStR 2015]: Internationalisierung der Organschaft – Frankreich: Möglichkeiten und Grenzen, in: IStR 2015, S. 546–550

Schumacher, P. [zit.: Die Organschaft im Steuerrecht, 2016]: Die Organschaft im Steuerrecht: mit Fallbeispielen, 3., völlig neu bearbeitete und erweiterte Auflage, Berlin 2016

Schütze, A./Winter, M. [zit.: UR 2009]: Organisatorische Eingliederung in der umsatzsteuerlichen Organschaft, in: UR 2009, S, 397–407

Schwacke, P. [zit.: Juristische Methodik, 2011]: Juristische Methodik mit Technik der Fallbearbeitung, 5., überarbeitete Auflage, Stuttgart 2011

Schwarz, B./Widmann, W./Radeisen, R.-R. (Hrsg.) [zit.: Schwarz et al., UStG, 2018]: Kommentar zum Umsatzsteuergesetz, 203. Aktualisierungslieferung Stand: 11.2018, Freiburg im Breisgau 2018

Radeisen, R.-R. in: Schwarz, B./Widmann, W./Radeisen, R.-R. (Hrsg.) [zit.: Schwarz et al., UStG, 2018]: Kommentar zum Umsatzsteuergesetz, 203. Aktualisierungslieferung Stand: 11.2018, Freiburg im Breisgau 2018, § 2 Rn. 1–430

Schwarze, J. (Hrsg.) [zit.: Schwarze, EU-Kommentar, 2012]: EU-Kommentar, 3. Auflage, Baden-Baden 2012

Biervert, B. in: Schwarze, J. (Hrsg.) [zit.: Schwarze, EU-Kommentar, 2012]: EU-Kommentar, 3. Auflage, Baden-Baden 2012, Art. 288 AEUV Rn. 1–41

Schwarze, J. in: Schwarze, J. (Hrsg.) [zit.: Schwarze, EU-Kommentar, 2012]: EU-Kommentar, 3. Auflage, Baden-Baden 2012, Art. 19 EUV Rn. 1–60

Stumpf, C. in: Schwarze, J. (Hrsg.) [zit.: Schwarze, EU-Kommentar, 2012]: EU-Kommentar, 3. Auflage, Baden-Baden 2012, Art. 113 AEUV Rn. 1–43

Schwerin, J./Ahrens, B. [zit.: UR 2013]: Umsatzsteuerrechtliche Organschaft – organisatorische Eingliederung – BMF-Schreiben vom 7. März 2013 –, in: UR 2013, S. 481–485

Schwetlik, H. [zit.: GmbH-StB 2016]: Umsatzsteuerliche Organschaft zu einer Personengesellschaft, in: GmbH-StB 2016, S. 101–103

Schwinkels, J. [zit.: IVM 2010]: The Phenomenon of VAT Groups under EU-Law and Their VAT-Saving Aspects, in: IVM 2010, S. 36–42

Slapio, U. [zit.: DStR 2000]: Gestaltungsmöglichkeiten bei umsatzsteuerlicher Organschaft, in: DStR 2000, S. 999–1001

Slapio, U. [zit.: UR 2013]: Umsatzsteuerliche Organschaft – auf zu neuen Ufern?, in: UR 2013, S. 407–412

Slapio, U. [zit.: UR 2015]: Holding und Vorsteuerabzug beim Erwerb von Beteiligungen – Einige Überlegungen zu praxisrelevanten Aspekten des EuGH-Urteils Larentia + Minerva und Marenave, in: UR 2015, S. 861–863

Soares, C. D. [zit.: Intertax 2014]: The Territorial Scope of VAT Grouping Schemes in the Financial Sector, in: Intertax 2014, S. 538–550

Söhn, H. [zit.: StuW 1976]: Die Harmonisierung der Umsatzsteuer in der Europäischen Gemeinschaft – Eine steuersystematische Bestandsaufnahme, in: StuW 1976, S. 1–31

Sölch, O./Ringleb, K. (Hrsg.) [zit.: Sölch/Ringleb, UStG, 2018]: Umsatzsteuergesetz, 83. Ergänzungslieferung Stand: 06.2018, München 2018

Klenk, F. in: Sölch, O./Ringleb, K. (Hrsg.) [zit.: Sölch/Ringleb, UStG, 2018]: Umsatzsteuergesetz, 83. Ergänzungslieferung Stand: 06.2018, München 2018, Wesen der Umsatzsteuer, Verhältnis von nationalem Recht zum Unionsrecht Rn. 1–36

Treiber, A. in: Sölch, O./Ringleb, K. (Hrsg.) [zit.: Sölch/Ringleb, UStG, 2018]: Umsatzsteuergesetz, 83. Ergänzungslieferung Stand: 06.2018, München 2018, § 2 Rn. 1–473

Spindler, G. [zit.: Recht und Konzern, 1993]: Recht und Konzern: Interdependenzen der Rechts- und Unternehmensentwicklung in Deutschland und den USA zwischen 1870 und 1933, Tübingen 1993

Spindler, W./Tipke, K./Rödder, T. (Hrsg.) [zit.: Spindler et al., Steuerzentrierte Rechtsberatung, 2009]: Steuerzentrierte Rechtsberatung, Festschrift für Harald Schaumburg zum 65. Geburtstag, Köln 2009

Wäger, C. in: Spindler, W./Tipke, K./Rödder, T. (Hrsg.) [zit.: Spindler et al., Steuerzentrierte Rechtsberatung, 2009]: Steuerzentrierte Rechtsberatung, Festschrift für Harald Schaumburg zum 65. Geburtstag, Köln 2009, Kapitel V. Vekehrsteuerrecht/Verbrauchsteuerrecht S. 1189–1212

Stadie, H. [zit.: UR 1989]: Der Mitunternehmer im Umsatzsteuerrecht, in: UR 1989, S. 137–140

Stadie, H. [zit.: UStG, 2015]: Umsatzsteuergesetz, 3. Auflage, Köln 2015

Stellungnahmen der Bundessteuerberaterkammer [zit.: DStR 1985]: Zu den Änderungsvorschlägen im Entwurf eines Steuerbereinigungsgesetzes 1985 sowie die Stellungnahme des Bundesrates, in: DStR 1985, S. 287–291

Steppert, H. [zit.: UR 1994]: Die umsatzsteuerliche Organschaft – ein nicht mehr zeitgemäßes Relikt?, in: UR 1994, S. 343–346

Sterzinger, C. [zit.: UR 2010]: Verlustausgleich von hoheitlichen Organträgern im Organkreis, in: UR 2010, S. 393–400

Sterzinger, C. [zit.: BB 2013]: BMF-Schreiben vom 7.3.2013 zur organisatorischen Eingliederung, in: BB 2013, S. 1303–1308

Sterzinger, C. [zit.: UR 2014]: Notwendige Einbeziehung von Nichtsteuerpflichtigen in einen Organkreis, in: UR 2014, S. 133–140

Sterzinger, C. [zit.: UR 2016]: Organschaft mit Personengesellschaften, in: UR 2016, S. 326–329

Sterzinger, C. [zit.: UStB 2018]: Vorsteuerabzugsberechtigung von Holdinggesellschaften, in: UStB 2018, S. 260–269

Stößel, J./Gries, M. [zit.: Ubg 2015]: Die umsatzsteuerliche Organschaft im Wandel? – Aktuelle unionsrechtliche Perspektiven, in: Ubg 2015, S. 606–613

Strahl, M. [zit.: Kösdi 2018]: (Drohende) umsatzsteuerliche Organschaft bei der Ein-Personen-GmbH & Co. KG, in: Kösdi 2018, S. 20890–20891

Stratton, R. [zit.: BTR 2015]: Skandia America Corporation USA, Filial Sverige v Skatteverket: VAT grouping and intra entity supplies, in: BTR 2015, S. 19–27

Straub, S. [zit.: UR 2009]: Zwingender Eintritt der Rechtsfolgen einer umsatzsteuerlichen Organschaft bei schwach ausgeprägter wirtschaftlicher Eingliederung – Übereignung eines Grundstücks durch den Organträger und Ausführung der Baumaßnahmen durch die Organgesellschaft als einheitliche Leistung, in: UR 2009, S. 344–346

Streinz, R. (Hrsg.) [zit.: Streinz, EUV/AEUV, 2018]: EUV/AEUV, 3. Auflage, München 2018

Kamann, H. G. in: Streinz, R. (Hrsg.) [zit.: Streinz, EUV/AEUV, 2018]: EUV/AEUV, 3. Auflage, München 2018, Art. 113 AEUV Rn. 1–30

Schroeder, W. in: Streinz, R. (Hrsg.) [zit.: Streinz, EUV/AEUV, 2018]: EUV/AEUV, 3. Auflage, München 2018, Art. 288 AEUV Rn. 1–133

Streinz, R. [zit.: Europarecht, 2016]: Europarecht, 10., völlig neu überarbeitete Auflage, Heidelberg 2016

Streit, T./Rust, M. [zit.: DStR 2015]: Die Entscheidung des EuGH in Sachen Larentia + Minerva – Rechtsfolgen für die deutsche umsatzsteuerliche Organschaft, in: DStR 2015, S. 2097–2102

Suliga, P. [zit.: EU-UStB 2011]: Grenzüberschreitende USt-Organschaft: Ein Modell, in: EU-UStB 2011, S. 60–63

Teichmann, K. M. [zit.: StuW 1975]: Der Verlust des Vorsteuerabzugs im steuerfreien Bereich der Mehrwertsteuer (§ 15 Abs. 2 UStG): Eine steuersystematische und verfassungsrechtliche Untersuchung, in: StuW 1975, S. 189–205

Thietz-Bartram, J. [zit.: DB 2009]: Die umsatzsteuerliche Organschaft auf europarechtlichem Prüfstand, in: DB 2009, S. 1784–1788

Timm, W. [zit.: ZGR 1996]: Einige Zweifelsfragen zum neuen Umwandlungsrecht, in: ZGR 1996, S. 247–271

Tipke, K. [zit.: Steuerrechtsordnung, 1993]: Die Steuerrechtsordnung, Band 3: Föderative Steuerverteilung, Rechtsanwendung und Rechtsschutz, Gestalter der Steuerrechtsordnung, Köln 1993

Tipke, K./Kruse, H. W. (Hrsg.) [zit.: Tipke/Kruse, AO/FGO, 2018]: Abgabenordnung – Finanzgerichtsordnung Kommentar zur AO (ohne Steuerstrafrecht) und FGO, 154. Lieferung Stand: 10.2018, Köln 2018

Drüen, K.-D. in: Tipke, K./Kruse, H. W. (Hrsg.) [zit.: Tipke/Kruse, AO/FGO, 2018]: Abgabenordnung – Finanzgerichtsordnung Kommentar zur AO (ohne Steuerstrafrecht) und FGO, 154. Lieferung Stand: 10.2018, Köln 2018, § 4 AO Rn. 1–398

Tipke, K./Lang J. (Hrsg.) [zit.: Tipke/Lang, Steuerrecht, 2018]: Steuerrecht, 23. neu bearbeitete Auflage, Köln 2018

Englisch, J. in: Tipke, K./Lang J. (Hrsg.) [zit.: Tipke/Lang, Steuerrecht, 2018]: Steuerrecht, 23. neu bearbeitete Auflage, Köln 2018, § 4 Rn. 1–123

Englisch, J. in: Tipke, K./Lang J. (Hrsg.) [zit.: Tipke/Lang, Steuerrecht, 2018]: Steuerrecht, 23. neu bearbeitete Auflage, Köln 2018, § 5 Rn. 1–153

Englisch, J. in: Tipke, K./Lang J. (Hrsg.) [zit.: Tipke/Lang, Steuerrecht, 2018]: Steuerrecht, 23. neu bearbeitete Auflage, Köln 2018, § 17 Rn. 1–467

Hey, J. in: Tipke, K./Lang J. (Hrsg.) [zit.: Tipke/Lang, Steuerrecht, 2018]: Steuerrecht, 23. neu bearbeitete Auflage, Köln 2018, § 7 Rn. 1–100

Tischer, F. [zit.: UR 1985]: Zur umsatzsteuerlichen Organschaft bei Gesellschafteridentität, in: UR 1985, S. 77–79

Tratlehner, S. [zit.: SWI 2016]: Aktuelle Entwicklungen zur deutschen umsatzsteuerlichen Organschaft und ihre mögliche Konsequenzen für Österreich, in: SWI 2016, S. 361–371

Treiber, A. [zit.: DStR 2016]: Vorsteuerabzug einer geschäftsleitenden Holding; Organschaft: GmbH & Co. KG als juristische Person iSd § 2 Abs. 2 Nr. 2 UStG; Begriff des Hilfsumsatzes iSd § 43 UStDV, in: DStR 2016, S. 587–597

Trinks, M. [zit.: NWB 2013]: Umsatzsteuerliche Organschaft vor dem Umbruch? Neue Vorgaben durch den EuGH, in: NWB 2013, S. 2370–2375

Tsielepis, A. [zit.: CYPRUS VAT, 2015]: CYPRUS VAT AN OVERVIEW, 2015

Tüchelmann, F. [zit.: UR 1989]: Zur grenzüberschreitenden Organschaft im Umsatzsteuerrecht, in: UR 1989, S. 109–113

Ulmer, P. [zit.: AcP 1998]: Die Gesamthandsgesellschaft – ein noch immer unbekanntes Wesen?, in: AcP 1998, S. 113–151

UmsatzsteuerForum e.V. und BMF (Hrsg.) [zit.: UmsatzsteuerForum e.V. und BMF, 100 Jahre Umsatzsteuer in Deutschland, 2018]: 100 Jahre Umsatzsteuer in Deutschland 1918–2018: Festschrift, Köln 2018

Elster, H. in: UmsatzsteuerForum e.V. und BMF (Hrsg.) [zit.: UmsatzsteuerForum e.V. und BMF, 100 Jahre Umsatzsteuer in Deutschland, 2018]: 100 Jahre Umsatzsteuer in Deutschland 1918–2018: Festschrift, Köln 2018, Reformbedarf der umsatzsteuerlichen Organschaft S. 875–895

Ismer, R./Reiß, W. in: UmsatzsteuerForum e.V. und BMF (Hrsg.) [zit.: UmsatzsteuerForum e.V. und BMF, 100 Jahre Umsatzsteuer in Deutschland, 2018]: 100 Jahre Umsatzsteuer in Deutschland 1918–2018: Festschrift, Köln 2018, Organschaft in der Umsatzsteuer S. 413–437

Slapio, U. in: UmsatzsteuerForum e.V. und BMF (Hrsg.) [zit.: UmsatzsteuerForum e.V. und BMF, 100 Jahre Umsatzsteuer in Deutschland, 2018]: 100 Jahre Umsatzsteuer in Deutschland 1918–2018: Festschrift, Köln 2018, Umsatzsteuerliche Organschaft: Erforderliche Neuausrichtung der finanziellen, wirtschaftlichen und organisatorischen Eingliederungskriterien S. 439–458

Urbach, E. [zit.: Kösdi 2018]: Hinweise zur umsatzsteuerlichen Organschaft, in: Kösdi 2018, S. 20920–20930

Veil, R. [zit.: GmbHR 2007]: Die Unternehmergesellschaft nach dem Regierungsentwurf des MoMiG: Regelungsmodell und Praxistauglichkeit, in: GmbHR 2007, S. 1080–1086

Viegener, J. [zit.: UR 2011]: Umsatzsteuerkonsolidierung in Frankreich, in: UR 2011, S. 486–488

von der Groeben, H./Schwarze, J./Hatje, A. (Hrsg.) [zit.: von der Groeben et al, Europäisches Unionsrecht, 2015]: Europäisches Unionsrecht: Vertrag über die Europäische Union, Vertrag über die Arbeitsweise der Europäischen Union, Charta der Grundrechte der Europäischen Union, 7. Auflage, Baden-Baden 2015

Bahns, J. /Brinkmann, J./ Gläser, L./Sedlaczek, M. in: von der Groeben, H./Schwarze, J./Hatje, A. (Hrsg.) [zit.: von der Groeben et al., Europäisches Unionsrecht, 2015]: Europäisches Unionsrecht: Vertrag über die Europäische Union, Vertrag über die Arbeitsweise der Europäischen Union, Charta der Grundrechte der Europäischen Union, 7. Auflage, Baden-Baden 2015, Art. 113 AEUV Rn. 1–101

Geismann, M. in: von der Groeben, H./Schwarze, J./Hatje, A. (Hrsg.) [zit.: von der Groeben et al., Europäisches Unionsrecht, 2015]: Europäisches Unionsrecht: Vertrag über die Europäische Union, Vertrag über die Arbeitsweise der Europäischen Union, Charta der Grundrechte der Europäischen Union, 7. Auflage, Baden-Baden 2015, Art. 288 AEUV Rn. 1–68

Terhechte, J. P. in: von der Groeben, H./Schwarze, J./Hatje, A. (Hrsg.) [zit.: von der Groeben et al., Europäisches Unionsrecht, 2015]: Europäisches Unionsrecht: Vertrag über die Europäische Union, Vertrag über die Arbeitsweise der Europäischen Union, Charta der Grundrechte der Europäischen Union, 7. Auflage, Baden-Baden 2015, Präambel Rn. 1–14

von Streit, G. [zit.: UStB 2013]: Ist die umsatzsteuerliche Organschaft noch europarechtstauglich?, in: UStB 2013, S. 295–302

von Streit, G./Duyfjes, N. [zit.: DStR 2014]: „Eingliederungsvoraussetzungen“ bei der umsatzsteuerlichen Organschaft – Vorlagepflicht der nationalen Gerichte?, in: DStR 2014, S. 399–404

von Streit, G./Korf, R. [zit.: UR 2009]: Missbrauch von rechtlichen Gestaltungsmöglichkeiten in der Rechtsprechung des EuGH und des BFH zum Mehrwertsteuerrecht, in: UR 2009, S. 509–524

von Streit, G./Streit, T. [zit.: MwStR 2014]: Feste Niederlassung in der Mehrwertsteuergruppe – Erste Gedanken zum EuGH-Urteil C-7/13 Skandia America Corp. USA, filia Sverige, in: MwStR 2014, S. 714–720

von Streit, G./Streit, T. [zit.: DStR 2016]: Der BFH und die Missbrauchsbekämpfung: Was bleibt von der umsatzsteuerrechtlichen Organschaft?, in: DStR 2016, S. 1448–1455

von Streit, G./Streit, T. [zit.: UStB 2016]: Selektive Eingliederung von Personengesellschaften nach § 2 Abs. 2 Nr. 2 UStG? Anmerkungen zu den BFH-Urteilen des V. Senats vom 2.12.2015 – V R 25/13 und des XI. Senats vom 19.1.2016 – XI R 38/12, in: UStB 2016, S. 147–157

Vyncke, K. [zit.: IVM 2007]: VAT Grouping in the European Union: Purposes, Possibilities and Limitations, in: IVM 2007, S. 250–261

Vyncke, K. [zit.: EC Tax Review 2009]: EU VAT Grouping from a Comparative Tax Law Perspective, in: EC Tax Review 2009, S. 299–309

Wäger, C. [zit.: Die Besteuerung innergemeinschaftlicher Reihengeschäfte, 2000]: Die Besteuerung innergemeinschaftlicher Reihengeschäfte, Münster 2000

Wäger, C. [zit.: UR 2006]: Kein Vorsteuerabzug aus einem rechtsmissbräuchlich zum alleinigen Zweck des Erlangens eines Steuervorteils gestalteten Umsatz, in: UR 2006, S. 232–242

Wäger, C. [zit.: UVR 2013]: Unionsrechtliche Grundlagen der Organschaft unter Berücksichtigung aktueller EuGH-Rechtsprechung, in: UVR 2013, S. 205–211

Wäger, C. [zit.: DB 2014]: Umsatzsteuerliche Organschaft im Wandel, in: DB 2014, S. 915–920

Wäger, C. [zit.: UR 2014]: Rechtsprechungsauslese 2013, in: UR 2014, S. 81–120

Wäger, C. [zit.: UR 2015]: Rechtsprechungsauslese 2014, in: UR 2015, S. 125–160

Wäger, C. [zit.: UR 2016]: Organschaft – Neuausrichtung unter Berücksichtigung unionsrechtlicher Erfordernisse –, in: UR 2016, S. 173–180

Wäger, C. [zit.: UR 2017]: Organschaft mit Personengesellschaften: Unbeantwortete Fragen, in: UR 2017, S. 664–669

Wagner, J./Marchal, H. [zit.: DStR 2017]: BMF-Schreiben v. 26.5.2017 zur umsatzsteuerlichen Organschaft und zum Vorsteuerabzug bei gesellschaftsrechtlichen Beteiligungen, in: DStR 2017, S. 2150–2156

Walcher, S./Sedlacek, M. [zit.: ecolex 2015]: Der EuGH besiegelt das Ende der umsatzsteuerlichen Organschaft in Österreich, in: ecolex 2015, S. 814–816

Wälzholz, E. [zit.: GmbH-StB 2007]: Die „Unternehmergesellschaft (haftungsbeschränkt)" als Alternative zur GmbH? Problempunkte und Einsatzmöglichkeiten der Rechtsformvariante nach dem MoMiG, in: GmbH-StB 2007, S. 319–322

Weber, S. [zit.: USt direkt digital 2017]: Umsatzsteuerliche Organschaft – Umsetzung der aktuellen Rechtsprechung des EuGH und des BFH: Entwurf eines BMF-Schreibens vom 14.12.2016 – III C 2 – S 7105/15/10002, in: USt direkt digital 2017, S. 12

Weber-Grellet, H. [zit.: AcP 1982]: Die Gesamthand – ein Mysterienspiel?, in: AcP 1982, S. 316–334

Wegener, B. W. [zit.: NVwZ 1997]: Die UVP-Pflichtigkeit sog. Anhang II-Vorhaben, in: NVwZ 1997, S. 462–465

Weidmann, M./Bader, D. [zit.: ASA 2009/2010]: Die mehrwertsteuerliche Stellung der Betriebsstätten Die Einheit des Unternehmens im nationalen und internationalen Verhältnis, in: ASA 2009/2010, S. 801–840

Weiß, E. [zit.: UR 1979]: Das Ende der Unternehmereinheit und des organschaftsähnlichen Verhältnisses, in: UR 1979, S. 97–102

Weiß, E. [zit.: UR 1980]: Organschaft aufgrund mittelbarer Beteiligung, in: UR 1980, S. 50–52

Wenzel, W. [zit.: DB 1979]: Organschaft und grenzüberschreitende Unternehmen im UStG 1979, in: DB 1979, S. 2151–2152

Weymüller, R. (Hrsg.) [zit.: Weymüller, UStG, 2015]: Umsatzsteuergesetz Kommentar, München 2015

Müller, S. in: Weymüller, R. (Hrsg.) [zit.: Weymüller, UStG, 2015]: Umsatzsteuergesetz Kommentar, München 2015, § 2 Rn. 1–556.2

Widmann, W. [zit.: DK 2003]: Neuere Entwicklungen bei der umsatzsteuerlichen Organschaft, in: DK 2003, S. 331–336

Widmann, W. [zit.: UR 2012]: Primärrechtliche Defizite der Binnenmarktübergangsregelung, in: UR 2012, S. 32–34

Wiedemann, H. [zit.: ZGR 1996]: Die Personengesellschaft – Vertrag oder Organisation?, in: ZGR 1996, S. 286–299

Winter, M. [zit.: MwStR 2016]: „Teleologische Extension" versus „unionsrechtskonforme Auslegung"? Kritische Anmerkungen zu BFH v. 2.12.2015 - V R 25/13 und v. 19.1.2016 - XI R 38/12, in: MwStR 2016, S. 331–334

Wöhe, G./Döring, U./Brösel, G. [zit.: Wöhe et al., Allgemeine Betriebswirtschaftslehre, 2016]: Einführung in die Allgemeine Betriebswirtschaftslehre, 26., überarbeitete und aktualisierte Auflage, München 2016

Wolfgang, W./Groschupp, M. [zit.: UR 2000]: Umsatzsteuerliche Mehrmütterorganschaft als Gestaltungsinstrument für Körperschaften des öffentlichen Rechts, in: UR 2000, S. 449–455

Wüst, C. [zit.: MwStR 2014]: Grundsätze der Unternehmenseinheit und Organschaft bei grenzüberschreitenden Unternehmensstrukturen: Anmerkung zu den Schlussanträgen des Generalanwalts vom 8.5.2014 in der Rechtssache C-7/13, in: MwStR 2014, S. 425–430

Rechtsprechungsverzeichnis

Bundesfinanzhof:

Urteil v.	17.07.1952	V 17/15 S	BStBl. III 1952	S. 234
Urteil v.	26.05.1955	V 104/54 S	BStBl. III 1955	S. 234
Urteil v.	26.02.1959	V 209/56 U	BStBl. III 1959	S. 204
Urteil v.	21.02.1963	V 162/60	HFR 1963	S. 309
Urteil v.	23.04.1964	V 184/61 U	BStBl. III 1964	S. 346
Urteil v.	27.08.1964	V 101/62 U	BStBl. III 1964	S. 539
Urteil v.	18.02.1965	V 189/62 U	BStBl. III 1965	S. 272
Urteil v.	22.06.1967	V R 89/66	BStBl. III 1967	S. 715
Urteil v.	27.08.1970	V R 72/66	BStBl. II 1970	S. 833
Urteil v.	19.07.1973	V R 157/71	BStBl. II 1973	S. 764
Urteil v.	20.12.1973	V R 80/70	BStBl. II 1974	S. 311
Urteil v.	24.01.1974	IV R 76/70	BStBl. II 1974	S. 295
Urteil v.	09.03.1978	V R 90/74	BStBl. II 1978	S. 486
Urteil v.	30.11.1978	V R 29/73	BStBl. II 1979	S. 353
Urteil v.	07.12.1978	V R 22/74	BStBl. II 1979	S. 356
Urteil v.	14.12.1978	V R 85/74	BStBl. II 1979	S. 288
Urteil v.	08.02.1979	V R 101/78	BStBl. II 1979	S. 362
Urteil v.	08.02.1979	V R 114/74	BStBl. II 1979	S. 358
Urteil v.	12.11.1980	II R 1/76	BStBl. II 1981	S. 279
Urteil v.	26.01.1984	V R 65/76	BStBl. II 1984	S. 231
Urteil v.	20.12.1984	V R 25/76	BStBl. II 1985	S. 176
Urteil v.	18.08.1988	V R 194/83	BStBl. II 1988	S. 932
Urteil v.	13.07.1989	V R 110 -112/84	BStBl. II 1989	S. 1036
Urteil v.	13.09.1989	I R 110/88	BStBl. II 1990	S. 24
Urteil v.	08.11.1989	I R 174/86	BStBl. II 1990	S. 91
Urteil v.	11.04.1991	V R 126/87	BFH/NV 1992	S. 140
Urteil v.	20.02.1992	V R 80/85	BFH/NV 1993	S. 133
Urteil v.	30.07.1992	V R 95/87	BFH/NV 1993	S. 202
Urteil v.	09.09.1993	V R 124/89	BStBl. II 1994	S. 129
Urteil v.	09.12.1993	V R 108/91	BStBl. II 1994	S. 483
Urteil v.	21.04.1994	V R 105/91	BStBl. II 1994	S. 671
Urteil v.	19.10.1995	V R 71/93	BFH/NV 1996	S. 273
Urteil v.	02.04.1996	VII R 119/94	BFH/NV 1996	S. 306
Urteil v.	24.07.1996	I R 115/95	BStBl. II 1997	S. 138
Urteil v.	18.12.1996	XI R 25/94	BStBl. II 1997	S. 441

Bundesfinanzhof:

Beschluss v.	01.04.1998	V B 108/97	BFH/NV 1998	S. 1272
Urteil v.	25.06.1998	V R 76/97	BFH/NV 1998	S. 1534
Urteil v.	28.01.1999	V R 32/98	BStBl. II 1999	S. 258
Beschluss v.	30.05.2000	V B 31/00	BFH/NV 2000	S. 1505
Urteil v.	22.11.2001	V R 50/00	BStBl. II 2002	S. 167
Urteil v.	17.01.2002	V R 37/00	BStBl. II 2002	S. 373
Beschluss v.	25.04.2002	V B 128/01	BFH/NV 2002	S. 1058
Urteil v.	09.10.2002	V R 64/99	BStBl. II 2003	S. 375
Urteil v.	06.11.2002	V R 57/01	BFH/NV 2003	S. 827
Urteil v.	03.04.2003	V R 63/01	BStBl. II 2004	S. 434
Urteil v.	22.05.2003	V R 94/01	BStBl. II 2003	S. 954
Urteil v.	15.07.2004	V R 27/03	BStBl. II 2004	S. 862
Urteil v.	05.10.2004	VII R 76/03	BStBl. II 2006	S. 3
Urteil v.	18.01.2005	V R 53/02	BStBl. II 2007	S. 730
Urteil v.	19.05.2005	V R 31/03	BStBl. II 2005	S. 671
Urteil v.	07.07.2005	V R 78/03	BStBl. II 2005	S. 849
Urteil v.	26.01.2006	V R 70/03	BStBl. II 2006	S. 387
Beschluss v.	20.09.2006	V B 138/05	BFH/NV 2007	S. 281
Urteil v.	26.09.2007	V R 54/05	BStBl. II 2008	S. 262
Urteil v.	05.12.2007	V R 26/06	BStBl. II 2008	S. 451
Urteil v.	14.02.2008	V R 12/06 V R 13/06	BFH/NV 2008	S. 1365
Urteil v.	03.04.2008	V R 76/05	BStBl. II 2008	S. 905
Beschluss v.	13.05.2008	XI B 195/07	BFH/NV 2008	S. 1543
Urteil v.	14.05.2008	XI R 70/07	BStBl. II 2008	S. 912
Urteil v.	29.10.2008	XI R 74/07	BStBl. II 2009	S. 256
Urteil v.	29.01.2009	V R 67/07	BStBl. II 2009	S. 1029
Urteil v.	12.02.2009	V R 61/06	BStBl. II 2009	S. 828
Urteil v.	30.04.2009	V R 3/08	BStBl. II 2013	S. 873
Urteil v.	18.06.2009	V R 4/08	BStBl. II 2010	S. 310
Urteil v.	20.08.2009	V R 30/06	BStBl. II 2010	S. 863
Urteil v.	22.10.2009	V R 14/08	BStBl. II 2011	S. 988
Urteil v.	11.02.2010	V R 38/08	BStBl. II 2010	S. 873
Urteil v.	18.03.2010	V R 12/09	BFH/NV 2010	S. 1500
Beschluss v.	18.03.2010	V B 57/08	BFH/NV 2010	S. 1312
Urteil v.	15.04.2010	V R 10/09	BStBl. II 2017	S. 863
Urteil v.	22.04.2010	V R 9/09	BStBl. II 2011	S. 597
Urteil v.	06.05.2010	V R 26/09	BStBl. II 2011	S. 1114
Urteil v.	10.06.2010	V R 62/09	BFH/NV 2011	S. 79

Bundesfinanzhof:

Urteil v.	28.10.2010	V R 7/10	BStBl. II 2011	S. 391
Urteil v.	10.11.2010	XI R 25/08	BFH/NV 2011	S. 839
Urteil v.	01.12.2010	XI R 43/08	BStBl. II 2011	S. 600
Urteil v.	09.12.2010	V R 17/10	BStBl. II 2012	S. 53
Urteil v.	13.01.2011	V R 12/08	BStBl. II 2012	S. 61
Urteil v.	27.01.2011	V R 38/09	BStBl. II 2012	S. 68
Urteil v.	03.03.2011	V R 23/10	BStBl. II 2012	S. 74
Urteil v.	23.03.2011	X R 28/09	BStBl. II 2011	S. 753
Urteil v.	07.07.2011	V R 53/10	BStBl. II 2013	S. 218
Beschluss v.	30.11.2011	VII B 99/11	BFH/NV 2012	S. 805
Urteil v.	09.02.2012	V R 40/10	BStBl. II 2012	S. 844
Urteil v.	14.03.2012	XI R 28/09	BFH/NV 2012	S. 1493
Urteil v.	18.04.2012	X R 7/10	BStBl. II 2013	S. 791
Urteil v.	21.02.2013	V R 27/11	BStBl. II 2013	S. 529
Urteil v.	08.08.2013	V R 18/13	BStBl. II 2017	S. 543
Urteil v.	22.08.2013	V R 19/09	BFH/NV 2014	S. 278
Urteil v.	22.08.2013	V R 37/10	BStBl. II 2014	S. 128
Urteil v.	05.09.2013	XI R 4/10	BStBl. II 2014	S. 95
EuGH-Vorlage v.	11.12.2013	XI R 17/11	BStBl. II 2014	S. 417
EuGH-Vorlage v.	11.12.2013	XI R 38/12	BStBl. II 2014	S. 428
Urteil v.	29.01.2014	XI R 4/12	BFH/NV 2014	S. 992
Beschluss v.	19.03.2014	V B 14/14	BFH/NV 2014	S. 999
Urteil v.	07.05.2014	V R 1/10	BFH/NV 2014	S. 1177
EuGH-Vorlage v.	05.06.2014	XI R 31/09	BFH/NV 2014	S. 1334
Urteil v.	29.01.2015	V R 5/14	BStBl. II 2015	S. 567
Urteil v.	02.12.2015	V R 12/14	BFH/NV 2016	S. 437
Urteil v.	02.12.2015	V R 25/13	BStBl. II 2017	S. 547
Urteil v.	02.12.2015	V R 15/14	BStBl. II 2017	S. 553
Urteil v.	02.12.2015	V R 67/14	BStBl. II 2017	S. 560
Urteil v.	03.12.2015	V R 36/13	BStBl. II 2017	S. 563
Urteil v.	19.01.2016	XI R 38/12	BStBl. II 2017	S. 567
Urteil v.	01.06.2016	XI R 17/11	BStBl. II 2017	S. 581
Urteil v.	10.08.2016	XI R 41/14	BStBl. II 2017	S. 590
Urteil v.	24.08.2016	V R 36/15	BStBl. II 2017	S. 595
Urteil v.	12.10.2016	XI R 30/14	BStBl. II 2017	S. 597
Urteil v.	15.12.2016	V R 44/15	BFHE 256	S. 557

Bundesfinanzhof:

Urteil v.	15.12.2016	V R 14/16	BStBl. II 2017	S. 600
Urteil v.	22.02.2017	XI R 13/15	BFH/NV 2017	S. 1001
Urteil v.	10.05.2017	V R 7/16	BStBl. II 2017	S. 1261
Beschluss v.	20.02.2018	XI B 129/17	BFH/NV 2018	S. 641

Bundesgerichtshof:

Urteil v.	22.10.1992	IX ZR 244/91	NJW 1993	S. 585
Urteil v.	29.01.2001	II ZR 331/00	NJW 2001	S. 1056
Urteil v.	26.11.2008	VIII ZR 200/05	NJW 2009	S. 427

Bundesverfassungsgericht:

Beschluss v.	18.10.1966	2 BvR 386/63 2 BvR 478/63	NJW 1967	S. 291
Urteil v.	20.12.1966	1 BvR 320/57 1 BvR 70/63	NJW 1967	S. 147
Beschluss v.	04.12.1979	2 BvR 64/78 2 BvR 460/79	NJW 1980	S. 929
Urteil v.	03.04.1990	1 BvR 1186/89	NJW 1990	S. 1593
Beschluss v.	02.09.2002	1 BvR 1103/02	NJW 2002	S. 3533
Beschluss v.	26.09.2011	2 BvR 2216/06	NJW 2012	S. 669

Europäischer Gerichtshof:

Urteil v.	01.06.1961	Rs. 15/60	Slg. 1961	S. 00225
Urteil v.	15.07.1964	Rs. 6/64	Slg. 1964	S. 01141
Urteil v.	01.02.1977	Rs. 51/76	Slg. 1977	S. 00113
Urteil v.	12.06.1979	C 181/78 C 229/78	Slg. 1979	S. 02063
Urteil v.	19.01.1982	C 8/81	Slg. 1982	S. 00053
Urteil v.	06.10.1982	C 283/81	Slg. 1982	S. 03415
Urteil v.	18.01.1984	Rs. 327/82	Slg. 1984	S. 00107
Urteil v.	10.04.1984	C 14/83	Slg. 1984	S. 01891
Urteil v.	14.02.1985	C 268/83	Slg. 1985	S. 00655

Europäischer Gerichtshof:

Urteil v.	27.02.1985	C 55/83	Slg. 1985	S. 00683
Urteil v.	14.05.1985	Rs. 139/84	Slg. 1985	S. 01405
Urteil v.	04.07.1985	C 168/84	Slg. 1985	S. 02251
Urteil v.	11.07.1985	Rs. 107/84	Slg. 1985	S. 02655
Urteil v.	25.11.1986	C 201/85 C 202/85	Slg. 1986	S. 03477
Urteil v.	04.12.1986	C 71/85	Slg. 1986	S. 03855
Urteil v.	15.12.1987	C 325/85	Slg. 1987	S. 05041
Urteil v.	11.07.1989	Rs. 265/87	Slg. 1989	S. 02237
Urteil v.	22.02.1990	C 221/88	Slg. 1990	S. I-00495
Urteil v.	12.07.1990	C 188/89	Slg. 1990	S. I-03313
Urteil v.	13.11.1990	C 331/88	Slg. 1990	S. I-04023
Urteil v.	20.06.1991	C 60/90	Slg. 1991	S. I-03111
Urteil v.	19.11.1991	C 6/90 C 9/90	Slg. 1991	S. I-05357
Gutachten v.	14.12.1991	C 1/91	Slg. 1991	S. I-06079
Urteil v.	20.10.1993	C 10/92	Slg. 1993	S. I-05105
Urteil v.	05.10.1994	C 133/93 C 300/93 C 362/93	Slg. 1994	S. I-04863
Urteil v.	29.02.1996	C 110/94	Slg. 1996	S. I-00857
Urteil v.	02.05.1996	C 231/94	Slg. 1996	S. I-02395
Urteil v.	17.09.1996	C 246/94 C 247/94 C 248/94 C 249/94	Slg. 1996	S. I-04373
Urteil v.	26.09.1996	C 168/95	Slg. 1996	S. I-04705
Urteil v.	26.09.1996	C 230/94	Slg. 1996	S. I-04517
Urteil v.	17.10.1996	C 283/94 C 291/94 C 292/94	Slg. 1996	S. I-05063
Urteil v.	24.10.1996	C 72/95	Slg. 1996	S. I-05403
Urteil v.	20.02.1997	C 260/95	Slg. 1997	S. I-01005
Urteil v.	06.03.1997	C 167/95	Slg. 1997	S. I-01195
Urteil v.	29.05.1997	C 389/95	Slg. 1997	S. I-02719
Urteil v.	17.07.1997	C 190/95	Slg. 1997	S. I-04383
Urteil v.	15.01.1998	C 37/95	Slg. 1998	S. I-00001
Urteil v.	05.05.1998	C 157/96	Slg. 1998	S. I-02211
Urteil v.	07.05.1998	C 390/96	Slg. 1998	S. I-02553

Europäischer Gerichtshof:

Urteil v.	17.11.1998	C 228/96	Slg. 1998	S. I-07141
Urteil v.	07.09.1999	C 216/97	Slg. 1999	S. I-04947
Urteil v.	27.01.2000	C 23/98	Slg. 2000	S. I-00419
Urteil v.	09.03.2000	C 437/97	Slg. 2000	S. I-01157
Urteil v.	21.03.2000	C 110/98 bis C 147/98	Slg. 2000	S. I-01577
Urteil v.	16.05.2000	C 78/98	Slg. 2000	S. I-03201
Urteil v.	08.06.2000	C 98/98	Slg. 2000	S. I-04177
Urteil v.	08.06.2000	C 396/98	Slg. 2000	S. I-04279
Urteil v.	13.07.2000	C 36/99	Slg. 2000	S. I-06049
Urteil v.	19.09.2000	C 177/99	Slg. 2000	S. I-07013
Urteil v.	14.11.2000	C 142/99	Slg. 2000	S. I-09567
Urteil v.	22.02.2001	C 408/98	Slg. 2001	S. I-01361
Urteil v.	08.03.2001	C 415/98	Slg. 2001	S. I-01831
Urteil v.	27.09.2001	C 16/00	Slg. 2001	S. I-06663
Urteil v.	04.10.2001	C 403/99	Slg. 2001	S. I-06883
Urteil v.	22.11.2001	C 301/97	Slg. 2001	S. I-08853
Urteil v.	08.01.2002	C 409/99	Slg. 2002	S. I-00081
Urteil v.	11.07.2002	C 62/00	Slg. 2002	S. I-06325
Urteil v.	10.09.2002	C 141/00	Slg. 2002	S. I-06833
Urteil v.	27.11.2003	C 479/01	Slg. 2003	S. I-14393
Urteil v.	01.04.2004	C 90/02	Slg. 2004	S. I-03303
Urteil v.	29.04.2004	C 77/01	Slg. 2004	S. I-04295
Urteil v.	29.04.2004	C 152/02	Slg. 2004	S. I-05583
Urteil v.	29.04.2004	C 487/01 C 7/02	Slg. 2004	S. I-05337
Urteil v.	17.02.2005	C 453/02 C 462/02	Slg. 2005	S. I-01131
Urteil v.	10.03.2005	C 33/03	Slg. 2005	S. I-01865
Urteil v.	26.04.2005	C 376/02	Slg. 2005	S. I-03445
Urteil v.	16.06.2005	C 105/03	Slg. 2005	S. I-05285
Urteil v.	15.12.2005	C 63/04	Slg. 2005	S. I-11087
Urteil v.	12.01.2006	C 246/04	Slg. 2006	S. I-00589
Urteil v.	21.02.2006	C 255/02	Slg. 2006	S. I-01609
Urteil v.	23.03.2006	C 210/04	Slg. 2006	S. I-02803
Urteil v.	30.03.2006	C 184/04	Slg. 2006	S. I-03039
Urteil v.	27.04.2006	C 443/04 C 444/04	Slg. 2006	S. I-03617
Urteil v.	11.05.2006	C 384/04	Slg. 2006	S. I-04191

Europäischer Gerichtshof:

Urteil v.	04.07.2006	C 212/04	Slg. 2006	S. I-06057
Urteil v.	06.07.2006	C 439/04 C 440/04	Slg. 2006	S. I-06161
Urteil v.	19.09.2006	C 392/04 C 422/04	ECLI:EU:C:2006:586	
Urteil v.	15.03.2007	C 35/05	Slg. 2007	S. I-02425
Urteil v.	28.06.2007	C 363/05	Slg. 2007	S. I-05517
Urteil v.	21.02.2008	C 271/06	ECLI:EU:C:2008:105	
Urteil v.	13.03.2008	C 437/06	ECLI:EU:C:2008:166	
Urteil v.	10.04.2008	C 309/06	ECLI:EU:C:2008:211	
Urteil v.	15.04.2008	C 268/06	ECLI:EU:C:2008:223	
Urteil v.	22.05.2008	C 162/07	ECLI:EU:C:2008:301	
Urteil v.	16.09.2008	C 288/07	ECLI:EU:C:2008:505	
Urteil v.	12.02.2009	C 515/07	ECLI:EU:C:2009:88	
Urteil v.	23.04.2009	C 460/07	ECLI:EU:C:2009:254	
Urteil v.	11.06.2009	C 170/08	ECLI:EU:C:2009:369	
Urteil v.	10.09.2009	C 201/08	ECLI:EU:C:2009:539	
Urteil v.	29.10.2009	C 174/08	ECLI:EU:C:2009:669	
Urteil v.	29.10.2009	C 29/08	ECLI:EU:C:2009:665	
Urteil v.	03.12.2009	C 433/08	ECLI:EU:C:2009:750	
Urteil v.	21.01.2010	C 472/08	ECLI:EU:C:2010:32	
Urteil v.	10.06.2010	C 262/08	ECLI:EU:C:2010:328	
Urteil v.	30.09.2010	C 392/09	ECLI:EU:C:2010:569	
Urteil v.	22.12.2010	C 277/09	ECLI:EU:C:2010:810	
Urteil v.	12.05.2011	C 453/09	ECLI:EU:C:2011:296	
Urteil v.	06.10.2011	C 421/10	ECLI:EU:C:2011:640	
Urteil v.	24.01.2012	C 282/10	ECLI:EU:C:2012:33	
Urteil v.	26.01.2012	C 218/10	ECLI:EU:C:2012:35	
Urteil v.	22.03.2012	C 153/11	ECLI:EU:C:2012:163	
Urteil v.	29.03.2012	C 436/10	ECLI:EU:C:2012:185	
Urteil v.	19.07.2012	C 112/11	ECLI:EU:C:2012:487	
Urteil v.	05.09.2012	C 42/11	ECLI:EU:C:2012:517	
Urteil v.	06.09.2012	C 496/11	ECLI:EU:C:2012:557	
Urteil v.	31.01.2013	C 643/11	ECLI:EU:C:2013:55	
Urteil v.	09.04.2013	C 85/11	ECLI:EU:C:2013:217	
Urteil v.	25.04.2013	C 480/10	ECLI:EU:C:2013:263	
Urteil v.	25.04.2013	C 74/11	ECLI:EU:C:2013:266	
Urteil v.	18.07.2013	C 26/12	ECLI:EU:C:2013:526	
Urteil v.	12.09.2013	C 388/11	ECLI:EU:C:2013:541	

Europäischer Gerichtshof:

Urteil v.	28.11.2013	C 319/12	ECLI:EU:C:2013:778
Urteil v.	15.01.2014	C 176/12	ECLI:EU:C:2014:2
Urteil v.	27.02.2014	C 351/12	ECLI:EU:C:2014:110
Urteil v.	10.09.2014	C 92/13	ECLI:EU:C:2014:2188
Urteil v.	17.09.2014	C 7/13	ECLI:EU:C:2014:2225
Urteil v.	20.11.2014	C 40/14	ECLI:EU:C:2014:2389
Urteil v.	18.12.2014	C 131/13 C 163/13 C 164/13	ECLI:EU:C:2014:2455
Urteil v.	09.07.2015	C 144/14	ECLI:EU:C:2015:452
Urteil v.	16.07.2015	C 108 C 109/14	ECLI:EU:C:2015:496
Urteil v.	03.09.2015	C 383/14	ECLI:EU:C:2015:541
Urteil v.	17.12.2015	C 419/14	ECLI:EU:C:2015:832
Urteil v.	15.09.2016	C 400/15	ECLI:EU:C:2016:687
Urteil v.	05.10.2016	C 576/15	ECLI:EU:C:2016:740
Urteil v.	09.02.2017	C 21/16	ECLI:EU:C:2017:106

Finanzgerichte:

Düsseldorf Urteil v.	18.05.1978	XI 68/73 U	EFG 1978	S. 528
Rheinland-Pfalz Urteil v.	12.03.1987	3 K 246/86	EFG 1987	S. 430
Baden-Württemberg Urteil v.	10.05.1994	1 K 262/89	EFG 1994	S. 1021
Baden-Württemberg Urteil v.	28.11.2005	14 K 79/04	EFG 2006	S. 1110
Baden-Württemberg Urteil v.	02.03.2006	14 K 157/04	EFG 2006	S. 1462
Saarland Beschluss v.	20.03.2006	1 V 26/06	UStB 2006	S. 296
Niedersachsen Urteil v.	05.12.2007	5 K 312/02	EFG 2008	S. 415
Niedersachsen Urteil v.	12.05.2011	16 K 411/07	EFG 2011	S. 1751
Hamburg Urteil v.	10.10.2012	2 K 189/10	EFG 2013	S. 255

Finanzgerichte:

München Urteil v.	13.03.2013	3 K 235/10	EFG 2013	S. 1434
Saarland Gerichtsbescheid v.	18.11.2014	1 K 1480/12	EFG 2015	S. 683
Münster Urteil v.	19.05.2015	15 K 496/11 U	EFG 2016	S. 334 anhängig beim BFH: Az. V R 40/15
Rheinland-Pfalz Urteil v.	23.07.2015	6 K 1352/14	EFG 2016	S. 844
Münster Urteil v.	03.11.2015	15 K 1252/14 U	EFG 2016	S. 152
Baden-Württemberg Urteil v.	14.04.2016	1 K 3466/14	EFG 2016	S. 1821
Düsseldorf Urteil v.	08.07.2016	1 K 1397/13 U	EFG 2016	S. 1465
Rheinland-Pfalz Urteil v.	08.12.2016	6 K 2485/13	EFG 2017	S. 343 anhängig beim BFH: Az. XI R 3/17
Düsseldorf Urteil v.	22.02.2018	9 K 280/15 H(U)	EFG 2018	S. 721
Schleswig-Holstein Urteil v.	17.05.2018	4 K 38/17	BeckRS 2018	14850

Preußisches Oberverwaltungsgericht:

Urteil v.	18.06.1896	V 3/96	OVGE 5	S. 163
Urteil v.	31.05.1902	VI G 38/01	OVGSt 10	S. 391

Reichsfinanzhof:

Urteil v.	06.10.1920	II A 141/20	RFHE 3	S. 283
Urteil v.	14.12.1923	V A 141/23 V A 150/23	RFHE 13	S. 146

Reichsfinanzhof:

Urteil v.	28.11.1924	V A 73/24	RFHE 15	S. 116
Urteil v.	26.09.1927	V A 417/27	RFHE 22	S. 69
Urteil v.	11.11.1927	1 A 75/27	RFHE 22	S. 183
Urteil v.	19.05.1930	V A 525/29	RStBl. 1931	S. 148
Urteil v.	11.11.1932	V A 948/31	RStBl. 1933	S. 295
Urteil v.	23.02.1934	V A 480/33	RStBl. 1934	S. 623
Urteil v.	11.01.1935	V A 140/34	RStBl. 1935	S. 661
Urteil v.	13.12.1940	V 25/39	RStBl. 1941	S. 320

Sonstige Gerichte:

Hooge Raad Urteil v. 14.06.2002 Nr. 35 976 BNB 2002/287 IVM 2002 S. 538

Quellenverzeichnis

BMF, Schreiben vom 29.01.2004, IV B 7-S 7280-19/04, BStBl. I 2004, S. 258, § 14 UStG; Umsetzung der Richtlinie 2001/115/EG (Rechnungsrichtlinie) und der Rechtsprechung des EuGH und des BFH zum unrichtigen und unberechtigten Steuerausweis durch das Zweite Gesetz zur Änderung steuerlicher Vorschriften (Steueränderungsgesetz 2003 – StÄndG 2003)

BMF, Schreiben vom 07.03.2013, IV D 2 – S 7105/11/10001, BStBl. I 2013, S. 333, Umsatzsteuerrechtliche Organschaft (§ 2 Abs. 2 Nr. 2 UStG); Organisatorische Eingliederung Überarbeitung von Abschnitt 2.8 UStAE

BMF, Schreiben vom 05.05.2014, IV D 2 – S 7105/11/10001IV D 2 – S 7105/13/10003, BStBl. I 2014, S. 820, Umsatzsteuerrechtliche Organschaft (§ 2 Abs. 2 Nr. 2 UStG); Nichtunternehmer als Teil eines Organkreises (Konsequenzen der EuGH-Urteile vom 9. April 2013, C-85/11, und vom 25. April 2013, C-480/10); Konsequenzen des BFH-Urteils vom 8. August 2013, V R 18/13, sowie der Beschlüsse vom 11. Dezember 2013, XI R 17/11, BStBl 2014 II S. 417, und XI R 38/12, BStBl 2014 II S. 428; Änderung der Regelungen zur organisatorischen Eingliederung in Abschnitt 2.8 UStAE

BMF, Schreiben vom 26.05.2017, III C 2 – S 7105/15/10002, BStBl. I 2017, S. 790, Umsatzsteuerrechtliche Organschaft (§ 2 Abs. 2 Nr. 2 UStG); Vorsteuerabzug beim Erwerb und im Zusammenhang mit dem Halten und Verwalten von gesellschaftsrechtlichen Beteiligungen; Konsequenzen der Rechtsprechung des EuGH und des BFH

BMF, Entwurfschreiben vom 23.07.2018, III C 2 – 7105/13/10001, Umsatzsteuer; Konsequenzen des EuGH-Urteils vom 17. September 2014 in der Rs. Skandia America, C 7/13, III C 2 – S 7105/13/10001, 2018/0597985, http://www.vab.de/download/e_schr_BMF_230718 [Abruf am 30.11.2018]

Bundessteuerberaterkammer [zit.: Bundessteuerberaterkammer, Aktuelle Praxisprobleme in der Umsatzsteuer, 2012]: Aktuelle Praxisprobleme in der Umsatzsteuer – Hinweise an den Gesetzgeber –, https://www.bstbk.de/de/presse/publikationen/ [Abruf am 30.11.2018]

Bundestags-Drucks. vom 20.12.1958, 3/730 [zit.: BT-Drucks. 3/730]: Deutscher Bundestag 3. Wahlperiode, Überprüfung des Umsatzsteuerrechts, 1958

Bundestags-Drucks. vom 30.10.1963, IV/1590 [zit.: BT-Drucks. IV/1590]: Deutscher Bundestag 4. Wahlperiode, Entwurf eines Umsatzsteuergesetzes, 1963

Bundestags-Drucks. vom 19.07.1973, 7/913 [zit.: BT-Drucks. 7/913]: Deutscher Bundestag 7. Wahlperiode, Unterrichtung durch die Bundesregierung,

Vorschlag einer sechsten Richtlinie des Rates zur Harmonisierung der Rechtsvorschriften der Mitgliedstaaten über die Umsatzsteuern – Gemeinsames Mehrwertsteuersystem: einheitliches steuerpflichtige Bemessungsgrundlage

Bundestags-Drucks. vom 05.05.1978, 8/1779 [zit.: BT-Drucks. 8/1779]: Deutscher Bundestag 8. Wahlperiode, Gesetzentwurf der Bundesregierung, Entwurf eines Umsatzsteuergesetzes (UStG 1979)

Bundestags-Drucks. vom 25.09.2013, 17/10774 [zit.: BT-Drucks. 17/10774]: Deutscher Bundestag 17. Wahlperiode, Gesetzentwurf der Fraktionen der CDU/CSU und FDP, Entwurf eines Gesetzes zur Änderung und Vereinfachung der Unternehmensbesteuerung und des steuerlichen Reisekostenrechts

Erste Richtlinie 67/227/EWG des Rates vom 11.04.1967 zur Harmonisierung der Rechtsvorschriften der Mitgliedstaaten über die Umsatzsteuer, ABl. EG 1967 Nr. 71, S. 1301

EU-Kommission [zit.: EU-Kommission, Aktionsplan im Bereich der Mehrwertsteuer, 2017]: Mitteilung der Kommission an das Europäische Parlament, den Rat und den europäischen Wirtschafts- und Sozialausschuss über einen Aktionsplan im Bereich der Mehrwertsteuer Auf dem Weg zu einem einheitlichen europäischen Mehrwertsteuerraum: Zeit für Reformen vom 07.04.2018, COM(2016) 148 final

EU-Kommission [zit.: EU-Kommission, Mehrwertsteuersätze in den EU-Ländern, 2018]: Mehrwertsteuersätze in den EU-Ländern, 2018, https://europa.eu/youreurope/business/taxation/vat/vat-rules-rates/index_de.htm [Abruf am 30.11.2018]

EWIV-VO: Verordnung (EWG) Nr. 2137/85 des Rates vom 25. Juli 1985 über die Schaffung einer Europäischen wirtschaftlichen Interessenvereinigung (EWIV), (ABl. Nr. L 199 S. 1)

GA Jääskinen, N., Schlussanträge vom 27.11.2012, C 85/11, ECLI:EU:C:2012:753, Schlussanträge des Generalanwalts Niilo Jääskinen vom 27. November 2012, Europäische Kommission gegen Irland, „Mehrwertsteuer – Art. 9 und Art. 11 der Richtlinie 2006/112/EG – Nationale Regelung, wonach Nichtsteuerpflichtige Mehrwertsteuergruppen angehören können – Vereinbarkeit mit dem Mehrwertsteuerrecht der Union“

GA Jacobs, F. G., Schlussanträge vom 14.12.2000, C 322/99 und C 323/99, ECLI:EU:C:2000:700, Schlussanträge des Generalanwalts Francis G. Jacobs vom 14. Dezember 2000, Verbundene Rechtssachen C-322/99 und C-323/99, Finanzamt Burgdorf gegen Hans-Georg-Fischer und Finanzamt Düsseldorf-Mettmann gegen Klaus Brandenstein, Sechste Mehrwertsteuerrichtlinie – Artikel 5 Absatz 6 und Artikel 11 Teil A Absatz 1 Buchstabe b – Entnahme eines Betriebsgegenstands zu privaten Zwecken – Besteuerung, wenn der

Gegenstand oder seine Bestandteile zum Vorsteuerabzug berechtigt haben – Begriff der Bestandteile des entnommenen Gegenstands

GA Konkott, J., Schlussanträge vom 15.12.2005, C 443/04 und C 444/04, ECLI:EU:C:2005:788, Schlussanträge der Generalanwältin Juliane Konkott vom 15. Dezember 2005, Rechtssachen C 443/04 und C 444/04, H. A. Solleveld gegen Staatssecretaris van Financiën und J. E. van den Hout-van Eijnsbergen gegen Staatssecretaris van Financiën, (Vorabentscheidungsersuchen des Hoge Raad [Niederlande]), „Sechste Mehrwertsteuerrichtlinie – Artikel 13 Teil A Absatz 1 Buchstabe c –Befreite Umsätze – Heilbehandlungen, die im Rahmen der Ausübung der von dem betreffenden Mitgliedstaat anerkannten arztähnlichen Berufen erbracht werden – Leistungen eines Physiotherapeuten, die nicht zu seinem Berufsbild gehören – Leistungen einer Psychotherapeutin, die nur nach dem nationalen Berufsrecht nicht aber nach den Mehrwertsteuerbestimmungen als solche anerkannt ist"

GA Léger, P., Schlussanträge vom 29.09.2005, C 210/04, ECLI:EU:C:2005:582, Schlussanträge des Generalanwalts Philippe Léger vom 29. September, Rechtssache C -210/04, Ministero dell'Economia e delle Finanze, Agenzia delle Entrate, gegen FCE Bank plc, (Vorabentscheidungsersuchen der Corte Suprema di Cassazione [Italien]) „Sechste Mehrwertsteuerrichtlinie – Artikel 2 Nummer 1 und Artikel 9 Absatz 1 – Innerhalb ein und derselben rechtlichen Einheit erbrachte Dienstleistungen – Feste Niederlassung – Mehrwertsteuerfreie Umsätze – OECD Doppelbesteuerungsabkommen – Belastung der im Niederlassungsstaat mit Hilfe der festen Niederlassung erzielten Gewinne mit den Kosten der erbrachten Dienstleistungen – Unerheblichkeit für die Mehrwertsteuer"

GA Mengozzi, P., Schlussanträge vom 22.12.2008, C 515/07, ECLI:EU:C:2008:769, Schlussanträge des Generalanwalts Paolo Mengozzi vom 22. Dezember 2008, Rechtssache C 515/07, Vereniging Noordelijke Land- en Tuinbouw Organisatie gegen Staatssecretaris van Financiën, (Vorabentscheidungsersuchen des Hoge Raad der Nederlanden [Niederlande]), „Art. 6 Abs. 2 Unterabs. 1 und Art. 17 der Sechsten Mehrwertsteuerrichtlinie – Gegenstände und Dienstleistungen, die zum Teil für Zwecke des Unternehmens und zum Teil für nichtwirtschaftliche Tätigkeiten verwendet werden – Begriff ‚unternehmensfremde Zwecke' – Zuordnung zum Geschäftsvermögen des Steuerpflichtigen – Möglichkeit des sofortigen und vollständigen Abzugs der beim Kauf von Gegenständen und bei der Inanspruchnahme von Dienstleistungen, die keine Investitionsgüter sind, entrichteten Mehrwertsteuer"

GA Mengozzi, P., Schlussanträge vom 26.03.2015, C 108/14 und C 109/14, ECLI:EU:C:2015:212, Schlussanträge des Generalanwalts Paolo Mengozzi vom 26. März 2015, Verbundene Rechtssachen C 108/14 und C 109/14, Beteiligungsgesellschaft Larentia + Minerva mbH & Co. KG gegen Finanzamt Nordenham (C 108/14) und Finanzamt Hamburg-Mitte gegen Marenave Schiffahrts AG (C 109/14), (Vorabentscheidungsersuchen des Bundesfinanzhofs [Deutschland]), „Vorlage zur Vorabentscheidung – Steuerrecht – Gemeinsames Mehrwertsteuersystem: einheitliche steuerpflichtige Bemessungsgrundlage – Muttergesellschaft (Holding), die der Mehrwertsteuer unterliegende Leistungen zum Zweck des Erwerbs von Eigenmitteln in Anspruch genommen hat, die zur Sicherung von Anteilen an zwei Tochtergesellschaften verwendet wurden, für die diese Muttergesellschaft später entgeltliche Dienstleistungen erbracht hat – Nationale Regelung, nach der die steuerliche Einbeziehung auf juristische Personen beschränkt ist, die sich in finanzieller, wirtschaftlicher und organisatorischer Hinsicht in einem Unterordnungsverhältnis befinden“

GA Wathelet, M., Schlussanträge vom 08.05.2014, C 7/13, ECLI:EU:C:2014:311, Schlussanträge des Generalanwalts Mechior Wathelet vom 8. Mai 2014, Rechtssache C 7/13, Skandia America Corp. (USA), filial Sverige gegen Skatteverket, (Vorabentscheidungsersuchen des Förvaltningsrätt i Stockholm [Schweden]), „Gemeinsames Mehrwertsteuersystem – Mehrwertsteuergruppe – Interne Verrechnung von Dienstleistungen, die eine Muttergesellschaft mit Sitz in einem Drittstaat ihrer Zweigniederlassung, die in einem Mitgliedstaat zu einer Mehrwertsteuergruppe gehört, erbringt – Frage der Steuerbarkeit der erbrachten Dienstleistungen“

HMRC vom 08.08.2014 [zit.: VAT Notice 700/2, 2014]: VAT Notice 700/2: group and divisional registration, https://www.gov.uk/government/publications/vat-notice-7002-group-and-divisional-registration/vat-notice-7002-group-and-divisional-registration--2 [Abruf am 30.11.2018]

HMRC vom 10.02.2015 [zit.: Revenue and Customs Brief 18, 2015]: Revenue and Customs Brief 18 (2015): VAT grouping rules and the Skandia judgement, https://www.gov.uk/government/publications/revenue-and-customs-brief-18-2015-vat-grouping-rules-and-the-skandia-judgement [Abruf am 30.11.2018]

HMRC vom 30.10.2015 [zit.: Revenue and Customs Brief 2, 2015]: Revenue and Customs Brief 2 (2015): VAT grouping rules and the Skandia judgement, https://www.gov.uk/government/publications/revenue-and-customs-brief-2-2015-vat-grouping-rules-and-the-skandia-judgment [Abruf am 30.11.2018]

HMRC vom 06.07.2018 [zit.: VAT grouping, 2018]: VAT grouping eligibility criteria changes, https://www.gov.uk/government/publications/vat-grouping-eligibility-criteria-change [Abruf am 30.11.2018]

Inland Revenue Te Tari Taake [zit.: GST Grouping Rules, 2018]: Registering for GST as a group, https://www.ird.govt.nz/gst/gst-registering/register-who/register-groups/register-groups.html [Abruf am 30.11.2018]

Mehrwertsteuerausschuss vom 29.04.2004 [zit.: Working Paper No. 408, 2004]: Value Added Tax Committee (Article 398 of Directive 2006/112/EC) Working Paper No. 408, Consultation Cyprus (TAXUD/2393/03), 2004

Mehrwertsteuerausschuss vom 23.05.2006 [zit.: Working Paper No. 523, 2006]: Value Added Tax Committee (Article 398 of Directive 2006/112/EC) Working Paper No. 523, Consultation Ireland (TAXUD/1817/06), 2006

Mehrwertsteuerausschuss vom 23.03.2007 [zit.: Working Paper No. 544, 2007]: Value Added Tax Committee (Article 398 of Directive 2006/112/EC) Working Paper No. 544, Consultation Estonia (TAXUD/2117/07), 2007

Mehrwertsteuerausschuss vom 30.10.2007 [zit.: Working Paper No. 556, 2007]: Value Added Tax Committee (Article 398 of Directive 2006/112/EC) Working Paper No. 556, Consultation Belgium, Spain, Ireland, United Kingdom, Romania and the Czech Republic (TAXUD/2161/07), 2007

Mehrwertsteuerausschuss vom 23.01.2009 [zit.: Working Paper No. 601, 2009]: Value Added Tax Committee (Article 398 of Directive 2006/112/EC) Working Paper No. 601, Slovakia (TAXUD/2403/09), 2009

Mehrwertsteuerausschuss vom 22.10.2009 [zit.: Working Paper No. 641, 2009]: Value Added Tax Committee (Article 398 of Directive 2006/112/EC) Working Paper No. 641, Latvia (taxud.d.1.(2009)323876), 2009

Mehrwertsteuerausschuss vom 12.10.2010 [zit.: Working Paper No. 680, 2010]: Value Added Tax Committee (Article 398 of Directive 2006/112/EC) Working Paper No. 680, Consultation Spain (taxud.c.1(2010)844660), 2010

Mehrwertsteuerausschuss vom 15.09.2015 [zit.: Working Paper No. 877, 2015]: Value Added Tax Committee (Article 398 of Directive 2006/112/EC) Working Paper No. 877, Consultation Hungary (taxud.c.1(2015)4291887, 2015

Mehrwertsteuerausschuss vom 16.02.2017 [zit.: Working Paper No. 918, 2017]: Value Added Tax Committee (Article 398 of Directive 2006/112/EC) Working Paper No. 918, Question: Concerning the application of EU VAT Provisions (taxud.c.1(2017)982178), 2017

Mehrwertsteuerausschuss vom 08.11.2017 [zit.: Working Paper No. 933, 2017]: Value Added Tax Committee (Article 398 of Directive 2006/112/EC) Working Paper No. 933, Consultation Italy (taxud.c.1(2017)6142196), 2017

Mehrwertsteuerausschuss vom 16.03.2018 [zit.: Working Paper No. 942, 2018]: Value Added Tax Committee (Article 398 of Directive 2006/112/EC) Working Paper No. 942, Consultation Malta (taxud.c.1(2018)1616461, 2018

Mehrwertsteuerausschuss vom 16.04.2018 [zit.: Working Paper No. 948 REV, 2018]: Value Added Tax Committee (Article 398 of Directive 2006/112/EC) Working Paper No. 948 REV, Consultation Luxembourg (taxud.c.1(2018)251441, 2018

Mehrwertsteuerausschuss [zit.: Leitlinien bis November 2018, 2018]: Leitlinien, die auf Sitzungen des MwSt-Ausschusses zurückgehen: Bis zum 2. November 2018, https://ec.europa.eu/taxation_customs/business/vat/vat-committee_en [Abruf am 30.11.2018]

Mehrwertsteuerausschuss [zit.: Liste der Konsultationen, 2018]: Consultations of the VAT Committee as at 09/08/2017, https://ec.europa.eu/taxation_customs/business/vat/vat-committee_en [Abruf am 30.11.2018]

Mehrwertsteuerausschuss [zit.: Unterlagen zu den Konsultationsverfahren, 2018]: Unterlagen zu den Konsultationsverfahren, https://ec.europa.eu/taxation_customs/business/vat/vat-committee_en [Abruf am 30.11.2018]

MwSt-DVO: Durchführungsverordnung (EU) Nr. 282/2011 des Rates vom 15. März 2011 zur Festlegung von Durchführungsvorschriften zur Richtlinie 2006/112/EG über das gemeinsame Mehrwertsteuersystem, ABl. EU 2011 Nr. L 77, S. 1

Mehrwertsteuerexpertengruppe vom 19.03.2018 [zit.: VEG No. 70 REV1, 2018]: Paper on topic for discussion: Meaning of „financial, economic and organisational links" among VAT group members (taxud.c.1(2018)1668166, 2018

MwStSystRL: Richtlinie 2006/112/EG des Rates vom 28. November 2006 über das gemeinsame Mehrwertsteuersystem (ABl. EU Nr. L 347 S. 1, ber. ABl. 2007 Nr. L 335 S. 60 und ABl. 2017 Nr. L 336 S. 60), zuletzt geändert durch Art. 1 ÄndRL (EU) 2018/912 vom 22.6.2018 (ABl. Nr. L 162 S. 1)

MwStSystRL in sämtlichen Sprachfassungen [zit.: Rat der EU, MwStSystRL in sämtlichen Sprachfassungen, 2006]: Richtlinie 2006/112/EG des Rates vom 28. November 2006 über das gemeinsame Mehrwertsteuersystem, https://eur-lex.europa.eu/legal-content/DE/ALL/?uri=celex%3A32006L0112 [Abruf am 30.11.2018]

MWSTV: Mehrwertsteuerverordnung vom 27. November 2009, http://www.gesetze.ch/inh/inhsub641.201.htm [Abruf am 30.11.2018]

OFD Frankfurt am Main, Verfügung vom 24.05.2016, S 7105 A-22 St-110, StEd 2016, S. 470, geändert durch OFD Frankfurt am Main, Verfügung vom 11.07.2017, S 7105 A-22 St-110, StEd 2017, S. 524

OFD Karlsruhe/OFD Stuttgart, Verfügung vom 25.08.2004, S 7104, DB 2014, S. 2191, Unternehmereigenschaft von Holdinggesellschaften

OFD Karlsruhe, Verfügung vom 11.04.2006, S 7104/4, UR 2007, S. 35, Unternehmereigenschaft von Holdinggesellschaften

Öst. UStR 2000: Richtlinie des BMF, GZ 09 4501/58-IV/9/00 vom 13.07.2005 UStR 2000 idF GZ BMF-010219/0414-VI/4/2015 vom 04. November 2015, S. 1, Umsatzsteuerrichtlinien 2000

Richtlinie 91/680/EWG des Rates vom 16.12.1991 zur Ergänzung des gemeinsamen Mehrwertsteuersystems und zur Änderung der Richtlinie 77/388/EWG im Hinblick auf die Beseitigung der Steuergrenzen, ABl. EG 1991 Nr. L 376, S. 1

Richtlinie 2006/69/EG des Rates vom 24.7.2006 zur Änderung der Richtlinie 77/388/EWG hinsichtlich bestimmter Maßnahmen zur Bekämpfung der Steuerhinterziehung oder -umgehung, zur Vereinfachung der Erhebung der Mehrwertsteuer sowie zur Aufhebung bestimmter Entscheidungen über die Genehmigung von Ausnahmeregelungen, ABl. EU 2006 Nr. L 221, S. 9

Richtlinie 2013/34/EU des Europäischen Parlaments und des Rates vom 26. Juni 2013 über den Jahresabschluss, den konsolidierten Abschluss und damit verbundene Berichte von Unternehmen bestimmter Rechtsformen und zur Änderung der Richtlinie 2006/43/EG des Europäischen Parlaments und des Rates und zur Aufhebung der Richtlinien 78/660/EWG und 83/349/EWG des Rates Text von Bedeutung für den EWR, ABl. EU 2013 Nr. L 182, S. 19

Rundschreiben des belgischen Finanzministers vom 09.11.2007 [zit.: Circulaire Nr. 42/2007 (E.T.111.702), 2007]: CIRC 42/2007 Circulaire n° AFER 42/2007 (E.T.111.702) dd. 09.11.2007, www.ccnamur.be/Files/circulaire_unite_tva.pdf [Abruf am 30.11.2018]

Schrauwen, M./Makkus, E./Campell, G. D. [zit.: Schrauwen et al., Skandia Update, 2015]: Skandia-Update: An EU Perspective, https://www2.deloitte.com/content/dam/Deloitte/nl/Documents/tax/deloitte-nl-tax-skandia-survey-nov-2015-v3.pdf [Abruf am 30.11.2018]

Schriftlicher Bericht des Finanzausschusses zu Bundestags-Drucks. vom 17.03.1967, V/1581 [zit.: Schriftlicher Bericht des Finanzausschusses zu BT-Drucks. V/1581]: Deutscher Bundestag 5. Wahlperiode, Schriftlicher Bericht des Finanzausschusses (14. Ausschuß) über den von den Fraktionen der CDU/CSU, FDP eingebrachten Entwurf eines Umsatzsteuergesetzes (Nettoumsatzsteuer) – Drucksache V/48 –, 1967

Schweizerische Eidgenossenschaft [zit.: MwSt-Info 03 zur Gruppenbesteuerung, 2018]: MWST-Info 03: Gruppenbesteuerung, Bern 2018

Sechste Richtlinie 77/388/EWG des Rates vom 17.05.1977 zur Harmonisierung der Rechtsvorschriften der Mitgliedstaaten über die Umsatzsteuern – Gemeinsames Mehrwertsteuersystem: einheitliche steuerpflichtige Bemessungsgrundlage, ABl. EG 1977 Nr. L 145, S. 1

SE-VO: Verordnung (EG) Nr. 2157/2001 des Rates vom 8. Oktober 2001 über das Statut der Europäischen Gesellschaft (SE), ABl. Nr. L 294 S. 1, zuletzt geändert durch Art. 1 Abs. 1 Buchst. c) ÄndVO (EU) 517/2013 vom 13. 5. 2013 (ABl. Nr. L 158 S. 1)

Spitzenverbände der gewerblichen Wirtschaft [zit.: Stellungnahme zur umsatzsteuerlichen Organschaft, 2016]: Umsatzsteuerliche Organschaft – Umsetzung aktueller BFH-Rechtsprechung und zukünftige Entwicklungen, https://bankenverband.de/fachthemen/steuern/umsatzsteuerliche-organschaft-umsetzung-aktueller-bfh-rechtsprechung/ [Abruf am 30.11.2018]

Zweite Richtlinie 67/228/EWG des Rates vom 11.04.1967 zur Harmonisierung der Rechtsvorschriften der Mitgliedstaaten über die Umsatzsteuern – Struktur und Anwendungsmodalitäten des gemeinsamen Mehrwertsteuersystems, ABl. EG 1967 Nr. 71, S. 1303

Gesetzesverzeichnis

AEUV:	Vertrag über die Arbeitsweise der Europäischen Union in der Fassung des am 01.12.2009 in Kraft getretenen Vertrages von Lissabon (ABl. EG Nr. C 115 vom 09.05.2008, S. 47)
AktG:	Aktiengesetz in der Fassung vom 06.11.1965 (BGBl. I S. 1089), zuletzt geändert durch Art. 9 G zur Umsetzung der Zweiten ZahlungsdiensteRL vom 17.07.2017 (BGBl. I S. 2446)
AO:	Abgabenordnung in der Fassung der Bekanntmachung vom 01.10.2002 (BGBl. I 2002, S. 3866, berichtigt BGBl. I 2003, S. 61), zuletzt geändert durch Artikel 6 elDAS-Durchführungsgesetz vom 18.07.2017 (BGBl. I 2017, S. 2745)
BGB:	Bürgerliches Gesetzbuch in der Fassung der Bekanntmachung vom 02.01.2002 (BGBl. I 2002, S. 42, berichtigt BGBl. I 2002, S. 2909 und BGBl. I 2003, S. 738), zuletzt geändert durch Artikel 2 Gesetz zur Umsetzung der Zweiten Zahlungsdienstrichtlinie vom 17.06.2017 (BGBl. I 2017, S. 2446)
CRCh:	Charta der Grundrechte der Europäischen Union vom 07.12.2000, ABl. EU Nr. C 364 vom 18.12.2000, S. 1
EGV:	Vertrag zur Gründung der Europäischen Gemeinschaft vom 25. März 1957 (BGBl. II 1957, S. 766) bis 30.09.2011, zuletzt geändert durch Art. 2 Vertrag von Lissabon vom 13.12.2007 (ABl. Nr. C 306 S. 1)
Einigungsvertragsgesetz:	Einigungsvertragsgesetz vom 23.09.1990, BGBl. II 1990, S. 885

EStG:	Einkommensteuergesetz in der Fassung der Bekanntmachung vom 08.10.2009 (BGBl. I 2009, S. 3369, berichtigt BGBl. I 2009, S. 3862), zuletzt geändert durch Artikel 9 Betriebsrentenstärkungsgesetz vom 17.08.2017 (BGBl. I 2017, S. 3214)
EUV:	Vertrag über die Europäische Union in der Fassung des am 01.12.2009 in Kraft getretenen Vertrags von Lissabon (ABl. EG Nr. C 115 vom 09.05.2008, S. 13), zuletzt geändert durch die Akte über die Bedingungen des Beitritts der Republik Kroatien und die Anpassungen des Vertrags über die Europäische Union, des Vertrags über die Arbeitsweise der Europäischen Union und des Vertrags zur Gründung der Europäischen Atomgemeinschaft (ABl. EU L 112/21 vom 24.04.2012) mit Wirkung vom 01.07.2013
EWIV-AG:	Gesetz zur Ausführung der EWG-Verordnung über die Europäische wirtschaftliche Interessenvereinigung (EWIV-Ausführungsgesetz) vom 14. April 1988 (BGBl. I S. 514), zuletzt geändert durch Artikel 16 des Gesetzes vom 23. Oktober 2008 (BGBl. I S. 2026
GenG:	Gesetz betreffend die Erwerbs- und Wirtschaftsgenossenschaften (Genossenschaftsgesetz – GenG) in der Fassung der Bekanntmachung vom 16. Oktober 2006 (BGBl. I S. 2230), zuletzt geändert durch Art. 8 G zur Änd. des BundesversorgungsG und anderer Vorschriften vom 17.07.2017 (BGBl. I S. 2541)
GG:	Grundgesetz in der Fassung vom 23.05.1949 (BGBl. I 1949, S. 1), zuletzt geändert durch Artikel 1 Gesetz zur Änderung des 78 Grundgesetzes (Artikel 21) vom 13.07.2017 (BGBl. I 2017, S. 2346)
GmbHG:	Gesetz betreffend die Gesellschaften mit beschränkter Haftung in der Fassung vom 20.04.1892 (RGBl. I S. 477), zuletzt geändert durch Gesetz vom 17.07.2017 (BGBl. I S. 2446) mit Wirkung vom 22.07.2017

GWG:	Gesetz über das Aufspüren von Gewinnen aus schweren Straftaten (Geldwäschegesetz – GwG) in der Fassung vom 23. Juni 2017 (BGBl. I S. 1822), zuletzt geändert durch Art. 10 G zur Ausübung von Optionen der EU-ProspektVO und zur Anpassung weiterer Finanzmarktgesetze vom 10.7.2018 (BGBl. I S. 1102)
HGB:	Handelsgesetzbuch vom 10.05.1897 (RGBl. S. 219), zuletzt geändert durch Art. 3 G zur Ausübung von Optionen der EU-ProspektVO und zur Anpassung weiterer Finanzmarktgesetze vom 10.7.2018 (BGBl. I S. 1102)
KontRG:	Kontrollratsgesetz vom 11.02.1946, Steuer- und Zollblatt 1964, S. 21
KStG:	Körperschaftsteuergesetz in der Fassung vom 15.10.2002 (BGBl. I 2002, S. 4144), zuletzt geändert durch Artikel 5 Gesetz zum Ausschlussverfassungsfeindlicher Parteien der Parteienfinanzierung vom 18.07.2017 (BGBl. I 2017, S. 2730)
MWSTG:	Bundesgesetz über die Mehrwertsteuer (Mehrwertsteuergesetz, MWSTG) in der Fassung vom 12. Juni 2009, AS 2009 5203
Öst. UStG:	Bundesgesetz über die Besteuerung der Umsätze (Umsatzsteuergesetz 1994 – UStG 1994) StF: BGBl. Nr. 663/1994 idF BGBl. Nr. 819/1994 (DFB) (NR: GP XVIII RV 1715 AB 1823 S. 172. BR: AB 4861 S. 589)
PartGG:	Gesetz über Partnerschaftsgesellschaften Angehöriger Freier Berufe (Partnerschaftsgesellschaftsgesetz – PartGG) in der Fassung vom 25.07.1994 (BGBl. I S. 1744), zuletzt geändert durch Art. 7 Aktienrechtsnovelle 2016 vom 22.12.2015 (BGBl. I S. 2565)
ReichsUStG:	Reichsumsatzsteuergesetz vom 26.07.1918, RGBl. 1918, S. 779
StBereinG 1985:	Steuerbereinigungsgesetz vom 19.12.1985, BGBl. I 1985, S. 2436

UmwG:	Umwandlungsgesetz vom 28.10.1994, (BGBl. I S. 3210, ber. 1995 I S. 428), zuletzt geändert durch Art. 5 G zum Bürokratieabbau und Förderung der Transparenz bei Genossenschaften vom 17.07.2017 (BGBl. I S. 2434)
UStAE:	Umsatzsteueranwendungserlass vom 01.10.2010, (BStBl. I S. 846), zuletzt geändert durch BMF-Schreiben vom 18.05.2018 (BStBl. I S. 695)
UStBG:	Umsatzsteuer-Binnenmarktgesetz vom 25.08.1992, BGBl. I 1992, S. 1548
UStDB 1934:	Durchführungsbestimmungen zum Umsatzsteuergesetz vom 17.10.1934, RGBl. I 1934, S. 947
UStDB 1938:	Durchführungsbestimmungen zum Umsatzsteuergesetz vom 23.12.1938, RGBl. I 1938, S. 1935
UStDB 1951:	Durchführungsbestimmungen zum Umsatzsteuergesetz vom 01.09.1951, BGBl. I 1951, S. 796
UStG 1934:	Umsatzsteuergesetz vom 16.10.1934, RGBl. I 1934, S. 942
UStG 1951:	Umsatzsteuergesetz vom 01.09.1951, BGBl. I 1951, S. 791
UStG 1967:	Umsatzsteuergesetz vom 29.05.1967, BGB. I 1967, S. 545
UStG 1973:	Umsatzsteuergesetz vom 16.11.1973, BGBl. I 1973, S. 1681
UStG 1980:	Umsatzsteuergesetz vom 26.11.1979, BGBl. I 1979, S. 1953.
UStG 2005:	Umsatzsteuergesetz vom 21.02.2005, BGBl. I 2005, S. 386, zuletzt geändert durch Art. 11 Abs. 35 eIDAS-Durchführungsgesetz vom 18.07.2017, BGBl. I 2017, S. 2745
9. UStGÄndG 1957:	9. UStGÄndG vom 18.10.1957, BGBl. I 1957, S. 1743
11. UStGÄndG 1961:	11. UStGÄndG vom 16.08.1961, BGBl. I 1961, S. 1330

VATA 1994:	Value Added Tax Act v. 05.07.1994, Chapter 23, Act modified (03.05.2007) by The National Assembly for Wales Commission (Crown Status) Order 2007 (S.I. 2007/1118), art. 4
WarenstempelG:	Warenstempelgesetz vom 26.06.1916, RGBl. 1916, S. 639
	Gesetz zu den Verträgen vom 25. März 1957 zur Gründung der Europäischen Wirtschaftsgemeinschaft und der Europäischen Atomgemeinschaft, vom 27.07.1957, BGBl. II 1957, S. 753
	Gesetz zum Vertrag von Lissabon vom 13.12.1007, BGBl. II 2008, S. 1038
	Gesetz zur Änderung und Vereinfachung der Unternehmensbesteuerung und des steuerlichen Reisekostenrechts, vom 20.02.2013, BGBl. I 2013, S. 285

Internationale Steuerlehre, Steuerrecht und Wirtschaftsprüfung

Herausgegeben von Rainer Heurung, Gerd Morgenthaler und Andreas Dutzi

Band 1 Markus Gsödl: Entstrickungstatbestände des Einkommen- und Körperschaftsteuergesetzes. Eine Analyse unter dem Aspekt der Gerechtigkeit. 2010.

Band 2 Philipp Seidel: Ertragsbesteuerung periodischer Auslandseinkünfte aus Direktinvestitionen. 2011.

Band 3 Hans-Jürgen Lappat: Die in- und ausländische Besteuerung schweizerischer Betriebsstätten deutscher Personenhandelsgesellschaften. 2011.

Band 4 Jens Kalbitzer: Wegzugsbesteuerung nach § 6 AStG. Betriebswirtschaftliche Analyse und Gestaltungsempfehlungen. 2012.

Band 5 Bastian Thiedemann: Die Entwicklung einer modernen, europarechtskonformen und zukunftsweisenden Gruppenbesteuerung für Deutschland. Eine Untersuchung insbesondere unter gemeinschaftsrechtlichen und steuersystematischen Gesichtspunkten. 2013.

Band 6 Michael Fritz: Ermittlung von Umtauschverhältnissen im Rahmen von grenzüberschreitenden Verschmelzungstatbeständen. 2015.

Band 7 Markus Schneider: Steuerliches Verrechnungspreis-Risikomanagement im internationalen Konzern. Analyse und Bewertung von Instrumenten zur Begegnung steuerlicher Verrechnungspreisrisiken. 2016.

Band 8 Ariane Bresgen: Qualifikationskonflikte bei Personengesellschaften im Internationalen Steuerrecht. Eine Analyse der abkommensrechtlichen Behandlung von grenzüberschreitend gezahlten Sondervergütungen bei Mitunternehmerschaften. 2016.

Band 9 Katja Fröhr: Der internationale Erbfall Deutschland-Schweiz. Eine rechtsvergleichende und ökonomische Analyse der erbschaftsteuerlichen Regelungen im Lichte aktueller Entwicklungen. 2016.

Band 10 Bastian Rausch: Rechnungslegung in wirtschaftlichen Krisenzeiten. Eine empirische Analyse der bilanzpolitischen Einflussnahme mittelständischer Unternehmen vor einer Insolvenz. 2017.

Band 11 Corinna Tigges: Ergänzungstatbestände in der Grunderwerbsteuer. Möglichkeiten einer Neukonzeption unter Berücksichtigung steuersystematischer, betriebswirtschaftlicher und administrativer Anforderungen. 2018.

Band 12 Henrik Sundheimer: Entscheidungswirkungen der Besteuerung von (im Ausland ansässigen) Gesellschaftern deutscher Personen-gesellschaften vor dem Hintergrund von § 50i EStG. 2019.

Band 13 Sinja Kollmann: Möglichkeiten und Grenzen des Anwendungsbereichs der umsatzsteuerlichen Organschaft unter besonderer Berücksichtigung europäischer Einflüsse. 2020.

www.peterlang.com

www.ingramcontent.com/pod-product-compliance
Ingram Content Group UK Ltd.
Pitfield, Milton Keynes, MK11 3LW, UK
UKHW021832290926
8980IPUK00004B/415